語研

本書は，2013 刊行の『暮らしの韓国語表現 6000』の内容を一部加筆，編集した改訂版です。

# はじめに

みなさんは，ふとしたときに頭に浮かんだ表現を，韓国語ではうまく言えないというもどかしい経験をしたことがありませんか。ふつうに韓国の人とあいさつを交わし，ソウルの街で買い物もでき，またテレビで韓国語のニュースを聞いたり，韓国の新聞は読めるのに，ふだん何気なく使う単語が口から出てこなかったりすると落ち込みます。

いままで韓国語の旅行会話集や簡単な日常会話集は数多く出版されてきましたが，さまざまなシチュエーションでの「気の利いた表現」「言いたいけれど言えない表現」「ネイティブが実際に使っている韓国語らしい表現」を集めた実生活に即した会話集はあまり多くありません。

この『暮らしの韓国語　ネイティブ表現6000［改訂版］』では，みなさんが即戦力として使える会話を集めました。会話は「フォーマルな表現」と，親しい友人などの間で使う「パンマル表現」を織り交ぜてありますので，TPO に合わせてご自分で組み合わせて活用してください。

この本で扱っている会話は「生活」の場面でふつうに使われているものです。食事の場面では「米を研ぐ」「ご飯を炊く」「ご飯が堅い」「ご飯が水っぽい」「ご飯が焦げてしまった」……といった言い方や，ジャガイモやニンジンの「皮をむいて」「一口大に切る」ことから始まって，タマネギを「きつね色になるまで炒めて」「ルーを溶かし入れて」などと，「カレーの作り方」まで，韓国語で説明できるようになっています。

身体の異常も「頭が痛い」「おなかが痛い」「熱がある」といった簡単な症状を訴えることができても，「急にろれつが回らなくなった」「しゃっくりが止まらない」「冷たいものが歯にしみる」というようなちょっと複雑な症状を訴えることは難しいでしょう。けがで「アキレス腱を切った」「足をねんざした」「突き指をした」ときのために，こういった表現を覚えておくことも必要ですね。

例文は，見開きページの左側に対話の形で３つ，右側に短文の形で 10 パターン程度が提示してあります。また関連表現や語彙なども必要に応じて載せてあります。

「学問に王道なし」と言いますが，自分自身の学習の盲点を地道に補って重ねていくことが，中級から上級に進む上での近道といえるでしょう。新しい発見をしながら毎日コツコツとネイティブに近づいていく，決して終わりのない勉強こそが，外国語学習の醍醐味でもあると思います。

2021 年　初夏　川崎にて

著者　今井 久美雄

## ＊おことわり

各会話の日本語訳は，韓国語の表現を最大限尊重しながら，なめらかな日本語として表したもので，忠実な「翻訳」や「直訳」にはなっていません。この点をご了承ください。

【漢字語について】

日本語とは違う使い方の漢字語についてのみ〈　　　〉に記載しました。また〈　　　〉のハングルの部分については重複を避けーで表記しました。

＊ 초면〈初面〉：初対面　（表記が日本語と異なるので記載）

＊ 포기하다〈抛棄ー〉：放棄する（表記が日本語と異なるので記載）

＊ 초대하다〈招待ー〉：招待する（表記が日本語と同じなので省略）

＊ 초등학교〈初等學校〉：小学校（表記が日本語と異なるので記載）

＊ 학교〈學校〉：学校〈學校〉（表記が旧漢字と新漢字の違いだけなので省略）

【数字の表記について】

一部の例外を除いて次のように統一して表してあります。

＊ 固有語はハングルで表記：두 개（×2개），세 번（×3번）

＊ ただし時間は数字で表記：한 시간 ⇨ 1시간，일곱 시 ⇨ 7시

＊ 漢字語はアラビア数字で表記：
일주일 ⇨ 1주일，삼 개월 ⇨ 3개월，이 분의 일 ⇨2분의 1

＊ ただし次のような場合はひとつの熟語と見なしハングルで表記：
三兄弟 ⇨ 삼 형제，三球三振 ⇨ 삼구 삼진

【固有名詞の分かち書きについて】

例文の中に出てくる固有名詞は，原則として分かち書きをしてあります。しかし正書法には同時に，성명 이외의 고유 명사는 단어별로 띄어 씀을 원칙으로 하되, 단위별로 띄어 쓸 수 있다.（姓名以外の固有名詞は，単語ごとに分かち書きをすることが原則であるが，単位ごとに分かち書きをすることもできる）ということも明記されていますので，くっつけて書いても間違いではありません（むしろこちらのほうが言語生活的には現実的）。

＊ 국어∨연구소／국어연구소（国語研究所）

＊ 국가∨안정∨보장∨회의／국가안정보장회의（国家安全保障会議）

＊ 서울∨대학교 의과∨대학 부속∨병원／서울대학교 의과대학 부속병원（ソウル大学医学部付属病院）

＊ 오차노미즈∨여자∨대학교 부속∨초등학교／오차노미즈여자대학교 부속초등학교（お茶の水女子大学附属小学校）

＊ 주식회사 일본∨생활∨가이드／주식회사 일본생활가이드（株式会社日本生活ガイド）

＊ 대림∨출판／대림출판（テーリム出版）

【単語などの注について】

＊ 会話本文中に出てくる単語の訳や説明は〈ハングル：日本語〉の順に提示してあります。

이제 2, 3일 후면 벚꽃이 만발할 거예요.

**＊ 만발하다〈滿發ー〉：満開になる**

＊ 会話本文中に出て来ない派生語や関連単語・表現は，原則として〈日本語：ハングル〉の順に提示してあります。

**＊ 花より団子：금강산도 식후경〈金剛山ー食後景〉**

# 目次

## 3. 考えを表現する



## 4. 会話を円滑にする



## 5. 旅行



## 6. 交通

## 7. ショッピング



## 8. 食事・料理

## 9. 病気になったら

## 10. 美容・健康



## 11. 勉強・学校生活



## 12. 仕事・会社



## 13. 住まい

## 18. 交際・結婚生活



## 19. 季節の話題

**【装丁】** 神田 昇和

# 1.

# 日常のあいさつ

## 1 初対面のあいさつ

### □ 001 お目にかかれてうれしいです

A 처음 뵙겠습니다. 반갑습니다.

B 저도 꼭 한번 뵙고 싶었습니다.

A はじめまして。お目にかかれてうれしいです。

B 私もぜひ一度お目にかかりたいと思っていました。

＊ 定番のあいさつ。発音が難しいので，簡単に 안녕하십니까? や 안녕하세요? と言ってもいい。女性の場合には 안녕하세요? と言うことが多い。ただ 처음 뵙겠어요. とは言えない。반갑습니다. を付け加えてもいい。

＊ 会えてうれしいです：만나서 반갑습니다.（くだけた言い方は 만나서 반가워요. だが，年上には使えない）

### □ 002 おうわさはかねがねうかがっております

A 처음 뵙겠습니다. 잘 부탁합니다.

B 전부터 말씀 많이 들었습니다.

A はじめまして。どうぞよろしくお願いします。

B おうわさは，かねがねうかがっております。

＊「どうぞよろしく」は 잘 부탁합니다. というのが定番。

＊ 전부터 말씀 많이 들었습니다. は直訳すると「前からお話をたくさん聞きました」。もう少しくだけた言い方は 전부터 얘기 많이 들었어요.。

＊ テレビで何度も拝見したことがあります：TV 에서 많이 뵈었습니다.

### □ 003 家内が何かとお世話になっています

A 저희 집사람한테 여러 가지로 신경을 써 주셔서 감사합니다.

B 저야말로 사모님께 많은 도움을 받고 있습니다.

A 家内がいつも何かとお世話になっています。

B こちらこそ，奥様にはいろいろとご親切にしていただいております。

＊ 신세를 지고 있다 というのは，本当に世話になっているとき（たとえば 1 か月間も家に泊めてもらったり，大変なとき助けてもらったり）に使い，日本語のようにお世辞で言うことはない。

＊ 息子がいつもお世話になっております：제 아들한테 여러 가지로 신경을 써 주셔서 감사합니다.

## そのほかの会話

1 ▶ このようにお会いできて光栄です。

이렇게 만나 뵙게 돼서 영광입니다.

＊ ややオーバーな表現なので，よほどのえらい人に会うとき以外は使わないほうがいい。一般的には **만나 뵙게 돼서 반갑습니다.** 程度が一番自然な言い方。

2 ▶ お目にかかるのは初めてですね。초면이네요.

＊ **초면**〈初面〉：初対面。「会ったことがある」場合は **구면**〈舊面〉。

3 ▶ 前にお会いしたようですが。우리 구면인 것 같은데요.

4 ▶ お名前はうちの専務からよく聞いておりました。

저희 전무님을 통해서 성함은 많이 들었습니다.

＊ 自社の専務のことを言う場合でも，上司の場合には敬語を使う。



**一口メモ　韓国語の敬語**

韓国語には 압존법〈壓尊法〉[압쫀뻡] といって，話の主体が「自分より目上であるが，聞き手よりは目下の人」である場合，その人に対して敬語を使わないという語法がある。たとえば，自分の祖父が自分に父のことを聞く場合，祖父に向かって父に対する敬語は使えない。아비는 아직 안 들어왔니?（お父さん，まだ帰ってないの？）と聞かれたら，네, 아버지는 아직 안 들어왔습니다. が正しい言い方である。

職場内でも同様で，内線などで社長から部長に電話がかかってきたとき，電話を取った（部長の）部下は社長に対して，부장님은 지금 자리에 안 계십니다. とは言えず，부장은 지금 자리에 없습니다. と，部長に対する敬語を省くのが語法に合った言い方である。

しかし，この言い方は年上の人には敬語を使うという「絶対敬語」の規則から外れるために，使う人の心理状態に左右され，だんだん崩れつつある。

最近の語法では，祖父との会話では，네, 아버지는 아직 안 들어오셨습니다.，社長からの電話には，부장님은 지금 자리에 안 계십니다. ぐらいが許容されている。

## □ 004 申し遅れました

A 동서 물산의 아사카와입니다.

B 제 소개가 늦었습니다. 저는 현대 연구소에 있는 이동진입니다.

A 東西物産の浅川と申します。

B 申し遅れました。私は現代研究所のイ・ドンジンと申します。

＊ 동서 물산에서 일하는~ というと「労働をする」という意味が強い。

## □ 005 弊社の職員をご紹介いたします

A 저희 회사 직원을 소개해 드리겠습니다. 이쪽이 강정용 영업 과장입니다.

B 처음 뵙겠습니다. 이번에 서울 지사에 새로 부임한 스즈키라고 합니다.

A 弊社の職員をご紹介いたします。こちらが営業課長のカン・ジョンヨンです。

B 初めまして。このたびソウル支社に新しく赴任してきました鈴木と申します。

＊ 上司が部下を他社の人に紹介する言い方。部下が上司を他社の人に紹介するときは이분이 오키나카 영업 과장님이십니다. と身内でも敬語を使う。

＊ 会話では 폐사〈弊社〉はふつう使わない。

## □ 006 お名刺をいただけますか

A 명함 한 장 주시겠어요?

B 여기 제 명함입니다.

A お名刺をいただけますか。

B こちらが私の名刺です。

＊ あいにく名刺を切らしてしまいまして：공교롭게도 명함이 다 떨어졌습니다.

＊ よろしければ，もう一枚いただけますか：괜찮으시다면 한 장 더 주시겠어요?

## そのほかの会話

1 ▶ 私はこちらの高島部長と一緒に仕事をしている永田と申します。

저는 여기 계신 다카시마 부장님과 함께 근무하고 있는 나가타입니다.

＊ 韓国では，他社の人の前であっても上司を呼び捨てにはしない。

2 ▶ ただ今ご紹介にあずかりました所長の西岡です。

방금 소개받은 소장 니시오카입니다.

＊ **소개받다** はひとつの単語。**소장인 니시오카입니다** というと，会話としてはぎこちない。

3 ▶ 新しく業務を担当するキム・ヨンホです。

이번에 업무를 새로 담당하게 된 김영호입니다.

＊ **담당하게 되다**：～を担当することになる

4 ▶ 入社して間もないのですが，どうぞよろしくご指導ください。

들어온 지 얼마 안 됐습니다. 많은 지도 편달 바랍니다.

＊ **지도 편달**：指導鞭撻

5 ▶ 初めての土地で少々不慣れな点もありますが，よろしくお願いいたします。

이곳은 처음이라 조금 낯섭니다만, 잘 부탁합니다.

＊ **낯설다**：なじみがない

---

6 ▶ どちらにご連絡したらよろしいでしょうか。

어디로 연락드리면 될까요?

＊ **연락드리다** は分かち書きしない。

7 ▶ こちらにご連絡すればよろしいでしょうか。

여기로 연락드리면 될까요?

8 ▶ 携帯番号を教えていただけますか。

휴대폰 번호를 가르쳐 주시겠어요?

9 ▶ 午前中はこちらの番号にお電話ください。

오전 중에는 이쪽 번호로 전화 주세요.

# 3 朝のあいさつ

## □ 007 おはようございます

A 안녕하십니까?

B 안녕하세요?

A おはようございます。

B おはようございます。

＊ 男女を問わず，隣人，職場，学校などで一般に使えるあいさつ。朝だけでなく昼にも夜にも使えるが，家の中での家族同士のあいさつには使わない。職場の上司など目上の人にあいさつするときはきちんと 안녕하십니까? と言う。ただこのあいさつには距離感があり，毎日会うような身近な人にはあまり使わない。

## □ 008 おはよう！

A 안녕!

B 왔어?

A おはよう！

B おはよう！

＊ 親しい友達同士のあいさつ。社会人同士では使わない。왔어? は「もう来てたの？」というニュアンス。

## □ 009 おはようございます

A 안녕히 주무셨어요?

B 네, 잘 잤어요.

A おはようございます。

B おはようございます。

＊ 直訳は「よくお休みになれましたか」。家の中で祖母，祖父など年長の人にかけるあいさつ。家に泊めたお客さんに対してもこう言う。ふつうの家族同士のあいさつには使わない。また，職場，学校などでも使わない。

## そのほかの会話

1 ▶ お早いですね。일찍 나오셨네요.

＊ 職場で同僚や比較的親しい上司へのあいさつ。道ばたでの隣人とのあいさつには使えない。

2 ▶ おはよう。일찍 나왔네.

＊ 直訳は「早いね」。学生同士や職場で親しい同僚同士のあいさつ。

3 ▶ おはよう！ 왔어요?

＊ 直訳は「来てたの？」。職場で親しい同僚同士のあいさつ。

---

4 ▶ ゆっくり休めた？（おはよう）푹 쉬었니?

＊ 前日に残業をしたりした部下が出勤してきたときにかける朝のあいさつ。前の週に忙しかったときなど，ねぎらいの意味を込めて，月曜日の朝などに上司が部下にかけるあいさつとしても使える。家族同士のあいさつにはふつう使わない。

5 ▶ ゆっくり休まれましたか。（おはようございます）

편히 쉬셨습니까?

＊ 部下が，前日に遅くまで一緒に残業をしたりして疲れた上司にかける朝のあいさつ。一緒に遅くまで飲んだり，会社の行事で遅くまで仕事をしたりしたときの翌日，出勤してきた上司にかける言葉としても使える。

6 ▶ ゆっくり眠れましたか。（おはようございます）

잘 잤어요?

＊ 家に泊めたお客さんなどにかけるやや親しみを込めた言い方。家族同士のあいさつにはふつう使わない。

7 ▶ よく寝た？（おはよう）잘 잤니?

＊ 親が，子どもや，家に泊めた子どもの友達に対して使う。니? は同輩や年下へのため口での疑問形。

8 ▶ 起きた？（おはよう）일어났어?

＊ 朝，寝て起きたときに「起きた？」と聞く言い方。家の中で使う。

# 昼のあいさつ

## □ 010 こんにちは

A 안녕하세요?

B 어디 외출하세요?

A こんにちは。

B お出かけですか。

＊ あまり親しくないが知っている人に，道などで会ったときのあいさつ。特にどこに行くかを聞いているわけではない。

＊ 어디 가세요? ともいう。

## □ 011 お食事はお済みですか（こんにちは）

A 식사하셨어요?

B 예, 방금 먹었어요.

A 食事はお済みですか。

B はい，先ほど食べました。

知人同士の会話

＊ ふつうの間柄でよくあいさつ代わりに使われる表現。単なるあいさつなので，まだ昼食を済ませていなくても 예, 방금 먹었어요. と受け流すのがふつう。親しい人ならば目上の人にも使える。

## □ 012 おや，こりゃまた何のご用で？

A 어, 여긴 어쩐 일이십니까?

B 볼일이 있어서요.

A おや，これはまた何のご用で？

B ええ，ちょっと。

知人同士の会話で，A の職場に B が訪ねてきた場合など

＊ A の 어, 여긴 어쩐 일이십니까? というせりふは，驚いて思わず言う言葉。

＊ 볼일：用事

## そのほかの会話



1 ▶ お出かけですか。어디 가세요?

＊ 知っている人に道で会ったときの簡単なあいさつ。受け答えは **잠깐 볼일이 있어서요.**（ちょっと用事があって）。

2 ▶ 今日はいい天気ですね。오늘은 날씨가 좋군요.

＊ 韓国人同士では，日本人のように道ばたでのあいさつに天候を話題にすることは少ない。

3 ▶ どこ行くの？ 어디 가?

＊ 友達や年下に道で会ったときかける言葉。

4 ▶ やあ！ 안녕!

＊ 学生言葉なので社会人はあまり使わない。別れるとき「バイバイ」という意味でも使える。

---

5 ▶ お食事はお済みですか。진지 잡수셨어요?

＊ 家族や親戚，近所の親しい間柄の目上の人にする昼ごろのあいさつ。久しぶりに会ったときには使わない。

＊ **진지**：お食事（**밥** の尊敬語）

6 ▶ 食事は済みましたか。밥 먹었어요?

＊ 一緒に食事をしなかった仲間などに気軽に声をかけたりするあいさつ。また，同居者がいない年配者などに対してもよく使われる（**식사하셨어요?**）。まだ食事をしていないなら **바빠서 아직 못 먹었어요.**, **일이 밀려서 밥도 못 먹고 일하고 있어요.**, **그냥 먹기가 귀찮아서.** など，返事はいろいろである。

7 ▶ ご飯，済んだ？ 밥 먹었니?

＊ 友達同士や年下に使う。電話などでも使える。**밥 잘 먹고 다녀?**（ご飯はちゃんと食べているの？）は安否を聞くときに使う。

## 5 夜のあいさつ

### □ 013 おやすみなさい

A 편히 쉬십시오.

B 네, 안녕히 들어가세요.

A おやすみなさい。

B おやすみなさい。

＊ 夜，外で人に会って別れるときのあいさつ。들어가다 は外から中へ「入る」ことなので，家の中では使えない。

＊ お気をつけて：조심해서 들어가세요.（直訳は「気をつけてお帰りください」。夜，親しい人への別れのあいさつ）

### □ 014 おやすみなさい

A 안녕히 주무세요.

B 그래, 잘 자.

A おやすみなさい。

B おやすみ。

＊ 안녕히 주무세요. は，年下の人から年上の人への寝る前のあいさつ。子どもが両親や祖父母，目上のお客さんなどに対して言う。家の中でのあいさつなので，外では使えない。

### □ 015 おやすみ

A 잘 자.

B 그래, 잘 자. 좋은 꿈 꿔.

A おやすみ。

B おやすみ。

＊ 恋人や親しい友達同士のあいさつ。直訳は「いい夢見てね」「いい夢見ろよ」。恋人同士が夜，別れるときに言う。携帯電話でのあいさつとしても可。家の中でのあいさつとしても使える。

## そのほかの会話

1▶ じゃあ，また。잘 들어가요.

＊ 親しい人への夜，別れるときのあいさつ。**또 만나요.**，**또 봐요.** ともいう。

2▶ じゃあね。조심해서 들어가.

＊ 友達同士で。「気をつけて帰ってね」というニュアンス。

3▶ じゃあね。잘 가.

＊ 友達同士で。「バイバイ」というニュアンス。

4▶ ゆっくり休んでください。푹 쉬세요.

＊ 夜以外にも，一日の仕事が終わったあとや，数日間忙しく動き回ったあとなど，相手を気遣って別れるときにも使える。

5▶ 疲れてるだろうから，早く帰って休んでくれ。

피곤할 텐데 일찍 들어가서 쉬어라.

＊ 仕事のあとやデートのあとなど，上司が部下を，男性が女性を気遣って言う言葉。

---

6▶ 先に寝るわね。먼저 자요.

＊ 疲れているから先に寝るよ：**피곤하니까 먼저 잔다.**

---

7▶ そろそろ寝るよ。난 이제 잘 거야.

8▶ もう寝る時間だよ。이제는 잘 시간이야.

9▶ 明日何時に起きるの？　내일 몇 시에 일어나니?

10▶ お母さん，明日 6 時に起こして。

엄마, 내일 아침 6시에 깨워 줘.

11▶ 明日は起こさなくていいからね。

내일은 깨우지 않아도 괜찮아.

12▶ 目覚ましかけた？ 시계 맞춰 놨어?

13▶ 電気は付けたままにしておいて。불은 켜 놔.

14▶ クーラー，タイマーにしてくれる？ 에어컨 타이머 맞춰 줄래?

15▶ 寝た？ 자？

＊ 家に泊めた友達と一緒に寝るときや，旅行で一緒の部屋で寝るとき，横の人に「寝た？」と聞くとき。**잤어?** ではなく**자?** と言う。

# 6 出かける

## □016 行ってくるよ

A 다녀올게.

B 네, 다녀오세요.

A 行ってくるよ。

B 行ってらっしゃい。

夫婦の会話

＊ 夫が妻に対しては（よっぽど妻が年上でない限りは）반말を使う。一般に夫は妻に다녀올게., 妻は夫に 다녀올게요. と言う。

＊ ちょっと近くまで出かけてくるとき，家族同士では 갔다 올게(요). と言う。

＊ 子どもは親に 다녀오겠습니다. と言う。

## □017 ちょっと出かけてくるよ

A 요 앞에 잠깐 나갔다 올게요.

B 조금 있으면 식사 시간인데 일찍 들어와.

A ちょっと出かけてくるよ。

B もうすぐ食事ですよ。すぐ戻ってくるのよ。

子と母親の会話

＊ 나갔다 오다 : 出かけてくる

＊ 갔다 오다:行ってくる(갔다가 오다 が短くなった語で，どこかへ行って［用を済ませて］から帰ってくる)。

＊ 다녀오다 : 行ってくる（会社や学校など決まったところに行って来る）

## □018 迎えに行ってくるよ

A 지하철역까지 아빠 마중하러 나갔다 올게요.

B 그래, 그럼 들어올 때, 편의점에서 우유 좀 사 와.

A 駅までお父さん迎えに行ってくるよ。

B じゃあ，帰りにコンビニで牛乳を買ってきてちょうだい。

子と母親の会話

＊ 마중하러 갔다 오다 : 迎えに行ってくる（마중하다 : 出迎える)。

## そのほかの会話

### 夫が妻に

1▶ 今日はちょっと遅くなるよ。오늘은 좀 늦어.

2▶ 飲み会［残業］で遅くなりそうだ。회식 [잔업] 때문에 늦을 거 같아.

3▶ 夕食は家で食べるよ。저녁은 집에 와서 먹을게.

4▶ 夕食はいらないよ。저녁 먹고 올게.

---

### 妻が夫に

5▶ 食事はしてくるんですか。식사는 하고 와요?

6▶ 私も出かけるので，食事してきてください。
저도 외출할 거니까 식사는 하고 들어오세요.

7▶ 飲み過ぎないようにね。너무 많이 마시지 마세요.

8▶ 雨が降るかもしれないから，傘を持っていったら。
비가 올지도 모르니까, 우산 가져가세요.

9▶ 悪いけど，ゴミ出していってくれない？
미안하지만, 쓰레기 좀 내다 놔 줄래요?

---

### 母親が子に

10▶ 6 時までには帰ってくるのよ。
6시까지는 들어와.

11▶ 車，気をつけるのよ。차 조심해.

12▶ 寄り道しないで早く帰ってくるのよ。
끝나면 바로 들어와.

## □ 019 お先に失礼します

A 먼저 들어가겠습니다.

B 네, 수고하셨습니다.

---

A お先に失礼します。

B お疲れさまでした。

＊ 仕事などが終わり先に帰るときは 먼저 가 보겠습니다. や 먼저 들어가 보겠습니다. とも言う。会議の途中などで中座するときには 저 먼저 일어나겠습니다. を使う。먼저 실례하겠습니다. と言っても間違いではない。

＊ 帰ります：갈게요.

＊ 先に帰るよ（行くよ）：먼저 갈게.（먼저 간다. とも言える）

## □ 020 そろそろおいとましなければ

A 시간이 벌써 이렇게 됐나요?

B 정말, 이젠 슬슬 가 봐야겠어요.

---

A もう，こんな時間ですか。

B あら，本当。そろそろおいとましないと。

A，B は知人宅を訪問した客

＊ 슬슬 갈 채비를 해야겠어요.（そろそろ帰り支度をしなくちゃ）とも言う。

## □ 021 用事があるから先に帰るよ

A 일이 있어서 먼저 가볼게요.

B 네, 수고하세요.

---

A 用事があるから先に帰るよ。

B お先に。

同僚との会話

＊ 수고하세요 は，直訳すると「ご苦労さま」「お疲れさま」。まだ残って仕事をしている同僚に対しては言えるが，上司や目上の人には 안녕히 계세요. を使ったほうが失礼にならない。部下や後輩，親しい間柄では単に 수고.（じゃあね）や 수고해.（じゃあね）と言うこともある。この 수고하세요. は，お店から出るとき店員さんへのあいさつとしても使う。

## そのほかの会話



1 ▶ ちょっと急用ができてしまって。좀 급한 일이 생겨서요.

2 ▶ 子どもが待っているので。아이가 기다리고 있어서.

3 ▶ じゃ，このへんで。그럼 이만 갈게.

＊「そろそろ帰る」という意味で。

4 ▶ そろそろ行くわ。이제 그만 일어날게.

＊ **이제 그만**は「もうこのくらいで」という意。

5 ▶ もうこんな時間だ。벌써 시간이 이렇게 됐네.

＊ **벌써 이 시간이야?** ともいう。

6 ▶ もう帰る時間だ。벌써 돌아갈 시간이네.

7 ▶ そろそろお開きにしよう。이제 슬슬 일어나자.

8 ▶ もう少しゆっくりしていってください。

좀 더 있다가 가면 안 돼요?

＊ 帰る人を引き留める言い方。**좀 더 앉아있다 가세요.**, **더 있다 가세요.** や**더 있다 천천히 가세요.** とも言える。

# 8 別れる

## □ 022 さようなら

A 안녕히 계세요.

B 조심해서 가세요.

A さようなら。

B お気をつけてね。

＊ Aはその場に残る人に対して言うあいさつ。遊びに行った友達の家の両親や，食事に行った店の店員などにも使える。また，電話を切るときのあいさつにも使える。

＊ 自分がその場に残って相手を見送るときや，相手と一緒にその場を離れて，それぞれ帰るときの別れのあいさつには 안녕히 가세요. を使う。

## □ 023 またね

A 나중에 봐요.

B 그래, 잘 가요.

A またね。

B じゃあね。

＊ わりと親しい関係の人に使う。近いうちにまた会おうというときに使うが，特に会う約束がなくても使える。

＊ 이따가 봐요.：(その日の内に) あとで (必ず) 会いましょうというニュアンスがある。

## □ 024 元気でね

A 안녕, 그럼 잘 지내.

B 몸조심해라.

A じゃあ元気でね。

B 体に気をつけてね。

友達同士の会話

＊ 해라 と 하라 の違い：해라 は，親しい人同士，または目下の人に対して使う命令形(조용히 좀 해라.)。하라 は命令形を引用するとき(친구가 나에게 공부하라고 말했어요.)，また本，新聞，ニュースなどで不特定の相手に使われる命令形。

## そのほかの会話



1▶ お元気で。잘 지내세요.

＊ 旅行などでしばらく会えない相手には **안녕히 다녀오세요.** と言う。

2▶ お気をつけて。조심해서 들어가세요.

＊ 玄関先で相手を見送るとき，または道で別れるとき。

3▶ お気をつけて。조심해서 내려가세요.

＊ 上京していた知人がまた地方に帰るとき。

4▶ 明日，また会いましょう。내일 또 만나요.

＊ 年上でもわりと親しい関係の人に使う。目上の人には失礼になる。

5▶ またね（また会おう）。또 봐요.

＊ 年上の人には **다음에 또 봬요.** と言う。

---

6▶ じゃ，また明日ね。그럼, 내일 또 봐.

7▶ また，今度ね。다음에 또 보자.

8▶ あとで電話して。이따 전화해.

＊ あとで電話します：**이따 전화할게요.**

9▶ お互いに連絡取り合いましょうね。우리 서로 연락하고 지내요.

10▶ たまには電話くださいね。가끔씩 전화 주세요.

11▶ 寂しくなるな。쓸쓸해지겠네.

---

12▶ 無理しないでね。무리하지 마.

＊ 友達同士。しばらく会えないとき。

13▶ ちゃんとご飯食べてね。밥 잘 챙겨 먹고.

＊ 母親が一人暮らしの息子や娘と別れるとき，別れ際の会話で。

14▶ じゃあ頑張って。그럼, 힘내고.

＊ 試験に落ちたとか，落胆している人を励ます別れ際の会話で。

## □ 025 ただいま

A 지금 들어왔습니다.

B 다녀왔어? 오늘은 일찍 들어왔네.

A ただいま（今，帰りました）。

B お帰り。今日は早いね。

韓国人の家庭にホームステイしている学生とその大家さんとの会話

＊ 大家さんの言葉としては，어서 와.，이제 왔어?，지금 와? なども可能。

## □ 026 またね

A 여보, 나 왔어.

B 지금 오세요?

A ただいま。

B お帰りなさい。

＊ 夫が帰宅したとき妻に「ただいま」という意味のあいさつ言葉。다녀왔어. とはあまり言わない。

＊ 小さな子どもは 엄마, 나 왔어.，아버지, 지금 들어왔어요. のように言う。

＊ 지금 오세요? は「お帰りなさい」のかわりに使う。오셨어요? とも言う。

## □ 027 お帰り

A 다녀왔습니다.

B 별일 없었니?

A ただいま。

B お帰り。

＊ 子どもが学校から帰ったとき両親に。夫婦や友達同士では使わない。

＊ ある程度の年になった子どもは，親に 다녀왔어요. ではなく，きちんと 다녀왔습니다. と言う。

＊ 별일 없었니? は親が家に帰ってきた子どもに「何もなかったの？」と聞くときの言葉。

＊ 親は「お帰り」の代わりに簡単に 응, 그래. とも言う。

## そのほかの会話



1 ▶ お帰りなさい。다녀오셨어요?

＊ これは妻が夫に対しても使える。また，祖父，祖母に対しても使える。

2 ▶ お帰りなさい。수고하셨어요.

＊ 妻が夫に。**수고하셨어요.** の本来の意味は「ご苦労さまでした」「お疲れさまでした」。

3 ▶ 今日はお早いですね。오늘은 일찍 들어오셨네요.

＊ 妻が予想より早く帰ってきた夫に対して。

4 ▶ 今日は遅いのね。오늘은 늦으셨네요.

＊ 妻が夫に対して。「お帰りなさい」の代わりに言うあいさつの言葉なので，詰問しているわけではない。

5 ▶ 今日は（お仕事）いかがでしたか。오늘은 별일 없었어요?

＊ 妻が夫に。

6 ▶ お帰り。이제 오니？

＊ 親が子に。「今，帰ったのかい？」という意味。

7 ▶ お帰り。어서 와.

＊ 親が子に。または目下に「お帰り」と言うとき。

8 ▶ お帰り。잘 갔다 왔니?

＊ 子どもなど目下に「お帰り」と言うとき。

9 ▶ 食事よ。早く手を洗ってきて。식사하게 빨리 손 씻고 와.

＊ 母が子に。

10 ▶ 学校で何かあったの？ 학교에서 무슨 일 있었어?

＊ 親が子の顔色を見ながら。

## 10 久しぶりに会う

### □ 028 お元気でしたか

A 와, 너무 오랜만이에요. 어떻게 지내셨어요?

B 정말 오랜만입니다. 건강하시지요?

A わぁ，本当にお久しぶりですね。お元気でしたか。

B 本当にご無沙汰しています。お元気でしたか。

知人同士の会話

* 元気でしたか : 잘 지냈어요?
* お変わりないでしょう？ : 별 일 없으시죠?
* 何とか無事に暮らしています : 그럭저럭 잘 지내고 있어요.

### □ 029 お元気そうですね

A 신수가 훤하십니다. 하나도 안 변하셨네요.

B 별말씀을요. 저도 많이 늙었어요.

A お元気そうですね。まったくお変わりないですね。

B いや，ずいぶん年をとりましたよ。

知人同士の会話

* 신수가 훤하다 とは，生活のよさが容貌，風采に現れていること。신수〈身手〉とは，主に年配の人の容貌や風采を指すが，友達や年下にも使える。
* 相変わらずお元気そうですね : 변함없이 건강해보이네요.

### □ 030 わたしのこと，覚えてる？

A 정말 오랜만이다! 나 기억해?

B 많이 변했네. 못 알아보겠다.

A 本当に久しぶりね！　わたしのこと覚えてるかしら？

B すっかり変わっちゃって，全然わからなかったよ。

昔の友達同士の会話

* 「覚えてる？」は 기억하고 있어? ではなく，기억해? と言う。
* おや，だれかな？ : 이게 누구야?
* 少しは昔の面影があるね : 옛날 모습이 좀 남아 있네.

## そのほかの会話

1 ▶ 昔も今もお変わりないですね。그때나 지금이나 여전하시네요.

2 ▶ ちっとも変わってないね。하나도 안 변했어.

3 ▶ いったい何年ぶりでしょうか。이게 몇 년 만인가요?

4 ▶ 最後にお目にかかったのはいつでしたか。
마지막으로 뵌 게 언제였죠?

5 ▶ もう二度と会えないかと思ったわ。다시는 못 볼 줄 알았다.

6 ▶ 世の中，狭いね。세상 참 좁네.

---

7 ▶ 少し太った？ 조금 살쪘니?

8 ▶ ちょっと痩せた？ 살이 좀 빠졌니?

9 ▶ ずいぶん腹が出てきたなあ。배가 꽤 나왔네.

10 ▶ 道ですれ違ってもわからないわね。
길에서 만나도 전혀 모르겠는데.

11 ▶ すっかりおばさんになっちゃったわね。아줌마가 다 됐네.

12 ▶ 最初に見たときは人違いかと思ったよ。
처음 봤을 때는 다른 사람인 줄 알았어.

13 ▶ 顔，忘れるところだったよ。元気だったのかい？
얼굴 잊어버리겠다. 잘 지냈지?

---

14 ▶ 長い間ご連絡を差し上げず，申し訳ございません。
오랫동안 연락드리지 못해 죄송합니다.

15 ▶ そうでなくてもご連絡差し上げようと思っていたところなんですよ。
그렇지 않아도 한번 연락드리려고 하던 참이었어요.

## 11 近況，安否を聞く

### □ 031 最近，仕事はどうですか

A 불경기인데요 요즘 직장 생활은 괜찮으세요?

B 예, 그럭저럭 다니고 있습니다.

A 不景気ですが，最近，仕事はいかがですか。

B どうにかうまくいっています。

知人同士の会話

* 직장 생활〈職場生活〉: 仕事
* 그럭저럭 : どうにかこうにか（して），なんとかかんとか，どうやら
* 最近，会社のほうはうまくいっていますか : 요즘 회사는 잘됩니까?（物事や現象，仕事などが「うまく運ぶ」「うまくいく」という意味のときは, 잘되다 と分かち書きしない）

### □ 032 お母さんの具合はいかがですか

A 요즘 어머니 건강은 어떠세요?

B 여전히 병원 신세를 지고 계세요.

A 最近，お母さんの具合はいかがですか。

B 相変わらず病院通いをしているんですよ。

知人同士の会話

* 병원 신세를 지다〈病院身世ー〉: 病院の世話になる，病院のやっかいになる
* ええ，おかげさまで : 예, 건강하게 잘 지내십니다. または，예, 건강하십니다.
* 母は去年，ガンで亡くなりました : 어머님은 작년에 암으로 돌아가셨어요.
* 父は一昨年他界しました : 아버지는 재작년에 돌아가셨습니다.

### □ 033 結婚したんだって？

A 참, 너 결혼했다면서?

B 응, 지난 2월에 사내아이가 태어났어.

A ところで，結婚したんだって？

B ああ，2 月に男の子が生まれたよ。

* 아들을 낳았어，아들을 봤어, と言ってもいい。また 득남하다〈得男ー〉ともいう。
* ご子息誕生おめでとうございます : 득남을 축하드립니다.

## そのほかの会話



1▶ しばらく音沙汰なかったけど，どうしてたんだい？

그 동안 아무 소식도 없이 어떻게 지냈어?

2▶ おうちの方はお元気ですか。집안 어른들은 안녕들 하신가요?

* さらにていねいな言い方は **집안 어르신들은 다 편안하시죠?**（**어르신** とは年配の方を指す言葉だが，ここでは相手の両親や祖父母などを指す）

3▶ そういえば，お父さんはお元気ですか。아참, 아버님께서는 안녕하세요?

---

4▶ 職場が変わったので，仕事に慣れるのが大変です。

직장을 옮겨서 적응하느라 정신이 없어요.

5▶ この時勢ですから，仕事が結構大変です。요즘 때가 이래서 상당히 힘들어요.

6▶ 去年やっと就職したよ。작년에 겨우 취직했어.

* 「やっと就職した」「ようやく就職できた」ことを強調したい場合には，**취직됐어** と言ってもいい。

---

7▶ 体を壊して，しばらく田舎で静養してたんだ。

몸이 좋지 않아 한동안 시골에서 요양하고 있었어.

8▶ 卒業してからしばらくぶらぶらしてたんだ。졸업하고서 한동안 놀았어.

9▶ 最近いいことがひとつもないよ。요즘 재밌는 일이 하나도 없어.

10▶ 実は妻と別居中なんだよ。실은 아내하고 별거 중인데.

11▶ 女房とうまく行かなくて離婚したよ。집사람하고 잘 안 맞아서 이혼했어.

* **집사람** は自分の妻を謙遜していう言い方。最近では **와이프**（wife）という言い方をする人も多い。

---

12▶ 先月次女が生まれたの。지난달에 작은딸이 태어났어.

* **큰딸**（長女），**작은딸**（次女）はひとつの単語。分かち書きはしない。

* **지난달** は分かち書きしないが，**이번∨달**，**다음∨달** は分かち書きする。

13▶ やっと（私も）ママになったわ。드디어 나도 엄마가 됐어.

14▶ 孫が生まれて，とうとうおじいちゃんになったよ。

손자가 태어나서 나도 이젠 할아버지야.

* 内孫は **친손자**〈親孫子〉，外孫は **외손자**〈外孫子〉という。

# 12 職業について①

## □ 034 どんなお仕事をなさっているんですか

A 실례지만, 어떤 일을 하고 계신가요?

B 건설 회사에 다니는데 주로 고층 빌딩 설계도 그리는 일을 합니다.

A 失礼ですが，どんなお仕事をなさっているんですか。

B 建設会社で，おもに高層ビルの設計図を描いています。

初対面同士の会話

* 初めての人に 직업이 무엇인가요? と聞くのはややぶっきらぼうで失礼に聞こえるかもしれない。また，무슨 일을 하고 계세요?，무슨 일을 하시나요? と聞いてもいい。혹시 하시는 일이...? と曖昧に聞くのもコツ。

## □ 035 自営業をされていらっしゃるんですか

A 자영업을 하세요?

B 네, 아들하고 자그마한 가게를 하고 있습니다.

A 自営業をされていらっしゃるんですか。

B ええ，息子と一緒にちょっとした店を開いています。

* 자그마하다 は「やや小さい感じがする」「小さ目だ」「小振りだ」「ちっぽけだ」という意味。謙遜のニュアンスがある。

## □ 036 今は何してるの？

A 지금은 뭐 해?

B 직장을 그만두고 친구와 동업으로 치킨집을 차렸어.

A 今は何してるの？

B 脱サラして友達と一緒にフライドチキンの店を開いたんだ。

* 韓国語には「脱サラ」のような固有の言い方はなく，ふつう 직장[회사]을 그만두다 と言う。脱サラをして小規模の店舗を持つことを 개인 창업〈個人創業〉という。
* 勤めていた会社を辞めて，今は新しい職を探しているところです：다니던 회사를 그만두고, 지금은 새로운 직장을 찾는 중입니다.

## そのほかの会話



1▶ 製造関係の仕事をしています。

제조업 관련 일을 하고 있습니다.

＊ 医療関係の仕事：**의료 관련 일[직업]**／食品関係の～：**식품 관련 일[직업]**／金融関係の～：**금융 관련 일[직업]**／IT 関係の～：**IT 관련 일[직업]**

2▶ 小さな町工場を経営しています。 작은 공장을 경영하고 있어요.

3▶ 広告代理店で営業の仕事をしています。

광고 대리점에서 영업 일을 하고 있어요.

4▶ 出版社で雑誌の編集をしています。

출판사에서 잡지 편집을 하고 있어요.

5▶ 公認会計士の資格を取って，会計事務所で働き始めました。

공인 회계사 자격을 취득해서 회계 사무소에서 일하기 시작했어요.

6▶ 去年，勤めていた会社を辞めて，親父の後を継いだんだ。

작년에 다니던 회사를 그만두고 아버지가 하시던 일을 이어받아 하고 있어.

＊ 友達同士の会話では，自分の父親はふつう **아버님** と敬って呼ぶことはない。

7▶ 総合商社で繊維製品の輸出を担当しています。

종합 상사에서 섬유 제품의 수출을 담당하고 있어요.

8▶ 前は宅配の仕事をしてたけど，仕事がきつくてすぐ辞めちゃったんだ。

전에는 택배 일을 했었는데, 일이 너무 힘들어서 바로 그만뒀어.

9▶ リストラにあって，今は無職です。

명예퇴직해서 지금은 쉬고 있어요.

＊ **명예퇴직**：漢字で書くと「名誉退職」だが，本質は会社員を定年になる前に早期退職させるリストラ制度。退職金に定年退職時まで残った場合の給与の一定部分が加算される。

10▶ 定年退職して家でぶらぶらしてますよ。

정년퇴직하고 그냥 집에서 빈둥빈둥 놀고 있어요.

11▶ 小さい子どもがいるので，世話で一歩も外に出られないの。

애 때문에 집에만 갇혀 살고 있어.

12▶ 結婚と同時に勤めていた職場は辞めちゃったの。

결혼하면서, 다니던 직장을 그만두었어.

## □ 037 どんなお仕事をなさっているんですか

A 혹시 하시는 일이 뭐예요?

B 파견직 사원으로 제약 회사에서 일하고 있어요. 비정규직이라 대우가 별로 안 좋아요.

A あのぅ，お仕事は何をなさっているんですか。

B 派遣社員として製薬会社で働いています。非正規雇用なので，待遇があまりよくないです。

初対面同士の会話

＊ 正規雇用は 정규직〈正規職〉，非正規雇用は 비정규직〈非正規職〉，契約社員は 계약직〈契約職〉，日雇いは 일용직〈日雇職〉という。

## □ 038 専業主婦です

A 저는 전업주부예요.

B 와, 부러워요. 저도 그러고 싶어요.

A 専業主婦です。

B わあ，うらやましいですね。私もそうしていたいわ。

＊ 韓国でも最近「主夫」という言葉が登場するようになった。その場合 전업주부〈専業主夫〉，남성주부〈男性主夫〉という。

## □ 039 一風変わった仕事をしています

A 저는 좀 독특한 일을 하고 있어요.

B 그래요? 무슨 일을 하시는데요?

A 一風変わった仕事をしているんですよ。

B へえ，どんなお仕事なんでしょうか。

＊「一風変わった～」は，좀 독특한～，별난～，색다른～。

## そのほかの会話

1 ▶ 高校で非常勤として週に2回，英会話を教えています。

고등학교에서 시간 강사로 1주일에 두 번 영어 회화를 가르치고 있어요.

2 ▶ バイトで交通量調査をしています。

아르바이트로 교통량 조사를 하고 있어요.

3 ▶ スーパーでパートをしています。

슈퍼마켓에서 파트타임으로 근무하고 있어요.

4 ▶ 学校が終わったあと，飲食店で接客の仕事をしてるんだ。

학교 끝나고 나서 음식점 홀 서빙을 보고 있어.

＊ レストランなどで接客の仕事は **서빙하다, 서빙 보다** という。

5 ▶ 大学病院で看護師をしています。

대학 병원에서 간호사를 하고 있어요.

＊ 歯科医院で歯科衛生士をしています：**치과에서 치과 위생사를 하고 있어요.**

＊ 個人病院でレントゲン技師をしています：**개인 병원에서 방사선 기사로 일하고 있어요.**

### いろいろな変わった職業

- ソムリエ：**소믈리에**
- 宝石鑑定士：**보석 감정사**
- タロット占い師：**타로 점술가**
- ヒナの鑑別師：**병아리 감별사**
- ブリーダー：**브리더**
- ドッグトレーナー：**개 조련사**
- 電車の運転士：**전철 기관사**
- 音楽療法士：**음악 치료사**
- 水先案内人：**도선사**
- プロゲーマー：**프로 게이머**
- ユーチューバー: **유튜버**
- パーティープランナー：**파티플래너**
- コンシェルジュ：**컨시어지**
- 手話通訳士：**수화 통역사**
- 和菓子職人：**화과자 장인**
- 図書館司書：**도서관 사서**
- 馬の調教師：**경주마 조련사**
- 生け花の先生：**꽃꽂이 강사**
- 宇宙飛行士：**우주 비행사**
- アロマテラピスト：**아로마테라피스트**
- ゲームテスター：**게임 테스터**
- ゲームクリエーター: **게임 크리에이터**
- スタントマン：**스턴트맨**
- ウェディングプランナー：**웨딩플래너**
- ライフセーバー：**인명 구조원** または **해난 구조원**
- 臓器移植コーディネーター：**장기 이식 코디네이터**

# 14 人を紹介する

## □ 040 あちらの方にご紹介したいのですが

A 괜찮으시다면, 저분을 소개해 드리고 싶은 데요.

B 벽 앞에 서 있는 분을 말씀하시는 건가요? 뭐 하시는 분인데요?

A よろしければ，あちらの方にご紹介したいのですが。

B あの壁際に立っている方ですか。何をなさっている方でしょうか。

パーティー会場で，話している相手に紹介したい人がいるとき

＊ もしお知り合いでしたら，あちらの方をご紹介していただけませんか：혹시 저분과 아시는 사이면 소개 좀 해 주시겠습니까?

## □ 041 私の妻です

A 제 아내입니다.

B 안녕하세요. 남편한테 말씀 많이 들었습니다.

A 私の妻です。

B 家内です。主人からいろいろとうかがっております。

＊ 夫が自分の妻を紹介し，妻が相手に自己紹介をする言い方。日本語では「鈴木の家内です」のように言うが，韓国語では不自然なので 안녕하세요. で済ませる。

＊ 私の夫です：제 남편이에요.

＊ うちの父です《子どもが相手に》：저희 아버지이십니다.（自分の身内であっても必ず敬語を使う）

## □ 042 あの方はどなたですか

A 저쪽에서 친구분하고 이야기하는 사람은 누구예요?

B 아, 저 친구요? 잘 아는 후배예요.

A あそこでお友達とお話しなさっている方はどなたかしら？

B ああ，彼ですか。よく知っている後輩ですよ。

＊ 아는 동생 というと，ただ「知っているだけの後輩」のニュアンス。

＊ 彼女は高校の同窓生です：그 친구는 고등학교 동창이에요.

## そのほかの会話

1 ▶ お母さん，ちょっと紹介したい人がいるんだ。

어머니, 꼭 소개하고 싶은 사람이 있어요.

＊ 親に，付き合っている彼や彼女を紹介したいとき。娘なら **엄마～**，と呼びかける。

＊ 日本語では「会って欲しい人がいるの」という言い方をするが，**만나 주셨으면 하는 사람이 있어요**. というと，日本語の直訳調で，ぎこちない韓国語になる。

2 ▶ ねっ，あそこのかっこいい子，だれ？　紹介して！

어머, 저기 잘생긴 애는 누구야? 소개해 줘.

3 ▶ お互い，自己紹介なさったら？

서로 인사들 나누세요.

＊ 初対面の二人をお互いに紹介したあと，**어려워 말고 얘기 많이 나누세요**.（固くならずにお話をたくさん交わしてください）と，一言添えると雰囲気が和らぐ。

---

4 ▶ 私の息子［娘］です。

제 아들[딸]이에요.

＊ 長男は**장남**，**큰아들**，または**맏아들**，また長女は**장녀**，**큰딸**，または**맏딸**という。

＊ 次男は**차남**，**작은아들**，次女は**차녀**，**작은딸**，二人以上いる場合は，順番に**둘째 아들[딸]**，**셋째 아들[딸]**という。

5 ▶ こっちはいとこの正樹です。

이쪽은 제 사촌 동생 마사키예요.

＊ いとこが自分より年上であれば **우리 사촌 형（오빠）**，**우리 사촌 누나（언니）** という。年下であれば **우리 사촌 동생** という。

＊ 同い年の場合は，**이쪽은 제 사촌 마사키예요**. のように名前で呼ぶ場合が多い。

6 ▶ あいつはぼくの幼友達だよ。

쟤는 어렸을 때부터 친구야.

＊ **내 죽마고우야**〈竹馬故友〉とも言える。

＊「幼友達」は，男性同士の場合は **불알친구**（きんたま友達），女性同士の場合は **소꿉동무**（ままごと友達）ということが多い。また男性が「女の幼友達」を指して **소꿉동무** ということもある。

7 ▶ あの人はよく知っている先輩です。

저 사람은 내가 잘 아는 형이에요.

＊ 男性が男性の先輩を紹介する場合。女性の先輩を紹介するときは，**이쪽은 제가 잘 아는 누나예요**. と言う。女性が自分が親しい男性の先輩を紹介するときには，**잘 아는 오빠예요**. 女性の先輩を紹介するときには，**이쪽은 제가 잘 아는 언니예요**. と言う。

# 2.

# 気持ちを表現する

## □ 043 ご親切に教えてくださって，ありがとうございます

A 친절하게 가르쳐 주셔서 감사합니다.

B 도움이 되어서 좋습니다.

A ご親切に教えてくださって，ありがとうございます。

B お役に立ててうれしいです。

* 感謝の意を表するときに，日本語のように「すみません」とは言わないので 미안합니다. を使わないように注意すること。
* 「ありがとうございました」も 감사합니다. と言い，過去形にして 감사했습니다. とは言わない。

## □ 044 わざわざ買ってきてくれてありがとう

A 이거 갖고 싶어했지? 요전에 파리에 갔을 때 공항에서 샀어.

B 일부러 이런 거까지 사다 주고…….

A これ欲しかったろ？ この前パリへ行ったとき，空港で買ったんだ。

B わざわざ買ってきてくれて…。

親しい者同士の会話

* 日本語を直訳して 일부러 사 줘서 고마워. と言うと，韓国語として違和感がある。
* こんなに高いものを：이렇게 비싼 걸.
* こんなにすてきなものを：이렇게 멋진 걸.

## □ 045 ありがとう。だいじに着るよ

A 이거 생일 선물이야. 내가 직접 짰어.

B 야, 스웨터, 따뜻하겠다. 고맙다. 잘 입을게.

A これ，誕生日のプレゼント。わたしが編んだのよ。

B 暖かそうなセーターだね。ありがとう。だいじに着るよ。

* シャツやセーターなど着るものをもらったときの言い方（韓国人は親しい間柄ではパンツなどの下着をプレゼントすることがある）。
* ありがとう！　だいじに使うよ。：고마워! 잘 쓸게.（ボールペンや時計など自分で使用する身の回りのものを友達からプレゼントされたときの言い方）。

## そのほかの会話

1 ▶ いろいろとお世話になりました。

여러 가지로 신세 많이 졌습니다.

＊ 本当に世話になったとき以外はあまり使われない。人の家に泊めてもらったりしたとき，帰り際に言うお礼としては，ふつうは軽く **잘 놀다 가요.** とか **재미있게 놀았어요.**, **즐겁게 지냈어요.** などと言う。

2 ▶ そうしてもらえると助かるわ。그렇게 해 주시면 고맙죠.

3 ▶ 誕生日，覚えていてくれて，ありがとう。

내 생일을 챙겨 줘서 고마워.

＊ **챙기다**には「忘れずにきちんとする」という意味がある。

4 ▶ ありがとうございます。だいじにします。

고맙습니다. 잘 간직할게요.

＊ 知人などからプレゼントをもらったりしたときの言いかた。

5 ▶ 欲しかったものだよ。ありがとう。갖고 싶었던 건데 고마워.

6 ▶ ありがとう。開けてもいい？고마워. 열어 봐도 돼?

＊ 韓国人はプレゼントをもらったら，欧米人のようにその場で開けて見ることが多い。包装してあるものは**뜯어봐도 돼?** と言う。

7 ▶ きみにあげようと思って持ってきたんだ。너 주려고 가져왔지.

### いろいろな「ありがとうございます」

- ご連絡ありがとうございます：연락해 주셔서 감사합니다.
- ご協力～：협조해 주셔서 감사합니다.
- ご招待～：초대해 주셔서 감사합니다.
- ご利用～：이용해 주셔서 감사합니다.
- お手伝い～：도와주셔서 감사합니다. (**도와주다** は分かち書きしない)
- お気遣い～：신경 써 주셔서 감사합니다.
- お忙しいところ～：바쁘신데 감사합니다.
- わざわざお出迎え～：일부러 마중 나와 주셔서 감사합니다.

## □ 046 若さあふれるようですね

A 언제 봬도 젊음이 넘치는 것 같아요.

B 감사합니다. 실은 젊게 보이려고 열심히 가꾸고 있어요.

A いつお会いしても若さあふれるようですね。

B ありがとうございます。実は，若く見せようと一生懸命なんですよ。

知人同士の会話

* 생기가 넘치다〈生氣－〉：いきいきとしている
* 가꾸다：手入れをする。몸매를 ～（スタイルを管理する），피부를 ～（肌の手入れをする）。

## □ 047 本当に物知りですね

A 우주 비행사는 장기간 무중력 상태에 있으니까 근육이 위축돼서 지구에 돌아오면 바로 걷지 못한대요.

B 정말 모르는 게 없는 만물박사시네요.

A 宇宙飛行士は，長期間無重力状態にあるので，筋肉が萎縮して，地球に帰ってくるとすぐには歩けないんですって。

B 本当に，知らないことなどないくらい物知りですね。

* 만물박사〈萬物博士〉：多方面にわたって博識な人。韓国ではある分野に精通している人を 박사 に例えていう場合がある。컴퓨터 ～（パソコン博士），영화 ～（映画博士）など。도사〈道士〉ともいう。

## □ 048 学年で一番なんだって？

A 얘기 들었는데, 학년에서 토플 1등이라면서?

B 뛰는 놈 위에 나는 놈이 있기 마련이야. 다른 학교에는 만점 받은 사람이 여러 명 있대.

A 友達から聞いたけど，TOEFL，学年で一番なんだって？

B いや，上には上がいるさ。ほかの学校じゃあ満点の人が何人もいるよ。

* 뛰는 놈 위에 나는 놈이 있다：上には上がいる。直訳は「跳ねるやつの上には飛ぶやつがいる」。

## そのほかの会話

1 ▶ よくやりましたね（頑張りましたね）。잘했어요.

＊ **잘했어.**：親などが子どもをほめるとき（**잘하다**は分かち書きしない）。

2 ▶ よくやったよ！ 장하다!

＊ 友達や年下に対してほめる言葉。漢字では〈壯－〉と表記。

3 ▶ えらいね。기특해!

＊ 小さな子どもをほめるとき。**기특하다**〈奇特－〉：感心だ，殊勝だ。

4 ▶ 本当に多才ですね。참, 재주가 많으세요.

---

5 ▶ きみには負けたよ。내가 졌어.

＊ 直訳は「おれが負けたよ」。

6 ▶ きみにはかなわないよ。너한테는 못 당하겠다.

＊ **당하다**〈當－〉：匹敵する，かなう，勝ち抜く

7 ▶ きみはほんとにすごい。넌 정말 대단해.

8 ▶ お手本にしたいです。롤모델로 삼고 싶어요.

9 ▶ 本当にお上手になりましたね。정말 많이 느셨네요.

10 ▶ ずいぶんうまくなったね。많이 늘었구나.

# 人の服装や持ち物をほめる

## □ 049 わあ，コートとてもすてきだわ

A 와, 코트 너무 예쁘다. 어디서 샀어?

B 사긴……. 엄마 거 물려받은 거야.

A わあ，コートとてもかわいい。どこで買ったの？

B 買っただなんて…。母のものをもらったのよ。

知人同士の会話

＊ 너무 は元来，숙제가 너무 어렵다，숙제가 너무 많다 のように否定的な内容とともに使われてきたが，最近では，肯定的な内容をさらに強める言い方としても用いられている。

＊ 물려받다：譲り受ける，引き継ぐ，継承する

## □ 050 ネクタイがすごく似合っています

A 실장님, 넥타이 색깔이 양복하고 아주 잘 어울리네요.

B 어, 집사람이 골라 준 건데 괜찮아?

A 室長，ネクタイの色がスーツにとてもお似合いですね。

B ああ，女房の見立てなんだけど，どうかな？

＊ 社内で人に呼びかけるとき，直接，本人が所属している課や部の課長や部長を呼ぶ場合は，실장님，과장님，부장님 など，名字を付けずに役職だけで呼ぶ。もし同じ科や部に同姓がいる場合は，フルネームで呼ぶ（홍길동 과장）。

＊ 어울리시네요 のように 시 を挿入すると，過剰敬語表現になるので注意。

＊ 日本語で「洋服」といえば一般に「服（着る物）」を指すが，韓国語の 양복 は「男性用のスーツ」の意味で使われる（슈트，정장 ともいう）。

## □ 051 ブラウスがほんとにすてきね

A 예쁘다! 블라우스가 정말 근사해.

B 봄이라서 조금 밝은 색으로 입었어.

A かわいい！　ブラウスがほんとにすてきね。

B 春だからちょっと明るい色を着たの。

友達同士の会話

＊ 근사하다〈近似－〉：すてきだ

＊ そのワンピースの色，本当によくお似合いです：그 원피스 색깔 정말 잘 어울리네요.

## そのほかの会話

1▶ すてきなシャツをお召しですね。멋진 셔츠를 입으셨네요.

2▶ いいシャツ着てるね。좋은 셔츠 입었네.

3▶ 色がとてもきれいで似合っていますね。

색깔이 아주 예쁘고 잘 어울리는군요.

＊ **어울리시는군요** のように **시** を挿入すると，過剰敬語表現になるので注意。

4▶ イヤリングが今日の装いと合っていますね。

귀걸이가 오늘 옷차림과 잘 맞네요.

5▶ 洋服の色と顔がよく似合っています。

옷 색깔이 얼굴에 잘 받네요.

＊ **～에 받다**：色や形が～と似合う。

6▶ だれに選んでもらったのか，いいネクタイですね。

누가 고르셨는지 멋진 넥타이네요.

7▶ 今日はパリッと決まってますね。오늘은 쫙 빼입고 나오셨네요.

＊ **빼입다**：服の着こなしがぴったり決まっている

8▶ 着こなしが本当にお上手ですね。옷맵시가 참 좋습니다.

＊ **옷맵시**：着こなし，身なり

9▶ 何を着てもよく似合いますよ。뭘 입어도 잘 어울리시네요.

10▶ 春物をきれいに着飾りましたね。봄옷 예쁘게 차려 입었네요.

11▶ わぁ，かわいい！　와, 예쁘다!

＊ かわいい小物などにも使える。会話では**와, 이쁘다!** と言う人もいるが，これは辞書には載っていない非標準語。

12▶ とってもかわいい！ 너무 귀엽다!

＊ **귀엽다**：かわいらしい，愛らしい。おもに子どもなどに使う。

# 18 人の家族などをほめる

## □ 052 立派な息子さんですね

A 제 아들놈이에요. 대학에 다니고 있지요.

B 아드님이 믿음직하고 남자답게 생겼네요.

A 私の息子です。大学に通っているんです。

B 頼りがいのある凛々しい息子さんですね。

＊ 아들놈：父親が自分の息子を他人に紹介するとき，ややへりくだった言い方（아들놈の 놈 には，若干の愛称としてのニュアンスがある）。

## □ 053 全国大会で優勝なんてすごいですね

A 댁의 아드님이 전국 유도 대회에서 우승했다면서요? 대단하네요.

B 아니에요, 어쩌다 운이 좋았을 뿐이에요.

A おたくの息子さん，柔道の全国大会で優勝したんですってね。すごいですね。

B いいえ，たまたま運がよかっただけですよ。

＊ 댁의 아드님 を 자제분〈子弟－〉とも言う。

＊ 대단하다〈大端－〉：すごい。

## □ 054 もっぱらの評判でしたよ

A 부인께서 현모양처시라고 소문이 자자하던데요.

B 과찬의 말씀이십니다.

A 奥さんが良妻賢母だともっぱらの評判でしたよ。

B そんな，ほめ過ぎですよ。

＊ 현모양처〈賢母良妻〉：良妻賢母

＊ 소문이 자자하다〈所聞－藉藉－〉：直訳は「噂が多くの人の口に上る」。称賛が絶えないという意味。

＊ 과찬〈過讚〉：ほめ過ぎという意味で，謙遜の意を表す。

## そのほかの会話

1 ▶ ご主人，本当に優しくていいですね。

남편분이 참 자상하셔서 좋으시겠어요.

＊**자상하다**〈仔詳－〉：人情深く，真心がこもっている

2 ▶ 奥さんの料理の腕前はまさに芸術ですね。

사모님 음식 솜씨가 정말 예술이네요.

3 ▶ お嫁さん，気さくで慎ましやかですね。

며느님이 싹싹하고 얌전하네요.

4 ▶ 息子さん，優秀でいらっしゃいますね。

아드님이 준수하게 생겼네요.

＊**준수하다**〈俊秀－〉：能力・才知がすぐれている

5 ▶ お子さんが今回，全校で１位だなんてすごいですね。

자녀분이 이번에 전교 1등 했다니 장하시겠어요.

＊**자녀분**〈子女－〉：人の子息を指す敬語。

＊**장하다**〈壯－〉：よくやった，すごい。年下をほめる言葉。

6 ▶ お子さんたちが親孝行で（ご両親は）うらやましいですね。

자식들이 효자, 효녀라 부모님은 좋으시겠어요.

＊話者は両親と話している。**좋으시겠어요**：直訳は「結構なことですね」。

＊**효자**〈孝子〉：孝行息子／**효녀**〈孝女〉：孝行娘

7 ▶ こちらのお子さんは，みんなお行儀がいいこと。

이 집 아이들은 하나같이 착해요.

＊ **하나같이**：みんな，一様に。

8 ▶ まあ，小さいのにえらいわね。

조그마한 아이가 하는 짓이 기특하네요.

＊ **기특하다**〈奇特－〉：感心だ，えらい。小さな子どもをほめるときの言葉。

9 ▶ 赤ちゃん，小さくてかわいいわね。

아기가 예쁘고 깜찍하네요.

＊ **깜찍하다**：赤ちゃん，子ども，人形や洋服など，とりわけ小さいものが可愛いときによく使うほめ言葉。辞書には「ませている」「小ざかしい」「ちゃっかりしている＝**약삭빠르다**」「抜け目ない＝**영악하다**〈獰悪－〉」というマイナスの意味も載っているが，ほめ言葉としてプラスのイメージでも使える。

# 19 人の家をほめる

## □ 055 家が広くていいですね

A 집이 아주 넓고 좋네요.

B 애들이 맘껏 뛰놀 수 있게 넓은 평수로 이사 왔어요.

A 家がとても広くていいですね。

B 子どもたちが思う存分遊び回れるように，広い家に引っ越して来たんですよ。

知人同士の会話

＊평수〈坪数〉：韓国でも日本同様に面積の単位として「坪」を使用してきたが，法律上禁止され㎡表記に変わった今でも，生活の中ではまだ使われている。

## □ 056 家の中をこぎれいにしていますね

A 집 안을 예쁘게 꾸미셨네요.

B 고마워요. 제가 인테리어에 관심이 많은 편이거든요.

A 家の中をこぎれいにしていますね。

B ありがとうございます。私がインテリアに関心があるので。

知人同士の会話

＊집 안을 예쁘게 꾸미다：家の中をかわいらしく飾る。집을 예쁘게 꾸미다 でもいい。

＊インテリア：인테리어。실내 장식〈室内装飾〉ともいう。

## □ 057 庭の手入れが行き届いていますね

A 정원 손질이 잘돼 있네요.

B 실은 어제 한가해서 가지치기를 했어요.

A 庭の手入れが行き届いていますね。

B 実は，昨日時間があったので枝を切ったんですよ。

知人同士の会話

＊가지치기：剪定，枝打ち

## そのほかの会話

1 ▶ いい家ですね。

집 좋은데요.

2 ▶ 家が明るくて，日当たりがいいですね。

집이 환하고 볕이 잘 드네요.

＊ **볕이 잘 들다**：日の光がよく入る，日当たりがいい

3 ▶ ちりひとつなく，きれいにしていますね。

집에 먼지 하나 없이 깨끗하네요.

4 ▶ 家の雰囲気が前よりいい感じになったね。

집 분위기가 예전보다 아늑해진 거 같아.

＊ **아늑하다**：居心地がいい

5 ▶ 二人で住むにはこぢんまりしていて，いいですね。

둘이 살기에 아담하고 좋네요.

＊ **아담하다**〈雅淡−〉：こぢんまりしている

6 ▶ 高層マンションだと展望が開けて景色がすばらしいですね。

고층 아파트라 전망이 탁 트여서 경치가 멋지네요.

＊ 日本でいういわゆるマンションは韓国語では**아파트**。

---

7 ▶ 部屋の中をリラックスできる雰囲気に飾りましたね。

실내를 안락하고 편안한 분위기로 잘 꾸미셨네요.

8 ▶ カーテンの色と家具がよくマッチしています。

커튼 색깔과 가구가 잘 어울려요.

9 ▶ インテリアのセンスが専門家顔負けですね。

인테리어 센스가 전문가 빰치네요.

＊ **빰치다**：劣らない，顔負けする

10 ▶ 古い家も，丹念に手入れをすると新しい家みたいですね。

오래된 집도 정성 들여 손을 보니 새 집 같네요.

＊ **정성 들이다**〈精誠−〉：真心を込める，丹念に～する

# 20 人にほめられたとき

## □ 058 おだてないでください

A 그런데 어떻게 한국어를 그리 잘하세요? 발음이 원어민 같아요.

B 잘하기는요. 과찬이십니다.

A しかし，韓国語がなんでそんなにうまいんですか。発音がネイティブのようです。

B 上手だなんて。おだてないでくださいよ。

＊ 원어민〈原語民〉：ネイティブスピーカー

＊ 과찬이십니다〈過讃－〉：自分や身内の人がほめられたときに言う謙遜の表現。

＊「おだてないでくださいよ」という意味で，一昔前は 비행기 태우지 마세요. という言い方がよく使われていた。

## □ 059 いや，まだまだです

A 따님이 스케이트를 잘 타네요. 장래 올림픽 선수감이네요.

B 잘하기는요. 부모 입장에서 보면 아직 멀었어요.

A お嬢ちゃん，スケートがうまいですね。将来はオリンピック選手ですね。

B とんでもない。親から見ればまだまだですよ。

＊ 선수감〈選手－〉：－감 は一部の名詞のあとについて，「その資格のある人」という意味を表す。신랑감／며느릿감／사윗감／장군감 などがある。

＊ 아직 멀었어요.：まだまだですよ。ほめられたときに相手に言う決まり文句。

## □ 060 お世辞でもうれしいです

A 이거 네가 쓴 거야? 한국어를 공부한 지 1년도 안 된 사람이 쓴 거라고는 생각되지 않아.

B 빈말이라도 기분 좋네요.

A これはきみが書いた文章なの？　韓国語を勉強してまだ 1 年にならないとは思えないね。

B お世辞でもうれしいです。

知人同士の会話で A は B より年上

＊ 빈말：お世辞

## そのほかの会話

1 ▶ 照れるじゃないですか。

낯간지럽습니다.

＊ **낯간지럽다**：照れくさい。直訳は「顔がくすぐったい」。ほめられて恥ずかしいときに使う表現。**쑥스럽습니다.**, **민망합니다**〈憫惘－〉ともいう。

2 ▶ やめてください。恥ずかしいですよ。

그만하세요. 제가 다 부끄럽잖아요.

3 ▶ ほめても何にも出ないよ。

그렇게 말해 봤자, 아무것도 없어.

＊ 似たような表現に**국물도 없어**. というのがあるが，こちらはたいてい非難や怒り，脅しの意味で使われる。**내 말 안 들으면 국물도 없어**.（言うことを聞かないと何もしてやらないぞ），**열심히 도와줬는데 국물도 없어**.（一生懸命に手伝ったのに何の見返りもない）。

4 ▶ どうしたらいいかわかりません。

몸 둘 바를 모르겠네요.

＊ **몸 두다**：身を置く。直訳は「身の置くところがわかりません」。ほめられてどのように対応すればいいかわからないくらい恥ずかしいという意味。

5 ▶ まだ足りないところだらけですよ。

아직 부족한 점이 많습니다.

6 ▶ ほめ過ぎですよ。

칭찬이 너무 과해요.

＊ **과하다**〈過－〉：度を超える

7 ▶ この上なく恐縮です。

송구스럽기 짝이 없습니다.

＊ **짝이 없다**：この上ない

8 ▶ 皆さんが高く評価してくださってありがたく存じます。

여러분이 잘 봐 주셔서 감사할 따름입니다.

＊ **봐주다** と分かち書きしないと，「大目に見る」という意味になる。

＊ **따름**：動詞の語尾 -ㄹ/-을に付いて「～だけ」「～ばかり」「～のみ」の意味を表す。

9 ▶ そう言っていただけるとうれしいですね。

그렇게 말씀해 주시니 정말 기쁩니다.

### □ 061 頭が下がる思いです

A 최 선생님이 열심히 하시는 모습을 보면 고개가 저절로 숙여져요.
B 정말 그래요. 우리 보호자들도 존경하지 않을 수 없어요.

A チェ先生が一生懸命になっている姿を見ると頭が下がる思いです。
B 本当ですね。我々保護者たちも尊敬しています。

＊ 고개가 숙여지다：頭が下がる。머리가 수그러지다 ともいう。

### □ 062 だれもできないことですね

A 60년이나 한길에 매진한다는 건 아무나 할 수 없는 일이에요.
B 그렇죠. 그분의 장인 정신은 존경받을 만해요.

A 60年もその道一筋に歩むというのはだれもできないことですね。
B そうですね。その方の職人魂は尊敬するに値します。

＊ 한길에 매진하다〈－邁進－〉：一途に歩む，一筋に歩む。한길을 걷다 とも言う。
＊ 장인 정신〈匠人精神〉：職人魂，職人根性

### □ 063 尊敬しちゃうわ

A 난, PC를 다룰 줄 아는 사람이 부러워.
B 요즘 PC를 못 다루는 사람은 없어요.

A わたし，パソコンができる人って尊敬しちゃうわ。
B 今どきパソコンができない人なんていないわよ。

＊ PC（피시）：パソコン
＊ この場合の「尊敬する」は，「すごい」「うらやましい」という意味が含まれた日本語独特の言いまわしなので，韓国語では 존경하다 という単語は使わない。

## そのほかの会話

1 アルバイトをしながら大学を卒業したなんてえらいなあ。

아르바이트를 하면서 대학을 졸업했다니 대단하구나.

2 女手ひとつで，私を大人になるまで育ててくれた母を尊敬しています。

여자 혼자 힘으로 저를 키워 주신 어머니를 존경합니다.

3 さすが先輩の影響力はすごいですね。尊敬します。

과연, 선배님의 영향력은 대단하네요. 존경합니다.

4 自分の言ったことをきちんと実行する人って本当に尊敬しますね。

자신이 말한 것을 반드시 실천하는 사람은 정말 존경스러워요.

＊ 日本語では「実行する」だが，韓国語では**실천**〈實踐〉のほうがしっくりくる。

5 前社長の業績に敬意を表します。

전 사장님의 업적에 경의를 표합니다.

6 男なのにボタン付けができるなんて，すごいですね。

남자가 단추를 달 수 있다니 대단해요.

7 魚をさばける人って尊敬しちゃうわ。

생선을 손질할 수 있는 사람은 대단해요.

＊ 魚を三枚におろす：**생선 머리를 떼어 내고, 등뼈를 따라 칼집을 넣어 뼈와 두 조각의 살로 뜨다**

＊ この場合，**존경하다**を使うとおかしい。

8 ネイティブでもないのに外国語がそんなに流暢だなんて，すごいですね。

원어민도 아닌데 외국어를 그렇게 유창하게 하다니 정말 대단하시네요.

## □ 064 うれしそうですね

A 과장님, 기분 좋아 보이시네요. 뭐 좋은 일 있으세요?

B 네, 다음 달에 부장으로 승진하게 됐어요.

A 課長さん，うれしそうですね。どうしたんですか。

B ええ，来月，部長に昇進することになったんですよ。

＊ 기분 좋아 보이시네요. は直訳だと「ご気分がいいように見えます」。

＊ 다음 주，다음 달 は分かち書きするが，지난주，지난달，지난해 はくっつけて書く。

## □ 065 とってもうれしいです

A 하루 종일 싱글벙글하고 있네. 무슨 좋은 일이라도 있어?

B 음대에 합격했거든요. 너무너무 기뻐요.

A 一日中にこにこしてるね。何かいいことでもあったの？

B 音大に合格したの。とってもうれしいわ。

＊ 너무너무 기뻐요. は，最近の若い女性が使う言葉。男性が使うと違和感がある。人によってはこのような使い方は文法的に間違いだとし，上の例文も 정말 기뻐요. と言い換えたほうがいいと主張する人もいる。

## □ 066 楽しかったね

A 후지큐 하이랜드는 아찔하고 스릴 만점이었지. 진짜 재미있었어.

B 아니, 나는 이제 그렇게 무서운 놀이 기구는 못 타겠어.

A 富士急ハイランドはめまいがするほどスリル満点だったなぁ。本当に楽しかった。

B いや，もうわたしは，もうあんな怖い乗り物には乗れないわ。

＊ 아찔하다：めまいがする，くらっとする

＊ 遊園地：韓国語では 놀이동산〈ー山〉，놀이공원〈ー公園〉といい，乗り物は 놀이 기구（分かち書き）という。また，子どもたちが外で遊べるように器具や砂場があるところを 놀이터 という。ちなみに 유원지〈遊園地〉とは，主に自然の中で運動やレクリエーションを楽しむところを指す場合が多い。

## そのほかの会話

1▶ うれしそうですね。

입이 귀에 걸렸네요.

＊ **입이 귀에 걸렸다**：直訳は「口が耳にかかった」。うれしくてたまらないという表現。

2▶ うれしそうだね。

좋아서 입이 딱 벌어지네.

＊ 直訳は「うれしくて口がぽっかりと開いているね」。よっぽど親しい間柄ではないと失礼になるので使えないが，年上には敬語にして**좋아서 입이 딱 벌어지셨네요**. と言ってもいい。

3▶ 世の中バラ色ですよ。

세상이 온통 장밋빛이에요.

4▶ おかげで楽しい日になりましたよ。

덕분에 즐거운 날이 됐어요.

5▶ 最高の気分です。

기분 최고예요.

＊ 若者たちの間では **기분 짱이었어!**，**기분 끝내줬어!** などと言う。

6▶ 明日から楽しい休みだ。

내일부터 신 나는 방학이야.

＊ **신 나다**：「ウキウキする」「盛り上がる」「気分が上がる」「浮かれる」ようだ。「楽しい」「興奮している」と訳されるときもある。**신나다** とくっつけて書いてもいい。

7▶ 今日の合コンにどんな人が来るか楽しみだわ。

오늘 미팅에 어떤 사람이 나올지 기대가 되는데.

8▶ 久しぶりに主人と一緒に買い物を楽しみました。

오랜만에 남편이랑 쇼핑을 즐겼습니다.

9▶ 久しぶりの帰省で旧友たちと楽しく過ごしました。

모처럼 고향에 와서 옛 친구들하고 재미있게 지냈어요.

10▶ 年末ジャンボの１等に当たったんだ。夢のような話だよ！

연말 점보 복권 1등에 당첨됐어. 이거 꿈만 같다!

＊ **꿈 같은 얘기야!** というと，「宝くじに当たって夢みたいだよ」の意味よりは「宝くじに当たるなんて夢みたいだよ」の意味のほうが強い。

## □ 067 熱々(あつあつ)でしょう？

A 신혼 생활은 어떠세요? 깨가 쏟아지죠?

B 네, 너무 행복해요.

A 新婚生活はいかがですか。熱々なんでしょう？

B ええ，とっても幸せですよ。

知人同士の会話

＊ 깨가 쏟아지다：直訳は「ゴマがあふれ落ちる」。新婚初期の生活など，愛情があふれて楽しいことを言うときに使う表現（主に他人に対して使われる）。ゴマを収穫するとき，刈り入れたゴマをそっと叩くだけで，たくさんのゴマの粒がザーッとあふれ落ちる楽しさを例えておもしろく表現したもの。

## □ 068 幸せが長く続くように努力しないと

A 결혼은 해볼 만한 거야.

B 그 행복이 오래가도록 서로 노력해야지.

A 結婚はしてみるものだな。

B その幸せが長く続くようにお互いが努力しないと。

友達同士の会話

＊ 今は幸せすぎて怖いわ：지금 너무 행복해서 오히려 무서워.

## □ 069 幸せだったね

A 휴대폰도 컴퓨터도 없던 시대에 청춘을 보냈다는 건 나름대로 행복한 일이네요.

B 맞아요. 지금 젊은이들은 기계의 지배를 받고 있어서 안됐어요.

A 携帯もパソコンもない時代に青春を過ごしたということは幸せだったね。

B そうだね。今の若者は機械に支配されていて，かわいそうだね。

中年男性同士の会話

＊ 안되다：気の毒だ，かわいそうだ

## そのほかの会話

1 ▶ 子どもが生まれて，今は幸せの絶頂です。

새 아이가 태어나서 지금 최고로 행복해요.

2 ▶ ぼくはきみといるときが一番幸せなんだ。

나는 너랑 있을 때가 가장 행복해.

3 ▶ 夫も優しいし，今の生活に不満もなく幸せです。

남편도 잘해 주고 지금의 생활에 불만도 없고, 행복해요.

＊ **잘해ˇ주다**：よく（親切に）してくれる，よく（親切に）してあげる

4 ▶ 生活の中に夢や生きがいを持っていることは幸せなことです。

살아가는 데 꿈이나 삶의 목표를 가지고 있는 건 행복한 일이에요.

5 ▶ 不平不満を抱えて生活していると，幸せになんかなれないですよ。

불평불만을 품고 살면 행복해지지 않아요.

6 ▶ ささやかな幸せでもいいから掴みたいわ。

작은 행복이라도 좋으니까 손에 쥐고 싶어.

＊ **손에 쥐다**：手に入れる

7 ▶ 幸せと不幸せは背中合わせだってだれかが言ってたわ。

행복과 불행은 언제나 함께 오는 것이라고 누군가 말했어.

8 ▶ こう見えても，子どものころは両親に溺愛されて，とても幸せだったのよ。

이래 봬도, 어릴 때는 부모님한테 사랑을 듬뿍 받아 아주 행복했었어.

＊ **듬뿍**：あふれるほどたっぷり

＊ とても大切にされ，可愛がられて育てられた子どもを**금이야 옥이야 키운 자식**という。特に一人娘に対して**금지옥엽**〈金枝玉葉〉という言葉を使う。

＊ **외동딸을 금지옥엽처럼 키우다**：一人娘を蝶よ花よと育てる。

## □ 070 気持ちがいいですね

A 소나기가 내린 뒤의 공기는 정말 상쾌해요.

B 미세먼지가 씻겨서 오랜만에 하늘이 깨끗해진 것 같아요.

A 夕立ちが降ったあとの空気は，本当に気持ちいいですね。

B PM2.5が洗い流されて，久しぶりに空がきれいになったようです。

* 미세먼지〈微細ー〉：日本語で言う，いわゆるPM 2.5。
* 空気を吸う：공기를 마시다
* 風に当たる：바람을 쐬다

## □ 071 満ち足りた気分になりますね

A 오늘 자원봉사 활동을 갔었어요.

B 좋은 일을 하고 나면 마음이 뿌듯하죠.

A 今日，ボランティア活動に行ったんですよ。

B いいことをすると満ち足りた気分になりますね。

* 자원봉사〈自願奉仕〉：ボランティア
* 뿌듯하다：胸がいっぱいになる，満足して気分がいい

## □ 072 気持ちがいいですね

A 오늘은 퇴근길에 헬스장에 갈까 해요.

B 몸을 움직이는 건 기분이 좋죠.

A 今日は仕事帰りにジムに寄っていこうと思っています。

B 体を動かすのって気持ちがいいですね。

* 퇴근길에：会社帰りに
* 헬스장[헬스 클럽]에 가다：スポーツクラブに行く。피트니스 클럽，피트니스 센터とも言う。

## そのほかの会話

1 ▶ 湧き水をひしゃくですくって飲むと，気持ちがいいですね。
약수터에서 물 한 바가지 떠 마시면 시원하고 상쾌해요.

2 ▶ 500 ウォン玉でいっぱいになった貯金箱を見ると気分がいいですね。
500원짜리로 가득한 저금통을 보니 뿌듯하네요.

3 ▶ 東京スカイツリーの展望台に昇ってみたけど，最高の気分だったよ。
도쿄 스카이트리 전망대에 올라가 보았더니, 정말 기분이 좋더라.

4 ▶ 今まで心にしまっておいた言葉を吐き出したので胸がすっきりしました。
지금껏 가슴에 담아 뒀던 말을 쏟아 냈더니 속이 후련해요.
＊**후련하다**：(心の不安や，もやもやがなくなって）すっきりする

5 ▶ 長い間，積もった溜飲が下がったように胸がすっきりしました。
십 년 묵은 체증이 내려간 것처럼 속이 시원하네요.
＊ **십 년 묵은 체증이 내려가다** 〈十年－滞症－〉：**체증** は漢方でいう「消化不良」。直訳は「十年もの間かかっていた消化不良が治った」。あることがきっかけで不安や不満が解消されるという意味のことわざ。

6 ▶ マッサージをしてもらったら，体が軽くなりました。
마사지를 받고 나니 몸이 가벼워졌어요.

7 ▶ サウナで汗を流したら，体がすっきりしました。
사우나에서 땀을 빼고 나니 몸이 가뿐해요.
＊ **땀을 빼다**：汗を流す
＊ **가뿐하다**：体が爽快で軽い

8 ▶ 解熱剤を飲んだら，熱も下がり体が楽になりました。
해열제를 먹었더니, 열도 내리고 온몸이 한결 가벼워졌어요.
＊ **한결**：いっそう，前よりもさらに

9 ▶ ちょっと昼寝をしたら頭がすっきりしました。
낮잠을 조금 잤더니 머리가 개운하네요.
＊ **낮잠** は「昼寝」，**늦잠** は「朝寝坊」。
＊ **개운하다**：(気分や体の調子が）すっきりする，さっぱりする。

## □ 073 おもしろかったです

A 한국 여행은 재미있었어요. 한 번 더 가 보고 싶어요.

B 다음에 갈 때는 같이 데리고 가 주세요.

A 韓国旅行はおもしろかったです。もう一度行きたいですね。

B 今度行くときは，一緒に連れてってくださいね。

＊ 재미있다：おもしろい。楽しくて愉快な気持ちを感じる。재미 というのは，あることから得られる楽しい感じ。

## □ 074 競馬にはまってるんだ

A 지난번에 산 마권이 적중하고 나서부터 경마에 빠졌어.

B 너무 열중하다가 빈털터리가 된 사람도 있으니까 조심해.

A この間買った馬券が当たってから，競馬にはまってるんだ。

B あまり夢中になりすぎてスッカラカンになった人もいるから気をつけなよ。

＊ 빠지다 には「溺れる」「陥る」「はまる」という意味がある

＊ 馬券を当てる：마권을 맞히다

## □ 075 やってみるとおもしろいよ

A 인터넷 게임도 해 보면 재미있어.

B 게임 중독자들이 얼마나 많은데 너도 폐인이 되지 않도록 조심해.

A ネットゲームもやってみるとおもしろいよ。

B ゲーム中毒者がとても多いけど，きみもそうならないように気をつけろよ。

＊ 인터넷(온라인) 게임 중독자：インターネットのオンラインゲームなどに極端にはまった人。게임 폐인〈廢人〉とも言い，日本では「ネトゲ廃人」とも呼ばれている。폐인 はもともと病気や依存症などによって日常生活に支障をきたす人の意味。

## そのほかの会話

1 ▶ いろいろな科目の中で，歴史が一番おもしろいです。

여러 과목 중에서 역사가 제일 재미있어요.

2 ▶ うちのおじいさんは，ユーモア感覚にすぐれておもしろいです。

저희 할아버지는 유머 감각도 뛰어나시고 재미있는 분이세요.

3 ▶ 金課長さんは，なんて話がおもしろいんでしょう。コメディアンになってもいいくらいです。

김 과장님은 어찌나 이야기를 재미나게 하시는지 개그맨 해도 되겠어요.

＊ **재미나다**：興味や面白みが湧く。

4 ▶ 金を使うおもしろさにはまると，絶対に金を貯めることはできないですね。

돈 쓰는 재미에 빠지다 보면 절대 돈을 모을 수 없죠.

＊ **재미**：おもしろみ，楽しみ

5 ▶ 私は一時，ビンテージ古着にはまったことがありました。

저는 한때 빈티지 구제 옷에 빠진 적이 있었어요.

＊ **빈티지 구제 옷**〈－舊製－〉：ビンテージ古着

## おもしろい，楽しい，うれしい

재미있다：話者がある物事から得られる楽しい感じ。

- **요즘 무슨 재미있는 일 있어?** (最近何かおもしろいことある？)
- **한국어 공부가 정말 재미있어요.** (韓国語の勉強が本当におもしろいです)

---

즐겁다：話者が動きや活動をする時に，心に楽しさを感じる（心情）。

- **즐거운 여행이었어요.** (楽しい旅行でした)
- **오랜만에 친구를 만나니 너무 즐거웠어요.** (久しぶりに友達に会ってとても楽しかったです)

---

기쁘다：うれしい。願っていたことや望んでいたことが叶って，いい気分になる。

- **이번 시험을 잘 봐서 기뻤어요.** (今度の試験がうまくいってうれしかったです)
- **편지 기쁘게 읽었습니다.** (お手紙うれしく拝見しました)

# 26 期待する，願う

## □ 076 期待して見に行ったけど

A 지난주에 개봉한 영화 말이야. 잔뜩 기대하고 갔는데 전혀 재미없었어.
B 그런 영화, 기대한 것 자체가 잘못이야.

A 先週封切りになった映画だけどね，すごく期待して見に行ったけど，ちっともおもしろくなかったわ。
B あんな映画，期待すること自体，間違いだよ。

* 개봉〈開封〉：映画の封切り
* 잔뜩：いっぱい，最大限に，すごく，とても，すっかり
* 結末にはがっかりしたわ：결말이 시시했어.

## □ 077 願いが叶うとは思わないよ

A 지금부터 열심히 연습하면 틀림없이 전국 체전에 출전할 수 있을 거야.
B 그렇게 쉽게 소원이 이루어진다고는 생각하지 않아요.

A 今から一生懸命に練習すれば，間違いなく国体に出場できるよ。
B そう簡単に願いが叶うとは思わないよ。

* 전국 체전〈全國體典〉：（韓国の）国体
* 출전하다〈出戰ー〉：競技に出場する

## □ 078 そうなるかな？

A 우리 모두 의대에 합격했으면 좋겠어. 그렇게 될 수 있을까?
B 당연하지! 합격하면 축하주나 진탕 먹자!

A 二人とも医学部に合格できたらいいのにね。そうなるかな？
B 当然だろ！ 合格したら，祝杯を挙げようよ！

* 의대〈醫大〉：医学部
* 축하주〈祝賀酒〉：祝い酒
* 진탕：嫌気がさすほどたくさん，心ゆくまで
* きみの実力なら十分受かるよ：네 실력이면 충분히 합격할 수 있을 거야.

## そのほかの会話

1 ▶ 願いが叶うようにお祈りしよう。

소원이 꼭 이루어지길 빌자.

2 ▶ 願いどおりになるといいですね。

소원대로 되면 좋겠네요.

3 ▶ 私，お願いがあるの。聞いてくれる？

나, 한 가지 소원이 있는데 들어줄래?

4 ▶ きみたちに大きい期待がかかっている。

자네들에게 거는 기대가 크네.

＊上司が部下に。

＊ **자네**：聞き手が友達や目下の場合，その人を高めて言う二人称代名詞。妻の両親（**처부모**）が婿（**사위**）を呼ぶとき，または夫が妻の兄弟（**처남**〈妻男〉）を呼ぶときにも使われる。複数形は **자네들**。

5 ▶ 親の期待を一身に受けて，負担を感じます。

부모님의 기대를 한 몸에 받고 있어 부담돼요.

6 ▶ 世の中がすべてバラ色です。

세상이 온통 장밋빛이에요.

7 ▶ 今，一番したいことは，金をたくさんもうけて世界一周することです。

지금, 제일 하고 싶은 건 돈을 많이 벌어서 세계 일주하는 거예요.

＊ 世界一周する。**세계**∨**일주하다** と分かち書きする。

8 ▶ ぼく，大きくなったら何になりたいの？

넌 커서 뭐가 되고 싶니?

＊ 小さな子どもに聞くとき。

## □ 079 信頼できる人材がいません

A 사장님 주위에는 모두 예스맨뿐이라 신뢰할 수 있는 인물이 없어요.
B 그야말로 벌거벗은 임금님이네. 조만간 회사가 망할지도 몰라요.

A 社長の周りはみんなイエスマンばかりで，信頼できる人材がいません。
B それこそ裸の王様ですね。早晩会社は潰れるかもしれませんね。

＊ 벌거벗은 임금님：裸の王様

## □ 080 実の子だと思ってたんだ

A 우리 아버지는 내가 어렸을 때 어머니하고 재혼했대.
B 뭐, 우리 집도 그래. 나도 어머니한테 듣기 전까지는 우리 어머니 친아들인 줄 알았어.

A うちの父は，ぼくが小さいときに母と再婚したんだって。
B えっ，うちもそうだよ。ぼくも母から聞かされるまで母の実の子だと思ってたんだ。

＊ ~ㄴ 줄 알다：~だと思う，~だと信じる
＊ 친아들〈親－〉：実の息子。実の娘は 친딸。両者とも分かち書きしない。

## □ 081 信用していたのに

A 믿었던 부하한테 회사 돈을 맡겼더니 가지고 도망가 버렸어.
B 그거 안됐군. 믿는 도끼에 발등 찍힌 꼴이네.

A 信用していた部下に会社の金を預けたら，持ち逃げされたんだよ。
B それは，それは。飼い犬に手を噛まれたね。

＊ 믿는 도끼에 발등 찍히다：直訳は「信じていた斧に足の甲を切られる」。信頼していた人から裏切られるという意。

## そのほかの会話

1 ▶ きみは必ずやり遂げると信じてるよ。

너는 꼭 해낼 수 있을 거라고 믿어.

2 ▶ おれを信じてついて来いよ。

나만 믿고 따라와.

3 ▶ きみの言うことなら間違いないよね。

네가 하는 말이라면 틀림없을 거야.

4 ▶ 原発が安全だってずっと信じてました。

오랫동안, 원전은 안전하다고 믿어 왔어요.

＊ **원전**〈原電〉：原発

5 ▶ 昔の人は太陽が地球の周りを回っているって信じてたんですね。

옛날 사람들은 태양이 지구의 둘레를 돈다고 믿고 있었네요.

＊ **있었네요** は相手の話に同調する言い方で，**있었대요** は伝聞を表す言い方。

6 ▶ 彼を信じてついていった私が馬鹿だったの。

그 사람을 믿고 움직인 내가 바보지.

7 ▶ 子どものころ，バナナの黒いところは毒だって言われて，ずっと信じてたわ。

어렸을 때 바나나의 검은 반점은 독이라고 해서 쭉 믿고 있었어.

8 ▶ 相手がだれであろうと，きちんとノーと言える人は信頼できますね。

상대가 누구든지 확실히 노라고 할 수 있는 사람은 신뢰할 수 있지요.

9 ▶ 自分がやると言ったことを最後までやり抜く人は信頼できる人です。

자신이 하겠다는 일을 끝까지 해내는 사람은 신뢰할 수 있어요.

10 ▶ そうむやみに人を信じると，振り込め詐欺のようなものに遭うのがおちですよ。

그렇게 무턱대고 사람을 믿으면 보이스피싱 같은 것을 당하기 십상이에요.

＊ **보이스피싱**：音声（voice)と釣り（fishing)の合成語。日本の「オレオレ詐欺」「振り込め詐欺」に似た手法である。

## □ 082 ご満悦ですね

A 손자를 보셨다면서요? 정말 흐뭇하시겠어요.

B 네, 조그마한 게 정말 귀여워서 요즘은 손자 보는 낙에 산답니다.

A お孫さんができたんですって？ さぞかしご満悦なことですね。

B ええ，ちっちゃいのが本当に可愛くて，このごろは孫を見るのが生きがいです。

＊ 흐뭇하다：心が満たされて満足だ

## □ 083 満足しています

A 말이 필요 없을 정도로 지금의 결혼 생활에 만족하고 있어요.

B 그래요, 깨 볶는 냄새가 여기까기 풍기네요. 행복하세요.

A これ以上何も言うことのないぐらい，今の結婚生活に満足しています。

B まあ，ごちそうさま。お幸せにね。

＊ 깨 볶는 냄새가 풍기다：新婚夫婦やカップルの仲のよさがこちらにまで伝わる（直訳は胡麻を煎る香りがただよう）。

＊ 깨가 쏟아지다：新婚夫婦が仲むつまじく生活する状態を表す（48 ページの会話 067 参照）。

## □ 084 いったい何が不満なんだい？

A 당신이 나한테 해 준 게 뭐가 있어?

B 아니, 도대체 뭐가 불만이야? 좋은 집에, 좋은 차에, 떵떵거리며 살고 있잖아!

A あなたがわたしに何をしてくれたって言うの？

B いったい何がそんなに不満なんだい。いい家に，いい車に，ぜいたくに暮らしてるじゃないか。

夫婦げんかの会話

＊ 당신：夫婦間で使われる「あなた」

＊ 떵떵거리다：ぜいたくに暮らす

## そのほかの会話

1 ▶ テストの成績にとても満足しています。

시험 성적에 아주 만족하고 있습니다.

2 ▶ 今度の営業成績に，社長はとても満足してましたよ。

이번 영업 성적을 보고 사장님이 흡족해하셨어요.

＊ **흡족하다**〈洽足－〉：満ち足りている

3 ▶ 部長は今回の人事移動に対して，あまり満足していないようです。

부장님은 이번 인사 이동을 탐탁지 않게 여기는 눈치예요.

＊ **탐탁하다**：主に **탐탁지 않다** と否定の形で使われ，不満の意を表す。

---

4 ▶ お客さんを満足させてこそ，会社も業績がアップするものです。

고객을 만족시켜야 회사도 성장할 수 있습니다.

5 ▶ 私どもの会社は，お客さまがご満足いくまで徹底調査いたします。

저희 회사는 고객님이 알고 싶어 하시는 모든 것을 알려 드립니다.

＊ 探偵社にかかってきた問い合わせの電話に対して。

＊ 探偵社は **심부름센터**，または**사설용역업체**〈私設用役業體〉という。

6 ▶ お客さまがご満足いかなかった場合は，全額返金いたします。

손님께서 만족하지 못하실 경우에는 전액 환불해 드리겠습니다.

7 ▶ 従来の商品より耐久性にすぐれていますので，きっとご満足いただけると思います。

기존 상품보다 내구성이 뛰어나기 때문에 반드시 만족하실 겁니다.

**一口メモ 고객님 と 손님**

最近，고객（顧客）に，「さま」を表す 님 を付けた 고객님 という言い方をよく聞くようになったが，これは企業，デパートなどで「お客さま」という場合に使われる。

- 고객님, 다른 문의 사항이 있으십니까?（お客さま，ほかには何かございますか）
- 고객님, 이쪽으로 오시죠.（お客さま，こちらにどうぞ）
- 고객님, 할인 카드를 가지고 계세요?（お客さま，割引カードをお持ちですか）

一方，손님 は，店や旅館，食堂などで「お客さん」という意味に使われる。손 は「手」の意味ではなく「ほかの場所から自分の家や店に尋ねて来た人」を意味する。

- 손님, 뭐 주문하시겠습니까?（お客さん，ご注文はいかがいたしますか）
- 손님, 찾으시는 게 있나요?（お客さん，何かお探しですか）
- 아들아, 오늘 손님 오시니깐 방 청소 좀 해놔라.（今日，お客さんが来るから部屋をちょっと片付けておきなさい）

## □ 085 ようこそいらっしゃいました

A 잘 오셨습니다. 피곤하시죠?

B 일부러 마중 나와 주셔서 감사합니다.

A ようこそいらっしゃいました。お疲れでしょう？

B わざわざお出迎えありがとうございます。

＊ 잘 오셨습니다：遠路訪ねてきた人へのあいさつ。友達同士で言う「よく来てくれたね」は 잘 왔어.。

## □ 086 さあ，中へどうぞ

A 오셨어요? 어서 들어오세요.

B 실례하겠습니다.

A いらっしゃい。さあ，中へどうぞ。

B 失礼します。

＊ 오셨어요?：来ることがわかっている人が来ていることを確認したときの言葉。

＊ 어서 들어오세요.：家の中などに招き入れるときの言葉。

## □ 087 大歓迎だよ

A 고등학생 때 스키를 조금 탔었는데, 대학에 왔으니 본격적으로 배우고 싶어요.

B 그럼 우리 동아리에 들어와. 모두 환영해 줄 거야.

A 高校のときにちょっとスキーをやったことがあるんですが，大学に入ったんで，本格的にやろうと思います。

B じゃあ，うちのサークルに入部したら？　みんな大歓迎だよ。

大学のサークルの勧誘コーナーの前で

＊ 동아리：サークル

## そのほかの会話

1▶ ようこそ日本へ！ 일본에 잘 오셨어요.

＊ 空港などの入国ラウンジや通路に掲げられている標語。"일본에 오신 걸 환영합니다." などというものもある。

2▶ いらっしゃい。어서 오세요.

＊ 店などで客に対して使うことが多い。「お帰りなさい」の意味で "어서 오세요." は使えない。

---

3▶ うちではいつでも大歓迎ですよ。

우리 집에선 언제든지 대환영이에요.

4▶ 妻も歓迎しますよ。집사람도 환영할 거예요.

5▶ 心から歓迎いたします。진심으로 환영합니다.

6▶ ご来訪，光栄に存じます。방문해 주셔서 영광입니다.

＊ かしこまった表現。「光栄」は韓国語では 영광〈榮光〉。

---

7▶ どうぞお入りください。어서 안으로 들어오세요.

＊ 어서は「さあ」「どうぞ」のニュアンスが強い。

8▶ こちらにおかけになってください。이쪽으로 앉으시죠.

9▶ 楽になさってください。편히 계세요.

＊ 편히 앉으세요. とも言う。

# 30 落胆する，失望する

### □ 088 期待はずれだったよ

A 요전에, 친구랑 USJ에 갔었는데, 기대했던 것보다 재미없었어.

B 사전에 어트랙션과 관련이 있는 영화 정도는 보고 가야지.

A この間，友達と USJ に行ったんだけど，期待はずれだったよ。

B 前もってアトラクション関連の映画くらいは見て行かなくちゃ。

＊ 유니버설 스튜디오 재팬 : USJ（Universal Studios Japan）

＊ 재미있다，재미없다 は分かち書きしない。

### □ 089 まあ，そんなもんでした

A 환상의 하와이라고 해서 가 봤는데 그저 그랬어요.

B 하와이가 환상의 섬이라는 게 옛날 이야기에요.

A 夢のハワイに行ってみたけど，まあ，そんなもんでした。

B ハワイが夢の島だなんて一昔前の話ですよ。

＊ 그저 그렇다 :（出来映えなどが）まあまあだ，別に変わったこともない，取り立てて言うほどでもない，何の変哲もない，自分で思ったとおりだった（期待外れのときに使う）

### □ 090 本当にやんなっちゃう

A 걔는 데이트 약속만 하면 직전에 취소하곤 해. 정말 싫어.

B 네가 억지로 데이트 약속을 하니까 그러는 거 아니야?

A 彼はデートの約束すると，いつもドタキャンしたりするの。本当にやんなっちゃう。

B あなたが強引にデートの約束するからじゃないの。

＊ ~만 하면 : ~しさえすれば，~するといつも

＊ ~하곤 해다 : よく~したりする

## そのほかの会話

1▶ 今度こそ昇進すると思ってたのですが，本当にがっかりしました。

이번에야말로 승진할 거라고 생각했는데 참 유감이네요.

2▶ 結婚記念日を忘れるなんてがっかりだわ。

결혼기념일을 그냥 지나치다니 너무 속상해요.

3▶ 今度の駅伝チームには期待が大きかっただけに，予選落ちにとてもがっかりしました。

이번 역전 마라톤 팀에는 기대가 컸는데, 예선에서 탈락해서 무척 실망했어요.

4▶ 新婚旅行でイタリアに行ったけど，食事がまずいのには本当にがっかりしたよ。

신혼여행으로 이탈리아에 갔는데, 음식이 맛이 없어서 너무 실망했어.

＊「食事がまずい」を **식사가 맛이 없다** とは言わない。

---

5▶ 相手に期待しなければ，がっかりすることもありません。

상대에게 뭔가를 기대하지 않으면 실망할 것도 없어요.

6▶ きみには大きな期待をかけていたのに，辞めるなんてがっかりしたよ。

자네에게는 큰 기대를 걸고 있었는데, 그만두다니 정말 유감이네.

7▶ 今度の社員旅行には，そんなに期待はしていませんでした。

이번 사원 여행에 큰 기대를 걸고 있지 않아요.

8▶ ひょっとして受かっているかと淡い期待をしていましたがだめでした。

혹시 합격하지나 않았을까 은근히 기대하고 있었는데 떨어졌어요.

＊ **은근히**〈慇懃－〉：なんとなく，それとなく

## □ 091 厄年だからなのか，ついてないです

A 올해 삼재가 들어서 그런지, 운이 없어요.
B 그러다 보면 꼭 좋은 일이 생길 거예요.

A 今年は厄年だからなのか，ついてないですよ。
B そのうちに，きっといいことがありますよ。

＊ 삼재가 들다，삼재가 끼다：厄年になる
＊ 삼재〈三災〉：干支の年回りにより，人に降りかかってくるという 3 つの災難。もともとは「水災」「火災」「兵災」の総称。転じて「厄年」という意。

## □ 092 残念ながら手の施しようがありません

A 선생님, 아버님의 상태는 어떻습니까?
B 오늘 밤이 고비입니다. 유감스럽습니다만, 이제 더 손쓸 방법이 없습니다.

A 先生，父の具合はどうなんでしょうか。
B 今夜がヤマです。残念ながら，もうこれ以上，手の施しようがありません。

＊ 고비：ヤマ，峠。생사의 고비에 서다 というと「生死の瀬戸際に立つ」，죽을 고비를 넘기다 というと「生死の境を越える」。
＊ 손쓸 방법이 없다：手の施しようがない

## □ 093 残念だけど次の機会にしよう

A 오늘, 일 끝나고 한잔 어때?.
B 아쉽지만, 장모님이 오신대서……. 다음 기회에 하자고.

A 今日，仕事のあと一杯やらない？
B 残念だけど，妻の母が出てくるんで…。次の機会にしよう。

＊「軽く一杯」などと言うときの 한잔 は分かち書きしない。
＊ 장모님〈丈母－〉：妻の母を呼ぶとき。妻の父を呼ぶときは 장인어른〈丈人－〉と言う。

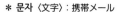

## そのほかの会話

1 ▶ 最近の子どもは親にメールでしか話ができないなんて，嘆かわしいことです。

요즘 애들은 부모하고 문자로만 대화를 나눈다니 정말 안타까운 현실이에요.

＊ **문자**〈文字〉：携帯メール

2 ▶ 最近の若者は優先席に平気で座っているなんて。本当に嘆かわしいことだよ。

요즘 젊은 애들은 아무렇지 않게 노약자석에 앉아 있더군. 정말 한심한 노릇이야.

＊ **노약자석**〈老弱者席〉：優先席

3 ▶ 宝くじを100本も買ったのに，ひとつも当たらないなんてまったくついてないよ。

복권을 100장이나 샀는데 하나도 당첨이 안 되다니 진짜 운이 없어.

---

4 ▶ せっかくの食事会なのに，残念ながら行けなくてごめんなさい。

모처럼 회식인데 못 가서 미안해요.

5 ▶ 大相撲で八百長があったなんて，ほんとに残念だな。

스모 경기에서 승부 조작 비리가 있었다는데 정말 유감이군.

＊ **승부 조작 비리**〈勝負造作非理〉：八百長

6 ▶ あれほど一生懸命に練習してきたのに，優勝を目前にして苦杯を喫し残念です。

그렇게 열심히 연습했는데, 결승을 눈앞에 두고 고배를 마셔 안타깝습니다.

7 ▶ 入院中の母が生きているうちに，面会できなかったことが心残りです。

입원해 계신 어머니를 생전에 못 찾아 뵌 게 마음에 걸립니다.

8 ▶ せっかく韓国まで行ったのに日帰りとは残念です。

모처럼 한국까지 갔는데 당일치기라니 서운해요.

9 ▶ 落語を韓国語でうまく表現できないのが残念です。

라쿠고를 한국말로 다 표현할 수 없는 게 아쉽습니다.

10 ▶ おいしい有名な店だというのでわざわざ来たのに，休みで残念ですね。

유명한 맛집이래서 일부러 왔는데 쉬는 날이라니 안타깝군요.

＊ **맛집**：料理のおいしい店

## □ 094 あきらめないで

A 새로운 프로젝트 말입니다만, 좀처럼 좋은 아이디어가 떠오르지 않습니다.

B 아직 시간이 있으니까 쉽게 포기하지 마세요.

A 新しいプロジェクトですけど，なかなかいいアイディアが浮かばないんです。

B まだ時間の余裕はありますから，あきらめないでください。

＊ 포기하다〈抛棄ー〉：あきらめる，投げ出す。日本語の「放棄する」よりは柔らかなニュアンスがある。物事を最後までなしとげられずに中断する。

## □ 095 あきらめちゃだめだよ

A 좋아하는 사람이 있는데 말을 걸 용기가 없어.

B 시작도 하기 전에 체념하지 마.

A 好きな人がいるんだけど，言葉をかける勇気がなくて。

B 何も始めないうちにあきらめちゃだめだよ。

＊ 체념하다〈諦念ー〉：(可能性がないと思い)あきらめる，希望を捨てる。日本語の「挫折する」に近いニュアンスがある。しかし 체념하다 と 포기하다 のニュアンスの差は微妙で，使う人の気持ちに左右される。つまり上の文Bは 시작도 하기 전에 포기하지 마. とも言える。

## □ 096 あきらめが肝心だよ

A 이렇게 된 이상 어쩔 수 없어. 포기하겠어.

B 그래, 단념하는 것도 중요해.

A こうなったらしかたない，あきらめるわ。

B そうだよ。あきらめが肝心だよ。

＊ 단념하다〈斷念ー〉：(自らの意志で) あきらめる，見限る，思いとどまる。日本語の「断念する」よりは柔らかなニュアンスがある。

## そのほかの会話

1 ▶ 試合直前に足をけがしてしまい，しかたなく出場をあきらめました。

시합 직전에 다리를 다쳐 어쩔 수 없이 출전을 포기했어요.

2 ▶ 海外旅行に当たったのですが，休みが取れなかったのであきらめました。

해외여행에 당첨됐는데 휴가를 낼 수가 없어 포기했어요.

3 ▶ これ以上浪人はできないので，医学部を目指すことはあきらめました。

더는 재수 생활을 할 수 없어서 의대를 가는 것은 포기했습니다.

4 ▶ 最近，手足が言うことをきかなくなり，年だと思ってあきらめています。

최근 팔다리가 말을 안 들어 이젠 늙었다 생각하고 체념했어요.

5 ▶ 円高で日本留学をあきらめざるを得ません。

엔고로 일본 유학을 단념할 수밖에 없습니다.

6 ▶ 頑固な父の反対で国際結婚をあきらめました。

완고한 아버지의 반대로 국제결혼을 단념했어요.

＊ **국제결혼** (国際結婚)，**근친결혼** (近親結婚)，**연애결혼** (恋愛結婚)，**중매결혼** (見合い結婚)，**정략결혼** (政略結婚) は分かち書きしない。**혈족 결혼** (血族結婚)，**위장 결혼** (偽装結婚) は分かち書きする。

7 ▶ 夫婦仲がこんなにこじれてしまっては，まったくお手上げです。

부부 사이가 이렇게까지 뒤틀려서야 어쩔 도리가 없어요.

8 ▶ 残念ですが，お父さんは末期ガンで，これ以上は手の施しようがありません。

유감입니다만, 아버님은 말기 암이라서 더 이상 손 쓸 방법이 없습니다.

9 ▶ ヒット曲も出ないので，歌手で成功しようと思った夢はあきらめました。

히트곡도 안 나오고 가수로 성공하려는 꿈을 접었어요.

＊**꿈을 접다** : 直訳は「夢を折る」

10 ▶ 性格の不一致で離婚しようかと悩みましたが，子どものことを考えて思いとどまりました。

성격이 안 맞아 이혼할까 고민했는데, 아이를 생각해서 마음을 접었어요.

＊ **마음을 접다** : 思いとどまる。

# 33 悔しい，後悔する

## □ 097 悔しいな

A 아, 분하다. 아이폰 산 지 얼마 안 됐는데 벌써 새 기종이 나왔나 봐.

B 그러니까 서둘러서 안 사도 됐는데.

A あ～，悔しいな。iPhone を買ったばかりなのに，もう新しい機種が出たみたいだ。

B だから焦って買わなきゃよかったのに。

＊ 분하다〈憤－〉：くやしい，惜しい，腹立たしい

＊ 韓国語の분하다〈憤－〉には，読んで字のごとく，他人に対する「いまいましさ」「腹立たしさ」が含まれているので，使うときには注意。

## □ 098 やりきれないよ

A 어제 시합은 정말 아까웠다. 퍼펙트게임 달성 직전이었는데.

B 삼루수 실책으로 대기록을 놓친 거라 투수도 억울하겠다.

A 昨日の試合，おしかったな。あと一歩のところで完全試合だったのに。

B サードのエラーで大記録を逃すなんて，投手もやりきれないよな。

＊억울하다〈抑鬱－〉：自分にはなんの過ちや落ち度もないのに，しかられたり罰を受けたりして無念だ，くやしい

## □ 099 してあげればよかった

A 여자 친구와 헤어졌다면서? 그렇게 착한 애랑 왜 헤어졌어?

B 이제와서 느낀 건데, 외롭다고 할 때 더 많이 곁에 있어 줬으면 좋았을걸.

A 彼女と別れたんだって？　あんないい子となんで別れたの？

B 今になって思うんだけど，さびしがっていたときに，もっとそばにいてあげればよかったんだけど。

＊～을걸/～ㄹ걸：～すればよかったのに。後悔や未練の念を表す。発音は［-껄］。

☞ 次ページのそのほかの会話 1 の注参照。～(ㄹ/을) 걸 그랬다：何かをしなかったことに対する後悔や残念さを表す。～すればよかった，～したらよかったのに

## そのほかの会話

1▶ こんなにひどくなるんだったら，インフルエンザの予防注射，受けておけばよかったよ。

이렇게 심해질 줄 알았으면 독감 예방 주사 맞아 둘 걸 그랬어.

＊ **～ㄹ / ～을 걸 그랬다**：～すればよかった。**안 갈 걸 그랬어**.（行かなきゃよかった），**같이 갈 걸 그랬어**.（一緒に行けばよかった）のように使う。

2▶ やっぱり前もって試験勉強をしておけばよかった。

역시 미리 시험공부 좀 해 뒀으면 좋았을 텐데.

＊ **미리 시험공부 좀 해 둘걸**. とつぶやいてもいい。

＊ **해 두면 좋을 텐데** というと「しておけばいいんだけど」という意味。

3▶ 二日酔いの朝は，なんであんなに酒を飲んだのか悔やまれます。

숙취 때문에 힘든 아침이면, 왜 그렇게 술을 마셨는지 후회돼요.

＊ **숙취**〈宿酔〉：二日酔い

＊ 酔いがさめる：**술이 깨다**

4▶ やってしまったものを，今さら後悔しても始まりませんよ。

일을 저질러 놓고 이제 와서 후회해도 소용없어요.

＊ **저지르다**：(悪事や失敗を)しでかす

＊ 後悔先に立たず：**후회막급**〈後悔莫及〉

5▶ 私たち何がいけなかったのかしら。去年の夏はあんなに幸せだったのに。

우리, 뭐가 잘못된 걸까? 지난여름에는 그렇게 행복했었는데.

6▶ 応援してたチームが0対1で負けちゃったの。とても悔しいわ。

응원했던 팀이 0 대 1로 졌어. 굉장히 아쉬웠어.

7▶ 二浪もしたのに，今年も残念な結果に終わり情けないです。

삼수씩이나 했는데도 또 떨어지다니, 내 자신이 정말 한심해요.

＊ **삼수**〈三修〉：二浪

8▶ 私がしたのではないのに，濡れ衣を着せられとても悔しい思いをしました。

제가 한 게 아닌데 누명을 써서 너무 억울했어요.

＊ **누명을 쓰다**〈陋名－〉：濡れ衣を着せられる。

## □ 100 初めて悲しみがわかりました

A 가족을 잃고 나서야 그 슬픔을 알았습니다.

B 너무 상심하지 마시고 힘내세요.

A 家族を失って，初めてその悲しみがわかりました。

B お力を落とさずに頑張ってください。

* 상심하다〈傷心ー〉: 心を痛める
* 가족〈家族〉と 식구〈食口〉の違い: 가족 とは，血縁関係や婚姻関係でつながった人々。つまり，法的に，または戸籍上つながっている人たちを言う。一緒の家に住んでいなくてもかまわない。식구 とは，一つ屋根の下に住み，寝食を共にする人たち。下宿生や，気の合った仲間など，戸籍上の血縁関係や婚姻関係がなくてもかまわない。また，一緒に暮らしているペットなども入る。

## □ 101 気持ちの整理が付きません

A 마음의 정리가 안 돼서 지금은 누구하고도 만나고 싶지 않아요.

B 어서 빨리 힘을 내세요.

A 気持ちの整理が付かないので，今はだれとも会いたくありません。

B 早く立ち直ってくださいね。

* とてもつらいんです : 정말 괴로워요.

## □ 102 胸が痛いの

A 친구들과 헤어진다고 생각하니 가슴이 아파.

B 헤어짐은 또 다른 만남의 시작이라고들 하잖아. 기운 내.

A 友達と別れると思うと胸が痛いの。

B 別れはまた新たな出会いの始まりだというじゃない。元気出しなよ。

卒業式での会話

* ～시작이라고들 하잖아 : この 들 は動作の主体が複数であることを表わす。「(よく，みんなが) ～の始まりだというじゃないか」。
* みんなよくやっています : 잘들 하고 있습니다.
* それを見てみんなとても喜びました : 그것을 보고 무척 좋아들 했어요.

1 ▶ あれほど自信があった試験に落ちて，途方に暮れています。

자신했던 시험에 떨어져서 망연자실하고 있어요.

＊ **망연자실하다**〈茫然自失－〉：途方に暮れる

2 ▶ 買ったばかりの携帯をなくして，本当に泣きたい気持ちです。

새로 산 휴대폰을 잃어버려 정말로 울고 싶은 심정이에요.

3 ▶ お金に困って，大切にしていた車を泣きの涙で手放すことにしました。

돈 때문에 그렇게 애지중지하던 차를 눈물을 삼키며 처분하게 되었어요.

＊ **애지중지하다**〈愛之重之－〉：大切にする，愛用する，かわいがる

4 ▶ 長年連れ添った女房を亡くし，これからどうしていいかわかりません。

오랜 세월 동고동락하던 마누라를 잃고 나니, 이제부터 어떻게 살아가야 할 지 모르겠어요.

＊ **동고동락하다**〈同苦同樂－〉：苦楽を共にする

＊ **～고 나니**：～してみると。そのことが行われる前には，まったく知らなかったりわからなかったことが，そのことが行われたあとで，知ったりわかったりすることを表す。

5 ▶ 交通事故で息子を亡くし，悲しくて一晩中泣き明かしました。

교통사고로 아들을 잃고 너무 슬픈 나머지 눈물로 밤을 새웠어요.

6 ▶ かわいがっていた愛犬に死なれてとても悲しいです。

애지중지 키운 애견이 죽어 얼마나 슬픈지 모르겠어요.

＊ **애지중지**〈愛之重之〉：目の中に入れても痛くないほどにかわいがること。

＊ **얼마나 슬픈지 모르겠어요.**：直訳は「どれほど悲しいことかわかりません」。

7 ▶ 式を目の前にして婚約を破棄されて一晩中泣きました。

결혼식을 앞두고 파혼당하는 바람에 밤새 울었어요.

8 ▶ お袋の手紙にはいつも泣かされるよ。

어머니 편지는 언제나 저를 울려요.

9 ▶ ヤツの身の上話には思わずほろりときたよ。

녀석이 겪은 일을 듣고 있자니 나도 모르게 눈물이 핑 돌았어.

＊ **눈물이 핑 돌다**：涙がじーんとにじむ

＊「涙ぐむ」「目に涙を浮かべる」は **글썽거리다**。

## □ 103 そんなさびしいこと言わないで

A 요즘 바빠서 언제 또 만날 수 있을지 모르겠어.

B 그런 섭섭한 말 하지 마. 문자 정도는 보내 줘.

A 最近，忙しくて，今度いつ会えるかわからないわ。

B そんなさびしいこと言わないで，メールぐらいはくれよ。

＊ 섭섭하다：(人の態度やもてなしに) 心さびしく感じる，名残り惜しい

＊ 문자〈文字〉：携帯メール

## □ 104 一人暮らしはさびしいですね

A 나이를 먹으니까 혼자 사는 게 외롭네요.

B 무리하지 마시고 자식들하고 같이 사시는 게 어때요?

A 年を取ってみると，一人暮らしはさびしいですね。

B 無理をしないで，お子さんと一緒に住んだらどうですか。

＊ 외롭다：(ひとりぼっちで，頼るところがなく) さびしい，心細い

## □ 105 ひとりでいると心もさびしくなる

A 날씨가 추워져서 그런지 혼자 있으면 마음도 쓸쓸해지네요.

B 남자 친구하고 헤어졌다고 언제까지 혼자 끙끙 앓지 말고 빨리 새 애인 찾아라.

A 寒くなってきたからなのか，ひとりでいると心もさびしくなりますね。

B 彼と別れたからって，いつまでもくよくよしていないで，新しい恋人を早く探しなさいよ。

＊ 쓸쓸하다：외롭다 に比べると，おぼろげなさびしさ。個人の感情だけではなく風景や光景にも使われる。うらさびしい，ものさびしい，わびしい。

＊ 끙끙 앓다：(病気や心配事で) くよくよする

## そのほかの会話

1 ▶ 遠距離恋愛は，別れてから家に帰るのがつらくて嫌だな。

장거리 연애는, 헤어지고 나서 집에 돌아가려면 힘들어 죽겠어.

2 ▶ 子どもたちが大きくなって独立したんです。家にひとりでいるとさびしいですね。

아이들이 다 커서 독립했어요. 집에 혼자 있으려니 적적하네요.

＊ **적적하다**〈寂寂−〉：ひっそりして寂しい

3 ▶ 飼っていた猫に死なれて，さびしくて眠れない夜が続いています。

키우던 고양이가 죽는 바람에 쓸쓸해서 계속 밤에 잠을 못 이뤄요.

＊ **잠을 이루다**：寝つく，眠りにつく，眠る

---

4 ▶ 無人島にひとり残されたら，さびしくてきっと生きていけないと思うよ。

무인도에 혼자 남겨진다면 외로워서 아마 살 수 없을 거야.

5 ▶ 彼氏と別れてから，さびしくて心に穴が空いたようなの。

남자 친구하고 헤어지고 나니, 외로워서 마음에 구멍이 뚫린 것 같아.

6 ▶ 子犬と二人きりなんてさびしくないですか。

강아지랑 단둘이서 생활하다니 외롭지 않습니까?

＊ **단둘이**：二人きりで，二人だけで。**단**∨**둘이** と分かち書きしない。

7 ▶ ひとりでカラオケに行くなんてさびしくないかしら。

혼자서 노래방에 가다니 외롭지 않을까?

---

8 ▶ 昔，ソウルに単身赴任をしていたときは，言葉も通じずさびしかったです。

예전에 단신으로 서울에 부임했을 때, 말도 잘 안 통하고 외로웠어요.

＊ 最近では韓国語でも **단신 부임** という語を使う。

9 ▶ 人間はだれでもひとりでは生きていけないんだよね。

사람은 누구나 혼자서는 살아갈 수 없죠.

10 ▶ 年を取って，周りに頼る人がひとりもいないほどさびしいものはないよ。

나이 먹고 주위에 의지할 사람 한 명 없이 산다는 건 서러운 거야.

# 36 はずかしい

## □ 106 妹を泣かせるなんてはずかしくはないのか

A 영훈이, 너 이리 와. 중학생이나 된 녀석이 동생을 울리고 창피하지도 않아?

B 아버지, 나 진짜 억울해요. 저 녀석이 먼저 대들었다고요.

A ヨンフン，こっちに来なさい。中学生にもなって妹を泣かせるなんてはずかしくはないのか。

B お父さん，ぼく本当に悔しいよ。あいつが先に食って掛かってきたんだよ。

＊ 창피하다 に使われている「猖（ショウ）」の意味は「狂う」「猛り狂う」「暴れる」。また「披（ヒ）」は「披露する」などに使われているが「中を開けて見せる」という意味。つまり 창피하다 は人目が気になる「はずかしさ」を言う。

## □ 107 はずかしいからあまり見ないで

A 이거, 너 애기 때 사진이야?

B 어머, 창피하니까 그만 봐.

A これ，きみが赤ちゃんのときの写真なの？

B いやだ，はずかしいからあまり見ないで。

＊ 애기 は日常会話ではよく使われるが，正しくは 아기。

## □ 108 子どもたちの前ではずかしいでしょ

A 이 세상에 너희 엄마만 한 여자도 없다. 얼굴 예쁘지, 마음씨 착하지, 음식 잘하지.

B 아이, 여보 그만해요. 애들 앞에서 부끄럽게 왜 그래요.

A この世の中におまえたちのお母さんほどの人はいないよ。顔はきれいだし，気立てはよくて，料理もうまいだろ。

B ちょっと，あなたやめてよ。子どもたちの前ではずかしいでしょ。

＊ 부끄럽다：気恥ずかしい，照れる。失敗や羞恥心からではなく，性格や状況からはずかしい。

## そのほかの会話

1 ▶ いい年して漫画ばかり読んでいて，はずかしくないか？

그 나이에 아직도 만화책만 읽어? 창피하지도 않아?

＊ **그 나이 먹고 아직도 만화책이야?** とも言える。

2 ▶ お父さん，ちょっとはずかしいから，友達の前でおならをしないでよ。

아빠, 창피하니까 친구들 앞에서 방귀 좀 뀌지 마세요.

＊ ブーブーとおならをする：**방귀를 뿡뿡 뀌다**

3 ▶ 友達の前で先生に叱られてとてもはずかしかったです。

친구들 앞에서 선생님께 혼나 너무 창피했어요.

4 ▶ 男がはずかしくも涙なんか見せていいのかい？

사내놈이 창피하게 눈물을 보이면 되겠나?

＊ **사내놈**：血気盛んな男。**사나이** のやや乱暴な言い方。

5 ▶ 今学期の成績は，はずかしくて人に見せられるようなものじゃあないよ。

이번 학기 성적은 창피해서 다른 사람한테 보여 줄 만한 게 못 돼.

6 ▶ 発音に自信がないので，口に出して言うのがはずかしいです。

발음에 자신이 없어서 소리를 내서 말하는 것이 부끄러워요.

7 ▶ ぼくは音痴なので，はずかしくて人前では歌えません。

저는 음치라, 사람들 앞에서는 부끄러워서 노래를 부를 수 없어요.

＊ **음치**〈音癡〉は，歌がうまく歌えない，いわゆる「音痴」の場合に限って使い，日本語のように「○○音痴」という言い方はしない。その場合は，うしろに **치**の字を付けた **몸치**（運動音痴），**길치**（方向音痴），**기계치**（機械音痴），**박치**（リズムにうまく乗れない人）のような言葉が使われている。

8 ▶ こいつはとてもはずかしがり屋なんですよ。

이 친구가 수줍음을 좀 많이 타는 편이에요.

＊ **수줍음을 타다**：はずかしがる

9 ▶ 結婚してから 10 年にもなる夫婦が，愛の言葉なんて面映ゆくて。

결혼한 지 10년이나 된 부부가 낯간지럽게 사랑한다는 말을 어떻게 합니까?

＊ **낯간지럽다** の直訳は「顔がくすぐったい」。照れるという意味。

# 37 励ます

## □109 元気出して

A 원하던 기업에 못 들어갔다고 실망하지 마. 힘내. 파이팅!

B 고맙다. 역시 친구가 좋구나.

A 望みの企業に入れなかったからって失望しないで。元気出して，ファイト！

B ありがとう。やっぱり友達っていいな。

＊ ファイトは韓国語では 파이팅 が正しい表記（화이팅 は誤記）。

＊ 韓国語では 아자!, 아자아자 파이팅 のように掛け声をかける。日本語の「よいしょ」は 영차! という。

## □110 最初はだれだってそうだよ

A 이민 가면, 말도 안 통하고 문화도 다를 텐데, 잘해 낼 자신이 없어.

B 걱정 마. 처음엔 누구나 다 그렇지.

A 海外に移住したら言葉も通じないし，文化も違うから，うまくやっていく自信がないわ。

B 心配するな。最初はだれだってそうだよ。

＊ 이민 가다〈移民－〉：海外に移住する

＊ 걱정 마.：心配するな。名詞 걱정 に，動詞 말다 の命令形が付いた形。

＊ すべてがうまく行きますよ：모든 게 잘될 거예요.

＊ すべてがうまく解決できますよ：모든 게 잘 풀릴 거예요.

## □111 次のチャンスを狙えばいいじゃない

A 강호들만 모여서 그런지 도저히 상대가 안 되더라고. 과연 전국 대회는 대단하다고 실감했지.

B 이번에는 안 됐지만, 다음 기회를 노리면 되잖아.

A みんな強豪ぞろいでとても太刀打ちできないよ。さすが全国大会はすごいなって実感したよ。

B 今回は駄目だったけど，次のチャンスを狙えばいいじゃない。

＊ 상대가 안 되다〈相對－〉：太刀打ちできない

＊ 次があるじゃないですか：다음이 있잖아요.

## そのほかの会話

1 ▶ 銅メダルも立派だけど，もっと頑張って金メダルを取るように努力しよう。
동메달도 훌륭하지만, 더욱더 분발해서 금메달을 따도록 노력합시다.

2 ▶ 人生は塞翁が馬というじゃない？　きっといいことがあるって。
인생은 새옹지마라고 하잖아요? 꼭 좋은 일이 있을 거예요.
＊ **새옹지마**〈塞翁之馬〉：人間万事塞翁が馬（**인간만사 새옹지마**）の略。

3 ▶ 昔のことは忘れて新たに出発してください。
지나간 일은 그만 잊고 새 출발 하세요.

4 ▶ きみがくたびれ果てて大変なときは，ぼくがいつも横にいてやるから。
네가 지치고 힘들 때는 내가 언제나 곁에 있어 줄게.

5 ▶ 頑張って続けていれば，いつかはきっとものになるよ。
계속해서 열심히 하다 보면 언젠가 보답이 있을 거야.

6 ▶ いい結果を出せるように，頑張ってください。
좋은 결과를 얻을 수 있도록 열심히 노력하세요.

7 ▶ きみは実力があるんだからうまくいくよ。
너는 실력이 있으니까 잘될 거야.
＊ **잘되다** は分かち書きしない。

### いろいろな「頑張れ」

- 頑張って（何かを始める前に励ます表現）：**파이팅.**（**화이팅** とは書かない）
- 頑張って（辛い状況にいるときの表現）：**힘내.**
- 頑張って（仕事に行く相手に）：**열심히 해.**
- 明日があるじゃない：**내일이 있잖아!**
- 元気を出してください：**기운 내세요.**
- 辛いだろうけど，頑張ってくれよ：**힘들겠지만 기운 차려.**
- 気を落とさないでください：**낙담하지 말고요.**
- もう一度頑張ってみましょうよ：**다시 한 번 해 봅시다.**
- 今日も一日頑張ろう：**오늘 하루도 힘냅시다.**
- 今年も頑張らなくちゃ：**올해도 열심히 일해야죠.**
- もうひと踏ん張りだ：**조금만 더 버팁시다.**
- 成せばなる：**하면 된다.**

## □ 112 大丈夫ですか

A 피곤해 보이는데 괜찮습니까? 안색이 좋지 않은데요.

B 걱정하지 마세요. 좀 쉬면 괜찮아질 거예요.

A 疲れているようですが，大丈夫ですか。顔色がよくないですよ。

B 心配いりません。ちょっと休めばよくなると思います。

＊ 안색이 나쁘다：顔色が悪い

＊ どす黒い顔：거무칙칙한/거무튀튀한 얼굴

## □ 113 とても心配してるみたい

A 오빠 회사가 부도나는 바람에 아빠가 걱정이 많은 거 같아.

B 아버지는 특히 형을 우리 가족의 기둥처럼 여기셨으니까 더 그럴 거야.

A 兄さんの会社が不渡りを出して，お父さんとても心配してるみたいよ。

B 特に，父さんは兄さんのことを大黒柱のように思っていたからね。

兄弟の会話

＊ 부도나다〈不渡－〉：不渡りになる

＊ 기둥：大黒柱

## □ 114 どうしたの？

A 기운이 없어 보이는데 무슨 일 있어?

B 아무것도 아니야. 그냥 내버려 둬.

A 元気ないみたいだけど，どうしたの？

B 何でもないよ。放っておいてくれよ。

＊ 기운이 없다〈氣運－〉：元気がない

## そのほかの会話

1 ▶ お母さん，合格は決まりきっているんだから，そんなに心配しないでよ。

어머니, 합격은 따 놓은 당상이니까 너무 걱정하지 마세요.

＊ **따 놓은 당상**〈－堂上〉：間違いないこと，絶対にそうなるということ。**당상**〈堂上〉というのは朝鮮時代の **정삼품**〈正三品〉の **상**〈上〉以上の位に値する官職の総称。

2 ▶ お母さん，ぼくはもう子どもじゃないんだから，いちいち心配しないでくれないか。

엄마, 이제 나는 애가 아니니까 일일이 걱정 좀 하지 말아 줘.

3 ▶ 隣の家に空き巣が入ったので，心配で外出できません。

옆집이 빈집 털이를 당했다고 하니, 걱정이 돼서 외출을 할 수가 없어요.

＊ **빈집 털이**：空き巣

＊「どろぼう」は **도둑**，「こそどろ」は **좀도둑**，「強盗」は **강도**，「万引き」は**들치기**。

4 ▶ 3 回目の国家試験なので，落ちたらどうしようか心配でたまりません。

세 번째 보는 국가 고시인데 또 떨어지면 어쩌나 걱정돼 죽겠어요.

5 ▶ 今何時だと思っているのかしら，あの子まだ帰ってこないなんて。

지금이 몇 시인데, 요것이 왜 아직도 안 들어오는 거야.

＊ 帰宅が遅い娘を心配する親。**요것**は，親が子どもを指して「あの子」という言い方。息子よりは娘に主に使う。

6 ▶ 冬山に登るのにそんな軽装で大丈夫なのかい？

겨울 산에 오르는데 옷차림이 그렇게 간소해서 괜찮겠어?

＊ **옷차림**：身なり，服装

＊ **간소하다**：簡素だ

7 ▶ 術後まだ 1 週間も経っていないのに，退院して大丈夫なの？

수술한 지 1주일도 안 지났는데 퇴원해도 괜찮아?

8 ▶ 返すあてもないのにそんなにサラ金から金を借りて大丈夫なの？

갚을 능력도 없으면서 사채를 그렇게 빌려도 괜찮아?

＊ **사채**〈私債〉：消費者金融，サラ金。そこから金を借りることを **사채 쓰다** という。

## □ 115 心情は十分にわかります

A 아무래도 마지막 심사에서 탈락한 것 같아요.

B 아깝네요. 그 심정 충분히 이해할 수 있어요.

A どうも最終審査で落ちたようです。

B 残念ですね。心情は十分にわかります。

＊ 아무래도：言い換えると 아무리 생각해 보아도,, 아무리 이리저리 해 보아도, という意味。

＊ 大変だったですねえ：고생 많이 하셨겠네요.

## □ 116 本当に気の毒でした

A 부모님을 일찍 여의고 아이들끼리만 사는 걸 보니 참 안됐어요.

B 그래도 형제간에 서로 도우면서 잘 지내니 대견해요.

A 両親と早くに死に別れ，子どもたちだけで生活しているのを見たら，本当に気の毒でした。

B それでも兄弟が互いに助け合いながらうまくやっていて感心です。

＊ 여의다：死に別れる

＊ 대견하다：満足だ，あっぱれだ，ほめるべきだ，感心だ

＊ ずいぶん無理をしたんですね：많이 힘드셨겠네요.

## □ 117 それはひどいですね

A 전철 사고 때문에 지각했는데 상사가 평소 내 태도가 나쁘다고 야단을 치는 거예요.

B 그거 너무했네요. 지각한 걸 가지고 그렇게까지 말하다니.

A 電車の事故で遅刻したのに，上司からふだんの態度が悪いってしかられましたよ。

B それはひどいですね。遅刻したことで，そうまで言うってのは。

＊ それはひどいですね：좀 심하네요. とも言う。

## そのほかの会話

1 ▶ 最初はだれだってそうですよ。

처음에는 누구나 다 그래요.

2 ▶ それはまあ，お気の毒に。아이, 참 딱해라.

＊ **딱하다**：おかれている境遇などが痛々しく，かわいそうだ，哀れだ，不憫だ，気の毒だ。

＊ **참 안됐네요**. と言ってもいい。**아이** は「それはまあ」というときの感嘆の言葉。

3 ▶ 飢えてぼろをまとった物売りの少年たちを見ると，かわいそうで心が痛みます。

못 먹고 헐벗은 행상 소년을 보면 가엾고 마음이 아파요.

＊ **헐벗다**：ぼろをまとった，貧しい

＊ **가엾다**：心が痛むほどかわいそうだ，哀れだ，不憫だ，気の毒だ。物質的な貧困より，精神的，心情的に惨めに感じるときによく使われる。年下や弱者に対して使われる。**가엽다** と書いてもいい（複数標準語）。

＊ ソウルの中流で使用されている言語を標準語として規定しているが，1語に限らず複数の語が標準語として規定されたものがあり，これを「複数標準語」という。

4 ▶ 小さくて一家を支えることになったその子が，見るからにかわいそうでした。

소년 가장이 된 그 애가 보기만 해도 너무 가엾어요.

＊ **소년 가장**〈少年家長〉：親を亡くし，小さくて一家を支えることになった子ども

5 ▶ 映画の中の悲恋の女主人公がかわいそうで涙を流しました。

나는 영화 속 비련의 여주인공이 불쌍해 눈물을 흘렸어요.

＊ **불쌍하다**：（目で見た感じが）かわいそうだ，痛ましい。年上に対しても使える。

6 ▶ 飢餓にあえぐ北朝鮮の住民たちがかわいそうでなりません。

기아에 허덕이는 북한 주민들이 불쌍하기만 해요.

＊ **가엾다**と**불쌍하다**の違いは非常に微妙で，使う人の気持ちに左右される。

7 ▶ 幼い子どもたちが歌手になろうと寝ずに練習しているのは，いたましいですね。

어린애들이, 가수가 되려고 잠도 못 자고 연습하는 게 안쓰러워요.

＊ **안쓰럽다**：哀れだ，不憫だ，痛ましい。年下や弱者に対して使われる。

## □ 118 確かにそうですね

A 담배를 그렇게 피워 대다가는 암에 걸려요.

B 그래 맞아요. 이번 기회에 마음먹고 끊겠어요.

A そんなにタバコを吸っているとガンになりますよ。

B 確かにそうですね。これを機に思い切ってやめますよ。

＊ 피워 대다:吸い続ける。-대다 は動詞の語尾 -아, -어 について，その動作が反復されたり，程度が激しいさまを表す。～（し）続ける，～（し）たてる。경보가 울려∨대다（警報が鳴り続ける），떠들어∨대다（さわぎたてる），계속 웃어∨대다（しきりに笑いこける）

＊ 마음먹다：決心する，その気になる

## □ 119 うん，わかったよ

A 밥 먹었으면 자기 그릇은 자기가 씻어라.

B 응, 알았어. 지금 할게.

A ご飯を食べたら，自分の食器は自分で洗いなさい。

B うん，わかったよ。今やるよ。

＊ 食後の食器洗い：설거지

## □ 120 本当にそうだよ

A 의사는 '짠 음식 먹지 마라, 술은 적당히 마셔라' 말하지만, 그럼 사는 재미가 없잖아.

B 그러게 말이야. 먹는 즐거움도 없이 오래 살아 봤자 뭐해?

A 医者は「塩分は控えろ，毎晩の晩酌は適当にしろ」と言うけど，それじゃ食事をする楽しみもないよね。

B 本当にそうだよ。食べる喜びもなくちゃ長生きしてもしかたがないさ。

＊ 그러게 말이야.：相手の言葉に強く同意するとき。내말이 바로 그거야. ともいう。

## そのほかの会話

1▶ ごもっともです。지당하십니다.

✱ 지당하다〈至當 -〉：もっともだ，当然だ

✱ 首を縦に振る：고개를 끄덕이다

2▶ まったく同感です。백프로（100%）동감입니다.

3▶ あなたのご意見に賛成です。

～씨 의견에 찬성합니다.

✱ ～の部分に相手の名前を入れる。당신は使わない。

4▶ きみの言うとおりだ。네 말이 맞아.

5▶ そうですね。私もそう思います。

맞아요. 저도 그렇게 생각해요.

6▶ 異議なし！ 이의 없음！

7▶ ぼくは文句ないよ。나는 불만 없어.

---

8▶ おっしゃるとおりです。私もそう思います。

말씀하신 대로입니다. 저도 그렇게 생각합니다.

✱ 改まった場所で。

9▶ まさしく，本当にあなたの言うとおりよ。

아닌 게 아니라 정말 네 말대로야.

✱ 아닌 게 아니라：まさしく，やっぱり，ほかでもなく

10▶ 的を射たご意見ですね。

정곡을 찌르는 의견이신데요.

✱ 정곡을 찌르다〈正鵠－〉：的を射る，核心を突いている，物事の急所や要点を正しく押さえている。正鵠とは的の中央の黒点。最近の若者たちは，돌직구를 던지다 という言い方もする。

11▶ そうなる可能性は十分にありますよね。

그럴 가능성은 충분하죠.

12▶ きみの話を聞いていると，そうも考えられるね。

네 말을 들어 보니까 그럴 수도 있겠어.

## □ 121 違いますよ

A 인사과 재준 씨하고 사귄다는 소문이 자자하던데요.

B 누가 그래요? 아니에요.

A 人事課のチェジュンさんと付き合っているって，もっぱらのうわさですよ。

B だれがそんなことを？　違いますよ。

＊ 소문이 자자하다〈所聞ー藉藉ー〉：うわさが多くの人の口にのぼる，もっぱらのうわさだ

＊ みな口を開けばその話だ：다들 입만 열었다 하면 그 이야기야.

## □ 122 そうでもないですよ

A 한국 엄마들은 아들을 더 선호한다면서요?

B 요즘에는 그렇지도 않아요. 딸 하나만 낳아서 잘 키우는 집도 많아요.

A 韓国の母親は，男の子を欲しがるんですって？

B このごろはそうでもないですよ。女の子ひとりでも十分に育てる家も多いですよ。

＊ 선호하다〈選好ー〉：好む，選ぶ。

＊「男の子を欲しがる」は 아들을 낳고 싶어하다，または 아들을 갖고 싶어하다 と言ってもいい。

## □ 123 何言ってるんだい？

A 나, 학교를 그만둘까 하는데…….

B 무슨 소릴 하는 거야? 학교 그만두고 뭐 하려고?

A わたし，学校やめようかと思うの。

B 何言ってるんだい？　学校やめてどうするんだよ。

＊ 무슨 소릴：무슨 소리를 の会話での縮約形。

＊ 親しい間柄では「何言ってるんだよ」というニュアンスで이게 무슨[뭔] 개소리야. と言ったりする。

## そのほかの会話

1▶ その意見には賛成できません。그 의견에는 찬성할 수 없습니다.

2▶ 必ずそうとは限らないですよ。꼭 그렇다고는 할 수 없어요.

3▶ 私の考えは違います。제 생각은 달라요.

4▶ ちょっと納得できないな。그건 좀 이해가 안 가는데.

5▶ そんなの，うまくいきっこないよ。

그런 게 잘될 턱이 없어요.

6▶ ぼくだったらそんなことしないな。

나라면 그런 짓은 하지 않을 텐데.

7▶ 問題外だね。그런 건 문제 삼을 가치도 없지.

＊ 直訳は「そんなもの問題にする価値もないよ」。

---

8▶ 今度の夏休みにも北海道に行くの，反対だわ。去年も行ったじゃないの。

이번 여름휴가 때도 홋카이도에 가는 거 난 반대야. 지난해에도 거기 갔었잖아.

＊ 夏休み：学校の休みの場合は**여름방학**という。**여름**∨**방학**と分かち書きをしてもいい。

＊ **여름휴가，지난해** は合成語と見なし，分かち書きをしない。

9▶ 私は大型リゾート開発には賛成できません。

저는 대형 리조트 개발에는 찬성할 수 없어요.

10▶ いくら職場の先輩でも，そのような言い方はないでしょう。

아무리 직장 선배라도 그렇게 말씀하시면 안 되죠.

11▶ あのかわいい妹が姉を殺した犯人だなんて…。そんなはずはありません。

그렇게 귀엽게 생긴 애가 언니를 죽인 범인이라니……. 그럴 리가 없어요.

＊ 刑事ドラマを見ながらの会話。

12▶ 小学生に英語を教えることは問題があります。

초등학생에게 영어를 가르치는 건 문제가 있어요.

＊ **초등학생** は分かち書きしない。

## □ 124 夫の行動が怪しいのよ

A 아무리 봐도 요즘 남편 행동이 수상해.

B 모르는 척하는 게 좋아. 한번 의심하기 시작하면 끝도 없거든.

A どう見ても最近の夫の行動が怪しいのよ。

B 知らんぷりしておいたほうがいいわよ。疑いだしたらきりがないから。

友達同士の会話

* 이상하다〈異常ー〉が単におかしい，変だというのに比べて，수상하다〈殊常ー〉はふだんとは何か違っておかしい，いぶかしい。
* 의심하다〈疑心ー〉：疑う

## □ 125 耳を疑いましたよ

A 아니, 그렇게 반대하시던 부장님이 갑자기 찬성하셨다고?

B 네, 어제 회의에서 부장님 말씀을 듣고 제 귀를 의심했어요.

A えっ，あんなに反対していた部長が，急に賛成に回ったんだって？

B ええ，昨日の会議での部長の意見には耳を疑いましたよ。

会社での上司と部下の会話

* 귀를 의심하다：耳を疑う

## □ 126 何かの間違いじゃないのか

A 설마 그 녀석이 죽을 줄이야. 믿을 수가 없어.

B 얼마 전까지만 해도 건강했는데, 뭐 잘못 안 거 아냐?

A まさかやつが死んだなんて，信じられないよ。

B ついこの間までぴんぴんしてたのに，何かの間違いじゃないのか。

同級生同士の会話

* 뭐 잘못 안 거 아냐?：発音は［-잘모단거-］。
* 日本語で相手の言ったことに対して驚きを表すときに，軽い気持ちで「うっそ～！」と言うときがあるが，韓国語ではふつう 거짓말! ではなく 정말?，정말이야? と言う。
* 冗談だろ？：농담이지? やや信憑性を疑うときには，농담이겠지? と言う。

## そのほかの会話

1 こんなもの買うなんて金銭感覚を疑うよ。

이런 걸 사다니 센스가 없군.

＊ 韓国語では **금전감각** という語はあまり使われない。

2 人前であんなことをするなんて，きみの人間性を疑うね。

사람들 앞에서 그런 행동을 하다니 자네 인간성을 의심하게 되네.

3 毎日一粒飲むだけで体重が減るという薬の広告を見たけど，どうもうさんくさいわ。

매일 한 알만 먹어도 몸무게가 빠진다는 약 선전을 봤는데 아무래도 수상해.

4 さっきかかってきた電話，どう考えても怪しいわ。ひょっとして振り込め詐欺だったのかもしれないわ。

아까 걸려 온 전화, 아무리 생각해도 이상해. 혹시 보이스피싱일지도 몰라.

＊ **보이스피싱**：振り込め詐欺。音声（voice）と釣り（fishing）の合成語。

＊ なんだか怪しいな：**왠지 수상한걸.**

---

5 ネットでの商品に対する書き込みは，そのまま鵜呑みにはできませんね。

인터넷에 올라온 상품평은 그대로 다 믿으면 안 돼요.

＊ ネットに書き込む：**글을 올리다**

＊ コメントを書く：**댓글을 달다**

6 もう１週間近く何の連絡もないなんて，嫌な予感がするわ。

벌써 1주일 가깝게 아무런 연락도 없는 게 불길한 예감이 든다.

＊ **불길한 예감이 들다**：不吉な予感がする

7 元本が１年で２倍になる投資話なんて，眉唾物だよ。

원금이 1년 사이에 두 배나 된다니! 미심쩍지 않아?

＊ 元本：**원금**〈元金〉，**밑천**，**자금**〈資金〉。**원본** は「原本」のことなので注意。

8 ネット通販であまりにも安い品物は，品質を疑ってみたほうがいいですよ。

인터넷 쇼핑에서, 너무 싼 상품은 품질을 의심해 봐야 돼요.

＊ ネット通販は，略さずに **인터넷 쇼핑** と言う（**넷 통판** とは言わない）。

## □ 127 まさか

A 손 사장님 회사가 도산했다는데요.
B 설마요? 금시초문인데요. 얼마 전까지만 해도 잘 돌아가고 있었는데.

A ソン社長の会社が倒産したんですって。
B まさか。初耳ですよ。この間まではうまくいっていたのに。

＊ 설마가 사람 죽인다 という言い回しがある。直訳すると「まさか（そんなことは起こらないだろうという心の油断）が人を殺してしまう」という意味で，日本語でいうならば「油断大敵」「油断禁物」。설마가 사람 잡는다. とも言う。
＊ 금시초문〈今時初聞〉: 初耳
＊ 一体どうなってるんですか : 도대체 어떻게 된 일이에요?

## □ 128 ホントに？

A 들었니? 우리 부장님, 성희롱 때문에 잘렸대.
B 진짜? 그렇게 점잖은 분이 왜? 못 믿겠다!

A 聞いた？　うちの部長，セクハラでクビになったんだって。
B ホントに？　あんなおとなしい部長がなんで？　信じられないわ！

＊ 성희롱〈性戯弄〉: セクハラ
＊ クビになる : 잘리다。모가지가 잘리다，해고당하다 ともいう。
＊ 本当にあきれたよ : 정말 기가 막히네.
＊ 冗談言ってるんでしょ？ : 농담하는 거지?

## □ 129 とてもびっくりしました

A 일본에 도착한 다음 날 대지진이 일어나다니, 정말 깜짝 놀랐어요.
B 저도요. 너무 놀라서 저도 모르게 그만 소리를 질렀다니까요.

A 日本に着いた翌日に大地震だなんて，とてもびっくりしました。
B 私もですよ。あまりにも驚いて，つい大声を上げてしまいましたよ。

＊ ほんとにびっくりだよ！ : 간 떨어지는 줄 알았네!（肝が落ちるほどとても驚く）
＊ 간이 콩알만 해지는 줄 알았어.（肝を冷やす）という言い方もある。
＊ 깜짝이야! 애 떨어질 뻔했네.（ここで 애 は子どものこと。＊男性でも使える）

## そのほかの会話



1 ▶ 急に雷が鳴る音にびっくりしました。

갑자기 천둥이 치는 바람에 깜짝 놀랐어요.

＊ 韓国語の **천둥** は「音のする」**뇌성** と，「光る」**번개** が合わさったもの。雷が鳴る：**천둥이 치다**／稲妻が光る：**번개가 치다**

2 ▶ うちの女房が急に離婚するなんて言い出して，びっくりしたよ。

우리 집사람이 갑자기 이혼이라는 말을 꺼내서 깜짝 놀랐어.

3 ▶ 70歳にもなるのにどうしてマラソンを完走できるのか驚きです。

일흔이라는 나이에 어떻게 마라톤을 완주할 수 있는지 놀라울 뿐이에요.

4 ▶ 朝，駐車場から出てくるとき，急に子供が飛び出し出てきたんだ。本当にびっくりしたよ。

아침에 주차장에서 운전해 나오는데 갑자기 꼬마가 튀어나왔어. 정말 식겁했어.

＊ **식겁하다**〈食怯 -〉：(ものすごく) びっくりする

5 ▶ まさかあんなところで学校の先生に会うなんて夢にも思いませんでしたよ。

설마 그런 곳에서 학교 선생님을 만날 줄은 꿈에도 몰랐어요.

6 ▶ あんな子どもが，もう株式投資を勉強してるなんてびっくり仰天だよね。

어린 게 벌써 주식 투자 공부를 하다니 기절초풍하겠다.

＊ **기절초풍하다**〈氣絶一風〉：びっくり仰天する

7 ▶ びっくりしたじゃないか。寿命が十年も縮まったよ。

깜짝 놀랐잖아. 십년감수했어.

＊ **십년감수하다**〈十年減壽ー〉：寿命が十年縮まる

### いろいろな驚きの言葉

- あっ，あらっ！（女性が）：어머! または 어머나!（あららら：어머머머, 어머어머）
- あっ，いけない！（とっさに言う言葉）：아차!
- しまった！：아이고야!, 어이쿠!, 아뿔싸!, 큰일 났다!, 이런!
- あっ，どうしよう！：어떡해!
- どうしようか（一人言で）：어떡하지?
- 何てことだ！：세상에.「この世にこんなことが！」という驚き（세상 は世の中）。(이게) 무슨 일이야., (이게) 뭔 일이야., 뭔 일이람. ともいう。
- 何たることか！，弱ったなあ：이런!「困った！」という感じ。저런! とも言う。
- ばかなこと言うなよ！：말이 되는 소리 해!, 바보 같은 소리 그만해!
- こいつは驚きだよ！：별일이 다 있네!

## □ 130 どうしよう

A 이를 어째. 집 안이 엉망진창인 게 도둑이 들었던 모양이야.

B 그렇게 우물쭈물하지 말고 빨리 경찰에 신고해.

A どうしよう。家の中がめちゃくちゃで泥棒に入られたようだよ。

B ぐずぐずしてないで，早く警察に届けてよ。

＊우물쭈물하다：ぐずぐずする

## □ 131 あせったわ

A 밥 먹고 계산하려는데 지갑이 없는 거야. 진짜 당황스러웠어.

B 그래서 어떻게 했어?

A 食後にお金を払おうと思ったらお財布がないの。本当にあせったわ。

B それで，どうしたんだい？

＊당황스럽다：ろうばいする，うろたえる，あせる

## □ 132 あわてちゃった

A 한국어를 할 줄 안다고 했더니 부장님께서 갑자기 통역을 부탁하시지 뭐야. 정말 당황했어.

B 그래서 어떻게 잘했어?

A 韓国語ができるって言ったら，部長から急に通訳を頼まれたものだから，すごくあわてちゃった。

B それで，結果はうまくいったの？

＊부장님께서 갑자기 통역을 부탁하시지 뭐야. の直訳は「部長さんが急に通訳を頼むじゃないの」。

## そのほかの会話

1 パスポートと財布をなくしちゃって，どうしていいかわからないわ。

여권이랑 지갑을 잃어버려서 어떻게 해야 좋을지 모르겠어요.

2 会議の資料が入っているかばんを電車に忘れちゃったんだよ。

회의 자료가 들어 있는 가방을 그만 전철에 두고 내렸어요.

＊「かばんを電車に忘れる」は (깜박 잊고) **가방을 전철에 두고 내리다**（[うっかり] かばんを電車に置いて降りる）と言う。**가방을 전철에 잊어버리다** とは言わない。「かばんを電車の中で紛失した」場合は，**가방을 전철에서 잃어버리다** と言える。

3 マクドナルドで好きな子に偶然会ったんだけど，あわてて何も言えなかった。

맥도날드에서 좋아하는 애를 우연히 만났는데 너무 당황해서 한 마디도 못했어.

4 リンゴを切って食べたら，中から虫が出てきてあせったよ。

사과를 베어 먹는데 속에서 벌레가 나왔지 뭐야. 깜짝 놀랐어.

5 意見を求められたんだけど，賛成も反対もできなくて，困っちゃったよ。

내 의견을 물어 오는데 찬성도 반대도 할 수 없어서 곤란했어.

＊ **곤란하다**〈困難－〉:困る，立場が苦しい，困惑させられる，物事を処理するのが難しい。日本語の「困難だ」とは少しニュアンスが違う。

6 友達が金を貸してくれって言うんだけど，貸さないわけにもいかないし…困ったな。

친구가 돈 좀 빌려 달라는데 안 빌려 줄 수도 없고……, 난감하네.

＊ **난감하다**〈難堪－〉：どうすることもできずに立場に非常に困る，困り果てる。

7 この間，道を歩いてたら，外国人から英語で聞かれて，ほんとに困ったよ。

얼마 전에 길에서 외국 사람이 영어로 말을 걸지 뭐야. 정말 곤혹스럽더라고.

＊ **곤혹스럽다**〈困惑－〉：困る。同意語には **난처해지다** がある。

8 家の中がこんなないのに，お客さん連れてきたら困るじゃないの！

집 안이 이 모양인데 손님을 데리고 오면 어떡해요!

＊ 夫婦の会話。

9 隣の部屋に課長がいるから，ちょっと今，話をするのはまずいんだけど。

옆방에 과장님이 계시기 때문에, 지금은 좀 얘기하기가 곤란한데.

2 気持ちを表現する

## □ 133 なかなか決まらなくていらいらするわ

A 내 남자 친구는 데이트할 때, 항상 어디에 갈지 좀처럼 결정하지 못해서 짜증 나.

B 일을 척척 잘 해내는 것처럼 보여도 네 남자 친구, 꽤 우유부단하구나.

A わたしの彼氏ったらデートのとき，いつもどこに行くかなかなか決まらなくて，いらいらするわ。

B てきぱきしてるように見えて，彼氏，けっこう優柔不断なのね。

＊ 척척：物事を手際よく処理するさま。척척 のような副詞を強調していうばあいは，[처억척] のように，最初の音を伸ばす。

## □ 134 もたついているといらいらするよ

A 계산대 앞에서 꾸물거리는 아줌마를 보면 짜증 나.

B 그런 말 하는 게 아니야. 너도 나이 먹으면 저렇게 동작이 굼떠져.

A レジのところでもたついているおばさんを見るといらいらするよ。

B そんなこと言わないの。あなたも年を取ったらああいうふうに動作が鈍くなるんだから。

スーパーマーケットで，子と母親の会話

＊ 계산대〈計算臺〉レジ。「レジ打ちの人」は 캐셔〈cashier〉。

＊ 꾸물거리다：動きがとても遅い様子。ぐずぐずする。

＊ 굼뜨다：（動作などが）のろい

## □ 135 焦らないで

A 전혀 일이 진척되지 않아 고객과 마찰을 빚었어요.

B 조급해하지 말고 차분하게 일을 처리하게.

A 仕事が全然はかどらなくて，クライアントとトラブってしまいました。

B 焦らないで落ち着いて仕事をこなしなさい。

＊ 마찰을 빚다：トラブる。트러블을 빚다，충돌을 빚다，말썽이 생기다 ともいう。

＊ 조급해하다〈躁急－〉：焦る，気持ちがいらだつ。조급하다 は「慌ただしい」という意味の形容詞。

＊ -게：目下や同僚に対する命令を表す語尾。

## そのほかの会話

1 ▶ やつはいつも時間どおりに来ないんだから，いらいらするよ。

녀석은 언제나 제시간에 오지 않아서 짜증 나.

2 ▶ 彼女はいつも回りくどく話すんで，本当にいらいらします。

걔, 늘 빙 둘러서 말하는데, 정말 짜증 나요.

＊ **빙 두르다**：周りをぐるりと囲む

3 ▶ 彼氏が同窓会で幼なじみの女の子に会うと思うといらいらするわ。

남자 친구가 동창회에서 어릴 적 여자 친구를 만나면 짜증 나.

4 ▶ 30 分経っても料理が来ないので，いらいらしました。

30분이 지나도 음식이 오지 않아 짜증이 났어요.

5 ▶ なんでいいところでコマーシャルになるんだろう。ほんとにいらいらするね。

왜 재미있는 부분에 CF를 넣을까? 정말로 짜증 나네.

＊ 日本では TV コマーシャルを CM（Commercial Message）というが，韓国では CF（Commercial Film）という。発音は **씨에프**。

6 ▶ 合格通知がなんで来ないのかしら？　いらいらするわ。

합격 통지가 왜 아직 안 오지? 속 타네.

＊ **속 타다**：やきもきする，（今か今かと）気をもむ，もどかしい，胸を焦がす

7 ▶ 病院の待合室に患者さんがいっぱいだと，順番待ちにいらいらしますね。

병원 대기실에 환자가 많으면 순서를 기다리느라 짜증나요.

8 ▶ 今日はやることなすこと失敗ばかりして，本当にいらつきました。

오늘은 하는 일마다 다 실수만 하고, 진짜 신경질 났어요.

＊ **신경질 나다**〈神經質－〉：気が立つ，いらつく

9 ▶ 思うように点が入らないのが，歯がゆいな。

생각처럼 점수가 안 나오는 게 답답해요.

＊ 野球などスポーツの中継を見ていて。

10 ▶ 約束の時間が近づいてるのに，道が混んでいて，だんだんいらついてきたよ。

약속 시간은 다가오는데 길이 막혀서 점점 조급해지네.

## □ 136 長いあいさつにはうんざりするよ

A 매년 있는 일인데, 사장님의 장황한 신년 인사 말씀에는 진절머리나.

B 이 추운 날씨에 강당에서 서서 듣는 사원들 생각은 전혀 안 하시나?

A 毎年のことながら社長の長ったらしい新年のあいさつにはうんざりするよ。

B この寒い中，講堂で立って聞いている社員のことなんか考えないのかしらね。

＊ 진절머리가 나다：(繰り返されることに) 嫌気がさす，嫌悪感を抱いて腹が立つ

## □ 137 変化のない日常にとてもうんざりしています

A 매일같이 반복되는 일상이 너무 지겨워요.

B 우리 나이가 되면 취미 하나 정도는 갖고 있어야 해요.

A 毎日毎日繰り返される日常にとてもうんざりしています。

B この年になったら，趣味のひとつぐらいは持たないとだめですよ。

＊ 매일같이：毎日のように。같이 の前が名詞の場合には，このように分かち書きしない。この場合の 같이 は表現を強調する（새벽같이 떠나다 / 매일같이 지각하다）

＊ 지겹다：うんざりする，飽き飽きする，退屈で嫌になる

## □ 138 何でも知りたがる女性はごめんだね

A 뭐든지 알고 싶어 하는 여자는 딱 질색이야.

B 내가 사귀던 애도 휴대폰 내역까지 보려고 했어. 여자들의 심리는 알다가도 모르겠어.

A 何でもかんでも知りたがる女性はごめんだね。

B おれの元カノもケータイの履歴まで見たがったよ。女性の心理はわかるようでわからないね。

＊ 질색이다〈窒塞－〉：こりごりだ，まっぴらだ

## そのほかの会話

1 ▶ うざいな。いい加減にしてほしいんだけど。

지겨워. 이제 그만했으면 좋겠어.

＊ 話し合いなどが長引いたとき。

2 ▶ 何度も同じことばかり聞いてうんざりだよ。

몇 번이나 같은 이야기만 들어서 지겨워.

3 ▶ 小言も何度も言われると，うんざりだよ。

잔소리도 한두 번이지. 이젠 정말 귀가 따가워.

＊ **잔소리도 한두 번이지**：直訳は「小言も1，2回が限度だろうね」。

4 ▶ この山のような書類は見ただけでうんざりだ。

이 산더미 같은 서류는 보기만 해도 지겨워.

5 ▶ うちのお爺さんは，もう戦争なんかこりごりだと言ったわ。

우리 할아버지는 전쟁이라면 진절머리가 난다고 하셨어.

6 ▶ 政治家たちのご都合主義的な行動を見るとうんざりします。

안면을 몰수한 듯한 정치인들의 행태를 보면 진절머리가 나요.

＊ **안면을 몰수하다**〈顔面－沒收－〉：自分の都合が悪くなったときに，顔見知りの人に知らんぷりする。会話では**안면 몰수하다**のように使うことがある。似たような言葉に**문전박대**〈門前薄待〉（訪ねてきた人を，面と向かって冷遇すること）がある。

7 ▶ 昔，麦飯をいやと言うほど食べたので，もう麦飯は見るだけでもうんざりです。

옛날에 보리밥을 너무 많이 먹어서 그런지 이젠 보리밥만 봐도 지긋지긋해요.

＊ **지긋지긋하다**：こりごりだ，ぞっとする，（繰り返されたことが）嫌で苦痛になる

8 ▶ 長い闘病生活のためか，病院のにおいをかいだだけでうんざりします。

오랜 투병 생활 때문인지 병원 냄새만 맡아도 지긋지긋해요.

9 ▶ やあ！ とうとうこのうんざりする受験生生活も，今日で終わりだ。

야! 드디어 이 지긋지긋한 수험생 생활도 오늘로 끝이다.

# 47 怒る，けんかする

## □ 139 頭にくるわ

A 아니, 어떻게 나만 빼고 자기들끼리 계획을 세우니? 생각하면 생각할 수록 열받아.

B 걔네들이 일부러 그런 것도 아니고 그만 화 풀어라.

A なんでわたしだけ仲間はずれにして自分たちだけで計画を立てるの？ 考えれば考えるほど頭にくるわ。

B 彼女たちがわざとそうしたわけじゃないんだから，いい加減に怒るのやめたら？

＊ 화를 풀다：怒りを収める。
＊ 화를 내다（화내다）：腹を立てる，怒る。화가 나다（화나다）：腹が立つ，怒る。

## □ 140 しつこいわね

A 제발 부탁이야. 다시 생각해 줘.

B 싫다는데 왜 자꾸 이래.

A お願いだからもう一度考え直してくれよ。

B いやだって言ってるのに，しつこいわね。

＊ いい加減にしてよ：좀 작작해라!（작작 좀 해라! ともいう）
＊ ほっといてちょうだい：그냥 내버려 둬.

## □ 141 これ以上話してもらちがあきません

A 더 이상 얘기해도 결말이 안 나니까 주인 불러 주세요.

B 잠깐만요. 말이 안 통하는 사람이 누군데요?

A これ以上話してもらちがあかないからオーナーを呼んでください。

B ちょっと，話がわからないのはどっちですか。

＊ 話にもならないよ：말도 안 돼.

## そのほかの会話

1 ▶ あいつ，もう一度しくじったら，ただじゃおかないからな。

그 녀석 한 번만 더 실수하면 가만두지 않겠어.

2 ▶ 今度会ったらただじゃおかないからな。

다음번에 보면 너 죽었어.

＊ 直訳は「今度会ったらおまえは死んでいるぞ」。

3 ▶ 何？　もう一度言ってみろよ。

뭐? 다시 한 번 말해 봐.

＊ 汚い言い方は，뭐라고? 한 번 더 지껄여봐.。

4 ▶ おれが何したって？　つまらないことでがたがた言うな。

내가 뭘 어쨌다고 그래? 별것도 아닌 거에 투덜거리지마.

＊ がたがた言う：투덜투덜하다, 투덜거리다, 양양거리다

5 ▶ よくそんなことが言えるわね。잘도 그런 말을 하네.

6 ▶ 今何て言ったんですか。言葉には気をつけてください。

지금 뭐라고 했어요? 말조심하세요.

＊ 目上の人などには 말씀이 지나치십니다.（お言葉が過ぎます）とていねいに言う。

7 ▶ その話はもういい加減にしてください。

그 이야기는 이제 그만 좀 하세요.

8 ▶ あなたには関係ないことよ。너하고는 상관없는 일이야.

9 ▶ そんなこと言ったらおしまいだよ。그렇게 말하면 끝이지.

10 ▶ あきれてものも言えないわ。기가 막혀서 말도 안 나온다.

## □ 142 なぜあんなことをするの？

A 사람들 앞에서 왜 그런 짓을 해?

B 너한테 창피를 주려고 한 건 아니야.

A みんなの前で，なぜあんなことをするの？

B きみに恥をかかせようとしたわけじゃないんだよ。

* 짓：望ましくない行動のこと。일 に比べてマイナスのイメージがある。
* わざとしたわけじゃないんだけど，そうなっちゃったんだ：일부러 한 건 아닌데, 그렇게 돼 버렸습니다.
* 何も間違ったことはしてないけど：아무것도 잘못한 게 없는데요.

## □ 143 ひどいじゃない

A 약속도 안 지키고 이거 너무하잖아.

B 미안해. 휴대폰 배터리가 떨어져서 전화를 받을 수 없었어.

A 約束も守らないなんてひどいじゃない。

B 悪かった。携帯のバッテリーが切れて，電話に出られなかったんだよ。

* あきれてものが言えません：어이가 없어서 말이 안 나오네요.

## □ 144 話を聞けって言ったのに

A 결국 여자 친구하고 삐그덕거려서 헤어지게 됐어.

B 그러니까 내 말을 들으라고 했잖아.

A 結局は彼女とうまくいかずに別れちゃったんだ。

B だからおれの話を聞けって言ったのに。

* だから言ったじゃない：그러니까 말했잖아.
* えらそうに言わないでくれる？：대단하다는 듯이 말하지 마.

## そのほかの会話

1 ▶ あんなことをするなんて，恥ずかしいと思わないの？
그런 짓을 하다니 부끄럽지 않아?

2 ▶ あんなひどいことしておいて，よくも図々しく人前に出て来られるね。
그런 나쁜 짓을 해놓고 무슨 염치로 사람들 앞에 나서는 거야.

3 ▶ だめだって言ったのに，なんでまた同じ間違いを繰り返すのですか。
그러면 안된다고 했는데 왜 자꾸 같은 실수를 되풀이하는 거예요.

4 ▶ 少しは自分のしたことをよく考えてくれよ。
조금은 자신이 한 짓을 생각해 봐.

5 ▶ わたしの言うことを聞かないから，そういうことになるんだわ。
내 말을 안 들으니까 그렇게 되는 거야.

6 ▶ わたしの言ったとおりでしょう？　いい気味だわ。
내가 말했던 대로지요? 고소해.

＊ **고소하다**：(嫌いな人がひどい目にあったとき)いい気味だ

7 ▶ バカに付ける薬はないって本当だな。
바보에겐 약도 없다고 하던데 정말이군.

## 関連表現

- 非難する：**비난하다**
- 小言を言う：**잔소리를 하다**
- 悪口を言う：**험담을 하다**
- 人をいじめる：**남을 괴롭히다**
- 人をけなす：**남을 헐뜯다**
- 非難を浴びる：**비난받다**
- 馬鹿にする：**멸시하다, 바보 취급하다**
- うしろ指を指される：**손가락질을 당하다**
- 苦情を言う：**불평하다**
- 人のうわさをする：**남의 이야기를 하다**
- 心に傷を付ける：**가슴에 못을 박다**
- 人をからかう：**남을 놀리다**
- 仲間はずれにする：**따돌리다**
- 非難の的になる：**비난의 대상이 되다**
- 仲間はずれにされる：**따돌림을 당하다**

# 苦情を言う ①（不平不満を言う）

## □ 145 やめてくれないか

A 내 앞에서 담배 피우지 말아 줄래?

B 자기도 전에는 그래 놓고서 큰소리치지 마.

A ぼくの前でタバコを吸うのはやめてくれないか。

B 自分だって前は吸ってたくせに，えらそうなこと言うなよ。

＊ 그래 놓고서：そうだったくせに

＊「～のくせに」は，場合によって表現を使い分ける／ピアノも弾けないくせに：피아노도 못 치는 주제에～〔주제 というのは身なり，ざま〕／何もできないくせに：아무 것도 못하면서～／知っていると言ったくせに：안다고 해 놓고서～

## □ 146 待たせすぎじゃないですか

A 저, 약만 타러 왔는데 너무 기다리게 하는 거 아니에요?

B 죄송합니다. 저희는 접수한 순서대로 하고 있어서…….

A あのう，薬だけ出してもらいたいのですが，待たせすぎじゃないですか。

B 申し訳ありません。順番通りにやっていますので。

＊ 病院の受付でよくある光景。

## □ 147 食べ物を食べるのは控えてください

A 저, 공공장소에서 음식을 먹는 건 삼가셔야죠.

B 그럴 수도 있죠. 너무 깐깐하게 그러지 맙시다.

A あの，公共の場所で食べ物を食べるのは控えてください。

B 別にいいじゃないですか。あまり固いこと言わないでください。

＊ 깐깐하게：杓子定規に，頑固に，気難かしく

## そのほかの会話

1 ▶ 申し訳ありませんが，ここで携帯電話を使うのはご遠慮ください。

죄송합니다만, 여기서 휴대 전화를 사용하는 것은 삼가 주십시오.

＊ **삼가해 주십시오.** と言う人が多いが，間違い。基本形は **삼가다.**

2 ▶ あのう，うるさくて映画が見られないんです。外に出て話してくれませんか。

저, 시끄러워서 영화를 못 보겠어요. 밖에 나가서 말씀해 주시겠어요?

＊ 映画館で。

3 ▶ 試験勉強してるんだから，テレビの音小さくしてくれよ。

시험공부하고 있으니까 텔레비전 소리 좀 줄여 줄래?

＊ **시험공부하다**（試験勉強する）はひとつの単語。× **시험공부**∨**하다**

4 ▶ よく聞こえないので，もう少しボリュームを上げてください。

잘 안들리니까 소리 좀 크게 해 주세요.

＊ 聞き取り試験の会場で。

---

5 ▶ この問題を何とか解決してください。

이 문제를 어떻게든 해결해 주세요.

6 ▶ 文法より，できるだけ会話中心の授業をしてほしいんですが。

가능한 한 문법보다는 회화 중심으로 수업을 해 주셨으면 좋겠어요.

＊ 韓国語学校で。

7 ▶ 引っ越して間もないのにもうトイレが詰まっちゃって，何とかしてください。

이사 온 지 얼마 안 됐는데 벌써 화장실이 막혔어요. 어떻게 좀 해 주세요.

8 ▶ 運転手さん，私が道がわからないからって料金ふっかけたんじゃないの？

아저씨, 제가 길을 모른다고 바가지 씌운 거 아니에요?

＊ タクシー料金の精算のとき。

＊ **바가지 씌우다**：（料金を）ふっかける，ふんだくる

9 ▶ 1週間前に書留で送ったというのに，まだ着いてないんですよ。

1주일 전에 등기 우편으로 부쳤다는데 아직도 도착하지 않았어요.

＊ 郵便局で。

＊ **등기 우편**〈登記郵便〉：書留

## □ 148 前にも言いましたが

A 전에도 말씀드렸지만, 병과 캔은 수요일에 버리세요.

B 죄송합니다. 제가 요일을 착각했어요.

A 前にも言いましたが，ビンとカンは水曜日に出してください。

B すみません。つい曜日を間違えました。

＊ 韓国でも一般ゴミ（일반 쓰레기），生ゴミ（음식물 쓰레기），リサイクルゴミ（재활용품），粗大ゴミ（대형 쓰레기）などの分別収集（분리수거〈分離收去〉）が厳しく行われている。日本ではスーパーのレジ袋などに入れて捨てている生ゴミも，有料のゴミ袋（쓰레기봉투）に入れて捨てなければならない。

## □ 149 犬に小便をさせないでください

A 여기다가 애완견이 소변을 누게 하지 마세요.

B 죄송합니다. 제가 잠시 한눈파는 사이에.

A ここで愛犬に小便をさせないでください。

B すみません。ついよそ見をしていたもんで。

＊ ここで愛犬が小便をしないように注意してください：여기에 애완견이 소변을 싸지 않도록 주의해 주세요.

＊ 애완견〈愛玩犬〉：愛犬，ペット

＊ 소변을 누다 と 소변을 싸다：누다 には「大小便を排泄する」という意味があり，싸다 には「大小便が，がまんできずに漏らす」という意味がある。

## □ 150 うるさいんですが

A 아래층 사람인데 댁의 아이가 뛰어다니는 소리 때문에 못 살겠어요.

B 아, 죄송합니다. 앞으로는 조심하도록 하겠습니다.

A 下の階の者なんですが，おたくのお子さんが走り回る音がうるさくてしかたないんですが。

B ああ，すみません。今後気をつけます。

＊ 아, 죄송합니다. 제가 단단히 주의를 주겠습니다. というと，「子どもに注意するように言います」という意味。

＊ 韓国のアパート（マンション）は階と階の間が狭く，騒音による苦情が絶えない。このような騒音を 층간 소음〈層間騒音〉という。

## そのほかの会話

1▶ うちの前に駐車しないでください。

우리 집 앞에 주차하지 마세요.

2▶ ここでやたらにつばを吐かないでください。

여기에 침을 함부로 뱉지 마세요.

3▶ ここにタバコの吸い殻を捨てないでください。

여기에 담배꽁초를 버리지 마세요.

＊ **담배꽁초** はひとつの単語。分かち書きしない。

4▶ うちの犬に餌をやらないでください。

우리 집 개한테 먹이를 주지 마세요.

5▶ アパートではペットを飼わないでください。

아파트에서는 애완동물을 키우지 마세요.

＊ **애완동물**〈愛玩動物〉: ペット。最近は人生の伴侶という意味で**반려 동물**〈伴侶動物〉ともいう。

6▶ うちの花壇の花を勝手に摘まないでください。

우리 집 화단 꽃을 마음대로 꺾지 마세요.

---

7▶ こんな夜遅くに，家の前で，大声で話すのはやめてください。

이렇게 밤늦은 시간에 큰 소리로 떠들면 어떻게 해요.

8▶ ピアノの音がうるさいんですが，夜間は弾くのを遠慮していただけませんか。

피아노 소리가 시끄러워서 그러는데 밤에는 피해 주시겠습니까?

＊ **-(아/어)서 그러는데** : (実は) ～なんですが

9▶ 公園に休むところがないんですが，ベンチのようなものを設置していただけませんか。

공원에 쉴 곳이 없어서 그러는데 벤치 같은 걸 설치해 주실 수 있나요?

10▶ 通学路で飛ばす車が多くて危険ですので，何とか規制してください。

학교 앞 도로에서 과속하는 차들이 많아 위험하니까 규제를 좀 해 주세요.

11▶ この町内は夜道が暗くて危ないので，街灯を増やしてください。

이 동네는 밤길이 어두워 위험하니까 가로등을 좀 늘려 주세요.

# 51 叱る，叱られる

## □ 151 これは何なの？

A 벽에 낙서하지 말라고 몇 번이나 말했는데 도대체 이게 뭐니?

B 엄마, 제가 잘못했어요. 다시는 안 그럴게요.

A 壁に落書するなって，何回も言ってるのに，これは何なの？

B お母さん，ごめんなさい。二度としませんから。

母が子を叱っている会話

＊ 잘못하다 はひとかたまりの単語。分かち書きしない。

## □ 152 今何時だと思っているんだ？

A 너 지금 몇 시인 줄 알아? 이 시간까지 밖에서 뭐 하는 거야?

B 아빠, 어쩌다 한 번 늦은 건데 좀 봐주세요.

A おまえ，いま何時だと思っているんだ？　こんな時間まで外で何をしてるんだ？

B パパ，たまに遅くなったことぐらい，大目に見てよ。

電話での父娘の会話

＊ 봐주다：見逃す，大目に見る ☞ p.48 の会話 064 の注参照

## □ 153 ちょっと叱ったの

A 우리 아이가 전혀 말을 듣지 않아 좀 야단쳤어.

B 요즘은 옛날 같지 않아서 무조건 꾸짖으면 안 돼요.

A うちの子が全然言うことを聞かないからちょっと叱ったの。

B 今は昔のように頭ごなしに叱ったらだめよ。

母親同士の会話

＊「叱る」には 야단치다, 꾸짖다, 혼내다 などがある。야단치다 は, 아이가 말을 듣지 않아서 야단을 좀 쳤어. のように，大人が子どもを叱るときには使えるが，선생님께 야단을 맞았어. のように，子どもの立場からは使えない。子どもの立場から言うときは 선생님께 꾸중을 들었어. と言う。

## そのほかの会話

1▶ 未成年だからタバコを吸っちゃいけないって言ってるのに。

미성년자니까 담배를 피우면 안 된다고 하는 건데.

＊ **미성년자**〈未成年者〉：未成年，未成年者

2▶ きみは入社してもう 3 年になるのに，何だこれは？

자네 입사한 지 3년이나 됐는데 일 처리가 이게 뭔가?

＊ 上司が部下に。

3▶ だれが教室で騒げと言った？　静かに自習しろ。

누가 교실에서 떠들라고 했어? 조용히 자습들 해.

＊ 先生が生徒に。

4▶ あんたはお兄ちゃんなんだから，妹の面倒をちゃんと見ないとダメでしょ！

너는 오빠니까 동생을 잘 보살펴야지.

＊ 親が子に。

5▶ だいたい子どもを叱ったからって成績が上がるようなもんじゃないしね。

아무리 애들을 야단쳐 봤자 성적이 올라가는 것도 아닌데 말이야.

6▶ 成績表を机の引き出しにそっと隠しておいたら，おふくろに叱られたよ。

성적표를 책상 서랍에 몰래 감춰 뒀다가 들켜서 어머니께 야단맞았어.

7▶ 子どものころ，兄弟げんかをしてよくお母さんに叱られたよ。

어렸을 때 동생하고 싸워서 엄마한테 자주 꾸중을 들었어.

＊ 韓国語には兄弟，姉妹など「きょうだいの間」を意味する **동기간**〈同氣間〉という単語はあるが，「きょうだいげんか」にぴったりの単語がない。

8▶ このごろは生徒をちょっと叱っただけで，親の抗議がひどいんですってよ。

요즘은 학생들을 조금만 야단쳐도 학부모의 항의가 심하대요.

9▶ 今の 10 代は，ちょっとしたことで切れる子が多いから，頭ごなしに叱ったらだめですよ。

요즘 10대 애들은 사소한 일에도 금방 화내니까 무조건 야단치면 안돼요.

＊ 10대：発音は［십때］

# 52 怖い

## □ 154 体が震えるわ

A 어제 봤던 공포 영화가 아직도 머릿속에 남아 있어서 몸서리쳐진다.

B 무서우니까 더는 그 얘기 하지 마.

A 昨日見たホラー映画がまだ頭に残っていて，体が震えるわ。

B 怖いからその話はもうしないで。

＊ 몸서리치다：身震いする，身の毛がよだつ

＊ 무섭다：공포 영화 ~，뱀이 ~，어두운 길이 ~ のように，そのものが持っている性質が，人に恐怖感を抱かせる怖さ。直ちに恐怖心が伝わる。

## □ 155 太るのが怖くて

A 요즘은 초등학교 여학생 중에도 몸매에 신경을 쓰는 아이가 갈수록 늘고 있대요.

B 어떤 아이는 살찔까 두려워서 굶기도 한대요.

A 近ごろは，小学校の女の子の中でも体型を意識する子がだんだん増えているようよ。

B ある子なんか，太るのが怖くて，何も口にしないんですって。

＊ 두렵다：앞날이 ~，내일 시험이 ~，무슨 일이 벌어질까 ~のように，あることやある対象が自分に危険を与えるのではないかと不安を抱く。主に心理的な怖さを言う。

## □ 156 怖くてできないわ

A 이번에 같이 번지 점프 안 할래?

B 나는 고소 공포증이 있는 데다 겁나서 그런 거 못해.

A 今度一緒にバンジージャンプやってみないか。

B 高所恐怖症だし，怖くてとてもそんなものできないわ。

＊ 겁나다〈怯ー〉：怖がる。具体的な状況に直面したときの怖さ。

＊ 怖がり屋だ：겁이 많다

## そのほかの会話

1 ▶ 急に隣の家から悲鳴が聞こえて，背筋がぞっとしたわ。

갑자기 옆집에서 비명이 들렸는데 등골이 오싹해지더라.

＊ **등골이 오싹하다**：背筋が冷やっとする

2 ▶ (雪道を自動車で走っていて) ブレーキが利かなくて死ぬかと思いました。

(눈길에서 차 타고 가다가) 브레이크가 듣지 않아서 죽는 줄 알았어요.

3 ▶ 遊園地のお化け屋敷に入ったときは本当にヒヤっとしたわ。

놀이공원 공포의 집에 들어갔을 때, 너무 무서워서 간이 콩알만 해졌어.

＊ **간이 콩알만 해지다**：肝が豆粒のように小さくなるほどに怖い，肝を潰す

4 ▶ 地下鉄で痴漢にあったとき，とても怖くて，声も出ませんでした。

지하철에서 치한을 만났을 때, 너무 무서워서 말도 안 나왔어요.

＊ **치한을 만나다**：痴漢にあう

5 ▶ 日本に初めて来たとき，地震が怖くて夜も眠れませんでした。

일본에 처음 왔을 때, 지진이 무서워서 밤에 잠을 잘 수 없었어요.

6 ▶ 閉所恐怖症だから，CT 検査なんか怖くていやだわ。

폐소 공포증이 있어서 CT 검사를 하려면 겁이 나.

7 ▶ ペーパードライバーなので，怖くて高速道路を走れません。

제가 장롱 면허라, 고속 도로는 겁이 나서 운전할 수 없어요.

＊ **장롱 면허**〈欌籠免許〉：ペーパードライバー。直訳は「たんす免許」。

8 ▶ 若いときは，皆怖いもの知らずです。

원래 젊을 때는 두려운 게 없는 법이죠.

9 ▶ 子どものころから，どういうわけか父親のことを怖く思っていました。

어린 시절부터 왠지 아버지를 두려워했어요.

## 53 言い訳をする

### □ 157 今回だけは，大目に見てください

A 깜빡 실수로 계산을 잘못했어요. 한 번만 봐주세요.

B 금방 알아차렸으니까 다행이지 두 번 다시 같은 실수하지 마세요.

A うっかり計算を間違えてしまいました。今回だけは，大目に見てください。

B すぐに気がついたからいいものを，二度と同じ間違いをしないでくださいよ。

＊ 봐주다：大目に見る。잘 봐주다 というと，影響力のある人に何かを「よろしく頼む」こと。

＊ 알아차리다：前もって気づく，予知する，感づく

### □ 158 急にこんな話を持ち出してごめんなさい

A 갑자기 이런 말씀을 드려 죄송해요.

B 별말씀을 다 하시네요. 신경 쓰지 마세요.

A 急にこんな話を持ち出してごめんなさい。

B 何をおっしゃいますか。気になさらないでください。

＊별말씀을 다 하시네요.：とんでもありません，何をおっしゃるのですか，どういたしまして。ていねいな言い方は 별말씀 다 하십니다.。

### □ 159 わざとそうしたのではありません

A 사고 쳐서 미안해요. 하지만 일부러 그런 건 아니에요.

B 괜찮아요. 누구에게나 있는 일인걸요.

A 問題を起こしてごめんなさい。でも，わざとそうしたのではありません。

B 大丈夫ですよ。だれでもあることですから。

＊ 사고 치다 は「問題を起こす」の意。

＊ -인걸요：～ですからね。自分の考えや感想を述べるときの終結語尾。一般的に親しい間柄で使われる。

## そのほかの会話

1▶ 約束の日にちを勘違いしていました。

약속 날짜를 착각했어요.

2▶ うっかりして，振り込み金額を間違えちゃったんです。

깜빡하고, 송금액을 잘못 입력했어요.

3▶ ちょっと考え事をしてたので…。すみません。

잠깐 이것저것 생각하다 보니……. 죄송합니다.

4▶ 急いでたからわざわざタクシーに乗ったのに，渋滞に巻き込まれちゃってさ。

일이 급해서 일부러 택시 타고 왔는데 길이 막혀서 말이야.

＊ 遅れたときの言い訳。

---

5▶ ごめん，冗談のつもりだったんだけど。

미안, 농담으로 말했을 뿐인데.

6▶ 悪気はなかったんだ。

나쁜 마음은 없었어.

7▶ そんなつもりはありませんでした。

그럴 생각은 없었어요.

8▶ 結果としてそうなってしまいました。申し訳ありません。

결과적으로는 그렇게 됐습니다. 죄송합니다.

9▶ すみません。そうだとは知りませんでした。

미안해요. 그런 줄은 미처 몰랐어요.

10▶ まったく言い訳のしようもありません。

정말 변명의 여지가 없습니다.

＊ **변명**〈辯明〉：言い訳，弁解，弁明

11▶ まったく面目がありません。

정말 면목이 없어요.

## □ 160 本当に申し訳ありませんでした

A 저 때문에 이런 일이 생겨서 정말 죄송합니다.

B 아니요. 지나간 일인데요, 뭘.

A 私のせいでこんなことになってしまって，本当に申し訳ありませんでした。

B いいえ，もう過ぎたことですから。

＊ 미안해요. というと軽く聞こえ，相手に誤解を与えがちなので，親しい人以外には使うのを避けたほうがいい。

## □ 161 私が悪かったです

A 미안해요. 제가 잘못했어요.

B 괜찮아요. 이제 그 이야기는 그만하시죠.

A ごめんなさい。私が悪かったです。

B 大丈夫です。もうその話はいいですよ。

＊ 미안해요. は女性がよく使う言い方だが，男性の場合でも，ちょっとした間柄では 미안해요. と言う人は多い。

＊ 韓国語では謝罪の意味以外に 죄송하다 や 미안하다 を使うことはない。

＊ 女性の場合には 너무 미안해서 어떻게 해요. とちょっと大げさに言うこともある。

## □ 162 ごめん。わたしの勘違いだったわ

A 미안해. 내가 착각했어.

B 이제 와서 그런 말 하면 곤란하지.

A ごめん。わたしの勘違いだったわ。

B 今さらそんなこと言われても困るなぁ。

＊ 直訳は「わたしが錯覚しました」。미안. と言ってもいい。ごく親しい相手に気楽に「ごめん」という言い方。

## そのほかの会話

1 ▶ 考えが浅はかでした。どうかお許しください。

제가 생각이 짧았습니다. 제발 용서해 주십시오.

＊ **용서하다**〈容恕－〉は「過ちや罪などを許す」こと。

2 ▶ これ以上，弁解の余地はございません。

입이 열 개라도 할 말이 없습니다.

＊ 慣用句で，直訳は「口が十個でも言うことがありません」。

3 ▶ ご期待に添えなくてすみませんでした。

기대에 미치지 못해 송구스럽습니다.

＊ **기대에 미치다**：期待に添う。**미치다**はある対象に対して影響や作用が及ぶ。

4 ▶ お手をわずらわせてしまい申し訳ありません。

수고스럽게 해 드려 죄송합니다.

---

5 ▶ この度はうちの息子が大変ご迷惑をおかけして，本当に申し訳ございません。

이번 일로 저희 아들이 큰 폐를 끼쳐 대단히 죄송합니다.

＊ 韓国では家族のだれかが，このような謝罪の言葉を述べることは一般的ではない。

6 ▶ この度，弊社の社員が不祥事を起こしましたことを心より陳謝申し上げます。

저희 회사 사원이 불미스러운 일을 일으킨 점, 진심으로 사과의 말씀드립니다.

7 ▶ 皆さまにご不便をおかけしまして誠に申し訳ありません。

여러분께 불편을 끼쳐 드려서 대단히 죄송합니다.

---

8 ▶ 待たせてしまってごめんね。携帯忘れてきて連絡ができなかったんだ。

기다리게 해서 미안. 휴대 전화 안 갖고 나와서 연락할 수 없었어.

9 ▶ 悪かったよ。これからは気をつけるよ。

내가 잘못했어. 앞으로는 조심할게.

# 55 仲直り，和解をする

## □ 163 もう水に流しましょう

A 이제 다 없던 일로 합시다.

B 네, 깨끗이 잊어버려요.

A もう水に流しましょう。

B ええ，きれいさっぱり忘れましょう。

＊ 합시다 には 시 が入っているので敬語だと勘違いしている人がいるが，これは動詞 하다 に -읍시다（～しましょう）が付いた形で，目下や同等な関係にある聞き手に対して，ある行動や，動作を提案したり要求したりする終結語尾。

## □ 164 誤解を解いて仲直りしよう

A 계속 말을 안 하고 지내니까 불편하다. 이제 그만 오해 풀고 화해하자.

B 그래, 나도 우리 사이가 어색하고 답답했어.

A ずっと何も言わないでいると変だよ。そろそろ誤解を解いて仲直りしよう。

B そうね。わたしも気まずくて息が詰まりそうだったの。

けんかして何日か経った友達同士の会話

＊ 오해를 풀다：誤解を解く

＊ 어색하다〈語塞〉：気まずい，ぎこちない

## □ 165 機嫌を直してください

A 제가 한 말 때문에 속상하셨다면 기분 푸세요.

B 괜찮습니다. 이제 잊어버리죠.

A 私が言ったことで気分を害したのでしたら，機嫌を直してください。

B 大丈夫です。もう忘れましょう。

＊ 기분 풀다〈氣分ー〉：機嫌を直す

## そのほかの会話



1▶ なかったことにしましょう。없던 일로 합시다.

2▶ 仲良くしなさい！ 사이좋게 지내!

* 母親が子どもたちに。
* **사이좋다** はひとつの単語。分かち書きしない。

3▶ 仲直りはできないの？

우리 화해할 수 없는 거니?

* 仲直りしよう：**우리 화해하자.**

4▶ おまえら，もういい加減に仲直りしろって。

너희들, 이젠 어지간하면 화해해.

5▶ あの人の肩を持つわけじゃないけれど，きみもよく考えてごらん。

그 사람 편을 드는 건 아니지만, 너도 잘 생각해 봐.

* **편을 들다**：肩を持つ

6▶ また仲よくしよう。

우리 다시 전처럼 친하게 지내자.

7▶ 裁判だなんて言わないで，もうこの辺で和解したらどうですか。

재판 같은 거 한다고 그러지 말고 이제 이쯤에서 화해하면 어때요?

8▶ お隣さんとのトラブルにようやく折り合いがつきホッとしています。

드디어 옆집하고 문제를 해결해 안심이에요.

9▶ 会社との給与引き上げの交渉も，やっと妥協にこぎつけました。

회사와 벌인 월급 인상 협상도 간신히 타협되었어요.

10▶ もう，お互いに気まずい関係ではありません。

이제는 서로 껄끄러운 관계가 아니에요.

# 56 祝う

## □ 166 結婚おめでとうございます

A 김 대리님, 이번에 결혼하신다면서요? 축하합니다.
B 어디서 들었어? 참 소식도 빠르네.

A 金係長，今度結婚するんですって？　おめでとうございます。
B どこで聞いたの？　耳が早いね。

部下と上司の会話
＊ 結婚おめでとう（親しい間で）: 결혼 축하해요.
＊ 婚約おめでとう（親しい間で）: 약혼 축하해요.

## □ 167 それはおめでたいですね

A 우리 집 며느리가 아들을 낳았어요.
B 야, 그거 집안에 경사 났네요. 좋으시겠어요.

A うちの嫁が男の子を産んだんです。
B うわっ，それはおめでたいですね。お喜びでしょう。

＊ 경사가 나다〈慶事－〉: おめでたいことが起こる

## □ 168 おめでとう

A 나, 드디어 사법 고시에 합격했어.
B 정말? 합격 축하해. 너는 해낼 줄 알았어.

A やっと司法試験に合格したよ。
B ほんと？　合格おめでとう。きみならできると思ったよ。

＊ 入学おめでとう : 입학 축하해.
＊ 卒業おめでとう : 졸업 축하해.
＊ 就職おめでとう : 취직 축하해.

## そのほかの会話



1 ▶ ご出産おめでとう。출산 축하해요.

＊ 親しい間柄で。

2 ▶ 男児［女児］誕生おめでとう。

득남［득녀］축하해요.

＊ 득남〈得男〉［発音は 등남］／득녀〈得女〉［発音は 등녀］

3 ▶ 第一子の誕生おめでとう！　元気に大きくなる事を祈念しています。

첫째 아이 출산 축하해요! 건강하게 자라길 바랍니다.

4 ▶ おじいさん，お誕生日おめでとうございます。いつまでもお元気でお過ごしください。

할아버지 생신 축하해요. 늘 건강하시고 오래오래 사세요.

＊ 축하드려요. という言い方は正しくない。축하해요 で十分。

＊ 長生きしてください：장수하세요.〈長壽－〉

5 ▶ お母さん，お誕生日おめでとう。いつも元気でね。愛してます。

엄마, 생일 축하해요. 언제나 건강하시고 사랑해요.

6 ▶ お父さん，お母さん，結婚 25 周年おめでとうございます。

아버지 어머니, 결혼 25주년 축하해요.

＊ 銀婚式：은혼식／金婚式：금혼식

7 ▶ 還暦おめでとうございます。いつまでも若々しくお過ごしくださいね。

환갑을 축하합니다. 언제까지나 젊게 사시길 바랍니다.

8 ▶ やあ，開業おめでとう。これちょっとした植木鉢だけど…。

야, 개업 축하한다. 이거 조그마한 화분인데 받아라.

9 ▶ 課長さん，昇進おめでとうございます。

과장님, 승진 축하합니다.

10 ▶ 昇進お祝い申し上げます。万事がうまくいきますようにお祈り申し上げます。

승진 축하드립니다. 모든 일이 뜻대로 이루어지길 바랍니다.

＊ 昇進祝いのメッセージ。

## □ 169 お嘆きをお察しします

A 아버님을 잃은 어머님을 뵈면 정말 안타까워요.

B 정말 슬프시겠어요.

A 父を亡くした母親を見ていると，なんとも切ない気持ちです。

B お嘆きをお察しします。

＊ B は，슬픈 마음이 이해가 갑니다.，얼마나 마음이 아프실지 이해가 됩니다. と言ってもいい。

## □ 170 何と申し上げればいいのか

A 뭐라고 말씀을 드려야 좋을지 모르겠습니다.

B 일부러 찾아 주셔서 감사합니다.

A 何と申し上げればいいのか。

B（お気遣い）ありがとうございます。

＊ 慰めの言葉もありません：뭐라고 위로의 말씀을 드려야 할지 모르겠습니다.

＊ B の発話は直訳すると「わざわざお越しくださってありがとうございます」。そのほかの表現として，먼 길 찾아 주셔서 감사합니다.，시간을 내 찾아 주셔서 감사합니다. と言ってもいい。

## □ 171 いろいろと大変でしたね

A 많이 힘드시지요?

B 네, 너무 슬픈 나머지 이젠 눈물도 안 나와요.

A いろいろと大変でしたね。

B ええ，今は悲しすぎてもう涙も出ません。

＊ さぞかしお力をお落としのことでしょう：얼마나 가슴 아프시겠어요.

＊ どうぞ気を落とさないでください：너무 상심하지 마세요.

＊ 心情は十分にお察しします：심정 충분히 이해합니다.

## そのほかの会話



1 ▶ ご愁傷様です。상심이 크시겠습니다.

　＊ **얼마나 상심이 크십니까?**，または **얼마나 애통하십니까?** と言ってもいい。

2 ▶ この度は，本当にご愁傷さまでした。

정말 마음이 아프시겠어요.

3 ▶ 本当に残念なことをしました（やや親しい間柄で）。

정말 아깝네요.

4 ▶ 惜しい方を亡くされました。아까운 분을 잃으셨습니다.

5 ▶ それはお気の毒でしたね。그거 안됐네요.

　＊ **참 안됐네요.** と言ってもいい。

　＊ ひとりごとで言うときは **아이, 참 딱해라.** または **아이참.**。

6 ▶ 先輩のお父さんが急に亡くなったっていうけど，どう慰めてあげればいいかわからないよ。

선배 형이 갑자기 부친상을 당했다는데 어떻게 위로를 해 드려야 할지 모르겠어.

　＊ 父親の喪を **부친상**〈父親喪〉，母親の喪を **모친상**〈母親喪〉という。

　＊ **부친상을 당하다**：父親を亡くす／**부친상을 치르다**：父親の葬式を出す

**一口メモ　韓国での弔問**

弔問は 문상〈問喪〉といい，弔問客は 조문객〈弔問客〉，または 문상객〈問喪客〉という。弔問をするときは，まず遺体が安置されている빈소〈殯所〉の故人の遺影（영정〈影幀〉）の前に進み出て二度お辞儀をしたあと，線香をあげ（분향〈焚香〉），헌화〈献花〉をする。その後，상주〈喪主〉に一礼をする。言葉で慰労するよりも，遺族には何も言わず真心を尽くしてお辞儀をすることで十分誠意は伝わるが，あえて何か言う場合でも「ご愁傷様です」という意味の 얼마나 상심이 크십니까? くらいにしておいたほうがいい（얼마나 상심이…のように小声で語尾を濁して言うのが礼儀）。ねぎらいの言葉をかけてもらった喪主は，弔問客に黙って一礼するが，場合によっては，고맙습니다. や 드릴 말씀이 없습니다. と返すこともある。

最後に受付の弔問客名簿（조객록〈弔客録〉）に記帳し，香典（부의금〈賻儀金〉，조의금〈弔意金〉）を置いて帰る（相場はだいたい5万ウォン〔2018年〕）。香典袋（조의금 봉투）には부의〈賻儀〉と書く。最近は多忙などを理由に式に参列できない場合もあり，ネットによる決済（인터넷뱅킹, 스마트폰뱅킹）で香典だけを送り，後で遺族を訪ねたり，電話をしたりするなどで済ませる場合も多々ある。

# 3.

## 考えを表現する

## □ 172 ここだけの話なんですが

A 저, 우리끼리 얘기인데요.

B 꽤 진지한 표정인데, 무슨 일 있었어?

A あのう，ここだけの話なんですが。

B 真剣な顔して，何かあったの？

＊ 진지한 표정〈眞摯－表情〉：真剣な顔

＊ ねえ，聞いて：얘기 좀 들어 봐.

## □ 173 ちょっとお話があるんですが

A 저, 드릴 말씀이 있는데요.

B 뭔데? 갑자기 새삼스럽게.

A あの，ちょっとお話があるんですが。

B どうしたんだい？　急に改まって。

部下と上司の会話

＊ 새삼스럽게：いまさら，改まって

## □ 174 今，忙しい？

A 지금 바빠?

B 아니, 왜? 무슨 일 있어?

A 今，忙しい？

B いや，なんで？　何かあったのかい？

＊ 今，忙しいですか：지금 바쁘세요?

## そのほかの会話

1▶ こんなこと，きみに言っていいかな。

이런 얘기, 너한테 해도 되나?

2▶ ねえ，この話聞いた？ 너, 그 얘기 들었어?

3▶ ねえ，聞いた？ 야, 너 들었니?

4▶ これちょっと聞いた話なんだけど。

이거 내가 어디서 들은 얘긴데.

＊ 直訳は「これどこかで聞いた話なんだけど」。

5▶ ねえ，知ってる？ 야, 너 알아?

6▶ ちょっと言いにくいんだけど。

좀 말하기 어려운데.

7▶ あのう，ちょっと頼みにくいんだけど。

저, 어려운 부탁이 좀 있는데요.

---

8▶ 今，話いいかな？ 지금 이야기 좀 할 수 있어?

9▶ ちょっとお時間を取っていただけないでしょうか。

시간을 좀 내주실 수 있으세요?

10▶ あのう，ちょっとおうかがいしたいことがあるんですが。

저, 좀 여쭤 볼 게 있는데요.

＊ **여쭈다**：申し上げる

11▶ ちょっとご相談したいことがあるんですが。

상의드릴 게 좀 있는데요.

12▶ あのさ，ちょっと悩みがあるんだけど聞いてくれる？

있잖아, 고민이 좀 있는데 얘기 좀 들어 줄래?

＊ **있잖아**：「あのね」「あのさ」といった友達同士での話の切り出し文句。

13▶ 今，よろしければ一緒にお茶でもいかがですか。ちょっとお話もあるので。

지금 괜찮으시면 저하고 차 한잔 할까요? 할 말도 있고.

### □ 175 ちょっと発言させていただけますか

A 제가 한마디 해도 될까요?

B 네, 자리에서 일어나 말씀해 주세요.

A ちょっと発言させていただけますか。

B どうぞ，お立ちになって発言してください。

＊ 私の意見を言わせてください : 제 생각을 말씀드리겠어요.

＊ ちょっと提案してもいいですか : 제가 제안 하나 해도 될까요?

### □ 176 こうしたらどうでしょうか

A 의견 정리가 안 되는 것 같은데 잠시 쉬는 게 어떨까요?

B 아, 저도 방금 같은 생각을 했어요.

A ご意見がまとまらないようですが，ちょっと休憩しましょうか。

B あ，私もちょうど今そう考えていたところです。

＊ これはどう？ : 이건 어때?

＊ こうしたらどうかな？ : 이러면 어떨까?

＊ このようにはできないのですか？ : 이렇게는 못 하는 거예요?，または 이렇게는 안 되는 거예요?

### □ 177 私はどちらでも構いません

A 저는 특별히 의견이 없으니까 어느 쪽이든 상관없어요.

B 그럼, 일단 찬성하신다고 봐도 괜찮겠죠?

A 特に意見はありませんので，私はどちらでも構いません。

B では，とりあえず賛成ということでいいですね。

＊ どちらとも言えません : 어느 쪽이라고 말할 수가 없습니다.

＊ まだ結論が出ません : 아직 결론을 못 내렸어요.

＊ まだ決めていません : 아직 정하지 않았어요.

## そのほかの会話

1▶ 私だったらこうしますよ。저 같으면 이렇게 하겠어요.

2▶ 私個人の意見ですが…。제 개인적인 의견입니다만…….

3▶ それはよいお考えですね。잘 선택하셨어요.

---

4▶ その可能性は十分にありますね。그럴 가능성은 충분히 있어요.

5▶ だまされたと思ってやってみたら？ 속는 셈 치고 해 봐.

6▶ 一緒にやったらどうでしょうか。같이 하면 어떨까요?

7▶ お母さんに頼んでみたら？ 엄마한테 부탁해 보면 어때?

8▶ 彼に聞いてみたら？ 걔한테 물어보지 그래?

---

9▶ ぼくは，それは違うと思うけど。나는 그건 아니라고 생각해.

10▶ きみの言っていることはわかるけど，ぼくは賛成できないよ。
네가 말하고자 하는 뜻은 잘 알겠는데 나는 찬성 못 하겠어.

11▶ もっと慎重に検討すべきだと思います。
좀 더 신중히 검토해야 할 것 같습니다.

12▶ 考え直したほうがいいんじゃないですか。
다시 생각해 보는 게 어때요?

13▶ はっきりとは申し上げられません。
확실하게 말씀드리기가 어렵습니다.

# 60 頼み事をする

## □ 178 ちょっとお願いがあるんですが

A 미안하지만, 부탁이 있는데요.

B 뭔데요? 지금 좀 바쁜데…….

A ちょっとお願いがあるんですが。

B 何ですか。いまちょっと忙しいんですが。

＊ ややくだけたソフトな言い方。知らない人や，年上の人には使わないほうがいい。

＊ お願いしたいことがあるんですが：부탁할 게 있는데요.

＊ 何とかお願いできないでしょうか：어떻게 좀 안 될까요?

＊ お願い！／お願いだよ《友達同士で》：부탁이야.

## □ 179 すみませんが，写真撮っていただけますか

A 실례지만 사진 좀 찍어 주시겠습니까?

B 네, 좋아요. 어디를 배경으로 찍어 드릴까요?

A すみませんが，写真撮っていただけますか。

B ああ，いいですよ。どこを背景にして撮るんですか。

＊ ちょっとシャッターを押していただけますか：셔터 좀 눌러 주시겠습니까?

＊ ちょっとこの荷物，見ていていただけますか《旅行中に》：이 짐 좀 봐 주실 수 있겠습니까?

## □ 180 悪いけど，通訳してくれない？

A 미안한데 일어 통역 좀 해 줄래?

B 괜찮긴 한데 복잡한 이야기는 못 해.

A 悪いけど，通訳してくれない？

B いいけど，込み入った話は無理だよ。

＊ やっかいなことを頼んだりするとき，日本語の「すまないけど」「悪いんだけど」のような言い方をすることがある。~해 주지 않을래? というと，さらに婉曲な頼みになる。もっと謙遜した言い方は~해 주시지 않겠습니까? だが，あまりにもへりくだった表現はかえって相手に不快感を与えてしまうので注意。

## そのほかの会話

1▶ ちょっといいですか。잠시 괜찮아요?

* 軽く頼むときの言い方。**부탁해도 돼?** と言ってもいい。質問形式で頼みごとをするのは，最近の日本の若者言葉だが，婉曲な表現だけに，ストレートな表現を好む韓国人には皮肉に聞こえる場合もある。ふつうは **부탁이 있는데요.**，**부탁이 있어요.** と，ストレートに頼む。
* 相手に何か言いたいこと（特に言いにくいこと）がある場合，**잠깐 저 좀 볼까요?** と話しかける。
* お願いしてもいいですか：**부탁해도 괜찮겠어요?**

3 考えを表現する

2▶ 面倒でなければお願いします。

번거롭지 않으시다면 부탁 좀 드릴게요.

3▶ これ，手伝っていただけますか。

이거 좀 도와주시겠어요?

* **도와주다** は分かち書きしない。
* 親しい友達なら **이거 좀 도와줄래?**（これ，手伝ってくれない）**좀 도와줘.**（手伝ってよ）と言ってもいい。

4▶ 明日の昼休みに会っていただけませんか。

내일 점심시간에 좀 뵐 수 없을까요?

* 相手の意向を聞くとき **뵐 수 없겠습니까?** と言ったほうが **뵐 수 없습니까?** よりも遠慮がちで，ていねいさがある。

5▶ 私と一緒に行ってもらえませんか。

저랑 같이 가 주시면 안 될까요?

* 目上の人に丁重に頼むときには **저랑 같이 가 주시 겠습니까?** と言うのがいい。**－주시면 안 될까요?** という表現は，相手によっては皮肉に聞こえるときもある。
* **－랑**（～と）は，書き言葉の **- 와 (과)** に当たるもので，話し言葉でよく使われる。

6▶ 醤油とってくれる？ 간장 좀 줄래?

* それを取ってくれませんか：**저걸 좀 집어 줄래요?**

7▶ 悪いんだけど，氷買ってきてくれる？

미안한데, 얼음 좀 사다 줄래?

8▶ ちょっとお金貸してくれない？ 돈 좀 꿔 줄래?

* 「貸す」には **빌려 주다** と **꾸어 주다**（**꿔 주다**）のふたつがある。原則として，（部屋など）貸した物をそのままの形であとで返してもらう場合には **빌려 주다**，貸した物自体を消費してしまったあと，別の形で返してもらう場合には **꾸어 주다**（**꿔주다**）を使うが，お金の場合には両者が使われる。

## 61 頼み事を引き受ける

### □ 181 いいですよ

A 미안한데 오늘 나 대신 잔업 좀 해 줄래?

B 네, 좋아요. 선배 혹시 데이트 가세요?

A 悪いんだけど，ぼくの代わりに今日残業してくれない？

B ええ，いいですよ。先輩，ひょっとしてデートですか。

会社での先輩と後輩の会話

＊ いいですとも：좋고말고요.（-고말고 はひとつの単語。分かち書きしない）

### □ 182 ぼくがやります

A 자기가 하겠다고 나서는 사람이 아무도 없어요. 누구 총대 멜 사람 없나?

B 알겠습니다. 제가 하겠습니다.

A だれも猫の首に鈴をつけたがらないんだよ。だれか勇気のある人はいないかな？

B わかりました。ぼくがやりますよ。

＊ 총대 메다〈銃ー〉：猫の首に鈴を付ける（危険などが伴うことを率先して行う）

＊ 私に任せてください：저한테 맡겨 주세요.

＊ 私がやってみます：제가 해 볼게요.

### □ 183 お安いご用です

A 과장님 부탁인데 말이야, 벚꽃 놀이 장소를 맡아 줬으면 하는데.

B 그런 건 식은 죽 먹기죠.

A 課長の頼みなんだけど，花見の席取りをしてくれないかな。

B そんなことお安いご用ですよ。

＊ 식은 죽 먹기：直訳は「冷めた粥を食べること」。非常にたやすいことを意味する。朝飯前。ほかに 누워서 떡 먹기（横になって餅を食べる）という言い方もよく使う。

## そのほかの会話

1▶ かしこまりました。責任を持ってお引き受けいたします。

잘 알겠습니다. 제가 책임지고 해결하겠습니다.

2▶ わかりました。喜んでさせていただきます。

알겠습니다. 제가 기꺼이 해 드리겠어요.



3▶ わかりました。検討しましょう。

알겠습니다. 검토해 보도록 하죠.

＊ **검토해 보도록 하죠.** には日本語同様，否定的なニュアンスもある。

4▶ 部長のためなら何でもいたします。

부장님을 위해서라면 뭐든지 하겠습니다.

5▶ もちろん手伝いますよ。

당연히 도와 드려야죠.

＊ 友達同士で「もちろんよ」「もちろんだよ」というときは **물론이지.**。

6▶ 何とかやってみましょう。어떻게 해 보죠.

7▶ わかった，やってやるよ。

알았어. 내가 해 줄게.

＊「おれに任せておけ」的なニュアンスがある。女性も友達同士や年下に対してなら使える。

8▶ きみのためなら何でもするよ。お互い友達だろ。

너를 위해서라면 뭐든지 다 할게. 우린 서로 친구잖아.

9▶ それくらいでしたら，何とかなるでしょう。

그 정도라면 어떻게든 되겠죠.

10▶ それくらいはできるよ。気にしなくていいよ。

그 정도는 해 줄 수 있어. 신경 안 써도 돼.

11▶ そう言われると断れませんね。

그렇게까지 말씀하시면 거절 못 하겠네요.

## □ 184 やめたほうがいいわ

A 주방장한테 부탁해서 특별히 육회 좀 만들어 달라고 할까?

B 그만두는 게 나아요. 식중독 걸려도 난 몰라.

---

A 料理長に頼んで特別にユッケを出してもらおうか。

B やめたほうがいいわ。食中毒を起こしても知らないわよ。

＊ やめたほうがいいですよ : 그만두는 게 나아요.

## □ 185 もう一度よく考えたほうがいいよ

A 이 회사에 계속 있어 봤자 승진할 가망도 없고, 그만둘까 생각 중이야.

B 다시 한번 잘 생각해 보는 게 좋아. 요즘 같은 불경기에 다시 취직하기는 어려우니까.

---

A この会社にいても昇進は望めないし，辞めようと思うんだ。

B もう一度よく考えたほうがいいよ。この不景気に再就職は難しいからね。

＊ よく考えてみたら : 잘 생각해 봐.

## □ 186 馬鹿なことは考えないほうがいいですよ

A 비트코인으로 일확천금을 하겠다니, 바보 같은 생각은 안 하는 게 좋아요.

B 하지만 아는 사람 중에 하룻밤에 억만장자가 된 사람이 있어요.

---

A ビットコインで一攫千金なんて，馬鹿なことは考えないほうがいいですよ。

B でも，知り合いに一夜にして億万長者になった人がいるんですよ。

＊ つまらない考えはしないことです（捨ててください）: 쓸데없는 생각은 버리세요.

## そのほかの会話

1▶ よく考えてから決めたほうがいいですよ。

잘 생각해서 결정하는 게 좋아요.

＊ よく考えてから決めたら？：잘 생각해 보고 정하는 게 어때?

2▶ このままで行くと，将来は目に見えていますよ。

이대로라면 앞날은 안 봐도 뻔해요.

3▶ そんなこと考えないで，もっと頑張ってみたらどうですか。

그런 생각하지 말고 좀 더 노력을 해 보지 그래?

4▶ ほかに方法はないんですか。

다른 방법은 없습니까?

5▶ もう少し様子を見たらどうでしょうか。

좀 더 상황을 지켜보면 어떨까요?

6▶ 大人なら責任を回避せずに，堂々と対処しなくては。

어른이라면 책임을 회피하지 말고 당당히 대처해야죠.

---

7▶ 酒を飲んで運転するなんて言語道断です。

술을 마시고 운전을 하다니 말도 안 돼요.

8▶ 体が動くうちは働いておいたほうがいいですよ。

몸을 움직일 수 있는 동안에는 일하는 게 좋아요.

9▶ タバコをやめるのなら今のうちですよ。

담배를 끊겠다면 지금이 기회예요.

＊ 담배를 끊겠다면 지금 바로 끊는 게 좋아요. と言ってもいい。

10▶ 彼とはまだ知り合って間もないのだから，同居はよく考えてからにしたほうがいいわよ。

그 사람을 안 지 아직 얼마 안 됐으니까 동거는 잘 생각해 보고 결정하는 게 좋아.

## □ 187 住んでいたことがあります

A 난 대학 시절에 워킹홀리데이로 서울에서 살았던 적이 있어.

B 어쩐지 구석구석까지 잘 알고 있다고 생각했어.

A わたし，大学生のころワーキングホリデーでソウルに住んでいたことがあるの。

B どうりで隅から隅まで詳しいと思ったわ。

＊ -았/었던 적：過去の一定の間の経験を表す。

## □ 188 1等になったことがあるんだ

A 나는 어렸을 때 달리기에서 일 등을 해 본 적이 있거든.

B 부럽네. 나는 운동 신경이 없어서 운동은 잘하지 못했어.

A ぼくは子どものころ，かけっこで1等になったことがあるんだ。

B うらやましいなぁ。ぼくは運動音痴だから，からっきしダメだよ。

＊ -거든요：前置きした内容の念押しのための語尾。～んですけどね，～んですよ，～なんですよ。

## □ 189 バイトをしていたことがあるんだ

A 와, 왜 이렇게 요리를 잘해? 부럽다.

B 학생 때 레스토랑에서 아르바이트를 했었거든.

A わぁ，なんでそんなに料理がうまいの？　うらやましいな。

B 学生のとき，レストランでアルバイトをしていたことがあるんだよ。

＊ レストランはひと昔前までは 양식집（洋食屋）と言っていたが，この語は今ではあまり使われない。

## そのほかの会話

1 ▶ 胃の手術をしたあと，ひと月は何も食べられなくて，つらい思いをしました。

위 수술을 받았을 때 한 달 동안 아무것도 못 먹어서 너무 힘들었어요.

2 ▶ 大学生のときは，2，3 日徹夜したってどうってことなかったのに。

대학생 때는 2, 3일 밤샘해도 아무렇지 않았는데.

＊ **밤샘하다**：徹夜する。**밤새우다** ともいう。

＊ 徹夜で勉強をする：**밤새워 공부하다**

3 ▶ 子どものころいじめに遭って，学校に行くのが嫌だったよ。

어렸을 때 왕따를 당해서 학교 가는 게 싫었어.

4 ▶ 昔は朝まで酒を飲んだものだ。

옛날에는 밤새워 술을 마시곤 했지.

5 ▶ そんな話は見たことも聞いたこともないよ。

그런 얘기는 본 적도 들은 적도 없어요.

6 ▶ もう何年も宝くじを買ってるのに，一度も当たったことがないんですよ。

벌써 몇 년째 복권을 샀는데 한 번도 당첨된 적이 없다니까요.

＊ **-다니까요**：～なんですよ。話し手が言った言葉をもう一度強調する語尾。

7 ▶ わたしなんか，今まで付き合ってた彼氏にふられたことがないの。

난 말이야, 지금까지 사귄 남자 친구한테 한 번도 차인 적이 없어.

8 ▶ 今までカンニングしたことないなんてウソだよね。

학교 다닐 때 커닝해 본 적 없다는 거 거짓말이지?

9 ▶ 日本に行ったことがないのに，どうしてそんなにうまく日本語が話せるんですか。

일본에 가 본 적이라고는 없는 사람이 어떻게 그리 일본어를 잘해요?

＊ 韓国で日本語を流暢に話す人に会ったとき。

10 ▶ 食中毒って，かかったことのない人には，その苦しさはわかりませんよね。

식중독이라는 게 말이죠, 걸린 적 없는 사람은 그 고통을 모를 거예요.

## □ 190 何という名前だったっけ？

A 저번에 갔던 삼계탕 맛집, 이름이 뭐였죠?

B 음, 금방 생각이 안 나네요.

A このあいだ行った，サムゲタンのおいしい店，何という名前でしたっけ？

B ええと，すぐには出てこないですね。

＊ 삼계탕 맛집 は 삼계탕이 맛있는 집 と言ってもいい。

＊ 今やっと思い出しました : 이제야 생각났어요.

## □ 191 何してたっけ？

A 여보, 우리 작년 결혼기념일에 뭐 했었지요?

B 글쎄, 전혀 기억이 안 나는데.

A あなた，私たち去年の結婚記念日に何してたっけ？

B そうだな，全然思い出せないんだが。

夫婦の会話

＊ ぼくの記憶が正しければ… : 내 기억이 맞는다면…….

## □ 192 どこに行ったんだっけ？

A 우리 고등학교 때 수학여행 어디로 갔었지?

B 글쎄, 오래전 일이라 까맣게 잊어버렸어.

A わたしたち，高校の修学旅行，どこだったっけ？

B えーと，ずいぶん前のことだから，すっかり忘れちゃった。

同窓会での会話

＊ 우리 수학여행 어디 갔더라? というと，「どこに行ったんだっけ？」と独り言を言うようなニュアンスになる。

＊ うっすら覚えてるよ : 희미하게나마 기억해.

＊ かすかに覚えています : 어렴풋이 기억하고 있어요.

## そのほかの会話

1 ▶ 昨日，病院から取り寄せた診断書，どこ置いたっけ？

어제 병원에서 떼다 놓은 진단서 어디 뒀더라.

* **떼다**：証明書などをもらう
* **진단서를 떼다**：診断書を出してもらう
* **주차 위반 딱지를 떼다**：駐車禁止違反を切られる

2 ▶ 家電売場は何階だったっけ？

가전 매장은 몇 층이었지?

* **몇 층이더라.** のように，疑問代名詞とともに **더라** を用いると，過去の事実を自問自答してよく思い出せないことを表す。

3 ▶ 3号線は確か，次の駅で乗り換えるんだったと思うよ。

아마 3호선은 다음 역에서 갈아탔던 걸로 아는데.

4 ▶ ここは，確か，昔は自転車屋さんだったと思うけど。

여기는 전에 분명히 자전거 가게였던 거 같은데.

5 ▶ どこまで話したっけ。最近物忘れが激しくてね。

내가 어디까지 이야기했더라. 요즘 건망증이 심해서.

* **건망증**〈健忘症〉：物忘れ

6 ▶ 昨日，何次会まで一緒に飲んでいたのか，全然思い出せないよ。

어제 몇 차까지 같이 술을 마셨는지 전혀 기억이 안 나.

7 ▶ わたしのこと覚えてない？　中学のときに同じクラスだったでしょ。

나 기억 안 나? 중학교 때 같은 반이었잖아.

8 ▶ ぼくたちが最初に会った日のことは，昨日のことのように覚えているよ。

난 우리들이 처음 만난 날을 어제 일처럼 기억하고 있어.

* **어제 일처럼 기억하고 있다**：昨日のことのように覚えている
* 昨日のことのように記憶に新しい：**어제 일같이 기억이 생생하다**

9 ▶ 急に先週の日曜日のアリバイを聞かれても困りますよ。

갑자기 지난주 일요일 알리바이를 물어 보면 곤란하죠.

* 刑事などに行動を尋ねられたとき。一般の会話で使うとふざけた感じに聞こえる。

10 ▶ ぼくはそんなこと言った覚えはないよ。

저는 그런 말을 한 기억이 없어요.

## 65 命令する

### □ 193 必ずやっておいてくれ

A 사장님 지시니까 무슨 일이 있어도 반드시 해 놔.

B 네, 알겠습니다. 바로 착수하겠습니다.

A 社長の指示なので，どんなことがあっても必ずやっておいてくれよ。

B はい，わかりました。すぐに取りかかります。

＊ ちゃんとやってくれよ : 제대로 좀 해.

### □ 194 ぼくの代わりにやってくれ

A 나 대신 내일 수학 시험 좀 봐라.

B 웃기지 마라. 선생님한테 들키면 어쩌려고 그래?

A ぼくの代わりに明日の数学の試験受けてくれよ。

B 冗談じゃないよ。先生に見つかったらどうするんだ。

＊ 들키다 : 見つかる，ばれる（悪事を目撃されたりして，視覚的にばれる）

＊ 들통이 나다 : ばれる，（全容が）あからさまになる

＊ 私にはできません : 저는 못 하겠습니다.

＊ ぼくにはできないよ : 난 못 하겠어.

### □ 195 早く片付けなさい

A 방 꼴이 이게 뭐니? 손님 오시니까 빨리 치워.

B 지금 막 정리하려던 참이었는데.

A お部屋の中，これ何なの？　お客さんがいらっしゃるから早く片付けなさい。

B 今，ちょうど片付けようと思ってたところだよ。

母親と子の会話

＊ (막) -하려던 참 : ちょうど～しようとしていたところ

## そのほかの会話

1▶ それはあとにして，まず急ぎの仕事から片付けなさい。

그건 나중에 하고 먼저 급한 일부터 처리해.

2▶ この週末は忙しいから，いつもより早く出勤してくれ。

이번 주말은 바쁘니까 평소 때보다 좀 더 일찍 나와.

3▶ 外回りの社員も，夕方いったん社に戻ってくれ。

거래처를 방문하는 사원도 저녁에 일단 회사로 돌아와.

4▶ 掃除当番は，放課後に全員残るように。

청소 당번은 방과 후에 다 모이도록 해.

5▶ 前に出て答えを黒板に書きなさい。

앞으로 나와서 칠판에 써.

6▶ はい，ここまで。ペンを置いて，答案用紙をうしろから集めなさい。

자, 여기까지. 연필 놓고 뒤에서부터 답안지 걷어 와.

7▶ 犬のえさは，たくさんやっちゃだめ。いつも残してしまうでしょ？

개 먹이는 많이 주는 게 아냐. 항상 남기곤 하잖아?

＊ **-곤 하다**：しばしば～する，～したりする。ある状況が繰り返されることを表す。反復されない状況には使われない。

8▶ 遅くまで外で遊んでいないで，少しは夕食の手伝いをしなさい。

밖에서 늦게까지 놀지만 말고 가끔은 저녁 차리는 거 좀 도와라.

9▶ あなたももう大人なんだから，いつまでも弟とけんかするのはやめなさい。

너도 이제 다 컸으니까 동생하고 그만 좀 싸워.

＊ 兄弟げんかをしている兄に向かって母親が。

10▶ ほら，田舎から叔父さんが来られたから，こっちに来てきちんとお辞儀しなさい。

아가, 시골에서 큰아버지가 오셨으니까 이리 와서 큰절 좀 올려라.

＊ ここで **큰절 좀 올려라** の **좀** は会話を和らげる働きをする。

## 66 言いにくいことを言う

### □ 196 申し上げにくいのですが

A 저 사장님, 말씀드리기 뭐합니다만, 이번 달로 회사를 그만두고 싶습니다.

B 아니, 갑자기 왜 그래? 집안에 무슨 사정이라도 생겼나?

A あのう，社長，申し上げにくいのですが，今月で会社を辞めたいんです。

B いや，急にどうしたんだ？　家で何かあったのかい？

＊ 申し上げにくいんですが：말씀드리기 곤란합니다만.

### □ 197 口に出して言うのは照れるけど

A 저 있잖아, 말하기 쑥스러운데 나 너 좋아해.

B 미안해. 난 친구로 지내는 게 좋은데.

A あのさ，ちょっと照れるけど，おれ，きみが好きだよ。

B ごめんね。わたし，友達でいたいの。

＊ 쑥스럽다：恥ずかしい

### □ 198 言おうか言うまいか，どうしよう

A 이걸 말해야 하나 말아야 하나…….

B 뭔데? 내가 알면 안 되는 얘기야?

A これを言おうか言うまいか，どうしよう。

B 何よ？　私が聞いちゃいけない話なの？

＊ これ，どう言ったらいいかな？：이걸 어떻게 말해야 하나?

## そのほかの会話

1 ▶ 恥ずかしいんだけど，今学期の成績があまりよくなくて，留年しちゃったんだ。

말하기 창피한데 나 이번 학기 성적이 너무 안 좋아서 유급됐어.

2 ▶ ちょっと言いにくいんだけど，実はわたし，来月結婚するの。

말 하기가 좀 그런데, 실은 나 다음 달에 결혼해.



3 ▶ 本人の前でそれはちょっと言いにくいです。

본인 앞에서 그런 말을 하기는 좀 곤란해요.

＊ 말하기가 좀 그러네요., 말하기 거북한데요. とも言える。

4 ▶ あまりいい知らせじゃないんだ。あいつにどうやって話したらいいかな？

별로 좋은 소식이 아니라서 말이야. 그 녀석한테 어떻게 말하면 좋을까?

5 ▶ どう話を切り出していいかわかりません。

어떻게 말을 꺼내야 할지 모르겠는데.

6 ▶ どう言ったらいいのかわかりません。

뭐라고 말해야 될지 모르겠어요.

---

7 ▶ あのう，今から私が言う言葉，変に思わないでね。

저, 지금부터 제가 하는 말 너무 언짢게 듣지 마세요.

＊ 언짢다：よくない，気に入らない，不快だ

8 ▶ できれば私の考えは，みんなの前で言いたくありません。

될 수 있으면 제 생각은 여러분 앞에서 말하고 싶지 않아요.

9 ▶ 私はまだ心が揺れています。

전 아직도 마음이 흔들리고 있어요.

10 ▶ そんなことは考えたこともありません。

그런 일은 생각해 본 적도 없습니다.

11 ▶ ほかの人に聞いてみてよ。딴 사람한테 가서 물어봐.

12 ▶ 上司の前で自分の気持ちがすぱっと言えたら，だれも苦労しませんよ。

상사 앞에서 서슴없이 자기 생각을 말할 수 있다면 고민할 사람이 아무도 없죠.

＊ 서슴없이：ためらわずに，ずけずけと

# 67 自信がある，自信がない

## □ 199 自信を持ってください

A 나름대로 열심히 하려고 했습니다만, 경험도 없고…….
B 그렇게 소극적으로 생각하지 말고 좀 더 자신을 가지세요.

A 自分なりに一生懸命にやろうとしたのですが，経験もなくて…。
B そんな消極的にならずに，もっと自信を持ってください。

* 나름대로 : それなりに

## □ 200 自信がないので

A 그렇게 입을 오므리고 우물거리지 말고, 입을 더 크게 벌려 보세요.
B 죄송해요. 발음에 자신이 없어서 소리를 내서 말하는 것조차 부끄러워요.

A 口をすぼめてぼそぼそと言わないで，もっと大きく口を開けてください。
B すみません。発音に自信がないので，口に出して言うのも恥ずかしいんです。

韓国語学校の先生と生徒の会話

## □ 201 バッチリだよ

A 아주 여유 있어 보이는데. 내일 독일어 스피치 대회 괜찮아?
B 걱정 마. 몇 번이나 연습했으니까 완벽해.

A ずいぶん余裕ね。明日のドイツ語スピーチ大会，大丈夫なの？
B 大丈夫さ。何回も練習したからバッチリだよ。

* おれをだれだと思ってるんだい : 내가 누군데!
* そんなに自信があるのか。過信してるんじゃないか : 그렇게 자신이 있어? 너무 과신하는 거 아냐?

## そのほかの会話

1▶ ぼくは日本語だったら自信があります。

나는 일어라면 자신이 있어요.

2▶ 自信を持って挑戦したのに，彼のほうが一枚上手でした。

자신 있게 도전했는데, 그쪽이 한 수 위였어요.

＊ **한 수 위다**：一枚上手だ。수〈手〉というのは囲碁や将棋相撲などの手，技（わざ）のこと。

3▶ 今度のことは遠慮なさらずに私に任せてください。自信がありますから。

염려 마시고 이번 일은 제게 맡겨 주세요. 잘 해낼 자신 있습니다.

＊ **잘해∨내다** は **잘＋해내다** の形で「やってのける」「成し遂げる」「やり抜く」という意味。また **잘해∨내다** は **잘하다＋내다** の形で「うまくやり切る」という意味。**-아/ 어 내다** は動詞の語尾に付いて，その動作が貫徹されたことを表す。

4▶ 自信を持ってやってみてください。きっとうまくいきますよ。

자신감을 가지고 해 보세요. 꼭 잘될 거예요.

5▶ この間の件で，すっかり自信をなくしたよ。

지난번 일 때문에 완전히 자신을 잃었어요.

6▶ 新しい会社に入ってから，どうも人とうまくやっていく自信がありません。

새로운 회사에 들어가고 나서부터 왠지 사람들과 잘 어울릴 자신이 없어요.

7▶ あまり自信過剰になるのは禁物ですよ。

지나친 자신감은 금물이에요.

8▶ 自信がないので，いくつかの大学に出願しました。

자신이 없어 여러 군데 원서를 냈어요.

＊ **원서를 내다**：願書を出す，出願する

9▶ 周りからああだこうだ言われたからって，自信をなくさないでくださいね。

주위 사람들이 이런저런 말을 했다고 해서 자신감을 잃지 마세요.

10▶ 大学時代に運動をしてたからといって，体力に自信があるわけではありません。

대학 때 운동을 했다고 해도, 체력에 자신이 있는 것은 아니에요.

## 68 初対面の場で話をつなぐ

### □ 202 キムさんとはお知り合いなんですか

A 김 선생님을 잘 아세요?

B 네, 꽤 오랫동안 알고 지냈어요.

A キムさんとはお知り合いなんですか。

B ええ，もうずいぶん長い間のお付き合いです。

＊ 韓国語で 선생님 という場合，日本語の「〜さん」に該当すると考えるのがふつうだが，一般にお医者さんや，高校以下の学校の先生に対しても 김 선생님 のように言う。ただし大学の先生ならば 김 교수님，病院の先生ならば 김 원장님 と言う。

### □ 203 この集まりには，よく顔を出されるんですか

A 이 모임에는 자주 참석하세요?

B 아뇨, 이번이 처음이에요.

A この集まりには，よく顔を出されるんですか。

B いいえ，今回が初めてです。

＊ 참석하다 : 出席する。결혼식에~，국제회의에~

＊ 참가하다 : 参加する。올림픽 대회에~，팀스피리트 훈련에~，행사에~

＊ 日本語で「集まりに参加する」という場合は 참석하다 が使われる。

### □ 204 失礼ですがご入学はいつですか

A 실례지만 몇 학번이세요?

B 저는 97(구칠) 학번이에요.

A 失礼ですがご入学はいつですか。

B 私は 97 年度の入学です。

＊ 初対面の人などに，いつごろ大学に入学したかを聞く言い方。학번〈學番〉はおもに，同じ年に入学した大学生や大学院生たちに付けられた入学年度番号。これを聞けば何年に入学したかがわかる。88(팔팔) 학번 : 1988 年入学生，00(공공) 학번 : 2000 年入学生，05(공오) 학번 : 2005 年入学生，19(일구) 학번 : 2019 年入学生のようにいう。

## そのほかの会話

1 ▶ 今日のパーティーの主催者の方とはお親しいのですか。

오늘 파티를 주최하신 분을 잘 아세요?

＊ **오늘 파티를 주최하신 분하고는 절친한 사이세요?** といってもいい。

＊ **절친하다** 〈切親－〉：大変親しい

2 ▶ 部長さんとは，どのようなお付き合いですか。

부장님과는 어떻게 아는 사이에요?

3 ▶ ひょっとして，釜山のオ・ソンウクさんをご存じですか。

혹시 부산의 오성욱 씨를 아십니까?

---

4 ▶ 私はチェ課長の 2 年ほど後輩に当たります。

저는 최 과장님의 2년 후배뻘쯤 됩니다.

＊ **뻘**は，社会的または血縁的な関係を表す一部の名詞に付いて，はっきりしないが「そのような関係」であることを表わす。**조카뻘**というと本当の甥ではなく「甥のような関係」，**삼촌뻘**，**아버지뻘**というと「おじさんに近い関係」「父親のような人」の意味になる。

5 ▶ これからは弟のように，気軽に付き合ってください。

앞으로 친동생처럼 편하게 대해 주세요.

＊ これからは家族のように～：**앞으로 가족처럼~**

6 ▶ 私が年下なので，ふつうに話してください。

제가 더 어리니까 말씀 낮추세요.

＊ 自分が相手よりは年下なので，敬語を使わずに話して結構ですという言い方。**말씀 놓으세요.** とも言う。

7 ▶ 名前で呼ばずに，名字に「さん」を付けて呼んでくださいね。

이름으로 부르지 마시고, 성에다 '상'을 붙여서 불러 주세요.

＊ 韓国人は親しくなると下の名前で呼ぶことが多いので，それが嫌な人はこのように言うといい。

8 ▶ 気軽に「ケンちゃん」と呼んでください。

편하게 '켄짱'이라고 불러 주세요.

＊ **짱**は日本語だが，-∨**씨**，-∨**양**，-∨**군**と同様に，韓国語の正書法に従って**켄**∨**짱**と分かち書きをするほうがいい。

# 4.

# 会話を円滑にする

# 話の糸口をつかむ①

## □ 205 趣味で何かなさっているのですか

A 그런데 취미로 하시는 거 뭐 있어요?

B 네, 주로 주말에 낚시 동호회 사람들이랑 낚시하러 가요.

A ところで趣味で何かなさっているのですか。

B 週末になると仲間と一緒に釣りに出かけたりします。

＊ 親しい間ならば 취미가 뭐예요? と聞いてもいい。

＊ 釣りの同好の士：낚시 동호인〈－同好人〉

## □ 206 お酒はお好きですか

A 술은 좋아하세요?

B 좀 즐기는 편입니다.

A お酒はお好きですか。

B ちょっとたしなむ程度です。

＊ 즐기다：楽しむ，好む，エンジョイする，（～に）親しむ，興じる

＊ お酒はほとんど飲めないんです：술은 거의 못 마십니다.

＊ おタバコはお吸いですか：담배는 피우십니까?

## □ 207 海外に行く機会は多いんですか

A 외국에 나갈 기회가 많으신가요?

B 직업상 한 달에 한 번은 동남아시아 쪽으로 가곤 합니다.

A 海外に行く機会は多いんですか。

B 仕事柄，月に一度は東南アジアに出かけています。

＊ 日本にはよく行かれますか《韓国で韓国人に》：일본에는 자주 가세요?

＊ 最近，どちらへ行かれたんですか：최근에 어디를 다녀오셨습니까?

＊ 最近，どちらかへ旅行されましたか：최근에 어디 다녀오셨습니까?

## そのほかの会話

1 ▶ 趣味というほどのものではないのですが，盆栽を育てています。

취미라고 할 거까지는 없지만, 분재를 키우고 있습니다.

2 ▶ 家庭菜園で有機野菜を育てています。

텃밭에 유기농 야채를 키우고 있어요.

＊ **텃밭**：家庭菜園，家の敷地に隣接した畑

3 ▶ 子どものころから将棋が好きで，暇さえあれば指しています。

어릴 때부터 장기를 좋아해서, 틈만 나면 장기를 두고 있어요.

4 ▶ 世界中のチョウを集めて標本にしています。

전 세계의 나비를 수집해서 표본을 만들고 있습니다.

＊ **전**∨**세계**〈全世界〉：世界中。分かち書きをする。韓国語には「世界中（**세계 중**）」という語はない。

5 ▶ 食べ歩きが好きで，結構あちこち出かけるんですよ。

먹는 걸 좋아해서, 맛집이란 맛집을 여기저기 다 찾아 다녀요.

6 ▶ 特にこれといった趣味はありません。

특별히 이렇다 할 만한 취미는 없습니다.

---

7 ▶ 焼酎は苦手ですが，ワインならよく飲みます。

소주는 그다지 좋아하지 않지만, 와인이라면 자주 마십니다.

8 ▶ 日本酒には目がないですね。

일본 술을 무척 좋아합니다.

＊ **일본**∨**술** は分かち書きをする。一昔前までは **정종**〈正宗〉という語が日本酒を指す言葉として用いられていたが，最近は **청주**〈清酒〉，**사케**，**니혼슈** と言うようになった。

9 ▶ 体の調子が悪いので，最近は酒をちょっと控えているんです。

몸 상태가 좋지 않아서 요즘은 술을 자제하고 있습니다.

＊ **자제하다**〈自制－〉：自制する，控える

＊ 体の調子が悪い：**컨디션이 안 좋다** と言ってもいい。

## □ 208 スポーツは何かなさっているのですか

A 즐겨 하는 운동은 있습니까?

B 초등학생 때부터 유도를 하고 있습니다.

A スポーツは何かなさっているのですか。

B 小学生のころから柔道をやっています。

＊ 즐겨 하는 운동은 있습니까? の直訳は「楽しんでするスポーツはありますか」。

＊ 韓国語では「スポーツ」を 스포츠 よりは 운동 というほうが自然。

＊ 学生のころおもにどんなスポーツをしていましたか：학교 다닐 때 주로 어떤 운동을 했어요?

＊ 最近，ボーリングにはまっています：요즘 볼링에 푹 빠졌어요.

## □ 209 週末にはおもに何をなさいますか

A 주말엔 주로 뭐 하세요?

B 아들이 초등학생인데 캐치볼을 하면서 보내요.

A 週末にはおもに何をなさいますか。

B 小学生の息子とキャッチボールをして遊んでいます。

＊ お休みの日にはどうやってお過ごしですか：휴일은 어떻게 보냅니까?

＊ 보내다 と 지내다：文法的に 보내다（一定の場所で一定の期間を［送る］）は他動詞の用法，지내다（特別なこともなく［時間が過ぎていく，過ごす，暮らす］）は自動詞と他動詞の用法がある。よって 시간을～ のように目的語を伴う場合は，他動詞としての 지내다 も 보내다 も使えるが，目的語を伴わない場合は自動詞としての 지내다 しか使えない。

## □ 210 K-POP は聞かれますか

A K-POP(케이팝)은 즐겨 들으세요?

B 네, 좋아합니다. 특히 BTS 앨범은 전부 가지고 있어요.

A K-POP は聞かれますか。

B ええ，BTS の CD はすべて持ってますよ。

＊ 日本では J-POP と対になる意味として K-POP（케이팝）という語を使い，一般に韓国の大衆音楽の総称のように言っている。

＊ BTS：防弾少年団（방탄소년단）

## そのほかの会話

1 ▶ この年になってゴルフを始めたのですが，なかなか上達しません。

늦은 나이에 골프를 시작해서 그런지 좀처럼 실력이 늘지 않네요.

2 ▶ 週末にはゴルフの練習に出かけます。

주말에는 골프 연습장으로 갑니다.

＊ **실외 골프 연습장**〈室外－練習場〉：打ちっ放しゴルフ。屋外練習場でボールを好きなだけ打つのは **시간제**〈時間制〉，決まった個数のボールを全部打つまでやるのは **박스제**〈box 制〉という。ちなみに，コースを回るのであれば，**무제한 골프**〈無制限－〉という。最近は場所を取らずに気軽に練習ができる **스크린 골프**（シミュレーションゴルフ）のある **실내 골프 연습장** が人気である。

3 ▶ スポーツは，やるよりも見るほうが得意でして。

운동은 직접 하는 것보다 보는 것을 좋아해서요.

4 会話を円滑にする

4 ▶ 仕事疲れで週末はほとんど一日中家で寝ていますよ。

일에 지쳐 주말에는 하루 종일 집에서 잠만 자요.

5 ▶ 私のところは週末出勤で，その代わり水曜日が休みなんです。

저희는 주말에 출근하는 대신 수요일 날 쉽니다.

6 ▶ 週末も子どもの面倒を見なくてはいけないので，休みなしですよ。

주말에도 아이 보느라 도무지 쉴 틈이 없어요.

＊ **도무지**：(否定的事実の結果を表す語の前に付いて)まったく，まるっきり

7 ▶ 週末には，どこへも出かけずに家でゆっくりとしています。

주말에는 아무 데도 안 나가고 집에서 푹 쉬어요.

8 ▶ 最近読んだ本で何かおもしろいのはありますか。

최근에 읽었던 책 중에 뭐가 재미있었나요?

9 ▶ 今話題の村上春樹の小説はもう読まれましたか。

요즘 화제가 되고 있는 하루키 소설은 읽어 보셨어요?

＊ 韓国人たちは「村上春樹」のことを略して**하루키**と言うことが多い（もちろん**무라카미 하루키** とフルネームで言っている人も多い）。

＊「もう読みましたか」の「もう」は，韓国語にするときには不要。**벌써** という副詞は使わない。

## □ 211 そうだったのね

A 어제 너무 바빠서 연락을 못 했어. 미안해.

B 아, 그랬구나. 난 그런 줄도 모르고 걱정했네.

A 昨日，とっても忙しくて連絡できなかったんだ。ごめん。

B ああ, そうだったのね。そんなこととは知らなかったから心配したわ。

* そういうことだったのね : 그런 거 였어?

* それで？ : 그래서요? (語尾を上げていると怒った感じになる)

* だから何なの？ : 그러니까 뭔데? (怒った感じで)

## □ 212 そうだね

A 역시 할리우드 영화야. 잘 만들었네.

B 그러게. 역시 돈을 쏟아부은 탓인지 영상이 화려하군.

A さすがにアメリカの映画だわ。よくできてるわね。

B そうだね。金を掛けただけあって映像がすばらしいな。

* 할리우드 영화 : ハリウッド映画（「アメリカの映画」という場合は 미국 영화 よりもこのように言う傾向がある）

* 그러게 : そうだよ，そうだね。自分の意見が正しいことを強調したり，相手の意見に賛成したりするときに使われる。そのほか, 共感するときは맞습니다., 맞아요., 맞아.（友達同士）などと言う。

## □ 213 そうですよね

A 저 영화가 어떻게 부산 영화제에서 특별상을 받았는지 모르겠어요.

B 그러게요. 이야기도 단순하고, 좋게 봐 주려고 해도 재미있는 구석이 하나도 없던데요.

A あの映画が，どうして釜山映画祭で特別賞を取ったのかわからないですね。

B そうですよね。ストーリーも単調だし，お世辞にもおもしろいところはひとつもなかったですね。

* 그러게요. は強く同意するときの言い方。

## そのほかの会話

1 ▶ そうでしたか。그랬어요?

＊ 理解したとき。

2 ▶ そうなんですね。그렇군요.

＊ 納得したとき。

3 ▶ 私もそうだと思いました。

저도 그런 줄 알았어요.

4 ▶ それはあり得ることですね。

그건 있을 수 있는 일이네요.

---

5 ▶ 冗談でしょ？ 농담이죠?

6 ▶ うっそぉ。정말?

＊ 驚いたとき。**정말이야?** とも。日本語では「えっ，うっそー！」などと言うが，韓国語では **거짓말！** とは言わない。

7 ▶ ほんと？ 정말?

＊ 本当なの？：**정말이야?**，**진짜야?**

8 ▶ 本当？ わたしは初耳だわ。

진짜? 나는 처음 듣는 얘기인데.

＊ 信じられずに聞き返すとき。

9 ▶ そりゃあそうだろう！ 하긴 그렇지!

10 ▶ 冗談じゃないよ。マジかよ？ 너 미쳤어 ? 제정신이야?

＊「おまえ，本気でそんなこと言ってるのかい？」というニュアンス。

11 ▶ （ホントに）そうだよね。그러게 말이야.

＊ 相づちをうちながら。

12 ▶ それでどうなったの？ 그래서 ? 어떻게 됐는데?

13 ▶ 話にならないよ。말도 안 돼.

14 ▶ わあ，いいなあ。와 , 좋겠다.

＊ うらやましがるとき。

### □ 214 当然のことですよ

A 일이 바쁘다 보니 저녁 식사 준비를 대충대충 하게 돼요.

B 맞벌이하는 집에서는 당연한 거죠.

A 仕事で忙しいものですから，つい夕食が手抜きになっちゃって。

B 共稼ぎでしたら当然のことですよ。

＊ 맞벌이하다：共稼ぎする

### □ 215 大変ですね

A 일찍 집에 들어가도 애들이 시끄럽게 해서 편히 쉴 수 없어요.

B 제가 듣기로는 자녀분이 쌍둥이라고 하던데, 아이 키우기 힘드시겠네요.

A 早く家に帰っても子どもたちがうるさくて，ゆっくり休めないんですよ。

B 確か，お子さんは双子だって聞きましたけど，子育てが大変ですね。

＊ 쌍둥이〈雙ー〉：双子。ちなみに三つ子は 세쌍둥이。

### □ 216 そう思ったほうがいいよ

A 지금 돌이켜 보면 그 사람하고 헤어지길 잘했다고 생각해요.

B 그렇게 생각하는 게 좋아요. 서로 인연이 아니었던 거예요.

A 今になって思うに，あの人と別れてよかったと思います。

B そう思えばいいんです。お互いに縁がなかったんですよ。

＊ 돌이켜 보다：振り返ってみる，反省してみる

## そのほかの会話

1 ▶ 言われてみればそうですね。

듣고 보니까 그것도 그렇네요.

＊ 하긴 그래요. とも言う。

2 ▶ ぼくもそうじゃないかと思っていたんだ。

나도 그럴 줄 알았어.

3 ▶ やっぱりそうだったんだね。역시 그렇군요.

4 ▶ その言葉も一理ありますね。

그 말도 일리가 있네요.

5 ▶ 間違いないですよ。틀림없어요.

6 ▶ そのとおりですよ。그렇고말고.

7 ▶ 確かそんなことがありましたね。

그러고 보니 그런 일이 있었네요.

---

8 ▶ あらまあ，ご主人もうちと同じですね。

어쩌면, 댁의 남편분도 우리 남편이랑 똑같네요.

＊ 댁네도 우리 집하고 똑같네요. とも言える。

9 ▶ あら，どうしてみんな同じなんでしょうかね。

어쩌면, 다들 그렇게 똑같을까요.

10 ▶ あらいやだ，お宅もそうですか。うちだけだと思っていました。

어머, 댁도 그러세요? 우리 집만 그런 줄 알았어요.

11 ▶ 大丈夫ですよ。私もそう思ってたんですから。

괜찮아요. 저도 그렇게 생각했었는데요.

12 ▶ なんだ，そんな事があったんですか。それは大変でしたね。

아이고, 그런 일이 있었어요? 마음고생이 심했겠네요.

13 ▶ そんなこと，すぐに言ってくれれば何とかしたのに。

그까짓 거, 바로 말했더라면 어떻게든 했을 텐데.

＊ 그까짓 거, 바로 말하지 그랬어. 그럼 내가 어떻게든 했을 텐데. とも言える。

# 73 話の途中で

## □ 217 そういえば

A 그러고 보니, 아버님 일주기가 다가오네.

B 벌써 일 년이라니 진짜 세월 빠르네요.

A そういえば，お父さんの一周忌なんですね。

B もう一年だなんて，早いものですね。

＊ 그러고 보니：何かを急に思い出したときのせりふ。

＊ 일주기：一周忌

＊ そういえば，今日は妻の誕生日だったよ：그러고 보니, 오늘이 아내 생일이네.

## □ 218 実を言うと

A 사실, 지금 상사하고 좀 안 맞아서 전직할까 생각 중이야.

B 지금처럼 경기가 불황일 때는 섣불리 판단하면 안 돼.

A 実を言うと，今の上司はちょっと肌が合わなくて，転職を考えているんだ。

B この不況の時代に，うかつなまねはしないほうがいいよ。

同僚同士の会話

＊ 사실은〈事實－〉：実は

＊ 섣불리：下手に，いたずらに，うかつに

## □ 219 話は変わりますが

A 저, 이건 좀 다른 애기입니다만, 사무실 내 금연 문제에 대해 좀 제안을 드리고 싶습니다만.

B 아니, 지금 의제도 아직 결론을 못 짓고 있으니까 그 애기는 다음에 하지.

A あのう，話は変わりますが，事務室での禁煙について提案したいのですが。

B いや，今の議題もまだ結論が出ていないので，その話は今度にしましょう。

会議中の会話

＊ 결론을 짓다：結論を出す

## そのほかの会話

1 ▸ お話し中失礼ですが，ちょっと私の意見も聞いてください。

말씀하시는 중에 죄송하지만 제 의견도 좀 들어 주십시오.

2 ▸ 話の腰を折るようで悪いんだけど。

중간에 말을 끊어서 미안한데.

* **말을 끊다**：直訳は「話を切る」。**말을 자르다** ともいう。

3 ▸ とりあえず，今手元にある資料を当たってみようよ。

일단 지금 가지고 있는 자료를 조사해 보자.

4 ▸ ここらでちょっと気分を変えない？

이쯤에서 기분 전환 좀 하지 않을래?

5 ▸ 同じことをずっと議論していてもしょうがないよね。

같은 말을 계속해서 이야기해 봤자 소용없지.

* 日本語の「議論」と韓国語の**의논**は多少の意味の違いがある。

* 議論する：**논의하다, 이야기하다**

* **의논하다**：相談する，話し合う

---

6 ▸ あっ，そうだ。昨日，きみにあげようと思ってたものがあったんだけど，すっかり忘れてたよ。

아, 맞다. 내가 어제 너한테 주려던 게 있었는데 깜빡했네.

7 ▸ えっと，どこまで話したっけ。

참, 내가 어디까지 말했더라.

8 ▸ それはそうと，昨日のお見合いどうだった？

그건 그렇고, 어제 맞선 본 건 어땠어?

9 ▸ それはそうと，この前申し上げた件はお考えいただけましたか。

그런 그렇고, 전에 말씀드렸던 것은 생각해 보셨습니까?

10 ▸ ところで，ひょっとしてこの話，聞いた？

그런데 혹시 이 얘기는 들었어?

11 ▸ お話の途中で申し訳ありませんが，私にもひとこと言わせてください。

중간에 죄송합니다만, 저도 한 말씀 드리고 싶습니다.

## 74 念を押す，催促する

### □ 220 絶対に忘れないでよ

A 이게 내 전화번호야. 절대로 잊어버리면 안 돼.

B 알았어. 바로 입력해 둘게.

A これがぼくの携帯の番号だよ。絶対に忘れないでよ。

B わかったわ。すぐに入力しておくわ。

＊ ぜひ覚えておいてください：꼭 기억해 두세요.

### □ 221 約束よ。いい？

A 우리 일은 아무한테도 말하지 마. 약속이야, 알았지?

B 그렇게 몇 번씩 말 안 해도 지킬 테니 걱정 마.

A わたしたちのことはだれにも言わないで。約束よ。いい？

B そんなに何度も念を押さなくても大丈夫だよ，心配ないって。

＊ 알았지?：(念を押す表現で) わかった？，いい？

＊ 約束を守る：약속을 지키다／約束を破る：약속을 어기다

### □ 222 必ず確認の電話を入れてよ

A 어머니, 전화 사기 당하지 않게 이상한 전화가 오면 나한테 꼭 확인 전화 줘요.

B 알았어. 아직 치매 안 걸렸으니까 괜찮아.

A お母さん，振り込め詐欺に引っかからないように，変な電話がかかってきたら必ずぼくに確認の電話を入れてよ。

B わかったわ。まだぼけていないから大丈夫よ。

＊ 必ず確認してください：반드시 확인해 주세요.

## そのほかの会話

1▶ 出かけるときには必ず火の元を確認して，戸締まりをしっかりしておいてよ。

외출할 때는 반드시 불을 확인하고 문단속 잘해 둬.

＊ 火の気：**화기〈火氣〉**

＊ 火の用心：**불조심**

2▶ このことはだれにも言わないで，黙っていてください。

이건 아무에게도 말하지 말고 비밀로 해 주세요.

3▶ 先日依頼した原稿は，明日までに仕上げておいてくださいね。

지난번에 부탁한 원고는 내일까지 완성해 주세요.

4▶ あなた，早く起きて。今日，子どもたちと動物園行くの忘れてないでしょう？

여보, 빨리 일어나요. 오늘 애들하고 동물원 가기로 한 거 잊지 않았지요?

5▶ 子どもに甘いものをあげないでほしいとさんざん申し上げたんですが。

아이한테 단걸 안 주었으면 좋겠다고 제가 누누이 말씀드렸는데요.

6▶ この場できちんと言っておくけど，これからはおれにこんなこと頼まないでくれ。

이 자리에서 확실히 말해 두겠는데, 앞으로 나한테 이런 부탁하지 마.

7▶ ですから，初めに今度の仕事は簡単ではないと何度も申し上げたでしょう？

그러니까 처음부터 이번 일은 쉽지 않을 거라고 몇 번이나 말씀드렸잖아요.

＊ **말씀드리다** はひとつの単語。

8▶ 重ねてお願い申し上げます。コンサート会場での写真撮影は禁止されております。

다시 한번 당부의 말씀을 드리겠습니다. 콘서트장에서의 사진 촬영은 금지돼 있습니다.

9▶ さっきジャジャン麺を頼んだんですが，まだですか。もう 30 分も待っているんですよ。

아까 짜장면 시켰는데 아직 안 됐어요? 벌써 30분이나 기다렸어요.

＊ 早く持ってきてください：**빨리 갖다 주세요.**

＊ はい，すぐできます：**네, 금방 돼요.**

＊ もう出ましたよ：**지금 막 출발했습니다.** または **방금 출발했습니다.**

## 75 了解・理解を求める

### □ 223 ご了承いただきたくて

A 윗집에 사는 사람인데요. 다음 주부터 저희 집 공사가 있어서 미리 양해를 구하려고요.

B 네, 낮에는 아무도 없으니까 괜찮아요.

A 隣のものですが，来週から家の工事が始まるんで，前もってご了承いただきたくて。

B はい，昼間は留守にしているのでかまいませんよ。

＊ 윗집：自分の家から見て位置的に上のほうにある隣家

### □ 224 きみさえよければ

A 당신만 괜찮다면 우리 여행가는 거 다음 주로 연기할까 하는데.

B 네, 좋아요. 그렇게 하는 게 회사 일도 잊고 푹 쉴 수 있을 것 같네요.

A きみさえよければ，旅行は来週に延期しようかと思って。

B ええ，いいわよ。そのほうが仕事を忘れてゆっくりできそうだわ。

夫婦の会話

＊ 여행가는 거 다음주로 연기했으면 하는데. というと，「延期してくれたらと思って」という意味になる。

### □ 225 理解してあげなよ

A 어머니가 어떻게 그런 말씀을 하실 수 있어?

B 별생각 없이 한 말이니까 당신이 이해해 줘.

A お母さんはどうしてわたしにそんなこと言えるの？

B 何の考えもなく言ったことだから，理解してあげなよ。

夫婦の会話。妻が夫の母親についての愚痴を夫に言っている

＊ 별생각 はひとつの単語。分かち書きしない。

## そのほかの会話

1 ▶ 私が申し上げたようにしていただけると助かります。
제가 말씀드린 대로 해 주셨으면 좋겠는데요.

2 ▶ あのう，お腹に赤ちゃんがいるんですが，ここに座ってもいいですか。
저 제가 임부라서 그러는데 여기 앉아도 될까요?
＊ 優先席の前で。

3 ▶ だいたいの意味は通るんですが，この部分ちょっと書き直してもいいですか。
뜻은 거의 통하긴 하는데 이 부분을 좀 고쳐 써도 괜찮겠어요?

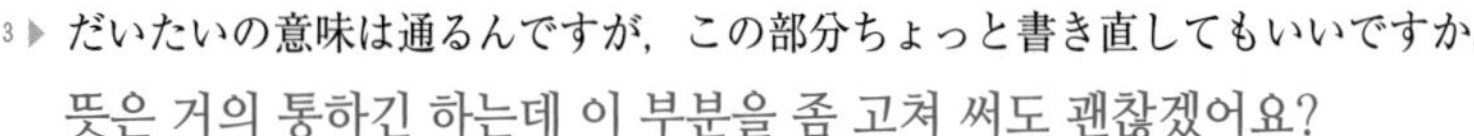

4 ▶ 今ちょっと手が離せないので，あとで折り返しお電話差し上げてもいいですか。
제가 지금 바빠서 그러는데 나중에 다시 전화드려도 괜찮겠습니까?

5 ▶ 時間がないんで先に行ってもいいかな？
시간이 없어서 그러는데 먼저 가도 될까?

6 ▶ もし差し支えなければ，ここにご住所とお名前を書いていただけますか。
혹시 폐가 안 된다면 여기에 주소와 성함을 써 주시겠습니까?

7 ▶ よろしければ，次からはそのようにしていただけますか。
괜찮으시다면 다음부터 그렇게 해 주시겠습니까?

8 ▶ きみがいいんだったら，ぼくが代わりに行ってもいいけど。
너만 괜찮다면 내가 대신 가도 되는데.

9 ▶ そこでよければ明日にでも予約を取っておくけど。
거기가 괜찮다면 내일이라도 당장 예약해 둘게.

10 ▶ きみも考えがあると思うけど，課長の言うことにも理解を示さないとね。
자네도 생각이 있겠지만 과장님이 하신 말씀도 이해해야지.
＊ 上司から部下への会話。

11 ▶ お子さんの気持ちもちょっとは理解してあげなくちゃ。
애들 마음도 조금은 알아줘야지.

## □ 226 わたしの話，聞いてる？

A 지금 내 말 듣고 있어? 왜 대답이 없어.

B 어, 미안. 잠깐 딴생각을 했어.

A わたしの話，聞いているの？ なんで返事がないのよ。

B あっ，ごめん。ちょっとほかのこと考えてたんだ。

＊ 딴생각：注意を注がずほかのことを考えること

## □ 227 歳を考えてくださいよ

A 어머니, 나이를 좀 생각하세요.

B 아이, 괜찮아. 아직도 이렇게 팔팔한데 너한테 그런 말 들을 이유는 없지.

A お母さん，ちょっとは歳を考えてくださいよ。

B あら，大丈夫よ。まだ若いんだから，あなたにそんなふうに言われる筋合いはないわよ。

＊ 팔팔하다：ぴんぴんしている，生き生きしている

## □ 228 おい，気をつけろよ

A 이봐, 정신 차려. 이거 위험하잖아.

B 어, 죄송합니다. 잠깐 딴생각을 하는 바람에…….

A おい，気をつけろよ。危ないじゃないか。

B あっ，すみません。つい考え事をしていたもので…。

＊ ほら，足元に気をつけてください。水たまりですよ：여기, 발밑 조심하세요. 물웅덩이가 있어요.

## そのほかの会話

1▶ お話し中に申し訳ありませんが，ちょっといいですか。
말씀을 나누시는 중에 죄송합니다만 잠깐 시간 좀 내 주시겠습니까?

2▶ みなさん，手を休めてちょっとこっちを見てください。
여러분, 하던 일 잠시 멈추고 여기를 봐 주세요.

3▶ ちょっとぼくの話を聞いてよ。잠깐 내 말 좀 들어 봐.

4▶ みんな静かにしてこっち見てちょうだい。
모두 조용히 하고 여기 좀 봐 봐.

＊ 学校で先生が学生に。

5▶ みんな，こっちに集まって。애들아 , 이리로 좀 모여 봐.

6▶ みなさん，注目！ 모두 여기 주목해!

7▶ 静かに！ 자 ! 조용!

8▶ 気をつけ！ 전체 차렷!

9▶ ねえ，見て。タレントさんよ！ 저기 좀 봐 . 연예인이야!

＊ **연예인**〈演藝人〉: **가수**（歌手），**탤런트**（タレント），**개그맨**（お笑い芸人）など，放送に出演するすべての芸能人を指す。韓国語で**탤런트**というと，テレビドラマの俳優のみを意味する。

---

10▶ だれに対してものを言っているんですか。口の利き方に気をつけてくださいよ。
제가 누군 줄 알고 그런 식으로 말하는 거예요? 말투를 조심하세요,

11▶ そんなことばかりしていたら，いっこうに仕事がはかどりませんよ。
계속 그러고 있으면 일이 전혀 진행되지 않잖아요.

12▶ 先輩，いいかげんにしましょうよ。いつまで飲むつもりなんですか。
선배, 이제 좀 적당히 해요. 언제까지 마실 생각이에요?

＊ 先輩と一緒に酒を飲んでいる後輩。

□ 229 **要するに〜**

A 나는 추위도 많이 타고, 게다가 스키는 별로 좋아하지 않아서 말이야.
B 요컨대 이번 스키장 단체 미팅에는 관심이 없다는 말이지?

A わたしは寒さにも弱くて，そのうえスキーもあまり好きじゃないの。
B 要するに，今度のスキー場での合コンには関心がないというわけでしょ。

＊ 요컨대 〈要ー〉：要するに，つまり

□ 230 **たとえば〜**

A 나는 외래어를 그대로 써도 문제없다고 생각해.
B 그렇지만 예를 들어서 '프레젠테이션'을 '발표'라고 하면 더 쉽게 이해가 되잖아.

A ぼくはカタカナ英語でも問題ないと思うんだけど。
B でも，たとえば，「プレゼンテーション」を「発表」と言い換えればもっとわかりやすいんじゃない。

＊ たとえば：예를 들어～，예를 들면～などの言い方がある。

□ 231 **いわゆる**

A 페이크 뉴스가 뭐예요?
B 소위 말하는 '가짜 뉴스'예요. 허위 정보로 만들어진 주로 인터넷상에서 발신 확산되는 뉴스입니다.

A フェイクニュースって何ですか。
B いわゆる「にせニュース」のことです。虚偽の情報でつくられ，主にネット上で発信・拡散されるニュースです。

＊ いわゆる：소위 〈所謂〉
＊ 言い換えると：바꾸어 말하자면
＊ 言ってみれば：말하자면

## そのほかの会話

1 ▶ PET 検査は，いわば放射性医薬品を利用したガンの早期診断の検査です。

'PET 검사'는 쉽게 말하면 방사성 의약품을 이용한 암 조기 진단 검사예요.

＊ **쉽게 말하면**：簡単に言うと

2 ▶ 結論を言うとそういうことになりますよ。

결론적으로 그렇게 되는 거지요.

3 ▶ おっしゃるまでもなく，要するに，弁償は無理だということですね。

여러 말씀 하실 것 없이, 요컨대 물건 변상은 못 해 주시겠다는 거죠?

4 ▶ **세시 풍속** というのは，たとえば，お盆やお正月，小正月といった年中行事のことよ。

세시 풍속이란게 이를테면 추석이나 설날, 또는 정월 대보름 같은 연중 행사를 가리키는 말이야.

＊ **세시 풍속**〈歳時風俗〉：昔から伝わる年中行事

---

5 ▶ たとえば，何時から何時までなら電話してもいいというふうに，詳しく教えてください。

예를 들어, 몇 시부터 몇 시까지는 통화가 가능하다는 식으로 자세히 가르쳐 주세요.

6 ▶ 風邪を予防するには，デパートや映画館のような人混みは避けることですね。

감기 예방에는 무엇보다도 백화점이나 영화관처럼 사람 많은 곳을 피해는 것이 상책이죠.

7 ▶ 早い話が，タバコさえ吸わなければ，肺ガンにかかる確率は低くなるさ。

쉽게 말하면, 담배만 안 피우면 폐암에 걸릴 확률이 낮아져.

8 ▶ 言い換えれば，どんな事でも長所と短所があるから偏見を捨てなさいということよ。

다시 말해서, 무슨 일이든지 장단점이 있으니까 편견을 버리라는 말이야.

＊ **장단점**〈長短點〉：長所と短所，いい点と悪い点

# 78 話を終える

## □ 232 貴重なお時間を割いていただきまして

A 오늘 이렇게 귀중한 시간을 내주셔서 정말 감사합니다.

B 저야말로 즐거웠습니다.

A 本日は，貴重なお時間を割いていただきまして，本当にありがとうございます。

B いいえ，こちらこそ楽しかったです。

話を終えて帰る人に

## □ 233 また今度お話しましょう

A 미안해요. 손님이 오셨나 봐요. 다음에 또 통화해요.

B 그래요. 시간 있을 때 전화 주세요.

A ごめんなさい。お客さんがいらっしゃったようだわ。また今度ね。

B ええ，お時間あるときに電話くださいね。

電話での会話

＊ また今度話しましょう : 다음에 또 이야기해요.

## □ 234 今日はここまでにしましょう

A 시간이 다 됐으니 오늘은 여기까지만 하겠습니다.

B 이야기가 너무 재미있어서 시간이 가는 줄도 몰랐어요.

A 時間になりましたので，今日はここまでにしましょう。

B お話がとてもおもしろくて，時間が経つのも忘れてしまいました。

＊ またおもしろい話を聞かせてね : 다음에 또 재미있는 이야기해 줘.

## そのほかの会話

1▶ 私の申し上げたいことは以上です。

제가 드리고 싶은 말씀은 이상입니다.

2▶ 私の話は終わりました。何かご意見ございましたらどうぞ。

제 말은 끝났어요. 하실 말씀 있으면 하세요.

3▶ 言いたいことはすべて言いました。

내가 하고 싶은 말은 다 했어요.

4▶ この辺でご紹介を終わらせていただきます。

제 소개는 여기서 마칠게요.

---

5▶ まだ話は終わっていませんよ。아직 내 말 안 끝났어요.

6▶ それはあとでまた話そう。그건 나중에 다시 이야기하자.

7▶ ぼくの話はこれで終わりっ。내 얘기는 이것으로 끝.

8▶ 話は終わったけど，なんで何の反応もないの？

내 말 끝났는데, 왜 아무 대답도 없어?

9▶ そこまでにしよう。これ以上話すとけんかになるよ。

거기까지만 하자. 더 이상 이야기하다가는 싸우겠다.

＊ **이야기하다가는**：話をしていては～，話をしていると～

＊ **-다가는** は前の行為や状況が原因や根拠になり，それが続けば否定的な状況や意外な結果になることを表す連結語尾。「こうしているとあとで悪い結果が起きますよ」という警告。うしろの文に警告の内容が来る。**담배를 계속 피우다가는 폐암에 걸릴 거예요.**（タバコをずっと吸っていると肺ガンになりますよ）

10▶ 以上で発表を終わらせていただきます。

이상으로 발표를 마치겠습니다.

＊ **마치다**：終える，遂行する，済ませる

# 5. 旅行

□ 235 どこか安いホテルはありますか

A· 시내에서 묵을 만한 저렴한 호텔이 있을까요?

B· 장소는 어디를 원하시는데요?

A 市内でどこか安いホテルはありますか。

B 場所はどちらをご希望ですか。

旅行者と観光案内所の職員の会話

＊ 싼 호텔 と言うよりは 저렴한 호텔 と言ったほうが上品に聞こえる。

□ 236 適当なホテルを探してください

A 종로나 을지로 근방에서 적당한 호텔을 찾아 주세요.

B 어떤 방을 찾으십니까?

A 鍾路（チョンノ）か乙支路（ウルチロ）あたりで適当なホテルを探してください。

B どのようなお部屋がよろしいですか。

旅行者と観光案内所の職員の会話

＊ シングル：싱글／ダブル：더블／ツイン：트윈

＊ 洋室：침대 방／オンドル部屋：온돌방

□ 237 施設はどういった感じですか

A 남자분 두 분이면 장급 여관은 어떠세요?

B 시설은 어떤가요?

A 男性二人でしたら，旅館なんかは安く済みますよ。

B 施設はどういった感じですか。

旅行者と観光案内所の職員の会話

＊ 장급 여관〈莊級旅館〉：ホテルよりは規模は小さい中規模な旅館。主に市内の中心地に位置する。屋号に「××荘」と書かれているものが多い。呼び方が古くさいので最近ではあまり使わない。

## そのほかの会話

1 ▶ 観光案内所はどこですか。

관광 안내소가 어디예요?

2 ▶ ここでホテルの予約をしていただけますか。

여기서 호텔 예약을 해 주시겠어요?

3 ▶ もっといいホテルはないですか。

더 좋은 호텔은 없나요?

---

4 ▶ そのホテルはどこにありますか。

그 호텔은 어디에 있어요?

5 ▶ ここからはどれくらいかかりますか。

여기서 얼마나 걸려요?

6 ▶ ここからはどれくらい離れていますか。

여기서 얼마나 멀어요?

7 ▶ 地下鉄の駅から近いところがいいです。

지하철역에서 가까운 데가 좋아요.

8 ▶ そのホテルにします。そこまではどうやって行くのですか。

그 호텔로 할게요. 거기까지 어떻게 가요?

9 ▶ そのホテルまでの略図を書いてください。

그 호텔까지 약도를 그려 주세요.

10 ▶ タクシーの運転手さんに，そこまで連れて行ってくれるように頼んでもらえますか。

택시 기사한테 거기까지 데려가 달라고 말해 주시겠어요?

# 80 チェックイン

## □ 238 今，チェックインできますか

A 인터넷으로 예약했는데요. 지금 체크인할 수 있어요?

B 죄송합니다. 체크인은 오후 3시부터입니다.

A ネットで予約をした者ですが，今，チェックインできますか。

B 申し訳ございません。チェックインは午後 3 時からとなっております。

旅行者とホテルのフロントの会話

＊ 予約確認書 : 예약 확인서

＊ チェックインは何時ですか : 체크인은 몇 시예요?

## □ 239 部屋を見てから決めてもいいですか

A 방을 보고 나서 정해도 괜찮아요?

B 어느 방이나 똑같은 구조예요.

A 部屋を見てから決めてもいいですか。

B どの部屋もだいたい同じような作りですよ。

旅行者とホテルのフロントの会話

＊ 구조〈構造〉: 作り

## □ 240 喫煙の部屋をお願いします

A 흡연실과 금연실 중 어디로 하시겠습니까?

B 흡연실로 부탁합니다.

A 喫煙のお部屋と禁煙のお部屋では，どちらになさいますか。

B 喫煙の部屋をお願いします。

旅行者とホテルのフロントの会話

## そのほかの会話

1 ▶ 日本語を話せる方はいらっしゃいませんか。

일본어를 할 줄 아는 분 안 계세요?

＊ **일본어를 할 수 있는~**は，相手の能力の有無を尋ねるニュアンスがあり，失礼。

2 ▶ 予約していないのですが，今夜，部屋はありますか。

예약 안 했는데 오늘 방 있어요?

3 ▶ 今日一泊だけです。

오늘 하루만요.

4 ▶ シングルの部屋はいくらですか。

싱글은 얼마예요?

5 ▶ ダブルも同じ値段ですか。

더블도 같은 가격입니까?

6 ▶ それは朝食込みの値段ですか。

그 가격에 아침 식사도 포함돼 있습니까?

7 ▶ 部屋を見せてもらえますか。

방을 볼 수 있어요?

8 ▶ 海側の部屋にしてください。

바다가 보이는 방으로 해 주세요.

9 ▶ 友達と同じ階にしてください。

친구와 같은 층으로 해 주세요.

10 ▶ 子どもがいるので，エキストラベッドをひとつ入れてください。

아이가 있니까 엑스트라 침대를 하나 넣어 주세요.

11 ▶ 荷物を部屋まで運んでいただけますか。

짐을 방까지 옮겨 주시겠어요?

＊ 韓国でも，荷物を運んでもらったらチップは渡す。

12 ▶ 荷物は自分で運びます。

짐은 제가 옮기겠습니다.

### □ 241 滞在を延ばしたいのですが

A 며칠 더 연장하고 싶습니다만.

B 알겠습니다. 언제까지 묵으실 예정입니까?

A 滞在を延ばしたいのですが。

B かしこまりました。いつまでのご予定でしょうか。

旅行者とホテルのフロントの会話

＊ 체류를 연장하고 싶습니다만. は韓国語としてぎこちない言い方。

＊ 며칠 더 が正しい綴り（× 몇일 더）。

### □ 242 朝食はどこで食べるのですか

A 아침 식사는 어디서 먹어요?

B 2층 라운지에서 아침 6시 반부터 드실 수 있습니다.

A 朝食はどこで食べるのですか。

B 2階のラウンジで，朝6時半からお召し上がりいただけます。

旅行者とホテルの従業員の会話

＊ ビュッフェ形式になっております《ホテルの従業員が》: 뷔페 스타일로 되어 있습니다.

＊ この食券を入口でお見せください《ホテルの従業員が》: 이 식권을 입구에서 보여 주십시오.

### □ 243 モーニングコールをお願いします

A 내일 아침, 모닝콜 부탁합니다.

B 알겠습니다. 몇 시에 깨워 드리면 될까요?

A 明日の朝，モーニングコールをお願いします。

B かしこまりました。何時におかけすればよろしいでしょうか。

旅行者とホテルの従業員の会話

＊ お部屋の機械でお客さまがご自身で設定できます《ホテルの従業員が》: 방에 있는 기계로 고객님이 직접 설정하실 수 있습니다.

## そのほかの会話

1▶ もう一日延泊できますか。

하루만 더 묵을 수 있습니까?

2▶ 貴重品を預けたいのですが。

귀중품을 맡기고 싶은데요.

3▶ お金を両替したいのですが。

환전하고 싶은데요.

---

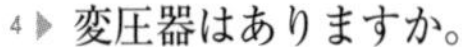

4▶ 変圧器はありますか。

변압기는 있습니까?

＊ **트랜스**（トランス）ともいう。韓国はほとんどが220Vで，プラグの形体も日本とは異なる。

5▶ インターネットを使いたいのですが。

인터넷을 사용하고 싶은데요.

6▶ この使い方を教えてください。

이거 사용 방법 좀 가르쳐 주세요.

7▶ この洗濯物，明日の出発までに仕上げていただけますか。

이것, 내일 출발할 때까지 세탁해 주시겠습니까?

---

8▶ 近くにどこかおいしいお店はありますか。

이 근처에 좋은 맛집이 있어요?

9▶ せっかくだからここの名物を食べたいのですが，何が有名ですか。

모처럼 왔으니까 여기 명물을 먹고 싶은데, 뭐가 유명해요?

10▶ ルームサービスをお願いしたいのですが。

룸서비스를 부탁하고 싶은데요.

11▶ ルームサービスは何時まで大丈夫ですか。

룸서비스는 몇 시까지 돼요?

12▶ チェックアウトのときにまとめて精算してください。

체크아웃할 때 한꺼번에 정산해 주세요.

## □ 244 チェックアウトは何時ですか

A 체크아웃은 몇 시예요?
B 12시까지 방을 쓰실 수 있습니다.

A チェックアウトは何時ですか。
B 昼の 12 時までお部屋をお使いいただけます。

旅行者とホテルのフロントの会話
＊ 韓国のホテルのチェックアウトは，昼の 12 時くらいまで大丈夫というところが多い。

## □ 245 出発時間まで部屋を使いたいのですが

A 공항으로 출발할 때까지 방을 쓰고 싶은데요.
B 만 원만 추가로 내시면 사용하실 수 있습니다.

A 空港への出発時間まで部屋を使いたいのですが。
B 追加料金 1 万ウォンでお使いいただけます。

旅行者とホテルのフロントの会話
＊ 追加料金：추가 요금

## □ 246 冷蔵庫のものは，何も飲んでいません

A 냉장고는 사용하셨습니까?
B (냉장고 물건은) 아무것도 안 마셨어요.

A 冷蔵庫はお使いになりましたか。
B（冷蔵庫のものは）何も飲んでいません。

ホテルのフロントと旅行者の会話
＊ ミニバーはお使いになりましたか：미니 바는 사용하셨습니까?
＊ 冷蔵庫の上に置いてある歯ブラシやカミソリなどのアメニティを使うと，別途料金を取られる場合があるので注意。

## そのほかの会話

1▶ 午後2時までチェックアウトを延ばせますか。

오후 2시까지 체크아웃을 연장할 수 있어요?

2▶ チェックアウトをお願いします。

체크아웃 부탁합니다.

3▶ 請求書が間違っていると思うのですが。

청구서가 잘못된 것 같은데요.

4▶ ケーブルテレビは見ませんでした。

케이블 티브이는 보지 않았어요.

5▶ 電話はまったくかけていません。

전화는 전혀 사용하지 않았어요.

---

6▶ ちょっと出かけて戻ってきますので，カバンを預かっていただけますか。

잠시 나갔다 오려고 하는데, 가방 좀 맡겨도 될까요?

7▶ 預けた物をいただきたいのですが。

맡긴 물건을 찾으러 왔는데요.

8▶ とても快適に過ごせました。ありがとう。

아주 쾌적하게 잘 보냈습니다. 감사합니다.

9▶ また来たいです。ありがとうございました。

또 오고 싶습니다. 감사합니다.

---

10▶ どうやって空港まで行ったらいいですか。

공항까지 어떻게 가는 게 좋을까요?

11▶ 空港まではどのくらいかかりますか。

공항까지는 얼마나 걸리나요?

12▶ 私の飛行機は11時半出発ですが，間に合いますか。

제가 타는 비행기는 11시 반 출발인데 탈 수 있을까요?

13▶ 空港までタクシーを呼んでください。

공항까지 택시를 불러 주세요.

## □ 247 ここはどこですか

A 미안합니다. 길을 잃어버렸어요. 여기가 어딘가요?

B 잠깐 지도 좀 보여 주세요.

A すみません，道に迷ってしまいました。ここはどこですか。

B ちょっと地図を見せてください。

観光客と通行人の会話

＊ 길을 잃어버리다：道に迷う

＊ 迷子になる：미아가 되다〈迷兒－〉

## □ 248 トイレを貸してもらえますか

A 화장실이 급해서 그러는데 좀 쓸 수 없을까요?

B 이 계단을 올라가시면 중간에 있어요. 이 열쇠를 가져가세요.

A トイレが我慢できないのですが，ちょっと貸していただけませんか。

B この階段を上がって2階の踊り場にあります。このカギを持って行ってください。

A は旅行者，B は店員

＊ 화장실이 급하다：トイレが我慢できない，漏れそうだ

＊ 韓国ではトイレはいくつかの店が共同管理しているところが多く，その場合は外部の人が利用できないように入り口に鍵がかかっている。

## □ 249 友達が時間になっても，帰ってきません

A 돌아올 시간이 지났는데도 친구가 아직 안 왔어요.

B 어디에 간다고 나갔습니까?

A 戻る時間になっても友達が帰ってきません。

B どこに行くと言って出かけたんですか。

旅行者とホテルのフロントの会話

## そのほかの会話

1▶ 地下鉄の路線図はありますか。

지하철 노선도는 있어요?

2▶ 最寄りの駅はどこですか。

가까운 역이 어디예요?

3▶ そこまでどう行ったらいいですか。

거기까지 어떻게 가면 돼요?

4▶ 一番近い駅まで歩いてどのくらいかかりますか。

제일 가까운 역까지 걸어서 얼마나 걸려요?

5▶ すみません，ちょっと手を貸してください。

미안합니다. 좀 도와주세요.

6▶ 救急車を呼んでください。

구급차를 불러 주세요.

＊ **救急車は，앰뷸런스（ambulance）ともいう。앰뷸런스 불러 주세요.。**

7▶ ホテルに電話してくれますか。

호텔에 전화해 주시겠어요?

8▶ パスポートをなくしてしまいました。

여권을 분실했습니다.

9▶ 財布をすられてしまったんです。

지갑을 소매치기당했어요.

＊ **소매치기당하다**：スリに遭う，すられる。- **당하다** は接尾語なのでくっつけて書く。

10▶ ここに置いておいた荷物がなくなってしまったんです。

여기에 놔뒀던 짐이 없어졌습니다.

11▶ 日本語の通訳に来てもらいたいのですが。

일본어 통역하시는 분이 와 줬으면 하는데요.

# おみやげを買う

## □ 250 一番人気はどれですか

A 제일 인기 많은 건 뭐예요?
B 이건 일본 분들이 많이 사 가세요.

A 一番人気があるのはどれですか。
B これなんか日本の方がよく買って帰られますよ。

観光客と店員の会話
＊ 어느 상품이 제일 인기가 많아요? とも言える。

## □ 251 日本に持って帰れますか

A 이거 일본에 가져갈 수 있어요?
B 네, 그래도 액체류니까 공항에서 수하물로 따로 맡겨 주세요.

A これは日本に持って帰れますか。
B ええ，でも液体類なので空港では手荷物として別に預けてください。

観光客と店員の会話
＊ これは日本でも使えますか：이건 일본에서도 쓸 수 있어요?

## □ 252 現金だと，少しは割引になりますか

A 현금으로 사면 조금은 할인이 되나요?
B 엔화로 지불하시면 조금 싸게 해 드려요.

A 現金払いだと少しは割引になりますか。
B 円でお支払いでしたら少しは安くしますよ。

観光客と店員の会話

## そのほかの会話

1▶ 少し変わったおみやげを探しています。
좀 색다른 선물을 찾고 있습니다.

2▶ それを見せてください。그것 좀 보여 주세요.

3▶ これは何でできていますか。이건 뭘로 만든 거예요?

4▶ まずウォンで払って，残りを円で払います。
우선 원으로 지불하고 나머지를 엔화로 내겠습니다.

5▶ ドルでもいいですか。달러도 쓸 수 있어요?

6▶ JCB カードでもいいですか。제이시비 카드도 돼요?

7▶ もう少し安くなりませんか。좀 더 싸게 안 되나요?
＊ もっと安いものはありませんか：더 싼 건 없나요?

8▶ ちょっと計算機を貸してください。
계산기 좀 빌려 주세요.

9▶ 2 つ買ったら，安くしてもらえますか。
두 개 사면 싸게 해 주나요?
＊ 3 つでいくらですか：세 개에 얼마예요?

10▶ 2 万ウォンなら買います。2 만원이면 살게요.

11▶ 10 万ウォンしか持っていません。10 만 원밖에 없어요.

12▶ ガイドブックにはたったの 3 万ウォンと載ってましたよ。
가이드북에는 3만원이라 돼 있던데요.

13▶ ほかの店では，もっと安かったですよ。
다른 가게에서는 더 싸던데요.

14▶ 考えてから，また来ます。생각해 보고 다시 올게요.

5 旅行

## 253 写真撮っていただけますか

A 저기 죄송한데요. 사진 좀 찍어 주시겠습니까?

B 가메라 안에 다 안 들어가네요. 좀 더 바짝 다가서세요.

A すみません。写真撮っていただけますか。

B みんな入りませんよ。もっと近寄ってください。

観光客と写真を頼まれた人の会話

* 撮影禁止 : 촬영 금지／フラッシュ禁止 : 플래시 금지
* ここで写真を撮ってもいいですか : 여기서 사진 찍어도 돼요?
* フラッシュを使ってもいいですか : 플래시를 사용해도 돼요?

## 254 うしろの建物が入るように撮ってください

A 뒤 건물이 나오도록 찍어 주세요.

B 그러면, 좀 더 오른쪽으로 가세요.

A うしろの建物が入るように撮ってください。

B じゃあ，もう少し右に立ってください。

観光客と写真を頼まれた人の会話

* あの山を背景にして撮っていただけますか : 저 산을 배경으로 해서 찍어 주시겠어요?

## 255 ボタンを押しながら調節してください

A 초점이 안 잡히네요.

B 오른쪽 버튼을 누르면서 조절하시면 돼요.

A ちょっとピントが合いません。

B 右のボタンを押しながらうまく調節してください。

写真を頼まれた人と観光客の会話

* 초점이 안 잡히다 : ピントが合わない。초점이 맞지 않다 とも言う。
* 초점을 맞추다 : ピントを合わせる
* 셔터를 누르다 : シャッターを押す

## そのほかの会話

1▶ このボタンを押すだけです。
이 버튼만 누르시면 돼요.

2▶ ここがズームですからうまく調節してください。
이게 줌 렌즈니까 잘 조절해 주세요.

3▶ ピントが合うとピッと音がします。
초점이 맞으면 삑 하고 소리가 나요.

4▶ 皆さん，写真を撮りますから並んでください。
자, 사진을 찍겠습니다. 나란히 서 주세요.

5▶ 女性は前へ，男性はうしろへお願いします。
여자분은 앞으로, 남자분은 뒤로 서 주세요.

6▶ カメラに向かって笑って。ハイ，チーズ！
카메라를 보고 웃으세요. 하나 둘 셋 김치!
＊ 韓国では **치즈**（チーズ）のかわりに **김치**（キムチ）と言う。

7▶ 少し顔を上げてください。좀 더 얼굴 들어 주세요.

8▶ フラッシュが光らなかったので，もう1枚撮りますよ。
플래시가 안 터졌어요. 한 장 더 찍을게요.
＊ **플래시가 터지다**：フラッシュが光る
＊ フラッシュをたく：**플래시를 터뜨리다**

9▶ そのままでもう1枚撮りますよ。그대로 한 장 더 찍겠어요.

10▶ 韓国に来た記念に，一緒に写真を撮ってもいいですか。
한국에 온 기념으로 같이 사진 찍어도 될까요?

11▶ 日本に帰ったら写真を送ります。
일본에 돌아가면 사진 보내 드릴게요.

12▶ メールで送りますから，アドレスをここに書いてください。
메일로 보낼 테니까 주소를 여기다 적어주세요.
＊ @（アットマーク）は **골뱅이**（**골뱅이**とは巻貝の一種）で .com（ドットコム）は **닷컴**。
また，似たような発音に hanmail（**한메일**）と hotmail（**핫메일**）があるので注意。

□ 256 ヨーロッパで，この時期どこかおすすめはありますか

A 유럽에 가려고 하는데, 요즘 갈 만한 곳은 어딘가요?

B 패키지 투어로 가실 거예요, 아니면 개인적으로 가실 거예요?

A ヨーロッパで，この時期どこかおすすめはありますか。

B パックツアーですか，それとも個人で行きますか。

旅行代理店での会話で，A は客

＊ パックツアーは楽だけど，自由がないですね：패키지 투어는 편하긴 하지만, 자유가 없죠.

□ 257 航空会社はどこでもいいです

A 항공사는 어디든 상관없으니까, 15일 오후에 인천 출발로 로스앤젤레스까지 자리 두 개 잡아 주세요.

B 직행 편을 원하십니까? 아니면, 환승 편이라도 괜찮습니까?

A 航空会社はどこでもいいですから，15 日午後に仁川（インチョン）発ロサンゼルス行きを 2 席取ってください。

B 直行便をご希望ですか。それとも乗り継ぎでもかまいませんか。

＊ できれば直行便がいいのですが：가능하면 직행 편이 좋습니다만.

＊ 一番安いところがいいです：가장 싼 데가 좋아요.

＊ LCC でお願いします：저가 항공사로 부탁해요. (저가 항공사 の発音は ［저：까-］)

□ 258 ネットで予約しました

A 손님, 호텔은 어떻게 하시겠습니까?

B 인터넷에서 예약했어요. 여기서는 따로 하지 않아도 되죠?

A お客さま，ホテルはどうなさいますか。

B インターネットで予約しましたので，ここで別に予約しなくてもいいですよね。

＊ 一緒に予約してください：같이 예약해 주세요.

## そのほかの会話

1▶ このツアー，まだ空いていますか。

이 투어, 아직 자리 있어요?

2▶ パンフレットをいただけますか。

팸플릿 받을 수 있을까요?

＊ **팸플릿** が正しいが，**팜플렛**，**팜프렛** と言う人もいる。

**5** 旅行

3▶ 15 日出発，25 日帰国のコースでプランを立ててください。

15일 출발, 25일 귀국하는 코스로 계획을 짜 주세요.

4▶ 帰りの切符は現地で買います。

귀국 표는 현지에서 사겠어요.

5▶ 往復ともビジネスクラスでお願いします。

왕복 비지니스 클래스로 부탁해요.

6▶ 乗り継ぎの待ち時間はどれぐらいありますか。

환승할 때 대기 시간은 얼마나 돼요?

7▶ フライトは何時間ですか。

비행시간은 몇 시간이에요?

8▶ そうですね。私はツアーであちこち回って歩くのは好きではありません。

음, 저는 투어로 여기저기 돌아다니는 건 좋아하지 않아요.

9▶ 一か所にとどまってじっくりと味わいたいほうです。

한곳에 머물면서 충분히 즐기려는 편이에요.

10▶ 今度の連休には，友達とミュージカルを見にニューヨークへ行きます。

다음 연휴 때, 친구랑 뮤지컬을 보러 뉴욕에 가요.

11▶ 2 週間ほどハワイへ行ってきます。

2주일 정도 하와이에 다녀와요.

12▶ 年に 2 回ほどは，仕事を休んで海外へ行きます。

1년에 두 번 정도는, 일을 쉬고 해외에 가요.

13▶ 学生のころ，卒業旅行でアジアをバックパックで旅行したことがあります。

학생 때, 졸업 여행으로 아시아에 배낭여행 간 적 있어요.

### □ 259 ビザは取った？

A 비자는 신청했어?

B 3개월 이내의 체류라면 필요 없대.

A ビザは取った？

B 3か月以内の滞在ならビザはいらないんだってさ。

日本人と韓国人の夫婦の会話

✱ あなたとわたしは国籍が違うんだからちゃんと確かめておいてよ：당신과 나는 국적이 다르니까 잘 확인해 둬.

✱ パスポートの更新を忘れるところだったよ：여권 갱신하는 걸 잊어버릴 뻔했어.

### □ 260 もう両替は済んだの？

A 벌써 환전 끝났어?

B 아직. 그런데 얼마나 가져가면 될까?

A もう両替は済んだの？

B まだだけど。いくらぐらい持っていけばいいかな？

✱ 환전〈換銭〉：両替

### □ 261 そのスーツケースじゃ，ちょっと大きすぎるよ

A 겨우 2박 3일 가는데 그 가방은 너무 크다.

B 돌아올 때 선물 많이 안 사?

A 二泊三日にそのスーツケースじゃ，ちょっと大きすぎるよ。

B 帰りにおみやげいっぱい買うでしょう？

✱ 겨우 には「たかが」「わずか」というニュアンスが含まれている。

## そのほかの会話

1 ▶ ホテルの情報をネットでチェックしておいて。

호텔 정보를 인터넷으로 찾아봐.

2 ▶ 大きなホテルじゃない限り，行き当たりばったりでも泊まれるよ。

큰 호텔이 아닌 이상, 그냥 가도 묵을 수 있어.

3 ▶ e チケットをプリントアウトしておいてね。

e티켓 프린트해 둬.

4 ▶ 旅行保険を申し込んだわ。

여행 보험을 신청했어.

5 ▶ このクレジットカードは海外でも使えるかしら？

이 신용 카드는 해외에서도 쓸 수 있나?

6 ▶ 時間がなくて荷作りが大変。

시간이 없어서 짐 꾸리는 데 정신 없어.

7 ▶ どんな服を持って行ったらいいかしら？

어떤 옷을 가져가면 좋을까?

8 ▶ ズボンは何本持って行く？ 바지는 몇 벌 가져 가?

9 ▶ 冬物のジャケットは必要かしら？ 겨울 재킷은 필요할까?

＊ 자켓 と言う人もいる。

10 ▶ 電圧は何ボルトだか知ってる？

전압은 몇 볼트인지 알고 있어?

＊ 確か 200 ボルトだったと思うよ：확실히 200 볼트였던 것 같아.

11 ▶ 携帯用の変圧器を持っていったほうがいいでしょう？

휴대용 전압기를 갖고 가는게 좋겠죠?

12 ▶ 韓国は日本と違ってコンセントの穴の形が違うよ。

한국은 일본과 콘센트 구멍 모양이 달라.

13 ▶ プラグアダプタは必要かしら。

플러그 어댑터는 필요할까?

＊ 韓国の電圧は日本とは異なり 220V が主流で，プラグの形状は複数の種類があるので，日本製品の使用には変換プラグが必要（一部の製品については変圧器も必要）。

## □ 262 ほかの部屋に替えてください

A 이 방은 너무 좁네요. 좀 큰 방으로 바꿔 주세요.

B 죄송합니다. 공교롭게도 오늘은 만실로 빈방이 없습니다.

A この部屋はちょっと狭すぎます。もう少し大きな部屋に替えてください。

B 申し訳ございません。あいにく本日は満室でございまして。

＊ 部屋が暑すぎ［寒すぎ］ます：방이 너무 더운데요 [추운데요].

## □ 263 天井から水漏れがするんですが

A 욕실의 천장에서 물이 새는데요.

B 죄송합니다. 즉시 원인을 조사해서 수리하겠습니다.

A 浴室の天井から水漏れがするんですが。

B 申し訳ございません。さっそく原因を調べて修理いたします。

＊ 물이 새다：水漏れがする

## □ 264 エアコンが動かないんですが

A 에어컨이 작동하지 않아요.

B 죄송합니다. 바로 다른 방으로 바꿔 드리겠습니다.

A エアコンが動かないんですが。

B 申し訳ございません。さっそく新しいお部屋をご用意いたします。

＊ 冷房が全然効かないんですが：냉방이 전혀 안 되는데요.

＊ ヒーターが付かないんですが：히터가 안 켜져요.

## そのほかの会話

1▶ 部屋ではタバコは吸えないんですか。

방에서는 담배를 피울 수 없습니까?

2▶ ツインで予約したんですが。

트윈룸으로 예약했는데요.

3▶ この部屋はパンフレットと違います。

이 방은 팸플릿에서 본 것과 달라요.

4▶ 海の見える部屋を予約したのですが。

바다가 보이는 방으로 예약했는데요.

5▶ 変なにおいがするんですが。

이상한 냄새가 나네요.

6▶ トイレの水が流れません。

화장실 물이 안 내려가요.

7▶ トイレが詰まってしまいました。

화장실이 막혔어요.

8▶ 熱いお湯が出ないんですが。

뜨거운 물이 안 나와요.

9▶ バスタブに栓がありません。

욕조에 마개가 없어요.

10▶ インターネットが繋がりません。

인터넷 연결이 안 돼요.

11▶ テレビが壊れているようです。

텔레비전이 고장 난 것 같은데요.

12▶ 電球が切れているようです。

전구가 나간 것 같아요.

## □ 265 上の階の人がとてもうるさいんですが

A 위층 사람이 너무 시끄러운데, 어떻게 좀 해 주세요.

B 죄송합니다. 다른 방을 준비해 드릴 테니까 잠시만 기다려 주세요.

A 上の階の人がとてもうるさいんですが，何とかなりませんか。

B 申し訳ございません。別のお部屋を準備いたしますのでお待ちください。

＊ どうにかしてください：어떻게 해 주세요.

## □ 266 鍵が間違ってますが

A 저, 열쇠 잘못 주신 것 같아요.

B 죄송합니다. 1423호실이 아닌가요?

A あのう，鍵が間違ってますが。

B 申し訳ございません。1423 号室ではなかったでしょうか。

フロントに間違ってほかの部屋の鍵を渡されたとき

## □ 267 掃除を頼んでおいたのですが

A 나갈 때 방 청소를 부탁했는데, 아직 안 돼 있네요.

B 죄송합니다. 즉시 치우겠습니다.

A 出かけるときに部屋の掃除を頼んでおいたのですが。

B 申し訳ございません。さっそくおうかがいします。

＊ 部屋がとても汚いんですけど：방이 너무 지저분하네요.

## そのほかの会話

1▶ 隣の部屋の人がうるさくて眠れないんですが。

옆방 사람이 시끄러워서 잠을 잘 수 없는데요.

2▶ 隣の部屋の話し声が大きいのですが。

옆방 말소리가 너무 커요.

3▶ 廊下で騒いでいるので，ゆっくりと休むことができません。

복도에서 떠드는 소리 때문에 편히 쉴 수가 없어요.

---

4▶ 部屋に鍵を置いたままロックしてしまったんですが。

방에 열쇠를 놓아둔 채로 문을 잠가버렸는데요.

5▶ 部屋のカードキーをなくしてしまったんですが。

방의 카드 키를 잃어버렸어요.

6▶ 貸金庫の暗証番号を忘れてしまったんですが。

방에 있는 금고 비밀번호를 잊어버렸어요.

7▶ 新しいタオルに替えてくれるように頼んでおいたんですが。

깨끗한 타월로 바꿔 달라고 부탁했는데요.

8▶ ベッドカバーにシミが付いているので交換してください。

침대 시트에 얼룩이 묻어 있으니까 바꿔 주세요.

---

9▶ 支配人を呼んでください。

지배인을 불러 주세요.

10▶ キャンセルしてほかのホテルに移ります。

취소하고 다른 호텔로 옮기려고요.

# 交通

□ 268 **そこは私の席ですが**

A 실례지만 거기는 제 자리인데요.

B 아, 미안합니다. 뒷자리인데 잘못 앉았어요.

A すみませんが，そこは私の席ですが。

B あっ，すみません。うしろの席と間違えました。

乗客同士の会話

□ 269 **座席を替わってもいいですか**

A 좌석을 바꿀 수 있나요?

B 다른 손님이 계실 수 있으니 기내 문이 닫힌 후 안내해 드리겠습니다.

A 座席を替わってもいいですか。

B お客さまがいらっしゃるかもしれませんので，機内のドアが閉まってからご案内いたします。

乗客と乗務員の会話

□ 270 **これ預かってください**

A 이거 보관해 주세요.

B 주머니 속에 여권이나 귀중품 같은 건 없으시죠?

A これ預かってください。

B ポケットの中にパスポートや貴重品などは入っていませんね。

乗客と乗務員の会話

## そのほかの会話

1▶ 5のCですが。5의 C예요.

＊ 入口で乗務員に座席の位置を聞かれたとき。

2▶ 私の座席はどこですか。제 좌석은 어디예요?

＊ 入口で乗務員に座席の位置を聞くとき。

3▶ 私の座席にだれかが座っています。
제 좌석에 누가 앉아 있어요.

4▶ 友人の隣に座りたいのですが。
친구 옆에 앉고 싶은데요.

5▶ (私たちが) 一緒に座れるように席を替わっていただけますか。
저희, 함께 앉고 싶은데 좌석 좀 바꿔 주시겠어요?

6▶ 私は足が悪いので，通路側に替えていただけませんか。
저는 다리가 불편해서 그러는데 통로 쪽으로 바꿔 주시겠어요?

7▶ 毛布と枕を持ってきてください。담요하고 베개를 주세요.

8▶ これを上の棚に入れてください。이거 위 선반에 넣어 주세요.

9▶ これ，上の棚に入らないんですが。이거 위에 안 들어가는데요.

10▶ シートベルトが締まらないのですが。좌석 벨트가 안 잠기는데요.

11▶ 今，トイレに行ってもいいですか。지금 화장실에 가도 됩니까?

＊ 離陸する前に。

---

### 乗務員が乗客に

12▶ お客さま，機内では携帯電話の電源はお切りください。
손님, 기내에서 휴대 전화 전원은 꺼 주세요.

13▶ 電子機器は離陸後にお使いください。
전자 기기는 이륙 후에 사용해 주세요.

14▶ 座席の背はまっすぐにしてください。
좌석 등받이는 똑바로 세워 주세요.

## □ 271 トイレはどこですか

A 화장실이 어디예요?

B 앞쪽입니다만, 지금 다른 손님이 쓰고 있습니다.

---

A トイレはどこですか。

B 前のほうですが，ただいまほかのお客さまがご使用中です。

乗客と乗務員の会話

＊ 後方は 뒤쪽（뒷쪽 と書くのは間違い）。

## □ 272 ワインの赤をください

A 음료는 뭐로 하시겠어요?

B 레드 와인 주세요.

---

A お飲み物は何かいかがですか。

B ワインの赤をください。

乗務員と乗客の会話

＊ 무엇으로 を縮めて 뭘로 と言う人が多いが，正確には 뭐로。음료는 뭘로 하시겠어요? は文法的には正しくない。

＊ 機内ではふつう 빨간 와인 とは言わない。白ワインは 화이트 와인。

## □ 273 まだ食べ終わっていません

A 손님, 치워 드릴까요?

B 아직 다 안 먹었는데요.

---

A お客さま，お下げしてもよろしいですか。

B まだ食べ終わっていません。

乗務員と乗客の会話

＊ これを片付けてください : 이거 치워 주세요.

## そのほかの会話

1▶ トイレはほかにもありますか。

화장실이 다른 데도 있어요?

2▶ ヘッドホンがうまく機能しません。

헤드폰이 잘 안 들리는데요.

3▶ このコントローラーはどうやって使うのですか。

이 컨트롤러 어떻게 사용해요?

---

4▶ シートを倒してもいいですか。

좌석을 뒤로 젖혀도 괜찮아요?

＊ **뒤로 젖히다**：そらす，のけぞる

5▶ すみません，前を通してください。

미안합니다. 나가겠습니다.

＊ 窓側の席の人が席を立つときの言い方。通路などで客室乗務員がサービスをしているところを通りたいときには **길 좀 비켜 주세요**. または **지나가겠습니다**. と言う。

---

6▶ 冷たい水と飴を持ってきてください。

찬물과 사탕을 좀 갖다 주시겠어요.

7▶ 日本の新聞を持ってきてください。

일본 신문을 갖다 주세요.

8▶ ボールペン，ちょっと貸してください。

볼펜 좀 빌려 주세요.

9▶ 入国カードをください。입국 카드 주세요.

＊税関申告書：**세관 신고서**

10▶ 免税品を買いたいのですが。

면세품을 구입하고 싶은데요.

11▶ 食事はいりません。식사는 됐습니다.

12▶ しばらく休みたいので，食事はあとで持ってきてください。

잠깐 쉬고 싶은데, 식사는 나중에 갖다 주시겠어요?

## 機内アナウンス

- 출입문 닫겠습니다.

1 ▶ ドアを閉めます。

- 손님 여러분, 오늘도 저희 대한 항공을 이용해 주셔서 대단히 고맙습니다. 이 비행기는 한국 김포 국제 공항까지 가는 2712편입니다.

2 ▶ 皆さま，本日も大韓航空をご利用くださいましてありがとうございます。この飛行機は韓国金浦国際空港行き 2712 便です。

- 안전한 여행을 위해, 갖고 계시는 짐은 앞 좌석 아래나 선반 속에 보관해 주시길 바랍니다.

3 ▶ 皆さまの安全のために，お荷物は前のお座席の下，または上の棚にお入れください。

- 지금부터 비상구 위치와 비상 장비 사용법을 안내해 드리겠습니다.

4 ▶ ただいまから，非常用出口と非常用設備の使い方をご説明申し上げます。

- 이 비행기의 비상구는 모두 여섯 개로, 앞과 뒤 그리고 중간 부분의 양쪽에 있습니다.

5 ▶ この飛行機の非常口は，機体の前方，中央，後方の左右にそれぞれ 6 か所ございます。

- 각 비상구에는 탈출용 슬라이드가 장착되어 있습니다.

6 ▶ 非常口にはそれぞれ，脱出用のスライドが備え取り付けられています。

- 만일의 경우에 대비하여 여러분의 좌석에서 가장 가까운 비상구 위치를 확인하시기 바랍니다.

7 ▶ 万が一の場合に備え，皆さまのお座席の一番近くの非常口をご確認ください。

  ＊ **〜기(를) 바라다**：〜をお願いする（会話では〜**기를** を〜**길** と縮める事が多く，また **를** を省略して〜**기 바라다** の形にする事も多い）。

- 좌석 벨트 사인이 켜지면, 반드시 좌석 벨트를 매 주십시오. 좌석 벨트는 버클을 끼워 허리 아래로 내려서 조여 주십시오.

8 ▶ シートベルト着用サインが点灯しましたら，速やかにシートベルトをお締めください。シートベルトは，腰の低い位置でしっかりとお締めください。

- 계속해서, 산소마스크의 사용법에 대해서 안내 말씀 드리겠습니다.

9 ▶ 引き続き，酸素マスクの使用方法についてご説明申し上げます。

- 산소마스크는 선반 속에 있으며, 산소 공급이 필요한 비상시에 자동으로 내려옵니다.

10 ▶ 酸素マスクは上の棚の中にあり，酸素が必要なときに自動的に下りてまいります。

● 마스크가 내려오면 앞으로 잡아당겨 코와 입에 대시고 끈으로 머리에 고정하여 주십시오.

11▶ マスクが下りてきましたら強く引き寄せ，鼻と口に当ててゴムひもを頭にかけてお使いください。

● 구명복은 여러분의 좌석 밑에 있습니다.

12▶ 救命胴衣は皆さまのお座席の下にございます。

● 착용하실 때는 머리 위에서부터 입으시고 양팔을 끼운 다음 끈을 아래로 당기십시오.

13▶ ご使用になるときは頭からかぶり，両腕を通したあとに紐を下に引いてください。

● 노란색 손잡이를 양옆으로 잡아당겨 몸에 맞도록 조절해 주십시오.

14▶ 黄色い取っ手を両側に引っぱり，体に合うように調節してください。

● 부풀릴 때는 앞의 손잡이를 당기시면 됩니다.

15▶ 膨らませるときは前の引き手を強く引いてください。

● 충분히 부풀지 않을 때는 양쪽의 고무관을 힘껏 입으로 불어 주십시오.

16▶ 膨らみが足りないときは両側のゴム管を強く吹いてください。

● 구명복은 기내에서 부풀지 않도록 유의해 주십시오.

17▶ 救命胴衣は機内では膨らまさないようにしてください。

● 자세한 내용은 여러분의 앞 좌석 주머니에 있는 안내문을 참고하시기 바랍니다.

18▶ 詳しい内容は，お座席前のポケットの「安全のしおり」をご覧ください。

● 아울러 비상구 좌석에 앉으신 분께서는 비상시 저희 승무원과 함께 다른 승객의 탈출을 돕도록 되어 있습니다. 여러분의 적극적인 협조를 부탁드립니다.

19▶ あわせて，非常口近くにお座りの方は，非常の際に私たち乗務員とともに，ほかのお客さまの脱出の援助をお願いしております。皆さまのご協力をお願いいたします。

● 손님 여러분, 화장실을 비롯한 모든 곳에서 담배를 삼가시기 바랍니다.

20▶ 皆さま，お手洗いをはじめ，すべての場所でのおタバコはご遠慮ください。

● 비행기가 뜨고 내릴 때는 안전 운항에 영향을 미치는 휴대용 전화기를 포함한 모든 전자 기기의 사용을 금지하고 있습니다.

21▶ 飛行機の離着陸時は，安全運航に影響を与える携帯電話を含むすべての電子機器のご使用を禁止しております。

● 노트북, 컴퓨터 게임기, 비디오카메라, CD플레이어 및 MP3 플레이어 등은 비행 중 사용 가능하나, 이착륙하는 동안에는 사용하실 수 없습니다.

22▶ ノートパソコン，コンピューターゲーム機，ビデオカメラ，CD プレーヤーおよび MP3 プレーヤーなどは，飛行中はお使いになれますが，離着陸時には使用をお控えください。

● 곧 이륙하겠습니다. 좌석 등받이를 바로 세워 주시고, 테이블은 접어 제자리에 넣어 주십시오.

23 ▶ まもなく離陸いたしますので，お座席の背とテーブルをもとの位置にお戻しください。

● 손님 여러분, 좌석 벨트를 매셨는지 다시 한 번 확인해 주십시오.

24 ▶ 皆さま，座席ベルトをもう一度ご確認ください。

● 방금 벨트 사인이 꺼졌습니다. 지금부터는 휴대 전화를 제외한 전자 기기의 사용이 가능합니다.

25 ▶ ただいまベルトサインが消えました。これより，携帯電話を除いた電子機器をご使用いただけます。

● 저희 비행기는 고도 15,000미터, 시속 950킬로미터로 비행하여 목적지인 서울까지 약 2시간 15분이 걸릴 것으로 예상합니다.

26 ▶ 当機は高度 15,000 メートル，時速 950 キロメートルで飛行し，目的地ソウルまでの飛行時間は約 2 時間 15 分を予定しております。

● 일기 예보에 따르면, 비행 중 날씨는 대체로 양호할 것으로 보이나, 기류 변화로 비행기가 갑자기 흔들릴 수 있으니 자리에 앉아 계실 때는 항상 좌석 벨트를 매 주시기 바랍니다.

27 ▶ 予報によりますと，飛行中の天気はおおむね良好ですが，気流の変化により飛行機が急にゆれることもございますので，お席にお座りの際は常にシートベルトをご使用ください。

● 손님 여러분, 지금 난기류를 통과하고 있습니다.

28 ▶ 皆さま，ただいま乱気流を通過しています。

● 손님 여러분, 지금 좌석 벨트 착용 사인이 켜졌습니다.

29 ▶ 皆さま，ただいま座席ベルト着用サインが点灯いたしました。

● 여러분의 안전을 위해 좌석 벨트를 몸에 맞도록 매 주시기 바랍니다.

30 ▶ 皆さまの安全のため座席ベルトをしっかりとお締めください。

● 저희 비행기는 앞으로 약 15분 후에 서울 김포 국제공항에 도착할 예정입니다.

31 ▶ 当機は約 15 分ほどでソウル金浦国際空港に到着いたします。

● 지금부터 화장실 사용은 삼가 주십시오.

32 ▶ このさき化粧室のご使用はお控えください。

● 꺼내 놓은 짐들은 앞 좌석 아래나 선반 속에 다시 보관해 주십시오.

33 ▶ お使いになったお荷物は，前の座席の下か，上の棚にお戻しください。

● 착륙 중 창문 덮개는 열어 두시길 바라며, 지금부터 전자 기기를 사용할 수 없으니 전원을 꺼 주시길 바랍니다.

34 ▶ 着陸に際して窓のブラインドをお上げください。また，ただいまから電子機器のご使用はできませんので電源をお切りください。

● 안내 말씀 드리겠습니다. 한국에 입국하시는 손님 여러분께서는 입국 카드와 세관 신고서를 준비해 주시길 바랍니다.

35 ▶ ご案内申し上げます。韓国に際しては，入国カードと税関申告書が必要です。

● 일본에서 생산된 농축산물은 한국으로 반입이 엄격히 제한되어 있음을 알려 드립니다.

36 ▶ 日本で生産された農畜産物は，韓国に搬入することができません。

● 여러분, 저희 비행기는 방금 서울 김포 국제공항에 도착했습니다.

37 ▶ 皆さま，当機はただいまソウル金浦国際空港に到着いたしました。

● 서울과 도쿄 사이에는 시차가 없으며, 지금 이곳은 2월 27일 오전 11시 30분, 기온은 섭씨 7도입니다.

38 ▶ ソウルと東京の間には時差がありません。ただいまの時間は 2 月 27 日午前 11 時 30 分，気温は摂氏 7 度です。

● 비행기가 완전이 멈춘 후 좌석 벨트 사인이 꺼질 때까지 잠시만 자리에서 기다려 주시기 바랍니다.

39 ▶ 飛行機が完全に止まり，座席ベルトサインが消えるまで，お座席にお座りのままお待ちください。

● 선반을 여실 때는 안에 있는 물건이 떨어지지 않도록 조심하시고, 잊으신 물건이 없는지 다시 한 번 확인해 주십시오.

40 ▶ 上の棚をお開けになる際は, 中のお荷物が滑り落ちないようにお気をつけください。また, お忘れの品物がないように，もう一度ご確認ください。

● 손님 여러분, 오늘도 스카이팀 회원사인 대한 항공과 함께해 주셔서 대단히 감사합니다. 저희 승무원들은 앞으로도 여러분을 기내에서 뵙게 되기를 바랍니다. 감사합니다. 안녕히 가십시오.

41 ▶ 皆さま，本日もスカイチームメンバー大韓航空をご利用くださいまして誠にありがとうございます。われわれ乗務員一同，皆さまのまたのご搭乗をお待ち申し上げております。

## □ 274 手荷物はどこで受け取るんですか

A 짐은 어디서 찾아요?

B 하네다에서 온 아시아나 항공은 저쪽 B번 짐 찾는 곳입니다.

A 手荷物はどこで受け取るんですか。

B 羽田からのアシアナ航空は向こうのＢのターンテーブルです。

乗客と空港職員の会話

＊ 空港の看板には 수하물 などと書いてあるものもあるが，会話では使われない。

## □ 275 私の荷物が見つかりません

A 제 짐을 못 찾겠어요.

B 누가 잘못 가지고 간 것 같아요.

A 私の荷物が見つかりません。

B だれかが間違って持っていってしまったようですね。

乗客と空港職員の会話

＊ 荷物の預かり札は 짐표，수하물표 という。

＊ 自分で荷物に付ける札は 러기지택 という。

## □ 276 お出迎えありがとうございます

A 일부러 나와 주셔서 감사합니다. 비행기가 늦게 도착하는 바람에 오래 기다리셨죠?

B 괜찮아요. 그것보다 오시는 동안 불편한 점은 없으셨어요?

A わざわざお出迎えありがとうございます。飛行機が遅れてしまってだいぶお待ちになったでしょう。

B 大丈夫ですよ。それより飛行機で何か困ったことはありませんでしたか。

A は日本からの旅行者，B は出迎えの人

## そのほかの会話

1 ▶ 荷物がまだ出てこないんですが。집이 아직 안 나왔는데요.

2 ▶ 荷物には名前が書いてあります。짐에는 이름이 적혀 있어요.

3 ▶ カバンが見つかったらホテルに送っていただけますか。
가방을 찾으면 호텔로 보내 주시겠습니까?

4 ▶ 私のスーツケースが壊れているんですが。
제 가방이 망가져 있는데요.

5 ▶ 韓国は意外と近いんですね。한국이 의외로 가깝네요.

6 ▶ 機内サービスはまあまあでしたよ。기내 서비스는 그저 그랬습니다.

7 ▶ 韓国は時差がないので助かります。한국은 시차가 없어서 좋아요.

8 ▶ 短かったですが，快適な空の旅でした。
짧았지만 기분 좋은 비행이었습니다.

9 ▶ 途中でちょっと揺れましたが，大丈夫でした。
도중에 좀 흔들렸지만 괜찮았습니다.

10 ▶ 飛行機は何回乗っても苦手です。
비행기는 타도 타도 익숙해지지 않네요.

11 ▶ 途中でちょっと揺れたので，少し飛行機酔いしました。
도중에 좀 흔들려서 멀미를 했어요.

12 ▶ 出発が早朝だったので，飛行機に乗っている間ずっと寝ていました。
아침 일찍 나온 탓에 비행기를 타고 있는 동안 계속 잤습니다.

13 ▶ 飛行中は，ずっとシートベルト着用のサインが出っぱなしでした。
비행 중에는 계속 안전벨트 착용 사인이 켜져 있었습니다.

14 ▶ せっかく窓際の席を取ったのですが，あいにく何も見えませんでした。
애써 창가 좌석에 앉았는데, 아쉽게도 아무것도 못 봤어요.

15 ▶ 着陸許可が下りるまで 30 分も上空を旋回していました。
착륙 허가가 내릴 때까지 30분이나 상공에서 돌고 있었어요.

# 93 帰りの飛行機の予約（韓国で）

## □ 277 一番早い便は何時でしょうか

A 후쿠오카까지 가려고 하는데 가장 빨리 출발하는 비행기는 몇 시인가요?

B 바로 알아보겠습니다. 잠시만 기다려 주세요.

A 福岡までなんですが，一番早い便は何時でしょうか。

B ただ今お調べいたしますので，少々お待ちください。

電話での客と航空会社職員の会話

＊ 一番遅い便：제일 늦게 뜨는 비행기

## □ 278 ビジネスクラス往復でお願いします

A 도쿄까지 비즈니스 클래스 왕복으로 부탁합니다.

B 돌아오시는 것은 오픈으로 하시겠어요?

A 東京までビジネスクラス往復でお願いします。

B 帰りはオープンになさいますか。

電話での客と航空会社職員の会話

＊ エコノミー１席，空いていますか：이코노미 하나 있어요?

## □ 279 空港にはどれくらい前に着けばいいですか

A 공항에는 출발 몇 시간 전까지 도착해야 합니까?

B 늦어도 출발 두 시간 전까지는 오셔야 돼요.

A 空港には出発のどれくらい前に着けばいいですか。

B 遅くとも出発の２時間前までには空港に来てください。

電話での客と航空会社職員の会話

## そのほかの会話

1 ▶ マイレージを使いたいのですが。

마일리지를 쓰고 싶은데요.

2 ▶ ANA のマイレージでアシアナに乗れますか。

ANA의 마일리지로 아시아나를 탈 수 있어요?

3 ▶ ビジネスクラスへのアップグレードにはどれぐらいのマイル数が必要ですか。

비즈니스 클래스로 업그레이드하려는데 마일 수가 얼마나 필요해요?

---

4 ▶ それより早いフライトはありますか。

그것보다 일찍 출발하는 비행기가 있나요?

＊ 遅いフライト：늦게 출발하는 비행기

5 ▶ その次の日のフライトはありますか。

그 다음 날 항공편은 있나요?

6 ▶ キャンセル待ちに入れてもらえますか。

웨이팅에 넣어 주실래요?

＊ 대기자 명단에 넣어 주세요. とも言える。대기자 명단〈待機者名單〉というのは「キャンセル待ちリスト」のこと。

7 ▶ 90 日以内の往復ですと少しは安くなるんですか。

90일 이내의 왕복이라면 조금 싸집니까?

8 ▶ この切符で，ほかの航空会社の便に乗れますか。

이 표로 다른 항공사 편을 탈 수 있습니까?

9 ▶ 予約を確認したいのですが。

예약을 확인하고 싶은데요.

＊ 예약을 컨펌하고 싶습니다. でも可。

10 ▶ 予約をキャンセルしたいのですが。

예약을 취소하려고요.

11 ▶ 燃油サーチャージは払うんですか。

유류 할증료는 내는 건가요?

＊ 유류 할증료〈油類割増料〉：燃油サーチャージ

## □ 280 このバッグを預けたいのですが

A 이 가방을 맡기고 싶은데요.
B 안에 깨질 만한 물건은 없나요?

A このバッグを預けたいのですが。
B 中に壊れ物はありませんか。

客と航空会社職員の会話

✱ 깨질 만한 물건 : 壊れ物

## □ 281 この荷物は機内に持ち込めますか

A 이 짐은 기내에 갖고 탈 수 있어요?
B 안에 김치라든지 액체류는 안 들어 있죠?

A この荷物は機内に持ち込めますか。
B 中にキムチとか液体類は入っていませんよね。

客と航空会社職員の会話

✱ 100 ミリリットルを超える液体類の機内への持ち込みは禁止されています《航空会社職員が》:100밀리를 넘는 액체류의 기내 반입은 금지되어 있습니다. (ミリリットルは, 会話ではふつう 밀리 と言うが, 正確には 밀리리터)

## □ 282 お荷物は重量制限を越えています

A 짐이 오버됐네요. 초과된 짐에 대해서는 요금을 지불하셔야 합니다.
B 어떻게 안 되겠어요?

A お荷物は重量制限を越えています。超過荷物については料金の支払いが必要です。
B 何とかなりませんか。

航空会社職員と客の会話

✱ じゃあ, これを機内に持ち込んでもいいですか:그러면 이거 기내에 들고 가도 됩니까?
✱ 少し中の物を取り出してもいいですか : 안에 있는 물건을 좀 꺼내도 돼요?

## そのほかの会話

1 ▶ 中にお酒が入っています。

안에 술이 들어 있어요.

2 ▶ ビニールで包んだキムチが入っています。

비닐로 싼 김치가 들어 있어요.

3 ▶ お土産にもらった人形が入っています。

선물로 받은 인형이 들어 있어요.

4 ▶ 荷物は何キロまで無料ですか。

짐은 몇 킬로까지 무료예요?

＊ 会話ではふつう**킬로**と言うが，正確には**킬로그램**。

5 ▶ 1キロ当たりいくらですか。

1킬로에 얼마예요?

6 ▶ 荷物はないのですが，eチケットの搭乗手続きはどこでするんですか。

짐은 없는데 e티켓 탑승 수속은 어디서 해요?

---

7 ▶ できれば前のほうの座席をください。

될 수 있으면 앞쪽 좌석으로 해 주세요.

＊ 後方の座席：**뒤쪽 좌석**

8 ▶ 通路側にしてください。

통로 쪽으로 해 주세요.

＊ 窓側：**창문 쪽**

9 ▶ マイレージは付いていますか。

마일리지는 적립됐습니까?

＊ **적립되다**〈積立－〉：加算される（ポイントなどの場合に使う）

10 ▶ マイレージカードを忘れてきたのですが。

마일리지 카드를 안 갖고 왔는데요.

11 ▶ 札幌行きの日本航空は，もう搭乗手続きは終わってしまったんですか。

삿포로행 일본 항공은 탑승 수속이 끝났나요?

6 交通

## □ 283 仙台行きは，このゲートでいいですか

A 아시아나 항공 센다이행은 여기가 맞습니까?

B 죄송합니다. 일본에서 도착할 항공편이 지연돼서 13번 게이트로 변경됐습니다.

A アシアナ航空の仙台行きは，このゲートでいいですか。

B 申し訳ございません。日本からの到着便の遅れにより，13 番ゲートに変更になりました。

乗客と空港職員の会話

＊ 降雪による影響で～：대설로 인해서～／台風の影響で～：태풍의 영향으로～

## □ 284 何番ゲートからの出発ですか

A 저, 이 대한 항공 나리타행은 몇 번 게이트에서 출발해요?

B 손님, 서둘러 주세요. 마감 시간이 얼마 안 남았어요.

A あのう，この大韓航空の成田行きは何番ゲートからの出発ですか。

B お客さま，急いでください。もうまもなく出発ですよ。

乗客と空港職員の会話

## □ 285 優先搭乗をさせてください

A 어린아이를 데리고 타야 하니까 먼저 탑승하게 해 주세요.

B 네, 이쪽 줄 앞으로 가십시오.

A 小さな子ども連れですので，優先搭乗をさせてください。

B どうぞ，こちらの列の前のほうにお進みください。

乗客と空港職員の会話

## そのほかの会話

1▶ この便は定刻どおりですか。

이 비행기는 정시에 출발합니까?

2▶ この便の搭乗はもう始まっていますか。

이 비행기 탑승이 벌써 시작됐어요?

3▶ あとどれくらい遅れますか。

앞으로 얼마나 늦어집니까?

4▶ 羽田で国内線に乗り継ぎをしなければなりません。

하네다에서 국내선으로 갈아타야 합니다.

5▶ この便の出発が遅れているようですが，成田での乗り継ぎに間に合いますか。

비행기 출발이 늦어지는 것 같은데, 나리타에서 갈아타는 데는 문제없습니까?

6▶ この便は運行中止になるんですか。

이 비행기는 결항되나요?

**6 交通**

**日韓線航空会社一覧**

| コード | 航空会社 | ハングル名 | 英名 | アライアンス |
|---|---|---|---|---|
| KE | 大韓航空 | 대한 항공 | Korean Air | SkyTeam |
| OZ | アシアナ航空 | 아시아나 항공 | Asiana Airlines | Star Alliance |
| NH | 全日空 | 아나 항공 | All Nippon Airways | Star Alliance |
| JL | 日本航空 | 일본 항공 | Japan Airlines | OneWorld |
| 7C | チェジュ航空 | 제주 항공 | Jeju Air | LCC*（韓国） |
| BX | エアプサン | 에어 부산 | Air Busan | LCC（韓国） |
| ZE | イースター航空 | 이스타 항공 | Eastar Jet | LCC（韓国） |
| LJ | ジンエアー | 진에어 | Jin Air | LCC（韓国） |
| TW | ティーウェイ航空 | 티웨이 항공 | T'way Air | LCC（韓国） |
| RS | エアーソウル | 에어서울 | Air seoul | LCC（韓国） |
| MM | ピーチ航空 | 피치 항공 | Air Peach | LCC（日本） |

* Low-Cost Carrier の略で，格安航空会社のこと。

★ 各航空会社の名称は固有名詞なので，くっつけて書くことも許容されているが，正書法上は上記のように分かち書きをする。

# 96 地下鉄に乗る

## □ 286 この近くに地下鉄の駅はありますか

A 이 근처에 지하철역이 있어요?

B 네, 이 앞쪽으로100미터 정도 가시면 4호선 명동역이 보여요.

A この近くに地下鉄の駅はありますか。

B ええ，この先 100 メートルくらい歩くと 4 号線のミョンドン駅があります。

観光客と通行人の会話

＊ 韓国では一般に電車も地下鉄も区別なしに 지하철〈地下鐵〉と言っている。ちなみに電車は 전차 ではなく 전철〈電鐵〉という。また，電車の駅も地下鉄の駅も区別なしに 지하철역 というが，あえて電車の駅を区別して言う場合には 전철역 という。

## □ 287 乙支路入口まで，あと何駅ありますか

A 을지로입구까지 몇 정거장이에요?

B 지금 충정로역을 출발했으니까 다음 다음이에요.

A 乙支路入口（ウルチロイプク）まで，あと何駅ありますか。

B 今，忠正路（チュンジョンノ）を出たところですから，次の次です。

観光客と通行人の会話

＊ 水原（スウォン）まで，あとどれぐらいですか：수원까지 얼마나 남았어요?

＊ ここが終点ですか：여기가 종점이에요?（종점 の発音は［종쩜］）

＊ 始発駅はどこですか：출발역이 어디예요?（始発駅：출발역〈出発驛〉）

## □ 288 この電車，市庁前に行きますか

A 이 전철, 시청역에 가요?

B 시청역에 가시려면 다음 역에서 2호선으로 갈아타세요.

A この電車，市庁前に行きますか。

B 市庁前でしたら，次の駅で 2 号線に乗り換えてください。

観光客と乗客の会話

＊ ソウルの地下鉄の駅には 시청〈市廳〉，신촌〈新村〉，신정〈新亭〉と似たような名前があるので発音には注意。

＊「乗り換え」は 갈아타는 곳，または 환승〈換乗〉と表示されている。

## そのほかの会話

1 ▶ 金浦空港行きはどこから乗るんですか。김포 공항행은 어디서 타요?

＊ 入口：**들어가는 곳**（**입구** とも表示されている）／出口：**나가는 곳**（**출구** とも表示されている）／ホーム：**승강장**〈乗降場〉

2 ▶ 1万ウォン分，チャージしてください。만 원만 충전해 주세요.

＊ **충전하다**〈充塡－〉：チャージする。間違っても **차지해 주세요**. とは言わないこと。発音上，誤解を招く。

＊「切符売り場」は **표 사는 곳** とも表示されている。

3 ▶ 改札口を間違えました。개찰구를 잘못 들어왔어요.

＊「改札口」は **타는 곳** とも表示されている。

6 交通

4 ▶ 電車を間違えました。전철을 잘못 탔어요.

5 ▶ 降りる駅を間違えました。잘못 내렸어요.

6 ▶ 電車の中にカバンを忘れました。전철 안에 가방을 두고 내렸어요.

### 地下鉄のアナウンス

7 ▶ まもなく電車がまいります。ご乗車になるお客さまは，一歩下がってお待ちください。

지금 열차가 들어오고 있습니다. 승객 여러분께서는 한 걸음 물러서 주시기 바랍니다.

8 ▶ ドアが閉まります。출입문 닫겠습니다.

9 ▶ 次の停車駅は忠武路（チュンムロ），忠武路です。4号線にお乗り換えの方は，次の駅でお降りください。

다음 정차할 곳은 충무로, 충무로역입니다. 4호선으로 갈아타실 분은 다음 역에서 내리시기 바랍니다.

10 ▶ まもなくは忠武路，忠武路です。お出口は左側です。タンゴゲ，オイド（烏耳島）方面にお越しの方は4号線にお乗り換えください。

이번 역은 충무로, 충무로역입니다. 내리실 문은 왼쪽입니다. 당고개나 오이도 방면으로 가실 승객께서는 4호선으로 갈아타시기 바랍니다.

11 ▶ この駅（次の駅）はホームと電車の間が大きくあいています。お降りの際はご注意ください。

이 역은 승강장과 열차 사이가 넓습니다. 내리실 때 조심하시기 바랍니다.

## □ 289 KTXで釜山2枚ください

A 여덟 시 KTX(케이티엑스)로 부산 두 장요.

B 특실밖에 없는데요.

A 8時のKTXで釜山（プサン）2枚ください。

B 特室しかありませんが。

乗客と駅員の会話

＊ 특실〈特室〉というのはグリーン車にあたる。KTX専用の窓口で買うときには簡単に 여덟 시 출발 부산 두 장요. と言えばいい。

## □ 290 次の釜山行きは何番ホームから発車しますか

A 다음 부산행 열차는 몇 번 홈에서 출발해요?

B 저기 전광판을 보세요.

A 次の釜山行きは何番ホームから発車しますか。

B あそこの電光掲示板を見てください。

乗客と駅員の会話

＊ 1番ホームはどこですか：1번 홈은 어디예요?

＊ この列車はどこ行きですか：이 열차는 어디까지 가요?

＊ この列車は光明（クァンミョン）駅に停まりますか：이 열차는 광명역에 서요?

## □ 291 この席は空いていますか

A 여기 자리 비어 있어요?

B 네, 비어 있어요.

A この席は空いていますか。

B ええ，空いています。

乗客同士の会話

＊ ここに座ってもいいですか：여기에 앉아도 돼요?

＊ ここは私の席だと思うのですが：여긴 제 자리인데요.

＊ 座席を間違えていませんか：자리를 잘못 앉으신 거 아닌가요?

## そのほかの会話

### 乗車前に駅員に

1▶ 普通席，東大邱（トンデグ）まで進行方向で2枚ください。

동대구까지 일반석, 순방향으로 두 장 주세요.

* KTXの普通席は，半分が進行方向（**순방향**）向き，半分が逆方向（**역방향**）向きの固定座席になっている。

* 窓側：**창가 쪽**。発音は［**창까 쪽**］／通路側：**통로 쪽**

2▶ 喫煙席はありませんか。흡연석은 없어요?

* KTXをはじめ韓国の鉄道は，全車，禁煙席（**금연석**）で喫煙席はない。

3▶ この切符を払い戻せますか。이 표, 환불이 되나요?

* **환불**〈還拂〉：払い戻し

4▶ 明日の切符を買いたいんですが。내일 표를 예매하고 싶은데요.

* **예매하다**〈豫買－〉：前売りで買う

5▶ この切符，使えますか。이 표, 쓸 수 있어요?

6 交通

### 乗車後に

6▶ 次の駅はどこですか。다음 역은 어디예요?

7▶ 今どこですか。지금 어디예요?

8▶ 終点まであとどのくらいかかりますか。

종점까지 앞으로 얼마나 더 걸려요?

9▶ 釜山には何時に着きますか。부산에는 몇 시에 도착해요?

10▶ 特室に変更できますか。특실로 바꿀 수 있어요?

11▶ 切符をなくしてしまったんですが。표를 잃어버렸어요.

12▶ この切符で大田（テジョン）で途中下車できますか。

이 표로 대전에서 내릴 수 있어요?

13▶ 東大邱で降りるはずが，うとうとして乗り越してしまいました。

동대구에서 내려야 되는데 졸다가 지나쳤어요.

## □ 292 リムジンバスはどこで乗るんですか

A 시내까지 가는 리무진 버스는 어디서 타요?

B 어디를 가시려고 하는데요?

---

A 市内に行くリムジンバスはどこで乗るんですか。

B どちらまで行かれるんですか。

＊ 会話では，よく街の中心部のことを，便宜上 시내〈市内〉と言う。

＊ リムジンバスの切符売り場はどこですか：리무진 버스 표는 어디서 사요?

＊ 国際線ターミナルで降ります：국제선 터미널에서 내려요.

＊ 料金は前払いですか：요금은 선불이에요?

## □ 293 仁川空港行きは何分おきに出ていますか

A 인천 공항행은 몇 분마다 있어요?

B 지금 시간대라면 15분에 한 대씩 있어요.

---

A 仁川空港行きは何分おきに出ていますか。

B 今の時間でしたら 15 分に 1 台の割合です。

＊ 시간대：時間帯

＊ 光州（クァンジュ）に行くバスターミナルはどこですか：광주로 가는 버스 터미널은 어디예요?

## □ 294 南大門市場はどこで降りればいいですか

A 남대문 시장에 가려면 어디서 내리면 돼요?

B 다음에 내리세요.

---

A 南大門市場に行くにはどこで降りればいいですか。

B 次の停留所で降りてください。

観光客とバス運転手の会話

＊ ~어디서 내려야 해요? と聞いてもいい。

＊ 降りるところに来たら教えてください：내릴 곳이 가까워지면 알려 주세요.

## そのほかの会話

### リムジンバスに乗る

1 ▶ 空港に行くバス停はどこですか。

공항 가는 버스 정류장은 어디예요?

＊ 街のバス停には市内バス（**시내버스**），市外バス（**좌석버스**〈座席－〉），コミュニティーバス（**마을버스**），リムジンバスなどが発着する（**좌석**∨**버스** は本来，分かち書きするが，ほかのバスとの整合性を考慮して，くっつけて書くことも許容されている）。

### 市内バスに乗る

2 ▶ 運転手さん，次はどこに停まりますか。

기사님, 다음은 어디에 서요?

3 ▶ ここで降ろしてください。

여기서 내려 주세요.

＊ 混み合った車内で前の人に「降ります！」「降ろしてください！」というときは，大声で **내려요!**，**내립니다!** と言えばいい。運転手に言うときは大声で **아직 다 못 내렸어요!** と言う。

6 交通

### 長距離バスに乗る

4 ▶ 前の席［うしろの席］をください 。

앞자리 [뒷자리]를 주세요.

5 ▶ どのバスが全州（チョンジュ）行きですか。

어느 버스가 전주행이에요?

6 ▶ 途中，サービスエリアに停まりますか。

가다가 휴게소에 서요?

＊ **휴게소**〈休憩所〉：サービスエリア

**一口メモ　バスの車体の「15 － 2」はどう読む？**

韓国の都市バスは，路線ごとに番号が割り当てられている。その中には「15 － 2」とか「588 － 3」のように「枝番」の付いた路線がいくつかあるが，この数字と数字の間の－（ハイフン）はどのように発音するのだろうか。표준국어대사전〈標準國語大辭典〉によると，この句と句との間に入れ，接続することを示す「－」の符号は，英語の dash［**대시**］を日本語で「ダッシ」と言ったことに由来するそうで，**다시** と読むとなっている。つまり「15 － 2」ならば［**십오 다시 이**］，「588 － 3」ならば［오팔팔 다시 삼］のように発音する。

# 99 タクシーに乗る

## □ 295 タクシーを呼んでください

A 공항까지 택시 두 대 불러 주세요.

B 지금은 길이 막히니까 지하철을 이용하시는 게 좋아요.

A 空港まで，タクシーを2台呼んでください。

B 今の時間は道が混んでいるので，地下鉄で行ったほうがいいですよ。

旅行者とホテルのフロントの会話

＊ 模範タクシーを呼んで欲しいときは 모범택시를 불러 주세요. と言う。

＊ タクシー乗り場はどこですか : 택시 타는 곳은 어디예요?

## □ 296 5人乗れますか

A 다섯 명 탈 수 있을까요?

B 그건 안 될 것 같습니다. 한 대 더 잡읍시다.

A 5人乗れますか。

B ちょっと無理ですね。もう1台お呼びしましょう。

旅行者とホテルのフロントの会話

＊ タクシー！《道でタクシーをつかまえるとき》: 택시!

＊ 荷物を載せてください : 짐 좀 실어 주세요.

＊ ちょっと手伝ってください : 좀 도와주세요.

## □ 297 おまかせします

A 도로가 막히니까 돌아서 가면 빨리 도착할 거예요.

B 잘 모르니까 알아서 가 주세요.

A 道が混んでいますので，遠回りしたほうが早く着きますよ。

B よくわからないので，おまかせします。

タクシーの運転手と乗客の会話

＊ 近道を行ってください : 지름길로 가 주세요.

## そのほかの会話

### 乗客がタクシーの運転手に

1▶ ここまで行きたいんですが。(紙などのメモを運転手に見せて)

여기까지 가려고 하는데요.

2▶ シートベルトが締まらないんですが。

안전벨트가 안 되는데요.

3▶ (ソウル) 市内まで行ってください。

시내까지요.

*ていねいな言い方は **시내까지 가 주세요.**。ソウルの金浦空港や釜山の金海空港など, 市街地から離れているところから中心街に出るときに運転手に伝える言葉。なお, 郡部の町や村でも中心街 (繁華街)は **시내** 〈市内〉という。

4▶ 大通りを右に曲がってください。

큰길에서 우회전해 주세요.

*右に : **오른쪽으로**/左に : **왼쪽으로**

5▶ 次の信号を右折してください。

다음 신호등에서 우회전해 주세요.

*角 : **모퉁이**

*右折 : **우회전**/左折 : **좌회전**

6▶ まっすぐ行ってください。

곧장 가 주세요.

7▶ そこでUターンしてください。

저기서 U턴 해 주세요.

* Uターン : **U(유) 턴**/突きあたり : **막다른 곳**

8▶ 急いでください。

빨리 가 주세요.

***서둘러 주세요.** とも言う。

9▶ あまり飛ばさないでください。

너무 빨리 가지 마세요.

10▶ ゆっくり行ってください。

천천히 가 주세요.

6 交通

11▶ （ラジオなどの）音楽のボリュームを下げてください。

음악 소리 좀 줄여 주세요.

12▶ 窓を開けてもいいですか。

창문 좀 열어도 돼요?

13▶ ここでちょっと待っていてください。

여기서 좀 기다려 주세요.

14▶ ここで停めてください。

여기서 세워 주세요.

15▶ この先で停めてください。

저 앞에서 세워 주세요.

16▶ 駅の前で停めてください。

역 앞에서 세워 주세요.

17▶ あの信号の手前で停めてください。

저 신호등 바로 앞에서 세워 주세요.

18▶ あの横断歩道を渡ったところで停めてください。

저 횡단보도를 건너자마자 세워 주세요.

19▶ 料金がメーターと違います。

요금이 미터와 달라요.

20▶ いつもよりちょっと高いような気がしますが。

보통 때보다 좀 많이 나온 거 같은데요.

＊基本料金：**기본요금**／割増料金：**할증 요금**／夜間料金：**야간 요금**／高速道路通行料：**고속도로 통행료**

21▶ すみません，小銭がないんですが。

죄송한데 잔돈이 없어서요.

22▶ おつりをください。

거스름돈 주세요.

＊おつりはいらないときは，運転手がおつりを渡そうとするときに **됐어요.** と言えばいい。

23 ▶ 領収証をください。영수증 주세요 .

24 ▶ トランクを開けてください。트렁크 좀 열어 주세요 .

25 ▶ すみません，トランクの荷物を出してください。
죄송하지만, 트렁크의 짐 좀 꺼내 주시겠어요?

---

**タクシーの運転手がよく使う言葉**

26 ▶ シートベルトを締めてください。《運転手が客に》
안전벨트를 매 주세요.

27 ▶ どちらまで行かれますか。어디로 모실까요?

28 ▶ お急ぎですか。급하세요?

29 ▶ どのように行きますか。
어디로 해서 갈까요? または 어떻게 갈까요?

30 ▶ 空港まではかなり混んでいますよ。
공항까지는 꽤 막히네요.

31 ▶ 国際線ですか，国内線ですか。
국제선이에요, 국내선이에요?

32 ▶ どこで停めますか。
어디에 세워 드릴까요?

33 ▶ お客さん，着きましたよ。
손님, 도착했습니다.

34 ▶ ちょっと先で停めますから，待ってください。
조금 앞에서 세울 테니까 기다려 주세요.

**一口メモ 韓国のタクシー事情**

最近の韓国のタクシーは，ほとんどの車でクレジットカードが使用できる。交通カードも使用できるので。小銭や現金がなくても心配ない。また，領収書の発行もできるので，忘れ物や，トラブルの時のために備えて必ず領収書を受けとること。

## □ 298 そろそろ新車に買い換えようと思うんだ

A 지금 있는 차, 꽤 오래 타서 슬슬 새 차를 장만할까 싶어.

B 내 차도 똥차이긴 한데 마음에 들어서 바꿀 생각은 없어.

A 今の車，相当長く乗ってるんで，そろそろ新車に買い換えようと思うんだ。

B ぼくの車もポンコツだけど，気に入っているので手放すつもりはないなぁ。

* 새 차：新車（신차 とは言わない。새∨차 は分かち書き）
* 새로 장만하다：新しく買う，（服などを）新調する
* 中古車：중고차／ポンコツ：고물 차

## □ 299 今度の誕生日で免許が切れるんですよ

A 다음 달에 운전 면허 갱신이에요. 생일에 면허가 끊기거든요.

B 저는 나이가 나이다 보니 슬슬 면허를 반납할까 생각 중이에요.

A 来月運転免許を更新しなくては。今度の誕生日で免許が切れるんですよ。

B 私はもう歳ですから，そろそろ免許を返納しようかと思ってます。

* 自動車学校：자동차 학원／路上教習：주행 실습／仮免許：임시 면허／運転免許証：운전면허증／初心者運転：초보 운전
* 韓国では誕生日ではなく，取得年月日で免許を更新する。

## □ 300 満タンにしてください

A 가득 넣어 주세요.

B 알았습니다. 오일 체크는 괜찮으세요?

A 満タンにしてください。

B かしこまりました。オイルのチェックは大丈夫ですか。

ガソリンスタンドでの会話

* 꽉 채워 주세요., 풀로 넣어 주세요., 풀이요. とも言える
* ガソリン:휘발유〈揮発油〉, 가솔린。会話ではふつう 기름 と言う。ただし，韓国はディーゼル車（경유차）の比率が非常に高く，ディーゼル油を給油する場合には，混同を避けるために 경유 または 디젤 ということ。

## そのほかの会話

1▶ この車，中古で買いましたが，まだまだ走りますよ。

이 차, 중고로 샀는데 아직 잘 달려요.

2▶ 今度買った車は新車だけあって，さすが乗り心地がいいですね。

이번에 산 차는 새 차라서 그런지 승차감이 좋네요.

＊ **승차감이 좋다**：乗り心地がいい

＊ 運転が楽だ：**운전이 편하다**

3▶ 実はペーパードライバーなんです。실은 장롱 면허예요.

＊ **장롱 면허** は「タンスの中に使わずにしまってある免許」という意味。

4▶ 田舎じゃクリーニング屋や薬局などでもドライブスルーなんですね。

지방에서는 세탁소나 약국같은 데에서도 드라이브 스루를 개설했네요.



---

### ガソリンスタンドで

5▶ 窓ガラスを拭いてください。창문 좀 닦아 주세요.

＊ 洗車してください：**세차해 주세요.**

6▶ オイルを交換してください。오일을 교환해 주세요.

7▶ 走行中に変なにおいがするのでちょっと見てください。

주행 중 이상한 냄새가 나는데 좀 봐 주세요.

8▶ タイヤの空気圧を見てください。

타이어 공기압 좀 봐 주세요.

9▶ ワックスをかけてください。왁스칠해 주세요.

＊ ワックスがけを行っているガソリンスタンドには **광택**〈光澤〉という看板がでている。

10▶ そろそろ車検です。

슬슬 차량 검사를 받아야 되는데요.

＊ ガソリンスタンドの店員が客に。

＊ 韓国の自動車メーカーは，直営または委託整備業者とのネットワークが完備しているので，簡単な消耗品交替は，いわゆるカーセンターと呼ばれる近くの整備所で行う。

## 101 ドライブする

### □ 301 ドライブがてら買い物に付き合って

A 쇼핑하러 가는데 같이 안 갈래? 드라이브도 할 겸.

B 가는 건 좋은데, 너 면허 딴 지 얼마 안 됐지? 좀 불안한데.

---

A 買い物に付き合ってくれない？ ドライブがてら。

B いいけど，免許取ったばかりじゃないのか？ ちょっと心配だな。

友達同士の会話

* 면허를 따다：免許を取る
* 安全運転でお願いします：안전하게 운전하세요. または 조심해서 운전하세요.（直訳して 안전 운전으로 부탁해요. と言うと，韓国語としては少しおかしい）

### □ 302 RV 車で山道を走るのが楽しみだ

A 나는 휴일이면 RV차로 산길을 달리는 게 재미있어.

B 나는 야외 활동도 즐기지만, 가까운 공원에서 점심을 먹거나 책을 읽는 게 더 좋아.

---

A ぼくは休みになると RV 車で山道を走るのが楽しみなんだ。

B わたしはアウトドア派と言っても，近くの公園で読書したりランチしたりするのが好きよ。

* アウトドア派は 아웃도어파 とも言えるが，韓国語では一般的ではない。

### □ 303 レンタカー借りて，ちょっと遠出しない？

A 이번 연휴에 차를 빌려서 어디 놀러 가지 않을래? 조금 멀리 가는 것도 괜찮고…….

B 휴일에 놀러 가자고? 그런 교통 지옥에 빠지고 싶지 않아.

---

A 今度の連休にレンタカー借りて，ちょっと遠出しない？

B 休みの日にドライブ？ そんな交通渋滞に巻き込まれたくないね。

友達同士の会話

* 休みの日は道路がどれだけ混んでるか知らないの？：휴일에 도로가 얼마나 막히는지 몰라서 그래?

## そのほかの会話

### レンタカーを借りる

1▶ オートマがいいんですが，どんな種類の車がありますか。

오토가 좋은데, 어떤 차종이 있나요?

2▶ カーナビ，付いていますね。

내비게이션이 달려 있죠?

＊ 最近のレンタカーにはすべてカーナビが装着されている。

＊ チャイルドシート：**유아용 의자**〈幼兒用椅子〉，**베이비 시트**

3▶ 別の場所に返却できますか。

다른 데서 반납할 수 있어요?

### ドライバーが同乗者に

4▶ 車線変更したいんだけど，うしろを見ていてくれる？

차선 변경하려고 하는데 뒤 좀 봐 줄래?

＊ 分かち書きせずに **봐줄래?** と書くと，「大目に見てくれる？」の意味になる。

5▶ ちょっと道に迷ったみたいだ。ちょっと地図を見てくれないかな？

잘못 들어온 것 같아. 지도 좀 봐 줄래?

6▶ 一般道は混んでいるので，高速道路を走っていきましょう。

일반 도로는 밀리니까 고속 도로로 가죠.

### 同乗者がドライバーに

7▶ 運転，結構うまいですね。운전 꽤 잘하시네요.

8▶ ちょっと風が当たるんで，窓を閉めてもいいですか。

바람이 불어서 그러는데 창문 좀 닫아도 돼요?

＊ ちょっと暑いんで，窓を開けてもいいですか：**더워서 그러는데 창문 좀 열어도 괜찮을까요?**

9▶ 運転を代わりましょうか。제가 대신 운전할까요?

10▶ 代行運転を頼みましょうか。대리 운전 부를까요?

＊ **대리 운전 시킬까요?** でもいい。

## □ 304 運転しながらひげを剃るんだ

A 아침엔 늘 바빠서 운전 중에 면도를 해.
B 위험하게. 그러다 사고 나면 어쩌려고 그래?

A 朝は忙しいので，いつも運転しながらひげを剃るんだ。
B 危ないわねえ。そんなことして事故ったらどうするの？

友達同士の会話
* 교통사고가 나다：交通事故が起きる
* 교통사고를 내다：交通事故を起こす

## □ 305 車のエンジンがかからなくて困ったよ

A 어젯밤 늦게 나가려고 했는데, 시동이 안 걸려서 당황했어.
B 배터리가 나간 거 아니야?

A 夕べ遅く出かけようと思ったんだけど，車のエンジンがかからなくて困ったよ。
B バッテリーが上がってたんじゃないの？

* エンジンをかける：시동을 걸다／エンジンがかからない：시동이 걸리지 않다
* バッテリーが上がる：배터리가 나가다
* エンストを起こす：시동이 꺼지다

## □ 306 急ブレーキをかけるときどうするの？

A 오토바이는 급브레이크를 걸 때, 앞뒤 브레이크를 동시에 거는 거야?
B 그래, 한쪽만 브레이크를 걸면 쓰러져 버려.

A オートバイは，急ブレーキをかけるとき，前後のブレーキを同時にかけるの？
B そうだよ。一方だけブレーキをかけたら転んでしまうよ。

* 急ブレーキをかける：급브레이크를 걸다
* ブレーキを踏む：브레이크를 밟다
* ブレーキがきかない：브레이크가 듣지 않다

## 運転に関する表現①

- アクセルを踏む：액셀을 밟다
- ギアを入れる：기어를 넣다
- クラッチを踏む：클러치를 밟다
- ハンドルをにぎる：핸들을 잡다
- ハンドルを切る：핸들을 꺾다
- クラクションを鳴らす：클랙슨을 울리다, 경적을 울리다

---

- バックミラーを確認する：백미러로 살펴보다
- 車をバックさせる：차를 후진하다
- ワイパーが動かない：와이퍼가 작동하지 않다
- タイヤが道から外れる：바퀴가 길 밖으로 빠지다
- パンクする：펑크가 나다
- タイヤを交換する：타이어를 교체하다
- スノータイヤに替える：스노타이어로 바꾸다
- タイヤに空気を入れる：타이어에 바람을 넣다

---

- オーバーヒートする：오버히트를 일으키다, 과열되다
- ボンネットから煙が出る：보닛에서 연기가 나다
- 走行中に変なにおいがする：주행 중에 이상한 냄새가 나다
- ラジエーターから水がもれる：라디에이터에서 물이 새다
- 冷却水がもれる：냉각수가 새다
- マフラーから煙が出る：머플러에서 흰 연기가 나다
- ファンベルトが切れる：팬벨트가 끊어지다

---

- バンパーがへこむ：범퍼가 찌그러지다
- トランクが開かない：트렁크가 잠겨서 열리지 않는다
- カーナビが動かない：내비가 작동하지 않다
- ヘッドライトを付ける［消す］：헤드라이트를 켜다 [끄다]
- テールライトが付かない：후미등이 켜지지 않다
- 方向指示器が付かない：깜박이가 켜지지 않다
- ナンバープレートが外れる：자동차 번호판이 떨어지다

## □ 307 スピード違反には十分注意してよ

A 이 근처는 단속이 심하니까 과속하지 않도록 조심해.
B 응, 제한 속도를 지키면서 안전하게 가니까 걱정 마.

A このあたりは取り締まりが厳しいから，スピード違反には十分注意してよ。
B 大丈夫，制限速度を守って安全運転で行くから心配するなよ。

* 交通取り締まりに遭う：교통 단속을 당하다〈交通團束ー〉
* スピード違反：속도 위반
* スピード感にあふれる：속도감이 넘치다（스피드감 とは言わない）
* パトカー［白バイ］に追われる：경찰차[경찰 오토바이]에 쫓기다

## □ 308 すれ違うときは気をつけてくれよ

A 이 길은 편도 일 차선이니까 오는 차와 엇갈릴 때는 조심해서 운전해.
B 깜깜해서 밤의 산길은 위험하네.

A この道は片側一車線だから，すれ違うときは気をつけてくれよ。
B 真っ暗で，夜の山道は危ないね。

* 片側一車線：편도 1차선 도로／両側 4 車線：왕복 4차선 도로
* 走行車線：주행 차선／追越車線：추월 차선
* 前の車にそんなにくっつかないで，もっと車間距離をとって走ってくださいよ：앞차에 너무 바짝 붙지 말고, 좀 더 차간 거리를 두고 운전하세요.

## □ 309 ワイパーを動かしても前がよく見えないよ

A 왜 이러지? 와이퍼를 작동시켜도 앞이 잘 보이지 않아.
B 비가 더 세게 내리지 않았으면 좋겠는데, 위험하니까 잠깐 차를 세우자.

A どうしたんだろう？　ワイパーを動かしても前がよく見えないよ。
B これ以上雨が強くならないといいけど，危ないからちょっと車を停めようよ。

* 앞이 잘 안 보이다：前がよく見えない
* 雨の日は事故が多いから，気をつけなくちゃ：비가 오는 날은 사고가 많으니까 조심해야지.

## 運転に関する表現②

- シートベルトを締める：안전띠를 매다, 좌석 벨트를 매다
- ヘルメットをかぶる：헬멧을 쓰다
- 安全運転を心がける：안전하게 운전하다, 조심해서 운전하다
- 交通情報を聞く：교통 정보를 듣다
- 道が混んでいてなかなか進まない：길이 막혀서 좀처럼 나아가지 않다
- 交通渋滞に巻き込まれる：교통 체증에 휩쓸리다, 교통 체증에 걸리다
- 渋滞がひどい：체증이 심하다
- 渋滞を引き起こす：체증을 빚다
- ノロノロ運転をする：거북이 운전을 하다
- 交通渋滞が解消する：교통 체증이 해소되다

- スピードを出す：속도를 내다
- 疾走する：질주하다
- フルスピードで走る：전속력으로 달리다
- カーブを切る：커브를 돌다

- 車を停める：차를 세우다
- 車を駐車する：차를 주차하다
- 駐車場から車を出す：주차장에서 차를 빼다
- 車を停める場所がない：차를 세울 데가 없다

- 制限速度を守る：제한 속도를 지키다
- 時速50 キロで走る：시속 50 킬로미터로 달리다
- 車間距離をあける, 車間距離をとる：차간 거리를 두다
- 車線を守る：차선을 지키다
- 車線を変更する：차선을 바꾸다
- 割り込みをする：새치기를 하다
- 車に割り込みされる：차가 끼어들다

- 信号が点滅する：신호가 점멸하다, 신호가 깜빡거리다
- 信号が青に変わる：신호가 파란색으로 바뀌다

  ＊ 赤信号：적신호，빨간불／青信号：청신호，파란불／黄信号：황색 신호，노란불

  ＊ 信号の色を表す빨간불（赤），파란불（青），노란불（黄）のときは（×）빨간∨불，（×）파란∨불，（×）노란∨불 と分かち書きはしない。

## 交通事故 ①

### □ 310 急に割り込みされて，危うく事故になるところだった

A 과속 차량이 갑자기 끼어들어서 하마터면 사고가 날 뻔했어.

B 할아버지도 이제 나이를 생각해서 운전을 그만두시는 게 어때요?

---

A スピードを出した車に急に割り込みされて，危うく事故になるところだったよ。

B おじいちゃんももう年なんだから，運転をやめたらどうなの？

* 과속하다〈過速－〉：スピードを出し過ぎる（가속하다 は「加速する」なので注意）
* 하마터면 -ㄹ/을 뻔했다：危うく～になるところだった
* よそ見してたら，危うく前の車に追突するところだったよ：한눈팔고 운전하다가 하마터면 앞차를 추돌할 뻔했어.

### □ 311 自動車に轢かれちゃったんだ

A 어제, 현우 녀석이 학교 앞길을 건너다가 신호를 위반한 차에 치였대.

B 뭐? 크게 다쳤대?

---

A 昨日，ヒョヌのヤツ，学校の前の道を渡ってて，信号無視をした自動車に轢かれちゃったんだって。

B えっ，大丈夫だったのか？

* 신호를 위반하다：信号無視をする（直訳は「信号違反」する）
* 차에 치이다：自動車に轢かれる
* 크게 다쳤대? の直訳は「大けがをしたんだって？」。

### □ 312 横転事故の原因は何なの？

A 어저께 경부 고속 도로에서 관광버스가 전복한 원인은 뭐야?

B 내리막길에서 운전기사가 급제동을 걸었기 때문이래.

---

A 昨日，キョンブ（京釜）高速道路での観光バスの横転事故の原因は何なの？

B 運転手が下り坂で急ブレーキをかけたからだそうだよ。

* 급제동을 걸다：ブレーキをかける。급브레이크를 걸다 ともいう。

## 運転に関する表現③

◆事故を起こす：사고를 내다　　◆事故に遭う：사고를 당하다

◆接触事故を起こす：접촉 사고를 내다

＊ 駐車場でバックしたとき，停まっていた車にぶつけてしまいました：**주차장에서 후진을 하다가 주차된 차에 부딪쳤어요.**

◆衝突する：충돌하다

＊ 衝突事故：**충돌 사고**／正面衝突：**정면 충돌**／玉突き衝突：**연쇄 충돌**

◆追突する：추돌하다

＊ 話し言葉では「追突する」は **들이받다**，「追突される」は **들이받히다** ということがある／追突事故：**추돌 사고**

◆後遺症が出る：후유증이 나타나다／後遺症に苦しむ：후유증에 시달리다

＊ 追突事故での後遺症なのか，雨が降ると首が痛くなるんです：**추돌 사고 후유증인지 비만 오면 목이 아파요.**

＊ むち打ち症は **경추염좌**〈頸椎捻挫〉という（医学用語として日本語をそのままにした **경추편타증**〈頸椎鞭打症〉という語も使われているが一般的ではない）。

◆居眠り運転をする：졸음 운전을 하다

＊ 高速道路での事故原因の 1 位は，居眠り運転だそうです：**고속 도로 사고 원인 1 위는 졸음 운전이라고 하네요.**

◆酔っ払い運転をする：음주 운전을 하다

＊ コップ一杯の酒でも酔っ払い運転になるからだめですよ：**한 잔이라도 마시면 음주 운전이 되니까 안 돼요.**

＊ アルコール検査：**음주 측정**／蛇行運転：**갈지자 운전**〈갈之字運轉〉

◆中央ラインを対向車線にはみ出す：중앙선을 침범하다

◆中央分離帯に衝突する：중앙 분리대에 충돌하다

◆不法駐車をする：불법 주차를 하다

＊ 青空駐車：**노천 주차**／駐車場：**주차장**／パーキングメーター：**파킹 미터**

◆片輪駐車をする：개구리 주차를 하다

＊ **개구리 주차**（カエル駐車）とは，狭い道路などで，歩道に片側の車輪を載せて駐車すること。

◆駐車違反をする：주차 위반을 하다

＊ 駐車禁止だとは知らずに車を停めて，罰金を取られてしまいました：**주차 금지 인지 모르고 차를 세워 벌금을 물었어요.**

◆駐車違反を取り締まる：주차 위반을 단속하다〈－團束－〉

◆駐車違反切符を切られる：주차 위반 딱지를 받다（**-딱지를 떼다**）

## □ 313 踏み切りを渡り切れず列車にぶつかったんだ

A 너, 신문 봤어? 어젯밤 그 건널목에서 큰 사고가 있었대.

B 난 사고 현장에 있었어. 대형 트럭이 건널목을 다 빠져나가지 못해 열차에 들이받힌 거야.

A 新聞見た？ 昨夜，そこの踏切で大きな事故があったんだって。

B ぼくは直接事故現場を見たよ。大型トラックが踏み切りを渡り切れず列車にぶつかったんだよ。

* 遮断機が下りている : 차단기가 내려져 있다
* 列車に 20 メートルほど引きずられる : 열차에 20여 미터쯤 끌려가다
* 仰向けに転落する : 뒤집혀 추락하다

## □ 314 近くの交差点で，ひき逃げ事件があったんだって

A 가까운 사거리에서 뺑소니 사건이 있었대.

B 도망친 차는 새빨간 스포츠카래.

A 近くの交差点で，ひき逃げ事件があったんだって。

B 逃げた車は真っ赤なスポーツカーだって。

* 뺑소니 : ひき逃げ

## □ 315 どちらかが信号無視したんだね

A 어젯밤, 바로 앞의 교차로에서 트럭하고 버스가 정면 충돌했대.

B 틀림없이 어느 쪽인가가 신호를 무시했겠군.

A ゆうべ，そこの交差点で，トラックとバスが出会い頭に衝突したんだって。

B 間違いなくどちらかが信号無視したんだね。

* 교차로 : 交差点。교차점 とは言わない。
* 신호를 무시하다 : 信号無視をする。신호를 위반하다 とも言う。

## 交通標識 (교통 표지)

- 止まれ : 정지
- 一旦停止 : 일단정지
- 停止線 : 정지선
- 静かに : 조용히
- 徐行 : 서행
- 学校前・徐行せよ : 학교 앞 서행하시오

- 右折禁止 : 우회전 금지
- 左折禁止 : 좌회전 금지
- U ターン禁止 : 유턴 금지
- 追越禁止 : 추월 금지, 앞지르기 금지
- 進入禁止 : 진입 금지
- 車両通行禁止 : 차량 통행금지
- 駐車禁止 : 주차 금지
- 駐停車禁止 : 주정차 금지

- 迂回せよ : 우회하시오
- スリップ注意 : 미끄럼 주의
- 一方通行 : 일방통행
- 行き止まり : 막다른 길
- 前方カーブ : 전방 커브
- 工事中 : 공사 중
- 警笛鳴らせ : 경적을 울리시오

- 雪道注意 : 눈길 주의
- 雨道注意 : 빗길 주의
- 落石注意 : 낙석 주의
- 路肩弱し : 갓길 무르고 약함

- 十字路 : 십자형 교차로
- T 字路 : T자형 교차로
- Y 字路 : Y자형 교차로
- ロータリー : 회전형 교차로

- 踏み切り : 철길 건널목
  - ＊ 道路の横断歩道 (횡단보도)も건널목 と言うことがある。

- 右カーブ : 우로 굽은 도로
- 左カーブ : 좌로 굽은 도로
- 連続カーブ : 이중 굽은 도로
- 対面通行 : 대면 통행
- 道路幅縮小 : 도로 폭이 좁아짐

## いろいろな道

- 砂利道 : 자갈길, 비포장도로
- でこぼこ道 : 우툴두툴한 길
- ぬかるみ : 진창
  - ＊ 車輪がぬかるみに食い込む : 차바퀴가 진창에 처박히다
  - ＊ ぬかるみにはまる : 진창에 빠지다
- 上り坂 : 오르막 경사, 오르막길
  - ＊ 道が上り坂になる : 길이 오르막이 되다
- 緩い上り坂 : 완만한 오르막길
- 急坂 : 가파른 길
- 下り坂 : 내리막 경사, 내리막길

# 7. ショッピング

## □ 316 いらっしゃいませ

A 어서 오십시오. 뭘 도와 드릴까요?

B 남편 속옷을 찾고 있는데요.

A いらっしゃいませ。何かご用はございますか。

B 主人の下着を探しているんですが。

店員と客の会話

＊「いらっしゃいませ」は 안녕하십니까? でもいい。

＊ 看板などによく '어서 오십시요.' と書いてあるのは間違い。

## □ 317 婦人服売り場はどこですか

A 여성복 매장은 어디예요?

B 이 앞에 있는 엘리베이터를 타고 7층에서 내리세요.

A 婦人服売り場はどこですか。

B この先のエレベーターに乗って 7 階で降りてください。

客と店員の会話

＊ エスカレーターでひとつ上の階にお越しください《店員が》:에스컬레이터를 이용하여 한 층 더 올라가세요.

＊ この階の一番奥の右側にあります《店員が》: 이 층의 가장 안쪽 오른쪽에 있습니다.

## □ 318 何時に閉店しますか

A 몇 시에 문 닫아요?

B 밤 10시까지 영업합니다.

A 何時に閉店しますか。

B 夜の 10 時まで営業しております。

客と店員の会話

＊ 定休日はいつですか : 정기 휴일은 언제입니까?

## そのほかの会話

**店員が**

1 ▸ いらっしゃいませ。何をお探しですか。어서 오십시오. 뭘 찾으세요?

2 ▸ おうかがいいたしましょうか。도와 드릴까요?

3 ▸ おうかがいしておりますでしょうか。안내받으셨습니까?

＊안내받다の -받다は接尾語なのでくっつけて書く。

4 ▸ 特に何かお探しのものはございますか。
특별히 찾으시는 거 있으세요?

5 ▸ ごゆっくりご覧ください。천천히 보세요.

6 ▸ 何かございましたら，お声をおかけください。
용건이 있으시면 말씀하세요.

7 ▸ 毎週水曜日が定休日でございます。
매주 수요일이 정기 휴일입니다.

8 ▸ 毎月，第1，第3火曜日が定休日でございます。
매달, 첫째, 셋째 화요일이 정기 휴일입니다.

9 ▸ 明日は棚卸しのために休業させていただきます。
내일은 재고 조사 관계로 휴무하겠습니다.

**7** ショッピング

### いろいろな売り場

- 化粧品売場：화장품 매장
- 靴売場：신발 매장
- 紳士服売場：신사복 매장
- 婦人服売場：여성복 매장
- 子ども服売場：아동복 매장
- ベビー用品売場：유아용품 매장
- ギフト用品売場：선물 상품 매장
- スポーツ用品売場：스포츠용품 매장
- 家具売場：가구 매장
- 家庭用品売場：가정용품 매장
- 寝具売場：침구 매장
- 貴金属売場：귀금속 매장
- 台所用品売場：주방용품 매장
- 事務用品売場：사무용품 매장
- おもちゃ売場：장난감 매장
- 食品売場：식품 매장
- インテリア用品売場：인테리어용품 매장
- カジュアルウエア売場：캐주얼 웨어 [캐주얼복] 매장

＊용품 は，上記の例のように「～用品」という場合は分かち書きしない。

## □ 319 どんな感じのものをお探しですか

A 어떤 것을 찾으십니까?

B 특별히 정한 건 없어요. 추천해 주실 만한 게 있나요?

A どんな感じのものをお探しですか。

B 特に決まっていません。何がおすすめですか。

店員と客の会話

＊ こちらなどいかがでしょうか。今とても人気がありますよ : 이건 어떠세요? 요즘 아주 인기가 많아요.

## □ 320 サイズをうかがってもよろしいですか

A 손님 사이즈가 어떻게 되나요?

B 라지면 꼭 끼는데, 엑스라지는 있어요?

A お客さまのサイズをうかがってもよろしいですか。

B Lだとちょっときついので，XLはありますか。

店員と客の会話

＊ 손님 사이즈를 여쭤 봐도 되겠습니까? は，日本的な遠慮がちな表現。韓国ではダイレクトに聞く。

＊ Lは라지，XL（LL）は엑스라지。

＊ Lはちょっとぶかぶかです : 라지는 조금 헐렁헐렁해요.

## □ 321 どなたかへのプレゼントですか

A 누구에게 선물하실 건가요?

B 아뇨, 제가 입으려고요.

A どなたかへのプレゼントですか。

B いいえ，自分で着ようと思っています。

店員と客の会話

＊ 彼氏［彼女］の誕生日プレゼントなんです : 남자 친구[여자 친구] 생일 선물이에요.

## そのほかの会話

### 店員が客に

1▶ ご予算はおいくらぐらいですか。예산은 어느 정도로 생각하세요?

2▶ どんな柄がお好みでしょうか。어떤 무늬를 좋아하세요?

＊ ストライプ：**스트라이프 무늬**／チェック：**체크 무늬**／花柄：**꽃무늬**／無地：**무지**

3▶ これが今一番の売れ筋です。
이게 요즘 가장 잘 팔리는 상품이에요.

4▶ こちらはS，M，Lの３サイズご用意してございます。
이것은 스몰, 미디엄, 라지 세 사이즈가 있습니다.

5▶ これが今出ているものの中で，一番いいものです。
이게 지금 나와 있는 것 중에 가장 좋은 겁니다.

6▶ こちらが今年の秋の流行商品です。
이게 올가을 유행할 상품이에요.

7▶ 流行に左右されませんので，長くお召しになれます。
유행을 타지 않으니까 오래 입으실 수 있어요.

8▶ こちらのほうが，お客さまにお似合いだと思いますが。
이게 손님께 어울릴 것 같아요.

9▶ この中からどれでもお好きなものをお選びください。
이 중에서 마음에 드는 것을 골라 보세요.

10▶ こちらは当店のみで扱っているものでございます。
이것은 저희 가게에서만 취급하는 상품입니다.

11▶ こちらの品物は，今朝入ってきたばかりなんですよ。
이 물건은 오늘 아침에 막 들어온 거예요.

12▶ ほかではこんなに安くお求めになれませんよ。
다른 가게에서는 이렇게 싸게 못 사요.

13▶ これが最後のひとつなんですよ。이게 마지막 남은 하나예요.

## □ 322 ひと回り大きいサイズはありませんか

A 이 색깔로 한 사이즈 큰 거 없어요?

B 조금만 기다려 주세요. 알아보겠습니다.

A この色でひと回り大きいサイズはありませんか。

B 少々お待ちください。お調べいたします。

客と店員の会話

＊ もう少し小さいの：더 작은 거／もう少し大きいの：더 큰 거／もう少しきつ目の：더 꼭 맞는 거 または 더 달라붙는 거／もう少しゆる目の：더 헐거운 거

＊ 会話では 것 を 거 と言う。

## □ 323 いつごろ入りますか

A 죄송하지만, 그 상품은 지금 재고가 없습니다.

B 언제 들어오나요?

A 申し訳ございませんが，今ちょっと在庫を切らしております。

B いつごろ入りますか。

店員と客の会話

＊ 生産が追いつかない状態でして，かなりお待たせすると思います：생산이 주문을 따라잡지 못하는 상황이라 오래 기다리셔야 됩니다.

## □ 324 入荷したら知らせてください

A 다음 주 중에는 들어올 예정입니다.

B 그럼, 들어오면 알려 주세요.

A 来週中には入荷する予定でございます。

B では，入荷したら知らせてください。

店員と客の会話

## そのほかの会話

1 ▶ 当店ではその商品は取り扱っておりません。

저희 가게에서는 그 상품은 취급하고 있지 않습니다.

2 ▶ すぐにお持ちします。

곧 가져오겠습니다.

3 ▶ 申し訳ありませんが，置いてありません。

죄송하지만, 없습니다.

4 ▶ その商品は品切れでございます。

그 상품은 품절됐습니다.

5 ▶ こちらの商品は人気商品でして，入荷と同時に売り切れてしまいました。

이 상품은 인기 상품이라 출시하자마자 매진됐어요.

＊ 客の持ってきたチラシを見ながらの店員の会話。

＊ **출시하다**〈出市－〉：市場に出回る，店頭に並ぶ，新発売される

6 ▶ ご希望でしたらお取り寄せいたします。

필요하시면 주문하도록 하겠습니다.

7 ▶ そちらのお品はお取り寄せとなります。

그 상품은 주문하셔야 됩니다.

8 ▶ どちらのメーカーか，おわかりですか。

어느 메이커인지 아십니까?

**一口メモ　품절 と 매진**

품절 は漢字で書くと「品切」。また，매진 は漢字で書くと「賣盡」。품절 は，売り切れてその場にないかもしれないが，ほかの場所や，少し待てば「手に入る可能性がある」ものについて使われ，매진 のほうは，野球のチケットやその時間の列車の座席，飛行機の切符など売り切れてしまったら「もう手に入らないもの」について使われる。両者を漢字語を使わないで表現するとしたら，다 팔렸다 というのがいい。

☐ 325 **これはいつまでセールですか**

A 이건 언제까지 세일이에요?

B 이쪽 선반의 물건은 항상 30퍼센트 할인입니다.

A これはいつまでセールですか。

B こちらの棚のものは，常に 30 パーセント引きでございます。

客と店員の会話

＊ %のことを，放送局のアナウンサーはきちんと 퍼센트 と言うが，ふつうの会話では略して 프로 と言う。

＊ この棚はすべて 50 パーセントオフですか：이 선반은 전부 50프로 할인인가요?

☐ 326 **この価格から 50 パーセントオフになるんですか**

A 이 가격에서 50퍼센트 할인되는 건가요?

B 네, 아주 쌉니다.

A この価格から 50 パーセントオフになるんですか。

B ええ，大変お買い得ですよ。

客と店員の会話

☐ 327 **チラシに載っていた品物はどこですか**

A 오늘 아침 전단지에 실려 있던 상품은 어디 있어요?

B 죄송합니다. 다 팔렸어요.

A 今朝のチラシに載っていた品物はどこですか。

B すみません。もう売り切れてしまったんですが。

客と店員の会話

＊ 新聞でセールの広告を見たのですが：신문에서 세일 광고를 봤는데요.

## そのほかの会話

1▶ これが半額ですか。이게 반값인가요?

＊ 発音は［반 : 갑씬가요］。

2▶ もともとの定価はいくらですか。

원래 정가는 얼마예요?

3▶ これはどこが訳あり品なんですか。

이건 왜 세일 품목인 거죠?

4▶ 別の店でこれはセールになっていましたよ。

다른 가게에서 이거 세일하고 있었어요.

5▶ すごく得な買い物をした気分です。

싸게 잘 산 거 같아요.

＊ 激安でした : 엄청 쌌어요.

6▶ 今買わないで，セールになるまで待ちます。

지금 안 사고 세일할 때까지 기다릴래요.

＊ -ㄹ래요は，話し手の意向や意思を表す終結語尾。

7▶ 今買わないで，セールになるまで待ったら？

지금 사지 말고 세일할 때까지 기다리는 것이 어때?

8▶ 冬のバーゲンはいつから始まりますか。

겨울 바겐세일은 언제부터 해요?

9▶ セールだって言うんで行ってみたら，安物ばかりだったわ。

세일한다고 갔더니 싸구려 물건만 있던데.

＊ 安物買いの銭失い : 싼 게 비지떡（直訳は「安いのがおからの餅」）

10▶ セール品なのであまり期待してなかったのに，いい物を見つけたわ。

세일 상품이라 별로 기대하지 않았는데 괜찮은 상품을 골랐어요.

11▶ どうせなら安くていい物というけど，これは質もまあまあだし値段も安かったのよ。

같은 값이면 다홍치마라고 하는데, 이게 더 품질도 좋고 가격도 쌌어요.

＊ 같은 값이면 다홍치마 : 同じ値段なら見た目がよい物がいい

# 試着する ①

## □ 328 ご試着なさいますか

A 이거 괜찮은 것 같은데요.

B 입어 보시겠어요? 탈의실은 저쪽입니다.

A これ，いいと思うけど。

B ご試着なさいますか。試着室はあちらでございます。

客と店員の会話

* 탈의실〈脱衣室〉，または 피팅룸〈fitting room〉: 試着室
* 日本語では店員に話しかけるときに，「これ，どうかしら？」「これの赤はないの？」のように言えるが，韓国語では，店員に 반말（パンマル）は失礼に当たる。

## □ 329 お客さま，いかがですか

A 손님, 입어 보시니 어떠세요?

B 좀 작은 것 같아요. 한 사이즈 큰 걸로 갖다 주세요.

A お客さま，（お召しになって）いかがですか。

B 少し小さすぎます。ひとつ上のサイズを持ってきてください。

店員が試着中の客に

* 服，靴がきつい : 꼭 끼다
* ベルトがきつい : 벨트가 꽉 죄다

## □ 330 もう少し明るいものをお召しになってもいいと思いますよ

A 좀 더 밝은 색깔을 입으셔도 좋을 것 같아요.

B 그래요? 이것도 저한테는 좀 화려한 거 같은데요.

A もう少し明るい感じのものをお召しになってもいいと思いますよ。

B そうですか。これでもちょっと派手すぎるようですが。

店員が試着中の客に

* 화려하다〈華麗ー〉: 派手だ。야하다〈冶ー〉は下品で派手だ。けばけばしい。

## そのほかの会話

### 客が店員に

1 ▶ 自分のサイズがわかりません。ちょっと測ってください。
제 사이즈를 모르겠습니다. 좀 재 주시겠어요?

2 ▶ このシャツ，試着できますか。
이 셔츠, 입어 볼 수 있나요?
＊ 試着する：ふつう会話では **시착하다** とは言わず，**입어 보다** と言う。

3 ▶ 何着まで持ち込めますか。
몇 벌까지 가지고 들어갈 수 있어요?

7 ショッピング

---

### 店員が客に

4 ▶ 申し訳ありませんが，こちらの商品は試着できません。
죄송합니다만, 이 상품은 입어 보실 수 없습니다.

5 ▶ 試着室にお持ちになれるのは一度に 3 着まででです。
탈의실에 가지고 갈 수 있는 옷은 한 번에 세 벌까지입니다.

6 ▶ このフェイスカバーを使ってください。
이 페이스 커버를 사용하세요.

7 ▶ 鏡をご覧ください。
거울을 보세요.

8 ▶ もう少し小さいのをお持ちしましょうか。
좀 더 작은 것을 갖다 드릴까요?

9 ▶ 領収証をお持ちになれば，交換いたします。
영수증을 가지고 오시면 교환해 드리겠습니다.

10 ▶ 1 週間以内でしたらご返品いただけます。
1주일 이내라면 반품하실 수 있습니다.

## □ 331 大きすぎてぶかぶかです

A 입어 보신 느낌이 어떠세요?

B 너무 커서 헐렁헐렁해요. 좀 더 작은 사이즈 없나요?

A お召しになった感じはいかがですか。

B 大きすぎてぶかぶかです。もう少し小さいサイズはありますか。

店員と客の会話

＊ もう少し大きいものはないですか：좀 더 큰 것은 없나요?

## □ 332 長さを調整できますか

A 마음에 드셨습니까? 아주 잘 어울리세요.

B 기장이 좀 긴 것 같은데, 고칠 수 있나요?

A お気に召しましたか。とてもよくお似合いですよ。

B 丈がちょっと長すぎますが，長さを調整できますか。

店員と客の会話

＊ 고칠 수 있어요? というと，語調にもよるが，やや高圧的な言い方に聞こえる。고칠 수 있나요? と言い換えることにより，柔らかいニュアンスになる。

＊ 裾を詰めてください：단을 줄여 주세요.

## □ 333 これは私にはうまく着こなせません

A 이건 제가 소화하기 힘드네요.

B 그러시면 이건 어떻습니까? 아주 심플하고 고객님께 딱 맞습니다.

A これは私にはうまく着こなせません。

B でしたらこちらはいかがですか。とてもシンプルでお客さまにぴったりです。

客と店員の会話

＊ 이건 제가 소화하기 힘드네요.：直訳は「これは私が消化するのは難しい」。

## そのほかの会話

### 客が店員に

1 ▶ これの赤はありますか。
같은 걸로 빨강은 있나요?

2 ▶ これはほかの色もありますか。
이거 다른 색도 있나요?

3 ▶ 水玉模様は私にはちょっと似合わないようですが。
물방울 무늬는 나한테는 좀 안 어울리는 것 같은데요.

＊ 縦じま : **세로 줄무늬**／横じま : **가로 줄무늬**

＊ 似合う : **잘 어울리다**／似合わない : **어울리지 않다**

4 ▶ これは私には若すぎます。
이거 저한테는 너무 화려한 것 같아요.

5 ▶ このデザインでMを見せてもらえますか。
이 디자인으로 미디엄 사이즈 좀 보여 주실래요?

6 ▶ 体にあまり合っていないようです。
몸에 맞지 않는 것 같아요.

7 ▶ ウエストを少し出してもらいたいのですが。
허리를 조금 늘려 주세요.

＊ ゆったりとした服 : **넉넉한 옷**

8 ▶ 靴の高さに裾を合わせてください。
이 신발 높이에 기장을 맞춰 주세요.

9 ▶ ジャケットのそでを直してください。
재킷 소매를 고쳐 주세요.

10 ▶ ズボンの裾を少し上げてください。
바지 기장을 좀 줄여 주세요.

11 ▶ 寸法直しはいくらですか。
치수를 고치는 데 얼마예요?

## 112 支払い

### □ 334 これを買います

A 이거 사겠습니다. 좀 이따 다시 올 테니까 포장해 주세요.

B 네, 알겠습니다. 그럼 선불로 부탁드립니다.

A これを買います。あとでまた戻ってきますから，包んでおいてください。

B はい，わかりました。代金は先払いでお願いします。

客と店員の会話

＊ -을 테니까：あとに来る内容に対する条件として，話し手の意志を表す。この場合であれば「必ず戻ってくる」ことを条件に「包んでおいてほしい」と頼んでいる。

### □ 335 クレジットカードは使えますか

A 신용 카드로 계산하고 싶은데 비자 카드 되나요?

B 죄송합니다, 아메리칸 익스프레스 카드만 취급하고 있습니다.

A クレジットカードで支払いたいんですが，ビザカードは使えますか。

B 申し訳ありません。アメックスしか扱っておりません。

客と店員の会話

＊ 分割払いにできますか：할부됩니까?

＊ 一括で支払います：일시불로 하겠습니다.

### □ 336 この商品券は使えますか

A 이 상품권은 쓸 수 있어요?

B 죄송합니다만, 이 상품권은 쓰실 수 없습니다.

A この商品券は使えますか。

B 申し訳ございませんが，この商品券はお使いいただけません。

客と店員の会話

＊ この割引クーポンは使えますか：이 할인 쿠폰은 쓸 수 있나요?

＊ お使いいただけますが，おつりはお出しできません《店員が》：쓰실 수 있습니다만, 남은 돈을 거슬러 드릴 수는 없습니다.

## そのほかの会話

1▶ プレゼント用に包んでもらえませんか。
선물용으로 포장해 주실래요?

2▶ 別々に包んでください。따로따로 싸 주세요.
＊ 따로따로 は，分かち書きしない。

3▶ 値札をはずしてもらえますか。
가격표를 떼 주시겠어요?

4▶ 全部でいくらですか。전부 얼마예요?

5▶ お金はあとでいいですか。돈은 나중에 내도 돼요?

6▶ ちょっと予算オーバーしました。
예상했던 것보다 많이 나왔어요.

7▶ 値段には税金が含まれますか。
가격에 세금은 포함돼 있나요?

---

8▶ これをホテルまで届けていただけますか。
이걸 호텔까지 배달해 주시겠어요?

9▶ 日本に送ってもらいたいのですが。
일본으로 보내 주셨으면 합니다만…….

10▶ 配送料は別になるんでしょうか。
배송료는 따로 내는 겁니까?

11▶ 金額が間違っているようです。금액이 잘못된 것 같은데요.

12▶ さっき1万ウォン札を渡しましたが。아까 만 원 짜리를 줬는데요.

13▶ まだおつりをもらっていません。아직 거스름돈 안 받았어요.

14▶ おつりが間違っているようですが。
거스름돈이 잘못된 것 같은데요.
＊ 거스름돈の代わりに잔돈と言ってもいい。

□ 337 **家に牛乳あったっけ？**

A 야, 집에 우유 있었니?

B 슈퍼에 와서 생각하지 말고, 살 거 다 적어 와야지.

A ねえ，家に牛乳あったっけ？

B スーパーに来て考えるんじゃなくて，買うものをちゃんとリストアップしてこなくちゃ。

一緒にスーパーに買い物に来たルームメイト同士の会話

＊ 話し手が男性ならば，A は 집에 우유 있던가? と言うほうがいい。

□ 338 **ペットの餌はどのコーナーですか**

A 애완 동물 사료는 어느 코너에 있어요?

B 저기 23번 기둥 뒤쪽에 있습니다.

A ペットの餌はどのコーナーですか。

B あちらの 23 番の柱の裏側にございます。

客とスーパーの店員の会話

＊ 韓国語では，애완 동물 밥（ペットのご飯）という言い方はしない。

＊ いくら探しても見つからないんですが：아무리 찾아도 못 찾겠는데요.

□ 339 **袋，いりますか**

A 봉투 필요하세요?

B 네, 하나 주세요.

A 袋，いりますか。

B ええ，1つください。

スーパーの店員と客の会話

＊ 韓国のスーパーのレジでは，レジ袋代を取られる。

＊ 袋はいりません：봉투는 필요 없어요.

## そのほかの会話

1▶ ショッピングカート持ってきてくれる？
쇼핑 카트 좀 가져 올래?

2▶ これ，おいしそうだから買っちゃおうか。
이거 맛있어 보이는데 살까?

3▶ 今日の特売品は何ですか。
오늘 특매품은 뭔가요?

4▶ これ，賞味期限はいつまでですか。
이거, 유통 기한은 언제 까지예요?

5▶ このスープ，賞味期限を過ぎていますよ。
이 수프 유통 기한이 지났네요.

6▶ 別々に計算してください。
따로따로 계산해 주세요.

7▶ 試食できますか。시식할 수 있나요?

8▶ この野菜は無農薬栽培ですか。
이 채소는 무농약 재배인가요?
＊実際の会話では，**이건 무농약인가요?** と言っても通じる。

9▶ このジャガイモを3つください。이 감자 세 개 주세요.

10▶ このハム，100グラムいくらですか。
이 햄 100그램에 얼마예요?

11▶ それを薄く切ってください。
이걸 얇게 썰어 주세요.

12▶ かたまりのままください。
덩어리째 주세요.

13▶ 冷凍パックに入れていただけますか。
냉동 팩에 넣어 주시겠어요?

14▶ カレー用の肉はどれですか。
카레용 고기는 어느 거예요?

## □ 340 こちらの売り場の方ですか

A 저기, 여기 직원이세요? 새로운 냉장고를 보고 있는데요.

B 용량은 어느 정도 되는 것을 찾으십니까?

A あのう，こちらの売り場の方ですか。新しい冷蔵庫を探しているんですが。

B どれぐらいの大きさのものをお探しですか。

客と店員の会話

＊ これは 5 人家族には十分な大きさですか : 이건 다섯 식구가 사용하기에 충분한가요?

## □ 341 一番安いものを探しています

A 많은 기능을 쓰지 않으니까 가장 싼 걸 찾고 있어요.

B 이 제품은 기능이 좀 떨어지는데 그래도 괜찮으세요?

A あまりいろんな機能は使わないので，一番安いものを探しています。

B こちらですと機能が少し劣りますが，よろしいですか。

＊ とにかく一番シンプルなのがいいです : 어쨌든 제일 심플한 게 좋아요.

＊ もっといろいろな機能の付いたものはありますか : 좀 더 다양한 기능이 있는 제품을 보여 주세요.

## □ 342 何時間録画できますか

A 이 DVD 레코더는 몇 시간 녹화할 수 있어요?

B 이쪽 것은 1테라바이트의 하드 디스크가 내장되어 있어서 지상 디지털 방송이라면 약 100시간 정도 녹화할 수 있습니다.

A この DVD レコーダーは，何時間録画できますか。

B こちらのものは 1 テラバイトのハードディスクが内蔵されていますので，地上デジタル放送でしたら，約 100 時間程度録画できます。

＊ ギガバイト (GB) : 기가바이트

＊ 録画 : 녹화／予約録画 : 예약 녹화／静止画面 : 정지 화면／再生 : 재생／巻き戻し : 되감기／早送り : 빨리 감기／取り出し : 꺼냄

## そのほかの会話

1▶ LGとサムスンの違いは何ですか。LG와 삼성은 뭐가 다르죠?

2▶ これは最新モデルですか。이건 최신형 모델이에요?

3▶ そのほかにどんな特長がありますか。
그 외에 어떤 특징이 있나요?
＊ 日本語では「特長」でも，韓国語では특징と言うことがある。

4▶ 省エネタイプはどれですか。절약형은 어느 것이에요?

5▶ エネルギー効率はどっちがいいですか。
에너지 절감 효과는 어느 쪽이 좋아요?

6▶ 1時間の電気代はどれくらいかかりますか。
시간당 전기료는 얼마나 나오나요?

7▶ リモコン電池の寿命はどれくらいですか。
리모컨 건전지 수명은 어느 정도예요?

8▶ 電源を入れてもらえますか。전원을 켜 주시겠어요?

9▶ 試してもいいですか。한번 써 봐도 됩니까?

10▶ 家まで配送してくれますか。집까지 배달해 주나요?

11▶ 配達したとき，取り付けてくれますか。
배달할 때 설치도 해 주나요?

12▶ 設置料を別途支払わなければなりませんか。
설치비는 별도로 지불해야 하나요?

13▶ 古いものは下取りに出せますか。
기존 제품은 처리해 주시나요?

7 ショッピング

**家電製品**

- エアコン：에어컨
- 扇風機：선풍기
- 除湿器：제습기
- 電気釜：전기밥솥
- 洗濯機：세탁기
- 空気清浄機：공기 청정기
- 加湿器：가습기
- 掃除機：진공청소기
- 電子レンジ：전자레인지
- 乾燥機：건조기

## □ 343 ノート型に買い換えたいのですが

A 지금 가지고 있는 데스크톱을 노트북으로 바꾸려고 해요.

B 어느 메이커 것을 찾으세요?

A 今あるデスクトップをノート型に買い換えたいのですが。

B どのメーカーのものをお探しですか。

＊ 最近，パソコンの調子が悪くて，新しいのを買おうかと思っています：요즘 컴퓨터 상태가 안 좋아서 새로 사려고 해요.

＊（メーカーは）特に決まっていないんですが：(메이커는) 특별히 생각해 둔 게 없어요.

## □ 344 4ギガ以上のものが欲しいです

A 메모리는 어느 정도 필요하세요?

B 적어도 4기가 이상은 돼야죠.

A メモリーはどれくらいをご希望ですか。

B 少なくとも4ギガ以上のものが欲しいのですが。

店員と客の会話

＊ ギガバイトは，正確には 기가바이트 だが，会話では 기가 と言うことが多い。

## □ 345 最初からインストールされていますか

A 워드나 엑셀은 처음부터 깔려 있나요?

B 네, 이건 비즈니스 모델이니까, 기본적인 프로그램은 다 깔려 있습니다.

A ワードやエクセルは最初からインストールされていますか。

B ええ，こちらはビジネスモデルですので，基本的なソフトはすべて付いております。

店員と客の会話

## そのほかの会話

1▶ 100 万ウォン台のものはありますか。
100만 원대는 있어요.

2▶ 持ち運びに便利なものがいいですね。
가지고 다니기 편한 게 좋아요.

3▶ 重さはどれくらいですか。무게는 어느 정도 되나요?

4▶ 一番薄型のはどれですか。가장 얇은 것은 어느 거예요?

5▶ 防水タイプですか。방수가 되나요?

---

6▶ 外付けハードディスクはいくらぐらいしますか。
외장 하드는 얼마나 하나요?

7▶ ハードディスクの容量はどれくらいありますか。
하드 용량은 어느 정도인가요?

8▶ バッテリーの寿命はどれくらいですか。
배터리 수명은 어느 정도 되나요?

9▶ モニターの解像度はどれくらいですか。
모니터 해상도는 얼마나 돼요?

10▶ もっと動作が速いのはありませんか。좀 더 빠른 건 없나요?

11▶ 画面のサイズがもう少し大きいものはありませんか。
화면 사이즈가 좀 더 큰 건 없나요?

12▶ マックからウィンドウズに乗り換えようと思っていますが，使い方は同じですか。
맥에서 윈도우로 바꾸려고 하는데 사용법은 같아요?

# 116 コンピューターのトラブル

## □ 346 スイッチを入れても，うんともすんとも言わないんです

A 스위치를 눌러도 아무 반응이 없어요.

B 아직 보증 기간이 안 끝났으니까 무료로 해 드리지요. 보증서는 가지고 계세요?

A スイッチを入れても，うんともすんとも言わないんです。

B 保証期間内ですので，無料で承りますが，保証書はお持ちですか。

＊ 스위치를 누르다：スイッチを入れる。스위치를 켜다 ともいう。

＊ 반응이 없다：うんともすんとも言わない（本来の意味は「反応がない」）

＊ 動かない：움직이지 않다

## □ 347 急に動作が遅くなりました

A 실수로 떨어뜨렸는데, 갑자기 속도가 느려졌어요.

B 이거는 간단히 수리할 수 없겠는데요.

A 誤って落としてしまったんですが，急に動作が遅くなりました。

B これはちょっと簡単には修理できませんね。

＊ 속도가 느려지다：動作が遅くなる

＊ 수리하다：修理する，直す：고치다 ともいう。

＊ モニター画面が真っ暗で，何も映らないんです：모니터 화면이 깜깜해서 안 보여요.

## □ 348 修理できますか

A 1주일 전부터 계속 이래요. 고칠 수 있나요?

B 이건 수명이 거의 다 됐어요. 고치는 것보다 사는 편이 싸게 먹혀요.

A 1週間前からこんな状態です。修理できますか。

B これはもう寿命ですね。直すより買ったほうが安上がりだと思います。

＊ 수명이 다 되다：寿命がくる

## そのほかの会話

1▶ 買ってから，まだ1年にもならないのに故障しました。
산 지 1년도 안 됐는데 고장 났어요.

2▶ ボタンを押すといつもこうなるんです。
버튼을 누르면 항상 이렇게 돼요.

3▶ ハードディスクからカリカリと変な音が聞こえるんですが。
하드 디스크에서 끼끼 하는 이상한 소리가 나요.

4▶ ピーピーと変な音が鳴り続けるんです。
삐삐 하고 이상한 소리가 계속 나요.

5▶ 画面がちらちらして，音も出ないんです。
화면이 깜박깜박하면서 소리도 안 나요.

6▶ データは元の状態に戻せますか。
데이터는 원상태로 복구할 수 있어요?

7▶ ハードディスクを復旧できますか。
하드 디스크를 복구할 수 있나요?

---

### 店員が客に

8▶ 保障期間が過ぎていますので，有料になります。
보증 기간이 지났기 때문에 유료입니다.

9▶ 修理には最低1週間はかかります。
수리하는 데 적어도 1주일은 걸려요.

10▶ 新しいものに買い換えをおすすめします。
새걸 사시는 게 좋을 겁니다.

11▶ もう部品がないので，直すのは無理です。
이젠 부품이 없어서 고치기 힘듭니다.

# 店頭でクレームを言う

## □ 349 ここのところが壊れていました

A 집에 가서 열어 보니까 여기가 부서져 있었어요.

B 죄송합니다. 새걸로 바꿔 드리겠습니다.

A 家に帰って開けてみたら，ここのところが壊れていました。

B 申し訳ございません。新しいものとお取り替えいたします。

＊ 부서지다 は形のあるものが壊れて破片になること，망가지다 は機械のようなものが動かなくなること。機械製品が動かないのであれば，망가져 있었어요 と言う。

## □ 350 引っかき傷があります

A 이거 매장에 진열돼 있던 거 아니에요? 긁힌 자국이 있는데요.

B 죄송합니다. 전시품을 잘못 드린 것 같습니다. 바로 다른 물건을 가져오겠습니다.

A これは店頭に飾ってあったものではないですか。開けてみると引っかき傷があります。

B すみません，手違いで展示品をお渡ししてしまったようですね。すぐに別の物をお持ちします。

＊ へこみがあります：움푹 들어가 있어요.

＊ ここにひびが入っています：여기에 금이 가 있어요.

## □ 351 ボタンがひとつ取れています

A 여기서 입어 봤을 때는 몰랐는데, 단추가 하나 없어요.

B 공교롭게도 똑같은 것은 재고가 없습니다만, 어떻게 하시겠어요?

A 試着したときには気がつかなかったんですが，ボタンがひとつ取れています。

B それと同じ柄のものはあいにく在庫がないのですが，どういたしましょうか。

＊ 입어 보다：試着する（会話では，시착하다〈試着ー〉は使わない）

## そのほかの会話

1▶ 箱の写真と中身が違っていました。

상자 사진이랑 내용물이 다릅니다.

* 会話では「〜と」に, **와/과** はあまり使わない。よく使われるのは **(이) 랑**。**하고** を使って **상자 사진하고** も大丈夫。

2▶ 一, 二度しか使っていないのに, 動かなくなりました。

한두 번밖에 안 썼는데 작동이 안 돼요.

3▶ 穴が開いていました。구멍이 뚫려 있었어요.

4▶ ここにシミがあります。여기에 얼룩이 있어요.

5▶ 家に帰って着てみたらサイズが合わないんです。

집에 가서 입어 보니까 사이즈가 안 맞아요.

6▶ ワンサイズ大きいものに替えていただけますか。

한 사이즈 큰 걸로 바꿔 주실래요?

7▶ この服, 一回洗ったら色が落ちてしまったんです。

이 옷 한 번 빨았더니 색깔이 다 빠졌어요.

8▶ 新しいものに替えてください。

새걸로 바꿔 주세요.

9▶ 返金をお願いします。これがレシートです。

환불해 주세요. 여기 영수증이요.

10▶ 買ってからまだ一度も使っていませんので, 返品したいのですが。

구입하고 나서 아직 한 번도 안 썼는데 반품 돼요?

11▶ 値札と領収証の金額が違うんですが。

가격표하고 영수증 금액이 다른데요.

### □ 352 開けてみると傷んでいました

A 팩으로 포장된 토마토를 샀는데, 집에 가서 열어 봤더니 아래쪽이 상해 있었어요.

B 죄송합니다. 앞으로 이런 일이 없도록 주의하겠습니다.

A パックになったトマトを買ったのですが，帰って開けてみると下のほうが傷んでいました。

B 申し訳ございません。今後はこうしたことがないように注意いたします。

＊ 상하다〈傷－〉：傷んでいる

### □ 353 取り替えてください

A 아오모리산 마늘인 줄 알고 샀는데 중국산이었어요. 바꿔 주세요.

B 죄송합니다. 영수증을 가지고 계십니까?

A 青森産のニンニクだと思って買ったら中国産でした。取り替えてください。

B 申し訳ございません。レシートをお持ちでしょうか。

＊ 영수증〈領收證〉：レシート

＊ ～産（産地を表す）というときは分かち書きをしない／済州島産：제주도산／中国産：중국산／北海道産：홋카이도산

### □ 354 割引シールをつけてくれませんか

A 반찬에 할인 스티커 붙이는 거 좀 빨리해 주시면 안 돼요?

B 죄송합니다. 할인 시간대가 오후 8시부터라서요.

A 惣菜の割引シール，もう少し早く付けてくれませんか。

B 申し訳ございません。値引き時間帯は午後 8 時からとなっております。

＊ 스티커를 붙이다：シールを貼る

## そのほかの会話

1 ▶ 卵のパックを買ったのですが，2つ割れていました。

달걀을 한 판 샀는데 두 개가 깨져 있었어요.

＊ 韓国の大型スーパーで売っている卵は，ふつう**한 판**（1ケース）30個入りだが，最近は10個入り（**열 개 들이**）や5個入り（**다섯 개 들이**）なども販売している。

2 ▶ ゆで時間5分のスパゲティと間違えて，11分のを買ってしまったんですが。

삶는 시간 5분짜리 스파게티인 줄 알고 샀는데 11분짜리로 잘못 샀어요.

3 ▶ このお豆腐，さっき買ったんですけど，賞味期限が切れていました。

이 두부 아까 산 건데 유통 기한이 지났어요.

＊ **유통 기한**〈流通期限〉：賞味期限

4 ▶ この果物，まだ熟していないので，とても硬くて酸っぱいです。こういったのは払い戻してくださるんですか。

이 과일, 아직 익지 않아 너무 딱딱하고 시어요. 이런 건 환불해 주시나요?

5 ▶ 今朝のチラシに載っていた品物は，もう売り切れてしまったんですか。

오늘 아침 전단지에 실려 있던 상품은 벌써 매진됐어요?

＊ **전단지**〈傳單紙〉：チラシ。**전단** とも言う。

6 ▶ これはどこを見ても原産地表示がありません。

이건 아무리 봐도 원산지 표시가 없어요.

7 ▶ この食品のアレルギー表示はどこに書いてあるんですか。

이 식품의 알레르기 표시는 어디에 적혀 있어요?

8 ▶ レジが混んでいて，時間がかかりすぎです。

계산대가 붐벼서 너무 많이 기다리는데요.

＊ **계산대**〈計算臺〉：レジ

9 ▶ 会計が少しおかしいので，ちょっと確認してください。

계산이 좀 이상한데 확인 좀 해 주세요.

# 8.

# 食事・料理

## □ 355 このハンバーガーすごいボリューム

A 우아, 이 햄버거 엄청 크다. 이걸 어떻게 다 먹어?

B 덥석 물어서 먹으면 돼.

A わあ，このハンバーガーすごいボリューム。どうやって食べるの？

B がぶっとかぶりついたらいいのよ。

＊ AとBは友達同士。덥석 は「獲物にかぶりつく」様子。

＊ フライドチキンにかぶりついたら，歯が欠けちゃったの：프라이드치킨을 한 입 베어 물었더니 이가 빠졌어.

＊ りんごをがぶっと噛んだら，歯茎から血が出たの：사과를 씹어 먹었더니, 잇몸에서 피가 났어.

## □ 356 映画を見ながら何か食べている人，いるよね

A 영화 보면서 아작아작 뭔가를 먹고 있는 사람들이 있지?

B 그런 애들은 주변 사람에게 민폐야.

A 映画を見ながらポリポリ何か食べている人，いるよね。

B ああいうのって，周りに迷惑だよね。

＊ 민폐〈民弊〉：他人迷惑

＊ ポップコーンをポリポリ食べる：팝콘을 아작아작 먹다

＊ キュウリの漬物をポリポリかじる：오이절임을 아작아작 씹어 먹다

＊ にんじんやセロリを生でボリボリかじる：당근이나 샐러리를 생으로 아작아작 씹어 먹다

## □ 357 魚の骨を取るのが苦手なんだ

A 나는 생선 뼈를 잘 발라내지 못해 생선 구이는 그다지 좋아하지 않아.

B 나도. 고양이는 생선을 먹어도 뼈가 목에 걸리지 않는 게 신기해.

A ぼくは魚の骨を取るのが苦手だから，焼き魚はあまり食べないんだ。

B わたしもよ。猫は魚を食べても，よく骨がのどに引っかからないわね。

＊ 魚の骨を取る：생선 뼈를 발라내다

＊ 魚の骨がのどに引っかかる：생선 뼈가 목에 걸리다

## そのほかの会話

1 ▶ 会議中にお腹がグウグウなって恥ずかしかったです。
회의 중에 배가 꼬르륵거려서 부끄러웠어요.

2 ▶ そんなにがつがつ食べなくてもおかずはたくさんありますよ。
그렇게 허겁지겁 먹지 않아도 반찬은 많이 있어요.

3 ▶ ほら，ほっぺたにご飯粒がついてるわよ。
봐 봐. 여기 볼에 밥풀이 붙어있어.

4 ▶ ホットドッグの早食い競争をしてむせてしまいました。
핫도그 빨리 먹기 경기를 하다가 목이 메어 버렸어요.

5 ▶ ご飯食べるときに，くちゃくちゃするのやめて。
밥 먹을 때, 쩝쩝거리지 좀 마.
 ＊ 何くちゃくちゃ食べてるの？：뭘 그렇게 쩝쩝 먹고 있는 거야?

6 ▶ ガムをくちゃくちゃかみながら話すのは相手に対して失礼だよ。
껌을 질겅질겅 씹으면서 이야기하는 것은 상대에게 실례야.

8 食事・料理

## 関連表現

- テーブルマナーが悪い：테이블 매너가 나쁘다
- テーブルに肘をつく：식탁에 팔꿈치를 대다
- 食事しながら本を読む：음식을 먹으면서 책을 읽다
- 食べ物を残す：음식을 남기다
- 好き嫌いをする：편식하다
- ズルズル音を立てて食べる：후루룩 소리 내면서 먹다
- 口の中に物を入れたまましゃべる：음식을 먹으면서 이야기하다
- 口をもぐもぐさせる：입을 우물우물하다

---

- 水をこぼす：물을 흘리다
- ご飯をこぼす：밥을 흘리다
- ご飯粒を飛ばす：밥풀을 튀기다
- はしの先をなめる：젓가락 끝을 핥다
- はしでものを刺して食べる：젓가락에 음식을 꽂아서 먹다

□ 358 **ご飯作るの面倒くさいから今日は外食しよう**

A 엄마가 저녁하기 귀찮다고 오늘은 외식하재.

B 외식하자고? 그런 돈이 어디 있어?

A お母さんが，ご飯作るの面倒くさいから今日は外食しようって。

B 外食だって？　そんな金どこにあるんだ。

息子と父親の会話

＊ -재：-자고 해 の縮約形。～しようって。動詞や 있다 について，第三者から聞いた勧誘や提案の話を引用して伝える場合に使う。

□ 359 **毎日コンビニ弁当だと，体によくないわよ**

A 매일 편의점 도시락만 먹으면 몸에 좋지 않아.

B 아니, 요즘은 영양 밸런스를 고려한 것도 있거든.

A 毎日コンビニ弁当だと，体によくないわよ。

B いや，最近は栄養のバランスを考えたものもあるんだ。

＊ 편의점 도시락：コンビニ弁当

＊ 体を壊す：몸이 망가지다（直訳は「体が壊れる」）

□ 360 **外食ばかりしていると，栄養が偏ってしまうわよ**

A 혼자서 사니까, 늘 밖에서 대충 때우게 돼.

B 외식만 하면 영양 상태가 불균형하게 돼.

A 一人暮らしなので，いつも適当に外食で済ませてしまうんだ。

B 外食ばかりしていると，栄養が偏ってしまうわよ。

＊ 때우다：ほかの物で済ます，間に合わせる，代用する／점심은 라면으로 때우다.：昼飯はラーメンで済ます。

＊ 영양 상태가 불균형하게 되다 は直訳すると「栄養状態が不均衡になる」。

## 関連表現

◆おなかがすく：**배고프다 (배가 고프다)**

◆おなかがいっぱいだ：**배부르다 (배가 부르다)**

＊ 腹一杯食べる：**배부르게 먹다**／腹一杯食べさせる：**배부르게 먹이다**

◆大食いだ：**대식가다, 많이 먹다**

---

◆自炊する：**자취를 하다**

◆外食する：**외식하다, 나가서 먹다**

◆軽く食べる：**가볍게 먹다**

◆朝食を抜く：**아침을 거르다**

◆おかわりをする：**리필하다**

＊ **리필**というのは refill から来た語で，補充，充填を意味する。会話で**리필하다**と言うと，コーヒーなどを「おかわりする」ことを意味する。ご飯をおかわりするときは，**밥, 조금 더 주세요.** のように言う（家庭での場合）。食堂などでは，**밥 한 공기 더 주세요.** と言う（有料）。

◆一口食べてみる：**한 입 먹어 보다**

◆試食する：**시식하다**

---

◆はしをきちんと持つ：**젓가락질을 제대로 쥐다**

◆はしでつまむ：**젓가락으로 집다**

◆スプーンですくう：**숟가락으로 뜨다**

◆スプーンでかき混ぜる：**숟가락으로 비비다**

＊ご飯を汁物の中に入れて食べることを **밥을 국에 말아 먹다** という。

---

◆コーヒーを入れる：**커피를 타다**

◆砂糖を入れてかき混ぜる：**설탕을 넣고 젓다**

---

◆手に持って食べる：**손에 들고 먹다**

◆器に口をつけて飲む：**그릇에 입을 대고 먹다**

◆そばをすする：**메밀국수를 후르륵 먹다**

◆汁につけて食べる：**국물에 적셔 먹다**

◆麺がのびる：**면이 붇다**

◆タバスコをかける：**핫소스를 치다**

◆フォークでくるくる巻いて食べる：**포크로 돌돌 말아서 먹다**

8 食事・料理

### □ 361 朝はきちんと食べてください

A 바빠서 아침을 제대로 못 먹어요.

B 아침은 꼭 챙겨 드세요. 아침을 거르면 일에 집중하기 힘들어요.

A 忙しくて朝食をまともに取ることができないんです。

B 朝はちゃんと食べてくださいよ。朝食抜きじゃ仕事に集中できないですよ。

＊ 아침은 꼭 챙기다：朝食をきちんと取る（챙기다 は「忘れずにきちんとする」という意味）。
＊ 食事を抜く：식사를 거르다
＊ 朝ご飯をきちんと食べなきゃダメよ：아침을 제대로 먹지 않으면 안 돼.

### □ 362 朝ごはんのかわりにパンで済ませるの？

A 댁에서는 아침 식사로 밥 대신에 빵을 드시기도 하세요?

B 우리 집은 평일에는 거의 매일 그래요. 아침엔 바빠서 빵을 먹는 게 편하거든요.

A お宅では，朝ごはんのかわりにパンで済ませることがおありなの？

B うちは，平日はほとんど毎日よ。朝は忙しいからパンのほうが楽なのよね。

主婦同士の会話

＊ 私は，ふつう朝は食べません：저는 원래 아침은 안 먹어요.

### □ 363 寝坊しちゃってご飯も食べないで来たんだ

A 학교 올 때 택시 타고 왔다면서?

B 첫째 시간이 수학 시험이었잖아. 늦잠을 자는 바람에 밥도 못 먹고 왔지.

A 学校にタクシーで来たんだって？

B 1時間目が数学の試験だったじゃない。寝坊しちゃってご飯も食べないで来たんだよ。

朝，学校での同級生同士の会話

＊ 先生が出席を取る前に教室に滑り込んで，何とか遅刻にならずに済んだよ：선생님 이 출석을 부르기 전에 교실에 들어와 간신히 지각은 면했어.

## そのほかの会話

1▶ 朝ご飯は食べないことが多いです。

아침은 거르기 일쑤예요.

＊ **거르다**：飛ばす，抜かす，省略する

2▶ (朝) ご飯を食べる時間があったらもっと寝ていたいですよ。

밥 챙겨 먹을 시간에 조금이라도 더 자고 싶은걸요.

3▶ 朝はバナナ１本で簡単に済ませます。

아침은 바나나 한 개로 간단하게 때워요.

＊ **때우다**：済ます，代用する，間に合わせる

4▶ 朝はいつも，朝食を食べながら，新聞にざっと目を通します。

아침에는 언제나 밥 먹으면서 신문을 대충 훑어봐요.

**8** 食事・料理

---

5▶ 朝ご飯，まだ？　お腹ぺこぺこだよ。

아침, 아직 안 됐어? 배가 너무 고픈데.

6▶ 時間がないから朝はいらないよ。

시간 없으니까 아침은 됐어.

7▶ 悪い，今日は朝ごはんいいや。미안, 오늘 아침은 됐어.

8▶ 朝からこんなに食べられないよ。아침부터 이렇게 많이 못 먹어.

9▶ 軽くシリアルだけでいいよ。간편하게 시리얼만 줘.

10▶ 会社行って食べるよ。회사 가서 먹을게.

11▶ 途中で何か買っていくよ。도중에서 뭔가 사 먹을게.

12▶ 果物だけでも食べていきなさい。과일이라도 먹고 가.

13▶ コーヒー，もう１杯飲む？커피, 한 잔 더 마실래?

14▶ 早く食べないと遅れるわよ。빨리 먹지 않으면 늦어.

## □ 364 このカレー，コクがあるわ

A 이 카레, 뭔가 감칠맛이 나네요. 어떻게 만들었어요?
B 시중에서 파는 카레에 초콜릿을 조금 넣었어요.

A このカレー，ちょっとコクがあるわね。どうしたの？
B 市販のカレールーに，チョコレートをちょっと入れたのよ。

カレーを食べながらの知人同士の会話
＊ 감칠맛이 나다：食欲をそそる，こくがある
＊ 카레 루（カレールー）という語はあるが一般的ではない。ふつうは単に 카레 という。

## □ 365 とろ火でじっくりと煮込むとおいしいよ

A 카레는 약한 불로 오래 끓이는 것이 맛있어.
B 말로는 쉽지만, 냄비를 가끔씩 저어 주지 않으면 재료가 눌어붙어.

A カレーはとろ火でじっくりと煮込んだほうがおいしいよ。
B 言うのは簡単だけど，鍋をときどきかき混ぜないと焦げちゃうのよ。

友達同士の会話
＊ 눌어붙다：焦げ付く
＊ カレーの上にソースをかけると，これが意外とおいしいんですよ：카레 위에 소스를 쳐서 먹으면 의외로 맛있어요.

## □ 366 本場の味がするでしょう？

A 인도의 향신료를 써 봤어. 어때? 본토 맛이 나지?
B 본토 맛은커녕, 너무 매워서 입 안에 불이 난 것처럼 얼얼해.

A インドの香辛料を使ってみたの。どう？ 本場の味がするでしょ？
B 本場の味どころか，辛すぎて口の中が火事になったようにヒリヒリするよ。

カレーを食べながらの恋人同士の会話
＊ 辛口：매운맛（ひとつの単語と見なし，くっつけて書く）／中辛：약간 매운맛〈弱干－〉／甘口：달콤한 맛

## カレーの作り方

1 ▶ カレーの作り方を教えてください。
카레 만드는 법을 가르쳐 주세요.

2 ▶ まず，にんじん，じゃがいも，たまねぎ，コショウをふった牛肉を一口大に切ります。
우선 당근, 감자, 양파, 후춧가루를 뿌린 쇠고기를 한 입 크기로 잘라 줍니다.

＊ **한 입 크기로 자르다**：一口大に切る／**입에 넣기 알맞은 크기로 자르다**：適当な大きさに切る

3 ▶ フライパンにサラダ油大さじ 3 杯，バター大さじ 2 杯を入れて熱します。
프라이팬에 식용유 큰 술 세 스푼, 버터 큰 술 두 스푼을 넣고 가열합니다.

＊ 鍋に油を引く：**냄비에 기름을 두르다**

＊ 大さじ 2 杯なら **큰 술 두 스푼**，小さじ 1 杯なら **작은 술 한 스푼** という。

8 食事・料理

4 ▶ じゃがいもとにんじんを先に炒め，少し火が通ったら肉とたまねぎを一緒に入れて炒めます。
감자와 당근을 먼저 볶고, 조금 익었다 싶을 때 고기, 양파를 함께 넣고 볶아 줍니다.

5 ▶ タマネギがきつね色になるまで中火で炒めます。
양파가 누렇게 될 때까지 중간 불로 볶습니다.

6 ▶ 水を材料より少し多めに入れて煮立てます。
물을 요리 재료보다 조금 많이 넣고 끓여 줍니다.

7 ▶ 材料に完全に火が通ったらカレールーを入れておたまでかき混ぜます。
재료가 완전히 익으면 카레를 넣고 국자로 저어 줍니다.

8 ▶ 強火で料理すると，すぐになべ底が焦げてしまうので注意してください。
센 불로 요리하면 금방 냄비 바닥에 눌어붙기 때문에 주의하세요.

9 ▶ よくかき混ぜないと，カレーがうまく溶けずに玉（だま）になってしまいます。
잘 저어 주지 않으면 카레가 물에 풀리지 않아서 덩어리가 그대로 남습니다.

＊ カレー粉やルーなどを溶かしたときにできる玉は **덩어리** という。

10 ▶ カレールーが十分に溶けたら火を消します。
카레가 충분히 풀리면 불을 끕니다.

11 ▶ ご飯をお皿に盛って，カレーをかけて食べます。
밥을 접시에 담고, 카레를 얹어 먹습니다.

## □ 367 米をちゃんととがないから，石が入ってたじゃないか

A 쌀을 깨끗이 씻지 않으니까 밥에 돌이 들어가 있잖아.

B 어머, 무세미를 써서 지은 건데요.

A 米をちゃんととがないから，ご飯の中に石が入ってたじゃないか。

B えっ，無洗米を使って炊いたのよ。

＊ 쌀을 씻다：米をとぐ

＊ 無洗米:씻어 나온 쌀 (무세미という語もあるが, 実際の会話ではあまり使われていない)

＊ ご飯を炊く：밥을 짓다 (過去形は 밥을 지었다)

## □ 368 さっとひっくり返さなきゃ

A 이런, 계란이 타잖아! 빨리 뒤집어.

B 아, 아빠, 난 반숙으로 한 면만 익혀 주세요.

A 卵が焦げちゃうわよ。さっとフライパンをひっくり返さなきゃ。

B あっ，お父さん，ぼくは片面焼きの半熟がいいな。

料理をしている夫に話しかける妻と子ども

＊ 프라이팬을 뒤집다：フライパンをひっくり返す

＊「卵を焼く」は 계란을 굽다 ではなく，계란을 부치다，프라이하다。부치다 はフライパンなどに油を引いて焼く，지지다 は油の有無は問題にせず，フライパンなどの熱を利用して焼く。프라이하다 は目玉焼きを焼く。

## □ 369 お昼の残りをチンして食べましょ

A 엄마, 저녁은 뭐예요?

B 매일 요리하자니 귀찮다. 그냥 점심 때 먹다 남은 거 전자레인지에 데워 먹자.

A お母さん，今日の夕食は何？

B 毎日料理を作るのは面倒だわ。お昼の残りをチンして食べましょ。

息子と母親の話

＊ 전자레인지에 데우다：チンする

＊ ラップをかける：랩을 씌우다

## 料理，食事の準備

- レシピを作る：**레시피를 만들다**
- エプロンをする：**앞치마를 두르다**

- ご飯を蒸らす：**(밥을) 뜸 들이다**
- （水分が少なくて）ご飯が固い：**밥이 되다**（固いご飯のことは **된밥** という）
- ご飯が水っぽい：**밥이 질다**（軟らかいご飯のことは **진밥** という）
- ご飯が焦げる：**밥이 눋다**（過去形は **눌었다**）
  - ＊ 焦げた飯は **눌은밥**，（釜の底にこびりついている）お焦げは **누룽지** という。

- 下ごしらえをする：**요리하기 전에 준비하다**
- 材料をそろえる：**재료를 준비하다**
- 下味を付ける：**밑간을 해 두다**
  - ＊ 塩とコショウで下味をつけておく：**소금과 후추로 밑간을 해 두다**

- 皮をむく：**껍질을 벗기다**
  - ＊ ジャガイモの皮をむく：**감자 껍질을 벗기다**
- ナスのへたをとる：**가지 꼭지를 따다**
- 栗の皮をむく：**밤을 까다**
- アボカドの種を取る：**아보카도씨를 바르다**
  - ＊ **배추씨** (白菜の種)，**사과씨** (リンゴの種)，**귤씨** (ミカンの種) のように，植物の種を表すときには原則としてくっつけて書く。

- 野菜を洗う：**야채를 씻다**
- 水にさらす：**물에 담그다**
- 水を切る：**물기를 빼다**
- あくがある：**쓴맛이 나다**
- （野菜の）あくを抜く：**쓴맛을 빼다，쓴맛을 없애다**
  - ＊ ゴボウのあくを抜く：**우엉의 쓴맛을 없애다**
- （煮汁の）あくを取る：**거품을 걷어 내다**

- 塩を加える：**소금을 넣다**
- すりおろす：**갈다**
  - ＊ ダイコンをすりおろす：**무를 갈다**
  - ＊ ゴマをする：**깨를 갈다**
- 計量カップで測る：**계량컵으로 재다**
  - ＊ 大さじ山盛り：**큰 숟가락으로 가득**／大さじ３杯：**큰 술 세 스푼**／大さじ２杯：**큰 술 두 스푼**／小さじ１杯：**작은 술 한 스푼**／술は **숟가락** のこと。

8 食事・料理

## □ 370 じっくりと煮込むのがコツです

A 카레를 만들 때, 센 불로 요리하면 금방 냄비 바닥에 눌어붙어요.

B 중불로 천천히 끓이는 것이 요령이에요.

A カレーを作るとき，強火で料理するとすぐになべ底が焦げてしまいますね。

B 中火でじっくりと煮込むのがコツです。

＊ 센 불 : 強火／중간 불 : 中火／약한 불 : 弱火
＊ 煮る : 삶다（ゆでる），끓이다（ぐつぐつと煮る），조리다（汁がなくなるまで煮る）
＊ 煮込む : 푹 끓이다（ぐつぐつと煮込む），푹 익히다（中まで火が通るようにと煮込む）

## □ 371 鶏を煮込んでサムゲタンを作ったの

A 조금 감기 기운이 있길래 압력솥에다 닭을 푹 과서 삼계탕을 만들어 먹었어.

B 음식 솜씨가 좋은가 봐. 집에서 만들어 먹기 까다롭지 않아?

A ちょっと風邪気味だったので，圧力鍋で鶏をぐつぐつ煮込んでサムゲタン（蔘鶏湯）を作って食べたの。

B 料理の腕がいいのね。家で作るのは面倒じゃない。

＊ 고다 :（肉などを）ぐにゃぐにゃになるまで十分に煮込む

## □ 372 レトルト食品でもおいしい料理ができるのよ

A 요즘 엄마들은 요리를 잘 안 해서 그런지 어머니의 손맛을 느끼기 힘들어.

B 아니, 즉석 식품이나 통조림도 조리하기에 따라 맛있는 요리를 만들 수 있어.

A 最近のお母さんは料理をしないから，お袋の味って感じがしないね。

B でも，レトルト食品や缶詰も，使い方によってはおいしい料理ができるのよ。

＊ レトルト食品 : 레토르트 식품 という単語はあるが，会話ではふつう 즉석 식품〈卽席食品〉と言う。

## 関連単語・表現①

◆煎る, 炒める：볶다, 지지다

＊ **볶다**は，ゴマ，豆のように油を使わずにフライパンなどで煎る（豆を煎る：**콩을 볶다**）。材料を何度もかき混ぜながら炒める（野菜を炒める：**야채를 볶다**）。

＊ **지지다**は油を引いて片面ずつ（じっくり）焼く。

---

◆ゆでる：데치다, 삶다

＊ **삶다**：水に材料を入れて，少し長い時間ゆでる。ジャガイモ，サツマイモ，卵など火を通して食べ物をゆでる。（スパゲッティをゆでる：**스파게티를 삶다**）

＊ **데치다**：葉もの野菜のように，さっとゆでる。ゆがく。ホウレンソウやレタスなど火の通りやすいものをゆでる。（ホウレンソウをゆがく：**시금치를 데치다**／レタスをさっとゆがく：**양상추를 뜨거운 물에 살짝 데치다**）

◆下ゆでする：미리 삶아 두다

---

◆火を通す：익히다

◆焼く：굽다

＊ **굽다**は火を使って「焼く」，「中まで火を通す」。ただし，油を使うか使わないかは問題にしない。ふつうは，油を使わず火に直接かざして火の熱によって調理することを指すが，**소금구이**（ソテー）のようにフライパンに油をひいて料理するときにも使われる（肉を焼く：**고기를 굽다**）。これに対して **부치다** はフライパンなどに油を引いて焼く（卵を焼く：**계란을 부치다**）

◆温める：데우다

---

◆油を引く：기름을 두르다

◆フライパンを温める：프라이팬을 달구다

---

◆蒸す：찌다　◆蒸らす：뜸들이다

◆湯気が出る：김이 나다　◆蓋をする：뚜껑을 덮다

◆お湯を沸かす：물을 끓이다

◆水をひたひたに入れる：물을 자박자박하게 넣다

◆鍋を火にかける：냄비를 불에 올리다

◆煮立つ：끓어오르다　◆湯がふきこぼれる：물이 끓어 넘치다

---

◆衣を付ける：튀김 가루를 입히다　◆小麦粉を付ける：밀가루을 입히다

◆溶き卵を付ける：(미리) 풀어 놓은 달걀을 입히다

◆片栗粉でとろみを付ける：녹말가루로 걸쭉하게 만들다

◆こねる：반죽하다

＊ 小麦粉をこねる：**밀가루를 반죽하다**

◆天ぷらを揚げる：튀김을 튀기다　◆高温で揚げる：고온으로 튀기다

## 関連単語・表現②

◆泡立てる：거품을 내다

◆溶かす：녹이다, 풀다

＊ 固形物の元の形がなくなって液体化する場合は**녹다, 녹이다**が使われ，液体や粉末形態の物が他の液体に混ざり，液体化する場合は**풀이다, 풀다**が使われる。

＊ 녹이다：**(고체) 카레를 물에 녹이다／설탕을 물에 녹이다／소금을 물에 녹이다／엿을 물에 녹이다／얼음을 물에 녹이다／버터를 프라이팬에 녹이다**

＊ 풀다：**(분말) 카레를 물에 풀다／녹말가루를 물에 풀다／끓는 물에 된장을 풀다／매운탕에 고춧가루를 풀어서 먹다／라면에 계란을 풀어 넣다**

◆かき混ぜる：뒤섞다, 휘젓다

＊ 材料がよく合わさるようにかき混ぜる。

＊ 黄身と白身をかき混ぜる：**노른자와 흰자를 뒤섞다**

◆かき混ぜる：젓다

＊ 液体や粉末を，手や道具を用いてかき回して混ぜる。

＊ コーヒーに砂糖を入れてさじでかき混ぜる：**커피에 설탕을 넣고 스푼으로 젓다（커피를 젓다)**

◆混ぜ合わせる：버무리다

＊ エイ（の刺身）を唐辛子酢味噌で和える：**홍어를 초고추장에 버무리다**

◆和える：무치다

＊ 豆モヤシを和える：**콩나물을 무치다**／ホウレンソウを和える：**시금치를 무치다**

◆濾（こ）す：거르다

＊ 液体の沈殿物（**찌꺼기**）やかす（**건더기**）を濾紙（**거름종이**）やふるい（**체**）で濾す。

＊ 裏ごしをする：**고운 체로 거르다**

◆ミキサーにかける：믹서에 갈다

◆つぶす：으깨다

＊ ゆでたジャガイモをすりつぶす：**삶은 감자를 으깨다**

◆挽く：갈다

＊ コーヒー豆を挽く：**원두커피를 갈다**

◆魚をおろす：생선을 손질하다

＊ 魚の骨と身をはがす：**생선을 바르다（생선을 발라 먹다**：魚の骨を取って食べる）

◆包丁で魚の頭を落とす：칼로 생선 대가리를 잘라 내다

◆魚を三枚におろす：생선을 세 장 뜨기로 잘 다듬다（머리를 떼어 내고, 등뼈를 따라 칼집을 넣어 뼈와 두 조각의 살로 뜨다）

◆包丁を入れる：칼질을 하다

◆切込みを入れる：칼집을 내다

◆切り離す：끊어서 갈라 놓다

◆ぶつ切りにする：토막 치다

◆ウロコを落とす：비늘을 벗기다

## いろいろな「切る」

**썰다**：切ろうとするもの（細長い物）を「置いて切る」こと。まな板を使って材料を切るときに使われる。切るときの力は上から下に向く。

◆キムチを切る：김치를 썰다　◆ネギを細かく刻む：파를 잘게 썰다
◆キャベツを刻む：양배추를 잘게 썰다　◆肉を薄く切る：고기를 얄팍하게 썰다
◆ソーセージを厚く切る：소시지를 두껍게 썰다
◆千切りにする：채 썰다, 채 치다
◆ダイコンを千切りにする：무를 채 썰다, 무를 채 치다
◆キャベツを千切りにする：양배추를 채 썰다, 양배추를 채 치다
◆乱切りにする：마구 썰다　◆大振りに切る：큼직하게 썰다
◆輪切りにする：둥글게 썰다　◆斜めに切る：어슷하게 썰다
◆厚めに切る：도톰하게 썰다

---

**다지다**：何度も細かく刻む。みじん切りにする。一定の方向に細く切るのは **썰다**。

◆タマネギをみじん切りにする：양파를 다지다
◆包丁で叩く：칼로 다지다

---

**자르다**：はさみやナイフ，包丁など，切るときの道具や，方法（縦に切るか，横に切るか，寝かせて切るかなど）は問わない。「切る」という行為のみを示す。調理ばさみで肉を切るときには **조리 가위로 고기를 자르다** と言う。

◆肉を切る：고기를 자르다　◆豆腐を切る：두부를 자르다
◆魚を切る：생선을 자르다

〈参考〉
＊**머리를 자르다**：髪の毛を切る（長い髪の一部を切る。男女ともに使われる）
＊**머리를 깎다**：髪を刈る（主に男性の場合。スポーツ刈りなど，髪の毛の長さが長くなくても，きちんと刈り揃える場合に使われる）

---

**저미다**：いくつもの小切に「薄く切る」ことで，刺身などを切るときに使われる。

◆刺身を薄めに切る：회를 얇게 저미다

---

**베다**：刀や鎌のように比較的鋭い刃がある道具で，立っているものを２つに切る。切る動作は，ふつう物とは直角の横方向になる。

◆刀で首を切る：칼로 목을 베다　◆鎌で草を刈る：낫으로 풀을 베다
◆ガラスのかけらで手を切った：유리 조각에 손을 베었다
◆カミソリで肌を切ってしまった：면도를 하다가 살갗을 베었다

8 食事・料理

### □ 373 朝は簡単にサンドイッチにしようと思ってる

A 아침은 간단하게 샌드위치로 하려고 하는데 만드는 법 좀 가르쳐 줄래?

B 먼저 샌드위치에 들어갈 속을 만들고, 빵 두 쪽 사이에 넣은 후 포개기만 하면 돼.

A 朝は簡単にサンドイッチにしようと思ってるんだけど，作り方，教えてくれる？

B まずサンドイッチに挟む具を作り，それをパンの間に入れて重ねるだけよ。

＊ 포개다：重ねる

＊ 朝はコーヒーとパンで済ます：아침을 커피와 빵으로 때우다

### □ 374 パンがうまく焼けないの

A 홈 베이커리를 샀는데, 빵이 잘 구워지지 않아요.

B 광고에 속아서 그래. 빵은 직접 만드는 것보다 빵집에서 사다 먹는 것이 맛있어.

A ホームベーカリーを買ったんだけど，パンがうまく焼けないの。

B コマーシャルにだまされて買うからよ。パンは自分で作るよりパン屋さんで買うのが一番よ。

主婦同士の会話

＊ 最近パン作りにチャレンジしてるんだけど，どうやってもパンが膨らまないの：요즘 빵 만들기에 도전하고 있는데, 아무리 해도 빵이 부풀지 않는 거야.

### □ 375 パンの耳でパン粉を作るの

A 빵의 가장자리는 버리기 아까우니까 믹서로 갈아 빵가루를 만들어 써요.

B 전 바삭바삭하게 튀겨서 수프의 크루통으로 써요.

A パンの耳は捨てるのもったいないから，ミキサーにかけてパン粉を作ってるの。

B 私はカリカリに揚げてスープのクルトンにしてるわ。

主婦同士の会話

＊ 빵의 가장자리：パンの耳

## そのほかの会話

1 ▶ 朝はこんがり焼いたパンにバターをたっぷり塗って食べるの。
아침은 노릇노릇하게 구운 빵에 버터를 듬뿍 발라 먹어.

2 ▶ うちの人は日本料理の調理師なのに，朝はいつもコーヒーとパンなのよ。
우리 남편은 일식 요리사인데도 아침은 항상 커피와 빵으로 때워.

3 ▶ お母さん，パンにカビが生えてるけど，そこだけ切り取って食べても大丈夫？
엄마, 빵에 곰팡이가 피었는데, 거기만 잘라 내고 먹어도 될까요?

### パンに関連する表現

- トーストにバターをたっぷり塗る：**토스트에 버터를 듬뿍 바르다**
- パンをちぎって食べる：**빵을 찢어 먹다**
- パンを牛乳に浸す：**빵을 우유에 적시다**
- パンにかじりつく：**빵을 갉아먹다**

---

- トースターにパンを入れる：**토스터에 빵을 넣다**
- パンをカリカリに焼く：**빵을 노릇노릇하게 굽다**
- パンが真っ黒焦げになる：**빵이 시꺼멓게 타다**

---

- フランスパン：**프랑스빵**
- クロワッサン：**크루아상**
- コッペパン：**쿠페빵**
- バゲット：**바게트**
- ガーリックパン：**마늘빵**
- バンズ：**번스**
- マフィン：**머핀**
- バターロール：**버터롤**
- ハードロール：**하드롤**
- ソフトロール：**소프트롤**

＊ 飛行機で食事のときにバターロールを頼む場合は **하드 하나 더 주세요.**，**소프트만 두 개 주세요.** などと言えばいい。ただし一般に**하드**と言えば，アイスキャンディーのことを指す。

---

- ジャムパン：**잼빵**
- チョコレートパン：**초콜릿빵**
- クリームパン：**크림빵**
- あんパン：**팥빵**
- そぼろパン：**곰보빵, 소보로빵**
- カレーパン：**카레빵**
- メロンパン：**멜론빵**（**멜론 맛이 나는 곰보빵**）

---

- バター：**버터**
- マーガリン：**마가린**
- ジャム：**잼**
- イチゴジャム：**딸기 잼**
- マーマレード：**마멀레이드**
- ハチミツ：**벌꿀**
- ピーナッツバター：**땅콩버터**（**피넛 버터**）

## □ 376 あっさりした味ですね

A 이 라면, 산뜻한 맛이 나네요.

B 이거면 여자들도 좋아할 만하네요.

A このラーメン，あっさりした味ですね。

B これなら，女性にも好まれそうですね。

日本のラーメン屋での知人同士の会話で A は韓国人

＊ ラーメンをゆでる／ラーメンを作る：(○) 라면을 끓이다　(×) 라면을 삶다

## □ 377 この店のラーメンはやみつきになりそうです

A 이 가게의 진한 돼지 뼈 국물 라면은 중독될 것만 같아요.

B 진짜 맛있네요. 역시 일본 라면은 먹을만 하네요.

A この店のこってりしたとんこつラーメンはやみつきになりそうです。

B 本当にうまいですね。さすが日本のラーメンだけありますね。

日本のラーメン屋での知人同士の会話で B は韓国人

＊ 돼지 뼈 국물：とんこつスープ／닭 뼈 국물：鶏がらスープ

＊ 濃厚なスープ：진한 국물

## □ 378 並んで食べる気にはならないね

A 야, 역 앞에 있는 라면집에서 먹고 가자.

B 아무리 맛있다고 해도 1시간이나 줄 서서 먹을 생각은 없어.

A なあ，駅の近くのラーメン屋で食べていこうよ。

B いくらうまいからって，1時間も並んで食べる気にはならないね。

友人同士の会話で B は韓国人

＊ 줄 서서 먹다：並んで食べる

## そのほかの会話

1▶ 毎日ラーメンばかりであきあきします。

매일 라면만 먹으니까 물려요.

**＊물린다**：(食べ物や仕事に) あきる，いや気がさす

2▶ ラーメンばかり食べていると，栄養が偏りますよ。

라면만 먹으면 영양을 고르게 섭취할 수 없어요.

3▶ ちょっとゆで時間をオーバーして，麺がのびてしまいました。

라면을 오래 삶아서 면이 좀 불었어요.

4▶ 韓国の人には豚骨ラーメンとか，味噌ラーメンはあまり口に合わないようですね。

한국 사람에게는 돼지 뼈 국물 라면이나 된장 라면은 별로 입에 안 맞는 것 같아요.

**8 食事・料理**

5▶ この店の魚介系のラーメンは煮干のだしがよく効いていてお勧めですよ。

이 가게의 해물 수프로 만든 라면은 멸치 국물이 잘 우러나 있어서 추천할 만해요.

**＊국물**：だし。**육수**（肉から取っただし）ともいう。

**＊국물이 잘 우러나다**：だしが効いている

6▶ 麺ひとつとっても，縮れ麺とか，太麺とかいろいろな種類があるんですね。

면 하나만 보더라도, 꼬불꼬불한 면, 굵은 면 등 여러가지 종류가 있군요.

7▶ この店のラーメンは，野菜がいっぱい入っていて栄養たっぷりです。

이 가게 라면은 야채가 많이 들어가 있어서 맛도 좋고 영양도 만점이에요.

8▶ さすが行列のできる店だけあって，出汁が効いていて最高です。

줄을 서서 먹을 정도의 가게라서 그런지 국물 맛이 최고예요.

**一口メモ　韓国のラーメン**

韓国でラーメンと言えば，ふつうインスタントの袋麺を指す。양은 냄비 と呼ばれる耳の付いたアルマイトの鍋で作り，そのまま熱々をキムチと一緒に食べる（양은とは漢字で「洋銀」。正確には銅を主体とした亜鉛やニッケルとの合金のこと）。日本のようなラーメン専門店も，ソウルを中心に増えつつあるが，やはり韓国人の好む味付けになっている。

## □ 379 盛り合わせになさいますか

A 하나씩 주문하시겠습니까? 모둠으로 하시겠습니까?

B 먹고 싶은 것을 시킬게요. 메뉴는 있어요?

A ひとつずつご注文なさいますか。盛り合わせになさいますか。

B 食べたいものを頼みます。メニューはありますか。

＊ 모둠 は，모둠회（刺し盛り）のように，「盛り合わせ」の意味で一般に広く使われている。

＊ 天ぷらの材料：アナゴ（아나고［中年の人たちや飲食店などではこう言うが，正確な韓国語は 붕장어］），キス（보리멸），海老（새우），イカ（물오징어），ナス（가지），シシトウ（꽈리고추），カボチャ（호박），サツマイモ（고구마），シイタケ（표고버섯）。

## □ 380 味が付いています

A 이건 어떻게 먹으면 돼요?

B 간이 되어 있으니까 그대로 드시면 됩니다.

A これはどうやって食べたらいいですか。

B 味が付いていますので，そのままお召し上がりいただけます。

A は客，B は板前

＊ 大根おろしを入れてお召し上がりください：간 무를 넣어 드세요.

## □ 381 衣がかりっと揚がりますよ

A 튀김을 집에서 하기 좀 어려워요.

B 이 기름을 쓰면 바삭하게 튀길 수 있어요.

A 天ぷらを家で揚げるのはちょっと難しいですね。

B この油を使うと，かりっと揚がりますよ。

韓国人客と，自宅に招いた日本人の食事中の会話

＊ 天ぷらの衣：튀김옷

＊ 天ぷらで一番好きなネタはやはりエビです：튀김 중에 가장 좋아하는 것은 역시 새우 튀김이에요.

## そのほかの会話

### 板前が韓国人の客に

1 ▶ こちらが,「本日のおすすめ」のメニューです。

이것이 오늘의 추천 메뉴입니다.

2 ▶ 天ぷらはひとつずつお出しします。お好みで天つゆを付けてお召し上がりください。

튀김은 하나씩 드리겠습니다. 식성에 따라 소스를 찍어 드셔도 됩니다.

＊ 天つゆ : 가다랑어 간장

3 ▶ エビや白身のお魚は, お塩でお召し上がりいただいても結構です。

새우나 흰살 생선류는 소금을 찍어 드시는 것도 좋습니다.

4 ▶ とても熱いのでお気をつけください。

아주 뜨거우니까 조심하세요.

8 食事・料理

---

### 日本人が韓国人の招待客に

5 ▶ 天ぷらはポルトガルから入ってきた食べ物です。

튀김은 포르투갈에서 들어온 음식이에요.

6 ▶ 天ぷらは熱いうちに食べると最高です。

튀김은 뜨거울 때 먹어야 맛있어요.

7 ▶ 天ぷらにレモンの汁を少し絞って食べてもおいしいですよ。

튀김에 레몬즙을 조금 짜서 먹어도 맛있어요.

8 ▶ 冷めた天ぷらはオーブントースターにのせて焼くとカリッと温まります。

식은 튀김은 오븐 토스터에 얹어서 구우면 바삭하게 데워져요.

9 ▶ かき揚げは野菜やイカ, エビなどの食材に衣をつけて油で揚げたものです。

'가키아게'는 야채와 오징어 새우 등에 튀김옷을 입혀 튀긴 거예요.

## □ 382 こってりしたものは見るのもいやだね

A 나이 먹어서 그런지, 기름진 것은 보기도 싫어.

B 젊어선 고기만 바치고, 생선은 질색이라더니 정말 신기하네.

A 年のせいか，こってりしたものは見るのもいやだね。

B 若いころは肉ばかり好んで食べていて，魚には見向きもしなかったのに，不思議なもんだねえ。

お互い年を取ったもの同士の会話

＊ 기름진 음식：こってりした食べ物

＊ 바치다：度を超すほどに好む

＊ 硬い食べ物：질긴 음식（질기다 は，肉などが硬い，噛みきれない）

## □ 383 この味噌汁，ちょっとしょっぱいわねぇ

A 아빠, 이 된장국, 좀 짜네요. 혈압에 안 좋아요.

B 싱거우면 먹은 것 같지 않아서…….

A お父さん，この味噌汁，ちょっとしょっぱいわねえ。血圧によくないわよ。

B 薄味だと飲んだ気がしないんだよ。

＊ ちょうどいい味付けです：간이 맞아요.

＊ 味が濃いです：진해요.

＊ 味が薄いです：싱거워요.（신겁다 は食べ物の味付けが薄い。タバコや酒にも使う）

＊ ちょっと塩味が足りないです：심심해요.

## □ 384 韓国のキムチは辛くてすっぱいよね

A 일본에서 파는 것과 비교하면, 한국 김치는 좀 맵고 시큼하지.

B 그럴까? 담근 지 얼마 안 된 건 오히려 달고 맛있는데…….

A 日本で売られてるのに比べて，韓国のキムチって辛いし，ちょっとすっぱいよね。

B そうかなあ。作られてすぐのものは，かえって甘くておいしいけどね。

＊ 시큼하다：いやにすっぱい

## そのほかの会話

1 ここのラーメンはこってりしていておいしいね。

이 집 라면은 육수 맛이 진해서 맛있네.

＊ **진하다〈津－〉**：味噌汁，スープやコーヒーの味がこってりしていて濃度が濃い。液体に使う。

2 冷麺に酢を入れると，よりおいしくなりますよ。

냉면에 식초를 넣으면 더 맛있어요.

3 東京の味は，私にはしょっぱすぎます。

도쿄 음식은 나에게는 너무 짜요.

4 味がわからない人に，何食べさせたってむだよ。

맛을 모르는 사람한테는 뭘 먹여도 소용없어.

5 ふるさとを離れて一人暮しをしてると，お袋の味が恋しくなるね。

고향을 떠나 혼자 생활을 하니까 어머니 손맛이 그리워지네.

＊ **어머니의 손맛**：お袋の味

6 うちの主人は味にうるさくて，毎日食事を作るのに苦労します。

우리 남편은 입맛이 까다로워서 요리할 때마다 신경이 쓰여요.

7 このチゲ，ちょっと味見してみてくれない？

이 찌개, 맛 좀 봐 줄래?

8 この煮物，椎茸からいいだしが出ていてとてもおいしいわ。

이 조림, 버섯 국물이 잘 우러나 굉장히 맛있네.

9 あまりのおいしさにほっぺたが落ちそうです。

너무 맛있어서 둘이 먹다 하나가 죽어도 모를 정도예요.

＊ あまりにもおいしいときに使う比喩的な褒め方。直訳は「二人で食べていて，ひとりが死んでもわからないほどだ」。

**一口メモ 간**

塩，醤油，味噌など韓国独特の「食物に塩味を出す物質」。간을 보다（味見をする），간이 맞다（ちょうどいい味付けだ），간을 맞추다（塩加減をする），간이 세다（味が濃い），간이 약하다（味が薄い），のように使う。

8 食事・料理

## □ 385 初めて見るごちそうに舌鼓を打ちました

A 대만에 갔을 때, 처음 보는 진수성찬을 잔뜩 먹고 왔어요.

B 그러세요? 중국 요리는 저에게는 너무 느끼해요.

A 台湾に行ったとき，初めて見るごちそうに舌鼓を打ちました。

B そうですか。中国料理は私には脂っこすぎます。

＊ 진수성찬〈珍羞盛饌〉: ごちそう (진귀한 음식+맛있는 음식+많은 양)

＊ わぁ，すごいごちそうですね : 와, 진수성찬이네요.

## □ 386 洋食はあまり食べたいと思わないわ

A 나이 먹어서 그런지 양식은 별로 내키지 않아요.

B 저도 담백한 일본 요리를 좋아하게 됐어요.

A 年をとったせいか，洋食はあまり食べたいと思わないわ。

B 私もあっさりとした日本料理を好むようになったわ。

＊ 내키지 않다 : 気が進まない

＊ 담백하다〈淡泊ー〉: あっさりしている。담백하다〈淡白〉は「しつこくない」「あっさりしていておいしい」という意味のほかに「淡白だ」「味気ない」「味がない」というニュアンスもある。

## □ 387 ワインはしつこいチーズの味をさっぱりとさせてくれます

A 치즈와 궁합이 좋은 음식으로는 뭐가 있나요?

B 뭐니 뭐니 해도 와인이죠. 와인은 치즈로 텁텁해진 입 안을 깔끔하게 해 줘요.

A チーズと相性が合う食べ物って何があるかしら？

B 何といってもワインですよ。ワインはしつこいチーズの味をさっぱりとさせてくれるんですよ。

＊ 궁합이 좋다 : 相性がいい

＊ 깔끔하다 : さっぱりしている (口当たりがよく，油っこくないものを食べたとき)

## 調味料など①

◆調味料を入れる：조미료를 넣다　◆調味料を振りかける：조미료를 치다

◆化学調味料を使いすぎる：화학 조미료를 너무 많이 쓰다

＊ だしの素：**다시다**（商品名）

◆薬味を入れる：양념을 넣다　◆薬味を振りかける：양념을 치다

◆薬味と和える：양념에 버무리다

＊ 日本でいう「たれ」のようなものは **양념장, 다대기** という。

◆ブイヨンを加える：부용을 넣다

◆ブイヨンをお湯に溶かす：부용을 뜨거운 물에 녹이다

◆オイスターソースを少し加えて炒める：굴 소스를 조금 넣고 볶다

◆砂糖を入れる：설탕을 넣다　◆砂糖をまぶす：설탕을 묻히다

◆砂糖を溶かす：물에 설탕을 타다

＊ グラニュー糖：**그래뉼러당**／角砂糖：**각설탕**／ざらめ糖：**굵은 설탕**／氷砂糖：**얼음사탕**

8 食事・料理

◆塩をかける：소금을 치다　◆塩を振りまく：소금을 뿌리다

◆塩を水に溶かす：소금을 물에 풀다

◆塩をひとつかみ入れる：소금을 한 줌 넣다

◆塩漬けにする：소금으로 절이다／魚を塩漬けにする：생선을 소금에 절이다

＊ 粗塩：**굵은소금, 왕소금**／岩塩：**암염, 돌소금**／食卓塩：**식탁염**／ごま塩：**깨소금**

◆酢を入れる：식초를 넣다　◆酢をかける：식초를 치다

＊ 合わせ酢：**초간장**／ポン酢：**감귤류 초간장**

◆醤油をかける：간장을 치다

◆醤油を付けて食べる：간장에 찍어 먹다

◆醤油を（1 滴）たらす：간장을 (한 방울) 넣다

◆醤油を煮詰める：간장을 달이다

＊ うす口醤油：**국간장**／濃い口醤油：**진간장**／減塩醤油：**저염 간장**（**감염 간장** とは言わない）／さしみ醤油：**양조간장**

◆ソースをかける：소스를 치다　◆ソースを付けて食べる：소스에 찍어 먹다

＊ウスターソース：**우스터 소스**／とんかつソース：**돈가스 소스**／タルタルソース：**타르타르 소스**／チリソース：**칠리 소스**／タバスコ：**타바스코**（ホットソース：**핫 소스**）／ケチャップ：**케첩**／マヨネーズ：**마요네즈**

＊ 外来語由来の食物の名前は原則として分かち書きしないが，**소스** は調味料名なので独立した語と見なし，分かち書きする。

## □ 388 何にでもマヨネーズをかけるんだって

A 요즘 젊은이들은 아무 음식에나 마요네즈를 뿌린대.
B 그만큼 맛을 모르는 사람이 늘어났다는 거야.

A 最近の若い人は何にでもマヨネーズをかけるんだって。
B それだけ味音痴なやつが増えたってわけさ。

中年の友達同士の会話
＊ 마요네즈를 뿌리다：マヨネーズをかける（마요네즈를 치다 ともいう）

## □ 389 この肉料理はあっさりしていますね

A 이 고기 요리는 의외로 산뜻하고 느끼하지 않네요.
B 서양 요리지만 간장을 기본으로 해서 먹기 좋게 만들었어요.

A この肉料理は意外とあっさりしていますね。
B 西洋料理ながら，しょうゆをベースにして食べやすい味に仕上げました。

料理番組で，司会者と料理研究家との会話
＊ 산뜻하다：あっさりしている，口当たりがさわやかだ

## □ 390 ピリッと辛い食べ物が食べたいですね

A 역시 여름엔 톡 쏘는 맵고 뜨거운 음식이 제격이지요.
B 말하자면, 이열치열이라는 거죠.

A やっぱり夏はピリッと辛くて熱い食べ物が食べたくなりますね。
B いわば熱を持って熱を制するというわけですね。

知人同士の会話
＊ 제격：いい，うってつけだ
＊ 이열치열〈以熱治熱〉：熱い料理を食べることで，夏バテによる食欲不振などを解消すること。

## 調味料など②

◆みそを溶く：된장을 풀다　◆みそを付けて食べる：된장을 찍어 먹다

＊白みそ：흰 된장／豆板醤：두반장（중국 된장）／甜麺醤：첨면장（중국 된장）／唐辛子みそ：고추장／納豆みそ：청국장／酢みそ：식초를 섞은 된장

◆みりんで味を付ける：미림으로 맛을 내다

◆調理用酒で味を付ける：조리용 술로 양념을 하다

◆ドレッシングをかける：드레싱을 치다

◆ドレッシングを和える：드레싱으로 버무리다

＊フレンチドレッシング：프렌치 드레싱／イタリアンドレッシング：이탈리안 드레싱／サウザンドアイランドドレッシング：사우전드아일랜드 드레싱

＊外来語由来の食物の名前は原則として分かち書きしないが，드레싱 は調味料名なので，独立した語と見なし，分かち書きする。

◆香辛料をかける：향신료를 치다

◆コショウを振る（振りかける）：후춧가루를 치다 / 뿌리다

＊スパイス：스파이스／シーズニング：시즈닝／香辛料：향신료

＊山椒：산초／唐辛子：고춧가루，고추／からし：겨자／マスタード：머스터드／わさび：와사비，고추냉이／ゴマ：깨／ハーブ：허브／タイム：타임／セージ：세이지／ローズマリー：로즈메리／コリアンダー：코리앤더（香菜〔シャンツァイ〕：향채）／ペパーミント：페퍼민트（ハッカ：박하）

◆ダイコンをすりおろす：무를（강판）에 갈다

◆生姜をすりおろす：생강을（강판）에 갈다

◆ニンニクをみじん切りにする：마늘을 다지다

◆レモン汁をしぼる：레몬즙을 짜다

◆レモン汁を（数滴）たらす：레몬즙을（몇 방울）넣다

◆カレー粉［パン粉］をまぶす：카레 가루[ 빵가루] 를 입히다

◆天ぷら粉をまぶす，衣を付ける：튀김 가루를 입히다

◆片栗粉を水に溶く：녹말을 물에 개다

◆小麦粉をこねる：밀가루 반죽을 주무르다

◆海苔に油を塗る：김에 기름을 바르다

◆フライパンに油を引く：프라이팬에 기름을 두르다

◆油で揚げる：기름에 튀기다

◆エビに衣を付けて油で揚げる：새우에 튀김옷을 입히고 기름에 튀기다

＊食用油：식용유／サラダオイル：샐러드유／ゴマ油：참기름／オリーブ油：올리브유

## □ 391 暑いときには，さっぱりしたものが食べたいわ

A 더울 때는 물냉면처럼 시원한 걸 먹고 싶네.

B 나는 이럴 때야말로 뜨끈뜨끈한 삼계탕을 먹고 싶은데.

A 暑いときには，冷麺のようなさっぱりしたものが食べたいわ。

B ぼくはこういうときこそ，熱々のサムゲタンが食べたいな。

* 시원하다：冷たいものを飲んだり食べたりしたときのさっぱりした感じ（시원한 콩국수，시원한 사이다）
* 개운하다：熱いすまし汁を飲んだときのさっぱりした感じ（개운한 동태탕，개운한 조개탕）

## □ 392 小籠包を食べてみたけど，口あたりがよかったわ

A 서울에도 그 유명한 딘타이펑이 있네. 알고 있었어?

B 그럼. 전에 거기서 소롱포를 먹어 봤는데, 깔끔한 맛이 입에 잘 맞더라고.

A ソウルにもあの有名なティンタイフォン(鼎泰豊)があるのね。知ってた？

B ええ，この間，そこで小籠包を食べてみたけど，さっぱりして口あたりがよかったわ。

* 소롱포：小籠包。샤오룽바오 ともいう。
* 깔끔하다：さっぱりして口あたりがいい

## □ 393 しつこい料理のあとは，さっぱりしたデザートがほしいですね

A 느끼한 음식을 먹은 후에는 산뜻한 디저트가 먹고 싶네요.

B 그럼, 식혜나 수정과를 시킬까요?

A しつこい料理のあとはさっぱりしたデザートがほしいですね。

B じゃあ，シッケかスジョングヮでも頼みましょうか。

A は日本人，B は韓国人で知人同士の会話

* 느끼한 음식：脂っこい料理
* 식혜：干しナツメ，松の実，柚子の皮，ザクロの実などを浮かべて飲む韓国伝統の発酵飲料。
* 수정과：干し柿などの甘味と，ショウガ，シナモンの刺激味がする韓国伝統の飲み物。

## 味に関する表現①

★五味: 五味 (**오미**) というのは **신맛** (酸味), **쓴맛** (苦味), **짠맛** (塩味), **단맛** (甘味), **매운맛** (辛味)のこと。日本人, 韓国人の味覚は, これに **떫은맛** (渋み)が加わる。

◆おいしい (うまい) : 맛있다　　◆まずい : 맛없다

◆味が薄い : 싱겁다　　◆味が濃い : 진하다

◆酸っぱい : 쓰다

◆若干酸っぱい : 씁쌀하다, 씁싸래하다

◆甘酢っぱい : 새콤달콤하다

◆酸味がちょっときいている, やや酸っぱい : 새콤하다

* **-콤** は, **새콤하다**, **달콤하다**, **매콤하다** などの一部の形容詞に付き, その味がやや強く感じられることを表わす。

◆苦い : 씁쓰레하다　　◆ほろ苦い : 약간 씁쓰레하다

* やはり北海道のビールは, ほろ苦さがたまりませんね : **역시 홋카이도의 맥주는 약간 씁쓰레한 맛이 나서 좋군요.**

◆えぐい : 아리다, 맵싸하다, 얼얼하다

* この竹の子はえぐくて食べられません : **이 죽순은 혀가 아려서 못 먹겠어요.**

◆渋い : 떫다　　◆若干渋い : 떨떠름하다, 떠름하다

◆しょっぱい, 塩辛い : 짜다　　◆適度にしょっぱい : 짭짤하다

◆甘い : 달다　　◆やや甘い : 달곰하다

◆甘さを感じる程度に甘い : 달짝지근하다 < 달착지근하다

* 有機農栽培のホウレンソウには甘さを感じます : **유기농으로 재배한 시금치에선 달짝지근한 맛이 나지요.**

◆ちょうどいい甘さだ : 달콤하다

* **달콤하다** は, 「甘くておいしい」 というプラスのニュアンスがある。

◆かなり甘い : 달큼하다

◆甘ったるい : 지나치게 달다, 너무 달다

* 甘ったるい汁粉を食べたせいなのか, 胃がもたれます (消化がうまくできません) : **너무 단 단팥죽을 먹은 탓인지 소화가 잘 안 돼요.**

◆辛い : 맵다　　◆ぴりりと辛い : 얼얼하게 맵다

◆つんとくるように辛い : 톡 쏘게 맵다　　◆辛い中に甘味がある : 얼근덜근하다

* タマネギの味が辛くて甘味がある : **양파 맛이 얼근덜근하다**

8 食事・料理

## □ 394 ステーキはしつこくて胃にもたれますね

A 우리 남편은 스테이크는 느끼하고 거북하다고 별로 입에 대지 않아요.

B 스테이크에 무 간 것을 올려 먹으면 개운하고 맛있어요.

A うちの主人，ステーキはしつこくて胃にもたれるって，あまり口にしないんですよ。

B ステーキに大根おろしをのせると，さっぱりしておいしいですよ。

＊ 느끼하다：脂こい，（味が）しつこい，くどい

＊ このレストランは，味がくどくなくておいしいです：이 레스토랑은 맛이 느끼하지 않고 맛있어요.

## □ 395 この日本酒はとてもまろやかですね

A 이 일본 술은 맛이 아주 순하고 독특한 과일 향이 나네요.

B 네, 맛이 깔끔하고 생선회 같은 담백한 음식과 찰떡궁합이에요.

A この日本酒はとてもまろやかで，独特な果物の香りがしますね。

B ええ，味がさっぱりしていて，お刺身のような淡泊な食べ物にはぴったりですよ。

客と料亭の女将の会話

＊ 맛이 순하다：まろやかだ。맛이 부드럽다 ともいう。

＊ 찰떡궁합〈－宮合〉：最高の相性

＊ こくがある酒：감칠맛이 나는 술

## □ 396 魚は冷凍すると，明らかに味が落ちるわね

A 생선은 냉동하면 확실히 맛이 떨어져.

B 밑손질한 후, 종이 타월로 물기를 충분히 제거하고 나서 냉동하면 맛있게 먹을 수 있어.

A 魚は冷凍すると，明らかに味が落ちるわね。

B 内臓を取ったあと，ペーパータオルで水気を充分に取り除いてから冷凍すると，おいしく食べられるわ。

＊ 맛이 떨어지다：味が落ちる

＊ 밑손질：下ごしらえ

＊ 生臭い：비린내가 나다

## 味に関する表現②

◆濃い：진하다〈津－〉

＊ 濃いエスプレッソを一杯いかがですか：**진한 에스프레소 한 잔 어떠세요?**

◆こってりした, 脂こい：느끼하다, 기름기가 많다, 기름지다

＊ サンギョプサルは，脂こくて胃にもたれるので口にしません：**삼겹살은 느끼하고 거북해 입에 대지 않아요.**

◆しつこい：느끼하다, 맛이 개운하지 않다

＊ しつこいカルビを食べたあとは，冷麺のようなさっぱりしたものがいいわ：**느끼한 갈비를 먹고 나니 냉면 같은 시원한 걸 먹고 싶네.**

---

◆さっぱりしている：산뜻하다, 시원하다

＊ 甘いもの食べたんで，口直しにさっぱりしたものが欲しいね：**단거 먹고 나니까 입가심으로 시원한 걸 먹고 싶다.**

◆あっさりしている：담백하다, 깔끔하다, 산뜻하다

---

8 食事・料理

◆ジューシーだ：즙이 많다

＊ 肉を食べるなら，ちょっと高くてもやわらかくてジューシーなものがいいわね：**고기를 먹는다면 조금 비싸도 부드럽고 육즙이 많은 게 좋아요.**

＊ 東南アジアにはジューシーなめずらしい果物がいっぱいありますね：**동남아시아에는 과즙이 많은 희귀한 과일이 많이 있군요.**

---

◆香ばしい：구수하다（찌개 や 된장 のような食欲をそそるような香り）

◆香ばしい：고소하다（ごま油や, いりごまの香り）

＊ ナムルを和えるとき，ゴマ油を入れると香ばしい味がしますよ：**나물을 무칠 때 참기름을 넣으면 고소한 맛이 나요.**

---

◆こくがある：감칠맛이 있다／こくが出る：감칠맛이 나다

＊ カレーにちょっと醤油をたらすとこくが出ますよ：**카레에 간장을 조금 넣으면 감칠맛이 나요.**

◆食欲をそそる：식욕을 돋우다

＊ 冷麺に酢を入れると，食欲をそそりますよ：**냉면에 식초를 넣으면 식욕을 돋우어줍니다.**

---

◆とろけるような味：입에서 살살 녹는 맛

＊ 韓国牛の霜降り肉は，口に入れた瞬間，とろけるようでしたよ：**한우 꽃등심은 입안에 넣는 순간 살살 녹는 것 같더군요.**

---

◆どろどろとしている：걸쭉하다

＊ イチゴをどろどろになるまで煮込んで，ジャムを作ります：**딸기를 걸쭉해지도록 끓여서 잼을 만들어요.**

## □ 397 ぼそぼそしててあまりおいしくないな

A 이 빵, 퍼석퍼석해서 그런지 맛이 없어.
B 물을 조금 뿌린 다음 랩으로 싸서 전자레인지로 데우면 부드러워져.

A このパン，ぼそぼそしててあまりおいしくないな。
B ちょっと水をかけて，ラップでくるんでチンするとふかふかになるわよ。

＊ 퍼석퍼석한 빵：ぼそぼそしたパン
＊ 랩으로 싸다：ラップをかける。랩을 씌우다 ともいう。

## □ 398 このスープ，味がしないよ

A 이 수프, 싱거우니까 소금을 조금 더 넣는 게 낫지 않아?
B 난 간이 딱 맞는데. 당신이 감기에 걸려서 미각이 없는 거 아냐?

A このスープ，味がしないよ。もう少し塩を入れたらどう？
B わたしにはちょうどいいけど。あなた，風邪引いてて味覚がないんじゃないの。

＊ 싱겁다：味が薄い
＊ 심심하다：ちょっと塩味が足りない
＊ 밍밍하다：（スープなど）やや水っぽい
＊ 텁텁하다：口当たりがさっぱりしない，味がはっきりしない

## □ 399 天ぷらがうまく揚がらないの

A 집에서 튀김을 만들면 아무래도 바싹 튀겨지지 않아. 기름이 나쁜 건가?
B 기름의 질이 아니라 양이 적어서 그래. 깊고 두꺼운 냄비에 기름을 가득 넣고 튀겨 봐.

A どうしても家では天ぷらがうまく揚がらないの。油が悪いのかしら？
B 油の質ではなくて，油の量が少ないとからっと揚がらないのよ。深い厚めの鍋に油をたっぷり入れて揚げてみたらいいわ。

主婦同士の会話
＊ 바싹 튀기다：からっと揚がる

## 料理の表現のしかた

- さくさくとした鶏の唐揚げ：바삭바삭한 닭튀김
  - ＊ 似たような単語に **퍼석퍼석하다** があるが，こちらは「水気がなく，ぱさぱさした」という意味。

- からっと揚がったトンカツ：바싹 튀긴 돈가스（돈까스 のほうが慣用的に多く使われている）
- かりかりのポテトフライ：파삭파삭하게 튀긴 감자튀김
- こんがりと焼けたパン：노르스름하게 구운 빵
- 焼きたてほかほかのパン：방금 구운 말랑말랑한 빵

- ほくほくのサツマイモ：파근파근한 고구마
- ほかほかの肉まん［あんまん］：따끈따끈한 왕만두［호빵］
- あつあつのチゲ：따끈따끈한 찌개
- ぐつぐつと煮立ったスープ：부글부글 끓는 국물

- さくさくしたリンゴ：사각사각한 사과
- しゃきしゃきした白菜：아삭아삭한 배추
- ぱりぱりしたたくあん：아작아작한 단무지

- ぷりぷりしたエビ：오동통한 새우 살
- あわびのしこしこした歯ざわり：전복의 오돌오돌 씹히는 맛

- 香ばしい新茶の香り：구수한 햇차 향기
  - ＊ **햇차**の**햇**は，その「年」に収穫されたという意味。新米の場合は**햅쌀**という。

- 脂の乗った中トロ：기름진 안다랑어

- もちもちした麺：쫄깃쫄깃한 면발
  - ＊ **쫄깃쫄깃하다** には歯ごたえがある食感がある。
- こしがある餅：쫀득쫀득한 떡
- ぬるぬるした食感：미끈미끈한 느낌
- とろみの付いたポタージュ：걸쭉한 포타주 수프
  - ＊ 片栗粉を入れてとろみを付ける：녹말가루를 넣어 걸쭉하게 하다

- ぱさぱさした肉：뻑뻑한 고기
- こりこりした軟骨：오도독 씹히는 연골
  - ＊ 牛，豚，鶏などの軟骨は**오도독뼈**という。

### □ 400 今日はぼくがおごるから

A 오늘은 내가 살 테니까, 잘 아는 단골 초밥집에 가자.

B 와, 정말? 꼭 스시바에 앉아서 먹어 보고 싶었는데.

A 今日はぼくがおごるから，よく行く寿司屋に行こう。

B わあ，一度カウンターに座って食べたかったの。

友達同士の会話で A は日本人，B は韓国人

＊ 단골 초밥집：行きつけの寿司屋。寿司屋は 스시집，または 초밥집 という。

＊ 스시바(카운터)에 앉다：カウンターに座る

### □ 401 今日のお勧めは何ですか

A 주방장님, 오늘 추천 메뉴는 뭔가요?

B 음, 오늘은 좋은 참치가 들어왔어요.

A 大将，今日のお勧めは何ですか。

B そうですね。今日はいいマグロが入ってますよ。

＊ 何から握りましょうか《板前が客に》：먼저 뭐로 해 드릴까요?

＊ 寿司のネタには「旬」というものがあるんですよ《板前が客に》：스시 재료에는 '제철' 이라는 게 있어요.

＊ エビでしたら寒い時期のものがおいしいですよ《板前が客に》：새우는 추울 때 먹는 게 맛있거든요.

### □ 402 わさびはつんと来るんで苦手です

A 와사비는 톡 쏴서 잘 못 먹어요.

B 뭐하시면 와사비 뺀 걸로 주문할까요?

A わさびはつんと来るんで苦手です。

B 何でしたら，さびぬきで頼みましょうか。

A は韓国人，B は A を寿司屋に案内した日本人

＊ 톡 쏘다：鼻につんと来る

＊ わさびは 고추냉이 というが，ふつうの会話では 와사비 で通じる。

## そのほかの会話

### 誘った日本人が韓国人に

1 ▶ 食べたいものから頼んでかまいません。

먹고 싶은 것부터 시키면 돼요.

2 ▶ ひかりものは大丈夫ですか。

등 푸른 생선은 괜찮으세요?

3 ▶ 無理して召し上がらないで，残してもいいですよ。

억지로 드시지 말고 남기셔도 돼요.

4 ▶ 手でつまんで，食べてもいいですよ。

손으로 직접 집어서 먹어도 괜찮아요.

5 ▶ 寿司はご飯じゃなくて，ネタのほうを醤油につけて食べなくちゃ。

초밥을 먹을 때는 간장을 밥에 찍지 말고 재료에 찍어 먹어야 돼.

6 ▶ 回転寿司が安いと言っても，あれこれ食べると結構高くつきますよ。

회전 초밥집이 싸다고 하더라도, 이것저것 먹다 보면 꽤 비싸게 나와요.

7 ▶ おみやげに包んでもらいましょうか。

포장해서 가져가실래요?

8 食事・料理

---

### 韓国人が日本人に

8 ▶ いい寿司屋があったら教えてもらえないですか。

좋은 초밥집이 있으면 알려 주시겠어요?

9 ▶ 何から頼んだらいいのかしら？

무엇부터 시켜야 돼요?

10 ▶ 私はイクラやウニのような，ふにゃふにゃしたものは，あまり好きじゃありません。

저는 연어알이나 성게 같은 흐물흐물한 감촉은 별로 안 좋아해요.

11 ▶ 回っている皿をすばやく取るのは思ったより難しいですね。

돌아가는 접시를 재빨리 잡기는 생각보다 어렵네요.

## 寿司屋のメニュー

- 刺身：생선회
- 刺身の盛り合わせ：모둠회
- 赤身：붉은 살 생선
- マグロ：참치
- カツオ：가다랭이
- マナガツオ：병어
- サーモン：연어
- 白身：흰 살 생선
- タイ：도미
- ヒラメ：광어
- えんがわ：광어 지느러미
- ひかりもの：등 푸른 생선
- コハダ：전어
- イワシ：정어리
- サバ：고등어
- ブリ：방어
- サンマ：꽁치
- カンパチ：잿방어
- アジ：전갱이
- アジのたたき：전갱이 다진 것
- イカ：오징어
- タコ：문어
- エビ：새우
- 甘エビ：단새우
- シャコ：갯가재
- カニ：게
- アナゴ：아나고 (붕장어)
- ハモ：갯장어
- 貝：조개（二枚貝のこと）
- アカガイ：피조개
- トリガイ：새조개
- ミルガイ：왕우럭조개
- タイラガイ：키조개
- ホタテガイ：가리비
- アオヤギ（バカ貝）：명주조개, 개량조개
- ひも：조개 가장자리
- 貝柱：조개관자 〈−貫子〉

  ＊ そのまま漢字読みで **패주** ともいう。
- アワビ：전복
- サザエ：소라
- カキ：굴
- 魚の卵：생선알
- 白子：어백
- イクラ：연어알
- カズノコ：청어알
- 子持ち昆布：청어알이 붙은 다시마
- ナマコ：해삼
- ホヤ：멍게
- ウニ：성게
- にぎり寿司：생선 초밥
- ちらし寿司：회덮밥
- のり巻き：김밥
- 手巻き寿司：김말이 초밥
- 鉄火巻き：다랑어 김밥
- かっぱ巻き：오이 김밥
- いなり寿司：유부 초밥

## 韓国語で説明しよう

◆江戸前

説明 에도성 앞바다(도쿄 만)에서 잡히는 신선한 어패류 (江戸城の前の海（東京湾）で捕れた新鮮な魚介類)

◆中トロ

説明 참치 살에 지방분이 적당히 있는 부분 (マグロの部位のうち，脂が適当にある部分)

◆大トロ

説明 희고 기름진 참치 부위 (マグロの部位のうち，身が白く油ぎった部分)

◆太巻き

説明 여러 재료를 넣고 두껍게 싼 김밥 (いろいろなネタを入れて，厚く巻いたのり巻き)

◆鉄火巻き

説明 참치말이 김초밥, 모양이 총을 닮았다고 해서 만들어진 말 (マグロを巻いたのり巻き。形が鉄砲に似ていたことに由来)

◆軍艦巻き

説明 생선알같이 흐트러지기 쉬운 것을 김으로 싼 밥 위에 올려놓은 것. 모양이 배처럼 생겼다고 해서 '군함말이'라고 함 (魚卵のような崩れやすいものを，のりに包んだご飯の上に乗せたもの。形が軍艦に似ていることに由来)

◆あがり

説明 초밥집에서 차를 다르게 부르는 말 (寿司屋で茶を指す別の言葉)

◆ガリ

説明 초 생강, 초밥집에서 생강을 다르게 부르는 말 (寿司屋で生姜を指す別の言葉)

◆むらさき

説明 초밥집에서 간장을 다르게 부르는 말 (寿司屋でしょう油を指す別の言葉)

◆しゃり

説明 생선 초밥에 사용하는 밥 (寿司屋で握り寿司に使う飯)

◆松·竹·梅

説明 스시의 세트 메뉴로 송(송나무)이 가장 비싸고, 다음이 죽(대나무), 매(매화나무) 순으로 되어 있음 (寿司のセットメニュー。松が一番高く，次いで竹，梅の順)

## □ 403 ごはん食べに行きましょう

A 배고파요. 밥 먹으러 가요.

B 지난번에는 중국요리였으니까, 오늘은 일식으로 하죠.

A お腹がすきました。ごはん食べに行きましょう。

B この間は中国料理だったので，今日は日本料理にしましょう。

* 배고프다 はひとつの単語。
* 일본ᵛ요리，한국ᵛ요리 は分かち書きするが，중국요리 だけは分かち書きしない。
* お腹がぐうぐう鳴っています：배가 꼬르륵거려요.
* 食事にしよう:식사합시다.（합시다 は敬語ではないので，使う相手は対等か年下に限る）

## □ 404 何か食べたいものありますか

A 뭐 먹고 싶은 게 있어요?

B 모처럼 한국에 왔으니까, 한국 요리가 먹고 싶어요.

A 何か食べたいものありますか。

B せっかく韓国に来たのですから，韓国料理がいいです。

A は韓国人，B は日本人

* ていねいな言い方は 뭐 드시고 싶으신 것 없으세요?
* 韓国料理は 한식〈韓食〉ともいう。
* 何を食べましょうか：뭘 먹을까요?

## □ 405 食べられないものはありますか

A 못 먹는 게 있어요?

B 한국 요리는 대부분 입에 맞아서 뭐든지 괜찮아요.

A 食べられないものはありますか。

B 韓国料理はだいたい口に合いますので，何でも大丈夫です。

A は韓国人，B は日本人

* 食べられないものがあったら，言ってくださいね：못 드시는 게 있으면 말씀하세요.

## そのほかの会話

1▶ 今日は給料日だから，何かおいしいものをおごるよ。

오늘은 월급날이니까 맛있는 거 사 줄게.

2▶ この間，安くてすごくおいしい店を見つけたんです。

저번에 싸고 아주 맛있는 집을 찾았거든요.

3▶ この店，今日，ケーキ食べ放題だって。思い切り食べましょう。

이 가게, 오늘 케이크 무한 리필이래. 실컷 먹자.

＊ **무한 리필**：食べ放題（無限おかわり）。**리필**は英語の refill から来ている。

4▶ エスニック料理はどうですか。에스닉 요리는 어때요?

＊ インド料理：**인도 요리**／タイ料理：**태국 요리**／ベトナム料理：**베트남 요리**／フュージョン料理：**퓨전 요리**（国名＋料理の場合は，原則として分かち書きする）

5▶ イタリア料理はお口に合いますか。

이탈리아 요리는 입에 맞으십니까?

＊ フランス料理：**프랑스 요리**／スペイン料理：**스페인 요리**／ドイツ料理：**독일 요리**



6▶ 肉は何でも食べられますか。

고기는 아무거나 드실 수 있어요?

7▶ 豚カルビと牛カルビ，どっちがいいですか。

돼지갈비와 소갈비 중 어떤 게 좋아요?

＊ **돼지갈비랑 소갈비 중 어느 쪽이 좋아요?** とも言える。

8▶ ここの鴨肉はどうですか。여기 오리고기 어때요?

＊ 牛肉：**소고기，쇠고기**／豚肉：**돼지고기**／鶏肉：**닭고기**／羊肉：**양고기**／犬肉：**개고기**

9▶ お腹いっぱいでこれ以上食べられません。

배불러서 더 이상은 못 먹겠어요.

10▶ 今はいいです。지금 밥 생각 없어요.

＊ 直訳は「ごはんの考えがありません」。

11▶ さっき食事をしてから1時間も経ってないんです。

밥 먹은 지 1시간도 안 됐어요.

12▶ 今ダイエット中なの。지금 다이어트 중인데.

# 136 外食・食事の予約をする

## □ 406 予約したいんですが

A 모레 토요일, 7시 반으로 예약하고 싶은데요.

B 모두 몇 분이나 오시나요?

A あさっての土曜日，7 時半で予約したいんですが。

B 何名様ですか。

* 「6 時に」「7 時半に」という場合の「に」には -에 を使わずに 여섯 시로, 일곱 시 반으로 のように言う。
* 店はていねいに 몇 분 と聞いてくるが，答えるときには 세 명（3 名）のように言う。
* 明日の夜なんですが：내일 저녁인데요.

## □ 407 個室を予約したいんです

A 열 명입니다. 방을 예약하고 싶은데요.

B 죄송합니다. 공교롭게도 그날은 방이 다 찼습니다.

A 10 人なんですが，個室を予約したいんです。

B 申し訳ございません。あいにくその日は個室はすべてふさがっております。

* 個室を予約したいときには，ただ単に 방으로，または 룸 (room)으로のように言えばいい。あえて 독실〈獨室〉，개실 と言う必要はない。

## □ 408 予約をキャンセルしたいんですが

A 예약을 취소하고 싶은데요.

B 대단히 죄송합니다. 당일에 취소하시게 되면 예약금은 돌려 드릴 수 없습니다.

A 予約をキャンセルしたいんですが。

B 大変申し訳ございません。当日のキャンセルは，ご予約金はお返しできないのですが。

* 予約した時間を変更してもらいたいんですが：예약 시간을 변경해 주시면 좋겠는데요.
* ひとり追加したいんですが：한 명 추가하고 싶은데요.
* 人数がひとり減りました：사람이 한 명 줄었어요.

## そのほかの会話

1▶ 何時からやってますか。몇 시부터 해요?

2▶ 窓際の席にしてください。창가 자리로 주세요.

3▶ 眺めのいい席はありますか。경치 좋은 자리가 있나요?

---

4▶ 予約しておいた木村です。기무라로 예약했는데요.

＊ **예약한 기무라예요.** よりも自然なのが上の表現。

5▶ ちょっと早く着きましたが大丈夫ですか。
좀 일찍 도착했는데 괜찮을까요?

6▶ ひとり遅れてきます。한 명은 나중에 와요.

7▶ ひとり人数が増えました。한 명 늘었어요.

8▶ ひとり人数が減りました。한 명 줄었어요.

---

店が客に

9▶ いらっしゃいませ，ご予約は承っておりますか。
어서 오십시오. 예약은 하셨습니까?

10▶ すみませんが，ご予約が見当たらないのですが。
죄송합니다만, 예약된 게 없습니다.

11▶ ひょっとしてインターネットでご予約なさいましたか。
혹시 인터넷으로 예약하셨습니까?

---

店が電話で客に

12▶ 申し訳ございません。8時は予約がいっぱいです。
죄송합니다만, 8시에 예약이 가득 차 있습니다.

13▶ 7時前ならお席をご用意できますが。
7시 전이라면 자리를 준비해 드릴 수 있습니다.

14▶ ご予約は承っておりません。ご来店いただいた順にご案内しています。
예약은 받고 있지 않습니다. 오신 순서대로 안내해 드리고 있습니다.

### □ 409 この店まで行ってください

A 기사님, 이 가게까지 가 주세요.

B 손님, 가이드북에 실린 가게는 어디든 일본 사람밖에 없어요.

A 運転手さん，この店まで行ってください。

B お客さん，ガイドブックに載っているお店は，どこも日本人ばかりですよ。

＊ このお店はどうやって行くんですか：이 집은 어떻게 찾아가요?

### □ 410 その店はどんな雰囲気ですか

A 그 가게는 분위기가 어때요?

B 조용하고 차분한 가게예요. 거기 한번 가 보실래요?

A その店はどんな雰囲気ですか。

B 静かで落ち着いた店です。一度行ってみませんか。

＊ 雰囲気がいいです：분위기 좋아요.

＊ この店チョーお勧め！：이 가게 강추 강추! (강추 は，강력 추천〈强力推薦〉の略)

### □ 411 やはりいつもの店にしましょう

A 늘 가던 식당은 좀 지겨운데 어디 싸고 맛있는 곳 없나요?

B 딴 데 가 봐야 다 거기서 거기예요. 그냥 가던 집에 가죠.

A いつもの店はちょっと飽きましたけど，どこか安くておいしいところはないですかね。

B 別のとこに行っても同じですよ。やはりいつもの店にしましょう。

＊ いつもの店がいいよね：늘 가던 집이 좋겠지.

＊ 結局いつもの店ですか：결국, 늘 가는 가게인가요?

## そのほかの会話

1 ▶ 前来たとき，この近くだと思ったんだけど。

전에 왔을 때, 여기 근처였던 거 같은데.

2 ▶ 韓国はすぐに店が変わってしまいます。

한국은 금방 가게가 바뀌어 버려요.

3 ▶ ミシュランガイドの韓国版みたいなのはないのかしら。

미슐랭 가이드의 한국판 같은 건 없나요?

4 ▶ この近くでどこかカルビのおいしい店，知りませんか。

이 근처에서 갈비 맛있게 하는 집 아세요?

5 ▶ 私はこの店が一番いいと思うんですが。

저는 이 집이 제일 괜찮을 것 같아요.

6 ▶ ここは私の行きつけの店なんですよ。

여기는 제 단골집이에요.

7 ▶ あの店はいつ行っても混んでるんですよ。

저 가게는 언제 가도 붐벼요.

＊ **붐비다** : 混む，混み合う

＊ 行列のできる店 : **늘 손님이 줄 서 있는 가게 [음식점]**

8 ▶ どれくらい待てば入れますか。

얼마나 기다리면 돼요?

9 ▶ 待つのはいやだわ。並んでまで食べる気はしません。

기다리는 게 싫은데요. 난 줄까지 서서 먹을 생각은 없어요.

10 ▶ やっぱり全州（チョンジュ）に来たら，ビビンバを食べなきゃ。

역시 전주에 왔으면 비빔밥을 먹어야죠.

＊ このほかにも，**춘천**（チュンチョン・春川）の **닭갈비**，**막국수**（キムチ汁で食べるそば系の麺料理），**수원**（スウォン・水原）の **왕갈비**（骨付き味付けカルビの焼肉），**부산**（プサン・釜山）の **돼지국밥**（豚肉をじっくり煮込んだ塩味のクッパ）など，韓国でも「ご当地有名料理」がいくつかある。

## □ 412 席はありますか

A 어서 오세요. 몇 분이세요?

B 네 사람인데요.

A いらっしゃいませ，何名様ですか。

B 4人ですが。

* 1人ですが：혼자인데요.（한 명이에요.／한 사람이에요.）
* 2人です：둘이에요.（두 명이에요.／두 사람이에요.）
* 3人です：셋이에요.（세 명이에요.／세 사람이에요.）
* この場合，둘이에요.，셋이에요. とは言えるが，하나예요. とは言えない。しかし 자제분이 몇이에요? などと聞かれたときには，아들하나，딸 하나예요. のように言うことができる。

## □ 413 窓際のテーブルがいいんですが

A 이쪽으로 오세요. 이 자리 괜찮으세요?

B 창가 테이블이 좋겠는데요.

A こちらへどうぞ。こちらのテーブルはどうですか。

B 窓際のテーブルがいいんですが。

* 禁煙席をお願いします：금연석으로 주세요.（喫煙席は 흡연석〈吸煙席〉）
* 韓国では，2015 年より規模の大小にかかわらず飲食店内はすべて禁煙になっている。

## □ 414 注文はまだ決まっていません

A 주문하시겠어요?

B 조금 이따 시킬게요.

A ご注文はお決まりですか。

B まだ決まっていません。

* B の直訳は「もうちょっとしたら頼みます」。
* 友達が来てから注文します：친구가 오면 주문하겠어요.

## そのほかの会話

### 店が客に

1▶ テーブルを準備しております。少々お待ちください。

테이블을 준비하고 있습니다. 잠시 기다리세요.

2▶ お荷物をお預かりいたしましょうか。こちらが番号札です。

짐을 보관해 드릴까요? 이것이 짐 번호표입니다.

3▶ お席は禁煙席のみになっております。

자리는 전부 금연석입니다.

4▶ 申し訳ありませんが，ただいま満席です。

죄송합니다만, 지금 만석입니다.

5▶ ご相席になりますが，よろしいですか。

합석도 괜찮으시겠습니까?

### 客が店の人に

6▶ ここに座ってもいいですか。여기 앉아도 되나요?

＊ どこでもお座りください《店の人が》: **아무 데나 앉으셔도 됩니다.**

7▶ メニューください。메뉴판 좀 주세요.

＊ 水ください : **물 좀 주세요.**

8▶ 飲み物のメニューはありますか。음료수 메뉴는 있어요?

＊ 韓国では飲み物のメニューは，たいがいメニューの前後に掲載されている。見当たらない場合は，**음료수는 어디에 있나요?** と聞けばいい。

9▶ この店のお勧めは何ですか。

이 가게의 추천 요리는 뭐예요?

＊ **뭐가 맛있어요?** という言い方もある。日本人的には聞きたくなるような質問だが，たいていは **전부 다 맛있어요.** という答えが返ってくることが多い。

10▶ 二人で食べるのに十分ですか。두 명이 먹을 수 있어요?

11▶ すぐにできるのは何ですか。빨리 되는 건 뭐예요?

＊すぐできますか : **금방 돼요?**

12▶ あの人が食べているのは何ですか。저 사람이 먹고 있는 게 뭐예요?

# 139 外食・注文を決める

## □ 415 これを食べてみませんか

A 이거 먹어 볼래요?

B 그건 무슨 요리예요?

A これを食べてみませんか。

B それはどんな料理ですか。

＊ 何が食べたいですか：뭘 먹고 싶어요?（ていねいな言い方は，뭘 드시고 싶으세요?）

＊ 何を頼みましょうか：뭘 시킬까요?

＊ チゲにしましょうか：찌개로 할까요?

## □ 416 みんなで分けて食べましょう

A 큰 걸 하나 주문해서, 다 같이 나눠 먹는 게 어때요?

B 그런데 저는 매운 걸 못 먹어요.

A 大きいのをひとつ頼んで，みんなで分けて食べるのはどうですか。

B でも私は辛いものが苦手です。

＊ これは辛いですか：이건 매워요?

＊ 辛くない料理はありますか：맵지 않은 요리 있어요?

## □ 417 それぞれ好きなものを頼みましょうか

A 코스로 하지 말고, 그냥 각자 알아서 시킬까요?

B 전 다이어트하고 있어서, 양이 많은 음식은 좀 곤란해요.

A コースで頼まないで，それぞれ好きなものを頼みましょうか。

B ダイエットしてるので，量が多いものはちょっと困るんですが。

＊ 量はどれぐらいですか：양은 어느 정도예요?

＊ 基本的に韓国料理は，日本のものより一人前の量が多いので，注文時には注意。

## そのほかの会話

1 何にするか決まりましたか。뭘로 할지 정했어요?

2 飲み物も頼みましょうか。음료수도 시킬까요?

＊ **음료수 마실래요?, 음료수도 드실래요?, 음료수는 뭐로 하실래요?** とも言える。

3 何飲む？ 뭐 마실래?

4 ちょっと辛いですが，ビビン冷麺を試してみますか。

조금 맵지만 비빔냉면 드셔 보실래요?

5 この料理は体にとてもいいですよ。

이 요리는 몸에 아주 좋아요.

6 スンドゥブを食べたことがありますか。

순두부 먹어 본 적 있어요?

---

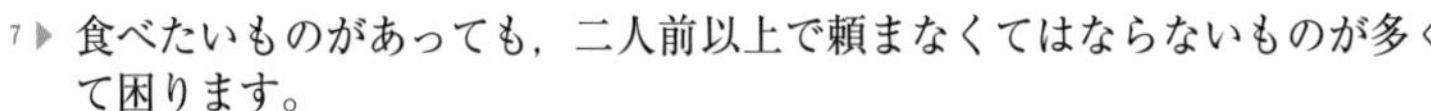

7 食べたいものがあっても，二人前以上で頼まなくてはならないものが多くて困ります。

먹고 싶은 것이 있어도 2인분 이상 주문해야 되는 것이 많아서 좀 곤란해요.

8 隣で食べているの，おいしそうですね。

옆에서 먹고 있는 거, 맛있어 보이네요.

9 私はよくわからないので適当に頼んでください。

저는 잘 모르니까 알아서 시키세요.

＊ **알아서**～という表現は「あなたに任せる」の意味。

---

### 日本に来た韓国人に

10 だまされたと思って，一度食べてみてください。

속는 셈 치고 한번 드셔 보세요.

＊ もう少し親しい間柄なら**한번 먹어 보세요**. と言ってもいい。

11 魚は大丈夫ですか。생선 종류는 괜찮아요?

12 刺身は食べられますか。회는 먹을 수 있어요?

13 和食を一度食べてみませんか。일식 한번 먹어 보겠어요?

## □ 418 あまり辛くしないでください

A 김치찌개 2인분이죠? 안 맵게 해 드려요?

B 네, 너무 맵지 않게 해 주세요.

A キムチチゲ二人前ですね。辛くしないほうがいいですか。

B ええ，あまり辛くしないでください。

飲食店の従業員と客の会話

＊ 찌개 は，김치찌개（キムチ鍋），된장찌개（みそ鍋），부대찌개（プデチゲ），순두부찌개（豆腐の鍋）のように，국 よりも具が多く，いろいろな具が混ざり合った濃い味のもの。具のほうが汁よりは多い。いったん調理され温められたものがテーブルに運ばれる。

## □ 419 カルビ三人前ください

A 갈비 3인분 주세요.

B 3인분이면 갈비 세 대밖에 안 돼요. 남자 다섯 분이 드시기엔 적을 텐데요.

A カルビ三人前ください。

B 三人前ですと, カルビは３本ですから, 男の方５人では少ないですよ。

客と飲食店の従業員の会話

＊ カルビ１本：갈비 한 대

＊ プルゴギ二人前とパジョンひとつお願いします：불고기 2인분하고 파전 하나요.

## □ 420 ご注文をおうかがいします

A 주문하시겠어요?

B 갈비탕 하나, 설렁탕 하나요.

A ご注文をおうかがいします。

B カルビタンひとつ，ソルロンタンひとつください。

＊ 탕 は 국 よりも中に入る具材の種類が多く，煮込み時間も長いもの。찌개 とは違い，一人ひとり別々の入れ物で出てくる。また, 찌개 よりは汁が多い。刻みねぎや塩, コショウなどで自分の好みに合わせ味が調整できる。갈비탕（カルビスープ），꼬리곰탕（牛のテールスープ），삼계탕（蔘鶏湯），설렁탕（ソルロンタン）などがある。

## そのほかの会話

1 ▶ すみません！《お店の人を呼ぶとき》저기요!

＊ 人を呼ぶ場合の「すみません」は，謝罪の意味はないため，**미안합니다** は使わない。**여기요!** と呼んでもかまわない。☞ p.311，下の一口メモ参照

2 ▶ 注文してもいいですか。주문해도 될까요?

3 ▶ これください。이거 주세요.

4 ▶ これをひとつ，これをふたつ，それから，これとこれをください。

이거 하나, 이거 둘, 그리고 이것하고 이걸 주세요.

5 ▶ とりあえずビールください。일단 맥주요.

6 ▶ ホルモンもつ鍋の「大」ください。곱창전골 대짜요.

＊ 大皿，大鍋料理は **대**（大），**중**（中），**소**（小）と書かれているものが多いが，注文するときには，それぞれ **대짜**，**중짜**，**소짜** という（語源がはっきりしないものは，発音どおりに書くという規則があるため **대자**，**중자**，**소자** と書くのは間違い）。

＊ **전골**は，細かく切った肉や魚に味付けをし，野菜，きのこ，海産物などと一緒に煮込んだもの。テーブルで火にかけて煮ながら食べる。**곱창전골**（ホルモンもつ鍋），**낙지전골**（タコ鍋）などがある。

7 ▶ ご飯もふたつください。밥도 두 개요.

＊ 金属の茶碗に盛られたごはんは **공기밥** という。韓国ではご飯の「大盛り」がないので，たくさん食べる人は 2 杯頼むといい。

---

8 ▶ 辛いものは苦手なので，唐辛子は少なめにしてください。

매운 거 잘 못 먹으니까 고추는 많이 넣지 마세요.

9 ▶ 時間がないので，できるだけ急いでお願いします。

급해서 그러는데 되도록 빨리 주세요.

10 ▶ またあとで注文しますから，とりあえずそれだけを持って来てください。

나중에 또 주문할 테니까, 일단 그것만 주세요.

## □ 421 おいしそうですね

A 식사 나왔습니다. 맛있게 드세요.

B 와, 맛있겠네요.

A お待たせしました。

B うわー，おいしそうですね。

＊ Aの 맛있게 드세요. は，レストランや食堂で料理を持ってきたときの決まり文句。直訳すると「おいしく召し上がってください」という意味だが，ふつうは日本語には訳さない。また食事をしている人と簡単に立ち話などをしたあと，その人から離れるときなどにもよく使われる。ていねいな言い方は 맛있게 드세요. だが，目上から目下，または友達同士では 맛있게 먹어. と言う。

## □ 422 とても食べきれませんよ

A 입에 맞을지 모르겠지만 많이 드세요.

B 이것도 저것도, 너무 많아 다 먹을 수 없어요.

A 口に合うかどうかわかりませんが，たくさん召し上がってください。

B あれもこれも，とても食べきれませんよ。

＊ Aは招待した側の決まり文句。

＊ さあ，召し上がって : 어서 드세요.

＊ ゆっくりたくさん召し上がってください : 천천히 많이 드세요.

## □ 423 食べられないので，包んでください

A 배불러서 더 이상 못 먹겠어요. 이거 싸 가고 싶은데요.

B 같이 싸 드려요?

A お腹一杯で，もうこれ以上食べられません。これを持って帰りたいのですが。

B 一緒にお包みしますか。

＊ 残った料理は持ち帰ることができますか : 남은 요리를 가지고 갈 수 있나요?

＊ 持ち帰り用のパックをふたつください : 포장하게 일회용 그릇 두 개 주세요.

＊ 思う存分食べました : 실컷 먹었어요. または 많이 먹었어요.

## そのほかの会話

1▶ もう食べてもいいですか。이제 먹어도 돼요?

＊ 料理に火が通ったかどうかを尋ねる言い方。

2▶ これはどうやって食べるのですか。이건 어떻게 먹는 거죠?

3▶ これをつけてどうぞ。이걸 찍어서 드세요.

＊ 薬味やたれ，ソースなどにつけて食べることを勧める場合。

4▶ この料理は何という料理ですか。이 요리는 이름이 뭐예요?

5▶ これはどうやって作ったものなんですか。이거 어떻게 만드신 거예요?

---

6▶ わあ，おかずだけでお腹いっぱいになりそうですね。

와, 반찬만 먹어도 배가 부르겠네요.

7▶ すごいごちそうですね。상다리가 부러질 정도네요.

＊ 客のためにたっぷり用意された料理をほめるときの言い回し。個人の家に招待されたときのほめ言葉。直訳は「お膳の脚が折れそうなほどですね」。

8▶ 何から食べていいか分かりません。

뭐부터 먹어야 할지 모르겠어요.

---

9▶ 塩を取ってください。소금 좀 집어 주세요.

＊ しょうゆ：간장／こしょう：후추

10▶ これを温めてもらえませんか。이것 좀 데워 주실래요?

＊ チゲなど，食べていて冷めてしまったときは，頼めば温めてくれる。

11▶ おしぼりをください。물수건 좀 갖다 주세요.

12▶ カクテギ，もう少しください。여기 깍두기 더 주세요.

13▶ 取り皿を持って来てください。앞접시 좀 갖다 주세요.

14▶ メニューをもう一度見せてください。메뉴판 한 번 더 보여 주세요.

15▶ ようじ，ありませんか。이쑤시개 없나요?

＊ 韓国では，残飯とようじが混ざって処理されることのないよう，テーブルにはようじが備え付けられていないことが多い。また提供されるようじは，水に溶けるようにデンプンで作ったものが多く，腰が弱く折れてしまうので注意。

## 外食・料理の感想を言う

### □ 424 天下一品ですね

A 맛은 어떤가요?

B 맛있어요. 역시 이 집 삼계탕은 천하일품이네요.

A お味はいかがですか。

B おいしいです。さすがここのサムゲタンは天下一品ですね。

＊ 発音は［마딛써요］［마싣써요］どちらでも可。
＊ さすが韓国はキムチの本場ですね：역시 한국은 김치 본고장이네요.
＊ このカムジャタン，最高ですね：이 감자탕, 최고네요.

### □ 425 しこしこしていておいしいです

A 비빔냉면, 맵지 않아요?

B 괜찮은데요. 면이 쫄깃쫄깃하고 씹는 맛이 좋아요.

A ビビン冷麺，辛くないですか。

B 大丈夫です。麺がしこしこしていておいしいです。

＊ 쫄깃쫄깃하다：噛み応えがある，しこしこしている
＊ 冷麺は元来，土地が痩せ穀類の収穫がない半島北部の冬場の食べ物。물냉면（水冷麺）と呼ばれるスープなしの 비빔냉면（混ぜ冷麺）が代表的。そば粉を使った黒みがかった麺の 평양냉면（平壌冷麺）と，イモのデンプンから作ったこしのある 함흥냉면（咸興冷麺）と，原料の種類によっても呼び方が違う。

### □ 426 ちょっと味が薄いわ

A 이 요리 좀 싱거워. 소금을 조금 더 넣어야겠다.

B 너무 많이 넣으면 짜서 못 먹어요.

A この料理はちょっと味が薄いわ。もうちょっと塩がほしいわね。

B あまりたくさん入れるとしょっぱくて食べられなくなりますよ。

＊ 味が濃い：맛이 진하다
＊ ちょっとしょっぱいです：조금 짜요.
＊ ちょっとすっぱすぎですね：너무 신 것 같아요.

## そのほかの会話

1▶ 今まで食べた中で，一番うまいな。
지금까지 먹은 것 중에 제일 맛있어.

2▶ 肉が本当にやわらかくてとろけそうです。
고기가 정말 부드러워서 살살 녹아요.

3▶ 香ばしい香りがいいです。
고소한 향기가 좋아요.

＊ **고소하다** はゴマなどの香ばしい香りをいう。

4▶ 言葉では表現できませんね。
말로 표현할 수가 없네요.

---

5▶ 急いで食べたので，口をやけどしてしまいました。
급하게 먹다가 입을 데었어요.

6▶ この肉はちょっとぱさぱさしていますね。
이 고기는 좀 퍽퍽하네요.

7▶ 少し香辛料が効きすぎですね。
향신료를 좀 많이 넣은 것 같아요.

8▶ ちょっと脂っこすぎますね。좀 느끼하네요.

9▶ 私にはちょっと甘いです。저한테는 좀 달아요.

10▶ 思ったより辛くないですね。생각보다 맵지 않네요.

11▶ あまりおいしくないですね。별로 맛이 없군요.

12▶ すごくまずいですね。너무 맛이 없네요.

13▶ うっ，まずい！ 우엑, 맛없다!

＊ **맛이 없다**は**맛없다**（発音は ［마덥따］）ともいう。

# 外食・食事を終えて

## □ 427 おれがおごるよ

A 내가 계산할게.

B 아냐, 전에 네가 냈으니까, 오늘은 내가 낼게.

A ここはおれがおごるよ。

B いや，この間きみが払ってくれたから，今日はぼくが払うよ。

＊ 내가 한턱낼게.（한턱내다 はひとつの単語）というのは，記念日や特別な日に，大々的にごちそうする時に使う。ちょっと飲み食いしたぐらいのときには使わない。

＊ 여기는 제가 쏠게요. というように，「おごる」という意味で 쏘다（撃つ，刺す）という動詞もよく使われる。同僚の間で使われる言葉で，年長者には使わない。

## □ 428 今日は割り勘にしない？

A 여기는 내가 낼게.

B 오늘은 각자 냅시다.

A ここはわたしが払うわ。

B 今日は割り勘にしない？

＊ 最近は多少変化が見られるが，韓国では食事は，だれかひとりが払う文化がある。たいてい年上の人や食事を誘った人が払うことになる。

＊「割り勘」は，あえて訳せば 각자 부담，または 더치페이。しかし 오늘은 각자 부담하자.，오늘은 더치페이하자. というより，오늘은 각자 내자.，오늘은 나눠서 내자. のほうが韓国語らしい。

## □ 429 ごちそうさま

A 감사합니다. 맛있게 드셨습니까?

B 네, 맛있게 먹었어요. 수고하세요.

A ありがとうございます。おいしかったですか。

B ええ，ごちそうさま。

Aは会計のときに店の人が

＊ 수고하세요.：直訳は「ご苦労さまです」。

## そのほかの会話

1 ▶ 勘定をお願いします。계산해 주세요.

＊ もっともシンプルな言い方は저기요, 계산이요.。

2 ▶ 現金で払います。현금으로 할게요.

3 ▶ アメックスカードは使えますか。아멕스 카드도 되나요?

4 ▶ これは頼んでないんですが。이건 안 시켰는데요.

＊ 勘定のときに明細を見ながら。

5 ▶ 領収書をください。영수증 주세요.

6 ▶ 支払いは別々にお願いします。계산은 따로따로 해 주세요.

＊ どうしても各人が支払いたい場合は，店の人にこう言う。

7 ▶ 今日はとても楽しかったです。今度は私がおごります。
오늘 아주 즐거웠어요. 다음엔 제가 낼게요.

**一口メモ 여기요 と 저기요**

一昔前までは，レストランなどで店員を呼ぶときに，아가씨!，아저씨!，여보세요! などと呼びかけたが，最近では，親しくない人や，あまり知らない人を呼ぶときは，여기요 というのが一般的だ。여기요! という言葉は直訳すると「ここです」という意味で，それが転じて，「こっちに来てください」「自分に関心を向けてください」という意味で使われるようになった。

- 여기요, 주문요!（すみません，注文お願いします）
- 여기요, 물 좀 주세요.（すみません。お冷やください）

여기요! と同じようによく使われる言葉に 저기요! というのがある。여기요 の代わりに 저기요 と言う人も少なくない。このふたつの言い方は，ほぼ同じ意味で使われていると言ってもいい。しかし 여기요! は「こっちに来てください」なのに，저기요! は「あっちに」…，と考えるとおかしいことになる。

何か思い出せないときや，何か言葉に出すのに気まずいとき，日本語でも「あのう」と言うが，その「あのう（저）」が 저기 になり，それにていねいの 요 が付いた形が 저기요 である。저기요 は「あちら」を意味する 저기 とは関係がない語なのだ。

## □ 430 いらっしゃいませ。ご注文をどうぞ

A 어서 오세요. 주문하시겠어요?

B 햄버거하고 커피 주세요.

A いらっしゃいませ。ご注文をどうぞ。

B ハンバーガーとコーヒーください。

＊ いらっしゃいませ。ご注文，承ります：어서 오세요. 주문 도와 드릴까요?

＊ 韓国のファストフード店は日本とほぼ同じシステム。

＊ マクドナルド：맥도날드／ロッテリア：롯데리아／ Popeyes：파파이스／バーガーキング：버거킹／ケンタッキーフライドチキン：KFC（케이에프시）：（発音はふつう［케이에프씨］）／スターバックス：스타벅스／マムズタッチ：mom's touch（맘스터치）

## □ 431 氷をお入れしますか

A 이거랑 이거 두 개씩 주세요.

B 콜라에는 얼음을 넣어 드려요?

A これとこれ，ふたつずつください。

B コーラには氷をお入れしますか。

＊ コーラに氷は入れないでください：콜라에 얼음은 빼고 주세요.

＊ 氷はたっぷり入れてください：얼음을 많이 넣어 주세요.

## □ 432 お持ち帰りですか

A 여기서 드실 거예요, 가지고 가실거예요?

B 여기서 먹고 갈 거예요.

A こちらでお召し上がりですか，お持ち帰りですか。

B ここで食べます。

＊ 여기서 드시고 가세요?，포장해 드릴까요? などいくつかの言い方がある。

＊ 持って帰る場合は 포장해 주세요.，가지고 갈 거예요. と言えばいい。

＊ 테이크아웃（テイクアウト）という外来語も韓国語に入っているが，注文の聞き方としてはあまり使われない。

## そのほかの会話

### 店員が

1 ▶ チーズバーガーは単品でよろしいでしょうか。それともセットになさいますか。

치즈버거만 주문하시는 건가요, 아니면 세트로 드릴까요?

＊チキンバーガー：**치킨버거**／プルゴギバーガー：**불고기버거**／ダブル・チーズバーガー：**더블치즈버거**／エビバーガー：**새우버거**／ベーコントマト・デラックス：**베이컨토마토디럭스**／ビッグマック：**빅맥**

＊横文字の食べ物の名前は分かち書きしないのが原則。ただし **밥**，**떡**，**국**，**죽** が付くものについては辞書の表記に従う。

2 ▶ 飲み物は何になさいますか。음료는 뭘로 하시겠습니까?

＊コーラ：**콜라**／オレンジジュース：**오렌지주스**／ファンタ：**환타**／スプライト：**스프라이트**／ミルク：**우유**〈牛乳〉／アイスコーヒー：**아이스커피**

3 ▶ ポテトのサイズはどうなさいますか。프렌치프라이 사이즈는요?

＊フライドポテトの言い方は，店によってまちまちで，**프렌치프라이**，**감자튀김** などと言うところもある。ちなみにポテトチップスは **포테이토칩**。

＊S：**스몰**／M：**미디엄**（表記は **미디엄** だが，**[미듐]** と発音する人もいる）／L：**라지**／XL：**엑스라지**／レギュラー：**레귤러**／ジャンボ：**점보**

**8** 食事・料理

4 ▶ 本日のコーヒーはバニララテですが，いかがなさいますか。

오늘의 커피는 바닐라라테인데 어떠세요?

＊ラテ，マキアートは **라테**，**마키아토** が正しい表記だが，店によっては **라떼**，**마키아또** と表記してあるところもある。また，そのように発音する韓国人が多いのも事実。

＊エスプレッソ：**에스프레소**／アメリカーノ：**아메리카노**／カフェラテ：**카페 라떼**／カフェモカ：**카페 모카**／カプチーノ：**카푸치노**

5 ▶ サイズはいかがなさいますか。사이즈는 어떤 것으로 하시겠어요?

＊Short：**숏**／Tall：**톨**／Grande：**그란데**／Venti：**벤티**

6 ▶ マフィンは，どれになさいますか。머핀은 어떤 걸로 하시겠어요?

＊チョコレートマフィン：**초코 [초콜릿] 머핀**／モカマフィン：**모카 머핀**／ストロベリーマフィン：**스트로베리 머핀**，**딸기 머핀**（前述のとおり横文字の食べ物の名前は分かち書きしないのが原則だが，くっつけて書くと読みにくくなる場合は，その要素ごとに分かち書きをする）

7 ▶ ほかにご注文はございますか。더 필요한 거 있으세요?

8 ▶ お待たせしました。ご注文の品になります。どうぞごゆっくり。

오래 기다리셨습니다. 주문하신 거 나왔습니다. 맛있게 드세요.

# 145 出前，宅配を頼む

### □ 433 今日は出前取ろう

A 엄마가 저녁 하기 귀찮다고 오늘은 배달시키재.

B 얼마 전에도 배달시켰잖아.

A お母さんがご飯作りたくないから，今日は出前取ろうって。

B この間も出前取ったばかりじゃないか。

子と父親の会話

＊ この場合は 시키다 を接尾辞と見なし，分かち書きはしない。

### □ 434 何を頼もうか

A 조금 있으면 회의도 해야 하고……. 먹으러 갈 시간이 없으니 배달시켜 먹자.

B 뭐 주문할까? 먹고 싶은 건 없는데.

A もうすぐ会議だし，食べに行く時間もないので出前でも取ろうか。

B 何を頼もうか。食べたいものないんだけどなあ。

＊ 野外ピクニックなどでも目印になる場所がわかれば，携帯で注文して配達してくれる。

### □ 435 電話してからずいぶん経つんだけど

A 전화한 게 언젠데 왜 아직 안 와요.

B 예, 방금 출발했습니다.

A 電話してからずいぶん経つんだけど，まだですか。

B もう着くころですが。

＊ B は催促の電話への常套文句。

＊ さっき頼んだんですが，まだ出てませんか：아까 시켰는데 아직 출발 안 했나요?

＊ 30 分以上前に注文しましたが，まだ届いていません：30분 전에 주문했는데 아직 안 왔어요.

## そのほかの会話

### 電話での注文

1 ▶ もしもし，いま出前，いいですか。

여보세요. 지금 배달되나요?

＊ **배달**〈配達〉: 出前

2 ▶ このチラシのピザを注文したいのですが。

여기 전단지에 있는 피자를 주문하고 싶은데요.

＊ チラシを見ながらの注文。

3 ▶ ピザはMサイズのダブルチーズでお願いします。

피자는 엠 사이즈 더블 치즈로 부탁합니다.

4 ▶ ピザの生地は薄いのでお願いします。

피자 도우는 얇은 걸로 부탁합니다.

＊ 厚い生地 : **팬 피자** (pan pizza) ／薄い生地 : **신 피자** (thin pizza)(発音はふつう [씬 피자])

5 ▶ オニオン抜きにできますか。양파는 빼 주실래요？

6 ▶ トッピングにアンチョビーを加えてください。

토핑에 안초비를 추가해 주세요.

7 ▶ 住所は，市民大通りの278番地です。

주소는 시민대로 278번지에요.

---

8 ▶ カンチャジャンの大盛りをふたつ持ってきてください。

간짜장 곱빼기 두 개 갖다 주세요.

＊ **간짜장**は中国語では乾炸醤 (qián zhà jiàng)といって，少しこってりした味噌を使ったワンランク上のもの。自分で麺にかけて食べるように，味噌と麺とは別の器に盛られてくる。

9 ▶ ジャージャー麺とチャンポンをひとつずつお願いします。

짜장면 하나 짬뽕 하나 갖다 주세요.

10 ▶ すぐできますか。금방 되나요？

11 ▶ 時間はどれぐらいかかりますか。

시간은 얼마나 걸려요?

## □ 436 注文した料理がまだ来ないんですが

A 저기요. 주문한 요리 아직 안 나왔는데요?

B 죄송합니다. 곧 나옵니다.

A あのう，注文した料理がまだ来ないんですが。

B 申し訳ございません。ただいまお持ちします。

＊ 저기요 は食堂従業員を呼ぶ場合に使われる。

＊ ちょっと急いでるんですけど：좀 급한데요.

## □ 437 頼んだものではないんですが

A 이건 제가 주문한 게 아닌데요.

B 예? 죄송합니다. 바로 바꿔 드리겠습니다.

A これは私が頼んだものではないんですが。

B あっ，申し訳ございません。すぐにお取り替えいたします。

＊ これ，うちが頼んだものですか：우리가 시킨 게 맞나요?《頼んだものと違うものが運ばれてきたり，頼んだ量が違ったりした場合》

## □ 438 変な味がするんですけど

A 이 생선, 이상한 맛이 나는데요.

B 죄송합니다. 일단 치워 드리고 나서 주방에 확인해 보겠습니다.

A この魚，変な味がするんですけど。

B 申し訳ございません。ちょっとお下げしてもよろしいですか。厨房に聞いてまいります。

＊ 이상한 맛이 나다：変な味がする

## そのほかの会話

1▶ あのう，注文しようと何度も呼んでるのにだれも来ませんね。

저, 주문하려고 몇 번이나 불렀는데 아무도 오지 않네요.

2▶ もう 30 分以上も待っているんですが。

벌써 30분 이상 기다리고 있는데요.

3▶ あとどれくらいかかりますか。얼마나 더 걸리나요?

4▶ 時間がかかるならキャンセルしてください。

시간이 더 걸릴 것 같으면 취소해 주세요.

5▶ ご飯は大盛りでお願いしたんですけど。여기 밥 한 공기 더 주세요.

＊「ご飯の大盛り」は日本的な表現。韓国では，ご飯はふたのついた金製の器に入ってくるので，このように言う。最初からご飯をもっと食べるつもりなら **밥은 두공기 주세요.**（ご飯 2 杯ください）と言う。**곱빼기** は **라면 곱빼기**（ラーメンの大盛り），**짜장면 곱빼기**（ジャジャン麺の大盛り），**탕수육 곱빼기**（酢豚の大盛り）などと，主に麺類や中華料理などに使うのが一般的。

8 食事・料理

6▶ これ，あちらのテーブルのお客さんのではないですか。

이건 저쪽 테이블 손님이 주문한 거 아니에요?

7▶ 私が頼んだのはカルビタンですが。

제가 주문한 건 갈비탕인데요.

8▶ 二人前頼んだんですが。우리는 2 인분 시켰는데요.

---

9▶ これ，ちょっと味がおかしいみたいですが。

이거 좀 맛이 간 것 같은데요.

＊**맛이 가다**：味がおかしい，腐っている

10▶ これ，ちょっと冷たいんですけど。이건 좀 차가운데요.

11▶ ご飯の中から硬い石が出てきたんですが。

밥 먹다가 딱딱한 돌이 나왔어요.

12▶ これ，中に髪の毛が入ってるんですけど。

이 안에서 머리카락이 나왔어요.

13▶ ちょっとこれ，ゴキブリが入ってるよ！

이게 뭐야, 바퀴벌레가 있어요!

# 147 レストランでクレームを言う ②

## □ 439 メニューの写真と違うんですが

A 이거, 메뉴 사진이랑 다른데 어떻게 된 겁니까?

B 죄송합니다. 매니저에게 확인해 보겠습니다.

A これ，メニューに載っている写真と違うんですが，どうなってるんですか？

B 申し訳ございません，マネジャーに聞いてまいります。

＊ マネジャーとちょっとお話できますか：여기 매니저하고 잠깐 이야기할 수 있어요?

## □ 440 これは食べられませんよ

A 이건 너무 짜서 못 먹겠어요.

B 예? 죄송합니다. 새로 만들어 오겠습니다.

A これ，しょっぱすぎて食べられませんよ。

B はい，申し訳ございません。すぐに作り直してまいります。

＊ 日本語で「悪いけど…」と前置きして話すように，韓国語でも 미안하지만 という言葉を添えることが多い。

## □ 441 計算が合わないようですけど

A 계산이 맞지 않는 것 같은데, 다시 한 번 확인해 주세요.

B 잠시 기다려 주시겠습니까?

A 計算が合わないようですけど，もう一度調べてください。

B 少々お待ちいただけますか。

＊ 계산이 잘못된 거 아닌가요? とダイレクトに聞いてもいい。

## そのほかの会話

1 ▶ このお皿，ちょっと汚れてるんですが。
이 접시 좀 더러운데요.

2 ▶ このコップ，縁がちょっと欠けているんですが。
이 컵, 테두리가 깨져 있는데요.

3 ▶ コップに口紅の跡が付いているんですが。
컵에 립스틱 자국이 있는데요.

4 ▶ このキムチ，だれかの食べ残しじゃないんですか。
이 김치, 누가 먹던 거 아니에요?

5 ▶ これは客に出す料理じゃないねぇ。
이런 걸 요리라고 손님한테 내는 거예요?

6 ▶ 新しいものを持ってきてもらっても，お腹がいっぱいでもう食べられませんよ。
다시 가져와도 배가 불러서 더 이상 못 먹어요.

**＊ 食べている途中で異物が出てきて，「新しいものと取り替える」と言われたとき。**
**서비스 주셔도 배가 불러서 더 이상 못 먹어요.**

**8 食事・料理**

7 ▶ 別のと換えていただかなくても結構ですので，会計から引いてください。
다른 걸로 바꿔 주지 않아도 되니까 계산에서 빼 주세요.

8 ▶ 横のテーブルがうるさいので，席をちょっと替えてください。
옆 테이블이 시끄러워서 그러는데 자리 좀 바꿔 주세요.

9 ▶ サービス料がずいぶん高いんですね。
봉사료가 꽤 비싸네요?

10 ▶ えっ？　今どきカードが使えないところなんてありますか。
네? 요즘 카드 안 되는 데가 어디 있어요?

11 ▶ 会計のときに割引クーポン出してもだめだなんて，ひどすぎないですか。
계산할 때 할인 식사권을 내면 안 된다니 너무한 거 아니에요?

# 9. 病気になったら

## □ 442 ちょっと手を貸してください

A 저, 왜 그러세요?

B 미안합니다만, 좀 도와주세요.

A あの，どうしましたか。

B すみません，ちょっと手を貸してください。

A は通行人，B は具合の悪くなった人またはその友人

* 도와주다 はひとつの単語。分かち書きしない。
* 気分が悪くてどうしようもないときは，込み入った韓国語を使うよりは簡潔に自分の状況を周りの人に伝えること。

## □ 443 具合が悪くて動けません

A 아파서 도저히 움직일 수 없어요.

B 구급차 불러 드릴까요?

A 具合が悪くて動けません。

B 救急車を呼びましょうか。

A は具合の悪くなった人，B は通行人

* 韓国語では，具合が悪いときには痛みを感じていなくても 아프다 を使うので注意。

## □ 444 どこか病院に連れていってください

A 몸이 힘들어서 그러는데 병원에 좀 데려다 주세요.

B 누군가 일본어를 아는 사람을 부를까요?

A ちょっと気分が悪いんですが，どこか病院に連れていってください。

B だれか日本語のわかる人を呼びましょうか。

A は具合の悪くなった人，B は通行人

* -(아/어)서 그러는데：(実は) ～なんですが
* 「気分が悪い」を 기분이 나쁘다 と言うと，誤解を招くので注意。

## そのほかの会話

1 ▶ 立てないので，肩を貸してください。

일어나기 어려워서 그러는데 부축 좀 해 주세요.

* **부축**：脇を支えて歩行を助けること

2 ▶ 吐きそうですので，背中をさすってください。

토할 것 같으니까 등 좀 살살 쓸어 주세요.

* **살살**：そっと，軽く
* （吐き気で）むかむかする：**속이 울렁거리다**
* 背中を叩いてください：**등 좀 두드려 주세요.**

3 ▶ めまいがしますので，動かさないでください。

현기증이 나니까 움직이지 마세요.

* **현기증**〈眩氣症〉：めまい

4 ▶ お医者さんを呼んでください。

의사 선생님 좀 불러 주세요.

5 ▶ 持病がありますので，この病院に連絡してください。

지병이 있어서 그러는데 이 병원으로 연락 좀 해 주세요.

6 ▶ この近くに日本語のわかる病院ありますか。

이 근처에 일본어가 통하는 병원 있어요?

9 病気になったら

### いろいろな診療科目

◆内科：**내과**　◆外科：**외과**
◆小児科：**소아과**（韓国では **소아 청소년과**〈小兒青少年科〉と言っている）
◆産婦人科：**산부인과**　◆整形外科：**정형외과**
◆胸部外科：**흉부외과**　◆脳神経外科：**뇌신경외과**
◆美容整形外科：**미용성형외과**　◆形成外科：**성형외과**
◆眼科：**안과**　◆耳鼻咽喉科：**이비인후과**
◆皮膚科：**피부과**　◆泌尿器科：**비뇨기과**
◆肛門科：**항외과**　◆精神科：**정신과**
◆神経内科：**신경내과**　◆歯科：**치과**
◆放射線科：**방사선과**（従来の **진단방사선과**〈診斷放射線科〉の名称が **영상의학과**〈影像醫學科〉に変更）

## □ 445 こんな痛みは初めてです

A 전에도 이런 통증이 있었어요?

B 이렇게 아픈 건 처음이에요.

A 今までにもこのような痛みはありましたか。

B こんな痛みは初めてです。

A は医者，B は患者

＊ 통증〈痛症〉: 痛み

## □ 446 締めつけられるように痛みます

A 어떻게 아프세요?

B 꽉 조이는 것처럼 아픕니다.

A どんな痛みですか。

B 締めつけられるように痛みます。

A は医者，B は患者

＊「どんな痛みですか」を 어떤 통증이세요? と言うとぎこちない。어떤 통증인가요? と聞く。

## □ 447 寝ていたら急に痛み出しました

A 통증이 언제부터 생겼나요?

B 자고 있는데 갑자기 통증이 시작됐습니다.

A 痛みはいつ起こりましたか。

B 寝ていたら急に痛み出しました。

A は医者，B は患者

＊ 痛みは突然に起こりました : 통증이 갑자기 시작됐어요.

## そのほかの会話

1▶ 我慢できないぐらいの痛みです。참을 수 없을 정도로 아파요.

＊ 我慢できない痛みではありません：참을 수 없을 정도는 아닙니다.

2▶ 放っておいたらいつの間にか痛みは消えてしまいました。
그냥 내버려 뒀더니 저도 모르는 사이에 통증이 없어졌어요.

3▶ かなり前から同じような痛みが出たり消えたりしていました。
꽤 오래 전부터 이렇게 아팠다가 괜찮았다가 그랬어요.

4▶ 運動をしているときに急に痛み出しました。
운동을 하고 있는데 갑자기 아프기 시작했습니다.

＊ 休んでいるときに～：쉬고 있는데

＊ 重い物を持とうとしたときに～：무거운 것을 들려고 했을 때

5▶ 息をすると痛くなります。숨을 쉬면 아파요.

6▶ 何もしていなくても痛みます。아무것도 하지 않아도 아픕니다.

7▶ 2～3日前から痛みがあります。2～3일 전부터 통증이 있어요.

8▶ 1か月前ぐらいから徐々に痛くなってきました。
한 달 전부터 조금씩 아팠어요.

### いろいろな痛み

- 圧迫されるような痛み：압박당하는 것 같은 통증
- ちくちくと刺すような痛み：쿡쿡 찌르는 것 같은 통증
- 焼けるような痛み：타는 듯한 통증
- 裂けるような痛み：찢어지는 듯한 통증
- 鋭い痛み：날카로운 통증
- ねじれるような痛み：쥐어짜는 듯한 통증
- 押さえつけられるような痛み：짓누르는 듯한 통증
- うずくような痛み：욱신거리는 듯한 통증
- はっきりとしない痛み：뭐라고 꼬집어서 말할 수 없는 통증
- ずきずきする：쑤시다
- （肩などが）凝る：결리다
- （焼けるように）ひりひりする：쓰리다, 따갑다
- しびれる：저리다

## □ 448 頭が割れるように痛みます

A 갑자기 머리가 깨질 듯한 심한 두통이 났어요.

B 구역질은 안 나요?

A 突然，頭が割れるような激しい頭痛が起こりました。

B 吐き気はないですか。

A は患者，B は医者

＊ 頭痛がする：두통이 나다[생기다]

＊ 頭がずきずきと痛む：머리가 욱신거리다

＊ 頭がちくちくと痛む：머리가 콕콕 찌르듯이 아프다，머리가 지끈거리다

## □ 449 頭をぶつけました

A 친구랑 장난치다가 넘어져서 머리를 부딪쳤어요.

B 어느 쪽을 부딪쳤어요?

A 友達とふざけていて，転んで頭をぶつけました。

B 頭のどちら側をぶつけましたか。

A は患者，B は医者

＊ 부딪치다 は自分が主体で「ぶつける」，부딪히다 は 부딪다 の受動で相手によって「ぶつけられる」。머리를 벽에 부딪치다 は「(自分がわざと)壁に頭をぶつける」状況を言う。しかしわざわざ「壁に頭をぶつける」人はいないので，自分の過ちで「壁にぶつかった」場合も 벽에 머리를 부딪쳤다 と言う。

## □ 450 頭がくらくらします

A 식사 후에 머리가 어질어질해서 자리에서 일어나질 못해요.

B 혹시 뇌빈혈일지도 몰라요.

A 食事をしたあとに頭がくらくらして，立ち上がれません。

B ひょっとして脳貧血かもしれませんね。

A は患者，B は医者

＊ 어질어질하다：頭がくらくらする

＊ 立ちくらみがします：머리가 어지러워요.

＊ まっすぐに歩くことができません：똑바로 걸을 수가 없어요.

## そのほかの会話

1▶ 頭をガーンと殴られたように痛いです。
머리를 한 대 얻어맞은 것처럼 아파요.

2▶ ろれつが回らなくなりました。혀가 꼬여 말이 잘 안 나와요.

3▶ 一瞬言葉が出てこなくなりました。순간적으로 말이 안 나와요.

4▶ 急に手足に力が入らなくなりました。
갑자기 손발에 힘이 안 들어가요.

5▶ 体の半分が動きません。몸 한쪽이 움직이지 않아요.

---

6▶ 物が飛んできて頭に当たりました。
물건이 날아와서 머리에 맞았어요.

7▶ 転んで頭をけがしました。넘어져서 머리를 다쳤어요.

8▶ 鴨居に思いっきり頭をぶつけてしまいました。
문틀에 심하게 머리를 부딪쳤어요.

＊ 문틀〈門―〉: 鴨居。「敷居」は문지방〈門地枋〉。

9▶ 頭にたんこぶを作ってしまいました。머리에 혹이 생겼어요.

## 関連表現

- 物忘れがひどくなる : 건망증이 심해지다
- 手が震える : 손이 떨리다
- よだれが垂れる : 침이 흐르다
- 意識がない : 의식이 없다
- けいれんが起こる : 경련이 일어나다
- 麻痺する : 마비되다
- 急に嘔吐する : 갑자기 구토하다
- いびきをかいて寝ている : 코를 골며 자고 있다

## □ 451 片方の手足がしびれます

A 요즘 한쪽 손발이 저려요.

B 지금까지 혈압 높다는 말 들은 적 없으세요?

A 最近，片方の手足がしびれるんですが。

B 今までに血圧が高いと言われたことはありませんか。

A は患者，B は医者

* 손발이 저리다：手足がしびれる
* 혈압이 높다 [낮다]：血圧が高い［低い］

## □ 452 血圧を測ってみましょう

A 머리에 피가 몰리는 것처럼 갑자기 확 뜨거워져요..

B 혈압을 재 봅시다. 크게 심호흡해 보세요.

A のぼせたように急に頭がカーッとなるんです。

B 血圧を測ってみましょう。大きく深呼吸してみてください。

A は患者，B は医者

* 심호흡하다：深呼吸する

## □ 453 ちょっと血圧が高いようですね

A 혈압이 좀 높은 것 같네요.

B 지난번 회사에서 건강 진단 받을 때 쟀는데 그때는 아무렇지도 않았어요.

A ちょっと血圧が高いようですね。

B この間，会社の健康診断で測ったときは，何ともなかったんですが。

A は医者，B は患者

* 健康診断でも，血圧が高いと言われました：건강 진단에서도 혈압이 높다고 그랬어요.

## そのほかの会話

1 ▶ 最近むくみがひどくなりました。요즘 좀 부기가 심해요.
　＊**부기**〈浮氣〉：むくみ

2 ▶ うちの父親が，血圧が高かったです。
저희 아버지가 혈압이 높았어요.

3 ▶ 高血圧だと言われ，2 年前から血圧の薬を飲んでいます。
고혈압이래서 2년 전부터 혈압 약을 먹고 있어요.

4 ▶ 少し血圧が高かったのですが，今まで治療を受けていません。
좀 혈압이 높긴 했지만, 지금까지 치료는 받지 않았어요.

5 ▶ うちで計ったら，上が 170，下が 100 もありました。
집에서 재봤더니 최고 170, 최저 100이나 나왔어요.

6 ▶ 病院に来ると血圧が上がります。
병원에 오면 혈압이 올라가요.

7 ▶ いつも血圧はちょっと高めなんですが。
저는 평소에도 혈압이 좀 높은 편인데요.

8 ▶ もともと血圧は低いほうです。원래 혈압이 낮은 편이에요.

---

**医者が患者に**

9 ▶ 何回か血圧をチェックする必要があります。
혈압은 여러 번 체크할 필요가 있어요.

10 ▶ 毎朝起きたあとに，自分でも血圧を測ってみてください。
매일 아침 자리에서 일어난 후에 직접 혈압을 재 보세요.

11 ▶ 塩分を控えるようにしてください。짠 음식을 삼가도록 하세요.

12 ▶ 規則的にウォーキングなどの軽い運動を続けてください。
걷기 같은 가벼운 운동을 규칙적으로 하세요.

## □ 454 目にゴミが入ったようです

A 눈에 먼지가 들어간 것 같아요.

B 잠시만 참고 눈을 크게 떠 주세요.

A 目にゴミが入ったようです。

B 我慢してちょっと目を開けてみてください。

A は患者，B は医者

＊ 눈을 뜨다：目を開ける／눈을 감다：目をつぶる

＊ 白目：눈 흰자 (흰자위) ／黒目：눈동자

## □ 455 目をこすったらまっ赤になりました

A 눈을 비볐더니 빨개졌어요.

B 눈 주위가 가렵지는 않나요?

A 目をこすったらまっ赤になりました。

B 目のふちがかゆくないですか。

A は患者，B は医者

＊ 눈 주위：目の周り

＊ 左目のここにできものができました：왼쪽 눈, 여기에 종기가 생겼어요.

＊ 目にものもらいができました：눈에 다래끼가 났어요.

## □ 456 近くがよく見えません

A 가까운 곳이 잘 안 보여요.

B 시력이 떨어진 것 같으니까 검사를 해 봅시다.

A 近くがよく見えません。

B 視力が落ちてきているようなので，検眼してみましょう。

A は患者，B は医者

＊ 遠くがよく見えません：먼 곳이 잘 안 보여요.

＊ 前の絵を見てください。丸い輪のどちら側が開いていますか：앞의 그림을 봐 주세요. 동그란 원의 어느 쪽이 열려 있어요?

＊ 眼圧を測ってみましょう《医者が患者に》：안압을 재 봅시다.

## そのほかの会話

1▶ 目の中がごろごろします。눈 안에 뭐가 있는 것 같아요.

2▶ 痛くて目が開けられません。아파서 눈을 뜰 수가 없어요.

3▶ まぶしくて目が開けられません。눈이 부셔서 눈을 뜰 수가 없어요.

4▶ まばたきができないので，目が痛いのですが。
눈을 깜빡일 수가 없어서 아파요.

5▶ 目やにがたくさん出ます。눈곱이 많이 끼어요.
＊ **눈곱이 끼다**：目やにがたまる

6▶ 涙が止まりません。눈물이 계속 나와요.

7▶ 充血が取れません。충혈이 가시지 않아요.
＊ **가시다**：(ある状態が)消える，なくなる

8▶ 目の白いところが黄色くなってきました。
눈의 흰자가 노랗게 변했어요.

9▶ まぶたが下がってきて目が開かないんですが。
눈꺼풀이 처져서 눈을 뜰 수가 없어요.
＊ **처지다**：垂れる，垂れ下がる

---

10▶ 視界がぼんやりしています。시야가 희미하게 보여요.

11▶ 目がかすんで見えます。흐릿하게 보여요.
＊ **흐려 보여요.** と言ってもいい。

12▶ 目の前をちらちらと何かが飛んでいるようです。
눈앞에서 뭐가 팔랑팔랑 날아다니고 있는 것 같아요.

13▶ 物が二重に見えます。사물이 이중으로 보여요.
＊ **겹쳐 보여요.** と言ってもいい。

14▶ 物がゆがんで見えます。모양이 찌그러져 보여요.

9 病気になったら

## □457 耳の中がずきずき痛みます

A 감기에 걸렸을 때부터 귓속이 욱신욱신 쑤시고 아파요.

B 코를 세게 풀지 않았어요?

A 風邪を引いたときから，耳の中がずきずき痛みます。

B 鼻を強くかみませんでしたか。

A は患者，B は医者

＊ 코를 풀다：鼻をかむ

＊ 耳から膿が出る：귀에서 고름이 나오다

＊ 耳がかゆい：귀가 가렵다

## □458 耳の中が詰まっている感じがします

A 귀가 막힌 것 같은 느낌이에요.

B 코를 쥐어 막고 콧구멍으로 숨을 내쉬세요.

A 耳の中が詰まっている感じがします。

B 鼻をつまんで，息を鼻から出してみてください。

A は患者，B は医者

＊ 코를 쥐다：鼻をつまむ

＊ つばを飲み込む：침을 삼키다

## □459 耳が聞こえにくくなりました

A 갑자기 오른쪽 귀가 잘 안 들려요.

B 최근, 과로 때문에 스트레스를 많이 받지 않으셨나요?

A 急に右の耳が聞こえにくくなりました。

B 最近，過労でストレスがたまっていませんか。

A は患者，B は医者

＊ 귀가 잘 안 들리다：耳がよく聞こえない

＊ ストレスがたまる：스트레스가 쌓이다

## そのほかの会話

1 ▶ 水泳をしていて耳に水が入りました。

수영하다가 귀에 물이 들어갔어요.

2 ▶ 耳の中に何か入っているようです。

귀 안에 뭐가 들어간 것 같아요.

3 ▶ 耳かきで耳あかを取っていて傷をつけてしまいました。

귀이개로 귀지를 파내다가 상처를 내고 말았어요.

✽ **귀지**：耳あか／**귀지를 파내다**：耳あかをとる

4 ▶ ほほを殴られて鼓膜が破れました。빰을 맞아서 고막이 찢어졌어요.

5 ▶ 耳をちょっと触っただけで痛みます。귀를 살짝 만지기만 해도 아파요.

---

6 ▶ 耳鳴りがします。귀에서 소리가 나요.

✽ **귀가 울려요.** とも言う。

7 ▶ 自分の声が大きく聞こえます。제 목소리가 크게 들려요.

8 ▶ 音が割れるように聞こえます。소리가 갈라지는 것처럼 들려요.

9 ▶ 乗り物酔いがします。차멀미가 나요.

✽ 船酔い：**뱃멀미**／飛行機酔い：**비행기 멀미**／地震酔い：**지진 멀미**

10 ▶ 耳が詰まった感じがとれません。귀가 먹먹한 게 가시지 않아요.

---

11 ▶ めまいがして，立ち上がるとふらつきます。

현기증이 나서 자리에서 일어설 때마다 휘청거려요.

12 ▶ 天井がグルグル回るようです。천장이 빙빙 도는 것 같아요.

13 ▶ ときどき体がふわっと沈む感覚がします。

때때로 몸이 푹 잠기는 느낌이 들어요.

14 ▶ 補聴器を付けないとよく聞こえません。

보청기를 끼지 않으면 잘 들리지 않아요.

✽ **보청기를 끼다［빼다］**：補聴器を付ける［はずす］

## □ 460 鼻血が出ます

A 자주 코피가 나요.

B 코를 손가락으로 후비거나 코를 세게 풀거나 하지 않았어요?

A よく鼻血が出るんですが。

B 鼻を指でほじったり，強く鼻をかんだりしませんでしたか。

A は患者，B は医者

＊ 鼻をほじる：코를 후비다，코를 파다／鼻くそ：코딱지／鼻の穴：콧구멍

＊ 鼻毛を抜く：코털을 뽑다

＊ 鼻血が止まる：코피가 멎다（「物の動きや動作が止まる」の意味で 멈추다 と 멎다 はほぼ同じ意味。멎다 は心臓，エンジン，時計など絶え間なく動いているものや血，雨，涙など流れているものが止まったというニュアンスが強い）

## □ 461 鼻水が止まりません

A 콧물이 멈추지 않아요.

B 꽃가루 알레르기일지도 모르겠네요. 작년에도 같은 증상이 있었나요?

A 鼻水が止まりません。

B 花粉症かもしれませんね。去年も同じ症状でしたか。

A は患者，B は医者

＊ 花粉症：꽃가루 알레르기，꽃가룻병。꽃가루병 と綴るのは間違い。

＊ 鼻をすする：코를 훌쩍거리다

## □ 462 鼻が詰まって頭が重いです

A 코가 막혀서 머리가 무거워요.

B 축농증이에요. 증상을 억제하는 항균제를 처방해 드릴 테니 그걸 복용하세요.

A 鼻が詰まって頭が重いです。

B 蓄膿症ですね。症状を抑える抗菌薬を処方しますから飲んでください。

A は患者，B は医者

＊ 코가 막히다：鼻が詰まる

＊ 蓄膿症：축농증／副鼻腔炎：부비강염

## そのほかの会話

1▶ チョコレートを食べると，ときどき鼻血が出ます。
초콜릿을 먹으면 가끔 코피가 나요.

2▶ 鼻をかむと痛みを感じます。코를 풀면 아파요.

3▶ 鼻の上のほうから額にかけて痛みます。
코 위쪽부터 이마까지 아파요.

4▶ 鼻の中がただれました。콧속이 헐었어요.

5▶ 鼻の頭がまっ赤になったんですが。코끝이 빨개졌어요.

6▶ 黄色い粘っこい鼻水が出ます。
누렇고 끈적끈적한 코가 나와요.

7▶ さらさらした鼻水が出ます。맑은 콧물이 나와요.

8▶ 鼻水がのどのほうに下がってきます。
콧물이 목 뒤로 넘어가요.

9▶ しゃっくりが止まりません。딸꾹질이 멈추지 않아요.

10▶ いびきがすごいです。코 고는 소리가 심해요.

11▶ においがまったく感じられません。냄새를 못 맡아요.
＊ **냄새를 맡다**：においをかぐ

9 病気になったら

---

**医者が患者に**

12▶ これはアレルギー性鼻炎を治すため，鼻に噴霧する薬です。
이건 알레르기성 비염을 치료하기 위해 코에 뿌리는 약이에요.

13▶ これは鼻の充血，うっ血を取り，鼻詰まりの症状を改善するための薬です。
이건 코의 충혈, 울혈을 없애 코 막힘 증상을 개선하기 위한 약이에요.

14▶ ネブライザーを吸引してください。
흡입기를 대고 들이마시세요.

# 155 風邪，花粉症の症状

## □ 463 風邪を引いたようです

A 감기에 걸린 것 같아요.

B 열이 있네요. 38.5℃예요.

A 風邪を引いたようです。

B 熱がありますね。38.5℃です。

* 38.5℃：삼십팔 점 오 도
* 熱が出る：열이 나다／平熱：정상 체온／微熱：미열／高熱：고열
* 医者が「風邪のようですね」という場合は감기인 것 같습니다. と言う。
* 熱が高いです：열이 높아요. または 열이 많아요. とも言う。

## □ 464 体が熱っぽくてだるいよ

A 엄마, 나 몸살 났어요.

B 약 먹고 빨리 자.

A お母さん，ぼく体が熱っぽくだるいよ。

B 薬を飲んで早く寝なさい。

Aは子ども，Bは母親

* 몸살 나다：風邪で体が熱っぽくだるい
* 寒気がする：한기가 들다
* 悪寒がする：오한이 나다

## □ 465 花粉症で困っています

A 매년 이 시기만 되면 꽃가루 알레르기 때문에 고생해요.

B 저도 그래요. 올해는 예년보다 심한 것 같아요.

A この時期は毎年，花粉症で困っています。

B 私もですよ。今年は例年になくひどいようですね。

知人同士の会話

* 花粉が飛ぶ：꽃가루가 날리다／スギ花粉：삼나무 꽃가루〈杉－〉／ヒノキ花粉：노송 나무 꽃가루〈老松－〉
* 「アレルギー」はドイツ語由来の語なので 알레르기 が正しいが，最近は英語式に 알러지 ともいう。

## そのほかの会話

1▶ のどが腫れています。목이 부었어요.

2▶ のどがヒリヒリします。목이 따끔따끔해요.

3▶ のどがいがらっぽいです。목이 칼칼해요.

4▶ のどが痛くて物が飲み込めません。
목이 아파서 음식을 삼킬 수 없어요.

5▶ 声がかすれてきました。목이 쉬었어요.

---

6▶ 黄色い鼻水が出ます。누런 콧물이 나와요.
＊ 鼻水をたらす：콧물을 흘리다
＊ 黄色い鼻水：누런 콧물（鼻水の色は노란よりは누런と表現する）

7▶ かんでもかんでも鼻水が出ます。
코를 풀어도 풀어도 콧물이 나와요.
＊ 鼻をチーンとかむ：코를 팽 풀다

8▶ 鼻が詰まっています。코가 막혔어요.
＊ 点鼻薬：점비약

---

9▶ 咳が出ます。기침을 해요.

10▶ 咳が止まりません。기침이 멈추지 않아요.

11▶ 痰がからみます。가래가 끓어요.
＊ 痰を吐く：가래를 뱉다

12▶ くしゃみが止まりません。재채기가 멈추지 않아요.
＊ くしゃみが出る：재채기가 나오다
＊ ハクション：에취

13▶ 目がかゆくてしかたがありません。
눈이 가려워서 견딜 수가 없어요.
＊ 目をこする：눈을 비비다

14▶ 薬を飲むと眠くなります。
약을 먹으면 졸려요.
＊ 抗アレルギー薬：항알레르기제

## □ 466 歯が痛いです

A 어젯밤부터 윗니 안쪽이 욱신욱신 아픈데요.

B 왜 이렇게 될 때까지 놔뒀습니까?

A 昨日の夜から上の奥歯がずきずきと痛いんですが。

B なぜこんなになるまで放っておいたんですか。

Aは患者，Bは歯医者

＊ 虫歯ができる：충치가 생기다／虫歯を抜く：충치를 뽑다

＊ 上の歯：윗니［発音は 윈니］／下の歯：아랫니［発音は 아랜니］／前歯：앞니／［発音は 암니］／奥歯：어금니（구치〈臼歯〉ともいう）

## □ 467 歯茎から血が出ます

A 이를 닦으면 잇몸에서 피가 나서 멈추지 않습니다.

B 혹시 다쳤을 때 피가 멈추지 않는다거나 한 적은 없어요?

A 歯を磨いたときに歯茎からの出血が止まりません。

B ひょっとして，けがのあとに血が止まらないということはありませんか。

Aは患者，Bは歯医者

＊ 잇몸에서 피가 나다：歯茎から血が出る

＊ 歯肉炎：치은염〈歯齦炎〉／歯周病：치주병

## □ 468 歯並びが悪いので矯正したいんですが

A 치열이 고르지 못해 치아를 교정하고 싶은데요.

B 돈도 돈이지만, 치료 기간이 오래 걸릴 텐데 괜찮으시겠습니까?

A 歯並びが悪いので矯正したいんですが。

B お金もかかりますが，時間もかなりかかりますよ。大丈夫ですか。

Aは患者，Bは歯医者

＊ 치아를 교정하다〈歯牙－矯正－〉：歯並びを治す

＊ 歯並びがいい：치열이 고르다〈歯列－〉

＊ 八重歯：덧니／出っ歯：뻐드렁니

## そのほかの会話

1 ▶ 冷たい食べ物が歯にしみます。
차가운 음식을 먹으면 이가 시려요.

2 ▶ 歯がぐらぐらします。이가 흔들려요.

✽ 乳歯：젖니／永久歯：간니，영구치

3 ▶ 歯が抜けてしまいました。이가 빠졌어요.

4 ▶ 歯が折れてしまいました。이가 부러졌어요.

5 ▶ 歯の詰め物が取れてしまいました。이의 충전물이 빠졌는데요.

6 ▶ 奥歯のアマルガムが取れてしまったんです。
어금니 아말감이 빠졌는데요.

7 ▶ 親知らずを抜いてください。사랑니를 뽑아 주세요.

✽ 犬歯：송곳니／小臼歯：앞어금니／大臼歯：뒤어금니

8 ▶ 歯茎がただれています。잇몸이 헐었어요.

9 ▶ リンゴをかじると歯茎から血が出るんです。
사과를 깨물면 잇몸에서 피가 나요.

10 ▶ 歯を抜いたときに血が止まりませんでした。
이를 뽑을 때 피가 멈추지 않았어요.

11 ▶ スケーリングをしてください。스케일링을 해 주세요.

12 ▶ 歯石をとってください。치석을 제거해 주세요.

13 ▶ ホワイトニングを（歯を白く）してください。
미백 치료를 해 주세요.

✽ 미백 치료〈美白治療－〉

14 ▶ インプラントを入れたいんですが。임플란트를 하고 싶은데요.

## □ 469 麻酔をしたことがありますか

A 충치를 치료해 주세요.
B 지금까지 마취를 해서 이를 치료하거나 뺀 적이 있습니까?

A 虫歯を治療してください。
B 今まで麻酔をして歯の治療をしたり，抜歯したりしたことがありますか。

A は患者，B は歯医者
* 마취하다：麻酔する
* 이를 빼다[뽑다]：抜歯する
* 麻酔のアレルギーはありません《患者が歯医者に》:마취 약에 대한 알레르기는 없어요.

## □ 470 この歯は抜かなければなりません

A 이 이는 뽑아야겠네요.
B 뽑지 않고 치료할 방법은 없나요?

A この歯は抜かなければなりません。
B 抜かないで済む方法はありませんか。

A は歯医者，B は患者
* 抜かないで済めばそのほうがいいです《患者が歯医者に》:안 빼도 된다면야 그게 더 좋죠.

## □ 471 もう一度型を取って作り直します

A 틀니가 맞지 않아요.
B 오래돼서 치아 본을 다시 떠서 새로 만들어야겠네요.

A 入れ歯が合わないんですが。
B 作ってからだいぶ経っているので，もう一度型を取って作り直さなければいけませんね。

A は患者，B は歯医者
* 치아의 본을 뜨다〈齒牙－本－〉：型を取る
* 入れ歯を入れる：틀니를 해 넣다／入れ歯を付ける：틀니를 끼우다／入れ歯を外す：틀니를 빼다／入れ歯は 의치〈義齒〉ともいう。

## そのほかの会話

1 口を2～3回ゆすいでください。입을 두세 번 헹구세요.

2 口を大きく開けてください。입을 크게 벌리세요.

3 口を閉じてください。입을 다무세요.

4 今日は痛みを取る応急処置だけしかできません。
오늘은 통증을 없애는 응급 처치밖에 못 하겠어요.

5 歯を削ります。痛いですが我慢してください。
이를 좀 깎겠어요. 아프겠지만 참으세요.

6 神経を触りますのでちょっとチクッとします。
신경을 건드리니까 좀 따끔할 거예요.

7 痛みを感じたら手を挙げて合図してください。
통증을 느끼면 손을 들어 알려 주세요.

8 切開して膿を出します。절개해서 고름을 빼내겠어요.

9 虫歯に詰め物をします。충치를 때우겠어요.

10 噛み合わせを調節しますので，かちかちと噛んでください。
치아의 교합 상태를 조절할 테니 이를 꼭꼭 씹어 보세요.
* **씹다** : 噛む（咀嚼(そしゃく)する）

11 歯と歯が当たって痛いところがありますか。
이가 잘 맞지 않아서 불편한 데가 있습니까?

12 噛み合わせの悪いところがありますか。
맞물리지 않는 부분이 있습니까?
* 噛み合わせが合わない : **교합이 잘 안 맞다**

□ 472 **口臭が気になるのですが**

A 위의 상태는 나쁘지 않은데 입에서 냄새가 나요.

B 치주염이나 치조 농루도 구취의 원인이 되기 때문에 치과 의사한테 가서 상담하시는 게 좋아요.

A 胃の調子は悪くないのに，口臭が気になるのですが。

B 歯周病や歯槽膿漏も口臭の原因になりますので，歯医者さんに見てもらったほうがいいですよ。

Aは患者，Bは医者

＊ 입에서 냄새가 나다：口臭がする。입내가 나다 ともいう。

＊ 口臭が強い：구취가 심하다

□ 473 **のどが腫れて痛いんですが**

A 목이 부어서 아픈데요.

B 입을 좀 크게 벌리세요. 편도선이 부었네요.

A のどが腫れて痛いんですが。

B ちょっと口を大きく開けてください。扁桃腺が腫れていますね。

Aは患者，Bは医者

＊목이 붓다：のどが腫れる

＊ 편도선이 붓다：扁桃腺が腫れる

＊ 편도선이 곪다：扁桃腺に膿がつく

□ 474 **のどに何か詰まっています**

A 목에 뭔가 걸린 것 같은 느낌이 들어요.

B 음식물을 삼키면 아파요?

A のどに何か詰まっているような感じがします。

B 物を飲み込むと痛みますか。

Aは患者，Bは医者

＊「ごくん」とつばを飲み込んでください《医者が患者に》：'꿀꺽' 하고 침을 삼켜 주세요.

## そのほかの会話

1▶ 口の中がやたらと乾くんですが。

입안이 몹시 마르는데요.

2▶ 口の中が腫れて物が食べられません。

입안이 부어서 음식을 먹을 수가 없어요.

＊ 口内炎：**구내염**

3▶ 食事中に誤って口の中を噛んでしまったんですが。

밥 먹다가 잘못해서 입안을 깨물었는데요.

4▶ 口の角にできものができました。

입 가장자리에 뾰루지가 났어요.

＊ くちびる：**입술**（上くちびる：**윗입술**／下くちびる：**아랫입술**）

---

5▶ つばが出なくなって物が飲み込みにくくなりました。

침이 안 나와서 음식을 삼키기 어려워요.

6▶ のどに魚の骨が刺さりました。목에 생선 가시가 걸렸어요.

7▶ 声がかれます。목이 쉬었어요.

8▶ 声がかすれる。목이 잠기다.

---

9▶ 舌が腫れて物が食べられません。

혀가 부어서 먹을 수가 없어요.

10▶ 舌を噛んでしまいました。혀를 깨물었어요.

11▶ 物を食べると舌にしみるんですが。음식을 먹으면 혀가 쓰려요.

---

12▶ 食べ物がのどにつかえる感じです。음식이 목에 걸린 듯한 느낌입니다.

13▶ 物がうまく飲み込めません。음식을 잘 삼킬 수 없어요.

14▶ 冷たい物がのどにしみます。찬 음식을 삼키면 목이 따가워요.

### □ 475 息切れがするんですが

A 요즘 계단을 오르내리고 할 때 숨이 차요.

B 살이 많이 찌신 것 같은데 먼저 체중을 줄일 필요가 있겠네요.

A 最近，階段を上り下りするとき息切れがするんですが。

B かなり太り過ぎのようですが，まず体重を減らす必要がありますね。

A は患者，B は医者

### □ 476 心臓が締めつけられるような痛みです

A 아침에 회사 가려고 집을 나서자마자 갑자기 심장이 조여 오는 듯한 통증을 느꼈어요.

B 지금까지 심장에 이상이 있다는 얘길 들어 본 적은 없나요?

A 朝，会社に行こうと家を出たとたん，急に心臓が締めつけられるような痛みがきました。

B 今まで何か心臓に異常があると言われたことはありませんか。

A は患者，B は医者

### □ 477 脈が速く呼吸が苦しいです

A 맥박이 빨라지기도 하고 호흡이 곤란해지기도 해요.

B 심전도 검사를 하겠습니다. 신발을 벗고 이쪽 침대에 위를 보고 누우세요.

A 脈が速くなったり，呼吸が苦しくなったりします。

B 心電図の検査をします。靴を脱いでこちらのベッドに仰向けに寝てください。

A は患者，B は医者

＊ この検査は痛くありません《医者が患者に》: 이 검사는 아프지 않습니다.

## そのほかの会話

1▶ 息切れがします。숨이 차요.

**＊ 숨이 가빠요.（基本型は 가쁘다）とも言う。**

2▶ 胸がゼイゼイします。숨이 쌕쌕거려요.

3▶ 息が詰まります。숨이 막혀요.

4▶ 息がうまくできません。숨을 제대로 쉴 수가 없어요.

5▶ 息が止まりそうです。숨이 멎을 것 같아요.

---

6▶ 胸がどきどきします（動悸がします）。
가슴이 두근거려요.

7▶ 脈がときどき飛ぶように感じます。
맥박이 가끔 건너뛰는 느낌이에요.

8▶ 以前，医者に不整脈があると言われたことがあります。
전에 선생님께서 부정맥이 있다고 하신 적이 있어요.

9▶ 胸が圧迫されるような感じがします。
가슴이 압박당하는 것 같은 느낌이에요.

10▶ 胸がちくちくと刺されるような痛みです。
가슴을 쿡쿡 찌르는 것 같은 통증이에요.

11▶ どこがどう痛いのか，説明できません。
어디가 어떻게 아픈지 설명을 못 하겠어요.

12▶ 息を吸ったり吐いたりすると痛みます。
숨을 들이마시거나 내쉬면 아픕니다.

13▶ 息をすると痛みます。숨을 쉬면 아파요.

14▶ 背中のほうに痛みが響きます。통증이 등 쪽으로 와요.

15▶ 寝ていたら急に胸が痛くなりました。
자고 있는데 갑자기 가슴이 아프기 시작했어요.

### □ 478 胃のあたりがしくしくと痛みます

A 식사를 하고 나면 위 부분이 콕콕 찌르듯이 아파요.

B 여길 누르면 아프세요?

A 食事をした後に胃のあたりがしくしくと痛みます。

B このあたりを押すと痛いですか。

A は患者，B は医者

* わき腹がしくしくと痛みます：옆구리가 콕콕 쑤셔요.
* へその周りがきりきりと痛みます：배꼽 주변이 찌르듯이 아파요.
* そこを押すと痛いです：거기를 누르면 아파요.

### □ 479 吐き気がしたんですが

A 점심 먹고 2시간쯤 지났을 때 갑자기 토할 것 같았어요.

B 점심 때 뭘 드셨어요?

A 昼食を食べて 2 時間ぐらいしたら，急に吐き気がしたんですが。

B 昼食にはどんなものを召し上がりましたか。

A は患者，B は医者

* 토할 것 같다〈吐ー〉：吐き気がする。구역질이 나다〈嘔逆ー〉ともいう。

### □ 480 食欲がなく，だるいです

A 속이 거북해서 도저히 못 먹겠어요.

B 요즘 체중 변화는 없나요?

A むかむかして全然食べられません。

B 最近，体重に変化はありませんか。

A は患者，B は医者

* 거북하다：（体の）具合が悪い，（腹の）調子が悪い，（吐きそうで）気持ちが悪い
* 食欲がない：식욕이 없다，または 밥맛이 없다（直訳すると「ご飯の味がない」）
* 急に体重が減りました：갑자기 체중이 줄었어요.

## そのほかの会話

1▶ 空腹時に痛みが強いです。공복 시에 통증이 심해요.

2▶ 食べ物を食べると痛くなります。음식물을 먹으면 아파요.

3▶ 酸っぱいものが上にあがってきます。신물이 위로 올라와요.

＊ **신물**：胃から逆流してくる酸っぱい液

4▶ 食後にげっぷがよく出ます。식사를 하면 트림이 자주 나요.

5▶ 食べたあとお腹が張って，ガスが溜まったような膨満感を覚えます。

먹고 나면 헛배가 부르고 가스가 찬 것 같은 팽만감을 느껴요.

---

6▶ 食あたりをしたようです。배탈이 난 것 같은데요.

7▶ むかむかして食べられません。

속이 울렁울렁해서 먹을 수가 없어요.

＊ **울렁울렁하다**：胃がむかついて吐き気がする

8▶ むかむかして今朝，3 回も吐きました。

매슥거려서 오늘 아침에 세 번이나 토했어요.

＊ **매슥거리다**：食べた物を戻しそうになる

9▶ 食べると吐いてしまいます。먹으면 토해 버려요.

---

10▶ 便秘薬を飲まないと便通はありません。

변비약을 먹지 않으면 변이 안 나와요.

11▶ 便秘がひどく，もう 4 日も便通がありません。

변비가 심해서 나흘이나 변이 안 나왔어요.

＊ 女性の場合は**화장실에 못 갔었어요.**というような間接的な表現を使う。

12▶ どちらかというと水っぽい便です。어느 쪽인가 하면 묽은 변입니다.

13▶ 下痢と便秘を繰り返しています。설사와 변비를 반복하고 있어요.

14▶ 便にまっ赤な血が混じっています。변에 빨간 피가 섞여 나왔어요.

15▶ 便がチョコレートのような色をしています。변 색깔이 진한 갈색 같아요.

## □ 481 排尿のとき痛みます

A 소변을 볼 때 아픕니까?

B 소변을 다 볼 때 즘에 통증을 느껴요.

A 排尿のとき痛みますか。

B おしっこをし終わるころに痛みを感じます。

A は医者，B は患者

＊「小便をする」は，보다 という動詞を使う。

＊ 尿は血が混じったような赤い色ですか《医者が患者に》：소변 색깔이 피가 섞인 듯한 빨간색이에요?

## □ 482 夜中に何度かトイレに起きるのですが

A 요즘 자다가 밤중에 소변이 마려워 자주 화장실에 가요.

B 혹시 전립선 비대증일지 모르겠네요. 검사 한번 해 봅시다.

A このごろ，夜中に小便のために何度か起きてしまうのですが。

B ひょっとして前立腺肥大症かもしれませんね。

A は患者，B は医者

＊ 소변이 마렵다：尿意を催す，小便がしたい

## □ 483 何となく下腹部に不快感があります

A 화장실에 갔다 오면 왠지 아랫배가 거북해요.

B 전에도 이런 증상이 있었나요?

A トイレに行ったあと，何となく下腹部に不快感があります。

B 今までにもこのような症状はありませんでしたか。

A は患者，B は医者

＊ 거북하다：違和感がある，不快感がある

## そのほかの会話

1 ▶ 排尿時に，背中に放散するような痛みを感じます。

소변 볼 때 등 쪽으로 통증이 퍼지는 것 같은 느낌이에요.

＊ 横っ腹に痛みを感じます：옆구리에 통증을 느껴요.

2 ▶ 腰のこの部分を叩くと痛いです。허리 이 부분을 두드리면 아파요.

3 ▶ 尿に血が混じっているようです。소변에 피가 섞여 나온 것 같아요.

4 ▶ トイレが近いです。오줌이 자주 마려워요.

＊ 화장실에 자주 가게 돼요. と言ってもいい。

5 ▶ おしっこが我慢できません。소변을 참을 수 없어요.

6 ▶ 残尿感があります。잔뇨감이 있어요.

---

7 ▶ 咳やくしゃみをすると尿が漏れます。

기침이나 재채기를 할 때 소변이 조금씩 나와요.

8 ▶ 急に立ち上がったときや重いものを持ったときなどに尿が漏れます。

갑자기 일어서거나 무거운 걸 들거나 할 때 소변이 조금씩 나와요.

9 ▶ 最近尿の出が悪く，体がむくんできました。

요즘 소변이 잘 안 나오고 몸이 부어요.

10 ▶ 尿に勢いがなく，ちょろちょろとしか出ません。

소변 줄기가 약하고 질금질금 나와요.

---

11 ▶ 陰嚢が腫れてきました。음낭이 부었어요.

12 ▶ EDの相談に来ました。何かいい薬はありませんか。

발기 부전 증세가 있어 그러는데 뭐 좋은 약 없을까요?

＊ 발기 부전：ED (erectile dysfunction)，勃起不全

＊ バイアグラ：비아그라／シアリス：시알리스／レビトラ：레비트라

13 ▶ 包茎の手術を受けたいのですが。포경 수술을 받고 싶습니다만…….

□ 484 **エイズの抗体検査をしてください**

A 에이즈 항체 검사를 해 주세요.

B 마지막에 섹스를 하고 나서 한 달은 지났어요?

A エイズの抗体検査をしてください。

B 最後にセックスをしてから1か月以上経過していますか。

Aは患者，Bは医者

□ 485 **濃い黄色の膿が出てきました**

A 페니스 끝에서 진하고 누런 고름이 나왔는데요.

B 최근 성병에 감염될 만한 일은 없었어요?

A ペニスの先から濃い黄色の膿が出てきました。

B 最近，性病に感染するような行為はありませんでしたか。

Aは患者，Bは医者

＊ 누렇다：やや濁ったように黄色い，病気の顔のように黄色い

＊ 고름：膿（うみ）。농ともいう。

□ 486 **尿道にかゆみを感じるのですが**

A 요도가 간지러워요.

B 소변을 자세하게 현미경으로 봅시다.

A 尿道にかゆみを感じるのですが。

B 尿を詳しく顕微鏡で見てみましょう。

Aは患者，Bは医者

＊ 간지럽다：皮膚に何かが軽く触れるような，くすぐったく，しびれるような感じ

## そのほかの会話

1 ▶ 性病の心配があって病院に来ました。
성병의 염려가 있어 병원에 왔어요.

2 ▶ 梅毒の心配があるので血液検査をしてください。
매독 걱정이 있는데 혈액 검사를 해 주세요.

＊ 淋病：임질〈淋疾〉

3 ▶ 正直に言うと，最近知らない人とセックスをしました。
솔직히 말해서 최근 모르는 사람과 성관계를 가졌어요.

＊ 知り合って間もない人：알게 된 지 얼마 안 된 사람

4 ▶ 尿に膿が混じります。소변에 고름이 섞여 나와요.

5 ▶ 排尿すると痛みます。소변볼 때 아파요.

6 ▶ ペニスの先がかゆくて，ぶつぶつができているんですが。
페니스 끝이 가렵고, 좁쌀 같은 게 생겼는데요.

7 ▶ 毛ジラミにかかったようです。사면발니에 걸린 것 같아요.

**9 病気になったら**

### 医者が患者に

8 ▶ 尿検査をいたします。소변 검사를 하겠습니다.

9 ▶ 血液検査をいたします。혈액 검사를 하겠습니다.

10 ▶ 尿に細菌が混じっています。소변에서 세균이 나왔어요.

11 ▶ 尿にタンパクが出ていますね。소변에서 단백질이 나왔네요.

12 ▶ 外陰部は清潔にしてください。외음부는 청결하게 해 주세요.

13 ▶ 辛いものを食べたり酒を飲まないでください。
맵고 짠 음식이나 술은 삼가 주세요.

14 ▶ 当分の間，セックスは控えてください。당분간 섹스는 삼가 주세요.

### □ 487 生理が 20 日以上も止まりません

A 어중간한 시기에 생리가 왔는데, 20일 이상이나 멈추지 않아요.
B 혹시 배란이 제대로 안 돼서 그럴지도 모르겠네요.

A 中途半端な時期に生理が来て，20 日以上も止まりません。
B もしかしたら排卵がきちんとできていないかもしれませんね。

Aは患者，Bは医者
* 最近生理が不順です：요즘 생리 불순이에요.
* 生理ではないのに，出血があります：생리가 아닌데도 출혈이 있어요.

### □ 488 乳房にしこりがあるんですが

A 유방에 멍울이 있는데요.
B 딱딱하거나 손으로 만졌을 때 움직이나요?

A 乳房にしこりがあるんですが。
B 堅さはどうですか。また，ご自分の手で押してみて動きますか。

Aは患者，Bは医者
* 멍울：しこり，リンパ腺の一部がはれあがったもの，ぐりぐり。乳の分泌が悪くて生じる乳房内のしこりは 젖멍울 という。
* 乳房に痛みがあるんですが：유방에 통증이 있는데요.

### □ 489 とても疲れやすくイライラするんですが

A 요즘 금방 피곤해지고 정신적으로도 짜증이 나고 그래요.
B 갱년기 장애가 왔는지도 모르니까 혈액 검사를 해 봅시다.

A 最近，とても疲れやすく，精神的にもイライラするんですが。
B 更年期障害かもしれませんね。血液検査をしてみましょう。

Aは患者，Bは医者
* 自律神経失調症かもしれませんね《医者が患者に》：자율 신경 실조증일지 모르겠네요.
* 胸がどきどきします：가슴이 두근두근거려요.
* ゆっくりと呼吸ができず，ハアハアします：호흡을 길게 못 하고 짧은 숨을 몰아쉬어요.

## そのほかの会話

1▶ 生理痛がひどいんですが。생리통이 심해요.

2▶ 生理のときに出血が多いです。생리할 때 출혈이 심해요.

3▶ 何となく下腹部に不快感があります。
왠지 모르게 하복부에 불쾌감이 있어요.
＊ 下腹部：**아랫배** と言ってもいい。

4▶ 月経時以外にも下腹部の痛みや腰痛があるんです。
월경 때도 아닌데 아랫배와 허리가 아파요.

---

5▶ 黄色いおりものが増えました。누런 냉이 늘었어요.

6▶ おりものが臭うんですが。냉에서 냄새가 나는데요.

7▶ 陰部が炎症を起こしているようです。
음부에 염증이 난 거 같아요.

8▶ セックスのときに痛みを伴うことがあります。
잠자리를 할 때 통증이 있기도 해요.
＊ **잠자리**：男女の性的関係を婉曲に言う語。発音は［**잠짜리**］。

---

9▶ 授乳中に赤ちゃんに乳首をかまれました。
수유 중에 아이가 젖을 물었어요.

10▶ 乳房に湿疹があるんですが。유방에 습진이 있는데요.

---

11▶ 手足が冷たいんですが。손발이 차요 .

12▶ もともと冷え性なんです。원래 냉증이 있어요 .

13▶ 急に頭がのぼせたり，顔がほてったりします。
갑자기 머리에 피가 몰리고 얼굴이 화끈거려요.

14▶ 貧血気味なんですが。빈혈기가 있는 것 같아요.

### □ 490 妊娠しているかもしれません

A 혹시 임신일지 모르니 검사해 주세요.

B 생리 예정일이 얼마나 늦어지고 있어요?

A 妊娠しているかもしれませんので，検査をしてください。

B 生理予定日がどれぐらい遅れているのですか。

A は患者，B は医者

✽ 医者が患者に言うときには，임신일지도 모르니까 검사를 받아 보세요.。

### □ 491 つわりがひどいんですが

A 입덧이 심해요.

B 배가 고프면 심한 구토 증세를 일으킬 수도 있으니까, 가볍게 먹을 수 있는 과자 같은 걸 가지고 다니면 좋아요.

A つわりがひどいんですが。

B 空腹になると，強い吐き気をもたらすことがありますから，簡単に食べられるようなお菓子などを持ち歩くといいでしょう。

A は患者，B は医者

✽ 입덧：悪阻（つわり）

### □ 492 日本に帰ってお産をしたいです

A 가능하다면 일본에 돌아가서 출산하고 싶어요.

B 태아에 미칠 영향을 생각하면, 그냥 여기서 출산을 하는 게 좋을 것 같습니다.

A できれば日本に帰ってお産をしたいのですが。

B 胎児への影響を考えると，このまま韓国でお産をしたほうがいいと思います。

A は患者，B は医者

✽ 赤ちゃんが順調に育っていることを確認するために，超音波検査をします《医者が》：아기가 잘 자라고 있는지 확인하려고 초음파 검사를 하겠습니다.

## そのほかの会話

1 ▶ 生理が遅れています。생리가 늦어지고 있어요.

2 ▶ 基礎体温が高いのですが。기초 체온이 높아요.

3 ▶ このところ生理がありません。요즘 생리가 없어요.

4 ▶ 最後の月経は○月○○日に始まりました。
마지막 월경은 ○월 ○○일에 시작했어요.

5 ▶ 妊娠検査で陽性に出たのですが。
임신 검사에서 양성으로 나왔어요.

---

6 ▶ 急激に体重が増えて，ひどく手足がむくんできました。頭痛もするんです。
갑자기 체중이 늘고 손발이 심하게 부어요. 두통도 있고요.

7 ▶ おっぱいが張ってきたような感じがします。
젖이 팽팽해진 느낌이에요.

8 ▶ お腹が空くと，強い吐き気がします。
배가 고프면 심한 구역질이 나요.

---

9 ▶ 出産予定日はいつごろですか。
출산 예정일은 언제쯤이에요?

10 ▶ エコーで赤ちゃんの形がわかりますか。
초음파로 아기 모습을 볼 수 있어요?

11 ▶ 事情があって子どもを堕ろしたいのですが。
사정이 있어서 아이를 낙태시키고 싶은데요.

12 ▶ 妊娠中絶をすると子どもができなくなると聞いたんですが。
임신 중절 수술을 하면 아기를 갖기 힘들다고 들었는데요.

### □ 493 ぶつぶつができました

A 등부터 배에 걸쳐서 좁쌀 같은 것이 생겼어요.

B 음식이나 약 가운데 원인이 될 만한 게 있는지 생각해 보세요.

A 背中からお腹にかけてぶつぶつができました。

B 何か食べ物や薬で，原因になるようなものの心当たりはありませんか。

A は患者，B は医者

＊ 좁쌀 は，穀物の粟のこと。

### □ 494 かぶれてかゆいです

A 이쪽에 염증이 생겨 가려워요.

B 심하게 긁으면 좀처럼 낫지 않아요. 약을 바르고 긁지 않도록 하세요.

A ここのところがかぶれてかゆいんですが。

B かき壊してしまうと，なかなか治りませんので，薬を塗ってあまりかかないようにしてください。

A は患者，B は医者

＊ 염증이 생기다：炎症が起こる

### □ 495 顔に発疹が出ました

A 얼굴에 발진이 났는데 전신으로 퍼졌어요.

B 요즘 새로 사용한 화장품은 없어요?

A 顔に発疹が出て，全身に広がりました。

B 最近使い始めた化粧品はありませんか。

A は患者，B は医者

＊ 발진이 나다：発疹が出る

## そのほかの会話

1▶ じんましんが出たようです。두드러기가 난 것 같아요.

2▶ かゆくてしかたがありません。가려워 못 견디겠어요.

3▶ ウルシのアレルギーがあります。옻 알레르기가 있어요.

＊ ウルシにかぶれます：**옻을 타요.**

4▶ 昔，アトピー体質だと言われました。

옛날에 아토피 체질이라고 했어요.

5▶ ペニシリンに対してアレルギーがあります。

페니실린 알레르기가 있습니다.

6▶ ニキビがひどいのですが。여드름이 심해요.

7▶ どうしたらニキビの跡が消えますか。

어떻게 해야 여드름 흉터가 없어질까요?

8▶ このそばかすが気になっているんですが。

이 주근깨가 신경이 쓰이는데요.

9▶ 顔にしみができたんですが，どうしたらいいでしょうか。

얼굴에 기미가 끼었는데 어떻게 하면 좋아질까요?

＊ **기미가 끼다**：しみができる

10▶ もともと乾燥肌です。원래 피부가 건조해요.

11▶ 化粧品を使った次の日に顔がまっ赤に腫れてきました。

화장품을 사용한 다음 날에 얼굴이 빨갛게 부어 올랐어요.

12▶ 虫に刺された跡が赤く腫れてきました。

벌레에 물린 자리가 벌겋게 부었어요.

＊ **벌레에 물리다**：虫に刺される

13▶ やけどをしました。화상을 입었어요.

14▶ 水疱ができました。물집이 생겼어요.

□ 496 **日焼けした跡がひりひりします**

A 햇볕에 탄 자리가 따끔따끔해요.

B 너무 살을 태우면 피부암에 걸릴 위험이 있어요.

A 日焼けした跡がひりひりします。

B あまり日焼けをすると，皮膚ガンになる危険性がありますよ。

A は患者，B は医者

* 햇볕에 타다：日焼けする。日焼けサロンなどで自分から進んで「日焼けする」ことは 선탠하다 という。

□ 497 **かさぶたをはがしたら血が出てきました**

A 상처 딱지를 떼니까 피가 나왔어요.

B 상처에 세균이 들어가면 안 되니까, 항생제 연고를 발라 두겠어요.

A かさぶたをはがしたら血が出てきました。

B 傷口からばい菌が入るといけないので，抗生物質の軟膏を塗っておきましょう。

A は患者，B は医者

* ここを押すと痛いです：여기를 누르면 아파요.

□ 498 **かき壊したところが化膿してしまいました**

A 긁어서 상처난 데가 곪았어요.

B 혹시 당뇨병이 있다고 들은 적은 없어요?

A かき壊したところが化膿してしまいました。

B ひょっとして糖尿病と言われたことはないですか。

A は患者，B は医者

* 곪다：膿む，化膿する

## そのほかの会話

1 ▶ 水虫がひどいです。무좀이 심해요.

2 ▶ 股の間がかゆいんです。사타구니가 가려워요.
＊ いんきんたむし：**완선**〈乾癬〉

3 ▶ 手の指と指の間にぶつぶつができて，痛がゆいです。
손가락과 손가락 사이에 두드러기가 생겨서 아프고 가려워요.

4 ▶ しもやけになってしまいました。동상에 걸렸습니다.
＊ **동상**〈凍傷〉：しもやけ

5 ▶ 皮がむけてしまいました。피부가 까졌어요.

6 ▶ あかぎれができました。손이 텄어요.

---

7 ▶ ふけがひどいです。비듬이 심해요.

8 ▶ 頭がかゆくて，においが気になります。
머리가 가렵고 냄새가 신경 쓰여요.

---

9 ▶ 足の裏に魚の目ができてしまいました。
발바닥에 티눈이 생겼어요.

10 ▶ いぼをとってください。사마귀를 빼 주세요.
＊ 水いぼ：**물사마귀**／ほくろ：**점**

11 ▶ 脂肪のかたまりのようなものができました。
지방 덩어리 같은 것이 생겼습니다.

12 ▶ 最近，太ももにセルライトができて悩んでいます。
요즘 허벅지에 셀룰라이트가 생겨서 고민이에요.

---

13 ▶ 円形脱毛症になってしまったんですが。원형 탈모가 생겼는데요.

14 ▶ 最近，毛が多く抜けるんですが。요즘 머리털이 많이 빠지는데요.

15 ▶ 脱毛の範囲が広がってきたのですが。탈모 범위가 넓어지고 있는데요.

## □ 499 発疹が出ているんですが

A 우리 애가 온몸에 발진이 생겼는데 좀 봐 주세요.

B 발진이 난 걸 언제 아셨어요?

A この子の体中に発疹が出ているんですが，ちょっと診てください。

B 発疹が出たことにいつ気がつきましたか。

## □ 500 急に嘔吐をして熱が出てきました

A 우리 애가 갑자기 구토를 하면서 열이 났어요.

B 아마도 바이러스로 인한 감염증일 겁니다. 변 색깔은 어떻습니까?

A この子なんですが，急に嘔吐をして熱が出てきました。

B おそらくウイルスによる感染症でしょう。便の色はどうですか。

A は患者の母親，B は医者

＊ 白っぽい便：흰색 변／黄色い便：노란색 변／緑色の便：녹색 변

＊ クリーム色の下痢をしているんですが：크림색 설사를 하는데요.

## □ 501 食物のアレルギーがあるんです

A 우리 애는 어렸을 때부터 음식 알레르기가 있어요.

B 알레르기 원인이 뭔지 알고 계십니까?

A この子は，小さいときから食物アレルギーがあるんですが。

B アレルギーの原因は何かおわかりですか。

A は患者の母親，B は医者

＊ 卵：계란／牛乳：우유／そば：메밀／大豆：콩／小麦：밀／エビ：새우

## そのほかの会話

1▶ 子どもの様子がおかしいです。아이의 상태가 이상해요.

2▶ 熱が下がりません。열이 내려가지 않아요.

3▶ 昨夜，急に高熱が出て，引きつけを起こしました。

어젯밤 갑자기 고열이 나고 경련을 일으켰어요.

4▶ 子どもの顔色が悪く，おっぱいを思うように飲みません。

우리 애가 안색이 안 좋고 젖을 생각만큼 먹지 않아요.

5▶ 皮膚が黄色くなってきました。

피부가 노란색으로 변했어요.

6▶ ミルクを飲むとすぐに吐いてしまいます。

분유를 먹자마자 토해요.

**＊ 분유〈粉乳〉：ミルク**

7▶ 便秘が続いていてお腹がだんだんと膨らんできました。

변비가 계속되더니 배가 점점 불러와요.

8▶ 下痢が１週間も続いているんですが。

설사를 1주일 동안이나 계속하는데요.

9▶ 抗生物質を飲んでショックを起こしたことがあります。

항생제를 먹고 쇼크를 일으킨 적이 있어요.

10▶ 注射でアレルギーを起こしたことがあります。

주사를 맞고 알레르기가 생긴 적이 있어요.

11▶ のどがゼーゼーいっています。

숨 쉴 때 가래 끓는 소리가 납니다.

12▶ 呼吸をするとヒューヒューする音が聞こえます。

숨 쉴 때 '쌕쌕' 하는 소리가 납니다.

13▶ 息づかいが苦しそうです。

숨쉬기가 괴로운 것 같습니다.

## □ 502 体が疲れてしかたがありません

A 아무것도 하지 않는데도 너무 피곤해요.

B 식욕이 떨어지거나, 몸무게가 줄지 않았나요?

A 何もしないのに体が疲れてしかたがありません。

B 食欲が低下したり，体重が落ちてきたりしていませんか。

A は患者，B は医者

＊ 仕事が手につきません : 일이 손에 잡히지 않아요.

＊ 何もやる気がしません : 아무것도 하고 싶지 않아요.

＊ 体が疲れて何をするのも億劫です : 몸이 피곤해서 이것저것 다 귀찮아요.

## □ 503 イライラする事が多くなりました

A 스트레스가 쌓여서 짜증 날 때가 많아졌어요.

B 그럴 때 뭔가 기분 전환이 될 만한 일을 하시나요?

A ストレスがたまって，イライラする事が多くなりました。

B そんなとき，何か気分転換になるようなことをしていますか。

A は患者，B は医者

＊ このところ何となく気分がすぐれません : 요즘 왠지 기분이 좋지 않아요.

## □ 504 不安で夜も眠れません

A 사소한 일에도 신경이 쓰이고 불안해서 밤에 잠도 못 자요.

B 우선 질문지를 드릴 테니 본인이 기입하시고 대기실에서 기다리세요.

A 細かい事が気になり，不安で夜も眠れません。

B まず，質問用紙をお渡ししますから，自分で記入して待合室でお待ちください。

A は患者，B は医者

＊ 質問用紙は 설문지〈設問紙〉ともいう。

## そのほかの会話

1▶ 毎日毎日，生活が憂うつです。매일매일 생활이 우울해요.

2▶ 何をやっても楽しくありません。뭘 해도 즐겁지가 않아요.

3▶ 雨の日や曇りの日になると，気分が落ち込みます。

비가 오거나 날씨가 흐리면 기분이 우울해져요.

4▶ 涙もろくなりました。자꾸 울게 돼요.

5▶ 怒りっぽくなりました。자주 화를 내게 돼요.

6▶ 感情の浮き沈みが激しく，情緒不安定な感じがします。

감정의 기복이 심하고 정서가 불안정해진 느낌이 들어요.

---

7▶ 朝早く目が覚めてしまいます。이른 새벽에 잠에서 깨곤 해요.

8▶ 夜中に何度も目を覚ましてしまいます。

밤중에 몇 번이나 잠을 깨요.

9▶ 夜，全然寝つけません。밤에 전혀 잘 수가 없어요.

10▶ 酒を飲まないと眠れません。

술을 마시지 않으면 잠을 잘 수 없어요.

11▶ 悪い夢を見ることが多くなりました。

나쁜 꿈을 꿀 때가 많아졌어요.

＊「悪い夢を見る」は악몽을 꾸다ともいう。

---

12▶ 女房が，最近，家事がおろそかになり，身だしなみにも気を遣わなくなりました。

집사람이 요즘 집안일도 소홀히 하고 옷차림에도 신경을 안 써요.

13▶ 日曜日には必ずゴルフに出かけていた夫が，最近は家でごろごろしていることが多くなりました。

일요일에는 꼭 골프 치러 가던 사람이 요즘 집에서 아무것도 안 하고 있을 때가 많아요.

## □ 505 韓国の生活がいやになってきました

A 한국 생활이 싫어졌어요.

B 무슨 일이 있었어요?

A 韓国の生活がいやになってきました。

B 何かあったんですか。

A は患者，B は医者

＊ 人生がいやになりました：인생이 지긋지긋해요.

＊ ホームシックにかかりました：향수병에 걸렸어요.

＊ 今まで楽しんでいたことも楽しくなくなりました：지금까지 즐겁게 하던 일도 재미없어졌어요.

## □ 506 急に息が苦しくなるときがあります

A 전철이나 사람이 붐비는 곳에서 갑자기 숨쉬기가 곤란할 때가 있어요.

B 언제부터 그런 증상이 나타났습니까?

A 電車や人ごみの中で，急に息が苦しくなるときがあります。

B いつごろからそんな症状が出始めましたか。

A は患者，B は医者

## □ 507 周りの人に噂されているような気がします

A 주위 사람이 내 얘기를 하는 것 같아요.

B 언제부터 그렇게 느끼셨나요?

A 周りの人に噂されているような気がします。

B いつごろからそう感じるようになりましたか。

A は患者，B は医者

## そのほかの会話

1 ▶ 火の元や戸締りを何度も確認しないと気がすみません。

가스 불이나 문단속을 몇 번씩 확인하지 않으면 직성이 풀리지 않아요.

2 ▶ 重大な病気にかかっているのではないかと思うと心配で何もできません。

큰 병에 걸린 건 아닐까 걱정돼서 아무것도 못 하겠어요.

3 ▶ 人とうまくやっていく自信がありません。

다른 사람들과 같이 잘 지낼 자신이 없어요.

4 ▶ 自分は人にだまされそうだといつも心配しています。

저는 다른 사람한테 속을 것 같아 언제나 걱정돼요.

---

5 ▶ 周りの人の目や言葉が気になります。

주위 사람들의 시선이나 말이 신경 쓰여요.

6 ▶ 人の悪口が頭の中で聞こえます。

사람들이 욕하는 소리가 머릿속에 맴돌아요.

7 ▶ 毎日，恐ろしくてたまりません。

하루하루가 무서워서 견딜 수가 없어요.

8 ▶ だれかが見張っているような感じがします。

누군가가 감시하고 있는 것 같은 느낌이 들어요.

9 ▶ だれかが電話を盗聴しているような気がします。

누가 전화를 도청하고 있는 것 같아요.

10 ▶ 生活が馬鹿らしくなってきました。

생활이 시시하게 느껴져요.

11 ▶ 夫が，眠れないとよく言っています。

제 남편이 잠을 못 자겠다고 자주 그래요.

12 ▶ 夫は私が会社のことを聞くとすぐに怒り出します。

제 남편은 제가 회사 일을 물으면 바로 화내요.

13 ▶ 夫に話しかけてもボーッとしていることが多いんです。

남편한테 말을 걸어도 멍하니 있곤 해요.

## □ 508 あざになってしまいました

A 부딪친 곳이 멍이 들었어요.

B 걱정 없습니다. 2~3일 지나면 붓기가 가라앉을 거예요.

A ぶつけたところが，あざになってしまいました。

B 心配ありません。2～3日したら腫れが引きますよ。

A は患者，B は医者

＊ 멍이 들다：あざになる

＊ けがをしたところが腫れてきました：다친 데가 부어올랐어요.

## □ 509 指を切ってしまいました

A 컵이 깨져서 유리에 손가락을 베였어요.

B 상처가 꽤 깊어서 서너 바늘 꿰매야겠네요.

A コップが割れて，ガラスで指を切ってしまいました。

B かなり傷が深いので，3～4針縫わなくてはいけませんね。

A は患者，B は医者

＊ 切り傷：베인 상처

＊ 麻酔をしてから縫いましょう《医者が患者に》：마취를 하고 나서 꿰맵시다.

## □ 510 いきなり犬に噛まれました

A 먹이를 주려는데 갑자기 개가 물었어요.

B 상처가 곪지 않도록 소독하겠어요. 광견병 예방 접종을 받은 적이 있나요?

A 餌をやろうとしたら，いきなり犬に噛まれました。

B 傷口が化膿しないように，消毒をします。狂犬病の予防接種は受けたことがありますか。

A は患者，B は医者

＊ 먹이를 주다가 と言えない理由は，-다가 は原因や根拠を表す語尾で，その行為者（人）とその行為の結果の主体（犬）が同じでなければならないから。

＊ 먹이를 줄려고 했다가 개한테 물렸어요. とも言える。

＊ いたずらをして猫にひっかかれました：장난을 치는데 고양이가 할퀴었어요.

1▶ 自転車で転んで，思いっきり額をぶつけてしまいました。
자전거 타다가 넘어져서 이마를 세게 부딪쳤어요..

2▶ ふざけていて頭にたんこぶを作ってしまいました。
친구랑 장난치다가 머리에 혹이 생겼어요.
* **장난치다**：ふざける（分かち書きしない）

3▶ 相手の頭が当たって目をけがしてしまいました。
상대 머리에 부딪쳐서 눈을 다쳤어요.

4▶ けんかをしていきなり横っ腹を殴られました。
싸움을 하다 갑자기 옆구리를 얻어맞았어요.
* **얻어맞다**：殴られる（分かち書きしない）
* 顔を一発殴られる：**얼굴을 한 대 맞다**

5▶ 転んで膝小僧を擦りむきました。넘어져서 무릎이 까졌습니다.

6▶ 歩道から足を踏み外して，足首をくじいてしまいました。
길을 가다가 헛디뎌서 발목을 삐었어요.
* 足首をくじく：**발목을 접지르다**ともいう。

7▶ 弁慶の泣き所を机の角に思い切りぶつけました。
정강이를 책상 모서리에 심하게 부딪쳤어요.

8▶ 転んで腕にかすり傷を負いました。넘어져서 팔에 찰과상을 입었어요.

9▶ カミソリであごを切ってしまいました。
면도를 하다가 실수로 턱에 상처를 냈어요.
* **면도를 잘못해서 턱에 상처가 생겼어.** とも言える。

10▶ 果物を剥いていて，刃物で指を切りました。
과일을 깎다가 칼에 손가락을 베였어요.

11▶ 割れたガラスを踏んで足を切ってしまいました。
깨진 유리를 밟아서 발을 다쳤어요.

12▶ うっかり自動ドアに手を挟んでしまいました。
실수로 자동문에 손가락이 끼였어요.

13▶ バラの木をいじっていたら，とげが刺さってしまいました。
장미를 만지다가 가시에 찔렸어요.

□ 511 **高校のころ，けがをした跡です**

A 이 상처는 어떻게 된 거예요?

B 고등학생 때 싸우다 다친 자국이에요.

A この傷はどうしたんですか。

B 高校のころ，けんかをしてけがをした跡です。

A は医者，B は患者

＊ これは小学校のころ盲腸にかかり，手術した傷跡です：이건 초등학교 때 맹장염에 걸려서 수술한 자국이에요.

＊ 傷が治る：상처가 아물다／傷跡が残る：흉터가 남다

□ 512 **足の爪がはがれちゃったよ**

A 아빠! 엄지발톱이 빠졌어.

B 신발이 발에 맞지 않는 거 아냐?

A 痛っ！　足の親指の爪がはがれちゃったよ。

B 靴が足に合わないんじゃないの？

友達同士の会話

＊ 발톱이 빠지다：（足の）爪がはがれる／손톱이 빠지다：（手の）爪がはがれる

＊「靴が足に合わない」というときの「足」は 다리 ではなく 발。

□ 513 **やけどの跡が水ぶくれになってしまった**

A 화상 입은 자리에 물집이 생겼어.

B 곪지 않도록 연고라도 발라 두는 게 나아.

A やけどの跡が水ぶくれになっちゃったよ。

B 化膿しないように軟膏でも塗っておいたほうがいいよ。

友達同士の会話

## そのほかの会話

1▶ お湯を注ぐときに，手をやけどしてしまいました。

뜨거운 물을 붓다가 손에 화상을 입었어요.

✱ **화상을 입다** 〈火傷−〉：やけどする

2▶ 傷が化膿してきました。상처가 곪았어요.

3▶ 素振りの練習で，手にまめができてしまいました。

배팅 연습을 하다가 손에 물집이 생겼어요.

4▶ 足の裏にとげが刺さってしまって，毛抜きや針でも抜けません。

발바닥에 가시가 깊이 박혀 족집게나 바늘로도 좀처럼 빠지지 않아요.

✱ **가시가 박히다**：とげが刺さる

5▶ 誤って釘を踏んでしまったんです。잘못해서 못을 밟았어요.

6▶ 中指にペンだこができて痛みます。

가운뎃손가락에 굳은살이 박여서 아파요.

✱ **굳은살이 박이다**：たこができる。**굳은살이 생기다** ともいう。

7▶ 指先にささくれができてヒリヒリ痛みます。

손끝이 갈라져 따끔따끔 아파요.

8▶ 物を足に落として，足の小指の爪が割れてしまいました。

물건을 발등에 떨어뜨려서 새끼발톱이 부러졌어요.

✱ 足の小指：**새끼발가락**／足の薬指：**넷째 발가락**／足の甲：**발등**

9▶ 新しい靴を履くと，かかとによく靴擦れができます。

새 신발을 신으면 발뒤꿈치에 자꾸 물집이 생겨요.

10▶ ここが血まめになってしまいました。

여기에 피가 섞인 물집이 생겼어요.

11▶ 寝ていたら急に足がつってしまいました。

자다가 갑자기 다리에 쥐가 났어요.

✱ **쥐가 나다**：けいれんが起こる。**쥐** というのは漢方医学的な用語で，体のある部分にけいれんが起こり，その部分が収縮することにより，一時的にその機能を果たさなくなる状態を言う。

✱ 肉離れを起こす：**근육 단열을 일으키다** 〈筋肉斷裂−〉 **[그뉵ˇ다녈]**

# 172 スポーツによるけが

## □ 514 右の腕が動かないんです

A 스키 타다가 넘어져서 오른쪽 팔이 움직이지 않아요.

B 오른쪽 빗장뼈가 부러졌네요.

A スキーで転んでしまい，右の腕が動かないんです。

B 右の鎖骨を骨折していますね。

A は患者，B は医者

＊ 빗장뼈：鎖骨。쇄골 ともいう。

＊ 肩を脱臼したようです：어깨가 탈구된 것 같아요.

## □ 515 滑って尻を強く打ちました

A 수영장에서 넘어지는 바람에 엉덩이를 세게 부딪쳤어요.

B 조금 내출혈을 일으켰을 뿐이에요. 통증은 곧 가실겁니다.

A プールで滑って尻を強く打ちました。

B ちょっと内出血をしているだけですので，すぐに痛みはなくなります。

A は患者，B は医者

＊ 내출혈을 일으키다：内出血する

＊ 打ち身：타박상〈打撲傷〉

## □ 516 突き指して腫らしちゃったんだ

A 손가락 왜 그래?

B 배구하다가 삐어서 크게 부었어요.

A その指どうしたの？

B バレーボールで突き指して，ひどく腫らしちゃったんだ。

友達同士の会話

## そのほかの会話

1 ▶ 小学生相手に腕相撲をして手首をひねってしまいました。
초등학생을 상대로 팔씨름을 하다가 손목이 비틀렸어요.

2 ▶ スケートをしていて足首を捻挫しました。
스케이트를 타다가 발목을 삐었어요.

3 ▶ スライディングをして手をついたときに骨が折れたようです。
슬라이딩을 하다가 손을 헛짚었는데 뼈가 부러진 것 같아요.
＊ **뼈가 부러지다**：骨折する。**골절되다** ともいう。

4 ▶ 柔道で膝をひねり，正座もできないくらい痛いです。
유도를 하다가 다쳤는데 무릎을 꿇지 못할 정도로 아파요.
＊ 受け身の態勢がしっかりとれませんでした：**낙법을 제대로 하지 못했어요.**

5 ▶ バスケットの試合中にアキレス腱を切ってしまいました。
농구 시합 중에 아킬레스건이 끊어졌어요.

9 病気になったら

6 ▶ アイスホッケーの試合中に，相手の選手とぶつかって鼻血を出しました。
아이스하키 시합을 하다가 상대 선수와 부딪치는 바람에 코피가 났어요.
＊ 鼻血が止まらない：**코피가 멎지 않다**

7 ▶ アメフトで相手に思い切り体当たりされ，肋骨にひびが入ってしまいました。
미식축구를 하는데 상대편이 심하게 부딪치는 바람에 갈비뼈에 금이 갔어요.

8 ▶ ファウルボールに当たって，歯が折れてしまいました。
파울 볼에 맞아 이가 부러졌어요.

9 ▶ スマッシュの練習を集中してやっていたら，腱鞘炎になってしまいました。
스매싱 연습을 과하게 했더니 건초염에 걸리고 말았어요.

10 ▶ ラケットを握ると腕がしびれて，うまく振れないんです。
라켓을 잡으면 팔이 저려서 제대로 휘두르지 못해요.

11 ▶ バタ足を練習していたら，急に足がつっておぼれそうになりました。
물장구치는 연습을 하다가 갑자기 쥐가 나서 물에 빠질 뻔했어요.

## □ 517 骨が折れたようです

A 넘어지면서 손을 잘못 짚었는데 뼈가 부러진 것 같아요.

B 엑스레이를 찍어 봅시다.

---

A 転んで手をついたときに骨が折れたようです。

B レントゲンを撮ってみましょう。

Aは患者，Bは医者

＊ 折れていると思います《患者が》: 부러졌을 거라고 생각해요.

＊ 骨折をしています《医者が》: 골절입니다.

## □ 518 足首をくじきました

A 발목을 삐어서 제대로 서 있기가 힘들어요.

B 뼈에 미세한 금이 갔기 때문에 발목까지 깁스를 해야 돼요.

---

A 足首をくじいて，立てなくなってしまいました。

B 骨に小さなひびが入っているので，足首までギプスを巻かなくてはいけません。

Aは患者，Bは医者

＊ 삐다 : くじく

＊ Aの直訳は「足首をくじいたので，うまく（きちんと）立っていることが難しいです」。

## □ 519 関節がこわばっているようです

A 아침에 일어났을 때 양쪽 손가락 관절이 아프고 뻣뻣하게 느껴져요.

B 손목이 좀 부었네요.

---

A 朝起きると，両手の関節が痛くてこわばっているようです。

B 手首にむくみがあるようですね。

Aは患者，Bは医者

＊ 손가락 : 手の指。足の指は 발가락。

＊ 関節が痛む : 관절이 쑤시다。関節がむくむは 관절이 붓다。

＊ 手を上げたり曲げたりできません : 손을 올리거나 구부릴 수 없어요.

## そのほかの会話

1▶ 事故で大けがをしました。사고로 크게 다쳤어요.

＊ **다치다**：ぶつけたり（**부딪치다**）ぶつけられたり（**맞다**）して体にけがをする

＊ けがをしました：**상처를 입었어요.**

2▶ 車にひかれてしまいました。차에 치였어요.

---

3▶ 膝に水がたまっているのか，とても痛いです。
무릎에 물이 찼는지 많이 아파요.

4▶ 重い物を持ち上げようとして，ぎっくり腰になりました。
무거운 물건을 들어올리다가 허리를 삐끗했어요.

5▶ 長い間座っていたので足がしびれて立てません。
오랫동안 앉아 있었더니 다리가 저려서 일어날 수 없습니다.

6▶ 肩こりがひどいのです。어깨가 심하게 결려요.

7▶ 首が痛くて回せません。목이 아파서 고개를 돌리기가 힘들어요.

8▶ 腰がひどく痛みます。허리가 심하게 아파요.

---

**医師が患者に**

9▶ 1か月間，ギプスをします。한 달간 깁스를 해야 합니다.

10▶ 松葉杖を使ってください。목발을 사용하세요.

＊ 松葉杖をつく：**목발을 짚다**

11▶ バストバンドをします。息苦しければ，寝るときははずしてください。
가슴 밴드를 착용하겠습니다. 숨쉬기가 곤란하면 잘 때는 빼세요.

12▶ 1週間後，抜糸の予定です。抜糸まで入浴やシャワーを控えてください。
1주일 후 실밥을 뽑을 예정이에요. 실밥을 뽑을 때까지 목욕이나 샤워를 삼가 주세요.

13▶ 消毒のため，1日おきに来院してください。
소독해야 하니까 이틀에 한 번씩 와 주세요.

14▶ 傷がかさぶたになっても，はがさずにそっとしておいてください。
상처에 딱지가 앉아도 뜯지 말고 그냥 그대로 두세요.

# 174 レントゲン検査

## □ 520 胸のレントゲンを撮りましょう

A 어젯밤부터 몹시 기침이 나서 열이 39도까지 올랐는데요.

B 가슴 엑스레이를 찍겠습니다. 촬영실 앞에서 잠시 기다리세요.

A ゆうべから咳がひどく，熱が 39 度まで上がりました。

B 胸のレントゲンを撮ってみましょう。撮影室の前でお待ちください。

A は患者，B は医者

✱ 胸部レントゲン写真は 흉부 엑스선 사진 ともいう。

✱ 腹部レントゲンは 복부 엑스레이。

## □ 521 体に影響はないんですか

A 엑스레이를 그렇게 여러 장 찍어도 몸에 영향은 없나요?

B 방사선량이 적어서 건강에는 아무런 문제가 되지 않습니다.

A レントゲンをそんなに何枚も撮って，体に影響はないんですか。

B 放射線量は微量なので，健康には問題ありません。

A は患者，B は医者

## □ 522 息を吸ったり吐いたりできません

A 숨을 들이마시거나 내쉬기가 힘들어요.

B 쌕쌕거리는 소리가 들리니까 가슴 엑스레이를 찍어 봅시다.

A 苦しくて息を吸ったり吐いたりできません。

B ヒューヒューという音が聞こえますので，胸のレントゲンを撮ってみましょう。

A は患者，B は医者

✱ 숨을 들이마시다 : 息を吸う

✱ 숨을 내쉬다 : 息を吐く／숨을 쉬다 : 息をする

## そのほかの会話

1▶ ネックレスやブラジャーも外してください。
목걸이나 브래지어도 벗어 주세요.

2▶ 上半身裸になって，このガウンに着替えてください。
상의는 속옷까지 다 벗으시고 이 가운으로 갈아입으세요.

3▶ ここに顎を乗せて，台に胸を付けてください。
여기에 턱을 올려놓으시고, 기계에 가슴을 대 주세요.

4▶ ここを両腕で抱え込むようにしてください。
여기를 양팔로 안는 듯한 자세를 취하세요.

5▶ 肩をもう少し前に出してください。
어깨를 좀 더 앞으로 미세요.

6▶ 検査中はなるべく動かないでください。
될 수 있으면 검사 중에는 움직이지 마세요.

7▶ 肩の力を抜いて，楽にしてください。
어깨의 힘을 빼시고 편히 계세요.

8▶ このままの姿勢で動かないでください。
그 자세에서 움직이지 말고 계세요.

9▶ 息を吸ってください。숨을 들이마시세요.

10▶ 息を大きく吸い込んでください。숨을 크게 들이마시세요.

11▶ 息を吸って止めてください。숨을 들이마시고 멈추세요.

12▶ そのまま止めて，動かないでください。
숨을 멈추시고 움직이지 마세요.

13▶ 息を吐いてください。숨을 내쉬세요.

14▶ 息を大きく吐いたまま止めてください。
숨을 크게 내쉰 상태에서 멈추고 계세요.

15▶ 終わりました。楽にしてください。
끝났습니다. 이제 편하게 계셔도 돼요.

## けがなどの外科的症状

1 自転車で転んで，思いっきり額をぶつけてしまいました。
자전거 타다가 넘어져서 이마를 세게 부딪쳤어요.

2 ぶつけたところが，あざになってしまいました。
부딪친 곳이 멍이 들었어요.

3 ふざけていて頭にたんこぶを作ってしまいました。
친구랑 장난치다가 머리에 혹이 생겼어요.

4 相手の頭が当たって目をけがしてしまいました。
상대 머리에 부딪쳐서 눈을 다쳤어요.

5 転んで膝小僧を擦りむきました。
넘어져서 무릎이 까졌습니다.

6 転んで腕にかすり傷を負いました。
넘어져서 팔에 찰과상을 입었어요.

7 弁慶の泣き所を机の角に思い切りぶつけました。
정강이를 책상 모서리에 심하게 부딪쳤어요.

8 歩道から足を踏み外して，足首をくじいてしまいました。
길을 가다가 헛디뎌서 발목을 삐었어요.

9 けんかをしていきなり横っ腹を殴られました。
싸움을 하다 갑자기 옆구리를 얻어맞았어요.

10 けがをしたところが腫れてきました。
다친 데가 부어올랐어요.

11 コップが割れて，ガラスで指を切ってしまいました。
컵이 깨져서 유리에 손가락을 베었어요.

12 割れたガラスを踏んで足を切ってしまいました。
깨진 유리를 밟아서 발을 다쳤어요.

13 カミソリであごを切ってしまいました。
면도를 하다가 실수로 턱에 상처를 냈어요.

14 果物を剥いていて，刃物で指を切りました。
과일을 깎다가 칼에 손가락을 베었어요.

15 餌をやろうとしたら，いきなり犬に噛まれました。
먹이를 주려는데 갑자기 개가 물었어요.

16 いたずらをして猫にひっかかれました。
장난을 치는데 고양이가 할퀴었어요.

17 ▶ うっかり自動ドアに手を挟んでしまいました。
실수로 자동문에 손가락이 끼였어요.

18 ▶ バラの木をいじっていたら，とげが刺さってしまいました。
장미를 만지다가 가시에 찔렸어요.

19 ▶ 足の親指の爪がはがれてしまいました。
엄지발톱이 빠졌어요.

20 ▶ やけどの跡が水ぶくれになってしまいました。
화상 입은 자리에 물집이 생겼어요.

21 ▶ お湯を注ぐときに，手をやけどしてしまいました。
뜨거운 물을 붓다가 손에 화상을 입었어요.

22 ▶ 傷が化膿してきました。
상처가 곪았어요.

23 ▶ 足の裏にとげが刺さってしまって，毛抜きや針でも抜けません。
발바닥에 가시가 깊이 박혀 족집게나 바늘로도 좀처럼 빠지지 않아요.

24 ▶ 誤って釘を踏んでしまいました。
잘못해서 못을 밟았어요.

25 ▶ 中指にペンだこができて痛みます。
가운뎃손가락에 굳은살이 박여서 아파요.

26 ▶ 指先にささくれができてヒリヒリ痛みます。
손끝이 갈라져 따끔따끔 아파요.

27 ▶ 物を足に落として，足の小指の爪が割れてしまいました。
물건을 발등에 떨어뜨려서 새끼발톱이 부러졌어요.

28 ▶ 新しい靴を履くと，かかとによく靴擦れができます。
새 신발을 신으면 발뒤꿈치에 자꾸 물집이 생겨요.

29 ▶ ここが血まめになってしまいました。
여기에 피가 섞인 물집이 생겼어요.

30 ▶ 寝ていたら急に足がつってしまいました。
자다가 갑자기 다리에 쥐가 났어요.

31 ▶ スキーで転んでしまい，右の腕が動かないんです。
스키 타다가 넘어져서 오른쪽 팔이 움직이지 않아요.

32 ▶ 柔道で受け身の態勢がしっかりとれずに肩を脱臼したようです。
유도 낙법을 제대로 하지 못해서 어깨가 탈구된 것 같아요.

33 ▶ 柔道で膝をひねり，正座もできないくらい痛いです。
유도를 하다가 다쳤는데 무릎을 꿇지 못할 정도로 아파요.

34 ▶ バレーボールで突き指して，ひどく腫らしてしまいました。
배구하다가 삐어서 크게 부었어요.

35 ▶ 腕相撲をして手首をひねってしまいました。
팔씨름을 하다가 손목이 비틀렸어요.

36 ▶ スケートをしていて足首を捻挫しました。
스케이트를 타다가 발목을 삐었어요.

37 ▶ スライディングをして手をついたときに骨が折れたようです。
슬라이딩을 하다가 손을 헛짚었는데 뼈가 부러진 것 같아요.

38 ▶ 素振りの練習で，手にまめができてしまいました。
배팅 연습을 하다가 손에 물집이 생겼어요.

39 ▶ ファウルボールに当たって，歯が折れてしまいました。
파울 볼에 맞아 이가 부러졌어요.

40 ▶ バスケットの試合中にアキレス腱を切ってしまいました。
농구 시합 중에 아킬레스건이 끊어졌어요.

41 ▶ アイスホッケーの試合中に，相手の選手とぶつかって鼻血を出しました。
아이스하키 시합을 하다가 상대 선수와 부딪치는 바람에 코피가 났어요.

42 ▶ アメフトで相手に思い切り体当たりされ，肋骨にひびが入ってしまいました。
미식축구를 하는데 상대편이 심하게 부딪는 바람에 갈비뼈에 금이 갔어요.

43 ▶ スマッシュの練習を集中してやっていたら，腱鞘炎になってしまいました。
스매싱 연습을 과하게 했더니 건초염에 걸리고 말았어요.

44 ▶ ラケットを握ると腕がしびれて，うまく振れないんです。
라켓을 잡으면 팔이 저려서 제대로 휘두르지 못해요.

45 ▶ バタ足を練習していたら，急に足がつっておぼれそうになりました。
물장구치는 연습을 하다가 갑자기 쥐가 나서 물에 빠질 뻔했어요.

46 ▶ プールで滑って尻を強く打ちました。
수영장에서 넘어지는 바람에 엉덩이를 세게 부딪쳤어요.

## 新型コロナ関連用語集

◆新型コロナ：会話では **코로나** といっているが，正式には **코로나19**（일구）。
◆WHO（世界保健機関）：**세계보건기구**
◆ソーシャルディスタンス：**사회적 거라두기**
◆3 密（密接・密集・密閉）：**3밀**（**밀접**・**밀집**・**밀폐**）
◆新型コロナ患者：**신종 코로나 확진자**
◆濃厚接触者：**밀접접촉자**
◆集団感染：**집단감염**
◆クラスター：**클러스터**
◆市中感染：**지역사회 감염**
◆はびこる，蔓延する：**창궐하다**〈猖獗-〉
◆ロックダウン：**도시 봉쇄**
◆変異ウイルス：**변이 바이러스**
◆変異株：**변이주**，**변종**〈變種〉
◆パンデミック：**팬데믹**
◆潜伏期：**잠복기**
◆病原体：**병원체**
◆PCR 検査：**PCR 검사**
◆人工呼吸器：**인공호흡기**
◆エクモ：**에크모**，**체외식 막형 인공폐**〈體外式膜型人工肺〉
◆医療崩壊：**의료 붕괴**
◆テレワーク：**텔레워크**，**재택 근무**〈在宅勤務〉
◆入国制限措置：**입국 제한 조치**

## 体の状態を表す擬態語

● がんがんする：지끈지끈하다

1 ▶ 二日酔いで頭ががんがんします。
어젯밤에 과음해서 머리가 지끈지끈 아파요.

● ずきずきする：욱신거리다

2 ▶ 風邪を引いたのか，ふしぶしがずきずきします。
감기 몸살인지 온몸이 욱신거려요.

● ちくちくする：콕콕 쑤시다

3 ▶ 下腹がちくちく痛みます。
아랫배가 콕콕 쑤셔요.

● きりきりする：쿡쿡 쑤시다

4 ▶ お腹がすくと，わき腹がきりきり痛みます。
배가 고프면 옆구리가 쿡쿡 쑤셔요.

● ひりひりする：따끔거리다

5 ▶ 虫に刺されたところがひりひりします。
벌레에 물린 데가 따끔거려요.

6 ▶ すりむけたところがひりひりします。
까진 데가 따끔거려요.

7 ▶ やけどの跡がひりひりします。
화상 입은 데가 따끔따끔거려요.

● びりびりする：찌릿하다, 찌르르거리다

8 ▶ 足がしびれて，びりびりしています。
발이 저리고 찌릿해요.

9 ▶ 時々，足の裏にびりびりした痛みが走ります。
때론 발바닥에 찌릿한 통증이 있어요.

● むずむずする：근질근질하다, 간질간질하다

10 ▶ 皮膚が乾燥して体がむずむずします。
피부가 건조해서 몸이 근질근질해요.

● むかむかする：메슥거리다

11 飲み過ぎてむかむかします。
술을 너무 많이 마셔서 속이 메슥거려요.

12 脂っこいものばかり食べたせいか，胃がむかむかします。
느끼한 것만 먹어서인지 속이 메슥거려요.

● くらくらする：어질어질하다

13 船酔いをして頭がくらくらします。
뱃멀미를 해서 머리가 어질어질해요.

14 高層ビルから下を見下ろすと頭がくらくらする。
고층 빌딩에서 아래를 내려다보니 머리가 어질어질해요.

● どきどきする：두근두근하다, 두근두근 거리다（感情を表すときに使う）

15 どきどきしながら合格発表を待ちました。
합격 발표를 기다리는데 가슴이 두근두근했어요.

＊ ちょっと走ると胸がどきどきします：**조금만 달려도 금방 심장이 뛰어요.**

● かさかさする：까칠까칠하다

16 冬は空気が乾いているので，肌がかさかさしてかゆくなります。
겨울엔 공기가 건조해서 피부가 까칠까칠하고 가려워요.

● ハアハアさせる：(숨을) 헉헉대다, (숨을) 헉헉거리다

17 駅の階段をちょっと上るだけでハアハアと息切れがします。
전철역 계단을 조금만 올라도 헉헉 숨이 차요.

● こんこんする：콜록콜록하다

18 子どもがしょっちゅうこんこんと咳をするんですが。
아이가 자꾸 콜록콜록 기침을 하네요.

● ちかちかする：따끔따끔하다

19 コンピューター画面を長く見ていると，まぶしくて目がちかちかします。
컴퓨터를 화면을 오래 보면 눈부셔서 눈이 따끔따끔해요.

● ぞくぞくする：으슬으슬하다

20 ちょっと熱があるようで，体がぞくぞくします。
좀 열이 있는 것 같고, 몸이 으슬으슬해요.

## 175 病院の受付で

### □ 523 どうなさいましたか

A 어떻게 오셨습니까?

B 갑자기 몸이 안 좋아져서 왔는데 진찰받을 수 있어요?

A どうなさいましたか。

B 急に具合が悪くなったんですが，診ていただけますか。

A は病院職員，B は患者

＊ この病院は，はじめてですか : 저희 병원에 처음 오셨습니까?

＊ 具合の悪いところを指差してください : 아픈 곳을 손으로 가리켜 주세요.

### □ 524 どちらの国の方ですか

A 어느 나라 분이신가요? 영어를 할 줄 아십니까?

B 일본 사람입니다. 영어보다 한국말로 말씀해 주세요.

A どちらの国の方ですか。英語はできますか。

B 日本人です。英語より韓国語で話してください。

A は病院職員，B は患者

＊ 何科にかかりたいのですか : 무슨 과에 볼일이 있으세요.

### □ 525 保険証がないと自費診療になります

A 건강 보험증은 가지고 있으세요? 보험증이 없으면 자비 진료가 됩니다.

B 해외여행 상해 보험에는 들어 있는데, 건강 보험증은 없습니다.

A 健康保険証はお持ちですか。保険証がないと自費診療になります。

B 海外旅行傷害保険には入っていますが，健康保険証はありません。

A は病院職員，B は患者

＊ 韓国では病院窓口の電算処理により，保険証を忘れた場合でも住民登録証番号から保険証番号が割り出せる。保険証を忘れたときは 건강 보험증은 안 가지고 왔습니다. と言えば自費扱いにはならない。

## そのほかの会話

### 患者が

1 ▶ 今日が初めてなんですが，診ていただけますか。
오늘 처음 왔는데 진찰받을 수 있어요?

2 ▶ 新患受付はどこですか。신규 접수 창구는 어디예요?

3 ▶ 先ほど電話で予約した者ですが。아까 전화로 예약한 사람인데요.

4 ▶ クレジットカードで支払いができますか。신용 카드로 지불할 수 있어요?

### 受付職員が

5 ▶ 新患受付はまっすぐ行って右です。
신규 접수 창구는 똑바로 가서 오른쪽입니다.

6 ▶ 内科の受付へ行ってください。내과 접수 창구로 가 주세요.

7 ▶ 再来受付は 3 番の窓口です。재진 접수는 3 번 창구입니다.

8 ▶ カルテを作りますので，診療申込書に名前や年齢などをお書きください。
차트를 만들어 드릴 테니 진료 신청서에 성함, 나이 등을 적어 주세요.

* **차트**〈chart〉: カルテ。特に決まった言い方はなく，医療機関によって **진료 기록 카드**, **진료 기록부**などと言う。

9 ▶ 順番が来たら名前をお呼びします。おかけになってお待ちください。
차례가 되면 이름을 부르겠습니다. 앉아서 기다려 주세요.

10 ▶ 長くお待たせするかもしれませんので，もし気分が悪くなったら看護師に言ってください。
많이 기다리실 수도 있으니까, 혹시 이상이 있으면 간호사에게 말씀해 주세요.

11 ▶ お見舞いの方は 5 番窓口で聞いてください。
병문안 오신 분은 5번 창구에 문의해 주세요.

12 ▶ ご案内しますので，私と一緒に来てください。
안내해 드리겠습니다. 저를 따라오세요.

13 ▶ 今日は，眼科は休診です。안과는 오늘 휴진이에요.

14 ▶ 外科外来は午前だけです。외과 외래는 오전만 봅니다.

15 ▶ 時間内に来てください。시간 내에 와 주세요.

# 診察室で ①

## □ 526 血圧を測ります

A 혈압을 재겠습니다. 오른팔을 내미세요.

B 저는 평소에도 혈압이 좀 높은 편인데요.

---

A 血圧を測りますので，右腕を出してください。

B いつも血圧はちょっと高めなんですが。

A は医者，または看護師，B は患者

＊ 脈をとらせてください：맥박을 재겠습니다.

＊ 緊張しないで，楽にしてください：긴장하지 말고 마음을 편안하게 가지세요.

## □ 527 息を吸って，吐いてください

A 숨을 크게 들이마셨다가 내쉬세요. 반복해 주세요.

B 숨을 크게 들이마시면 기침이 나오려고 해요.

---

A 大きく息を吸って，吐いてください。繰り返してください。

B 息を吸うと咳き込みます。

A は医者，B は患者

＊ 日本では医者が診察する前に「胸の音を聴きます」のように言ってから診察するのがふつうだが，韓国では何も言わず，いきなり聴診器を当てることが多い。

＊ 上半身裸になってください（上着を脱いでください）：상의를 벗어 주세요.

## □ 528 お腹を診ます

A 배꼽 주변이 찌르듯이 아파요.

B 알았습니다. 배를 진찰하겠습니다. 벨트를 느슨하게 풀고, 침대에 누워 주세요.

---

A へその辺りがきりきりと痛みます。

B わかりました。お腹を診ますので，ベルトをゆるめてベッドに仰向けになってください。

＊ 膝を軽く曲げてください：무릎을 조금 구부려 주세요.

＊ ズボンを下げてください：바지를 내려 주세요.

＊ うつ伏せになってください：엎드리세요.

## そのほかの会話

1▶ 熱を測ります。この体温計を脇の下に挟んでください。

열을 재겠습니다. 이 체온계를 겨드랑이 밑에 껴 주세요.

2▶ 旅行に来られる前に，体の具合の悪いところはありませんでしたか。

여행 오기 전에 어디 몸이 안 좋은 데는 없었습니까?

3▶ 採血をします。袖をまくって腕を出してください。

피를 조금 뽑겠습니다. 소매를 걷고 팔을 내미세요.

4▶ 親指を中に入れて握ってください。엄지를 움켜쥐세요.

5▶ 手をゆっくり握ったり開いたりしてください。

천천히 손을 쥐었다 폈다 해 주세요.

6▶ 終わりました。揉まないで押さえてください。

끝났습니다. 문지르지 말고 눌러 주세요.

---

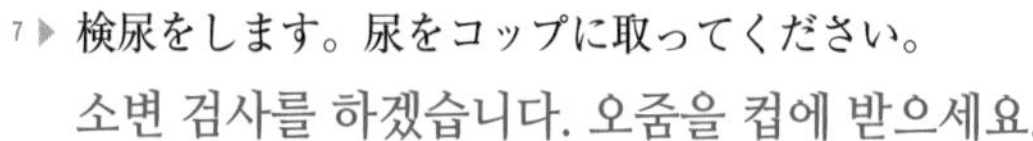

7▶ 検尿をします。尿をコップに取ってください。

소변 검사를 하겠습니다. 오줌을 컵에 받으세요.

8▶ 初めの尿は捨てて，残りをコップの3分の1くらい取ってください。

처음 나오는 소변은 받지 마시고, 나머지 소변을 컵의 3분의 1 정도 받으세요.

9▶ 起床時に尿を取ってください。

아침에 일어났을 때 바로 소변을 받아 주세요.

10▶ 病気の様子を知るために1日の尿の量を測定します。

병 상태를 알기 위해서 하루 동안의 소변량을 측정하겠습니다.

＊ **소변량**：尿量。「量」は漢字語のあとに付くときは **량**（**강수량**：降水量），固有語や外来語のあとに付くときは **양** となる（**구름양**：雲の量，**알칼리양**：アルカリ量）。

11▶ 尿は排便のときも捨てないで取ってください。

소변은 변을 볼 때도 버리지 마시고 받으세요.

12▶ カテーテルを膀胱に入れて尿を取ります。

카테테르를 방광에 넣어서 배뇨시킵니다.

＊ 韓国人患者に **카테테르** と言っても通じないことが多いので，この場合は**가는 관**（細い管）ぐらいの表現が適当。

☐ 529 **点滴をします**

A 설사 때문에 탈수가 심해서 링거 주사를 놓겠습니다.

B 입원해야 됩니까?

A 下痢による脱水がひどいので，点滴をします。

B 入院しなければなりませんか。

＊「点滴」を 점적 と言っても通じない。本来「リンゲル」というのは薬品の名前で，点滴注射そのものを指すわけではない。링겔 주사 ともいう。

＊点滴が終わったら帰ってもいいですよ《医者が患者に》: 링거를 다 맞으면 돌아가셔도 괜찮습니다.

＊毎日，通院するのですか《患者が医者に》: 매일 통원해야 합니까?

☐ 530 **痛め止めを注射しましょう**

A 진통제를 놓겠습니다.

B 오늘 목욕해도 돼요?

A 痛み止めを注射しましょう。

B 今日は入浴してもいいですか。

A は医者，B は患者

＊静脈注射 : 혈관 주사〈血管注射〉／筋肉注射 : 근육 주사

＊注射を打たれる : 주사를 맞다

＊シャワーぐらいならいいですよ《医者が患者に》: 샤워 정도라면 괜찮아요.

☐ 531 **2～3日したら結果がわかります**

A 병명은 뭡니까? 상세하게 설명해 주세요.

B 2~3일 후면 결과가 나오니까 다시 와 주세요.

A 病名は何ですか。詳しく説明してください。

B 2～3日したら結果がわかりますので，もう一度来てください。

A は患者，B は医者

＊結果はいつごろわかりますか《患者が医者に》: 결과는 언제쯤 나와요?

## そのほかの会話

### 看護師が患者に

1▶ まずトイレを済ませてきてください。
먼저 소변을 보고 오세요.

2▶ 気分が悪くなったらすぐに教えてください。
기분이 안 좋아지면 바로 알려 주세요.

3▶ 薬のアレルギーテストをします。
약물 부작용 테스트를 하겠습니다.

4▶ 結果は担当の先生にお聞きください。
담당 의사에게 결과를 물어보세요.

5▶ 結果が出しだい内科でお呼びしますので，内科外来に戻ってください。
결과가 나오는 대로 내과에서 부르겠습니다. 내과 외래로 다시 가 주세요.

6▶ 検査結果は紹介元の病院に郵送します。
검사 결과는 소개해 준 병원에 우편으로 보내겠습니다.

* 病院が患者をほかの病院に紹介する場合は，**검사 결과는 소개해 드린 병원에 우편으로 보내겠습니다.**，患者が自分が行きたい病院に結果を送ってもらいたいと要請した場合は，**검사 결과는 알려 주신 병원에 우편으로 보내겠습니다.**。

7▶ 今日の診療はすべて終わりました。
오늘 진료는 전부 마쳤습니다.

8▶ もし，夜に具合が悪くなったら，救急外来に来てください。
만일, 밤에 상태가 안 좋아지면 응급실로 와 주세요.

9▶ この処方せんを薬局に出して薬をもらってください。
이 처방전을 약국에 내시고 약을 받으세요.

10▶ 今日はお薬は出ていません。오늘은 약을 드리지 않습니다.

11▶ 何かお困りのことはありますか。불편한 점은 없으신가요?

12▶ お大事に。몸조리 잘하세요.

## □ 532 応急処置をしました

A 이제 집에 돌아가고 싶은데 괜찮을까요?

B 응급 처치를 했습니다만, 상태를 지켜볼 필요가 있으니 오늘은 병원에 계시는 게 좋겠습니다.

A 今からでも家に帰りたいのですが，いいでしょうか。

B 応急処置をしましたが，様子を見る必要がありますので，今日は泊まってください。

A は患者，B は医者または看護師

＊ 入院しなければならないのですか：입원하지 않으면 안 될까요?

## □ 533 入院が必要です

A 의사 선생님이 설명하신 대로 입원이 필요합니다. 접수 창구에서 입원 수속을 해 주세요.

B 알겠습니다. 입원 기간은 얼마나 될까요?

A 医師が説明したように入院が必要です。窓口で入院の手続きをしてください。

B わかりました。入院はどれぐらいになるのでしょうか。

A は看護師，B は患者

＊ 検査のための入院ですから，今回は 1 週間程度で済みます：검사를 위한 입원이니까, 이번에는 1주일 정도가 될 겁니다.

## □ 534 外出，外泊は主治医の許可が必要です

A 외출이나 외박은 할 수 있습니까?

B 주치의의 허가가 필요하니까 전날까지 신청해 주세요.

A 外出，外泊はできますか。

B 主治医の許可が必要ですので，前日までに申し出てください。

A は患者，B は看護師

## そのほかの会話

### 看護師，または病院職員が患者に

1▶ ベッドが空き次第，ご連絡します。

병실이 비는 대로 연락드리겠습니다.

2▶ 入院申込書に記入してください。

입원 신청서를 작성해 주세요.

3▶ ここに入院に必要なものが書いてあります。用意してきてください。

여기에 입원에 필요한 것들이 쓰여 있습니다. 준비해 주세요.

4▶ こちらが外科病棟で，患者さん（あなた）の病室はここです。

이쪽이 외과 병동이고, 환자분의 병실은 여기입니다.

5▶ 食事時間は 3 食，時間が決まっています。

식사 시간은 매끼마다 시간이 정해져 있습니다.

6▶ 一般食と治療食がありますが，患者さんの場合は治療食になります。

일반식과 치료식이 있습니다만, 환자분의 경우는 치료식이 나옵니다.

7▶ 食事のときお薬を配ります。

식사 때 약을 갖다 줍니다.

8▶ 医師の指示のない薬は飲まないでください。

의사가 처방하지 않은 약은 드시지 마십시오.

9▶ 今まで服用していた薬はナースに渡してください。

평소에 복용하셨던 약이 있으면 간호사에게 맡겨 주세요.

10▶ 時間外は原則として面会できません。

정해진 시간 외에는 원칙적으로 면회할 수 없습니다.

11▶ 携帯電話は病室内ではご使用できません。病室の外でおかけください。

휴대 전화는 병실 내에서는 못 쓰게 돼 있어요. 통화는 병실 밖에서 하십시오.

12▶ 消灯時間は午後 9 時です。

소등 시간은 오후 9시입니다.

## □ 535 ご家族に病気の方はいらっしゃいますか

A 가족 중에 병을 앓고 계신 분이 있나요?

B 아버지가 폐암으로 쉰 살도 되기 전에 돌아가셨습니다. 그리고 어머니가 지금 당뇨병을 앓고 있습니다.

A ご家族に病気の方はいらっしゃいますか。

B 父が肺ガンで50前に亡くなっています。また，母が現在，糖尿病を患っています。

A は医者，B は患者

＊ 당뇨병을 앓다：糖尿病を患う

## □ 536 入院したことはありますか

A 지금까지 입원한 적은 있습니까?

B 초등학교 5학년때 맹장염으로 입원했었어요.

A 今までに入院したことはありますか。

B 小学校の5年生のとき，虫垂炎で入院しました。

A は医者，B は患者

＊ 虫垂炎は正確には 충수염 だが，会話では 맹장염〈盲腸炎〉と言っている。

## □ 537 重い病気にかかったことはありますか

A 지금까지 큰 병에 걸린 적이 있습니까?

B 병은 아닌데, 중학교때 교통사고를 당해서 한 달 정도 입원했었어요.

A 今までに重い病気にかかったことはありますか。

B 病気ではないのですが，中学生のときに交通事故に遭って，ひと月ほど入院していました。

A は医者，B は患者

＊ 교통사고를 당하다：交通事故に遭う

## そのほかの会話

### 医者または看護師が患者に

1▶ ご両親は健在ですか。부모님께서는 안녕하십니까？

＊ 年上の人に**잘 있다**という表現は使わない。

2▶ お父さんはどんな病気を持っていますか。
아버님께서 어떤 병을 갖고 계셨나요?

3▶ お父さんが亡くなった原因は何でしたか。
아버님이 돌아가신 원인은 무엇입니까?

4▶ お父さんが亡くなったのはいつでしたか。
아버님이 언제 돌아가셨습니까?

5▶ お子さんは何人ですか。자녀분은 몇 명입니까？

6▶ ご家族にあなたと同じ病気の方はいませんか。
가족 중에 환자분과 같은 병을 앓고 있는 사람은 있습니까?

7▶ ご家族に同じ病気で亡くなった方はいませんか。
가족 중에 같은 병으로 돌아가신 분은 안 계십니까?

8▶ 何の病気で入院しましたか。무슨 병으로 입원했습니까?

9▶ どのくらい入院しましたか。입원 기간은 어느 정도였습니까?

10▶ その後の経過はどうですか。그 후 경과는 어떻습니까?

11▶ 手術をしたことはありますか。수술한 적은 있습니까?

12▶ 何の手術ですか。무슨 수술이었습니까？

13▶ 輸血を受けたことはありますか。수혈을 받은 적은 있습니까?

## 180 生活習慣などを聞く

### □ 538 入院して気になることはありますか

A 입원하시면 곤란한 점이나 걱정되는 게 있습니까?

B 어머니가 혼자 생활하시기 때문에 좀 걱정인데요. 어느 정도 있어야 퇴원할 수 있을까요?

A 入院して困ることや，気になることはありますか。

B 母が一人暮らしなのでちょっと心配なんですが，どのくらいで退院できるでしょうか。

A は医者，B は患者

### □ 539 健康管理に気をつけていますか

A 건강 관리에 신경 쓰고 있습니까?

B 일이 사무직이라서, 주말에는 헬스장에서 운동하고 있습니다.

A 健康管理に気をつけていますか。

B 仕事がデスクワークなので，週末にはジムに行って体を動かしています。

A は医者，B は患者

＊ 仕事ではけっこう体を動かします《患者が医者に》: 일로 몸을 자주 움직여요.

### □ 540 タバコは何年ぐらい，吸っていますか

A 담배는 몇 년 동안 피웠나요?

B 대학에 들어가자마자 피우기 시작했으니까, 이럭저럭 30년 가까이 피우고 있습니다.

A タバコはどれぐらいの間，吸っていますか。

B 大学に入ってすぐに吸い始めましたから，かれこれ30年近くは吸っています。

A は医者，B は患者

＊ 1 日に何本くらい吸いますか《医者が患者に》: 하루에 몇 개비 피우세요?

＊ せいぜい日に 4 ～ 5 本です《患者が医者に》: 고작해야 하루에 네댓 개비 정도예요.

## そのほかの会話

1▶ お酒は飲みますか。술은 드십니까?

✽ 日本語では「アルコールは飲みますか」と聞くことがあるが，韓国語では알코올은…という言い方はしない。

2▶ 食事は規則的にとっていますか。식사는 규칙적으로 하세요?

3▶ 食事は一日に何回ですか。식사는 하루에 몇 끼예요?

4▶ 食事はご飯ですか，それともパンですか。
식사는 밥을 드세요, 빵을 드세요?

5▶ 食べないようにしているものはありますか。
자제하는 음식은 있습니까?

6▶ 食べてはいけないものはありますか。기피하는 음식은 있습니까?

7▶ 食べられないものはありますか。먹지 못하는 것은 있습니까?

8▶ 味付けは濃いほうですか。맵고 짜게 드시는 편입니까?

9▶ おうちではどなたがお食事を作るんですか。
집에서는 어느 분이 식사를 준비하세요?

---

10▶ 睡眠時間は何時間くらいですか。잠은 몇 시간이나 주무십니까?

11▶ よく眠れますか。잠은 잘 주무세요?

12▶ 寝つくのに時間がかかりますか。잠드는 데 시간이 걸려요?

13▶ だいたい何時ごろお休みになりますか。보통 몇 시쯤에 주무세요?

14▶ 朝は何時ごろに起きますか。아침은 몇 시쯤에 일어나세요?

15▶ 夜中に何度か目を覚ますことがありますか。
한밤중에 몇 번씩 잠에서 깨는 일이 있어요?

16▶ 夜中によくトイレに行きますか。
한밤중에 자주 화장실에 가요?

## 入院中のいろいろな処置など

1 ▶ 湿布を貼ります。痛いところはここですか。
파스를 붙이겠습니다. 아픈 곳이 여기예요?
＊（温[冷]）湿布を貼ります：(뜨거운[얼음]) 찜질을 하겠습니다.

2 ▶ ヒリヒリしたり，かゆくなったら教えてください。
아프거나 가려우면 말씀하세요.

3 ▶ 包帯を取り替えます。傷口をみせてください。
붕대를 바꾸겠습니다. 상처를 보여 주세요.

---

4 ▶ お食事です。手伝いましょうか。
식사가 나왔습니다. 도와 드릴까요?

5 ▶ お食事はお済みですか。
식사 다 드셨습니까?

6 ▶ もう少し召し上がりますか。
조금 더 드시지 않겠어요?

7 ▶ 食器を下げていいですか。
치워도 괜찮겠습니까?

8 ▶ 食事はおいしかったですか。
맛있게 드셨나요?

9 ▶ あまりお召し上がりにならなかったですね。
많이 못 드시는군요.

---

10 ▶ ベッドを少し上げますよ（ギャッジアップしますよ）。
침대를 좀 올려요.

11 ▶ このボタンを押すと，枕元が上がります。
이 버튼을 누르면 침대 머리 쪽이 올라갑니다.

12 ▶ 足元を少し上げましょうか。
발 쪽을 좀 올릴까요?

13 ▶ 床ずれを作らないように，体の向きをときどき変えてください。
욕창에 걸리지 않도록 몸의 위치를 가끔 바꿔 주세요.

14 ▶ 安静が必要ですので，ベッドから降りないでください。
안정이 필요하니까 침대에서 내려오시면 안 돼요.

15 ▶ 歩いてトイレに行けませんので，しばらくはこのポータブルトイレを使ってください。
걸을 수 없으니까, 당분간은 이 휴대용 변기를 쓰세요.

16 ▶ 腰の痛いところへ円座を入れましょう。
허리가 아픈 곳에 방석을 대겠습니다.

17 ▶ シーツを直しますので，このベッドに移ってください。
시트를 교환하려고 하니까 이쪽 침대로 옮겨 주세요.

18 ▶ 気分が悪くなったらナースコールしてください。
몸에 이상이 생기면 간호사를 불러 주세요.

19 ▶ 体を拭きますので，仰向けになってください。
몸을 닦을 테니까 위를 보고 누워 주세요.

20 ▶ 足を洗いますので，洗面器に足を入れてください。
발을 씻을 테니까 세면기에 발을 넣어 주세요.

21 ▶ 今日からシャワーを浴びてもいいですよ。
오늘부터 샤워를 해도 괜찮아요.

22 ▶ お薬の時間です。
약 드실 시간입니다.

23 ▶ 今日から薬が変わります。
오늘부터 약이 바뀝니다.

24 ▶ 点滴をします。ベッドに横になってください。
링거 주사를 놓겠습니다. 침대에 누워 주세요.

25 ▶ 痛み止めの注射をします。腕を出してください。
진통제 주사를 놓겠습니다. 팔을 내밀어 주세요.

＊ **내밀다**：体の一部を，外や前に出す

26 ▶ 腕の力を抜いて楽にしてください。
팔에 힘을 빼고 편하게 계세요.

## □ 541 手術について医師から説明があります

A 의사 선생님께서 내일 수술에 대해 설명하시겠습니다.

B 수술은 처음이라서 조금 걱정입니다.

A 明日の手術について医師から説明があります。

B 手術は初めてなもので，ちょっと心配です。

A は看護師，B は患者

＊ ご心配はいりませんよ：수술은 걱정하지 않으셔도 됩니다.

## □ 542 夕食後に下剤を飲んでください

A 장을 깨끗하게 하기 위해서 저녁 식사 후에 장 세정제를 드세요.

B 걱정돼서 잠을 잘 수 없을지도 모르니까 수면제도 함께 주세요.

A 腸の中をきれいにするため，夕食後に下剤を飲んでください。

B 心配で眠れないかもしれませんので，睡眠剤も一緒にください。

A は看護師，B は患者

＊ 장 세정제〈腸洗浄剤〉：大腸検査のために服用する下剤

＊ 夕食後は食べ物を摂らないでください：저녁 식사 후에는 음식을 드시지 마세요.

## □ 543 何か心配なことはありますか

A 수술에 대한 선생님의 설명을 듣고 궁금한 점은 없습니까?

B 특별히 없습니다. 잘 부탁드리겠습니다.

A お医者さんから手術の説明をお聞きになって，何か心配なことはありますか。

B 特にありません。よろしくお願いいたします。

A は看護師，B は患者

＊ では，同意書を読んで，ここにサインしてください：그럼, 동의서를 보고 여기에 사인해 주세요.

## そのほかの会話

1 ▶ 手術前に必要な部分の毛を剃ります。
수술 전에 필요한 부분의 털을 깎겠습니다.

2 ▶ 浣腸をします。관장을 하겠습니다.

3 ▶ 排尿し，着替えをしてください。
배뇨하고 옷을 갈아입어 주세요.

4 ▶ 入れ歯やコンタクトレンズをはずしてください。
틀니나 콘택트렌즈를 빼 주세요.

5 ▶ まず，麻酔の注射をします。
우선 마취제를 놓겠습니다.
＊ 全身麻酔：**전신 마취**／局所麻酔：**국소 마취**

6 ▶ 少しふらふらするように感じるかもしれません。
조금 어지럼증을 느낄지 모릅니다.

7 ▶ 何かあったら手を挙げて知らせてください。
이상이 있으면 손을 들어서 알려 주세요.

8 ▶ 麻酔を打ちましたので，手術中も痛みはありません。
마취를 했으니까 수술 중에도 통증을 느끼실 수 없을 겁니다.

9 ▶ だんだんと眠くなってきます。
조금씩 졸음이 옵니다.

**9** 病気になったら

〈参考〉

病院での一連の会話の中で，医師や検査技師，看護師などが，患者に体調などをいろいろと問いかけるときの語尾は，話者の感情によって，いろいろな言い方があるので，どれが正しくてどれが間違いだとは言えない。以下を参照のこと。

- **- 하세요?**：単純に「～しますか」と聞く場合。やわらかい表現。
- **- 하시나요?**：やや軽い疑問をもって「～なさるんですか」と聞く場合。
- **- 하십니까?**：改まって，ていねいに「～なさいますか」と聞く場合。やや硬い表現。
- **- 하세요.**：「～してください」と軽い命令をする場合。(-해 주세요. はNG)
- **- 이/ 가 있어요?**：「～がありますか」と聞く場合。ややぶっきらぼうな表現。
- **- 이/ 가 있나요?**：「～があるんでしょうか」と聞く場合。やんわりした表現。
- **- 이/ 가 있습니까?**：「～がありますか」と聞く場合。やや硬い表現。

## □ 544 手術はうまくいきましたよ

A 강석기 님, 눈을 떠 보세요. 수술은 잘됐어요.

B 네, 감사합니다.

A カンソクキさん，目を開けてください。手術はうまくいきましたよ。

B はい，ありがとうございます。

Aは医者または看護師，Bは患者

## □ 545 ガスが出たら水が飲めます

A 목이 말랐어요.

B 좀 더 참으세요. 가스가 나오면 물을 마셔도 됩니다.

A のどが渇きました。

B もう少しの辛抱です。ガスが出たら水が飲めますよ。

Aは患者，Bは医者または看護師

## □ 546 退院後はこちらに通院してください

A 다음 주 월요일에 퇴원할 수 있습니다. 퇴원 후에는 통원 치료를 받으세요.

B 알겠습니다. 신세 많이 졌습니다. 감사합니다.

A 来週の月曜日に退院できます。退院後は通院してください。

B わかりました。本当にお世話になりました。ありがとうございます。

Aは医者または看護師，Bは患者

## そのほかの会話

### 医者または看護師が患者に

1▶ 鼻から胃へ細いチューブを入れます。
코에서 위로 가는 튜브를 넣겠습니다.
＊ 가는 : 가늘다 (細い)の連体形

2▶ 深呼吸をして，痰を出してください。
심호흡을 해서 가래를 뱉어 주세요.

3▶ 手足を軽く動かしてみてください。
손발을 가볍게 움직여 보세요.

4▶ 術後に痛みがひどい場合は，鎮静剤を注射します。
수술 후에 통증이 심하면 진정제를 놓겠습니다.

5▶ しばらくは点滴で水分と栄養をとります。
당분간은 링거 주사로 수분과 영양을 공급합니다.

6▶ 食事は，流動食から徐々に一般食にしていきます。
식사는 유동식에서 서서히 일반식으로 바뀝니다.
＊ お粥 : 죽

7▶ 4～5 日で一般病室に戻れます。
4~5일 후에 일반 병실로 옮기실 수 있습니다.

8▶ この紹介状を先方の病院に渡して，そちらに通院してください。
이 소개장을 그 병원에 내시고, 그쪽으로 통원해 주세요.
＊소개장 : 紹介状。発音は ［소개짱］。

9▶ 診断書が必要な場合には，退院の前におっしゃってください。
진단서가 필요하시면 퇴원하기 전에 말씀해 주세요.

10▶ 退院したら，一週間後に外来に診察にいらしてください。
퇴원하면 일주일 후에 외래에 진찰하러 오세요.

## 臨終，病院での死

1 ▶ 患者さんの容態が急に悪くなりました。すぐ病院へ来てください（病院から家族への連絡）。
환자분의 상태가 갑자기 안 좋아졌습니다. 바로 병원에 와 주세요.

2 ▶ ご家族の方以外は面会謝絶です。
가족 외에는 면회하실 수 없습니다.

3 ▶ どなたか会わせたい方がいらっしゃいましたら，今のうちに呼んでください。
환자분에게 면회하실 분이 계시면, 지금 연락하세요.

4 ▶ ご家族の方に直接連絡がつきますか。
가족과 직접 연락이 됩니까?

5 ▶ 今夜が峠ですので，そばにいてあげてください。
오늘 밤이 고비입니다. 곁에서 잘 살펴봐 주세요.

6 ▶ 体をさすってあげてください。
몸을 쓰다듬어 주세요.

7 ▶ 声をかけてあげてください。
말을 걸어 주세요.

8 ▶ なんとか危険を脱したようです。
이제 위험한 고비는 넘긴 것 같습니다.

9 ▶ 患者さんの様子が少しでもおかしかったら知らせてください。
환자 상태가 조금이라도 이상해지면 알려 주세요.

10 ▶ 周りの機器には触れないでください。
주변에 있는 기기를 만지지 말아 주세요.

11 ▶ 手は尽くしましたが，残念ながら，0 時 25 分に死亡されました。
최선을 다했지만 유감스럽게도 0시 25분에 임종입니다.

12 ▶ これからご遺体の処置をしますので，ちょっと席を外してください。
지금부터 시신의 처치를 하겠습니다. 잠시 밖에 나가 계세요.

13 ▶ ご遺体を霊安室に移します。
시신을 영안실로 옮기겠습니다.

## 「死」のいろいろな表現

- 死：죽음
- 自然死：자연사
- 病死：병사
- 事故死：사고사
- 瀕死の重傷を負う：목숨이 위태로울 정도로 중상을 입다〈-危殆-〉
- 生死をさまよう：생사를 헤매다
- 病気で死ぬ：병으로 죽다
- 不慮の事故で死ぬ：뜻밖의 사고로 죽다, 불의의 사고로 죽다〈不意-〉
- 脳死と判定される：뇌사 판정을 받다
- 息が絶える：숨이 멎다
- 呼吸が止まる：호흡이 멈추다
- 息を引き取る：숨을 거두다
- 命が尽きる：목숨이 다하다
- 永遠の眠りにつく：영원히 잠들다
- 畳の上で死ぬ：편히 죽다
- ぽっくりと逝く：덜컥 죽다
- 大往生する：와석종신하다〈臥席終身-〉
- 天寿を全うする：천수를 다하다
- 昇天する：승천하다
- 成仏する：성불하다
- 神に召される：하늘의 부르심을 받다
- 夭逝する：요절하다, 단절하다〈短折-〉
- 先立つ：먼저 죽다
  - ＊お父さん，お母さん，先立つ不幸をお許しください：**아버지, 어머니 먼저 죽는 걸 용서해 주십시오.**
- 子どもに先立たれる：아이가 먼저 죽다, 자식이 먼저 죽다

## □ 547 眠気が少ない風邪薬はありますか

A 졸리지 않는 감기약 있어요?

B 감기약은 대부분 졸리거나 주의력을 떨어뜨리는 성분이 있어요.

A 眠気が少ない風邪薬はありますか。

B 風邪薬は大部分が眠くなったり，注意力が落ちる成分が含まれていますよ。

客と薬剤師との会話

＊ 薬の効き目が翌朝まで残ることがあるので，車の運転は控えてください《薬剤師が》：약 기운이 다음 날까지 남을 수 있으니까 운전은 하지 않는 것이 좋아요.

## □ 548 もう 1 錠飲んでもかまいませんか

A 한 알 먹어도 좋아지지 않을 때는 하나 더 먹어도 괜찮습니까?

B 두통이 심할 때는 시간을 두고 한 알 더 복용해도 괜찮아요.

A 1 錠飲んで治らないときには，もう 1 錠飲んでもかまいませんか。

B 頭痛がひどいときには，少し時間をあけてもう 1 錠服用してもかまいません。

客と薬剤師との会話

＊ 痛いときはもう 1 錠飲んでください《薬剤師が》：아플 때는 한 알 더 드세요.

## □ 549 どれくらいで効果が現れますか

A 어느 정도 지나면 효과가 나타나요?

B 약을 먹고 대충 1시간 정도 지나면 통증이 가라앉을 겁니다.

A どれくらいで効果が現れますか。

B 服用後たいてい 1 時間ぐらいで痛みは止まります。

客と薬剤師との会話

＊ これはどのように飲むんですか：이 약은 어떻게 복용하나요?

＊ 妊娠中でも飲んで大丈夫でしょうか：임신 중에 복용해도 괜찮을까요?

＊ 授乳中の女性にも安全ですか：수유 중인 여성에게도 안전하나요?

## そのほかの会話

1▶ 鼻づまりによく効く薬をください。코가 막힐 때 먹는 약 주세요.

2▶ 熱に効く薬をください。열이 날 때 먹는 약 주세요.

3▶ お腹が痛いときに飲む薬をください。배가 아플 때 먹는 약 주세요.

4▶ 乗り物酔いの薬，ありますか。차멀미 약 있어요?

5▶ 冷［温］シップを探しているんですが。
냉[온] 파스를 찾고 있어요.

6▶ もう少し強いのはありませんか。좀 더 센 것 있어요?

7▶ 一番よく効くのはどれですか。제일 잘 듣는 게 뭐예요?

8▶ これは子どもに飲ませても大丈夫ですか。
이건 어린이가 먹어도 괜찮나요?

---

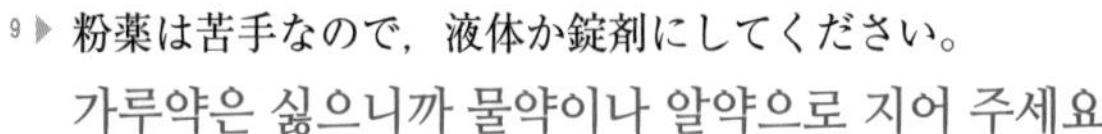

9▶ 粉薬は苦手なので，液体か錠剤にしてください。
가루약은 싫으니까 물약이나 알약으로 지어 주세요.

10▶ 玉が大きくてうまく飲み込めないのですが，砕いて飲んでもいいですか。
약이 너무 커서 먹기 어려운데 깨서 먹어도 괜찮을까요?

11▶ 何時間おきに飲んだらいいですか。몇 시간마다 먹어야 하나요?

12▶ これは食前に飲むんですか。이건 식전에 먹습니까?

13▶ お茶と一緒に飲んでも大丈夫ですか。
차와 함께 먹어도 괜찮은가요?

14▶ 薬を飲み忘れたときは，どうしたらいいでしょうか。
약 먹는 것을 잊었을 때는 어떻게 하면 좋을까요?

15▶ これを飲んでいるときに，避けたほうがいい食べ物はありますか。
이 약을 먹는 동안 피해야 하는 음식은 있나요?

16▶ 病状がなくなっても飲み続けたほうがいいですか。
병의 증상이 없어져도 계속해서 먹는 것이 좋을까요?

□ 550 **この薬は，腹痛のときには飲んではいけません**

A 이 약을 배가 아플 때 먹어도 되나요?

B 아뇨, 이 약은 관절이나 허리 아플 때 먹는 약이에요. 배 아플 때 드시면 안 됩니다.

---

A この薬は，お腹が痛いときに飲んでもいいですか。

B いいえ，この薬は関節や腰が痛いときに飲む薬です。腹痛のときには飲んではいけません。

* これは痛み止めの薬です：이 약은 진통제예요.
* この薬は解熱鎮痛薬です：이건 해열 진통제예요.
* この薬は，非ステロイド系の消炎鎮痛剤です：이 약은 비스테로이드성 소염 진통제에요.

□ 551 **坐薬を使ったことがありますか**

A 이 약은 항문에 넣어서 쓰는 좌약이에요. 사용해 보신 적이 있나요?

B 아뇨, 처음인데 어떻게 쓰는 거에요?

---

A この薬は，肛門に入れて使う坐薬です。使ったことがありますか。

B いいえ，初めてですが，どうやって使うんですか。

* 先のとがったほうから指で肛門に挿入してください：뾰족한 부분부터 항문 쪽으로 깊게 넣으세요.
* 最初は気持ちが悪いですが，すぐに溶けていきますので心配いりません：처음에는 기분이 이상하겠지만, 금방 녹으니까 괜찮습니다.

□ 552 **医師の指示どおりに服用してください**

A 통증이 심할 때 한 번에 두 알씩 먹어도 돼요?

B 부작용이 있을 수 있으므로, 의사가 지시한 대로 한 알씩 복용해 주세요.

---

A 痛みがひどいときはいっぺんに 2 錠飲んでもかまいませんか。

B 副作用がありますので，医師の指示どおりに 1 錠ずつ服用してください。

* 同じような症状でも，ほかの人にあげてはいけません：같은 증상이라도 다른 사람에게 주어서는 안 돼요.

## そのほかの会話

1▶ 薬の副作用で眠くなることがあります。

약의 부작용 때문에 졸릴 수도 있습니다.

2▶ お休みになる 30 分ぐらい前に服用してください。

주무시기 30분 전에 복용하세요.

3▶ アルコールと一緒には服用しないでください。

술과 함께 복용하시면 안 됩니다.

4▶ これは不安や緊張した状態を鎮める薬です。

이건 불안이나 긴장을 풀어 주는 약이에요.

---

5▶ この薬はどうしても我慢ができないときに飲んでください。

이 약은 정 참을 수 없을 때만 드세요.

＊ 돈복，돈복약（頓服）という語は使われない。

6▶ この軟膏は 1 日数回，軽く擦り込んでください。

이 연고는 하루에 몇 차례 가볍게 발라 주세요.

7▶ 肩に貼る湿布は 1 日 2 回貼り替えてください。

어깨에 붙이는 파스는 하루 두 번 붙여 주세요.

8▶ かゆみが出たら貼るのをやめてください。

가려움증이 생기면 붙이지 마세요.

9▶ 噛まないで溶けるまで舌の下に入れてください。

씹지 말고 녹을 때까지 혀 밑에 넣어 두세요.

10▶ お子さんの手の届かないところに保管してください。

아이들의 손이 닿지 않는 곳에 보관해 주세요.

11▶ 両目に 1 ～ 2 滴さしてください。양쪽 눈에 한두 방울 넣어 주세요.

＊ 目薬をさす：안약을 넣다

12▶ できるだけ水分を多く取るよう心がけてください。

될 수 있으면 물을 많이 섭취하도록 하세요.

13▶ 服用法はこの説明書に書いてあります。

사용법은 이 설명서에 쓰여 있습니다.

## □ 553 おじいちゃん，最近ぼけてきたみたい

A 우리 할아버지, 요즘 건망증이 심해지셨어. 노망이 나신 거 같아 걱정이야.

B 그러고 보니, 전에 뵀을 때도 몇 번이나 같은 이야기를 되풀이하시더라.

A うちのおじいちゃん，最近物忘れが多いの。少し頭がぼけてきたようで心配だわ。

B そういえば，この間会ったときも，何度も同じ話を繰り返していたわ。

＊ ぼけてくる : 치매가 있다

＊ うちのばあさんは寝たきりなんだ : 우리 할머니는 와상 중이셔.

## □ 554 そのうち寝たきり老人になるよ

A 나이 탓인지 요즘은 외출하기가 귀찮아졌어.

B 그래도 가능한 한 걷도록 하세요. 안 그러면 곧 움직이시지 못하게 돼요.

A 年をとったせいか，近ごろは外出するのが億劫になってきたわ。

B でも，なるべく歩くようにしないと，そのうち寝たきり老人になるよ。

祖母と孫の会話

＊ 孫のせりふは，韓国語で言うときはていねいな言葉にしなければならない。

＊ 와상 노인, 와상 생활 といった単語は，福祉関係の専門用語としては使われているが，日本語の「寝たきり老人」「寝たきり生活」のように，一般の会話の中ではまだ普及していない。

## □ 555 母さん，ちょっと認知症があるみたいね

A 내가 만든 샐러드를 엄마가 냉동실에 넣어 버렸어.

B 요즘 엄마가 치매기가 좀 있는 것 같아. 한번 병원에 모시고 가는 게 좋겠다.

A お母さんったら，わたしが作ったサラダを冷凍庫に入れちゃたの。

B 最近，母さん，ちょっと認知症があるみたいね。病院に連れて行ったほうがいいわよ。

姉妹の会話

＊ 認知症の兆候がある : 치매 징조가 있다

## そのほかの会話

1 ▶ 父は長いこと寝たきりの生活を送っています。

아버지는 오랫동안 누운 채 생활하고 계세요.

2 ▶ 私はもう，5 年間も母の介護をしています。

저는 벌써 5년이나 어머니 간호를 하고 있어요.

＊ 韓国語には介護に当たる **개호** という言葉はない。**간호**〈看護〉という語を使う。

3 ▶ 妻は姑の介護のせいで，愚痴ばかりこぼしています。

아내는 시어머니를 돌보느라 푸념만 늘어놓고 있습니다.

4 ▶ 自宅で親を介護していますが，介護費用もバカになりません。

집에서 부모님을 간호하고는 있지만 그래도 비용이 만만찮게 들어요.

5 ▶ 寝たきり老人の介護は肉体的にもそうですが，精神的負担がもっときついです。

병환으로 누워 있는 노인의 간호는 육체적 부담도 크지만, 정신적 부담이 더 커요.

6 ▶ ここまで少子高齢化が進むと，近い将来老人が老人を介護するようになりますよ。

이렇게까지 저출산 고령화가 진행되면 가까운 장래에는 노인이 노인을 돌보게 될 거예요.

7 ▶ 私は将来子どもに面倒をかけたくありません。

노후에 자식에게 폐를 끼치고 싶지 않아요.

＊ **노후**：老後

＊ **폐를 끼치다**：面倒をかける

8 ▶ 老後は老人ホームにお世話になろうと思っています。

노후는 양로원에서 보내려고 해요.

＊ **양로원**〈養老院〉：老人ホーム

9 ▶ 給料が安くて重労働のため，介護施設では人手不足だそうです。

월급은 짜고 일이 고되어서 그런지, 간병 시설에서 일하려는 사람이 많지 않나 봐요.

＊ **월급이 짜다**：給料が安い（少ししか出ない）

☐ 556 **徘徊があると介護をする人も大変ですね**

A 치매 증세가 있는 할아버지인데, 잠시 한눈판 사이에 없어지셔서 난리가 났어요.

B 배회 증상이 있으면 돌보는 사람도 힘들죠.

A 認知症のおじいちゃんがちょっと目を離したすきにいなくなってしまって大騒ぎをしました。

B 徘徊があると介護をする人も大変ですね。

知人同士の会話

＊ 한눈팔다：よそ見をする，目を離す

＊ 배회 증상〈徘徊症状〉：徘徊

☐ 557 **認知症のおばあさんを世話する子はいないんだって**

A 옆집에 치매 걸린 할머니 말이야. 자식이 셋이나 있다는데 아무도 돌보려고 하지 않는대.

B 요즘은 그런 자식이 늘고 있는 것 같아.

A 隣の認知症のおばあさんね。子どもが3人もいるんだけど，だれも面倒を見ようとしないんだって。

B 最近はそういう子が増えているみたいね。

友達同士の会話

＊ 老人の面倒を見る：노인을 돌보다

☐ 558 **介護問題はもはや他人事ではないですね**

A 병환으로 누워 계시는 부모님을 돌보기 위해 간병 휴가를 받을까 해요.

B 앞으로 고령화가 진행되면, 간병 문제가 남의 일은 아니라고 생각해요.

A 寝たきりの親を介護するために，今度介護休暇をとろうと考えているんですよ。

B これから高齢化が進むと，介護問題はもはや他人事ではなくなりますね。

知人同士の会話

＊ 간병 휴가〈看病休暇〉：介護休暇

＊ 体の不自由な人：신체 부자유자

## 関連表現

◆目がよく見えない：눈이 잘 안 보이다

◆耳が遠い：귀가 어둡다

◆手足が動かない：손발이 움직이지 않다

◆腰が悪い：허리가 나쁘다

---

◆病人の世話をする：환자를 돌보다

◆老人を介護する：노인을 간호하다

◆寝たきり患者を自宅で介護する：와상 환자를 집에서 돌보다

◆闘病生活を長く送る：투병 생활을 오래 하다

◆車いす生活をする：휠체어 생활을 하다

---

◆家をバリアフリーに改築する：집을 배리어 프리로 고치다

＊ **배리어 프리** という語は一般的ではないので，会話では **문턱을 없애다**，**장애물을 없애다** などと言う。

◆段差をなくす：마루 턱을 없애다

◆階段に手すりを付ける：계단에 손잡이를 설치하다

---

◆病院の送り迎えをする：병원까지 데려가고 데려오다

◆介護ヘルパーさんに来てもらう：간호 도우미를 부탁하다

◆歩行訓練をする：보행 훈련을 하다

◆立って歩けるようになる：서서 걸을 수 있게 되다

---

◆食事を食べさせる：음식을 먹이다

◆食事をのどに詰まらせる：음식이 목에 막히다

◆食べ物を誤飲する：음식을 잘못 삼키다

＊ **음식을 잘못 삼키다** と **음식을 잘∨못 삼키다** では意味が違ってくる。前者は「誤飲する」，分かち書きの後者は「うまく飲み込めない」。

◆尿意を知らせる：요의가 있다는 것을 알리다

◆ポータブル便器で排便する：간이 변기[이동식 변기]로 대변을 보다

◆尿漏れパッドをあてる：소변 패드를 대다

◆紙おむつをあてる：종이 기저귀를 대다

---

◆老人ホームに入る：양로원에 들어가다

◆家で臨終を迎える：집에서 임종을 맞이하다

# 10.

# 美容・健康

## □ 559 無理なダイエットは健康に悪いよ

A 우리 누나는 다이어트 요법으로 몸매를 가꾸려고 하다가 또 실패한 것 같아.

B 무리한 다이어트는 건강에 나쁘대.

A うちの姉はダイエット療法でシェイプアップしようとして，また失敗したようだよ。

B 無理なダイエットは健康に悪いってさ。

＊ 몸매를 가꾸다：シェイプアップする。셰이프업하다 ともいう。

＊ ダイエットする：다이어트하다

## □ 560 しっかりカロリー計算しなきゃ

A 식사량을 줄이지 않고 살을 빼려면 칼로리 계산을 확실히 해야 돼.

B 먹은 걸 기록하는 거야? 귀찮아서 난 못 해.

A 食事の量を減らさずに痩せたいなら，しっかりカロリー計算しなきゃ。

B 食べたものを記録するの？　面倒くさくてわたしには無理だわ。

友達同士の会話

＊ 最近体重が気になって，炭水化物を控えてるの：요즘 몸무게가 많이 나가서 탄수화물을 줄이고 있어.

## □ 561 サウナに入って汗を流すと痩せるかな？

A 사우나에 들어가서 땀을 흘리면 살도 많이 빠질까?

B 운동 후에 흘린 땀하고 찜질방이나 사우나에서 흘린 땀은 다른 거래.

A サウナに入って汗を流すと痩せるかな？

B 運動後の汗と，チムジルバンやサウナでかく汗は違うものなんだってさ。

＊ 찜질방：맥반석〈麥飯石〉などの鉱石を高温で加熱し，石から発散される熱で室内を暖めるタイプの比較的低温のサウナ。T シャツと短パンに着替えて横たわる。

＊ ホームスパ：홈스파／ジャグジーバス：자쿠지 욕조／岩盤浴：암반욕／半身浴：반신욕／蒸し風呂：한증막〈汗蒸幕〉／砂風呂：모래찜질／垢すり：때밀이

## そのほかの会話

1 ▶ 最近，ぜい肉がついてきて心配だわ。

요즘 군살이 붙어 걱정이야.

2 ▶ どうしても甘いものの誘惑には勝てませんね。

아무래도 단 음식의 유혹을 이길 수 없네요.

3 ▶ 体重を毎日グラフに記録しているの。

체중을 매일 그래프에 기록하고 있어.

4 ▶ バランスのいい食事をとるように心がけています。

균형 잡힌 식사를 하도록 유의하고 있어요.

5 ▶ ビタミン剤ばかり飲んでいないで少しは運動したら？

비타민제만 먹지 말고 때로는 운동 좀 해.

6 ▶ 食事を抜くダイエットはリバウンドしやすいんだって。

식사를 거르는 다이어트는 요요 현상을 초래하기 쉽대.

7 ▶ このごろダイエット中なので，朝，昼，晩リンゴだけ食べているの。

난 요즘 다이어트 중이라 아침, 점심, 저녁, 사과만 먹고 있어.

8 ▶ 食べるのを我慢してすらっとした体になろうとする考えはもうやめなさい。

굶어서 날씬한 몸을 만들겠다는 생각은 이제 그만하세요.

9 ▶ 痩せようと思って通販でウォーキングマシンを買ったけど，結局やめちゃったわ。

살 빼려고 홈 쇼핑으로 워킹머신을 샀는데, 결국 도중에 그만뒀어.

### 気になる体形

- 体形が崩れる：체형이 망가지다
- バストが垂れ下がる：가슴이 처지다
- 尻がだらんと垂れ下がる：엉덩이가 축 처지다
- 皮膚がたるむ：피부가 처지다
- 筋肉が衰える：근육이 쇠퇴하다
- ぜい肉が付く：군살이 붙다（ぜい肉を落とす：군살을 빼다）
- 下腹が出る：아랫배가 나오다
- 腰が曲がる：허리가 휘다

□ 562 **エステに行かなければきれいになれないなんて**

A 에스테틱에 가지 않으면 예뻐지지 않는다고 생각하는 건 잘못이에요.

B 그럼요. 에스테틱에 가지 않아도 고운 피부를 유지할 수 있도록 해야죠.

A エステに行かなければきれいになれないなんて考えは，間違いだわ。

B そうよね。エステに行かなくても美肌を保てるようにしなくちゃいけないわね。

＊ エステは 에스테틱 하우스，피부 관리실〈皮膚管理室〉ともいう。에스테틱 살롱 とは言わない。

＊ 肌をしっとりと保つ：피부를 촉촉하게 가꾸다／肌のみずみずしさを保つ：피부의 생기를 유지하다

□ 563 **ここのエステは泥パックが有名なの**

A 이 에스테틱 하우스는 진흙 팩이 유명해요. 피부가 부드럽고 유연해진대요.

B 그럼, 저도 한번 해 볼까요.

A ここのエステは泥パックが有名なの。肌が柔らかく，しなやかになるんですって。

B じゃあ，私も一度やってみようかしら。

知人同士の会話

□ 564 **ヨガは心身ともにリフレッシュできるんだ**

A 요가의 어떤 점에 끌렸어?

B 하루에 30분 정도 연꽃 자세로 명상하면 심신 모두 편안해지거든.

A ヨガの何にひかれたの？

B 1日に30分くらいハスのポーズで瞑想すると，心身ともにリフレッシュできるんだ。

＊ 연꽃 자세：ハスのポーズ

＊ リフレッシュは 리프레시 と表記するが，日本語のようにはあまり使われない語である。

＊ ヨガをすると体の均衡が保たれ，姿勢がよくなります：요가를 하면 몸이 균형을 이뤄 바른 자세를 갖는 데 도움이 돼요.

## そのほかの会話

1 ▶ エステのおかげで肌がつるつるです。
에스테틱 덕분에 피부가 매끈매끈해요.

2 ▶ しわが目立つので，エステに通い始めました。
주름이 눈에 띄어서 에스테틱에 다니기 시작했어요.

3 ▶ 鍼を打つと血行がよくなるんですって。
침을 맞으면 혈액 순환이 좋아진대요.

4 ▶ この漢方の栄養乳液は，肌をしっとりと柔らかくしてくれます。
이 한방 영양 유액은 피부를 촉촉하고 부드럽게 가꾸어 줍니다.

5 ▶ 最近はダウンエイジングを目的とした美容整形が注目されていますね。
요즘은 젊게 보이기 위한 미용 성형이 주목을 받고 있어요.
＊アンチエイジング：안티 에이징

### スキンケア（스킨케어）

◆肌の手入れをする：피부 관리를 하다
◆肌に張りを与える：피부에 탄력을 주다
◆毛穴を引き締める：모공을 수축시키다, 모공을 죄다
◆肌のたるみを抑える：피부의 처짐을 억제하다
◆皮膚の脂を取る：피지를 제거하다
＊あぶらとり紙：기름종이
◆保湿クリームを塗る：보습 크림을 바르다
◆乳液を付ける：로션을 바르다
◆収れん化粧水を付ける：아스트린젠트를 바르다
◆むだ毛を剃る：잔털을 제모하다
◆耳たぶのうぶ毛を剃る：귓불 솜털을 깎다
◆鼻毛を抜く：코털을 뽑다
◆肌のキメ：피부결〈皮膚－〉
◆乾燥肌：건조한 피부〈乾燥－皮膚〉, 건성 피부〈乾性皮膚〉
◆潤い肌：촉촉한 피부〈－皮膚〉
◆脂性肌：지성 피부〈脂性皮膚〉
◆混合肌：복합성 피부〈複合性皮膚〉
◆敏感肌：민감성 피부〈敏感性皮膚〉

## エステ・マッサージ ②

### □ 565 背中のツボを押してもらうと，気持ちがいいですね

A 엎드린 채 등 급소를 지압 받으면 아주 시원하고 개운해요.

B 저도 전에 마사지 받으면서 잠들었어요.

A うつぶせになって背中のツボを押してもらうと，とても気持ちがいいですね。

B 私もこの間，マッサージを受けていたら寝てしまいましたよ。

＊ 등 급소：背中のツボ

＊ 経絡：경락（「経」は動脈，「絡」は静脈という意味で，東洋医学でツボとツボを結ぶ「血の道」「気の道」）

### □ 566 足つぼマッサージは，飛び上がるほど痛いです

A 발 마시지는 처음에는 펄쩍 뛸 정도로 아파요.

B 그러나 익숙해지면 그 아픔도 쾌감이 돼요.

A 足つぼマッサージは，最初は飛び上がるほど痛いです。

B でも，慣れてくるとその痛さがヤミツキになりますね。

＊ 발 마사지：足つぼ（足裏）マッサージ

＊ ボディーマッサージ：보디 마사지（ボディーは 바디 ではなく 보디）／リンパマッサージ：림프 마사지／スポーツマッサージ：스포츠 마사지／手もみマッサージ：손 마사지／タイ式マッサージ：타이식 마사지

＊ 揉む：주무르다，안마하다／揉みほぐす：주물러 풀다

### □ 567 フットスパは全身の血行がよくなりますよ

A 다리가 붓고, 냉증으로 늘 고생하고 있어요.

B 그럼 족욕을 해 보세요. 몸의 혈액 순환이 좋아져요.

A 脚がむくんで，冷え性で悩んでいます。

B それならフットスパがお勧めですよ。全身の血行がよくなります。

＊ 족욕〈足浴〉：フットスパ。족탕〈足湯〉ともいう。

## そのほかの会話

### 客がマッサージ師に

1 ▶ 腰のあたりを念入りにマッサージしてください。
허리 부분을 정성스럽게 마사지해 주세요.
＊ **정성스럽게** 〈精誠－〉：念入りに，真心を込めて，誠心誠意

2 ▶ 気持ちがいいです。もう少し強く押してください。
시원해요. 좀 더 세게 눌러 주세요.

3 ▶ ちょっと痛いです。もう少し軽くもんでください。
너무 아파요. 좀 더 가볍게 주물러 주세요.
＊ もう少し軽くマッサージしてください：**좀 더 살살 주물러 주세요.**

4 ▶ 少しくすぐったいです。좀 간지러워요.

---

### マッサージ師が客に

5 ▶ 肩がひどく凝っていますね。
어깨가 많이 결리네요.

6 ▶ じゃあ，今度は仰向けに寝ていただけますか。
자, 이번에는 위를 보고 똑바로 누워 주시겠어요?

7 ▶ 体が全体にゆがんでいますね。
몸 전체가 뒤틀려 있군요.

8 ▶ 全身マッサージをすると，体がほぐれて，新陳代謝がよくなります。
전신 마사지를 받으면 몸이 부드러워져서 신진대사에 좋아요.

10 美容・健康

### ネイルサロン

- ネイルサロンに通う：네일아트 숍에 다니다
- ネイルアートをする：네일아트하다
- 手の爪の手入れをする：손톱 정리를하다
- 足の爪の手入れをする：발톱 정리를하다
- マニキュアを塗る：매니큐어를 바르다
- マニキュアを落とす：매니큐어를 지우다

# 髪の毛の手入れ ①

## □ 568 そんなぼさぼさ頭をしていないで

A 매일같이 그런 부스스한 머리를 하고 있지 말고 빨리 이발소에 갔다 와.

B 알았어요. 내일 시험이 끝나면 깔끔하게 자를게요.

A いつまでもそんなぼさぼさ頭をしていないで，はやく床屋さんに行きなさい。

B わかったよ。明日試験が終わったらさっぱりとするよ。

母親と息子の会話

＊ 髪がボサボサだからとかさなきゃ：머리가 부스스하니까 빗어야지.

## □ 569 スカッとしてよく似合ってるよ

A 너 머리 잘랐구나? 산뜻하고 잘 어울려.

B 그게 아니라 이발사가 잘못 잘라 버린거야. 창피해 죽겠어.

A おまえ，髪切ったな。スカッとしてよく似合ってるよ。

B いや，床屋が間違えて短く切りすぎちゃんたんだ。恥ずかしくてたまらないよ。

友達同士の会話

＊ 이발사〈理髪師〉：床屋

## □ 570 どう見てもかつらだわ

A 교장 선생님의 그 부자연스러운 헤어스타일은 아무리 봐도 가발 같아.

B 너, 몰랐어? 언젠가 툭 벗겨진 적이 있다고.

A 校長先生のあの不自然な髪型は，どう見てもかつらだわ。

B 知らなかったの？　いつだったかバサッと取れたことがあるんだぜ。

友達同士の会話

＊ かつらを付ける（かぶる）：가발을 쓰다／かつらを取る：가발을 벗다／かつらが取れる：가발이 벗겨지다

## そのほかの会話

1 ▶ もともと童顔だから，スポーツ刈りにしたら高校生に間違えられちゃったよ。

내가 좀 동안이잖아. 이번에 스포츠형으로 깎았더니 아예 고교생 취급을 하더라고.

2 ▶ 試合に負けた反省の意味を込めて，きみたち全員，坊主頭にして来なさい。

시합에 진 것에 대한 반성의 의미로 너희들 전부 빡빡 밀고 와.

＊ **빡빡 밀다**：坊主頭にする，つるつるに剃り上げる

3 ▶ 生まれつき天然パーマなので，髪をとかすのが大変です。

원래 곱슬머리라서 머리 빗는 게 힘들어요.

＊ **머리를 빗다**：髪をとかす

4 ▶ 今どき，七三に分けるなんて古くさいですね。

요즘 같은 시대에 칠 대 삼으로 가르마를 타는 것은 촌스러워요.

＊ 髪の毛を分ける：**가르마를 타다**

＊ 髪を左に分ける：**가르마를 왼쪽으로 타다**

＊ **가르마**と**가리마**は，よく混同して使われるが，**가르마**は「髪の毛の分け目」のこと，**가리마**は「昔，女性が礼装のときにかつらの頭髪を覆った黒い頭巾」のこと。

**10** 美容・健康

5 ▶ 髪をとかすと抜け毛が目立つんですよ。

머리를 빗으면 머리카락이 많이 빠져요.

＊ 髪が抜ける：**머리가 빠지다**

＊ はげる，はげになる：**머리가 벗어지다，대머리가 되다**

6 ▶ 髪を染めてからかなり経ったので，また生え際が白くなってきました。

머리를 염색한지 오래돼서 그런지 다시 흰머리가 보이기 시작했어요.

＊ **머리를 염색하다**：髪を染める

＊ **흰머리가 되다**：白髪になる

7 ▶ 年だね。髪の毛を短くしたら，見事なごま塩頭になっちゃったよ。

나도 늙었나 봐. 머리를 짧게 했더니 희끗희끗한 머리가 더 두드러져 보여.

＊ **머리가 희끗희끗하다**：白髪まじりだ，ごま塩頭だ

8 ▶ 若白髪がいっぱいあるわね。抜いてあげましょうか。

새치가 많이 있네. 뽑아 줄까?

＊ **새치**：若白髪

# 髪の毛の手入れ ②

## □ 571 前に刈ったようにお願いします

A 요전에 자른 것처럼 해 주세요.

B 지금 머리 모양을 그대로 하고, 전체적으로 짧게 잘라 드리면 되죠?

A 前に刈ったようにお願いします。

B 今の髪型のまま，全体的に短くすればいいですね。

客と理容師の会話

＊ あまり短くしないでください：너무 짧게 하지 마세요.

＊ スポーツ刈りにしてください：스포츠 머리로 깎아 주세요.

＊ 髪型をちょっと変えてみようかと思うのですが：머리 스타일을 좀 바꿔 볼까 하는데요.

## □ 572 もみあげは短く刈りますか

A 귀밑털은 좀 짧게 잘라 드려요?

B 아뇨, 기를 거니까 자르지 마세요.

A もみあげは少し短く刈りますか。

B いや，伸ばしているので切らないでください。

理容師と客の会話

＊ 귀밑털：もみあげ。귀밑머리 ともいう。

＊ 耳の下からあごに至るまでに生えている「ほほひげ」は，구레나룻（구렛나루 と綴るのは間違い）

## □ 573 肩ぐらいの長さにカットしてください

A 뒷머리는 어떻게 하시겠어요?

B 어깨 정도까지 잘라 주세요.

A うしろはどうしましょうか。

B 肩ぐらいの長さにカットしてください。

理容師と客の会話

＊ うしろ髪は伸ばしているので，揃えるだけにしてください：뒷머리는 기르고 있으니까 정리만 해 주세요.

＊ 前髪は揃えるだけでいいです：앞머리는 가지런히 다듬어 주세요.

## そのほかの会話

1▶ カットだけですが，どれぐらい待ちますか。
커트만 하려는데 얼마나 기다려야 합니까?

2▶ ヘアカタログを見せてください。헤어 카탈로그 좀 보여 주세요.
＊ ヘアスタイル：**헤어스타일**／カットモデル：**커트 모델**

3▶ バリカンではなく，すきばさみを使ってください。
이발기 말고 가위로 잘라 주세요.

4▶ 前髪のボリュームが多く見えるようにしてください。
앞머리 숱이 많아 보이게 해 주세요.

5▶ 前髪は眉にかかるくらいでお願いします。
앞머리는 눈썹 있는 데까지만 잘라 주세요.

6▶ 長さを変えずにシャギーだけ入れてください。
길이는 그대로 두고 새기만 넣어 주세요.
＊ シャギーは，一般的には**샤기**と言っているが，正しい表記は **새기**。
＊ レイヤーを付ける：**레이어드컷을 하다**

7▶ 枝毛の部分だけ切ってください。상한 부분만 잘라 주세요.

8▶ ボリュームの出るパーマをかけてください。
볼륨 있는 파마로 해 주세요.

9▶ 前髪だけ軽くパーマをかけてください。
앞머리만 가볍게 파마해 주세요.

10▶ ストレートヘアにしてください。스트레이트 헤어로 해 주세요.

11▶ ドライヤーで前髪をカールしてください。
드라이어로 앞머리를 컬해 주세요.
＊ **컬하다**：カールする

12▶ カールではなく，軽くウェーブをかけてください。
컬 말고 부드러운 웨이브로 해 주세요.

13▶ プリンになったところだけ染めてください。
머리가 새로 난 부분만 염색해 주세요.

## 関連単語・表現

◆髪が多い［少ない］: 머리숱이 많다 [적다]
◆髪の毛が太い［細い］: 머리카락이 굵다 [가늘다]
◆髪の毛が硬い［軟らかい］: 머리카락이 뻣뻣하다 [부드럽다]
◆床屋へ行く : 이발하러 가다〈理髪−〉
◆美容院へ行く : 미장원에 가다〈美粧院−〉
◆髪が伸びる : 머리가 자라다
◆髪を切る : 머리를 깎다
◆髪（型）を整える : 머리를 다듬다
◆髪をすく : 머리에 층을 내다
◆うしろを刈り上げる : 뒷머리를 깎다
◆坊主頭にする : 빡빡 밀다
◆ひげを剃る : 면도하다, 수염을 깎다
◆眉剃り（眉カット）をする : 눈썹 손질을 하다
◆パーマがとれる : 파마가 풀리다
◆パーマをかける : 파마(를) 하다
◆髪をセットする : 머리를 세팅하다
◆ストレートパーマ : 스트레이트 파마
◆デジタルパーマ : 디지털 파마（形状記憶パーマ : 형상 기억 파마）
◆頭を（髪を）洗う : 머리를 감다
◆シャンプーする : 샴푸하다
◆髪がうねっている : 머리가 구불구불거리다
◆髪がつやつやしている : 머리가 반질반질하다
◆髪の毛が痛む : 머릿결이 상하다
◆髪がつやつやになる : 머리가 윤기있게 되다
◆前髪 : 앞머리
◆横髪 : 옆머리
◆後髪 : 뒷머리
◆くせ毛, 天然パーマ : 곱슬머리
◆ストレート : 생머리
◆剛毛 : 뻣뻣한 머리
◆はげ : 대머리
◆円形脱毛 : 원형 탈모
◆白髪 : 흰머리
◆若白髪 : 새치
◆ごま塩頭 : 희끗희끗하게 센 머리

- 茶髪：**갈색 머리**
- つむじ：**가마**
- ひたい：**이마**
- シャギーカット：**샤기 커트**
- ショートカット：**쇼트커트**
- オオカミカット：**울프 커트**
- モヒカンカット：**모히칸 커트**
- レイヤーカット：**레이어드 커트**

＊髪の毛を「カット」するは **커트**，映画のシーンの撮影などでの「カット」は**컷**と使い分けている。

- スポーツ刈り：**스포츠 머리**
- 軍人刈り：**군인 커트**
- 坊主刈り：**민머리**
- 丸刈り：**까까머리**
- **상고머리**：前髪を揃えて切り，うしろと横の髪は刈り上げ，頭のてっぺんは平たく揃えた頭。日本でいう「角刈り」とは少しスタイルが違う。北朝鮮の **김정은**〈金正恩〉朝鮮労働党委員長のようなヘアスタイル。似たようなスタイルで，最近は**투블럭**（ツーブロック）といっている。
- スキンヘッド：**스킨헤드**
- 長髪：**장발**
- オールバック：**올백**
- おかっぱ：**단발머리**〈斷髮－〉
- ポニーテール：**포니테일**
- バリカン：**바리캉, 이발기**〈理髮器〉
- 電気バリカン：**전기 이발기**〈電氣理髮器〉
- ひげ剃り：**면도칼**〈面刀－〉
- 毛染め：**염색약**
- 白髪染め：**흰머리 염색약**
- カーラー：**헤어컬, 전기 고데**
- ホットカーラー：**세팅기**
- カールアイロン：**고데기**
- ヘアーアイロン：**헤어 스트레이터**
- かつら：**가발**
- ウィッグ：**위그**
- 毛髪移植手術：**모발 이식 수술**
- 生え際：**이마선, 헤어 라인**
- ポマード：**포마드**
- ヘアトニック：**헤어 토닉**
- ヘアムース：**헤어 무스**
- ヘアジェル：**헤어 젤**
- ヘアリキッド：**헤어 리퀴드**
- ヘアスプレー：**헤어스프레이**
- トリートメント：**트리트먼트**

## □ 574 皮膚を焼くとガンになるんだって

A 얼마 전까지만 해도 햇볕에 그을린 거무스름한 피부를 자랑하는 젊은 이들이 많았는데.

B 피부를 태우면 암에 걸린다고 해서 그런지 요즘은 그런 사람들이 별로 보이지 않네.

A 一昔は日焼けして浅黒くなった肌を自慢する若者が多かったね。

B 皮膚を焼くとガンになるからって，最近はそんな人はあまり見かけないわね。

＊「皮膚を焼く」は，以前は 피부를 태우다 と言っていたが，最近では 선탠하다 と言う。ただしこの場合は，人工的な日焼けによく使われる。

## □ 575 肌がかさかさになるんです

A 겨울철이 되면 건조해서 피부가 푸석푸석해져요.

B 건성 피부에는 콜라겐이나 히알론산 등, 보습 성분이 높은 것을 쓰세요.

A 冬場になると，乾燥して肌がかさかさになるんです。

B 乾燥肌にはコラーゲンやヒアルロン酸など，保湿力が高い成分のものをお使いください。

客と店員の会話

＊ 푸석푸석해지다：ぱさぱさになる

＊ 건성 피부〈乾性皮膚〉：乾燥肌

## □ 576 肌にハリがなくて困っています

A 요즘 피부에 탄력이 없어서 걱정이에요.

B 그럼, 이 화장수와 유액을 같이 써 보세요. 아기 피부처럼 보송보송해질 거예요.

A 最近肌にハリがなくて困っています。

B じゃあ，こちらの化粧水と乳液をセットでお使いになってみてください。赤ちゃんみたいな，すべすべとした肌になりますよ。

客と店員の会話

＊ 걱정이에요 は 걱정돼요 と言ってもいい。

＊ 보송보송하다：やわらかくなめらかだ，すべすべしている

## そのほかの会話

1 ▶ 年のせいか，肌がたるんできたような気がします。

나이 탓인지 피부가 처지는 것 같은 느낌이 들어요.

＊ **처지다**：たるむ，垂れる

2 ▶ しわを取る何かいいものはありますか。

주름 제거에 좋은 제품이 있나요?

3 ▶ 目の下のクマを隠したいのですが。

다크서클을 감추고 싶은데요.

＊**다크서클** 〈dark circle〉：目の下のクマ

4 ▶ 肌の黒ずみが気になるんですが。

블랙헤드가 신경 쓰여요.

5 ▶ シミが薄くなる美容液があると聞きましたが。

얼룩을 지우는 미용액이 있다고 들었어요.

6 ▶ そばかすにいいコンシーラーが欲しいのですが。

주근깨에 좋은 컨실러를 찾는데요.

**10** 美容・健康

## 関連単語・表現

- 肌がくすむ：피부가 칙칙하다
- しみができる：기미가 생기다
- 肌が黒くなる：피부가 검어지다
- 色素が沈着する：색소가 침착되다
- 紫外線の影響を受ける：자외선의 영향을 받다
- 肌が荒れる：피부가 거칠어지다
- 肌がべたつく：피부가 끈적거리다
- 肌がかさかさになる：피부가 푸석푸석하다
- 顔が脂ぎる：얼굴에 기름기가 많다
- (手が)ひび割れる：손이 트다
- しわ： 주름, 주름살
- 顔の小じわ：(얼굴) 잔주름
- ニキビ：여드름
- ニキビの跡：여드름 자국
- あばた：곰보 자국
- しみ：기미
- そばかす：주근깨
- ほくろ：검은 점
- あざ：붉은 점
- 青あざ：푸른 점

## □ 577 脂肪が気になって，エアロビックダンスを始めたの

A 요즘은 뱃살이 신경 쓰여서 에어로빅 댄스를 시작했어.

B 나도 일주일에 두 번 다니고 있는데 해 보니까 너무 힘들어.

A 最近，お腹の脂肪が気になって，エアロビックダンスを始めたの。

B わたしも週に二回通っているけど，やってみると結構きついわね。

＊ 뱃살：お腹の脂肪

＊ トレーナー：트레이너／スポーツインストラクター：스포츠 강사

## □ 578 ジムに通い始めたんだ

A 요즘 퇴근 후에 한잔하러 안 가는 거 같은데.

B 응, 운동 부족이라서 헬스에 다니기 시작했거든. 봐, 봐, 이 복근.

A このごろ仕事が終わってから飲みに行かなくなったね。

B うん，運動不足だからジムに通い始めたんだよ。見てくれよ。この腹筋。

＊ ジムは少し前まで 헬스，헬스클럽 と言っていたが，最近では 피트니스 클럽 という言い方をする人も多い。ただし 피트니스 클럽 だと，総合ジムのような高級感が漂う。

＊ 本当に1か月で，お腹周りがずいぶんすっきりしたね：정말, 한 달 만에 배가 쏙 들어갔네.

＊ 俗に，男性の発達した割れた腹筋のことを 식스팩（シックスパック）という（英語の元来の意味は，缶ビールなどの6本入りパックのこと）。

＊ 忙しくて，最近はジムに行っていないんです：요즘은 바빠서 피트니스 클럽에 다니지 못해요.

## □ 579 何か軽いエクササイズでも始めたら？

A 계단 좀 뛰어올랐다고 숨이 차.

B 너무 살찐 거 같은데. 뭔가 가벼운 운동이라도 시작해 보지그래?

A 階段をちょっと駆け上がっただけで，息切れがするんだよ。

B だいぶ太り気味じゃないの。何か軽いエクササイズでも始めたら？

＊ 階段の上り下り：계단 오르내리기

＊ 階段を2段ずつ駆け上がる：계단을 두 칸씩 뛰어오르다

＊ エクササイズは 운동 と言い，액서사이즈 という言い方はしない。

## そのほかの会話

1▶ 体を鍛えているので，体力には自信があります。

몸을 단련하고 있어 체력에는 자신이 있습니다.

2▶ 前はガリガリだったのに，フィットネスに通い始めたら，体ががっしりしてきたよ。

전에는 빼빼 말랐었는데 피트니스 클럽에 다니기 시작하면서 체격이 꽤 단단해졌어요.

3▶ 体力づくりのために，週 1 回はジムで汗を流しています。

체력 단련을 위해 1주일에 한 번은 헬스에 들러서 땀을 흘려요.

4▶ 本当に 1 か月で，お腹周りがずいぶんすっきりしたね。

정말, 한 달 만에 배가 쏙 들어갔네.

5▶ すぐにウエイト・トレーニングをしないで，まずストレッチで体をほぐしましょう。

곧바로 웨이트 트레이닝을 하지 말고, 우선 스트레칭으로 몸을 풉시다.

6▶ ダンベル運動を始めましたが，ちょっとやっても筋肉が痛みますね。

덤벨 운동을 시작했는데, 조금만 해도 근육이 아프네요.

＊ ダンベルを握る：덤벨을 쥐다

7▶ どんなに忙しくても週末は必ず泳ぐようにしています。

아무리 바빠도 주말에는 꼭 수영을 하려고 해요.

8▶ 毎晩寝る前に，腹筋と腕立てふせを 50 回ずつしています。

매일 저녁 자기 전에 복근 운동과 팔굽혀펴기를 50번씩 하고 있어요.

9▶ 運動をしないでサプリメントばかり飲んでいると，体脂肪が溜まって太りますよ。

운동을 하지 않고 보충제만 먹으면 체지방이 쌓여서 살이 쪄요.

＊ 보충제〈補充劑〉：サプリメント

10▶ 年とともに基礎代謝量が減って，太る体質になるんですよ。

나이가 들수록 기초 대사량이 떨어져서 쉽게 살이 찌는 체질이 돼요.

11▶ わたしはジムに行ったら，まず 20 分ほどトレッドミルで走るの。

나는 헬스장에 가면, 우선 20분 정도 러닝 머신에서 달려요.

# 11. 勉強・学校生活

## □580 どうしたら韓国語がうまくなるでしょうか

A 어떻게 하면 한국어를 잘할 수 있을까요?

B 뭐니 뭐니 해도 필수 생활 표현를 외워야 돼요.

A どうしたら韓国語がうまくなるでしょうか。

B 何と言っても，必須生活表現を覚えなくちゃだめですね。

語学堂での学生と先生の会話

＊ 予習，復習を欠かさずにしてください《先生が》：예습, 복습을 빠뜨리지 마세요.

＊ 講義の内容はきちんとノートにとってありますか《先生が》：강의 내용은 정확히 적어 놓았어요?

## □581 33 ページの上から 5 行目です

A 선생님, 지금 우리가 어디를 공부하고 있나요?

B 33페이지의 위쪽에서 다섯 번째 줄입니다.

A 先生，今どこを勉強しているんですか。

B 33 ページの上から 5 行目です。

語学堂での先生と学生の会話

＊ 3 番目の段落の 2 行目です：세 번째 단락, 두 번째 줄입니다.

＊ 下から 10 行目を見てください：밑에서부터 열 번째 줄을 보세요.

## □582 クラスを替えてほしいんですが

A 일본인이 많아서 한국에 공부하러 온 기분이 나지 않는데, 반을 바꿔 주실 수 없어요?

B 하지만 서양 사람들만 있는 반에 가면 오히려 공부가 되지 않을 거예요.

A 日本人が多くて，韓国に勉強しに来た気がしません。クラスを替えてほしいんですが。

B 逆に西洋人ばかりのクラスに行くと，かえって勉強になりませんよ。

語学堂での学生と先生の会話

＊ 6 級に飛び級したいんですけど：6급으로 월반하고 싶은데요.

## そのほかの会話

### 先生への質問

1 ▶ 韓国の友達と話していても，何を言っているのか全然聞き取れないのですが。
한국 친구랑 이야기해도 무슨 말을 하고 있는지 전혀 알아들을 수 없어요.

2 ▶ 何度練習しても濃音の発音ができません。
몇 번 연습해도 된소리 발음이 잘 안 돼요.

＊ **된소리**：濃音。直訳は「ちょっと固めの音」。

3 ▶ 激音と平音の発音の区別がつかないんですが。
거센소리하고 예사소리의 발음 구별이 잘 되지 않아요.

4 ▶ 韓国語には女性言葉と男性言葉の違いはあるんですか。
한국말에는 여성이 쓰는 말투와 남성이 쓰는 말투에 차이가 있나요?

5 ▶ 初心者におすすめの辞書にはどんなものがありますか。
초보자에게 추천할 만한 사전은 뭐가 있나요?

6 ▶ 何かいい聞き取りの教材はありませんか。
듣기 연습에 좋은 교재가 있나요?

11 勉強・学校生活

### 宿題

7 ▶ 先生，宿題を忘れました。선생님 , 숙제를 깜빡했습니다.

＊ うっかりして宿題をやってこなかった場合の言い方で，言い訳のニュアンスが強い。**숙제를 잊어버렸다** は，単に宿題をやるのを忘れた（やってこなかった）場合。

8 ▶ 何ページまでが宿題だったんですか。숙제는 몇 페이지까지였어요?

9 ▶ 先生，ちょっと宿題が多すぎます。선생님 , 숙제가 너무 많아요.

10 ▶ この答えでは間違っているんですか。이 답은 틀렸나요 ?

11 ▶ 締め切りを延ばしていただけますか。마감 기간 좀 늘려 주시겠어요 ?

12 ▶ すみません，テストの成績に間違いがあると思うんですが。
저……, 시험 성적이 잘못된 것 같은데요.

13 ▶ あとで職員室にうかがってもいいですか。
나중에 교무실에 찾아가도 될까요?

### クラスメートとの会話

＊ ある程度親しくなるまではパンマルを使わないほうがいい。

1 ▶ 今日は宿題がいっぱいあるの。ちょっと手伝ってくれる？
오늘은 숙제가 많아요. 좀 도와줄래요?

2 ▶ ちょっと宿題，見せてくれる？ 숙제 좀 보여 줄래요?

3 ▶ ここのところ，写してもいい？ 이거 베껴도 돼요?

4 ▶ 講義の内容ノートにとってある？ 강의 내용 정확히 적어 놓았어요?

5 ▶ 昨日休んだんだけど，ノートある？ 어제 쉬었는데 노트 있어요?

6 ▶ 授業が速すぎてついて行けないわ。
수업이 너무 빨라서 따라갈 수 없어요.

7 ▶ 質問 3 の答えは何になった？ 질문 3, 답이 뭐였어요?

8 ▶ 授業で学んだことをしっかり覚えていれば平均点はとれるよ。
수업 시간에 배운 것만 기억해도 중간은 할 거예요.

9 ▶ 授業中にメールをしていたら，先生に怒られちゃったよ。
수업 중에 문자를 보내다가 선생님께 혼났어.

語学堂での先生と学生の会話

1 静かにしなさい。조용히 하세요.

2 では始めましょう。그럼, 시작합시다.

3 教科書を出してください。교과서를 꺼내세요.

4 本を閉じてください。책을 덮으세요.

5 前の復習をしましょう。지난번에 공부한 곳을 복습합시다.

6 前に勉強した課をもう一度見てください。
지난번에 공부한 과를 다시 보세요.

7 教科書の 78 ページを開いてください。교과서의 78 페이지를 펴세요.

8 5 ページの演習 5A を見てください。5 페이지의 연습 5A 를 보세요.

9 反対側のページを見てください。다른 쪽 페이지를 보세요.

10 前のページをもう一度見てください。전 페이지를 다시 보세요.

11 18 ページの練習問題を参照してください。
18페이지에 있는 연습 문제를 참조하세요.

12 本のうしろの索引を参照してください。
책 뒤에 있는 색인을 참조하세요.

13 「꽃샘추위」という単語の意味がわかりますか。
'꽃샘추위'라는 단어의 뜻을 알아요?
＊ 꽃샘추위：花冷え

14 「何月何日」は，どう綴りますか。前に出て書いてください。
'몇 월 며칠'의 철자는 어떻게 쓰지요? 앞으로 나와서 써 보세요.

15 この部分の分かち書きが違っていますね。
이 부분의 띄어쓰기가 잘못됐습니다.

16 正書法が間違っていますね。맞춤법이 틀리셨군요.

17 今日はここまでにしましょう。오늘은 이만합시다.
＊ 이만하다 はひとつの単語。

## □ 583 おかげで合格しました

A 입시 결과는 나왔나요?
B 덕분에 가고 싶었던 학교에 합격했어요.

A 入試の結果はもう出ましたか。
B おかげで行きたかった学校に合格しました。

＊ 現役で何とか合格しました：재수 안 하고 겨우 합격했어요.（韓国語で 현역 というと現役軍人を指す）
＊ 補欠ですが，ぎりぎり合格しました：추가 합격이지만 아슬아슬하게 합격했어요.

## □ 584 受かったのは，残念ながら第二志望なんだ

A 입학시험, 붙은 건 아쉽게도 2지망 학교야.
B 그 학교에 갈 거야? 아니면 재수할 거야?

A 入学試験，受かったのは，残念ながら第二志望の学校なんだ。
B その学校に行くの？　それとも浪人するの？

友達同士の会話
＊ もっと一生懸命勉強すればよかった：더 공부할 걸 그랬어.

## □ 585 優秀な教授陣がいるから

A 우수한 교수진이 있기 때문에 꼭 이 대학에 입학하고 싶었어요.
B 우리나라 사람도 들어가기 어려운데 정말 대단하네요.

A 優秀な教授陣がいるから，この大学に入りたかったんです。
B 韓国人でもここに入学するのは難しいのに，すごいですね。

知人同士の会話で B は韓国人
＊ 美しいキャンパスに惹かれました：아름다운 캠퍼스에 끌렸어요.
＊ 学生の評判がとてもいいのでこの大学に決めました：학생들의 평판이 무척 좋아서 이 대학으로 정했어요.

## そのほかの会話

1 ▶ 大学に入ったら，１年間交換留学生として韓国に留学したいと思っています。

대학에 들어가면 1년간 교환 학생으로 한국에 유학하고 싶어요.

＊ **교환 학생**：交換留学生

2 ▶ この大学は，日本の大学と姉妹提携を結んでいるんですね。

이 대학은 일본의 대학과 자매결연을 맺고 있네요.

3 ▶ 一流大学を目指すのもいいけど，入ってから授業について行けなかったらどうするんだい。

일류 대학을 지향하는 것도 좋은데, 입학하고 나서 수업을 못 따라가면 어떻게 해.

4 ▶ 学生の評判がとてもいいのでこの大学に決めました。

학생들의 평판이 무척 좋아서 이 대학으로 정했어요.

5 ▶ 面接はあがってしまって本当に大変でした。

면접 때 긴장해서 정말 힘들었어요.

＊ 口頭試問：**구두 시험**

6 ▶ 今年も落ちたら，そのまま就職しようと思っていたんです。

이번에도 떨어지면 그냥 취직이나 할 생각이었어요.

7 ▶ これ以上浪人する余裕はありません。

더 이상 재수할 여유가 없어요.

8 ▶ もう一年，予備校で頑張ろうかと思っています。

일 년 더 학원 다니면서 열심히 할까 싶어요.

＊ 予備校は**재수 학원**ともいう。

9 ▶ 入試だけが人生すべてじゃないって。

입시가 인생의 전부는 아니라고.

10 ▶ 滑り止めの大学まで落ちたなんて，恥ずかしくてみんなに顔向けもできないぐらいだよ。

안정권으로 하향 지원한 대학교까지 떨어지다니 창피해서 얼굴도 못 들고 다닐 정도야.

＊ **하향 지원**〈下向志願〉：実力より下の学校に志願する。逆は**상향 지원**〈上向志願〉。

## □ 586 奨学金を申請したいのですが

A 저는 일본 유학생입니다. 장학금을 신청하고 싶은데 어디로 가면 되나요?

B 외국인 학생과에 가서 문의해 보세요.

---

A 日本からの留学生です。奨学金を申請したいのですが，どこに行けばいいですか。

B 外国人学生課に行って，聞いてみてください。

A は日本人留学生，B は韓国の大学職員

＊ 문의하다〈問議－〉：問い合わせる

## □ 587 履修登録をしたいのですが

A 수강 신청을 하고 싶은데, 여기는 어떻게 쓰면 돼요?

B 저기에 샘플이 있으니까 그것을 보고 쓰세요.

---

A 履修登録をしたいのですが，ここはどのように書けばいいんですか。

B あそこにサンプルがありますので，それを見てください。

A は日本人留学生，B は韓国の大学職員

＊ 수강 신청〈受講申請〉：履修登録

## □ 588 まだ空きがありますか

A 심리학 개론은 아직 정원이 다 안 찼나요?

B 인기 강의라 수강 신청자가 많을 경우 추첨으로 배정합니다.

---

A 心理学概論は，まだ空きがありますか。

B 人気科目なので希望者が多数の場合には，抽選になります。

A は日本人留学生，B は韓国の大学職員

＊ 정원이 차다：定員に達する

## そのほかの会話

1▶ ホームステイを斡旋してくれる制度はありますか。

홈스테이를 알선해 주는 제도가 있어요?

2▶ 在学中に働くことは許可されていますか。

재학 중에 아르바이트할 수 있어요?

3▶ 授業料の支払い期限はいつですか。

등록금 납부 마감일은 언제예요?

* ふつう，学期の初めに払う授業料は **등록금**〈登録金〉という。

4▶ この※（米印）の付いているものは必修ですか。

이 당구장 표시가 붙은 건 필수 과목인가요?

* 「米印」はビリヤード場のマークに似ているので，**당구장 표시**〈撞球場標識〉という。
* 星印（★）：**별표**
* 丸印（○）：**동그라미표，동그라미**
* バツ印（×）：**엑스 표**（正式には**가새표**または**가위표**）

5▶ この科目は2年生でとってもいいんですか。

이 과목은 2학년 때 들어도 돼요?

**11** 勉強・学校生活

6▶ 韓国語の補習クラスはありませんか。

한국어 보강 클래스는 없어요?

* **보강**〈補講〉：補習

7▶ 時事英語を登録したのですが取り消せますか。

시사 영어를 신청했는데 취소할 수 있어요?

8▶ 履修登録の締め切りはいつですか。

수강 신청 마감일은 언제예요?

9▶ 卒業までに必修と選択を含めて，何単位を取ればいいんですか。

졸업할 때까지 필수하고 선택을 포함해서 몇 학점을 따야 돼요?

* **학점**〈學點〉：(大学の授業)単位

## 197 大学の授業

### □ 589 授業が退屈だわ

A 김 교수님 수업은 교과서만 읽어서 지루해.

B 재미는 없지만 학점을 따려면 어쩔 수 없지.

A キム教授の授業はただ教科書を読んでいるだけで，退屈だわ。

B つまらないけど，単位を取るためにはしかたないさ。

* 학점을 따다〈學點－〉：単位を取る
* 単位を落とす：F 학점을 받다（F というのは failure のこと。학점이 빵꾸 났다 ともいう。ただし最近では，日本語由来の 빵꾸 に代わって 펑크 という英語式表記を使う）。また昔の学生たちは F 학점을 받다 を，その字面から 권총을 찼다（拳銃をぶら下げている），F が 2 つだと 쌍권총을 찼다（二丁拳銃をぶら下げている）と言った。

### □ 590 授業サボったんじゃないの？

A 너, 어제 땡땡이치지 않았어?

B 지루한 수업은 들어 봤자야.

A あんた，昨日は授業サボったんじゃないの？

B おもしろくもない授業を聞いててもしょうがないよ。

学生同士の会話

* 땡땡이치다：授業をサボる
* なんとか口実を作って授業をサボるつもりだよ：어떻게든 구실을 만들어서 수업을 빼 먹을 생각이야.

### □ 591 経済学総論はBプラスだったよ

A 그렇게 공부했는데도 경제학 총론은 B뿔이야.

B 그 교수님은 점수가 짜기 때문에 B플러스 이상의 학생은 없는 것 같아.

A あんなに勉強したのに経済学総論はＢ＋（Ｂプラス）だったよ。

B あの教授は点数が辛いから，Ｂプラス以上の学生はいないようだわ。

学生同士の会話

* B＋を B 뿔 というのは，B 플러스 の 플러스 を濃音で発音することによる変化。
* 학점이 짜다［후하다］：点数が辛い［甘い］

## そのほかの会話

1 ▶ 悪いけど，明日用事あるから代返よろしくね。

미안, 내일 대출 좀 부탁해. 일이 있어서.

＊대출〈代出〉(대리 출석〈代理出席〉の略)

2 ▶ 今日の２時限目の経済学の授業は，先生の都合で休講だってさ。

오늘 2교시 경제학은 교수님 사정으로 휴강이래.

＊高校までの先生は 선생님，大学の先生は 교수님と使い分ける。

3 ▶ あの先生の授業は，話がしょっちゅう脱線しますね。

그 교수님의 강의는 항상 이야기가 삼천포로 빠지네요.

＊삼천포로 빠지다 ☞ 下の一口メモ参照

4 ▶ こんな成績じゃ落第してしまうよ。

이런 성적으로는 낙제가 분명해.

5 ▶ いくら勉強しても成績が上がらないんで悩んでるの。

아무리 공부해도 성적이 안 올라서 걱정이야.

6 ▶ 彼女は本当によく勉強するね。感心するよ。

걔는 정말 열심히 공부하더라. 대단해.

7 ▶ 今日の授業はつまらないね。あくびばかり出ちゃうよ。

오늘 수업은 지겨워서 하품만 나왔어.

＊하품만 나와 と現在形にすると，그 교수님 수업은 지겨워서 하품만 나와. のように反復する状態を表す。

**一口メモ　三千浦に抜けてしまう！**

話が脱線したり，物事が途中で変な方向に行ってしまうことを 삼천포로 빠진다 という。삼천포（三千浦）は，경상남도（慶尚南道）の南海岸にある景勝地・한려수도（閑麗水道）のほぼ中央に位置する漁港として知られた町だ。この言葉の由来に関しては，朝鮮末期に 고성（高城）に住んでいた人が，진주（晋州）の親戚に行く途中で道を間違えて，삼천포 方向に行ってしまったとか，釜山ー晋州を結ぶ鉄道に間違えて乗ってしまい，目的地と違った 삼천포 に行ってしまったとか，諸説がさまざまだ。この表現は，三千浦地域の住民たちにとっては響きの悪い言葉だったが，삼천포 という地名も 1995 年に周辺の町との合併により消え，사천（泗川）市になってしまい，言葉だけが残ってしまった。

## 198 試験勉強

### □ 592 ここはテストに出ると思う？

A 여기, 시험에 나오겠니?

B 나는 이쪽이 나올 거라고 생각해. 이 공식을 외워 두면 도움이 될 거야.

A ここはテストに出ると思う？

B ぼくはこっちがヤマだと思う。この公式を暗記しておくと役に立つよ。

学生同士の会話

＊ ヤマをかける：예상 문제를 찍다〈豫想問題ー〉, 요행수를 노리다〈僥倖數ー〉

### □ 593 教科書が赤線だらけじゃない

A 이거 뭐야? 교과서가 빨간 줄 투성이네.

B 중요하다고 생각되는 곳에 줄을 긋다 보니 이렇게 됐어.

A これ，何なの？　教科書が赤線だらけじゃない。

B 重要だと思ったところに線を引いていたら，こんなになっちゃったんだよ。

学生同士の会話

＊ 줄을 긋다：線を引く。過去形は 줄을 그었다。

### □ 594 丸暗記しても意味なかったな

A 벼락치기로 공부했는데 달달 외워도 소용없었어.

B 당연하지! 고등학교 시험과 달리 범위가 넓잖아.

A 一夜漬けで勉強したけど，丸暗記しても意味なかったな。

B 当たり前じゃないか！　高校の試験と違って範囲が広いからな。

学生同士の会話

＊ 벼락치기 공부：一夜漬け（「雷の鳴るような速さでの勉強」の意味。벼락공부, 벼락치기 ともいう）

＊ 달달 외우다, 무조건 암기하다〈無條件暗記ー〉：丸暗記する

＊ 暗記は苦手なんだ：나는 암기에 약해.

## そのほかの会話

1 ▶ 憂うつだなあ。来週から中間試験だよ。

우울하다. 다음 주부터 중간고사야.

2 ▶ 試験の直前はヤマをかけておいたところしか勉強しないことにしているんだ。

시험 직전에는 미리 예상해 두었던 부분만 공부해.

3 ▶ 明日の試験，あまり勉強していないけど，まあなんとかなるわ。

내일 시험, 공부는 별로 안 했지만 어떻게든 되겠죠, 뭐.

4 ▶ わかってはいても，試験のたびに一夜漬けをしちゃうんだな。

잘 알고 있으면서도 시험 때마다 벼락치기 공부를 하고 만다고.

5 ▶ 夕べは徹夜で勉強したんで，試験の最中にうとうとしちゃったよ。

어제 밤샘 공부를 해서 시험 중에 꾸벅꾸벅 졸고 말았어.

＊ **밤을 새다**：徹夜する。若者たちの間では **날밤까다**〔隠語〕という（「生の栗を剥く」という意味ではない。**날밤**：意味もなく過ごす夜）。

6 ▶ あとひとつでも単位を落としたら留年だから，今年は必死だよ。

한 과목이라도 학점이 안 나오면 유급이라서 올해는 죽기 살기로 해야 돼.

＊ **유급**〈留級〉：留年

7 ▶ 明日は授業がないって言ってたのに，急にテストだって。ひどいなぁ。

내일은 수업이 없다고 하더니, 갑자기 시험을 본대. 정말 너무한다.

### いろいろな試験

- 大学入学共通テスト：**대입 시험**〈大入－〉, **수능 시험**〈修能－〉
- 入学試験：**입학 시험**
- 再試：**재시험**
- 追試：**추가 시험**
- 模擬試験：**모의 시험**
- 中間試験：**중간고사**
- 期末試験：**기말고사**

＊ **중간고사**，**기말고사** は分かち書きしない。

- 小テスト：**쪽지 시험**
- 口頭試問：**구두 시험**, **구술 시험**
- 実技試験：**실기 시험**
- 筆記試験：**필기시험**
- 知能テスト：**지능 검사**
- 国家試験：**국가 고시**〈國家考試〉
- 検定試験：**검정고시**〈檢定考試〉

＊ **검정고시** は分かち書きしない。

## □ 595 ヤマが当たったんだ

A 밑져야 본전이라고 생각하고 적당히 찍어서 공부했는데 놀랍게도 적중했어.

B 요행만 바라는 걸 보니 안타깝다.

A だめ元で適当にヤマをかけて勉強したら，見事に的中したんだ。

B まぐればかり期待して勉強するって空しいわ。

学生同士の会話

＊ 밑져야 본전：だめ元（밑지다：損をする／본전〈本錢〉：元手，元金）

＊ ヤマが当たる［はずれる］：예상이 적중하다［빗나가다］

## □ 596 何度も見直したのに

A 몇 번이나 확인하고 답안지를 제출했는데 말이야.

B 혹시, 답을 밀려 쓴 거 아냐?

A 何度も見直してから答案用紙を提出したのに。

B ひょっとして，答えの記入欄を間違えたんじゃないの？

＊ ○×問題：OX[오엑스] 문제

＊ 三択［四択／五択］問題：삼지[사지 / 오지] 선택형〈三肢（四肢／五肢）選擇型〉。辞書には 삼지[사지 / 오지] 선다형（一選多型）の形で載っている。

## □ 597 カンニングしなかった？

A 커닝 안 했어?

B 할 리 없지. 하다 적발되면 바로 유급이라니까.

A カンニングしなかった？

B するわけないだろ。見つかったら即，留年だからな。

＊ カンニングは 커닝 が正しい表記だが，一般的には 컨닝 と書き［컨닝］と発音する／～が見つかる：컨닝하다 적발되다／～ペーパーを作る：컨닝 페이퍼를 만들다

＊ 答案用紙を友達に見せる：답안지를 친구에게 넘겨주다

＊ 隣の学生の答えを盗み見る：옆자리 학생의 답안지를 훔쳐보다

## そのほかの会話

1 ▶ 法学概論，再試験になっちゃったよ。

법학 개론, 재시험 봐야 되겠어.

2 ▶ 試験の最中何度も答えを直してたら，時間切れになっちゃったよ。

시험 중에 몇 번 답을 고치다 보니 시간이 끝나 버렸어.

3 ▶ 悪いことはすぐばれるね。カンニングしたので全教科0点になったらしいよ。

나쁜 일은 금세 들통 나기 마련이야. 커닝을 했더니 전 과목 빵점이 되었대.

＊ **들통 나다**：ばれる

＊ **-기 마련이다**：～するものだ（そういうことが起こるのが当然だ）

4 ▶ 過去問でたくさん勉強したのに，今年から出題形式が変わってボロボロだよ。

기출문제로 열심히 공부했는데 올해부터 출제 방식이 바뀌어서 엉망으로 치르고 말았어.

＊ **기출문제**：過去問，既出問題

＊ **엉망**：(物事が)めちゃくちゃなさま，台無し

＊ 試験を終える：**시험을 치르다**（**치르다** には重大なことを終える，済ませるという意味がある）

試験監督が

5 ▶ 答案用紙に氏名と学籍番号を正確に書きなさい。

답안지에 이름과 학번을 정확히 쓰세요.

6 ▶ はい，時間です。そこまで。

시간 다 됐습니다. 여기까지.

7 ▶ 鉛筆を置いて。

연필 놓고.

8 ▶ 名前を書いてあるかもう一度確認して。

이름은 적었는지 다시 한 번 확인하고.

9 ▶ 答案用紙をうしろから集めて。

답안지는 뒤에서부터 걷어 와.

10 ▶ ほら，そこ，静かに！

어이, 거기 조용히!

□ 598 何か部活にでも入ってるの？

A 무슨 동아리에라도 들었어?

B 축구부에 들었는데, 부원이 30명이나 있어서 주전이 되는게 좀처럼쉽지가 않아.

A 何か部活にでも入ってるの？

B サッカー部に入ったんだけど，部員が30人もいてなかなかレギュラーになれないよ。

学生同士の会話

＊ 동아리：クラブ，同好会，サークル

＊ レギュラーを 레귤러 と言う人もいるが，ふつうは 주전〈主戦〉。

□ 599 友達を作るのはそんなに簡単じゃないです

A 말을 빨리 익히기 위해선, 역시 한국인 친구를 사귀는 게 제일이에요.

B 그렇긴 하지만 친구를 사귄다는 게 그리 쉬운 일이 아니에요.

A 早く言葉に慣れるには，やはり韓国人の友達を作るのが一番です。

B でも，友達を作るのはそんなに簡単じゃないですよ。

知人同士の会話

＊ 익히다：慣らす，熟練するようにする

□ 600 大学院へ進みたいと思ってるの

A 나는 졸업하면 취직하지 않고 대학원에 진학하고 싶어.

B 전문적인 연구원이 될 게 아니라면, 박사 과정까지 마치는 건 시간만 아까울 뿐이야.

A わたしは卒業したら，就職しないで大学院へ進みたいと思ってるの。

B 専門の研究員になるんじゃなければ，博士課程まで行くのは時間の無駄だね。

＊ 修士号［博士号］を取る：석사[박사] 학위를 따다

## そのほかの会話

1▶ ぼくは夏は野球，冬はアイスホッケーをしています。

나는 여름엔 야구, 겨울엔 아이스하키를 하고 있어.

2▶ 部活もいいけど，勉強もしなくちゃ。

동아리 활동도 좋지만, 공부도 해야지.

3▶ 練習をサボって，メンバーから外されちゃったよ。

연습을 빼먹었더니, 동호회 친구들이 나를 왕따시켰어.

＊ **왕따시키다**：仲間はずれにする（1 対 1 の「いじめ」ではなく，集団による行為を指す）。**왕따** の **왕** は「とても」「大きい」という意味で，**따**は「人をのけ者にする」「締め出す」という意味の **따돌리다** の名詞形 **따돌림** から来ている。

4▶ 今シーズンのぼくたちのチームの成績は 8 勝 3 敗だ。

이번 시즌의 우리 팀 성적은 8승 3패야.

5▶ 新入部員は今度の木曜日の放課後に，体育館に集合してください。

신입 부원은 다음 목요일 방과 후에, 체육관에 집합해 주세요.

＊ 放課後は **방과∨후** と分かち書きする。

6▶ 留学生同士でかたまると，なかなか友達ができませんよ。

유학생끼리만 모여 있으면, 좀처럼 친구가 생기지 않아요.

7▶ わたしは友人を作るためにクラブに入ったの。

나는 친구를 사귀기 위해 동아리에 들어갔어.

＊「同好会」の意味でのクラブは**클럽**とは言わない。**클럽**というとナイトクラブのこと。

8▶ 先輩の紹介で，いい友達ができたよ。

선배 소개로 좋은 친구가 생겼어.

9▶ 日本語を勉強している人と友達になりたいんだけど。

일본어를 공부하고 있는 사람과 친구가 되고 싶은데.

# 12. 仕事・会社

## □ 601 うちの会社は，週休二日制です

A 우리 회사는 주 5일제여서 토요일하고 일요일에는 쉬어요.

B 좋겠네요. 우리는 휴일이 일요일뿐인데요.

A うちの会社は週休二日制で，土日が休みです。

B いいですね。うちなんか休みは日曜だけですよ。

A は韓国人の会社員，B は日本人の会社員

＊ 韓国では週休二日制が，法で定められている。

＊「週休二日制」は 주5일제〈週五日制〉という。

## □ 602 残業でほとんど毎日深夜帰宅です

A 야근 때문에 매일 밤늦게 퇴근해요.

B 저도 항상 막차 타고 집에 가요.

A 残業でほとんど毎日深夜帰宅です。

B 私もいつも最終電車で帰っています。

知人同士の会話

＊ 야근〈夜勤〉：残業。ふつうは「残業」を 잔업 とは言わない（複合語の場合はこの限りではない）。

＊ 막차〈ー車〉：終電。「始発電車」は 첫차。

## □ 603 残業代は出ないんですよ

A 한 달에 30시간 정도 잔업이 있는데, 제가 관리직이라서 잔업 수당이 안 나와요.

B 저도 거의 열정페이인데, 이대로 근무하면 과로사할 것 같아요.

A 月に 30 時間ぐらい残業がありますが，管理職なので，残業代は出ないんですよ。

B 私もほとんどサービス残業で，このままだと過労死してしまいそうですよ。

知人同士の会話

＊ 열정페이〈熱情 pay〉：サービス残業。서비스 잔업 とは言わない。

## そのほかの会話

1▶ うちの会社は，朝 8 時半に始業です。

우리 회사는 아침 8시 반에 일을 시작합니다.

2▶ フレックスタイム制なので朝の出勤時間は自由です。

근무 시간 자유 선택제라서 아침 출근 시간은 자유입니다.

＊ フレックスタイム制は **플렉스 타임제** とは言わない。会社によって，**근무 시간 선택제**, **선택적 근로 시간제**, **자유 근무 시간제**, **변동 근무 시간제** などまちまちであるが，会話では **자유 출근** 程度がよく使われる。

3▶ 早番と遅番の二交代制です。오전 , 오후의 2 교대입니다.

4▶ 9 時から 5 時の勤務です。9 시에서 5 시까지 근무합니다.

5▶ 隔日の 24 時間勤務です。격일로 24 시간 근무합니다.

6▶ 隔週で土日が休みです。격주로 토요일하고 일요일에 쉽니다.

7▶ 土日勤務の代わりに月曜と火曜が休みです。

토, 일은 근무하고, 대신 월, 화를 쉽니다.

8▶ 休みは不定期です。쉬는 날은 정해져 있지 않아요.

9▶ 月に一度は休日出勤があります。한 달에 한 번은 휴일 근무가 있어요.

---

10▶ 今週は残業をしなければなりません。

이번 주는 잔업을 해야 합니다.

11▶ 今日はきっちり定時で帰りたいです。

오늘은 칼퇴근하고 싶어요.

＊ **칼퇴근**：直訳は，刀退勤。刀ですぱっと時間を切るがごとく，定時になったとたんに会社から帰ること。

12▶ 今朝は残業明けです。잔업으로 밤을 샜어요.

13▶ 在宅勤務の日が増え，苦手のウェブ会議を避けられなくなりました。

재택 근무가 늘어나서 익숙하지 않은 화상 회의를 피할 수 없게 되었어요.

14▶ 生産性を向上させるために，働き方改革として具体的に何をすればいいのでしょうか。

생산성을 향상시키기 위해서는 구체적으로 어떤 노동개혁을 하는 것이 좋을까요?

## □ 604 せっかくの夏休みなのに

A 모처럼 여름휴가인데 아무 데도 안 가셨다면서요?

B 더위 탓인지 몸이 늘어져 올해는 집에서 푹 쉬기로 했어요.

A せっかくの夏休みなのにどこにも行かなかったんですって？

B 暑さのせいかバテてしまって，今年は家でゆっくりすることにしたんです。

会社の同僚同士の会話

## □ 605 育児休暇がなかなか取れません

A 워낙 바쁘다 보니, 육아 휴가가 있다 해도 내기가 어려워요.

B 역시 아이를 키우기 위해서는 회사를 그만둘 수밖에 없겠네요.

A とても忙しくて，育児休暇があるといってもなかなか取れません。

B やはり子育てのためには，会社を辞めざるを得ませんね。

会社の同僚同士の会話

## □ 606 有給休暇を取りたいのですが

A 다음 달에 유급 휴가를 받고 싶은데요.

B 같은 부서 사람하고 겹치지 않도록 조정해 주세요.

A 来月，有給休暇を取りたいのですが。

B 同じ部署で重ならないように調整してください。

＊「有給休暇」のことを 연차〈年次〉, 연차 휴가 ともいう。

＊ 年次休暇：연차 휴가

## そのほかの会話

1▶ 年に20日の有給休暇があります。

연간 20일의 유급 휴가가 있습니다.

2▶ 今年も有給休暇を全部消化することはできませんでした。

올해도 연차를 다 쓸 수가 없었어요.

3▶ 年末年始の休暇は，せいぜい取れても5日が限度です。

연말연시 휴가는 기껏해야 5일이 한계예요.

4▶ 来月，有休を使って韓国に行ってきたいのですが。

다음 달에 연차를 써서 한국에 갔다 오고 싶은데요.

5▶ 今，産休中です。

지금 출산 휴가 중이에요.

6▶ うちの社では男性も育児休暇を取ることができます。

우리 회사에서는 남자도 육아 휴가를 할 수 있어요.

7▶ 休日返上で働いています。

휴일을 반납하고 일하고 있어요.

8▶ 今度の休暇はちょっと変わった過ごし方をしようと思っています。

이번 휴가는 좀 색다르게 보내고 싶어요.

9▶ 年に一度，社員旅行で海外に行きます。

1년에 한 번 사원 여행으로 해외에 갑니다.

＊무전여행 [発音は 무전녀행](無銭旅行)，신혼여행 [신혼녀행](新婚旅行)，밀월여행 [밀월려행](蜜月旅行)，배낭여행 〈背嚢－〉 [배낭녀행](バックパック旅行)，수학여행 [수항녀행](修学旅行)，우주여행 (宇宙旅行)，주말여행 [주말려행](週末旅行)，해외여행 (海外旅行) は分かち書きしないが，これ以外の 졸업∨여행 (卒業旅行)，사원∨여행 (社員旅行)，위로∨여행 〈慰労－〉 (慰安旅行)などは分かち書きする。

10▶ 日曜日に出社したので，代休を取ります。

일요일에 출근했으니까 내일 쉬겠습니다.

## □ 607 片道１時間ぐらいかかります

A 출근하는 데 얼마나 걸려요?

B 전철로 1시간 정도 걸립니다.

A 通勤時間はどれくらいですか。

B 電車で１時間ぐらいかかります。

知人同士の会話

＊「通勤時間」は 통근 시간 ともいうが，통근 시간은 얼마나 걸려요? はやや硬い表現。

＊ B のせりふは 출퇴근하는 데 한 시간 정도 걸려요. とも言える。

## □ 608 歩いて職場まで通っています

A 회사까지 어떻게 다니세요?

B 사무실이 집에서 가까워 걸어 다녀요.

A どうやって仕事場に行っていますか。

B 職場が家から近いので，歩いて通っています。

知人同士の会話

＊ 사무실：職場，仕事場。회사，직장 ともいう。

＊ B のせりふは 사무실이 집에서 가까워서 걸어서 다녀요. と言ってもいいが，서 が３つも重なるので簡潔に表現してある。

## □ 609 座って通っています

A 저는 좀 이른 시간에 출근하기 때문에 앉아서 다닐 수 있어요.

B 저는 러시아워를 피해서 자유 출근하고 있어요.

A ちょっと早い時間に家を出るので，座って通うことができます。

B 私はラッシュアワーを外して，フレックス出勤をしています。

＊ 始発駅なので朝はいつも座れます：출발역에서 타니까 아침엔 항상 앉아서 가요.（始発駅は 출발역〈出發驛〉。시발역 とは言わない）

## そのほかの会話

1▶ 自宅から会社まで，バスと電車で 40 分ほどです。

집에서 회사까지 버스랑 전철로 40분 정도예요.

2▶ 会社まで，歩いて 5 分もかかりません。

회사까지 걸어서 5분도 안 걸려요.

3▶ 自宅が仕事場なので楽です。

집이 사무실이라 편해요.

4▶ 一緒の職場の人と，車に相乗りをして通っています。

회사 사람하고 같이 차를 타고 다닙니다.

＊ このような「相乗り通勤」は **카풀** ともいう。また他人と一緒にタクシーに相乗りすることは **합승**〈合乗〉というが，近年はタクシー台数の増加により少なくなっている。

5▶ 健康のために，自転車で通勤しています。

건강을 위해서 자전거를 타고 출근합니다.

6▶ 何号線で通っているんですか。

몇 호선을 타고 다니세요?

7▶ 2 号線はいつもすごく混んでいて，座れません。

2호선은 항상 사람이 많아서 서서 가야 해요.

8▶ 私が乗る電車は新聞も読めないぐらいのスシ詰めです。

제가 타는 전철은 신문도 못 읽을 정도로 꽉 차요.

9▶ 通勤は本当にうんざりです。

출퇴근은 정말 지긋지긋해요.

10▶ ひと駅手前で降りて，家まで歩いて帰ります。

한 정거장 전에 내려서 집까지 걸어가요.

## □ 610 バスに乗り遅れました

A 어쩌다 지각하셨어요?

B 늦잠을 자서 버스를 놓쳤습니다.

A どうして遅刻したのですか。

B 寝坊して，バスに乗り遅れました。

会社の同僚同士の会話

＊ 늦잠을 자다：寝坊する

＊ 上司が部下に対して 왜 지각하셨어요? というように 왜 を使うと，高圧的な態度とみなされてパワハラと言われることもあるので，注意が必要。

＊ 버스를 놓치다：バスに乗り遅れる

## □ 611 朝の打ち合わせに遅れました

A 아침 회의에 늦어서 정말 죄송합니다.

B 업무 10분 전에는 회사에 도착해야 돼요.

A 朝の打ち合わせに遅れ，本当に申し訳ありませんでした。

B 業務の 10 分前には会社に着いていなければなりませんよ。

会社の同僚同士の会話

## □ 612 父が急に倒れて，今病院なんです

A 아버지가 갑자기 쓰러지는 바람에 지금 병원에 와 있어서 조금 늦을 것 같습니다.

B 알겠습니다. 과장님께 그렇게 전하겠습니다.

A 父が急に倒れて，今病院なので，ちょっと遅れると思います。

B わかりました。課長にはそのように伝えておきます。

社員から同じ課の職員への電話連絡

## そのほかの会話

1 ▶ 雪のせいで電車が遅れました。

눈 때문에 전철이 늦어졌어요.

2 ▶ 人身事故で電車が止まってしまったので少し遅刻しました。

사고로 전철이 멈추는 바람에 좀 늦었어요.

* 日本のニュースではよく耳にする「人身事故」は **인명 사고**〈人命事故〉というが，会話では単に **사고** という場合が多い。

3 ▶ 渋滞に引っかかってしまいました。

교통 체증에 걸리고 말았어요.

4 ▶ 30 分も渋滞で身動きがとれませんでした。

30분이나 차가 막혀서 움직일 수가 없었어요.

5 ▶ 今日，用事があるので早退してもいいですか。

오늘 볼일이 있는데 조퇴해도 될까요?

6 ▶ クライアントのところから直帰します。

거래처에서 바로 퇴근할게요.

* **거래처**〈去來處〉：クライアント

7 ▶ ちょっと体調が悪いので，2 ～ 3 日休ませてください。

몸이 좀 안 좋아서 2~3일 정도 쉬겠습니다.

8 ▶ 診断書の提出が必要ですか。

진단서를 제출해야 되나요?

9 ▶ 明日はちょっと遅れます。

내일은 좀 늦겠습니다.

10 ▶ 明日は出勤できませんので，在宅勤務をします。

내일은 출근할 수 없어서 집에서 일하겠습니다.

* 在宅勤務は正確には **재택근무** だが，在宅勤務ということを前提として話をする場合には，例文のように簡単に言ってもいい。

## □613 今週中にお目にかかれますか

A 괜찮으시면 이번 주 중에 뵐 수 있을까요?

B 마침 상사가 출장 중입니다. 돌아오면 연락드리겠습니다.

---

A できれば今週中にお目にかかれますか。

B ちょうど上司が出張中でして，出張から戻ったらご連絡いたします。

* A は～뵐 수 있겠습니까? と，聞いてもいい。
* 月曜日はご都合よろしいですか：월요일은 시간이 있으십니까?
* ではいつがよろしいでしょうか：그럼 언제가 괜찮으시겠습니까?

## □614 スケジュールはどうなっていますか

A 이번주 스케줄은 어떻게 되십니까?

B 이번 주는 토요일 오전에는 바쁘지만, 그 외에는 괜찮습니다.

---

A 今週のスケジュールはどうなっていますか。

B 今週は土曜日の午前中はふさがっていますが，そのほかでしたら大丈夫ですよ。

* A の会話で 어떻게 되십니까? と聞くのは「過剰なていねい表現」だが，これを 어떻게 됩니까? としてしまうと，今度は「非礼」になる。このようなことがしばしば会話では起こるが，しかたのないことである。

## □615 近くまで来ていただければ助かります

A 내일 오후에 뵐 수 없을까요?

B 네, 좋습니다. 괜찮으시면 회사 근처로 오셨으면 합니다.

---

A 明日の午後お会いできますでしょうか。

B ええ，いいですよ。できれば会社の近くまで来ていただければ助かります。

* A の会話で 뵐 수 없습니까? と聞くと，やや強いニュアンスで相手に迫ることになるので注意。

## そのほかの会話

1▶ すみません，明日は先約が入っています。

죄송합니다. 내일은 선약이 있습니다.

2▶ すみません，明日は別件が入っています。

죄송합니다. 내일은 다른 약속이 있습니다.

3▶ 明日，どうしてもうかがえないのですが。

아무래도 내일은 뵙지 못할 것 같습니다.

4▶ できれば，来月の頭あたりが都合がいいですね。

가능하면 다음 달 초쯤이 괜찮겠네요.

5▶ できれば午後一でいかがでしょうか。

괜찮으시면 점심 드시고 바로는 어떻습니까?

6▶ 木曜日以外なら空いています。

목요일을 제외하고 시간이 있습니다.

7▶ 午後でしたらお時間をお取りできますが。

오후라면 뵐 수 있습니다만.

8▶ いつでもかまいませんので，ご都合のいいときにお電話ください。

아무때나 괜찮으니까 시간 날 때 전화 주세요.

9▶ では3時から4時の間におうかがいします。

그럼 3시부터 4시 사이에 찾아뵙겠습니다.

10▶ 明後日の午後，近くに行く用事があるのですが，そちらにお寄りしてもいいですか。

모레 오후, 그쪽으로 갈 일이 있는데, 그때 잠시 들러도 괜찮겠습니까?

＊ **모레**：明後日。**내일모레** ともいう。

## □ 616 どのようなご用件でしょうか

A 무슨 일로 오셨습니까?

B 기획실 김 실장님과 1시 반에 만나기로 약속했습니다만.

A どのようなご用件でしょうか。

B 企画室のキム室長と1時半にお会いする約束ですが。

受付と来客の会話

＊ 무슨 용건으로 오셨습니까? だとちょっとぎこちない。

## □ 617 部長は今，来客中です

A 새로운 기획 때문에 박 부장님을 뵙고 싶은데요.

B 죄송합니다. 부장님은 지금 손님과 상담 중이니 잠시만 기다려 주시겠습니까?

A 新しい企画の件で，パク部長にお目にかかりたいのですが。

B 申し訳ございません。部長はただ今，来客中ですので少々お待ちいただけますか。

来客と受付の会話

## □ 618 事前にお約束をなさっていますか

A 인터북스의 마츠모토라고 합니다. 홍보부의 이 차장님 계십니까?

B 죄송합니다만, 차장님과는 사전에 약속하셨습니까?

A インターブックスの松元ですが，広報部のイ次長さん，いらっしゃいますか。

B 申し訳ございませんが，次長とは事前にお約束をなさっていますか。

来客と受付の会話

＊ 홍보부〈弘報部〉：広報部

## そのほかの会話

受付が来客に

1 ご用件をおうかがいいたしますが。

어떻게 오셨습니까?

2 どちらの社の方ですか。

어디서 오셨습니까?

3 お名刺をお持ちでしょうか。

명함을 가지고 계십니까?

4 お越しになったことをお伝えしますので，少々お待ちください。

오신 것을 전해 드릴 테니, 잠시만 기다려 주세요.

---

秘書が受付に

5 2時半に部長に来客がありますので，その前に声をかけてください。

2시 반에 부장님께 손님이 오시기로 했으니까, 시간 전에 알려 주세요.

6 テーリム出版のイ編集長がお見えになったら，こちらにお通ししてください。

대림출판의 이 편집장님이 오시면 이쪽으로 모시도록 하세요.

7 社長からですが，今日の午後の来客はすべてキャンセルしてくださいとのことです。

사장님께서, 오늘 오후 약속을 모두 최소하라고 하십니다.

8 来客中は電話をつながないでください。

손님이 와 계실 때는 전화를 연결하지 마세요.

## □619 急に会議が入ったんだ

A 오늘 갑자기 회의가 생겼어. 서둘러 15층 A 회의실을 잡아 놔.
B A 회의실은 벌써 예약이 돼 있습니다. D 회의실로 하면 안 되겠습니까?

A 今日急に会議が入ったんだ。急いで 15 階のA会議室を押さえておいてくれ。
B A会議室はすでに予約が入っていますが，D会議室ではまずいでしょうか。

上司と部下の会話
＊ 明日の午後１時から臨時の企画会議を開きます：내일 오후 1시부터 임시 기획 회의를 엽니다.

## □620 議事録をメールしておいてくれ

A 이 차장, 오늘 아침 회의록을 사장님께 이메일로 보내.
B 네, 방금 보내 드렸습니다.

A イ次長，今朝の議事録を社長宛にメールしておいてくれよ。
B はい，ただ今送っておきました。

上司と部下の会話
＊ 議事録はふつう 회의록〈會議錄〉という。
＊ この書類を何部かコピーしてください：이 서류를 몇 부 복사해 주세요.

## □621 会議中だから緊急用件以外は取り次がないでくれ

A 회의 중이니까 긴급한 용건 외에는 연결하지 마.
B 알겠습니다. 회의는 몇시쯤에 끝납니까?

A 会議中なので，緊急用件以外は取り次がないでくれ。
B わかりました。会議はだいたい何時ごろに終わりますか。

上司と秘書の会話

## そのほかの会話

1 ▶ 今回の会議の司会は，チャン部長にお願いします。
이번 회의 진행은 장 부장님께 부탁합니다.

2 ▶ できるだけ早くこの案件を処理してください。
가능한 빨리 이 안건을 처리해 주세요.

3 ▶ 事前に出席者分の資料を揃えておいてください。
사전에 출석 인원수만큼 자료를 준비해 둬요.

4 ▶ 会議までにこの報告書をワードで作成しておいてください。
회의 전까지 보고서를 워드로 작성해 놔요.

5 ▶ テーブルやイスのセッティングを前日にしてください。
테이블이나 의자는 전날 준비해 주세요.

6 ▶ 今月の決算書の作成は終わりましたか。
이달 결산서 작성은 끝났어요?

7 ▶ 株主総会の日程は決まりましたか。
주주 총회의 일정은 정해졌습니까?

8 ▶ 議事録はでき上がっていますか。
회의록은 완성했어요?

9 ▶ この企画書はいつまでに仕上げるのですか。
이 기획서는 언제까지 완성해야 돼요?

10 ▶ 新しいプロジェクトを立ち上げたのですぐに取りかかってください。
새로운 프로젝트를 시작했으니까 바로 착수해 주세요.

11 ▶ この書類をハニル物産の物品購入担当者にファクスしておいてください。
이 서류를 한일 물산 물품 구입 담당자에게 팩스로 보내 주세요.

☐ 622 **本日はご出席ありがとうございます**

A 오늘 출석해 주셔서 감사합니다. 우선 간단히 당사 소개부터 시작하겠습니다.

B 죄송합니다, 마이크 소리가 좀 작아서 잘 안 들리는데요.

A 本日はご出席ありがとうございます。まずは簡単に当社のご紹介から始めさせていただきます。

B すみません，マイクの音がちょっと小さくて聞き取りにくいんですが。

A はプレゼンテーションをする側，B は聞く側

＊ 聞こえない方はいらっしゃいませんか : 잘 들리지 않는 분 계십니까?

☐ 623 **資料のコピーはお受け取りになりましたか**

A 여러분, 복사된 자료는 모두 받으셨습니까?

B 여기요, 자료 좀 돌려 주세요.

A 皆さん，資料のコピーはお受け取りになりましたか。

B すみません，こちらに回してください。

A はプレゼンテーションをする側，B は聞く側

☐ 624 **もう少しわかりやすく説明してください**

A 그럼, 다른 주제로 넘어갈까 합니다.

B 지금 말씀하신 것에 대해서 좀 더 알기 쉽게 설명해 주시겠습니까?

A では別のトピックに移りたいと思います。

B 今お話になったことについて，もう少しわかりやすくご説明していただけませんか。

A はプレゼンテーションをする側，B は聞く側

＊ 알기 쉽게 설명하다 : わかりやすく説明する

＊ 内容がわかりにくい : 내용이 이해하기 어렵다

## そのほかの会話

1 ▶ 本日はこの3点について，簡単に述べさせていただきます。
오늘은 이 세 가지 점에 대해서 간단히 설명하겠습니다.

2 ▶ 質問はこのプレゼンテーションの最後にお願いします。
질문은 이 프레젠테이션이 끝나고 부탁합니다.

3 ▶ では，私のプレゼンの主要部分に移ります。
그럼, 이제 계획안의 주요 부분으로 넘어가겠습니다.

4 ▶ 資料をお配りいたしますので，あわせてご覧になってください。
자료를 나눠 드리겠습니다. 같이 봐 주십시오.

5 ▶ お配りの資料，3ページ，右上の図をご覧ください。
배부한 자료의 3페이지 오른쪽 상단의 도표를 봐 주세요.

6 ▶ こちらのスライドをご覧ください。
이쪽 슬라이드를 봐 주세요.

7 ▶ うしろのほうの方は，このプロジェクタが見えますか。
뒤쪽에 계시는 분, 이 프로젝터가 보입니까?

8 ▶ 最後にもうひとつ付け加えたいことがございます。
마지막으로 하나 더 추가할 것이 있습니다.
＊ **추가하다** 〈追加－〉：付け加える

9 ▶ 私の提案を要約したいと思います。
저의 제안을 요약하겠습니다.

10 ▶ 残念ですが，時間がなくなりました。
유감스럽게도 시간이 다 됐습니다.

11 ▶ 本日お越しくださったことに大変感謝しております。
오늘 참석해 주셔서 대단히 감사합니다.
＊ **참석하다** 〈参席－〉：参加する

## 会議でよく使われる言葉

◆ある意味では：어떤 의미에서는
◆言い換えれば：바꿔 말하자면
◆言うまでもなく：말할 것도 없이
◆一般的に言えば：일반적으로 말하자면
◆遅かれ早かれ：조만간에
◆可能なら：가능하면
◆簡単に申しますと：간단히 말하자면
◆結局のところは：결국은
◆この件に関してですが：이 안건에 관해서 말씀드리자면
◆好むと好まざるとにかかわらず：좋든 싫든 상관없이
◆最後になりましたが：끝으로
◆しかしながら：그렇지만
◆実際には：실제로는
◆少なくとも：적어도
◆そのことは置いておいて：그 일은 지금 제쳐 놓고
◆それは別として：그것과는 상관없이
◆たとえそうであっても：설령 그렇다 하더라도
◆手短に言いますが：간단히 말씀드려서
◆ところで：그런데
◆とりわけ：특히나
◆なお悪いことに：불행히도
◆にもかかわらず：그럼에도 불구하고
◆本題に戻りますが：본 문제로 되돌아갑니다만
◆ひと言で言いますと：한마디로 말하자면
◆まず第一に：우선적으로
◆まとめますと：정리해서 말하자면
◆もしそうだとしたら：혹시 그렇다고 하면
◆私の意見を申しますと：제 의견을 말씀드리자면

## 会議に関する表現

- 議事日程を決める：의사 일정을 정하다
- 会議を開く：회의를 열다
- 会議の司会をする：회의의 사회를 보다
- 会議が長引く：회의가 연장되다

---

- 議長を務める：회장을 맡다
- 開会を宣言する：개회를 선언하다
- 閉会を告げる：폐회를 알리다
- 議論が白熱する：의논이 열띠다
- 会議の趣旨から離れる：회의의 취지에서 벗어나다
- 議論にならない：토론이 되지 않다

  ＊ 日本語の「議論」をそのまま 의론 と訳すとぎこちない。

- 話を遮る：이야기를 방해하다, 이야기를 가로막다
- 話がそれる：이야기가 빗나가다

---

- 抽象的な議論をする：추상적인 의견을 나누다

  ＊ 韓国語の直訳は「抽象的な意見を交わす」。

- 曖昧な返答をする：애매한 답변을 하다
- 紋切り型の返答をする：틀에 박힌 답변을 하다
- もとの議題に戻る：원래 의제로 돌아가다
- 議論が煮詰まる：의견이 좁혀지다
- 議題を変える：의제를 바꾸다
- 次の議題に進む：다음 의제로 넘어가다
- 討論が活気づく：토론이 활기를 띠다
- 討論が行き詰まる：토론이 정체 상태에 빠지다
- 論争を引き起こす：논쟁을 일으키다
- 議事録をとる：의사록을 작성하다
- 会議の内容を要約する：회의 내용을 요약하다

## □ 625 けっこう給料が上がったよ

A 올해는 월급이 꽤 올랐어.

B 좋겠다. 우리 회사는 불경기 탓에 월급이 10퍼센트나 삭감됐어.

A 今年はけっこう給料が上がったよ。

B いいなあ。うちの会社は不景気で，給料を 10 パーセントカットされたよ。

別の会社に通う友人同士の会話

＊ 삭감되다〈削減ー〉：カットされる

## □ 626 スズメの涙ほどのボーナスだよ

A 보너스도 쥐꼬리만큼이라 빚을 갚을 수가 없어.

B 그래도 없는 것보단 훨씬 낫다.

A スズメの涙ほどのボーナスで，借金返済のたしにもならないよ。

B しかし，ないよりずっとましだよ。

会社の同僚同士の会話

＊ スズメの涙ほど：韓国語では「ネズミのしっぽほど（쥐꼬리만큼）」という。

## □ 627 キム課長が部長に昇進したって

A 김 과장님이 부장으로 승진했다는 얘기 들었니?

B 아마 큰 계약을 따냈기 때문일 거야.

A キム課長が部長に昇進したって聞いた？

B きっと大きな契約を取ったからだわ。

会社の同僚同士の会話

1▶ 給料，去年よりも上がり幅が大きかったよ。
월급이 작년보다 많이 올랐어.

2▶ こんなに上がってうれしいな。これで少し貯金できるよ。
많이 올라서 기분이 좋아. 덕분에 조금이나마 저축할 수 있겠어.

3▶ もう3年も給料が上がらないよ。
벌써 3년 이상 월급이 오르지 않았어.

4▶ ボーナスが少なくて，何も買えないよ。
보너스가 적어서 아무것도 살 수가 없어.

5▶ 皆さんのおかげで，係長に昇進しました。
여러분 덕분에 계장으로 승진했습니다.

6▶ 新しい仕事はもっと責任が重いですが，一生懸命に頑張ります。
새로 맡은 일은 책임이 더 무겁습니다만, 열심히 노력하겠습니다.

7▶ 今の仕事は以前に比べてずっと大変です。
지금 맡은 일은 전에 비해 훨씬 어려워요.

8▶ 女性が昇進するのは大変なことだわ。
여성이 승진하는 것은 대단히 어려운 일이야.

9▶ キム課長が降格されたって聞いた？
김 과장님이 강등당한 거 들었니?

✱ **강등당하다** 〈降等－〉：降格される。会社によって異なるが，**강등 조치** 〈降等措置〉をとるところは少ない。**강등** という語はふつう軍隊で使われる用語。

10▶ たぶん今回の契約がうまくいかなかったからだわ。
아마 이번 계약에 실패한 책임을 물었을 거야.

11▶ 私たちの会社には，目に見えない差別があるような気がします。
우리 회사에는 눈에 보이지 않는 차별이 있는 것 같아요.

## □ 628 脱サラをしようかと考えています

A 한직에 있느니 차라리 회사를 그만두고, 하고 싶은 일을 시작해 볼까 해요.
B 저도 구조 조정되기 전에 회사를 그만둘까 생각 중이에요.

A 窓際族でいるよりは，脱サラをして好きな仕事を始めようかと考えています。
B 私もリストラになる前に，会社を辞めようかと考えています。

* 한직〈閑職〉: 窓際族
* 구조 조정이 있기 전에～ というと，個人的なことではなく「会社全体がリストラになる前に」の意味になる。

## □ 629 脱サラしても，そんなにうまく行きません

A 회사를 그만두고 창업한다고 하지만, 세상이 만만치 않아서 걱정이야.
B 저도 전에 다니던 직장을 그만둔 걸 정말 후회하고 있어요.

A 脱サラなんて言っても，世の中そんなに甘くないから心配だよ。
B 私も，前の職場を辞めたことを本当に後悔しています。

脱サラをしようとしている人に対して忠告をする同僚たちの会話
* 회사를 그만두다 : 脱サラする（그만두다 は分かち書きしない）
* 만만치 않다 : 簡単ではない。만만하다（簡単だ，たやすい）の否定形。만만지 않다 ではなく，만만치 않다 になる。

## □ 630 異動になったんだけど，単身赴任なんだよ

A 이번에 홍콩 사무실로 옮기게 됐는데, 가족은 두고 나 혼자 가야 돼.
B 난 가족 동반이 아니면 회사를 그만두겠어.

A 今度，香港事務所に異動になったんだけど，単身赴任なんだよ。
B ぼくはもし家族同伴じゃなければ会社を辞めるよ。

会社の同僚同士の会話
* 韓国語では 단신 부임 という語は一般的には使わない。

## そのほかの会話

1 ▶ 私，転職しようかと思ってるの。

나 말이야, 이직할까 생각 중이야.

＊ **전직**〈轉職〉という語を使うには使うが，**이직**〈移職〉のほうがより一般的。ちなみに離職も**이직**という。

2 ▶ 自分で起業して頑張ってみようと思っています。

창업해서 한번 열심히 해 볼까 합니다.

3 ▶ 内緒で仕事の面接に行っています。

남들 모르게 면접을 보러 다니고 있어요.

4 ▶ もっとやりがいのある仕事をしたいので，辞表を提出しました。

좀 더 보람 있는 일을 하고 싶어서 사표를 냈어요.

5 ▶ 残業がきついので，もっと楽なところに移ることにしました。

잔업이 힘들어서 더 편한 곳으로 옮기기로 했어요.

6 ▶ 売り手市場と言われていても，再就職は厳しいね。

경기가 좋다고는 하지만 다시 취직하기는 어렵네.

7 ▶ 仕事は辞めたいですが，転職するには大変な時期です。

직장을 그만두고는 싶은데, 이직하기도 어려운 시기네요.

8 ▶ 課長がリストラの対象になるなんて，ぼくらもうかうかしていられないなあ。

과장님마저 구조 조정 대상이 될 줄 몰랐어. 우리도 태평하게 있을 때가 아니야.

9 ▶ 何年も前に仕事を変えておけばよかったなあ。

몇 년 전에 미리 직장을 옮겼으면 좋았을걸.

＊ **을걸** は **좋았을걸** のように，くっつけて書く。分かち書きしない。

10 ▶ 異動願いを申請しました。

부서 이동을 신청했어요.

11 ▶ 仕事の引継ぎをしなければなりません。

업무 인계를 해야 합니다.

＊ **인수 인계**〈引受引繼〉ともいう。

# 211 会社への不満

### □ 631 仕事にやりがいが見つけられないの

A 지금 하고 있는 일에서 아무런 보람을 찾을 수 없어.

B 나도 그래. 이 회사에 있으면 매일 같은 일의 반복이야.

A 今の仕事に，何のやりがいも見つけられないの。

B わたしもそうなの。ここにいては，毎日同じことの繰り返しよ。

会社の同僚同士の会話

＊ 보람 : やりがい

### □ 632 やってもやっても仕事が終わらないんだ

A 매일 야근이 많아 최악이야. 해도 해도 일이 끝나지 않아.

B 정말 그래. 매일 일에 내몰리는 느낌이야.

A 毎日残業ばかりで最悪だよ。やってもやっても仕事が終わらないんだ。

B ほんとだよ。毎日仕事に追い立てられている感じだよ。

会社の同僚同士の会話

＊ 仕事に追い立てられる : 일에 내몰리다

### □ 633 ミスばっかりして対応が大変だ

A 후배가 실수투성이라 대처하기 힘들어.

B 나도 클레임 처리하느라 스트레스만 쌓여.

A 後輩がミスばっかりして対応が大変だ。

B おれだってクレーム処理ばかりで，ストレスがたまる一方だよ。

会社の同僚同士の会話

## そのほかの会話

1 ▶ 今の仕事にはうんざりしています。

지금 하는 일에는 진절머리가 나요.

2 ▶ 毎日どうでもいい仕事ばっかりだよ。맨날 시답잖은 일만 시켜.

* **시답잖다**：気に入らない，満足のいかない，満足しない
* 俗っぽい言い方で **맨날 거지 나부랭이 같은 일만 시켜.** とも言える。**나부랭이** は「端くれ」「屑（くず）」の意味で，**학자 나부랭이**（学者の端くれ），**관료 나부랭이**（官僚の端くれ）のように使う。

3 ▶ ここにいては，自分の実力を発揮できないと思うんだ。

여기 있으면, 내 실력을 제대로 발휘하지 못할 것 같아.

4 ▶ 仕事への情熱はもうないよ。일에 대한 열정은 이제 없어.

5 ▶ うちの会社は結果ばかり言うんだ。우리 회사는 결과만 따져.

6 ▶ もうこの年じゃ，どうせ出世できないしね。

어차피 출세하기는 틀렸고.

7 ▶ 先輩たちにいじめられているんだ。

선배들에게 왕따를 당하고 있어.

8 ▶ うちの上司，頼りにならないんだよ。

우리 상사는 의지할 사람이 못 돼.

9 ▶ うちの上司，いつも怒鳴ってばかりで最悪だよ。

우리 상사는 언제나 고함만 치고 최악이야.

10 ▶ 部長は言うことがころころ変わる。

부장님의 말은 수시로 바뀌어.

* **부장님은 말을 수시로 바꿔.** とも言える。

11 ▶ チームのひとりの仕事が遅くて全然進まないんだよ。

팀원 중 한 명이 느려 빠져서 일이 진전이 안 돼.

12 ▶ 今回のプロジェクトはチームワークが悪いんだよね。

이번 프로젝트는 팀워크가 최악이야.

## 634 両面コピーにしましょうか

A 이거 회의에서 쓸 자료인데, 30부만 복사 좀 부탁해.

B 네, 알겠습니다. 매수가 많으니까 양면 복사로 할까요?

---

A これ，会議で使うから 30 部コピーしてくれる？

B はい，わかりました。枚数が多いので両面コピーにしましょうか。

課長と課長秘書の会話

* 会社での会話ではていねいな語調が適当。30부 복사 부탁해. というとぶっきらぼうなので，30부만 복사 좀 부탁해. と言ったほうがいい。-줄래? -ᵛ해 줘. は，ふつう友達同士の会話でよく使われる。
* -부 복사하다：～部コピーをする［とる］

## 635 一枚ずつでよろしいでしょうか

A 한 장씩 뽑을까요?

B 종이가 아까우니까 양면 복사로 해.

---

A 一枚ずつでよろしいでしょうか。

B 用紙がもったいないから，両面コピーにしてくれ。

部下と上司の会話

* 白黒でいいですか：흑백으로 복사하면 되나요?
* 白黒でもいいですか：흑백으로 복사해도 되나요?

## 636 ファクス送ったので，確認お願いします

A 팩스 보냈는데 확인 좀 부탁드릴게요.

B 아뇨, 안 왔습니다. 한 번 더 보내 주세요.

---

A ファクス送ったので，確認お願いします。

B いいえ，届いていません。もう一度送ってください。

電話での，別の会社の社員同士の会話

* 팩스를 보내다：ファクスを送る
* 팩스를 받다：ファクスを受け取る

## そのほかの会話

1 ▶ コピーが終わったら，ぼくのデスクの上に置いといてよ。

복사가 끝나면, 내 책상 위에 놓아 줘.

2 ▶ 分厚い本はコピーがとりにくいです。

두꺼운 책은 복사하기 어려워요.

3 ▶ コピー機が古いので，よく紙詰まりが起こります。

오래된 복사기라 종이가 자주 걸려요.

4 ▶ A4の用紙がなくなったから，補充しておいてくれる？

A4 용지가 떨어졌으니까 채워 놔 줄래?

＊ **A4 용지**：発音は ［에이포 용지］。

＊ **용지[종이]가 떨어졌다**：用紙が入っていない

＊ 用紙を補充する：**용지[종이]를 보충하다[넣다]**

5 ▶ 両面印刷は，手差しで用紙を入れてください。

양면 복사를 할 때에는 손으로 용지를 넣어 주세요.

＊ **손으로 용지[종이]를 넣다**：手差しで紙を入れる

6 ▶ たくさんコピーしてしまったあとにミスプリが発見された。

한참 복사하다가 나중에 잘못 복사한 걸 알았어.

7 ▶ これ，ページ順に整理してファイルしておいて。

이거, 페이지순으로 정리해서 파일에 넣어 둬.

8 ▶ この資料，ここにいる人数分コピーして持ってきてください。

이 자료, 여기 있는 인원수대로 복사해서 가져오세요.

9 ▶ 用紙が詰まってしまったので，ちょっと見てくれない？

용지가 걸렸는데 좀 봐 줄래?

＊ **용지[종이] 가 걸리다**：紙が詰まる

＊ 用紙を引っ張り出す：**용지[종이]를 꺼내다**

## □ 637 値段の面で，もう少しお考えいただけないでしょうか

A 가격을 좀 더 고려해 주실 수 없습니까?

B 알겠습니다. 회사에 돌아가서 부장님과 상의하고 연락드리겠습니다.

A 値段の面で，もう少しお考えいただけないでしょうか。

B わかりました。社に戻って部長と相談して，ご連絡いたします。

＊「値段の面で」をそのまま 가격 면에서 というと，日本語的な表現でぎこちない。

＊ 연락드리다 はひとつの単語。

＊ 私の一存ではちょっと決めかねます《B 社が A 社に》: 저 혼자 판단해서 결정할 수 없습니다.

## □ 638 何とか都合はつきませんか

A 이번 주 금요일까지 100개 정도 어떻게 안 되겠습니까?

B 죄송합니다. 그건 좀 힘들 것 같습니다.

A 今週の金曜日までに，何とか 100 個ほど都合はつきませんか。

B 申し訳ございません。それは少し難しいかと存じます。

＊ 納期についてもう一度ご検討いただけないでしょうか《B 社が A 社に》: 납품 기한을 한 번 더 검토해 주시면 안 될까요?

＊ 納品の締め切りを延ばしていただけませんか《B 社が A 社に》: 납품 마감을 좀 더 늦춰 주시면 안 될까요?

## □ 639 競合する他社よりもかなり高いのですが

A 귀사의 가격이 타사보다 좀 높습니다만…….

B 알겠습니다. 가격은 유연하게 대응하도록 하겠습니다.

A 御社の価格は他社よりもかなり高いのですが。

B わかりました。価格の面では柔軟に対応いたしましょう。

＊「かなり高い」をそのまま 제법 비싸다 とすると，あまりにも直接的な表現になるので避けたほうがいい。

＊ 4%まででしたら，何とか割引いたしましょう《B 社が A 社に》: 4퍼센트 정도 할인해 드릴 수 있습니다.

## そのほかの会話

1▶ この商品の最終提示価格はいくらですか。

이 상품의 최종 제시 가격은 얼마입니까?

2▶ 一括購入割引はありますか。

일괄 구입하면 할인이 됩니까?

＊ 似たような表現に **일시불**〈一時払〉があるが，こちらは「一括払い」のこと。

3▶ 大量に発注したら値引きしていただけますか。

대량으로 발주하면 할인이 됩니까?

4▶ 今度の月曜日の朝一番で，納品は可能ですか。

이번 월요일 아침 일찍 납품이 가능할까요?

5▶ 何とかここらで手を打っていただけないでしょうか。

이 선에서 어떻게 안 되겠습니까?

6▶ できるだけのことはやってみましょう。

할 수 있는 데까지는 해 봅시다.

7▶ 今回はこれ以上の割引は不可能です。

이번에는 이 이상 할인은 불가능합니다.

8▶ その線で何とかお引き受けできると思います。

그 선에서 어떻게 해 드릴 수 있을 것 같습니다.

9▶ それくらいでしたら，何とかなると思います。

그 정도면 어떻게든 될 것 같습니다.

10▶ 私たちの立場もご理解いただければと思います。

저희 입장을 이해해 주셨으면 좋겠습니다.

11▶ 御社のほうでは，なんとかこの点を譲歩していただけないでしょうか。

귀사 쪽에서 어떻게 이 점을 양보해 주실 수 없겠습니까?

## □ 640 条件が厳しくて，合意にこぎつけるのが大変でした

A 이번 조건은 너무 까다로워서 좀처럼 합의하기가 어려웠습니다.

B 그래도 자네 덕분에 협상이 잘 성사됐네.

A 今回はかなり条件が厳しくて，合意にこぎつけるのがなかなか大変でした。

B でも，きみのおかげで何とか交渉がまとまったよ。

＊ 今回の交渉は最終的に決裂したが，結果的には無駄ではなかったと思うよ《部長が課長に》: 결국 이번 교섭은 결렬됐지만, 결과적으로 보면 헛되지는 않았어.

＊ 今回の交渉が決裂したとしても，無駄ではなかったと思うよ《部長が課長に》: 이번 교섭이 결렬된다 하더라도 헛된 일은 아니었어.

## □ 641 今回の交渉担当者は，なかなか手ごわかったな

A 이번 교섭 담당자 말이야. 젊은 사람치곤 꽤 솜씨가 좋았어.

B 정말 그들이 그렇게까지 할 줄은 생각도 못했어.

A 今回の交渉担当者は，若いのになかなか手ごわかったな。

B 本当に彼らがあそこまでやるとは思わなかったよ。

交渉を担当した同僚同士の社内の内輪話

＊ 젊은 사람치곤 : 若い割には。젊은 사람치고는 の縮約形。

## □ 642 契約は 3 年ごとに更新でいいですか

A 3년마다 계약을 갱신하는 것으로 해도 괜찮겠습니까?

B 알겠습니다. 계약서는 회사로 돌아가 변호사와 검토하도록 하겠습니다.

A 契約は 3 年ごとに更新ということでいいですか。

B わかりました。契約書はいったん社に持ち帰って弁護士に目を通してもらいます。

交渉を担当した者同士の会話

＊ 契約は来月で満了になりますが，以後はどういたしましょうか : 계약이 다음 달에 만료되는데, 이후 어떻게 하시겠습니까?

＊ 条件については再交渉したいのですが : 조건에 대해서는 재교섭을 하고 싶습니다.

## そのほかの会話

1 ▶ これまでの合意事項を書面で確認したいと思います。

지금까지의 합의 사항을 서면으로 확인하고 싶습니다.

2 ▶ お互いの社の利益になることですので，何とかこの交渉がうまくいけばと思っております。

서로의 회사에 이익이므로 아무쪼록 이 협상이 잘되길 바라고 있습니다.

＊ **-이므로**：~だから，~であるから。おもに文章を書く場合や演説や発表などで用いる形。

＊「交渉」は**교섭**とするよりは，**협상**〈協商〉が妥当。**협상**とは，お互いの相談によってある目的にそった取り決めをすること。

3 ▶ 今日，契約書に調印しましたので，この契約は4月1日から有効です。

오늘 계약서에 조인했으니까 이 계약은 4월 1일부터 유효합니다.

4 ▶ 支払い条件ですが，7日以内に10%，そして1か月以内に残りの全額ということでよろしいでしょうか。

지불 조건은 7일 이내에 10퍼센트, 그리고 1개월 이내에 잔액을 지불하는 것으로 하면 어떻겠습니까?

5 ▶ お互いの立場がこうも違うと，手を引かざるを得ませんね。

서로의 입장이 상당히 다르니 손을 뗄 수밖에 없네요.

6 ▶ 水を差すようですが，これ以上議論してもお互い時間の無駄ではないでしょうか。

물을 끼얹는 것 같지만, 더 논의해 봐야 피차 시간 낭비 아니겠습니까?

＊ **피차**〈彼此〉：お互いに

12 仕事・会社

7 ▶ お互いの主張は平行線ですので，ひとまず白紙に戻して考えたいと思います。

서로의 주장이 팽팽히 맞서 도무지 합의할 수 없으므로, 일단 없던 일로 하고 다시 생각해 볼까 합니다.

8 ▶ 先日の東西食品との交渉は価格の面での折り合いが付きません。

지난 번, 동서 식품과의 협상은 가격이 맞지 않았습니다.

9 ▶ 取引開始時期をめぐって，相手の会社との合意が得られていません。

거래 개시 시기를 두고 상대 회사와 합의를 보지 못하고 있습니다.

# 13.

## 住まい

## □ 643 日当たりのいい部屋はありませんか

A 햇볕이 잘 드는 방 있나요?

B 이를 어쩌나, 조금 전에 나가 버렸는데…….

A 日当たりのいい部屋はありませんか。

B あら，あいにくちょっと前に埋まっちゃったんですよ。

A は部屋を探している人，B は不動産屋

＊ 이를 어쩌나：どうしましょう，残念ですが

＊ 駅の近くで部屋を探しているんですが：역에서 가까운 방을 찾고 있는데요.

## □ 644 もう少し安い部屋はありませんか

A 좀 더 싼 곳은 없나요?

B 있기는 하지만 반지하 방인데 괜찮겠어요?

A もう少し安い部屋はありませんか。

B あることはありますが，半地下ですがいいですか。

＊ あることはありますが，交通がちょっと不便です：있기는 하지만 교통이 좀 불편해요.

＊ この近くのワンルームは，チョンセでいくらぐらいですか：이 근처 원룸은 전세가 얼마나 하나요?

## □ 645 最寄りの駅からどれぐらいかかりますか

A 제일 가까운 역에서 얼마나 걸리나요?

B 천천히 걸어도 10분밖에 안 걸려요.

A 最寄り駅からどれぐらいかかりますか。

B ゆっくり歩いても 10 分もかかりません。

＊ 駅から徒歩 10 分以内の部屋を探しています：역에서 도보로 10분 이내의 방을 찾고 있어요.

＊ 駅から近いところで，手頃な物件はないですか：역에서 가깝고 저렴한 집은 없나요?

## そのほかの会話

1▶ ワンルームマンションを探しているのですが。

원룸 오피스텔을 찾고 있는데요.

＊ 日本語の「マンション」は韓国語では **아파트** だが，「ワンルームマンション」は**원룸 오피스텔**，または単に**원룸**という。韓国で **맨션** というと **연립 주택**〈聯立住宅〉を指すことが多い。**연립 주택** というのは低層（4，5 階建て）の集合住宅のこと。

2▶ 学校の近くで，食事付きの下宿はありませんか。

학교 근처에 하숙집은 없어요?

＊ 韓国語で **하숙집** は食事付きのところを言う。食事が出ないところは **자취방**〈自炊房〉，または **자취 집** という。

3▶ 東向きか，できれば南向きの部屋がいいんですが。

동향도 괜찮지만, 될 수 있으면 남향 방이 좋은데요.

＊ **남향**〈南向〉：南向き／**동향**〈東向〉：東向き

4▶ 部屋を見せてもらえますか。방을 보여 주시겠어요?

5▶ そこは交通が便利ですか。거기는 교통이 편리하나요?

6▶ 近くに商店街はありますか。근처에 가게는 많이 있나요?

7▶ 今から部屋を見に行ってもいいですか。지금 방을 보러 가도 괜찮나요?

**一口メモ 전세 と 월세**

전세：月々の家賃を支払うかわりに，賃貸契約時に一定の金額（保証金）を大家に預けて，部屋を借りる制度。ふつうは契約は２年で，保証金は，家の値段の半分～1/3 ぐらい。退居時に，預けた金は全額返金されることになっている。韓国では銀行に預けておくだけでも１年間に５～10％以上の利子が付くこともあったため成り立っていた制度だが，最近の金利の低下により，전세 を好む大家は減少の傾向にあり，月々の家賃を払う 월세 物件が増えている。

월세：毎月決められた額の家賃を払う制度。この場合でも，契約時に一定の金額を預け入れるのが一般的で，不動産の物件情報では「500만원（保証金）／ 25만원（月々支払う家賃）」と表記されている。保証金の額が多いほど月々の家賃の額は少なくなる。預けた金は 전세 同様，退居時に全額返金されるが，月々の家賃を滞納するとそこから家賃が差し引かれる。

## □ 646 この部屋，まだ空いていますか

A 앞에 나와 있는 광고를 봤는데요. 그 방은 아직 비어 있나요?

B 예, 아직 비어 있습니다. 보시겠어요?

A 前の広告を見たのですが，その部屋はまだ空いていますか。

B ええ，まだ空いてます。ご覧になりますか。

A は部屋を探している人，B は不動産屋

## □ 647 いつから入居できますか

A 언제부터 방을 쓸 수 있나요?

B 오늘이라도 바로 입주 가능해요.

A いつから入居できますか。

B 今日からでもすぐに入居できますよ。

A は部屋を探している人，B は不動産屋

## □ 648 保証金は必要ですか

A 월세도 보증금이 필요한가요?

B 네, 500에다가 다달이 50이에요.

A ウォルセでも，保証金は必要ですか。

B ええ，保証金 500 万ウォンに，月々 50 万ウォンです。

＊ 월세〈月貰〉：月払い家賃。同じソウルでも，区や部屋の条件などによって値段の差が大きいので一概には言えないが，ワンルームをウォルセで借りる場合は，保証金 500 ～ 1,000 万ウォン，月 80 ～ 100 万ウォンくらい。

## そのほかの会話

1 ▶ 月々の家賃はいくらですか。월세는 얼마입니까?

2 ▶ 部屋代に光熱費は含まれていますか。

방값에 전기세나 수도세 등은 포함돼 있어요?

＊ **전기세**〈電氣貰〉: 電気代, **수도세**〈水道貰〉: 水道代。**광열비**〈光熱費〉という語は使うには使うが一般的ではない。最近では**관리비**〈管理費〉といって一括して光熱費などを徴収するところもある。

3 ▶ ウォルセで50万ウォンまでなら出せます。

월세로 50까지면 낼 수 있어요.

4 ▶ お金が準備できたらすぐに連絡しますので, 部屋を取っておいてください。

돈이 준비되면 바로 연락드릴 테니까 방을 잡아 주세요.

5 ▶ インターネットは使えますか。

인터넷은 쓸 수 있나요?

6 ▶ ペットを飼ってもいいですか。

애완동물을 키워도 괜찮나요?

7 ▶ よく考えてみて, また連絡します。

좀 더 생각해 보고 다시 연락드릴게요.

8 ▶ また, ほかを探してみます。다른 곳도 한번 알아볼게요.

9 ▶ カギはいつもらえますか。열쇠는 언제 받을 수 있나요?

10 ▶ 家賃の支払い期限はいつですか。방세는 언제까지 내야 돼요?

11 ▶ 契約期間は何年ですか。계약 기간은 몇 년입니까?

12 ▶ 卒業したら部屋を出たいのですが, チョンセはすぐに返ってきますか。

졸업할 때 방을 비울까 하는데, 전세금은 바로 돌려받을 수 있나요?

## □ 649 門限はありますか

A 귀가 시간은 정해져 있어요?

B 특별히 정해져 있지는 않은데, 늦어질 때는 연락하세요.

A 門限はありますか。

B 特に決まっていませんが，遅くなるときは連絡してください。

* 귀가 시간〈歸家時間〉：門限。韓国語には「門限」に当たる適当な言葉はない。ふつうは 밤에는 몇 시까지 들어와야 돼요? と聞く。下宿や寮などの場合は 통금 시간〈通禁時間〉などと言っているが，一般的ではない。昔の下宿は門限があったが，最近ではない。

## □ 650 友達と一緒に住んでもいいですか

A 친구랑 같이 써도 되나요?

B 남자 친구분이시죠? 그렇다면 괜찮아요.

A 友達と一緒に住んでもいいですか。

B 男性の友達ですよね。それならかまいませんよ。

## □ 651 韓国の学生さんとシェアしたいのですが

A 한국 학생이랑 같이 살고 싶은데요.

B 일본 사람을 이해해 주는 사람이라면 좋은데, 처음에는 여러 가지 트러블이 있을 거예요.

A 韓国の学生さんとシェアしたいのですが。

B 日本人のことを理解してくれる人ならいいんですけど，最初はいろいろとトラブルがありますよ。

* 大学近くで長期ルームシェア探しています《貼り紙の文言。学生が》：대학교 근처 장기 룸메이트 구합니다.

* 長期下宿生募集《貼り紙の文言。大家が》：장기 하숙생 구합니다.

## そのほかの会話

1▶ 食事付きですか。식사도 포함돼 있나요?

＊ 韓国の下宿は，一般的に食事付きのところが多いが，最近ではファストフード店やコンビニの発達で食事を出さないところも増えてきている。

2▶ 壁に釘を打ってもいいですか。벽에 못을 박아도 괜찮나요?

3▶ 壁を新しく塗り替えてもいいですか。
벽을 새로 도배해도 괜찮나요?

4▶ 部屋でタバコを吸ってもいいですか。
자기 방에서는 담배 피워도 괜찮아요?

5▶ 部屋にベッドを入れてもいいですか。
방에 제 침대를 들여놔도 괜찮습니까?

6▶ この冷蔵庫は一緒に使ってもいいですか。
이 냉장고는 같이 써도 돼요?

7▶ 何か特別な決まりはありますか。
특별히 정해진 규칙은 없나요?

8▶ 以前，日本の学生がここに下宿したことはありますか。
이전에 일본 학생이 여기서 하숙한 적이 있어요?

9▶ ゴミはいつ出すんですか。쓰레기는 언제 내놓나요?

10▶ 食事はいつも決まった時間にするのですか。
식사 시간은 정해져 있나요?

11▶ シャワーはいつでも使えるんですか。
샤워는 아무 때나 할 수 있나요?

12▶ 洗濯はどこでするんですか。빨래는 어디서 해요?

13▶ 共同で使うところの掃除は，どうするんですか。
공동으로 사용하는 곳의 청소는 어떻게 합니까?

## □ 652 どのように家賃を分けたらいい？

A 어떤 식으로 방값을 나누면 좋을까?
B 공평하게 반반씩 내자.

A どのように家賃を分けたらいい？
B 公平に半分半分にしよう。

ルームメイト同士の会話
＊ 最近では，新学期や卒業シーズンではないときに下宿を出る学生が多いことから，大家が残った契約期間分の家賃を 하숙 보증금 という名目で入居時に徴収する制度が広がりつつある。

## □ 653 ちょっとテレビ消してくれない？

A 공부하고 있으니까 텔레비전 좀 꺼 줄래?
B 도서관에 가서 공부하면 안 돼?

A 勉強しているんだから，ちょっとテレビ消してくれない？
B 図書館で勉強するわけには行かないの？

＊ 部屋では静かにしてくれよ：방에서는 좀 조용히 해 줄래?
＊ 今，テレビ見てもいい？：지금 텔레비전 봐도 돼?

## □ 654 ちょっと片付けようよ

A 난 방이 지저분한 건 딱 질색이니까 좀 치우고 살자.
B 난 별로 신경 안 쓰이는데. 발 디딜 곳만 있으면 되거든.

A 部屋が散らかってるのはいやだから，きちんと片付けようよ。
B ぼくはあまり気にならないけど。足の踏み場所さえあればいいよ。

＊ 질색이다〈窒塞−〉：(息が詰まるほど) ひどく嫌う
＊ 少しは部屋を片付けてくれないかな：가끔씩은 방 청소 좀 해라.

## そのほかの会話

1 ▶ トイレットペーパーが切れちゃったわ。화장지가 떨어졌어.

2 ▶ このクローゼットに私の荷物を入れてもいいですか。

이 옷장에 제 짐을 넣어도 괜찮아요?

3 ▶ 困ったことがあったら，遠慮なく言ってください。

불편한 일이 있으면 언제든지 말해 줘요.

4 ▶ 冷蔵庫のものはお互いに管理しましょう。

냉장고에 들어 있는 자기 음식은 각자 알아서 관리하죠.

5 ▶ ぼくの牛乳を勝手に飲まないでよ。

내 우유 함부로 마시지 마.

6 ▶ 悪いけど，明日試験だから，後片付け頼むよ。

미안하지만 내일 시험이니까 설거지 부탁해.

7 ▶ 韓国人の友達を連れてきてもいいですか。

한국인 친구를 데리고 와도 돼요?

8 ▶ できれば，友達は自分がいないときに連れてきてくれますか。

가급적이면, 친구는 내가 없을 때 데리고 와 줄래요?

9 ▶ 掃除もそうだし，友達を連れて来ることもそうだし，わたしたちルールを決めようよ。

청소도 그렇고, 친구 데려오는 것도 그렇고, 우리 규칙을 정하는 게 좋겠어.

10 ▶ 悪いけど，明るいと眠れないから電気消して寝ようよ。

미안한데, 난 밝으면 잠이 안 오니까 불 좀 끄고 자자.

11 ▶ 今日は疲れているから先に寝ますよ。

오늘은 피곤해서 먼저 자요.

12 ▶ ごめん，今月は家賃の支払いが少し遅れる。

미안해. 이번 달 집세 조금 늦어질 것 같아.

＊ 家賃を払う：집세를 물다

＊ 家賃が滞る［たまる］：집세가 밀리다

＊ 家賃の督促を受ける：집세를 독촉받다

## □ 655 ルームメイトには参ったよ

A 룸메이트 때문에 죽을 지경이야.

B 서로 좀 양보하고 지내면 안 돼?

A ルームメイトには参ったよ。

B もう少しお互いに譲歩してみたらどうなの？

A がルームメイトとの不満を友達 B にぶつけている

＊ 죽을 지경이다：直訳は「死にそうだ」だが，「どうにも耐えられない」と言ったような軽い意味。지경〈地境〉は -을 のあとについて，「そのような程度」を表す。最近の若者は 죽을 맛이다 ともいう。

＊ 気がおかしくなりそうだ：환장할 지경이다。환장〈換腸〉は「程度が過ぎる」様子。

## □ 656 部屋を出ることに決めたわ

A 룸메이트하고 지내기 어려워서 방을 나가기로 했어.

B 네가 나간 뒤에 친구는 어떻게 하기로 했는데?

A ルームメイトとうまくいかないので，部屋を出ることに決めたわ。

B あなたが出たあと，お友達のほうはどうするんだって？

A がルームメイトとの不満を友達 B にぶつけている

＊ あなたが出たら部屋代はどうするの？《出て行くルームメイトに》:네가 나가면 방 값은 어떻게 할 건데?

＊ 家賃の精算は二人で済ませてください《大家が》：방값 계산은 두 분이서 해결하세요.

## □ 657 日本に帰ることになりました

A 일본에 돌아가게 됐어요.

B 여기 생활에도 겨우 익숙해졌을 텐데 섭섭하네요.

A 日本に帰ることになりました。

B せっかくこっちの生活にも慣れたのに残念ね。

＊ 일본에 돌아가게 됐어요 は実家や会社の命令などで，自分の意志に関係なく日本に帰ることになった場合の言い方。

＊ 日本に帰ることにしました《自分の意志で日本に帰ることにした場合》：일본에 돌아가기로 했어요.

## そのほかの会話

1▶ 些細なことがきっかけでルームメイトとけんかをしてしまいました。

사소한 일 때문에 룸메이트하고 다퉜어요.

* **사소한 일** 〈些少－〉：些細なこと
* けんか：この場合の **다투다** は「言い争う」「ごたごたする」というニュアンス。

2▶ ルームメイトのせいで気が狂いそうだよ。

룸메이트 때문에 미치겠어.

* 韓国語では親しい友人同士でも平気でこの手の表現をする。

3▶ 一緒に住むと，ちょっとのことでもすぐけんかになっちゃうよ。

같이 살면 작은 일에도 쉽게 다투게 돼.

4▶ 韓国の生活にも慣れたので，ひとりで生活しようと思います。

한국 생활에도 익숙해지고 해서 혼자서 살 집을 찾아볼까 해요.

5▶ 学校の近くに引っ越すことにしました。

학교 근처로 이사하기로 했어요.

6▶ 荷物はそんなに多くないので，小さなトラックを呼んでください。

짐은 그렇게 많지 않으니까 용달차를 불러 주세요.

* **용달차** 〈用達車〉：引越などで荷物を運ぶ必要があるとき，来てもらう便利屋の小型のトラック。**용달차** を呼んで引っ越しをするサービスは **용달 이사**と言い，学生のような少量の荷物を運ぶときには便利。

7▶ 友達に手伝ってもらうので引越センターを呼ばなくても大丈夫です。

친구가 도와주니까 이삿짐 센터는 부르지 않아도 괜찮아요.

* **이삿짐 센터** 〈移徙－〉：引越センター



8▶ これが日本での住所です。手紙をくださいね。

이게 일본 주소예요. 편지 주세요.

9▶ もし日本にいらっしゃったらご連絡をくださいね。

혹시 일본에 오시면 꼭 연락 주세요.

10▶ 本当にお世話になりました。

여러 가지로 감사합니다.

* 本当に世話になった場合でなければ，あいさつ代わりに**정말로 신세 많이 졌습니다.** とは言わない。

## □ 658 この地域で新築のマンションはありませんか

A 이 동네에 새로 지은 아파트는 없나요?

B 몇 평 정도를 생각하고 있어요?

A この地域で新築のマンションはありませんか。

B 何坪ぐらいのお部屋をお考えですか。

客と不動産屋の会話

＊「新築」は 신축 ともいう。

＊韓国の 아파트 はゆったりとしていて内外部のデザインもよく，40 坪，50 坪はおろか，今や 80 坪のものまであり，日本でいう「マンション」である。

## □ 659 このアパートは何坪ですか

A 이 아파트는 몇 평이에요?

B 60평입니다. 두 분이서 사시기엔 너무 넓겠지요?

A このアパートは何坪ですか。

B 60 坪ですので，お二人で住むにはちょっと広すぎると思いますが。

＊日本語でも最近は「坪」という言葉を使わずに「平米」と言っているが，韓国語でも，最近は少しずつではあるが 제곱미터（平方メートル）という語を使うようになった（60평이에요. = 약 198제곱미터예요.）。

## □ 660 この建物は築何年ですか

A 이 건물은 지은 지 몇 년 됐어요?

B 지은 지는 꽤 됐습니다만, 최근에 리모델링을 했어요.

A この建物は築何年ですか。

B かなり経ちますが，最近リフォームしました。

＊「築何年」という言い方は지은 지 ○년。「築 10 年」であれば지은 지 10년。

＊리모델링 〈remodeling〉：老朽化した建物の増改築（증개축），改修（개수），修繕（수선），補修（보수），補強（보강）などを言う。日本でリフォーム（리폼），リニューアル（리뉴얼）と言っているものとほぼ同じ意味で使われる（韓国では家具などを新しくすることを 리폼，店や売り場を新しくすることを 리뉴얼 と言い，多少日本の意味とはずれている）。

## そのほかの会話

1 ▸ この周辺は，人通りが多いですか。이 주변에 사람의 왕래가 많은가요?

2 ▸ 庭がもっと広ければ言うことなしなんですが。

마당이 조금만 더 넓으면 나무랄 데 없겠는데요.

3 ▸ オートロックがあるので安心ですね。

현관문이 자동으로 잠겨서 안심이 되네요.

＊ オートロックは **자동 잠금장치**〈自動−装置〉ともいう。**잠금**は**잠그다**（鍵をかける）から来ている。**도어록**というのが一般的。

＊ **현관문**〈玄關門〉：玄関の扉

4 ▸ バストイレ別の部屋はありませんか。

욕실과 화장실이 따로 있는 방은 없어요?

5 ▸ 家が小さくても収納空間が充実していればいいですね。

집이 작아도 수납공간이 알차면 좋지요.

6 ▸ 家内が料理好きで，台所が広い物件を探しているんですが。

집사람이 요리하는 걸 좋아해서 부엌이 넓은 데를 찾고 있는데요.

7 ▸ この部屋，どこからかすきま風が入ってきていませんか。

이 방, 외풍이 있는 거 아니에요?

＊ **외풍**〈外風〉：すきま風

13 住まい

### 不動産用語

◆家賃：**집세**
◆敷金：**보증금**
◆礼金：**중개 수수료, 수수료**
◆相場：**시세**
◆1 か月分：**한 달분**
◆2 か月分：**두 달분**
◆3 か月分：**석 달분**
◆一戸建て：**단독 주택**
◆集合住宅：**연립 주택**
◆二世帯住宅：**이 세대 주택**（**땅콩 집, 땅콩 주택, 듀플렉스 하우스**（duplexhouse）ともいう）
◆木造：**목조 건물**
◆モルタル：**모르타르**
◆鉄筋コンクリート：**철근 콘크리트**
◆間取り：**방의 구조**
◆平屋：**단층집**
◆二階建て：**이층집**

## □ 661 ひとりで住むには十分な広さですよ

A 역에서 가까워서 좋긴 한데 좀 좁지 않아요?

B 아니, 혼자 살기에는 딱 좋은 크기죠.

A 駅から近くていいんですが，ちょっと狭くないですか。

B いいえ，ひとりで住むには十分な広さですよ。

客と不動産屋の会話

* 방이 작다[좁다]：部屋が狭い／방이 크다[넓다]：部屋が広い
* 部屋がこぢんまりしている：방이 아담하다
* 交通の便がいい：교통편이 좋다

## □ 662 角部屋ですので静かですよ

A 맨 끝방이라 조용해요.

B 하지만 엘리베이터 타는 데에서 좀 머네요.

A ここは角部屋ですので静かですよ。

B でもエレベーターからちょっと遠いですね。

不動産屋と客の会話

* 角部屋は 코너 방〈corner 房〉ともいう。
* 조용하다：静かだ／시끄럽다：うるさい

## □ 663 昼間は日がほとんど当たらないんです

A 확실히 집세는 싸긴 한데, 무슨 하자라도 있는 건 아닌가요?

B 저 고층 빌딩 때문에 낮에는 햇볕이 거의 안 들어요.

A 確かに家賃は安いですが，訳あり物件ですか。

B あの高層ビルのせいで，昼間は日がほとんど当たらないんです。

客と不動産屋の会話

* 하자〈瑕疵〉：欠陥

## そのほかの会話

1▶ 仕事先からは少し遠いけど，庭も広いし静かで，気にいりました。

제 직장에서 좀 멀긴 하지만 마당도 넓고 조용해서 마음에 들었어요.

2▶ 最寄りの駅から大人の足で 20 分って，かなり遠いですね。

제일 가까운 역에서 어른 걸음으로 20분이면 꽤 머네요.

＊「駅から徒歩 0 分」は日本語的な表現。**역에서 도보 0분 (영 분)** というようには表現しない。

＊ 駅の近くを表す語に **역세권**〈驛勢圈〉という単語がある。

＊「最寄り駅」は **가장 가까운 역, 근처 역** ともいう。

3▶ 家のすぐ近くに大型スーパーがあるので便利ですね。

집 바로 근처에 대형 마트가 있어서 편하네요.

＊ **슈퍼마켓**（スーパーマーケット）は町の小規模の商店を指し，**마트**（マート）は大・中規模の商店をいう。

4▶ 環境は申し分ないのですが，近くにコンビニがないのがちょっと不便ですね。

주위 환경은 마음에 드는데, 근처에 편의점이 없다는 게 좀 불편하네요.

5▶ 駅からの道は街灯もなく，夜に女性のひとり歩きにはちょっと物騒ですね。

역에서 오는 길에 가로등도 없고, 밤에 여자 혼자 다니기엔 좀 위험하네요.

6▶ 居間にグランドピアノを置きたいんですが，部屋は防音になっていますか。

거실에 그랜드 피아노를 놓고 싶은데, 방에 방음 장치가 돼 있나요?

13 住まい

7▶ 壁は薄くないですか。벽이 얇지 않나요?

8▶ 隣の部屋の音は聞こえないですか。옆방 소리가 들리지는 않나요?

9▶ 上の階に子どもは住んでいないですか。위층에 아이가 살지는 않나요?

10▶ 上の階のドンドンと鳴らす音が，ちょっと気になりますね。

위층에서 쿵쿵 울리는 소리가 좀 신경 쓰이네요.

11▶ 天井が薄いので，上の階の音が響くのが難点ですね。

바닥이 얇아서 위층에서 나는 소리가 울리는 게 문제네요.

＊ **바닥이 얇아서**：上の階の床が薄いので（下の階の住人からすると「天井が薄いので」となる）。

＊ 上下の部屋との間の騒音を，**층간 소음**〈層間騒音〉という。

# 14.

# 起きてから寝るまで

## □ 664 遅刻しちゃうよ

A 어, 벌써 시간이 이렇게 됐어? 서두르지 않으면 지각하겠다.

B 미안, 알람 맞추는 걸 까먹었어!

A えっ，もうこんな時間？　急がないと遅刻しちゃうよ。

B ごめん，目覚ましをかけるのを忘れてた！

夫婦の会話

＊ 目覚まし時計は会話では 알람 と言うことが多い。またジリリリ…（따르르르릉）！と鳴ることから 따르릉 시계 ともいう。

＊ 目覚ましが鳴らなかったよ：알람이 울리지 않았어.

＊ 目覚ましを止めて寝ちゃったよ：알람을 끄고 다시 잤어.

## □ 665 早く起こしてって言ったのに

A 오늘 중요한 회의가 있으니까 일찍 깨워 달랬는데.

B 깨운다고 화낼 때는 언제고.

A 今日，重要な会議があるから，早く起こしてって言ったのに。

B 起こしたって怒るだけじゃないの。

夫婦の会話

＊ 何で起こしてくれなかったの？：왜 안 깨워 준 거야?

## □ 666 早く起きなさい

A 벌써 7시야. 얼른 일어나!

B 일요일이니까 맘 편하게 늦잠 좀 자면 안 돼요?

A もう７時よ。早く起きなさい！

B 日曜なんだから，思い切り朝寝坊したっていいだろ？

母親と子の会話

＊ A は 빨리 일어나! と言ってもいい。

＊ あと 30 分寝かせてよ：30분만 더 자고 싶어.

＊ 休日くらいゆっくり寝させてくれよ：휴일에는 좀 푹 자게 해 줘.

## そのほかの会話

1 ▶ ああ，よく寝た。아, 잘 잤다.

＊ 푹 잤어. とも言う。

2 ▶ 今日はすっきり目が覚めたよ。

오늘은 산뜻하게 눈이 떠졌어.

3 ▶ なんだか寝不足だよ。왠지 수면 부족 같아.

4 ▶ 寝違えたみたいで，朝起きたら体が痛いわ。

잠을 잘못 잤는지 아침에 일어나니까 몸이 아파.

5 ▶ 今日は何か調子がよくないなあ。오늘은 왠지 컨디션이 안 좋아.

6 ▶ 最悪だ。二日酔いだよ。최악이다. 술이 덜 깼어.

7 ▶ 起きる時間よ。일어날 시간이야.

8 ▶ いい加減にしなさい！　いつまで寝てるの？

적당히 좀 해! 언제까지 자고 있을 거니?

9 ▶ たぬき寝入りしないで，さっさと起きなさい。

자는 척하지 말고 어서 일어나라.

10 ▶ ぼくは夜型人間なので，朝に弱いんだ。

나는 저녁형 인간이라 아침에 약해.

＊ 저녁형 인간：夜型人間。「朝型人間」は 아침형 인간。

11 ▶ 私は低血圧なので，朝起きるのがまるでだめなんです。

저는 저혈압이라서 아침에 일어나기가 힘들어요.

12 ▶ 寝ぼけてバスを乗り間違えてしまいました。

잠이 덜 깨서 버스를 잘못 탔어요.

13 ▶ 目覚まし時計が鳴っても，いつも無意識のうちに止めてしまうんです。

알람이 울려도 항상 나도 모르게 끄고 말아요.

14 ▶ 疲れていたのか，目覚ましをかけて寝たのに寝過ごしてしまいました。

피곤했는지 알람을 맞춰 놓고 잤는데도 못 일어나고 말았어요.

## □ 667 髪がぼさぼさよ

A 머리가 부스스해.

B 그래도 드라이할 시간이 없어.

A 髪の毛がぼさぼさだわ。

B そんなこと言ったって，ドライヤーする時間がないよ。

夫婦の会話

＊ 머리가 부스스하다：髪がぼさぼさだ

＊ 寝ぐせがひどいなあ：머리가 헝클어졌어.

## □ 668 何だか化粧のノリが悪いわ

A 너, 화장이 좀 진한 거 같아.

B 잠을 잘 못 잔 탓인지 화장이 잘 안 먹어서 그래.

A ねえ，ちょっとお化粧が濃すぎるかもよ。

B 寝不足のせいか，何だか化粧のノリが悪くて。

ルームメイト同士の会話

＊ 顔がむくんでるよ：얼굴이 부어 있어.

＊ 寝不足だからか肌がかさかさなの：잠을 잘 못 자서 그런지 피부가 꺼칠꺼칠하더라고.

＊ 今朝はファンデーションのノリがあまりよくないわ：오늘 아침은 파운데이션이 잘 안 받네.

## □ 669 今日はどんな髪型にしようかしら

A 오늘은 어떤 헤어스타일을 할까?

B 그런 거 생각할 시간 없어. 빨리 밥 먹고 나가지 않으면 늦어.

A 今日はどんな髪型にしようかしら。

B そんなこと考えてる時間ないでしょ。早くごはん食べないと遅刻よ。

娘と母親の会話

## 朝の身支度に関する表現

◆着替える：옷을 갈아입다

◆ふとんをたたむ：이불을 개다

◆歯を磨く：이를 닦다

＊歯を磨いてうがいをする一連の動作を **양치질을 하다**〈養歯질ー〉ともいう。

◆歯磨き粉を付ける：치약을 묻히다

＊最近ではチューブの歯磨きが主流なので，**치약을 짜다** という表現の方が無難。

◆口をすすぐ：입을 헹구다

◆シェービングクリームを塗る：면도 크림을 바르다

◆ひげを剃る：수염을 깎다, 면도하다〈面刀ー〉ともいう。

◆シャワーを浴びる：샤워를 하다

◆頭を（髪を）洗う：머리를 감다

◆顔を洗う：얼굴을 씻다

◆顔を拭く：얼굴을 닦다

◆髪を乾かす：머리를 말리다

◆髪をとかす：머리를 빗다

◆髪（型）を整える：머리를 다듬다

＊ムースを付ける：**무스를 바르다**

◆化粧をする：화장을 하다

◆化粧を直す：화장을 고치다

◆まゆげを整える：눈썹을 다듬다

◆まゆげを描く：눈썹을 그리다

＊つけまつげを付ける：**속눈썹을 붙이다**

◆化粧のノリが悪い：화장이 잘 안 먹다

◆化粧映えがしない：화장이 안 받다

◆化粧が濃い：화장이 진하다

◆コンタクトをはめる：렌즈를 끼다

◆コンタクトをはずす：렌즈를 빼다

◆アイラインを引く：아이라인을 그리다

◆アイシャドーを付ける：아이섀도를 바르다

◆口紅を付ける：립스틱을 바르다

◆ほお紅を塗る：볼 터치를 바르다

◆香水を付ける：향수를 뿌리다

◆ローションを付ける：로션을 바르다

## □ 670 よく眠れませんでした

A 어젯밤은 너무 무더워서 잠을 설쳤어요.

B 그러게 말이에요. 요즈음 열대야가 계속되고 있으니까요.

A 昨夜はとても蒸し暑くてよく眠れませんでした。

B そうですね。このところ熱帯夜が続いていますからね。

＊ 잠을 설치다 : よく眠れない

## □ 671 眠りが浅いです

A 한밤중에도 몇 번이나 화장실에 가는 바람에 잠을 깊게 못 자요.

B 저도 그래요. 그 탓에 낮에 졸려 죽겠어요.

A 夜中に何度もトイレに起きるので眠りが浅いんです。

B 私もですよ。おかげで，昼間に眠くなってしかたがありません。

＊ 잠이 설다[얕다] : 眠りが浅い

＊ 잠이 깊이 들다 : 眠りが深い

## □ 672 眠気覚ましにコーヒーでも飲んだら？

A 어제, 밤늦게까지 공부하느라 잠을 못 자서 그런지 눈이 안 떠져.

B 졸음을 쫓기 위해 커피라도 마시지 그래?

A 夕べは遅くまで勉強したので，睡眠不足なのかまだ目が開かないよ。

B 眠気覚ましにコーヒーでも飲んだら？

＊ 目がしょぼしょぼする : 눈이 풀어지다

＊ 目やにが付いてるよ : 눈곱 끼었어.（韓国人の中には，눈곱 겼어. と言う人もいるが，本当は間違い）

## そのほかの会話

1▶ 昨日は暑くて寝苦しかったわ。

어제는 더워서 자기 힘들었어요.

2▶ 年を取ったら睡眠時間がずいぶん減ってきました。

나이가 드니까 잠이 많이 줄었어요.

3▶ 中途半端な時間に目が覚めてしまい，また寝ようにもなかなか寝付けません。

어중간한 시간에 눈이 떠져서, 다시 자려고 해도 잠이 오지 않아요.

4▶ 初めてオンドルで寝たときは，あまりにも暑くて熟睡できませんでした。

처음 온돌에서 잤을 때는 너무 뜨거워서 자기 힘들었어요.

5▶ 最近，悩み事が多くて，ぐっすり眠れません。

요즘 고민이 많아서 푹 잘 수 없어요.

6▶ 睡眠薬を飲むのが習慣になってしまいました。

수면제를 먹는 것이 습관이 됐어요.

7▶ 睡眠薬を飲んでもなかなか寝付けません。

수면제를 먹어도 좀처럼 잠이 안 와요.

＊ ヒツジが 1 匹，ヒツジが 2 匹…は，韓国語でも **양 하나, 양 둘…….** と言う。

8▶ 興奮しすぎて眠れないよ。

너무 흥분돼서 잠이 안 오네.

9▶ 試験が終わったんでゆうべは爆睡したよ。

시험이 끝나서 그런지 어젯밤은 푹 잘잤어.

10▶ このところ残業，残業で，家に帰るとバタンキューだよ。

요즘 계속 야근해서 그런지 침대에 눕자마자 곯아떨어져 버려요.

＊ **침대에 눕자마자**：直訳は「ベッドに横たわるやいなや」。

＊ **곯아떨어지다**：正体もなく眠る

11▶ 徹夜で勉強したので，試験の最中にうとうとしてしまったよ。

어젯밤에 밤샘 공부를 한 탓인지 시험 중에 꾸벅꾸벅 졸았어.

＊ **꾸벅꾸벅 졸다**：うとうとする

## □ 673 変な夢でも見てたの？

A 어젯밤에 자꾸 몸을 뒤척이던데 뭐 안 좋은 꿈이라도 꿨어?

B 아, 생각해 보니 바퀴벌레에게 쫓기는 꿈을 꿨구나.

A ゆうべ，しきりに寝返りを打ってたけど，変な夢でも見てたの？

B ああ，そういえばゴキブリに追いかけられている夢を見てたよ。

夫婦の会話

＊ 몸을 뒤척이다 : 寝返りを打つ

＊ 꿈을 꾸다 : 夢を見る

## □ 674 このごろよく金縛りに遭うんだよ

A 요즘 몸이 허해져서 그런지 자꾸 가위에 눌려.

B 동양 의학 문헌에 의하면 여성은 7의 배수, 남성은 8의 배수의 연령때에 몸의 변화가 온다고 하네.

A このごろ体が弱くなったせいか，よく金縛りに遭うんだよ。

B 東洋医学の文献だと，女性は７の倍数，男性は８の倍数の年齢のときに，体に変化が来るんだってさ。

中年の友人同士の会話

＊ 가위에 눌리다 : 金縛りに遭う

## □ 675 最近よく怖い夢を見るんだ

A 야, 무슨 식은땀을 그렇게 흘려?

B 피곤한 탓인지 요즘 무서운 꿈을 자주 꿔.

A おい，びっしょり寝汗をかいて，どうしたんだい？

B 疲れているせいか，最近よく怖い夢を見るんだ。

＊ 식은땀을 흘리다 : 寝汗をかく

＊ 悪夢にうなされる : 악몽에 시달리다

## そのほかの会話

1▶ せっかくいい夢を見ていたのに，お母さんに起こされてしまったよ。

모처럼 좋은 꿈을 꿨는데 엄마가 잠을 깨워 버렸어.

2▶ 火事の夢を見るとおねしょをするって言うけど本当？

꿈에 불을 보면 자면서 오줌을 싼다고 하는데, 진짜야?

＊ 韓国では，よく불장난을 하면 밤에 오줌 싼다. と言う。

3▶ 激しく燃え上がる夢を見ると，大きな幸運に恵まれるそうですよ。

불이 타오르는 꿈을 꾸면 큰 행운이 찾아온다고 해요.

＊ 夢占い：해몽〈解夢〉／縁起のいい夢：길몽〈吉夢〉

4▶ 韓国語で夢が見られるようになったら大したもんですよ。

한국어로 꿈을 꿀 수 있다면 대단한 거예요.

5▶ 自分のいびきで，はっとして起きてしまうことってない？

자신의 코 고는 소리에 번뜩 잠이 깬 적은 없어?

＊ 코를 골다：いびきをかく

6▶ ゆうべ，おまえ韓国語で寝言を言ってたみたいだよ。

어제 말이야, 너 한국말로 잠꼬대하는 것 같던데.

＊ 잠꼬대하다：寝言を言う

7▶ 眠りが浅いせいか，寝言を言ってたよ。

잠이 깊게 안 들었는지, 잠꼬대를 하더라.

8▶ 歯ぎしりがひどいから，きみとは一緒に眠れないよ。

너무 심하게 이를 가는 통에 너랑은 같이 잘 수가 없어.

＊ 歯ぎしりする：이를 갈다

9▶ うちの子は寝相が悪くて，朝になると足を枕に載せて寝ているんですよ。

우리 아이는 잠버릇이 나빠 아침에 보면 베개에 발을 올린 채 자곤 해요.

＊ 잠버릇이 나쁘다：寝相が悪い

10▶ 朝起きたら体中が汗でべとべとになってましたよ。

아침에 일어나 보니 온몸이 땀으로 흥건했어요.

＊ 흥건하다：(汗など，水が)いっぱいある

## 洗濯 ①

### □ 676 下着までみんなまっ赤になっちゃったわ

A 이게 뭐야? 속옷까지 다 빨갛게 물들어 버렸잖아.

B 빨간 티에서 물이 빠졌나 봐요.

A 何これ？　下着までみんなまっ赤になっちゃったじゃないの。

B 赤いＴシャツから色が落ちたんだよ。

母親と息子の会話

＊ 漂白剤を入れて洗濯したら，色が落ちてしまいました：표백제를 넣고 세탁했더니 색이 빠지고 말았어요.

### □ 677 セーターが縮んで着られなくなっちゃったよ

A 스웨터를 세탁기에 돌렸더니 줄어들어서 못 입게 됐어.

B 그러니까 빨기 전에 세탁 표시를 확인하라고 했잖아요.

A セーターを洗濯機にかけたら，縮んで着られなくなっちゃったよ。

B だから洗う前に洗濯表示を確認してからにしてって言ったじゃないの。

夫婦の会話

服が縮む：옷이 줄어들다

### □ 678 洗っても洗ってもきりがないわ

A 주말에는 아침부터 밀린 빨래를 하느라 굉장히 바빠요.

B 우리 집도 그래요. 한창 개구쟁이인 아이들 때문에 빨래를 해도 해도 끝이 없어요.

A 週末は，朝からたまった洗濯に大忙しなの。

B うちもなの。わんぱく盛りの子どもたちのせいで，洗っても洗ってもきりがないわ。

＊ 洗濯物の山：빨래 더미

＊ 休みの日に一気に洗濯をします：휴일에 한꺼번에 빨래를 해요. または 휴일에 몰아서 빨래를 해요.

## そのほかの会話

1▶ どろどろに汚れた服は，泥を払ってから洗濯機へ放り込んでね。

얼룩덜룩 더러워진 옷은 흙을 털고 나서 세탁기에 집어넣어.

＊ **얼룩덜룩**：シミなどがまだらになった状態。

＊ 泥だらけ：**흙투성이**

2▶ 洗剤をたくさん入れたからって，よく落ちるというわけじゃないわよ。

세제를 많이 넣는다고 세탁이 더 잘되는 건 아니야.

3▶ 下着類は洗濯ネットに入れて洗ったほうがいいですよ。

속옷들은 세탁망에 넣고 빠는 게 좋아요.

4▶ この服は洗濯機にかけるとしわになるから，手で洗ってね。

이 옷은 세탁기로 빨면 주름이 생기니까 손세탁을 해 줘.

5▶ 薄い色のものと濃い色のものを分けるのを忘れないで。

옅은 색 옷하고 짙은 색 옷은 나누는 거 잊지 마.

＊ 洗濯かご：**빨래통，바구니**

6▶ いけない，携帯を入れたまま洗っちゃったよ。

큰일났다, 휴대폰을 넣은 채 빨래했어.

7▶ ベランダに干してある洗濯物を取り込んで，たたんでおいて。

베란다에 널어 둔 빨래를 걷어서 개 둬.

8▶ あっという間に夕立が降り出したので洗濯物を取り込む暇もなかったわ。

느닷없이 소나기가 내리는 바람에 빨래를 걷을 틈도 없었어요.

9▶ 柔軟剤を入れると，タオルがふかふかになるのよ。

유연제를 넣으면 수건이 부드러워져.

10▶ 油がべっとり付いているので，2～3回すすがないとだめだわね。

기름이 잔뜩 묻어 있으니 두세 번 헹구지 않으면 안 돼.

＊ **잔뜩**：いっぱい，たくさん，うんと，ひどく

11▶ すすぎを十分にしないと，洗剤が残ってしまうよ。

충분히 헹구지 않으면 세제가 남게 돼.

□ 679 **ケチャップのシミが取れないの**

A 몇 번을 빨아도 케첩 얼룩이 좀처럼 빠지지 않아요.

B 그런 심한 때는, 잠시 세제에 담갔다가 빨면 돼요.

A 何度洗ってもケチャップのシミが取れないの。

B そんながんこな汚れは，しばらくつけ置きしてから洗濯するといいわよ。

主婦同士の会話

＊ B の会話の中で「しばらく」は，잠시 とするのが適当。

□ 680 **乾燥機に入れちゃだめよ**

A 아직 안 말랐네. 건조기에 넣을까?

B 와이셔츠는 주름이 생기니까 건조기에 넣으면 안 돼요.

A まだ乾いてないな。乾燥機に入れようか。

B ワイシャツはしわになるから乾燥機に入れちゃだめよ。

夫婦の会話

＊ 주름이 생기다[지다]：しわになる

□ 681 **洗濯バサミでしっかりつるしておいたのに**

A 브래지어가 바람에 날려 옆집에 떨어졌어요.

B 빨래집게로 잘 집어 놓았는데.

A ブラジャーが，風で飛ばされて隣の庭に落ちてるわよ。

B 洗濯バサミでしっかりつるしておいたのに。

母親と娘の会話

＊ 빨래집게로 집다：洗濯ばさみでつるす

## 洗濯に関する表現①

- 洗濯物がたまる：**빨랫감이 쌓이다**
- クリーニングに出す：**세탁소에 맡기다**
- 洗濯機を回す：**세탁기를 돌리다**
- 洗濯機にかける：**세탁기에 빨다**
- 洗剤を入れる：**세제를 넣다**
- 柔軟剤を入れる：**유연제를 넣다**
- 洗剤：**세제**（**빨랫 비누** ともいう。以前は **하이타이**（商品名）が洗剤の代名詞だったが，最近では **비트** や **스파크** のほうが通じる）／粉石けん：**가루비누**／中性洗剤：**중성 세제**
- たらいに水を一杯に張る：**대야에 물을 하나 가득 채우다**
- つけ置きする：**세제에 담가 두다**
- 一晩水に浸す：**밤새 물에 담그다**
- 洗面器：**세숫대야**／たらい：**대야**。**하나 가득** というのは，容器に水などが満ちている様子，一杯。
- 糊を付ける：**풀을 먹이다**
- スプレー糊：**스프레이 풀**
- 水洗いする：**물빨래하다**
- もみ洗いする：**손으로 주물러 빨다**
- 手洗いする：**손빨래하다**
- 冷水で洗う：**냉수로 빨다**
- ゴシゴシ洗う：**쓱쓱 빨다**
- 洗濯板：**빨래판**
- 洗濯物をすすぐ：**빨래를 헹구다**
- 2～3 回すすぐ：**두세 번 헹구다**／すすぎ：**헹굼**
- 洗濯物をしぼる：**빨래를 짜다**
- 脱水機にかける：**탈수기에 돌리다**
- ぎゅうっとしぼる：**꽉 짜다**
- 水がはねる：**물이 튀다**
- 袖をたくしあげる：**소매를 걷어 올리다**
- シミがつく：**얼룩이 지다**
- シミを取る：**얼룩을 없애다**
- シミ抜きをする：**얼룩을 제거하다**
- シミが取れる：**얼룩이 지워지다**
- シミ抜き：**얼룩 제거**
- 色が付く：**물들다**
- 色落ちする：**색이 바래다, 물이 빠지다**
- 汚れが落ちない：**때가 빠지지 않다**
- 汚れが染み付く：**때가 찌들다**
- 黄ばみを落とす：**누런 때를 없애다**

## □ 682 スーツにアイロンかけてくれない？

A 양복 좀 다려 줘. 주름투성이야.

B 다림질이 얼마나 귀찮은지 알아요?

A スーツにアイロンかけてくれないかな？　しわくちゃなんだ。

B アイロンかけるのって結構面倒くさいのよ。

夫婦の会話

* 自分でかけたら？《妻が夫に》: 당신이 다려 입어요.
* ハンカチとシャツは，スチームでアイロンしてくれる？《夫が妻に》: 손수건하고 셔츠는 스팀으로 다려 줄래?

## □ 683 シャツを焦がしちゃった

A 셔츠를 태워 버렸네. 미안해.

B 이런 큰일 났네. 오늘 입고 갈 게 없잖아.

A シャツを焦がしちゃった。ごめんなさい。

B 困ったなあ，今日着ていくものがないじゃないか。

夫婦の会話

* 큰일 나다 : 大変なことになる

## □ 684 ドライクリーニングしてもらったほうがいいよ

A 이 재킷, 집에서 빨 수 있을까요?

B 세탁소에 가져가서 드라이클리닝하는게 좋아.

A このジャケット，うちで洗えるかしら。

B クリーニング屋さんに持っていって，ドライクリーニングしてもらったほうがいいよ。

夫婦の会話

* コインランドリーで洗濯する : 셀프 세탁소에서 빨다

## 洗濯に関する表現②

- 洗濯物を干す：**빨래를 말리다**
- 天日干しをする：**햇볕에 말리다**
- 陰干しをする：**그늘에서 말리다**
- 部屋干しをする：**방 안에 널다**
- 乾燥機にかける：**건조기에 넣다**
- 乾燥機を回す：**건조기를 돌리다**
- 洗濯ひもにつるす：**빨랫줄에 걸다**
- ベランダに干す：**베란다에 널다**
- 物干し竿：**장대**／物干し台：**빨래 건조대**
- 洗濯バサミで止める：**빨래집게로 집다**
- 布団を干す：**이불을 말리다**
- 布団を叩く：**이불을 털다**
- 洗濯物を取り込む：**빨래를 걷어 들이다**
- 洗濯物をかごに入れる：**빨래를 바구니에 넣다**
- 洗濯物をたたむ：**빨래를 개다**
- ハンガーにつるす：**옷걸이에 걸다**
- セーターが縮む：**스웨터가 줄어들다**
- 洗濯物がゴワゴワになる：**빨래가 빳빳해지다**
- パンツのゴムが伸びる：**팬티 고무줄이 늘어나다**
- 靴下に穴があく：**양말에 구멍 나다, 양말이 구멍 나다**
- 服の形が崩れる：**옷 모양이 흐트러지다**
- アイロンをかける：**다리미질하다**（会話では縮約形の **다림질하다** を使うことが多い）
- アイロン：**다리미**／スチームアイロン：**스팀 다리미**／アイロン台：**다리미판**／霧吹き：**분무기**〈噴霧器〉
- しわを伸ばす：**주름을 펴다**
- 袖：**소매**／袖口：**소매 끝**／襟：**깃, 옷깃, 칼라**
- 寸法直しをする：**치수 조정을 하다**
- ボタンが取れる：**단추가 떨어지다**
- ボタンを付ける：**단추를 달다**
- **단춧구멍**：ボタンの穴

## □ 685 おまえの部屋は本当に足の踏み場もないな

A 네 방은 정말 발 디딜 틈도 없네. 청소 좀 하고 살아라.

B 그러니까, 우리 집에 올 땐 연락을 하고 오라니까.

A おまえの部屋は本当に足の踏み場もないな。掃除ぐらいしろよ。

B だから，うちに来るときは電話してから来いって言っただろ。

友達同士の会話

* くまなく掃除する：말끔하게 청소하다
* 大掃除をする：대청소를 하다
* 万年床だと部屋にカビが生えるよ：이불을 노상 깔아 놓으면 방에 곰팡이가 생겨요.

## □ 686 部屋がどうしてこんなに散らかってるの？

A 방이 왜 이렇게 지저분하니? 평소에 정리 정돈 잘하라고 했지.

B 엄마도 청소 잘 안 하면서 왜 나한테만 뭐라고 그래.

A 部屋がどうしてこんなに散らかってるの？　ふだんから整理整頓しなさいって言ってるでしょう。

B お母さんも掃除をちゃんとしないくせに，何でぼくにだけそう言うの？

* 片付ける：정리하다，치우다
* 部屋をきれいにする：방을 깨끗하게 하다
* 元の位置に戻す：원래 자리로 옮기다

## □ 687 道ばたにゴミがあふれてしまいます

A 다음 달부터 일주일에 한 번만 쓰레기를 수거해 간대요.

B 그러면 길가에 쓰레기가 넘칠 텐데…….

A 来月から週に一度しか，ゴミを集めに来ないんですってよ。

B そうなると，道ばたにゴミがあふれてしまいますねえ。

* 燃えるゴミと燃えないゴミに分ける：타는 쓰레기와 타지 않는 쓰레기로 나누다
* 資源ゴミ：재활용 쓰레기／粗大ゴミ：대형 쓰레기／生ゴミ：음식물 쓰레기／ゴミ収集車：청소차，쓰레기차

## そのほかの会話

1▶ 天気がいいから布団を干しましょうよ。

날씨가 좋으니까 이불을 말려요.

2▶ まず窓を開けてほこりをはたき落してください。

먼저 창문을 열고 먼지를 총채로 털어 주세요.

3▶ ひどい汚れですね。でも，ごしごし洗えば落ちますよ。

너무 더럽네요. 하지만 박박 문질러 빨면 때가 빠질 거예요.

4▶ 台所の換気扇が油でべとべとに汚れていて，なかなかきれいになりません。

주방 환기 팬에 더러운 기름이 찐득찐득하게 달라붙어서 깨끗하게 닦기가 힘드네요.

5▶ 見違えるようにピカピカになりました。

몰라볼 정도로 번쩍번쩍했어요.

6▶ 缶と瓶は別に出してください。

캔하고 병은 따로 버리세요.

7▶ 今日は燃えるゴミの日だったっけ？

오늘은 타는 쓰레기 날이었던가?

8▶ 前の夜にゴミを出さないでください。

전날 밤에 쓰레기를 버리지 마세요.

＊「～しないでください」を **-말아 주세요** と言うのは文法的に間違い。

9▶ 家の前のゴミ捨て場が，カラスに荒らされていて困っています。

집 앞의 쓰레기 폐기장을 까마귀가 뜯어 먹고 곤란해요.

10▶ 生ゴミはきちんと袋に入れて出してください。

음식물 쓰레기는 봉투에 잘 넣어서 버려 주세요.

11▶ ゴミ収集車はもう行っちゃったわよ。

쓰레기 수거차는 이미 왔다 갔는데.

## □ 688 たまっていくのは洗濯物と台所の洗い物だな

A 혼자 생활을 하다 보니 쌓여 가는 건 빨랫감이랑 설거지밖에 없는 것 같아.

B 나도 그 기분 알아. 귀찮긴 하지만 그때그때 하는 게 마음 편할 거야.

A 一人暮らしをしていると，たまっていくのは洗濯物と台所の洗い物ぐらいだよ。

B おれもその気分，わかるよ。面倒くさいけど，その場その場で片付けておけば楽だよ。

＊ おい，流しに食器がたまっているよ : 야, 싱크대에 식기가 쌓여 있어.

＊ たまには部屋を片付けなくちゃね : 가끔은 방 정리를 해야지.

## □ 689 家事は旦那がやってくれるのよ

A 내가 집안일을 거의 안 하니까 남편이 해 줘.

B 뭐? 청소도 식사 준비도? 그럼, 넌 집에서 뭘 해?

A 私が家事をほとんどしないので，旦那がやってくれるのよ。

B えっ？　掃除も食事の支度も？　じゃあ，あなた家で何してるの？

友達同士の会話

＊ 夫が毎日のように風呂場を洗ってくれるので，いつもきれいです : 남편이 거의 매일 욕실을 청소해 줘서 늘 깨끗해요.

## □ 690 犬の毛がいっぱい付いてるわよ

A 카페트에 개털이 엄청 붙어 있네.

B 바빠서 며칠째 집 청소를 안 했거든.

A じゅうたんに犬の毛がいっぱい付いてるわよ。

B 忙しくて，もう何日も家を掃除していないんだ。

＊ じゅうたんに掃除機をかけないといけないなあ : 카페트에 청소기 좀 돌려야겠다.

## そのほかの表現

◆三角巾をする：머릿수건을 하다
◆エプロンをかける：앞치마를 두르다
◆ゴム手袋をはめる：고무장갑을 끼다
◆部屋が散らかっている：방이 어질러져 있다
◆掃除機をかける：청소기를 돌리다
◆ゴミを吸う：쓰레기를 빨아들이다
◆ほこりがたまっている：먼지가 쌓여 있다
◆はたきをかける：먼지떨이로 털다, 총채로 먼지를 털다
◆ほうきで床を掃く：비로 마루를 쓸다

＊ **빗자루** というのは，柄のついたほうき。

◆カビが生える：곰팡이가 피다
◆カビを落とす：곰팡이를 닦다
◆ちりとりでゴミを取る：쓰레받기로 쓰레기를 담다
◆ゴミを一か所に集める：쓰레기를 한곳에 모으다
◆ゴミ袋に入れる：쓰레기봉투에 넣다
◆ゴミ箱を空ける：쓰레기통을 비우다
◆ゴミを捨てる：쓰레기를 버리다
◆ゴミを出す：쓰레기를 내놓다
◆古新聞をまとめてゴミに出す：헌 신문을 모아서 버리다
◆決められた日に, 決められた場所に出す：정해진 날에 정해진 장소에 버리다
◆バケツに水を汲む：양동이에 물을 붓다
◆モップで床を拭く：밀대로 마루를 닦다
◆床のモップがけを手伝う：바닥 걸레질을 돕다
◆ぞうきんがけをする：걸레질을 하다
◆濡れたぞうきんで拭く：젖은 걸레로 닦다
◆ぞうきんをしぼる：걸레를 짜다
◆から拭きをする：마른걸레로 닦다
◆から拭きしてワックスをかける：마른걸레로 닦고 왁스칠하다
◆ぼろ切れで拭く：헝겊 조각으로 닦다, 천으로 닦다
◆ブラシをかける：솔로 닦다, 솔질하다
◆たわしでこする：수세미로 닦다, 수세미로 문지르다

□ 691 **せめて温泉気分に浸ろうと思って**

A 욕조에서 좋은 향기가 나. 무슨 입욕제라도 넣었어?

B 쉽사리 온천에 못 가니까 온천 기분이라도 내려고 그랬어요.

A お風呂，いい香り。入浴剤でも入れたの？

B なかなか温泉に行けないから，温泉気分に浸ろうと思ってね。

夫婦の会話

＊ 쉽사리：なかなか，簡単には，おいそれと

＊ 風呂につかる：욕조에 몸을 담그다

□ 692 **朝風呂に入るのは気持ちがいいですね**

A 오랫동안 한국에서 생활하다 보니, 아침에 목욕하러 가는 습관이 몸에 뱄어요.

B 그래도 아침에 목욕하면 기분이 좋죠?

A 長いこと韓国で生活しているので，朝，銭湯に行く習慣が身についてしまいました。

B でも，朝風呂に入るのは気持ちがいいでしょう？

A は韓国に住む日本人，B は知り合いの韓国人

＊ 韓国の街の風呂屋は，営業時間は早朝からだいたい夕方 8 時ごろまで。ゆっくり湯船につかりたい場合は，朝風呂・昼風呂が一般的。また，暑い夏にわざわざ熱い湯に入る習慣がなく，夏季休業の風呂屋も多い。

□ 693 **ずいぶん汗をかいたようですね。**

A 꽤 땀을 흘린 것 같네요.

B 응, 그럼 저녁 먹기 전에 먼저 샤워할게.

A ずいぶん汗をかいたようですね。

B そうだね，じゃあ夕食の前にシャワーでも浴びるか。

## 関連単語・表現

◆風呂を沸かす, お湯を張る：목욕물을 데우다
◆お湯があふれる：물이 넘치다
◆シャワーを浴びる, シャワーをする：샤워하다
◆全身浴をする：전신욕을 하다　◆半身浴をする：반신욕을 하다
◆子どもを風呂に入れる：아이를 목욕시키다
◆追い炊きする：목욕물을 더 데우다
◆風呂の湯をうめる：목욕물을 식히다
◆お湯をかける：물을 끼얹다
◆体を洗う, 体を流す：몸을 씻다, 몸을 닦다
　＊**닦다** はゴシゴシと洗うニュアンス。
◆垢を落とす：때를 밀다　◆背中を流す：등을 닦다
◆ボディシャンプー：보디 샴푸, 보디 클렌저, 보디 샤워
◆頭を（髪を）洗う：머리를 감다
◆シャンプーする：샴푸하다
◆リンスする：린스하다
◆顔を洗う：얼굴을 씻다
◆石けんを付ける：비누질을 하다
◆石けんで洗う：비누로 씻다
◆石けんを泡立てる：비누 거품을 내다
◆のぼせる：현기증이 나다
◆風呂から上がる, 風呂から出る：목욕을 마치다
◆風呂の水を抜く：목욕물을 빼다

14 起きてから寝るまで

## 씻다 と 닦다 の違い

닦다：ほこり（**먼지**），さび（**녹**），垢（**때**）などの汚れを薬品や，道具を使って拭き取ったり，光沢を出すために表面をこする。

◆歯を磨く：이를 닦다
◆靴を磨く：구두를 닦다
◆床をぞうきんで磨く：방바닥을 걸레로 닦다

---

씻다：水などで，汚いところを洗い落としたり拭き取ったりする。

◆米を洗って釜にかける：쌀을 씻어 안치다
◆手を洗ってご飯を食べる：손을 씻고 밥을 먹다

# 15.

# 電話

## □ 694 お母さんに替わって

A 여보세요, 아빠? 엄마 좀 바꿔 주세요.
B 엄마는 지금 슈퍼에 물건 사러 나갔어. 좀 이따 전화해.

A もしもし，お父さん？ お母さんに替わって。
B 母さんは今，スーパーへ買い物に出てるよ。あとでまたかけて。

A は娘，B は父親《娘が家に電話をかけたら父親が出た》
＊ 親に対して 바꿔 줘요. のようなぞんざいな言葉は使わない。
＊ A が男性の場合は，父親のことをふつう 아버지 と言うが，最近の若者の中には 아빠 と言う人もいる。

## □ 695 おれだよ。今何してる？

A 나야, 지금 뭐 해?
B 여보세요? 누구세요?

A おれだよ。今何してる？
B もしもし，どなたでしょうか。

＊ もしもし，ジョンスでしょ？：여보세요? 종수 아니니?
＊ 私です：접니다.（男性的な口調）／저예요.（女性的な口調）。

## □ 696 悪いけど，かけ直してくれない？

A 지금 아빠가 있어서 그러는데, 미안하지만 다시 전화해 줘.
B 알았어. 나중에 다시 걸게.

A 今お父さんがいるから，悪いけどかけ直してくれない？
B わかった。またあとでかけるよ。

友達同士の会話

## そのほかの会話

1▶ 切らないで待っていてくださいね。끊지 말고 기다려 주세요.

2▶ 今，話できる？ 지금 얘기해도 돼?

3▶ どうしたの？ 急に？ 무슨 일이야？갑자기?

4▶ 最近全然電話ないから気になって。요즘 통 전화도 없길래，뭐 하나 싶어서.

5▶ 悪いけど，今，手が離せないので，あとでこっちから電話するわ。
미안한데 지금 좀 바빠서 그래. 나중에 전화할게.

6▶ キャッチホンが入ったみたい。ちょっと待ってね。
딴 데서 전화가 온 것 같아. 잠깐 기다려 봐.

7▶ お父さんから電話が来たら，今日は早く帰ってくるように言っておいてね。
아버님한테서 전화가 오면, 오늘은 빨리 들어오시도록 이야기해 줘.

8▶ 何？ 電波の状態がよくないみたいだよ。
뭐라고? 전파가 잘 안 터지는 것 같아.

9▶ バッテリーがなくなった。充電してからもう一度かけるよ。
배터리가 다 됐어. 충전하고 다시 걸게.

## 電話メッセージ一覧（電話会社により多少の違いがある）

- 지금 거신 번호는 결번이오니, 다시 확인하시고 걸어 주시기 바랍니다.
(おかけになった電話番号は現在使われておりません。もう一度番号をお確かめになっておかけ直しください)
- 지금 거신 전화는 고객님의 요청에 의해 당분간 착신이 정지되어 있습니다.
(おかけになった電話番号は，お客さまの都合により通話ができなくなっております)
- 고객의 전원이 꺼져 있어 음성 사서함으로 연결합니다.
(電源が入っていないため，留守番電話センターにおつなぎします)
- 연결이 되지 않아 삐 소리 후 소리샘으로 연결됩니다. 연결 시 통화료가 부과됩니다.
(相手がお出になりませんので，ピーッという音のあとに，留守番電話センターにおつなぎします。これから先は通話料がかかります)
- 삐 소리가 나면 녹음하시고 녹음이 끝나면 우물 정 자를 눌러 주십시오.
(ピーッと鳴ったらご用件をお話しください。通話が終わりましたらシャープ（#）を押してください)

## □ 697 最近の携帯は，どこにいてもつながるよね

A 요즘 휴대폰은 어디에서나 통화가 가능해.

B 그래서 곤란해.

---

A 最近の携帯は，どこにいてもつながるよね。

B だから困るんだよ。

友達同士の会話

## □ 698 電話するたびに留守電だ

A 전화할 때마다 부재중 자동 응답으로 넘어가던데 무슨 일이 있는 건 아닌지 걱정이야.

B 휴대폰을 집에다 놓고 나간 거 아냐?

---

A 電話するたびに留守電だけど，何かあったのか心配だ。

B 携帯を忘れて出かけたんじゃないの？

友達同士の会話

＊ 부재중 자동 응답으로 넘어가다 : 留守電になる

## □ 699 直接電話で話したら？

A 문자로 몇 번이고 주고받는 것보다 직접 전화로 얘기하는 게 어때?

B 전화로 이야기하면 길어지니까 그래.

---

A 携帯メールで何度もやり取りするより，直接電話で話したらどうなの？

B 電話だと話が長くなるんでね。

＊ 문자〈文字〉: 携帯メール。韓国の携帯メールは日本での SMS のようなもの。他社間でも番号だけでメッセージを送ることができるので，携帯特有のアドレスはない。

＊ 주고받다 はひとつの単語。

## そのほかの会話

1 ▶ 電話に出られないときには，留守電にメッセージを残しておいてくれる？

내가 전화를 받지 못하면 메시지를 남겨 줄래?

2 ▶ 最近，彼からの電話が面倒くさくなって，着信拒否することにしたの。

요새, 그 사람한테 오는 전화가 귀찮아서 착신 거부하기로 했어.

3 ▶ ごめん。家に携帯置き忘れて出かけちゃったんで，出られなかったんだ。

미안, 집에다 휴대폰을 놓고 나와서 전화를 못 받았어.

4 ▶ 呼び出し音がわずらわしいからバイブにしてるよ。

벨 소리가 귀찮아서 진동으로 해 놓았어.

5 ▶ 運転してるときは，電話に出ちゃだめですよ。

운전 중에는 전화를 받으면 안 돼요.

6 ▶ さっきから１時間以上も電話をかけ続けているのに，あいつ，ずっと話し中でうんざりだよ。

아까부터 1시간이상 전화를 걸고 있는데 그 녀석 계속 통화 중이라 짜증 난다.

7 ▶ 海外旅行でローミングを使いすぎて，莫大な料金を請求されてしまいました。

해외여행 가서 로밍을 많이 썼더니 요금이 어마어마하게 나왔어요.

8 ▶ ローミングだから，長電話しないで。

로밍이라 길게 통화하기 곤란해.

9 ▶ 何の用事もないのに長電話ばかりしていないで。

용건도 없으면서 그렇게 오래 전화통을 붙잡고 있지 마.

### 携帯関連用語

- iPhone：**아이폰**
- スマートフォン：**스마트폰**
- タッチパネル：**터치 패널**
- 充電器：**충전기**
- 短縮番号：**단축 번호**
- マナーモード：**진동** 〈振動〉
- 着メロ：**핸드폰 벨 소리**
- メロディコール：**컬러링**
- ナンバーディスプレイ：**착신 번호 서비스** 〈着信番號-〉
- 待ち受け画面：**배경 화면** 〈背景畫面〉

## □ 700 広報部のパクさんいらっしゃいますか

A 여보세요. 아름 출판입니까? 홍보부 박규태 님 계십니까?

B 네, 무슨 일로 전화하셨습니까?

A もしもし，アルム出版さんですか。広報部のパクさんいらっしゃいますか。

B どういったご用件でしょうか。

＊ 相手の肩書きがわからない場合は，님 を付けて呼ぶ。

＊ B は 네, 어떤 용건인가요? とも言える。

## □ 701 先日お問い合わせいただいた件で，ご連絡しました

A 전화 바꿨습니다. 김유홍 실장입니다.

B 저는 서울 물산 일본 지사의 니시우치입니다만, 지난번에 문의해 주신 건으로 연락했습니다.

A お待たせしました。室長のキムです。

B 私，ソウル物産日本支社の西内と申しますが，先日お問い合わせいただいた件で，ご連絡いたしました。

＊ 日本語では「室長のキムです」のように言う場合でも，韓国語では 김유홍 실장입니다. のように自分の名前をフルネームで言うのがふつう。

＊ 전화 바꿨습니다：直訳は「お電話かわりました」。

## □ 702 今，お時間大丈夫ですか

A 바쁘신데 죄송합니다. 지금 시간 괜찮으세요?

B 죄송합니다만, 조금 바빠서 나중에 제가 전화드리겠습니다.

A お忙しいところ失礼いたします。今，お時間大丈夫ですか。

B 申し訳ございませんが，ちょっと立て込んでおりまして，こちらからおかけ直しいたします。

＊ 전화드리다と전화$^{\vee}$드리다 では意味が違ってくる。前者は「電話をかける」の謙譲形，後者は「電話器をプレゼントする」の謙譲形。

＊ 早朝から恐れ入ります：아침 일찍 죄송합니다.

＊ 出先にまでお電話して，申し訳ありません：외출 중이신데 전화드려서 죄송합니다.

## そのほかの会話

1▶ 初めてお電話させていただきます。

처음 전화드립니다.

2▶ カスタマーサービス部につないでいただけますか。

고객 서비스 팀에 연결해 주시겠습니까?

3▶ 担当の方をお願いします。

담당자분 부탁합니다.

＊ **담당자분**のように前の名詞が人を表す場合には分かち書きしない。「日本の方」,「韓国の方」という場合には **일본**∨**분**, **한국**∨**분** と分かち書きする。

4▶ 日本語のできる方はいらっしゃいませんか。

일본어를 할 수 있는 분이 안 계신가요?

5▶ 内線 30 番をお願いします。

내선 30번을 부탁합니다.

＊ 内線は**교환**〈交換〉ともいう。

6▶ 失礼ですが，お電話口にお出になった方はどなたですか。

실례지만 전화받으시는 분은 누구십니까?

7▶ さっき電話した小野ですが，イ課長は戻られましたか。

아까 전화한 오노입니다만, 이 과장님은 돌아오셨습니까?

8▶ ちょっと課長さんにお目にかかりたくて，お電話したんですが。

과장님을 좀 만나 뵙고 싶어서 전화했습니다만.

9▶ ちょっとご相談したいことがあるんですが。

잠깐 의논하고 싶은 것이 있는데요.

10▶ 明日，お会いする件でお電話差し上げたのですが。

내일 만날 건에 관해서 전화했습니다만.

11▶ メールではちょっと難しい内容のためお電話しました。

메일로 하기엔 좀 어려운 내용이라 전화했습니다.

12▶ ファクスをお受け取りになったか確認したくてお電話しました。

팩스를 잘 받으셨는지 확인하고 싶어서 전화했습니다.

## □ 703 お電話ありがとうございます

A 감사합니다. 일본 생활 가이드입니다.

B 여보세요. 편집부 연결해 주시겠어요?

A お電話ありがとうございます。日本生活ガイドでございます。

B 恐れ入りますが，編集部につないでください。

＊ 失礼ですが，どちらさまでしょうか：실례지만, 성함이 어떻게 되십니까?
＊ どちらさまでしょうか：어디서 전화 주신 건가요?
＊ 社名をおうかがいしてもよろしいですか：회사명을 여쭤 봐도 됩니까?

## □ 704 はい，さようでございます

A 저, 거기 종로에 있는 대성 주식회사죠?

B 네, 그렇습니다.

A あの，鍾路（チョンノ）にあるテソン株式会社ですよね。

B はい，さようでございます。

会社名を確認されたとき

## □ 705 お電話かわりました

A 전화 바꿨습니다. 기다리게 해서 죄송합니다. 무슨 일로 전화하셨습니까?

B 귀사의 구인 광고를 보고 연락했습니다만.

A お電話かわりました。お待たせして申し訳ありません。どういったご用件でしょうか。

B 御社の求人広告を見てご連絡したのですが。

＊ A は取り次いでもらった電話に出るときの決まり文句。

## そのほかの会話

1 ▶ 大変お待たせいたしました。ネクスト出版でございます。

오래 기다리셨습니다. 넥스트 출판입니다.

2 ▶ お電話ありがとうございます。食品品質管理課イジュンヒでございます。

감사합니다. 식품 품질 관리과 이중희입니다.

＊ 韓国の会社では，所属課のフルネームを名乗って出るところも多い。

3 ▶ お電話は，初めてでございますか。처음 전화하셨습니까?

4 ▶ だれにおつなぎしましょうか。누구를 연결해 드릴까요?

＊ 누구를 바꿔 드릴까요? と言ってもいい。

5 ▶ すみません，もう一度お名前をお願いします。

미안합니다. 한 번 더 성함을 말씀해 주시겠어요?

6 ▶ すみません，お名前が聞き取れなかったのですが。

미안합니다. 성함을 못 알아들었습니다만.

7 ▶ わが社にはそのような者はおりませんが。

저희 회사에는 그런 사람이 없는데요.

8 ▶ 失礼ですが，どちらの天野さまでしょうか。

실례지만, 어느 아마노 씨입니까?

9 ▶ パク課長というのは2人おりますが，どの課のパクでしょうか。

박 과장님은 두 분이 계십니다만, 어느 부서의 박 과장님을 찾으십니까?

＊ 韓国語では，上司であれば同じグループや身内にも敬語を使う。

10 ▶ お電話を回しますので，切らないでお待ちください。

전화를 돌려 드릴 테니 끊지 말고 기다리세요.

11 ▶ すぐにおつなぎいたします。少々お待ちください。

곧 연결해 드리겠습니다. 잠시만 기다려 주십시오.

12 ▶ もし通話が切れてしまいましたら，内線の227番におかけください。

혹시 끊어지면 내선 227번으로 하시면 됩니다.

＊ 227번 : 이백이십칠 번

## □ 706 連絡くださるようお伝えください

A 기다리게 해서 죄송합니다. 부장님은 지금 외출 중이십니다.

B 그럼, 돌아오시는 대로 바로 연락을 주시도록 전해 주세요.

A お待たせしてすみません。部長は今，外出中ですが。

B では，お戻り次第，至急連絡くださるようお伝えください。

A は電話を受けた人で，B はかけた人

＊ -는 대로 : ～し次第

## □ 707 メッセージをお願いできますか

A 죄송합니다. 오 부장님은 지금 자리에 안 계시는데요.

B 메모 좀 전해 주실 수 있을까요?

A 申し訳ございません。オ部長は今，席をはずしておりますが。

B メッセージをお願いすることはできますか。

＊ B は電話をかけた人で 메모 좀 남길 수 있을까요? とも言える。

＊ 何時にお戻りになるか，おわかりですか : 몇 시에 돌아오시는지 아시나요?

＊ 電話があったことを伝えていただけますか : 저한테서 전화 왔다고 전해 주시겠습니까?

## □ 708 もう一度お電話差し上げます

A 고 과장님은 지금 출장 중이시라 다음 주 월요일에 출근하십니다.

B 그럼 그때 다시 전화 드리겠습니다.

A コ課長はただいま出張中ですが，週明けには出勤の予定でございます。

B ではそのころ，もう一度お電話差し上げます。

＊ 休暇中 : 휴가 중／食事中 : 식사 중／外勤中（外回り）: 외근 중／会議中 : 회의 중

＊ またあとでかけ直します : 나중에 다시 걸겠습니다.

## そのほかの会話

1 ▶ メールをお送りしましたので，ご確認くださいとお伝えください。

메일을 보내 드렸는데, 확인해 주십사고 전해 주세요.

2 ▶ 急用なのですが，カン部長さんの携帯番号を教えていただけますか。

급한 일입니다만, 강 부장님의 휴대폰 번호를 가르쳐 주시겠습니까?

### 電話をかけてきた相手に

3 ▶ 伝言なさいますか。

메모를 남겨 주시겠습니까?

4 ▶ 念のため，お電話番号をおうかがいできますか。

혹시 몰라서 그러는데 전화번호를 알려 주시겠어요?

5 ▶ 確認のため，もう一度復唱いたします。

확인을 위해 한 번 불러보겠습니다.

＊ 電話番号を言うときには，「1」と「2」は，聞き間違えやすいので 일 は 하나，이 は 둘 と言うことが多い（2155 です：둘하나오오예요）。

6 ▶ 担当者が席を外しているので，こちらから折り返しお電話いたします。

지금 담당자가 자리에 없어서 이쪽에서 다시 전화를 드리겠습니다.

7 ▶ その件でしたら，内容を存じ上げておりますので，私がお答えいたします。

그 일이라면 제가 내용을 알고 있으니 말씀드리겠습니다.

8 ▶ 申し訳ございませんが，その件に関しましてはよく存じ上げませんので，担当者に代わります。

죄송합니다만, 그 업무는 제가 잘 모르는 사항이라 담당자를 바꿔 드리겠습니다.

15 電話

9 ▶ はい，承知いたしました。本日午後 5 時までにご連絡を差し上げるようにお伝えいたします。

네, 알겠습니다. 오늘 오후 5시까지 연락 바란다고 전해 드리겠습니다.

10 ▶ はい，必ずお伝え申し上げます。

네, 꼭 전해 드리겠습니다.

# 237 すぐに電話に出られない場合

## □ 709 部長は今，来客中ですが

A 죄송합니다. 부장님은 지금 손님을 맞고 계셔서, 잠시 후에 이쪽에서 전화드리겠습니다.

B 알겠습니다. 얼마나 기다리면 될까요?

A 申し訳ございません。部長は今，来客中ですので，よろしければこちらからおかけ直しいたします。

B わかりました。どれぐらいお待ちすればよろしいでしょうか。

A は電話を受けた人で，B はかけた人

## □ 710 部長はただいま話し中です

A 부장님은 통화 중이신데 잠시만 기다려 주시겠습니까?

B 그렇습니까? 그럼, 10분 정도 있다가 다시 전화하겠습니다.

A 部長はただいま話し中ですので，少々お待ちいただけますか。

B そうですか。では，10 分ほどしたら，またかけ直します。

＊ では，後ほどまたかけ直します：그럼, 이따가 다시 전화하겠습니다.

＊ 이따가 と 있다가 の違い：이따가 は「後ほど」という意味で，이따가 보자.（後ほど会おう）のように使われる。있다가 は 있다 の語幹 있- に，ある動作や状態が中断して，ほかの動作や状態に変わることを現わす連結語尾 -다가 が付いたもので，온 김에 조금만 더 있다가 가라.（来たついでだからもっとゆっくりしていけよ）のように使われる。

## □ 711 課長は今，別の電話に出ています

A 과장님은 지금 다른 전화를 받고 있습니다. 괜찮으시다면 저희 쪽에서 전화를 드리겠습니다.

B 그러면, 통화가 끝나는 대로 전화 주시겠습니까?

A 課長は今，別の電話に出ています。よろしければ，こちらからおかけ直しいたします。

B ではお話が終わり次第，お電話いただけますでしょうか。

＊ 話が長引いているようですので，申し訳ございませんが，しばらくしてからもう一度お電話いただけますでしょうか：통화가 길어지고 있는데 죄송합니다만 잠시 후에 다시 걸어 주시겠습니까?

## そのほかの会話

### 電話をかけた人が

1 ▶ 今お忙しいようでしたら，またかけ直しますが。
지금 바쁘시면 나중에 다시 걸겠습니다.

2 ▶ 何時ごろにお電話すればよろしいでしょうか。
몇 시쯤에 전화드리면 될까요?

3 ▶ たびたびすみません。先ほどお電話いたしました，井田です。
몇 번이나 전화드려서 죄송합니다. 조금 전에 전화드린 이다입니다.

4 ▶ 先ほどユン部長さんからお電話をいただいたようなのですが。
방금 윤 부장님께서 전화 주신 것 같은데요.

5 ▶ 留守中にソン課長さんから何度かお電話をいただいているようなのですが。
부재중에 성 과장님으로부터 몇 번이나 전화를 받았는데요.

＊「~中」は，통화∨중 (話し中)，사용∨중 (使用中)，회의∨중 (会議中) のように，ふつう分かち書きするが，부재중 は分かち書きしない。

6 ▶ イ先生から 4 時に電話をくださいとのお約束で，お電話差し上げましたが。
이 선생님이 4시에 전화 달라고 하셔서 전화를 드렸습니다만.

7 ▶ 1 時にお電話することになっていたのですが，シン室長さんはお戻りですか。
1시에 전화를 드리기로 했었는데, 신 실장님은 돌아오셨습니까?

8 ▶ 先ほどお電話した田辺ですが，チョン社長さん，会議はもう終わりましたでしょうか。
아까 전화한 다나베입니다만, 정 사장님, 회의는 이제 끝나셨습니까?

---

### 電話を受けた人が

9 ▶ トンア出版のソンドクスさんのご紹介でお電話いたしました。
동아 출판의 성덕수 씨 소개로 전화했습니다.

10 ▶ 携帯の着信記録にこの番号があったのでお電話したのですが。
이 전화번호가 착신 기록에 떠 있어서 전화를 드렸는데요…….

# 間違い電話，よく聞こえない場合

## □ 712 間違えておかけです

A 여보세요? 거기 일한물산이죠?

B 아뇨. 잘못 거셨습니다.

A もしもし，日韓物産ですよね。

B いいえ，間違えておかけです。

＊ 何番にかけられましたか《間違ってかけてきた相手に対して》：몇 번에 거셨나요?

＊ 電話番号は 1399 ではないですか：전화번호가 일삼구구 아니에요?

＊ 日韓物産ではないんですか：일한물산이 아니에요?

## □ 713 すみません。間違えました

A 여보세요. 한국관광센터입니다.

B 앗, 미안합니다. 전화 잘못 걸었습니다.

A もしもし，韓国観光センターです。

B あっ，すみません。間違えました。

＊ 잘못 걸었습니다. の直訳は「間違えてかけました」。

## □ 714 電話が少々遠いようです

A 미안하지만, 소리가 잘 안 들려요.

B 알겠습니다. 전화 상태가 안 좋은 것 같은데, 끊고 다시 전화드리겠습니다.

A すみません，電話が少々遠いようです。

B わかりました。電波の状態が悪いようなのですぐにかけ直します。

＊「電波の状態」を 전파 상태とは言わず単に전화 상태と言う。

＊ 何とおっしゃいましたか：뭐라고 하셨습니까?

＊ もう一度おっしゃっていただけますか：다시 한 번 말씀해 주시겠습니까?

## そのほかの会話

### よく聞こえない場合

1 ▶ 申し訳ございません。よく聞こえないのですが。
죄송합니다만, 전화가 잘 안 들리는데요.

2 ▶ 周りがうるさくて聞こえません。
주변이 시끄러워서 잘 안들려요.

3 ▶ 電車の音で，電話がよく聞こえないんですが。
전철 소리 때문에 소리가 잘 안 들려요.

4 ▶ もう少し大きな声でお話しいただけますか。
좀 더 크게 말씀해 주시겠습니까?

5 ▶ ゆっくり話していただけますか。
천천히 말씀해 주시겠습니까?

6 ▶ 申し訳ございませんが，おかけ直しいただけますか。
죄송합니다만, 끊고 다시 전화해 주시겠습니까?

### 電話を切るとき《会社が》

7 ▶ お電話ありがとうございました。전화해 주셔서 감사합니다.

8 ▶ 何かございましたら，またいつでもお電話ください。
무슨 일이 생기면 언제든지 전화해 주세요.

### 電話を切るとき《かけた方が》

9 ▶ 親切にご説明いただき，どうもありがとうございました。
친절한 설명, 대단히 감사합니다.

10 ▶ またご連絡いたします。또 연락하겠습니다.

11 ▶ 後日，あらためてお電話いたします。
나중에 다시 전화하겠습니다.

12 ▶ それでは，失礼いたします。그럼, 안녕히 계십시오.

＊ 電話でも，**안녕히 계십시오.** を使ってかまわない。

## □ 715 商品についてお問い合わせしたいのですが

A 어제 배달된 물건에 대해서 좀 물어볼 게 있는데요.

B 담당자에게 연결해 드리겠습니다. 잠시 기다려 주세요.

A 昨日配達していただいた商品についてお問い合わせしたいのですが。

B 担当者にお取り次ぎいたします。このままお待ちください。

＊「問い合わせする」を 문의하다〈問議−〉と言うと硬い感じがするので，会話には不適。

## □ 716 開けたら中身が腐ってたんですよ

A 인터넷에서 구입한 건데, 열어 보니까 내용물이 썩어 있었어요.

B 예, 그렇습니까? 불편을 끼쳐 드려 대단히 죄송합니다.

A ネット通販で購入した品物なんですが，開けてみたら中身が腐ってたんですよ。

B えっ，さようでございますか。ご不快な思いをさせてしまい，大変申し訳ございませんした。

＊ 韓国語では，ネット通販を 인터넷 통판 とは言わない。

## □ 717 広告に出ていた写真と違うんですが

A 광고 사진하고는 내용이 완전히 달라요.

B 알겠습니다. 저희 쪽에서 즉시 조사하겠습니다. 어느 사이트에서 구입하셨습니까?

A 広告の写真とは明らかに内容が違うんですが。

B わかりました。こちらでさっそく調査をいたします。どちらのサイトでお買い求めですか。

＊ 즉시〈卽時〉：さっそく。硬い言い方なので，改まった場所でしか使われない／直ちに応答せよ：즉시 응답하라. ／サンプルは直ちにお送りします：견본은 즉시 송부해 드립니다.

## そのほかの会話

1▶ ネットに載っている品物の件でちょっとおうかがいしたいのですが。

인터넷 광고에 올라와 있는 물건에 대해서 좀 물어볼 게 있는데요.

＊ カード決済の件で～：카드 결제에 대해서～

2▶ 担当者に何度も電話したんですよ。

담당자와 통화하기 위해 전화를 몇 번이나 했는지 몰라요.

＊ 直訳は「担当者に何度電話したかわかりません」。

3▶ 個数が足りないんです。

개수가 부족합니다.

4▶ 注文したものと違うものが届きました。

주문한 것과 다른 물건이 왔어요.

5▶ 午前中に着くことになっていたんですが。

오전 중에 도착하기로 돼 있었는데요.

6▶ 冷凍なのに，冷蔵で届いたんですよ。

냉동인데 냉장으로 왔어요.

7▶ 袋が破けて中の汁が漏れてたんですよ。

봉지가 찢어져서 안의 국물이 샜어요.

8▶ 品物のいくつかは賞味期限が切れていました。

상품 몇 개가 유통 기간이 지났습니다.

9▶ 女性用のＭを注文したのに，男性用のＬが入っていたんですよ。

여성용 M 사이즈를 주문했는데, 남성용 L 사이즈가 들어 있어요.

10▶ 返品したいのですが，着払いで送り返してもいいですか。

반품하고 싶은데, 착불로 보내도 될까요?

11▶ カードで支払ったのですが，返金をお願いします。

카드로 냈는데 환불해 주세요.

12▶ 代金を振り込んだのに品物が届かないんです。

대금을 입금했는데 물건이 아직 안 왔어요.

# 電話でクレームを言う ②（家電製品）

## □ 718 動かなくなってしまったんですが

A 세탁기를 산 지 얼마 안 됐는데 갑자기 고장이 나서 지금 못 쓰고 있어요.

B 죄송합니다만, 제품 번호를 알려 주시겠습니까?

A 買ったばかりの洗濯機が急に動かなくなって使えないのですが。

B 申し訳ございませんが，型番を教えていただけますか。

＊ 고장 나다：故障する（고장∨나다 と分かち書きする）

＊ 망가지다：（機械などが）壊れて作動しない（破壊される，形がくずれる，元の形が悪くなる）／부서지다：壊れて破片になる

＊ 알려 주다（情報を）：伝える／가르쳐 주다：（知識を）教える

## □ 719 水漏れがするんですが

A 식기 세척기 아랫부분에서 물이 새고 있어요. 오셔서 한번 봐 주실 수 있나요?

B 알겠습니다. 저희가 바로 방문해서 상태를 살펴보겠습니다.

A 食洗機の下から水漏れしています。修理に来ていただけますか。

B わかりました。すぐにおうかがいして状況を拝見させてください。

＊ 出張修理：출장 수리

## □ 720 電源を入れても動かないんですが

A 어제 구입한 가습기 말인데, 스위치를 아무리 눌러도 작동하지 않아요.

B 곧바로 교체 상품을 보내 드리겠습니다. 죄송하지만 가지고 계신 상품을 착불로 보내 주시겠습니까?

A 昨日買った加湿器なんですが，電源を入れても作動しないのですが。

B すぐに代わりの品をお送りいたします。お手数ですが，お持ちの商品を着払いでお送りくださいませんか。

＊ 착불〈着拂〉：着払い

## そのほかの会話

1 ▶ 型番はどこに記載されているんですか。

제품 번호는 어디에 적혀 있어요?

2 ▶ このJ-02から始まる6桁の数字ですか。

여기 J-02로 시작하는 여섯 자리 숫자예요?

＊ J-02：読み方は［제이 공이］。

3 ▶ 5，6年前に購入したものです。

한 5, 6년 전에 구입한 거예요.

4 ▶ どこで買ったかは覚えていないんですが。

어디서 샀는지는 기억이 나지 않습니다.

5 ▶ 保証書をなくしてしまったみたいなんですが。

보증서는 잃어버린 것 같아요.

6 ▶ 電子レンジからジージーと変な音がするんですが。

전자레인지에서 지지직 하고 이상한 소리가 나요.

7 ▶ 冷蔵庫が冷えなくなってしまったんですが。

냉장고 안이 시원해지지 않는데요.

8 ▶ テレビの映りが悪くなってしまったのですが。

TV 화면이 잘 안 나와요.

9 ▶ 洗濯機のドラムが回らなくなってしまったのですが。

세탁기 드럼 통이 안 돌아가는데요.

10 ▶ 何回も使わないのに掃除機がまったく吸い込まなくなりました。

청소기를 몇 번 안 썼는데 전혀 빨리지 않아요.

## □ 721 至急，確認いたします

A 여보세요, 고객 상담실이죠? 클레임 메일을 몇 번이나 보냈는데도 답장이 없어서 직접 전화한 거거든요.

B 대단히 죄송합니다. 바로 확인하겠습니다.

A もしもし，顧客相談室ですか。お問い合わせのメールを何度も送ったのですが，お返事がないもので直接電話を差し上げたのですが。

B 大変申し訳ございませんでした。至急，ご確認いたします。

＊ 고객 상담실〈顧客相談室〉：お客さま相談室

## □ 722 至急，新しい商品をお送りします

A 도착한 걸 열어 봤더니 파손된 게 몇 개 있었어요.

B 저희가 물품 배송할 때는 늘 조심하고 있습니다만, 그런 일이 생겨 대단히 죄송합니다. 바로 새 상품을 보내 드리겠습니다.

A 届いたものを開けたら，いくつか破損している商品があったんですよ。

B 発送には十分気をつけておりましたが，そのようなことになって，誠に申し訳ございません。至急，新しい商品をお送りします。

＊ そうでございましたか：그런 일이 있으셨습니까?

＊ この度は誠に申し訳ございませんでした：이번 일은 대단히 죄송합니다.

## □ 723 どちらでお買い求めになったものですか

A 선풍기에서 연기가 났어요. 어떻게 좀 해 주세요.

B 어디서 구입하셨습니까?

A 扇風機から煙が出たんですよ。何とかしてください。

B どちらでお買い求めになったものですか。

＊ 연기가 나다〈煙氣－〉：煙が出る

## そのほかの会話

1 ▶ そちらの商品はもう生産しておりません。

그 상품은 이젠 생산하지 않고 있습니다.

2 ▶ 品物が届いたときの状況を，もう少し詳しくお知らせいただけませんか。

물품이 도착했을 당시의 상황을 좀 더 자세히 말씀해 주실 수 있겠습니까?

3 ▶ それでは，お名前とお電話番号を教えていただけますでしょうか。

그러시면, 고객님의 성함과 전화번호를 알려 주시겠습니까?

4 ▶ 本体の裏側に品番が書いてあるはずですが，おわかりですか。

본체 뒤에 제품 번호가 적혀 있을 겁니다. 찾으셨어요?

5 ▶ その商品はもう部品の在庫がございません。

그 상품의 부품은 재고가 없습니다.

6 ▶ 保証書はお手元にございますでしょうか。

보증서는 가지고 계십니까?

7 ▶ 私どものほうで該当製品を確認したうえで，一度お電話差し上げます。

저희가 해당 제품을 확인한 뒤 다시 전화드리겠습니다.

8 ▶ お手をわずらわせてしまい申し訳ございません。

번거롭게 해 드려 죄송합니다.

**一口メモ カスタマーセンターの対応**

- お客さまのおっしゃるとおりです：고객님 말씀이 맞습니다.
- ごもっともです。私もそう思います：지당하신 말씀입니다. 저도 그렇게 생각합니다.
- そのようなことがあったとしたら，それはお客さまのおっしゃるとおりです：그런 일이 있었다면, 그건 고객님이 말씀이 지당하십니다.
  ＊ 지당하다〈至當－〉：極めて当然だ，もっともだ
- わざわざお電話をくださり，ありがとうございます：일부러 전화까지 주시고 대단히 감사합니다.
- お手をわずらわせてしまい申し訳ございません：번거롭게 해 드려 죄송합니다.

# 16.

## 趣味・娯楽

## □ 724 プールで１時間ぐらい泳いでるの

A 난 매일 퇴근 후에 수영장에서 1시간 정도 수영을 해.

B 대단하네. 나는 일이 끝나면 기진맥진해서 아무것도 못 하겠어.

A わたし毎日，会社が終わったあと，プールで1時間ぐらい泳いでるの。

B すごいね。ぼくなんか仕事が終わったらくたくたで，何もできないよ。

会社の同僚同士の会話

＊ プールで泳ぐのは 수영하다，海水浴場で泳ぐのは 헤엄치다。

## □ 725 平泳ぎはあまりできないんだ

A 난 자유형은 잘하는데, 평영은 잘 못해.

B 난 맥주병이라 평형은커녕 개헤엄도 못 쳐.

A ぼくは，クロールは得意だけど，平泳ぎはあまりできないんだ。

B わたしなんか，かなづちだから平泳ぎはおろか犬かきもできないの。

＊ 맥주병〈麦酒瓶〉[맥쭈뼝]：かなづち

＊ 泳ぎが上手だ：수영을 잘하다（泳ぎがうまい人は，물개 ともいう）

＊ クロール：크롤／平泳ぎ：평영／バタフライ：버터플라이，접영〈蝶泳〉／背泳：배영／競泳：경영／自由形：자유형

＊ 犬かきで泳ぐ：개헤엄 치다

## □ 726 泳がなくてもリハビリになるんですよ

A 요즘 수영 교실에 다니는 노인분들이 많다면서요.

B 직접 수영을 하지 않아도 물에서 걷는 것만으로도 재활 훈련이 되거든요.

A 最近，スイミングスクールに通っているお年寄りが多いんですってね。

B 泳がなくても，水の中を歩いているだけでリハビリになるんですよ。

知人同士の会話

＊ 수영 교실〈水泳教室〉：スイミングスクール

## そのほかの会話

1 ▶ 新しい水泳パンツ用意してきたんだけど，ちょっと派手すぎるかなぁ。

새로운 수영복을 준비하긴 했는데 좀 야하지 않을까?

＊ **수영복**：水泳パンツ，水着

2 ▶ 泳いだあとは，筋肉がだらんとした感じがしますね。

수영하고 나면 근육이 이완된 느낌이 들어요.

＊ **근육이 이완되다**：筋肉が弛緩する

3 ▶ いきなりプールに飛び込まずに，しっかり準備運動をしましょう。

급하게 풀에 뛰어들지 말고, 반드시 준비 운동을 합시다.

＊ **준비 운동**：準備運動，ウォーミングアップ

4 ▶ このプールは飛び込み禁止だってさ。

이 풀장은 다이빙 금지래.

＊ 飛び板飛び込み：**스프링보드 다이빙**／高飛び込み：**플랫폼 다이빙, 하이 다이빙**

5 ▶ プールサイドは滑りやすいですから，走らないで歩きましょう。

풀 사이드는 미끄러지기 쉬우니까 뛰지 말고 걸어 다닙시다.

6 ▶ プールから出たあとはきれいに目を洗わないと，はやり目になりますよ。

풀에서 나와 눈을 깨끗이 씻지 않으면 유행성 결막염에 걸려요.

＊ **결막염**：はやり目（結膜炎）。発音は［**결망념**］。ちなみに，ウイルスによる流行性角結膜炎のことは**아폴로 눈병**と言っている。

7 ▶ 監視員のおじさん，子どもが溺れてる！　早く助けて！

구조원 아저씨, 아이가 물에 빠졌어요! 빨리 구해 주세요!

＊ プールの監視員：**구조원**〈救助員〉

8 ▶ ウオータースライダーはすごいスピード感があって，最高に楽しいわ。

워터 슬라이더는 굉장히 속도감이 있어서 정말 재미있어.

9 ▶ 冷たいプールで泳ぎ続けてたら，唇が紫になっちゃった。

찬물에서 계속 수영하다가 입술이 새파래졌어요.

10 ▶ 男子のシンクロというのも見ていてかっこいいと思うわ。

남자 수중 발레도 나름 멋있다고 생각해.

## □ 727 やはり夏は海に行かないとね

A 아이들은 바다보다는 풀장을 좋아하는 거 같은데.

B 그래도 역시 여름에는 바다로 가야지.

A 子どもたちは海よりプールのほうがいいみたいだけど。

B でも，やはり夏は海に行かないとね。

夫婦の会話

＊ プールは 풀 ではなく 풀장〈pool 場〉という。

## □ 728 今日は遊泳禁止だって

A 모처럼 좋은 날씨인데, 파도가 높아서 오늘은 수영 금지래.

B 그럼 해변에서 일광욕이나 하자.

A せっかくの海水浴日和なのに，波が高くて，今日は遊泳禁止だって。

B じゃあ，砂浜で甲羅干しでもする？

＊ 해변〈海邊〉：砂浜

＊ 일광욕을 하다〈日光浴ー〉：甲羅干しをする

＊ 台風が接近している：태풍이 접근하고 있다

## □ 729 こんなに日に焼けちゃったわ

A 비치파라솔 밑에 있었는데, 모르는 사이에 얼굴이 탔어.

B 어머나, 깜박했더니 나도 이렇게 탔네.

A ビーチパラソルの下にいたのに，気がついたら顔が焼けてたわ。

B あら，ほんと。ちょっと油断したらこんなに日に焼けちゃったわ。

＊ 日に焼ける：햇볕에 타다。日焼けサロンなどで自分から進んで「日焼けする」ことは 선탠하다 という。

＊ 顔がまっ赤になる：얼굴이 빨개지다／顔がまっ黒になる：얼굴이 까매지다／顔がほてる：얼굴이 화끈거리다

＊ 皮がむける：피부가 벗겨지다

## そのほかの会話

1 ▶ 今日のような日は，海水浴場は芋を洗うような混雑だよ。

오늘 같은 날 해수욕장에 가면 사람이 많아서 복잡할 거야.

＊ 海の家：**휴게실**（しいて言えば **바다 휴게실** だが，特別に「海の家」を指す単語はない）

＊ 更衣室：**탈의실**〈脱衣室〉／シャワー室：**샤워실**

2 ▶ 砂浜は日差しが強いから，日射病に気をつけなきゃね。

모래사장은 햇살이 따가우니까 일사병에 걸리지 않도록 조심해.

＊ **햇살이 따갑다**：日差しが強い

＊ 太陽がまぶしい：**햇빛이 눈부시다**／日陰で休む：**그늘에서 쉬다**／サングラスをかける：**선글라스를 쓰다**

3 ▶ あらっ，日焼け止め忘れてきちゃったんだけど，持ってない？

이런, 선크림을 깜박했네. 갖고 왔어?

4 ▶ 足がつかないくらいの深さのところへ行ったら危ないわよ。

발이 닿지 않을 만큼 깊은 곳에 들어가면 위험해.

＊ おぼれる：**물에 빠지다**

＊ 浮き輪：**튜브**

5 ▶ 泳ぐのに夢中になって沖のほうに行っちゃだめだよ。

수영에 열중하다 깊은 곳에 들어가면 안 돼.

6 ▶ お酒を飲んで泳ぐのは危ないからやめましょう。

술을 마시고 수영하는 건 위험하니까 삼갑시다.

7 ▶ クラゲに刺されたみたいで，足がひりひりします。

해파리에게 쏘인 것같이 발이 따끔따끔해요.

＊ **해파리에게 쏘이다**：クラゲに刺される

＊ **따끔따끔하다**：ひりひりする

8 ▶ ぬるぬるした物が足に触るんだけど，ひょっとしてナマコかしら。

미끈미끈한 게 발에 닿았는데 혹시 해삼일까?

9 ▶ どうせ海水浴に行くんなら，ハワイやグアムじゃなくて，ニースやモナコあたりに行きたいわ。

이왕 해수욕을 간다면 하와이나 괌 말고, 니스나 모나코 같은 곳에 가고 싶어.

□ 730 **海深くに潜るのはちょっと怖い感じがします**

A 영상으로 보기엔 근사한데, 바닷속 깊이 잠수하는 건 좀 무서운 느낌이 들어요.

B 경험이 풍부한 전문 다이버와 함께 잠수하니까 초보자도 걱정 없어요.

A 映像で見るのはすばらしいですが，海深くに潜るのはちょっと怖い感じがします。

B 経験豊富なインストラクターダイバーと一緒に潜るので，初心者でも心配いりませんよ。

＊ シュノーケルを着ける：스노클을 착용하다
＊ 酸素ボンベを着ける：산소통을 착용하다

□ 731 **海の中は，竜宮のように幻想的です**

A 아무것도 들리지 않는 고요한 바닷속은 마치 용궁처럼 환상적이에요.

B 바닷속을 자유럽게 돌아다니는 해방감은 뭐라고 말할 수 없겠죠. 저도 한번 그런 경험을 해 보고 싶네요.

A 何も音のしない静かな海の中は，ちょうど竜宮のように幻想的ですよ。

B 海の中を自由に泳ぎ回っているときの解放感は，何ともいえないでしょうね。私も一度，経験してみたいです。

＊ 潜水用足ひれ：오리발
＊ もりでサメを突く：작살로 상어를 찌르다

□ 732 **台風のあとはサーフィンの練習にはもってこいだよ**

A 태풍이 지나간 후에는 파도가 높아서 서핑 연습하기에 안성맞춤이야.

B 아니, 아무리 그래도 그건 위험해. 서핑하던 사람이 높은 파도에 휩쓸렸다는 뉴스도 못 봤어?

A 台風のあとは波が高いから，サーフィンの練習にはもってこいだよ。

B いや，いくらなんでもそれは危険だわ。サーフィンしていて高波にさらわれたニュース聞いたことない？

＊ 높은 파도에 휩쓸리다：高波にさらわれる

## そのほかの会話

### スキューバダイビング

1 ▶ 去年の冬，オーストラリアに潜りに行ったんだよ。

작년 겨울, 호주로 스쿠버 다이빙하러 갔다 왔어.

＊ そうか, 南半球は日本とは季節が逆なんだね：아, 남반구는 우리하고는 계절이 반대구나.

### サーフィン

2 ▶ 見ているのは楽しそうだけど，いざやってみるとなかなかうまく波に乗れないんだよ。

보는 건 재미있지만, 막상해 보면 좀처럼 파도를 타기가 쉽지 않아.

3 ▶ 天気のよくない日でもサーフィンはできるんですか。

날씨가 좋지 않은 날에도 서핑을 할 수 있어요?

4 ▶ サーフィンがうまくなりたいなら，冬でも海に入ることだね。

서핑을 잘하고 싶으면 겨울 바다도 두려워 말고 연습해야지.

### ウィンドサーフィン

5 ▶ ウィンドサーフィンは，ヨットとサーフィンを融合させたマリンスポーツです。

윈드서핑은 요트와 서핑을 결합한 수상 스포츠예요.

＊ 결합하다 〈結合－〉：合わせる

＊ 帆を立てる：돛대를 세우다

＊ 波に乗る：파도를 타다

6 ▶ ウィンドサーフィンは，水上を滑るように走るので，かなりスリルがあります。

윈드서핑은 물 위를 미끄러지듯 활주하는 스포츠라 꽤 스릴이 있어요.

### ラフティング

7 ▶ ラフティングはゴムボートに乗って谷や急流を下るスポーツです。

래프팅은 고무로 만든 보트를 타고 계곡이나 강의 급류를 타는 스포츠예요.

□ 733 **バンジージャンプなんかもう二度とゴメンだ**

A 여자 친구가 자꾸 부추기니까 하긴 했는데 번지 점프 같은 거 다신 안할 거야.

B 그렇게 무서웠냐. 별로 높지도 않던데.

A 彼女がしきりにけしかけるから，やってみたけど，バンジージャンプなんかもう二度とゴメンだよ。

B そんなに怖かったかい？　あんまり高くもなかったのに。

＊ 上から見下ろしたときの恐怖感と言ったらとても言いようがないよ：내려다보았을 때 느낀 공포감은 이루 말할 수가 없어. (이루 다 말할 수 없다：とうてい言葉では言い尽くせない)

＊ 下から見ているとそうでもないようだけどね：올려다보면 별거 아닌 거 같은데.

□ 734 **スカイダイビングで飛行機から飛び降りるのが怖いです**

A 스카이다이빙을 하고는 싶은데, 비행기에서 뛰어내리는 건 무서워요.

B 무서운 건 처음 1초 정도예요. 그 다음은 강한 바람을 타고 하늘에 떠 있는 상쾌한 느낌이 들어요.

A スカイダイビングを一度経験してみたいんですが，飛行機から飛び降りるのが怖いです。

B 怖いのは最初の１秒くらいですよ。そのあとは，強い風に乗って空に浮かんでいる感じで爽快ですよ。

□ 735 **冠岳山の頂上まで登っているんですって？**

A 매주 일요일마다 관악산 정상까지 오른다면서요?

B 네, 좀 힘들지만 건강에도 좋고 이젠 습관처럼 몸에 뱄어요.

A 毎週日曜日には冠岳山（クヮナクサン）の頂上まで登っているんですって？

B ええ，ちょっと大変ですが，健康にもいいですし，もう習慣のように身につきました。

＊ 관악산：632m。ソウル市の南側と 경기도〈京畿道〉との境にある山。多くの岩峰が深い谷間と相まって，険しい山系を作っているが，都心に近いので家族連れの日帰りハイキングコースとして多くの市民が訪れる。

## そのほかの会話

### ハンググライダー

1 ▶ ハンググライダーに乗って鳥のように空を飛べたらいいですね。
행글라이더를 타고 새처럼 하늘을 날 수 있으면 좋겠어요.

2 ▶ 飛んでいる時間は短いですが，地上ではこの醍醐味が味わえませんね。
나는 시간은 짧지만, 지상에서는 그런 즐거움을 맛볼 수 없어요.

### 登山

3 ▶ 韓国も日本と同じく，中高年の人の登山ブームですね。
한국도 일본처럼 나이 든 사람들이 산을 많이 찾네요.

4 ▶ 週末になると中央線は登山客でいっぱいで，足の踏み場もないですよ。
주말이면 중앙선은 등산객들로 넘쳐서 발 디딜 곳이 없어요.

＊ **중앙선**：正式な名称は京義中央線（**경의중앙선**）。

5 ▶ 登山道のわき水をすくって飲むと，ひんやりしていて気持ちがいいですね。
등산로에 있는 약수터에서 물을 떠 마시면 시원하고 상쾌해요.

6 ▶ 頂上まであと一息ですから，頑張りましょう。
이제 정산까지 얼마 안 남았으니 조금만 더 힘냅시다.

7 ▶ 中国側から白頭山に登る機会があったのですが，霧に隠れて天池が見えませんでした。
중국을 통해 백두산에 올랐는데, 안개에 가려서 천지를 못 봤어요.

**一口メモ　そこに山があるから**

英国の登山家マロリー卿（1886 － 1924）が，ニューヨーク・タイムズ紙の記者の「なぜ山に登るのか」という問いかけに答えたとされ広く人口に膾炙する「そこに山があるから」（Because it is there.）という言葉は，本当にマロリーがこう言ったのかどうかはっきりしない。韓国語では－왜 산에 오르는가? 산이 거기 있기 때문이다.

## □ 736 ボウリングに，またはまっているの

A 요즘 예전에 했던 볼링에 또 푹 빠졌어요.

B 저도 다시 시작했어요. 근데 요즘은 스코어를 기계가 자동으로 계산해 주더군요.

A 昔やったボウリングに，またはまっているの。

B 私もまた始めたんですよ。最近のは，スコアを機械が自動で付けてくれるんですね。

知人同士の会話

＊ -에 푹 빠지다 : ～にはまる，～に夢中になる

## □ 737 まっすぐにピンを見て投げることだね

A 볼링을 해 봤는데 좀처럼 점수가 안 나와.

B 던지는 자세가 중요해. 발밑을 보지 말고, 레인이나 핀을 똑바로 보고 던져 봐.

A ボウリングをやってみたけど，なかなか点数が出ないの。

B 投げる姿勢が大切だよ。足元を見ないでまっすぐにレーンやピンを見て投げることだね。

友達同士の会話

＊ 緊張して投げるからだよ。体が硬くなってるよ : 긴장해서 던지니까 말이야, 몸이 굳는 것 같아.

## □ 738 スプリットになっちゃった

A 와, 7번 1번 핀이 스플릿이 돼 버렸어.

B 거터 볼이 되지 않도록 7번 핀을 노려서 오른쪽에서 공을 대각선으로 던져 봐.

A うわぁ，7番，1番ピンのスプリットになっちゃったわ。

B ガターにならないように7番ピンを狙って右側からボールを対角線上に投げてみたら。

職場のボウリング大会での会話

＊ チェリーになる : 체리가 되다

## そのほかの会話

1▶ 1番ピンを狙って投げても，変な方向にずれちゃうの。

1번 핀을 노려서 던져도 공이 이상한 쪽으로 가 버려.

＊ ヘッドピン：헤드핀

2▶ 遠くのピンを目標にするんじゃなくて，近くにあるスパットを狙うとうまくいくよ。

먼 핀을 목표로 하지 말고, 가까이에 있는 스폿을 보면서 던지면 잘돼.

＊ アプローチ：어프로치

3▶ どうしてもスペアのあとはガターになっちゃうんだ。

아무래도 스페어 다음에는 꼭 거터가 돼 버려.

4▶ 重いボールはピンがよく飛んで気持ちがいいんだけど，コントロールが難しいね。

무거운 공은 핀이 잘 튀어서 기분은 좋은데, 컨트롤이 어렵네.

5▶ ハウスボールでは，なかなか自分に合ったものが見つかりません。

원래, 볼링장에 있는 공은 자기한테 맞는 걸 찾기 힘들어요.

＊「ハウスボール」は 하우스 볼と言ってもいい。

6▶ 親指の穴は少しゆるめのものを選ぶといいですよ。

엄지 부분은 조금 느슨한 걸로 선택하는 게 좋아요.

7▶ ストライクはうまく決まると本当に気持ちがいいですね。

스트라이크를 날리면 정말 기분이 좋네요.

＊ ダブル：더블

＊ ターキー：터키

＊ パーフェクト：퍼펙트，퍼펙트게임

8▶ ストライクが取れなくても，スペアをきっちり取ればスコアはある程度行きますよ。

스트라이크를 치지 못해도 스페어 처리만 잘하면 스코어는 어느 정도 나와요.

9▶ ちゃんと投げていても，ボールが変に曲がっちゃって，ピンがあまり倒れないんだよ。

제대로 던지는 것 같은데도 공이 이상하게 들어가서 핀이 별로 쓰러지지 않아.

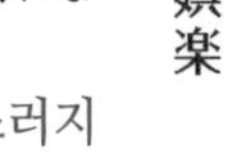

## □ 739 前売り券を買っておけばよかった

A 표가 벌써 다 팔렸어? 예매라도 할걸.

B 이 영화, 이렇게 인기가 있는 줄 몰랐어요.

A 切符，もう売り切れたの？　前もって買っておけばよかった。

B この映画，こんなに人気があるとは思わなかったよ。

＊ 立ち見 : 입석〈立席〉／立ち見をする : 서서 보다

＊ 最近の韓国の劇場では，ほとんどが小劇場で指定席（지정석）制である。

＊ 早朝割引き : 조조할인

## □ 740 字幕を追うのに必死だったわ

A 지금 본 영화, 내용이 복잡해서 이해하기 어려웠어.

B 나도 자막 읽기 바빠서 무슨 내용이었는지 하나도 기억이 안 나. 역시 우리말 더빙판이 좋아.

A 今見た映画，内容が複雑でよくわからなかったな。

B わたしも字幕を追うのに必死で，内容をほとんど覚えていないの。見るんだったらやっぱり吹き替え版のほうがいいわ。

上の会話で B は韓国人

＊ 우리말 と分かち書きしない場合は，韓国人が自分の国の言葉，すなわち韓国語のことを指す場合。우리∨말 と分かち書きする場合は，韓国人以外の外国人が自国語を指して言う場合。

## □ 741 最後まで余韻を楽しめません

A 한국에서 영화를 봤는데, 영화가 끝나기 무섭게 자리에서 일어나는 관객이 많아서 놀랐어요.

B 국민성이겠죠. 거기선 엔딩 크레딧을 보면서 마지막까지 여운을 즐길 수가 없어요.

A 韓国で映画を見ましたが，映画が終わるか終わらないかのうちに席を立つ観客が多いのには驚きました。

B 国民性でしょう。韓国じゃ，エンドロールを見ながら最後まで余韻を楽しめませんよ。

韓国映画に興味のある日本人学生と，韓国人留学生の会話

## そのほかの会話

1▶ どちらかというと，ぼくはアクション映画が好きだな。
어느 쪽이냐 하면 난 액션 영화가 좋아.

2▶ ホントにこの作品は泣けました。
정말 이 작품은 눈물이 나네요.

3▶ 今話題のサスペンス映画，結末が意外だったので呆気にとられたわ。
요즘 화제인 서스펜스 영화, 결말이 예상 밖이라 어리벙벙했어.

4▶ 子どもたちと一緒に映画を見に行ったらくたくたになりました。
아이들과 영화를 보러 갔다가 지치고 말았어요.

5▶ アニメの２本立てを見て，最後は寝てましたよ。
애니메이션 두 편 동시 상영을 보다가 마지막에는 자고 말았어요.

6▶ やはり映画館で見ると迫力があって臨場感いっぱいですね。
역시 극장에서 보면 박력이 있고 현장감이 넘쳐요.

7▶ 試写会の抽選に当たって，封切り前に話題作を見ることができました。
시사회에 당첨되어 개봉 전의 화제작을 볼 수 있게 됐어요.

8▶ 終電を逃したので，オールナイト映画館で始発まで過ごしました。
막차를 놓쳐서 심야 극장에서 첫차 시간까지 시간을 때웠어요.

9▶ 日本語字幕がなくて，聞き取るのが大変でした。
일본어 자막이 없어서 알아듣기 아주 힘들었어요.

10▶ 横にいた韓国人の友達が笑ってたけど，ぼくには何がおもしろいのかさっぱりだったよ。
옆에 있는 한국인 친구는 웃고 있었지만, 나는 뭐가 재미있는 건지 잘 모르겠더라.

11▶ ホラー映画を見ていたら，急に前の人が大声を上げたので，ぼくまでぞくっとしたよ。
공포 영화를 보는데 갑자기 앞사람이 소리를 지르는 바람에 나까지 오싹했어.

## □ 742 大自然の中にいると，心が洗われるようです

A 이렇게 자연 속에서 시간을 보내는 것도 좋네요.

B 정말 떠들썩한 도시를 벗어나 대자연 속에 있으니 마음이 확 맑아지는 것 같아요.

A こうやって自然の中で，時間を過ごすのもいいですね。

B そうですね。騒がしい都会を離れて大自然の中にいると，心が洗われるようですね。

＊ 都会と違って，満天の星が今にでも降ってきそうです：도시와 달리, 하늘의 별들이 금방이라도 쏟아질 것처럼 많아요.

## □ 743 かゆみ止め，持ってない？

A 벌레에 물린 데가 부어올랐어. 물파스 안 갖고 왔어?

B 벌레 쫓는 약이라면 가져왔는데…….

A 虫に刺されたところが腫れてきちゃったんだ。かゆみ止め，持ってない？

B 防虫スプレーなら持ってきたんだけど。

＊ かゆみ止め：가려움 약，가려운 데 [가려울 때] 바르는 약。日本で「ムヒ」と言えば通じるように，商品名の 물파스 で通じる)

## □ 744 テントを張るのは面倒だな

A 캠프 가는 건 좋은데, 텐트 치는 게 귀찮아.

B 그럼 방갈로를 빌리는 게 어때?

A キャンプに行くのはいいけど，テントを張るのは面倒だな。

B じゃあバンガローを借りようか。

＊ 텐트를 치다：テントを張る／텐트를 접다：テントをたたむ／야영장〈野營場〉：テント村

＊ もっとロープをぴんと張らないと，テントがすぐにつぶれてしまうよ：줄을 좀 더 팽팽하게 치지 않으면 텐트가 금세 넘어지고 말아.

## そのほかの会話

1▶ 子どもにとっては部屋でゲームをするより，川で自由に遊ぶほうがいいですね。

아이들한텐 방에서 게임하는 것보다 강에서 자유롭게 노는 게 더 좋죠.

2▶ 川の水をそのまま飲んじゃ，お腹壊しますよ。ちゃんと沸かさないと。

냇물을 그대로 마시면 배탈이 나. 잘 끓여서 먹어야 돼.

＊ 水をくむ：물을 긷다, 물을 뜨다

＊ お湯を沸かす：물을 끓이다

3▶ 飯盒(はんごう)で炊いたご飯はふっくらとしておいしいね。

반합에 지은 밥은 부드럽고 맛있네.

＊ 米をとぐ：쌀을 씻다

4▶ 釣った魚をその場で焼いて食べるなんて初めての体験ですよ。

잡은 물고기를 그 자리에서 구워 먹는 건 처음이에요.

＊火をおこす：불을 피우다

5▶ 澄んだ空気の中で食べるバーベキューの味は格別だなぁ。

맑은 공기 속에서 먹는 바비큐는 맛이 확실히 다르네요.

6▶ 寝袋って，慣れないとなかなか熟睡できませんね。

침낭은 익숙하지 않으면 좀처럼 잠들기 힘들어요.

＊ 침낭〈寢囊〉：寝袋

7▶ 森の中に入ったら，植物でかぶれちゃったの。

숲 속에 들어갔다가 식물 독이 올라서 피부가 가려워.

＊ 숲속 はいまだにひとつの単語と見なされていないので，正式には숲∨속と書く。

8▶ さっき森の中に入っていったら，大きなヘビがいてびっくりしちゃったわ。

아까 숲 속에 들어갔다가 큰 뱀을 봐서 깜짝 놀랐어.

9▶ 学生のころキャンプファイヤーを囲んでみんなで歌った歌は，今でも覚えています。

학창 시절, 캠프파이어를 하다 모닥불 주변에서 다 같이 불렀던 노래가 지금도 기억나요.

＊ 薪を集める：장작을 모으다

＊ 斧で薪を割る：도끼로 장작을 패다

745 **結局何も釣れなかったわ**

A 처음으로 낚시 가서 하루 종일 있었는데, 결국 아무것도 못 잡았어.
B 낚시는 꽤 인내심을 필요로 하는 것 같아. 나하고는 안 맞아.

A 初めて釣りに行ったけど，一日中いて結局何も釣れなかったわ。
B 釣りって結構忍耐力が必要だね。ぼくには向いてないなぁ。

友達同士の会話
＊ 낚시 の綴りに注意。試験問題によく出る（× 낚씨，× 낙씨)。

746 **そろそろ当りが来るぜ**

A 슬슬 입질이 오는데……, 아, 물었다!
B 어서 당겨! 절대로 놓치면 안 돼.

A そろそろ当りが来るぜ，ほら，かかった！
B 速く引き寄せろ！　絶対に逃すなよ。

＊ 입질：釣で魚がえさにさわること，当たり，魚信。
＊ リールを巻く：릴을 감다
＊ 重い！　すごく大きいやつのようだ：무거워. 엄청 큰 놈인 것 같은데.

747 **これは大物だから魚拓を取っておこう**

A 월척이네. 어탁을 떠 놓자.
B 그렇게 먹칠을 해도 나중에 먹을 수 있어요?

A これは大物だから魚拓を取っておこう。
B 墨を塗っても，あとで食べられるのかしら？

＊ 월척〈越尺〉：釣り上げた魚が一尺に余る大物
＊ 어탁을 뜨다：魚拓を取る

## 釣りに関する表現

◆釣り竿を投げる：낚싯대을 던지다
◆釣り糸に浮きを［重りを］付ける：낚싯줄에 찌를 [낚싯봉을] 달다

◆釣り針にえさを付ける：낚싯바늘에 먹이를 달다
◆釣りざおを引き寄せる：낚싯대를 채다

◆網を張る：그물을 치다
◆魚が網にかかる：고기가 그물에 걸리다
◆釣った魚をさばく：잡은 생선을 조리하다

◆夜釣り：밤낚시
◆釣り場：낚시터　◆釣り堀：유료 낚시터
◆太公望：강태공〈姜太公〉, 낚시꾼

◆えさ：미끼　◆ユムシ：개불
◆ミミズ：지렁이
◆フライ：플라이 낚시　◆ルアー：루어 낚시

● 川釣り（**민물 낚시**）の魚： 민물고기
◆イワナ：매기, 홍송어　◆ヤマメ：산천어
◆ワカサギ：빙어　◆ニジマス：송어, 무지개송어
◆アユ：은어
◆アユ釣りが解禁になる：금지되었던 은어 낚시가 허가되다
　＊ **은어 낚시가 해금되다** とは言わない。

● 磯釣り（**갯바위 낚시**）の魚
◆イシダイ：돌돔　◆マダイ：참돔
◆チヌ（クロダイ）：감성돔　◆グレ（メジナ）：벵에돔
◆イサキ：벤자리

● 海釣り（**바다낚시**）の魚：바닷물고기
◆スズキ：농어　◆カサゴ：쏨뱅이
◆カワハギ：쥐치　◆サヨリ：학꽁치, 침어
◆メバル：볼락　◆アイナメ：쥐노래미
◆キス：보리멸　◆イシモチ：조기
◆アジ：전갱이　◆ハゼ：망둥이

## □ 748 どんなジャンルの本を読んでいるのですか

A 보통 어떤 장르의 책을 읽어요?

B 특별히 좋아하는 장르는 없어요. 손에 잡히는 대로 읽는 게 좋아요.

A いつもどんなジャンルの本を読んでいるのですか。

B 特に好きな分野というものはないですね。手当たりしだいに読むのが好きです。

＊ フィクション：픽션／ノンフィクション：논픽션／ハードボイルド：하드보일드／鉄道ものの推理小説：철도 미스터리

## □ 749 週に一冊，必ず本を読もうと決心したんだ

A 일주일에 책 한 권은 꼭 읽기로 결심했는데 잘 안되네.

B 책은 그렇게 의무적으로 읽는 게 아니거든.

A 週に一冊，必ず本を読もうと決心したんだけど，なかなかうまくいかないの。

B 本なんて，そのように義務的に読むものじゃないよ。

友達同士の会話

## □ 750 読んでその気になる人が多いんですってね

A 비즈니스에 관한 책이나 실용서를 읽고 뭔가 할 수 있다는 생각이 드는 사람들이 많대요.

B 그러니까 책이 잘 팔리는 거죠. 실천할 수 있는지 없는지는 그 다음 일이에요.

A ビジネス書やハウツーものって，読んでその気になる人が多いんですってね。

B だから本が売れるんですよ。実践できるかどうかは二の次ですからね。

知人同士の会話

## そのほかの会話

1▶ おもしろくて，一気に読んでしまいました。

재밌어서 단숨에 다 읽었어요.

2▶ 最初から最後まで本当におもしろかったです。

처음부터 끝까지 정말 재밌었어요.

3▶ 読み始めたばかりなんで，まだおもしろいかどうかわかりません。

막 읽기 시작해서 아직 재밌는지 어떤지 모르겠어요.

4▶ 途中で結末がわかってしまって，興ざめしちゃったよ。

중간에 결말을 알게 돼서 흥이 깨져 버렸어요.

5▶ 推理小説はいったん読み始めると，途中でやめられなくなっちゃうんです。

추리 소설은 한번 읽기 시작하면 중간에 그만둘 수가 없어요.

6▶ この前借りた小説だけど，ベストセラーの割にはあらすじが単調だったなぁ。

전에 빌린 소설 말이야 베스트셀러치고는 줄거리가 단조로웠어.

7▶ この恋愛小説はハッピーエンドかと思ったら，意外な結末でした。

이 연애 소설은 해피 엔딩으로 끝날 줄 알았는데 생각 밖의 결말이었어요.

8▶ 読んでいたところにしおりを挟んでおけばよかった。どこまで読んだかわからなくなっちゃったわ。

읽었던 곳에 책갈피를 끼워 놓을걸. 어디까지 읽었는지 모르겠네.

＊ **책갈피**：しおり

＊ ページの端を折る：**페이지 한 구석을 접다**

9▶ 子どものころは偉人伝が好きで，本がぼろぼろになるまで読んだものでした。

어렸을 때는 위인전을 좋아해서 책이 너덜너덜해질 때까지 읽었어요.

10▶ 学生時代に読んだ経済学の本を，時間をかけてじっくり読み直してみました。

학창 시절에 읽었던 경제학책을 시간을 갖고 차분하게 다시 읽었어요.

＊ **학창 시절**〈學窓時節〉：学生時代

## □ 751 装丁がきれいなんで，思わず買ってしまいました

A 이 책, 표지 디자인이 예뻐서 엉겁결에 사고 말았어요.

B 그런데 그렇게 예쁜 책에 커버를 씌우면 아깝지 않아요?

A この本，装丁がきれいなんで，思わず買ってしまいました。

B でもせっかくの本にカバーを掛けたら，もったいないでしょう？

＊ 책에 커버를 씌우다 : 本にカバーを掛ける

## □ 752 村上春樹の本はほとんど読みました

A 일본에서 베스트셀러가 된 책은 한국에서도 바로 번역판이 나오네요.

B 네, 최근 화제가 되고 있는 무라카미 하루키의 책은 거의 다 읽었어요.

A 日本でベストセラーになった本は，すぐに韓国で翻訳版が出ますね。

B ええ，最近話題になっている村上春樹の本なんかはほとんど読みました。

＊ 風の歌を聴け : 바람의 노래를 들어라／羊をめぐる冒険 : 양을 둘러싼 모험／世界の終りとハードボイルド・ワンダーランド : 세계의 끝과 하드보일드 원더랜드／ノルウェイの森 : 노르웨이의 숲 (韓国での最初の題名は 상실의 시대) ／ダンス・ダンス・ダンス : 댄스 댄스 댄스／国境の南，太陽の西 : 국경의 남쪽 태양의 서쪽

## □ 753 本の虫とまではいかないけど

A 난 독서가는 아니지만, 좋아하는 작가의 작품은 전부 읽지 않으면 성에 차질 않아.

B 나도 중학교 때, 조앤 롤링이 쓴 해리포터에 빠졌었어.

A 本の虫とまではいかないけど，好きな作家の本は，全部読まないと気がすまないんだ。

B わたしだって中学のころ，J・K・ローリングのハリー・ポッターに夢中だったわ。

＊ 好きな作家の本は，全部読んでるんだ : 좋아하는 작가의 책은 모두 찾아서 읽곤 해.

## そのほかの会話

1 ▶ 昨日の朝刊の書評欄に載ってた本のタイトルは何だったっけ？

어저께 신문 서평란에 실려 있던 책 제목이 뭐였더라?

2 ▶ 話題の本を買うのですが，仕事が忙しくて，積ん読になってしまっています。

화제의 책을 샀는데, 일이 바빠서 쌓아 놓기만 하고 있어요.

3 ▶ 私は速読の練習をして，通勤時間にさっと読むようにしています。

저는 속독을 연습해서 출근 시간에 휙 읽곤 해요.

＊ ページをぱらぱらとめくる : **책장을 훌훌 넘기다 (책장 : ページ〈冊張〉)**

4 ▶ 速読の訓練をすると，頭の回転が速くなるそうですよ。

속독 연습을 하면 두뇌 회전이 빨라진다고 해요.

5 ▶ アマゾンが電子書籍リーダー Kindle に，紙の本のページをぱらぱらとめくるような感覚で読める技術をとりいれたそうですよ。

마존이 이북(e-Book)리더 Kindle에, 종이 책 책장을 훌훌 넘기는 것 같은 감각으로 읽을 수 있는 기술을 도입했대요.

6 ▶ 韓国の本屋では，座り込んで本を読んでいる人がいて驚きました。

한국 서점에 가 보니, 그냥 앉아서 책을 읽는 사람이 있어 놀랐어요.

7 ▶ 韓国じゃ，ネットで買うと本が割引になるんですね。

한국에서는 인터넷을 통해 책을 구입하면 할인이 되는군요.

8 ▶ その本，読み終わったら貸してくれない？

그 책 다 읽으면 빌려 줄래?

＊ この本，貸してあげようか : **이 책 빌려 줄까?**

9 ▶ 近頃はスマホでさっと調べて終わりというふうに，あまり本を読まなくなりましたね。

요즘은 스마트폰으로 간단하게 찾아서 끝이라고 하는 것처럼 좀처럼 책을 읽지 않게 되었네요.

10 ▶ 読書力はまさに語彙力を育てると言いますから，もっと本を読まないと。

독서력은 확실히 어휘력을 기른다고 하니까, 더욱 책을 읽어야죠.

## □ 754 新書版は持ち運びに便利ですね

A 한국 책은 크기도 크고 두툼한 게 많네요.

B 그에 비해 일본 문고본이나 신서판은 들고 다니기 편해요.

A 韓国の本は，大きくて分厚いものが多いですね。

B それに比べて，日本の文庫本や新書版は持ち運びに便利でいいですね。

＊ 두툼하다：やや厚みがある，分厚い

## □ 755 ネットで本を注文するの

A 나는 대부분 인터넷으로 책 정보를 얻어 주문해.

B 난 책방에 들어가서 마음에 드는 책을 산다고.

A わたしは，たいていネットで本の情報を得て，注文するの。

B ぼくは本屋に入って，気に入ったものを買うよ。

＊ 図書館で借りて読む：도서관에서 빌려 읽다

＊ 友達から勧められて買う：친구에게 추천받아 사다

## □ 756 日本と韓国の昔話は似ているものが多いわね

A 일본하고 한국의 옛이야기는 비슷한 게 많네요.

B 그러고 보면 '우라시마타로' 이야기하고 '토끼의 간'은 상황이 비슷한 거 같아.

A 日本と韓国の昔話は似ているものが多いわね。

B そういえば，浦島太郎とウサギの肝なんてのはシチュエーションが似てるよね。

＊ 토끼의 간：朝鮮時代のおとぎ話。토끼전，별주부전〈鼈主簿伝〉とも言われている。竜宮に住む海の王様から，ウサギの肝臓を持ってくるように命じられたカメが，山の中でウサギをだまして甲羅に乗せて海に連れて行くが，途中で事情を察したウサギは「肝臓を山に置いてきてしまった」と言ってまんまと逃げだすという話。

## 日本の童話を韓国語で簡単に説明してみよう

◆桃太郎 : 모모타로 이야기

内容 복숭아에서 태어난 모모타로가 개, 원숭이, 꿩과 함께 도깨비를 물리친 이야기.
(桃から生まれた桃太郎がイヌ，サル，キジとともに鬼退治する話)

◆一寸法師 : 잇슨보시

内容 키가 엄지손가락 정도로 작은 잇슨보시가 밥공기 배를 타고 젓가락으로 만든 노를 저어 교토에 가서 도깨비를 물리친 이야기. (背が親指くらいの一寸法師が，茶わんの船に乗って，箸で作った櫓を漕いで京都へ行き，お化けを退治する話)

◆浦島太郎 : 우라시마타로 이야기

内容 우라시마타로가 거북이를 타고 바닷속 용궁에 가서 지내는 사이에 수백 년이 지나 있었다는 이야기. (浦島太郎が，亀に乗って海の中の竜宮城に行き，過ごす間に，あっという間に数百年の月日が経ってしまったという話)

◆金太郎 : 긴타로 이야기

内容 전설상의 인물 긴타로가 후지 산 옆에 있는 아시가라 산속에 들어가 곰과 함께 자란 후 힘센 장사가 된다는 이야기. (伝説上の人物である金太郎が，富士山の横の足柄山の山奥で，クマを友達に育ち，力強い相撲取りになったという話)

◆かぐや姫 : 가구야히메

内容 대나무 속에서 발견 된 아이가 아름다운 공주로 성장하여 귀공자들의 구애를 받지만, 8월 15일 밤에 달로 승천했다는 이야기. (竹の中から見つかった子どもが美しい娘に成長し，貴公子たちの求愛を受けるが，8月15日の満月の夜に月に昇って行ってしまったという話)

◆おむすびころりん : 주먹밥 대굴대굴

内容 할아버지가 깜빡 떨어뜨린 주먹밥이 쥐구멍으로 떨어진 이야기.
(お爺さんがうっかり落としたおむすびが，ねずみの穴に落ちたという話)

◆ぶんぶく茶釜 : 차 끓이는 솥

内容 인간에게 붙잡힌 후 솥으로 변신한 너구리가 절에 봉헌되어 불에 쐬이면서 큰일을 당했다는 이야기. (人間に捕まって茶釜に変身したタヌキが，お寺に奉献されて火にかけられてしまうという話)

◆鶴の恩返し : 은혜 갚은 학

内容 노부부에게 도움을 받은 학이 은혜를 갚으려고 딸이 되기 위해 찾아온다는 이야기.
(老夫婦に助けられたツルが，恩返しをしようと娘になるために訪ねてくるという話)

◆花咲爺：꽃피우는 할아버지

内容 정직한 할아버지가, 데려다 기른 강아지의 도움으로 보물을 얻기도 하고, 마른 나무에 꽃을 피울 수도 있게 되었는데 욕심쟁이 옆집 할아버지가 흉내를 내 보지만 실패한다는 이야기.（正直爺さんが，飼っていた子犬の助けで宝物を得たり，枯れた木に花を咲かせることができたりしたことを妬んだ隣の家の欲張りじいさんが，真似をしてみるものの失敗するという話）

◆舌切り雀：혀 잘린 참새

内容 어느 날, 고약한 할머니가 참새의 혀를 잘라 내쫓았는데, 걱정이 된 착한 할머니는 참새의 병문안을 갔다가 옥이 들어 있는 상자를 받는다. 이를 시기한 마음씨 고약한 할머니도 참새 집을 찾아가서 상자를 받아 오지만, 열어 보니 뱀과 요괴들이 들어 있었다는 이야기.（ある日，いじわる婆さんが雀の舌を切って追い出したところ，心配した善良な婆さんが雀のお見舞いに行き，玉手箱を受け取った。これを妬んだいじわる婆さんも雀の家を訪ねて箱をもらってくるが，開けてみたらお化けが入っていたという話）

## 韓国の古典作品

◆三国遺事：삼국유사
◆三国史記：삼국사기
◆龍飛御天歌：용비어천가
◆春香伝：춘향전
◆沈清伝：심청전
◆興夫伝：흥부전
◆洪吉童伝：홍길동전

## 韓国の作家と作品

| | |
|---|---|
| ◆鄭澈　：정철 | 関東別曲：관동별곡／思美人曲：사미인곡 |
| ◆金萬重：김만중 | 九雲夢：구운몽／謝氏南征記：사씨남정기／西浦漫筆：서포만필 |
| ◆金裕貞：김유정 | 椿の花：동백꽃／春春：봄봄／にわか雨：소낙비 |
| ◆廉想渉：염상섭 | 三代：삼대／万歳前：만세전／臨終：임종 |
| ◆李光洙：이광수 | 無情：무정／有情：유정／愛：사랑 |
| ◆李孝石：이효석 | 蕎麦の花の咲く頃：메밀꽃 필 무렵 |
| ◆羅稲香：나도향 | 唖の三龍：벙어리 삼룡이／水車小屋：물레방아／桑の葉：뽕 |
| ◆朱耀燮：주요섭 | 舎廊の客とお母さん：사랑손님과 어머니 |
| ◆沈熏　：심훈 | 常緑樹：상록수 |
| ◆李箱　：이상 | 翼：날개 |
| ◆鄭芝溶：정지용 | 郷愁：향수／鴨川：압천／ガラス窓：유리창 |

| | |
|---|---|
| ◆尹東柱：윤동주 | 序詩：서시 |
| ◆黄順元：황순원 | にわか雨：소나기 |
| ◆崔仁浩：최인호 | 他人の部屋：타인의 방／ソウルの華麗な憂欝：바보들의 행진／冬の旅人：겨울 나그네／星たちの故郷：별들의 고향／失われた王国：잃어버린 왕국 |
| ◆黄晢暎：황석영 | 張吉山：장길산／森浦に行く道：삼포 가는 길 |
| ◆趙海一：조해일 | 冬の女：겨울 여자 |
| ◆金芝河：김지하 | 五賊：오적 |
| ◆尹興吉：윤흥길 | 長雨：장마／黄昏の家：황혼의 집 |
| ◆趙世熙：조세희 | 小人の打ち上げた小さなボール：난장이가 쏘아 올린 작은 공 |
| ◆趙廷來：조정래 | 太白山脈：태백산맥 |
| ◆李文烈：이문열 | 英雄時代：영웅시대 |
| ◆朴景利：박경리 | 土地：토지 |
| ◆李恩成：이은성 | 小説・東医宝鑑：소설 동의보감 |
| ◆金辰明：김진명 | ムクゲノ花ガ咲キマシタ：무궁화 꽃이 피었습니다／皇太子妃拉致事件：황태자비 납치 사건 |
| ◆申京淑：신경숙 | 母をお願い：엄마를 부탁해 |
| ◆韓江　：한강 | 菜食主義者：채식주의자 |
| ◆金愛爛：김애란 | だれが海辺で気ままに花火を上げるのか：누가 해변에서 함부로 불꽃놀이를 하는가 |
| ◆金英夏：김영하 | 阿娘（アラン）はなぜ：아랑은 왜／黒い花：검은 꽃／光の帝国：빛의 제국／クイズショー：퀴즈쇼 |
| ◆孔枝泳：공지영 | トガニ：도가니／私たちの幸せな時間：우리들의 행복한 시간／愛のあとにくるもの：사랑 후에 오는것들／楽しい私の家：즐거운 나의 집 |
| ◆金薫　：김훈 | 孤将：칼의 노래 |
| ◆朴婉緒：박완서 | 裸木：나목／母さんの杭：엄마의 말뚝 |
| ◆チョン・イヒョン：정이현 | 甘い私の都市（マイスイートソウル）：달콤한 나의 도시 |

## 日本の文学作品（韓国語に翻訳されている作品）

◆森鷗外：모리 오가이

青年：청년／雁：기러기／阿部一族：아베 일족

◆夏目漱石：나쓰메 소세키

吾輩は猫である：나는 고양이로소이다／坊っちゃん：도련님／草枕：풀베개／三四郎：산시로／こころ：마음

◆芥川龍之介：아쿠타가와 류노스케

羅生門：나생문／鼻：코／芋粥：고구마죽／蜘蛛の糸：거미줄

◆尾崎紅葉：오자키 고요

金色夜叉：금색야차／多情多恨：다정다한〈多情多恨〉

◆島崎藤村：시마자키 도손

夜明け前：날이 샐 무렵

◆樋口一葉：히구치 이치요

たけくらべ：키재기／にごりえ：흐린 강

◆有島武郎：아리시마 다케오

生れ出づる悩み：태어나는 고뇌／カインの末裔：카인의 후예

◆志賀直哉：시가 나오야

城の崎にて：기노사키에서／暗夜行路：암야행로

◆谷崎潤一郎：다니자키 준이치로

痴人の愛：치인의 사랑／細雪：세설

◆山本有三 : 야마모토 유조

路傍の石 : 길가의 돌

◆宮沢賢治 : 미야자와 겐지

銀河鉄道の夜 : 은하철도의 밤／注文の多い料理店 : 주문이 많은 요리점／風の又三郎 : 바람의 마타사부로／セロ弾きのゴーシュ : 첼로 켜는 고슈〈cello-Ghosh〉

◆井上靖 : 이노우에 야스시

天平の甍 : 덴표의 용마루／氷壁 : 빙벽／蒼き狼 : 푸른 이리／しろばんば : 시로방바／夏草冬濤 : 여름 풀과 겨울 바다

◆川端康成 : 가와바타 야스나리

雪国 : 설국／伊豆の踊子 : 이즈의 무희

◆太宰治 : 다자이 오사무

人間失格 : 인간실격／斜陽 : 사양

◆三島由紀夫 : 미시마 유키오

仮面の告白 : 가면의 고백／禁色 : 금색／潮騒 : 파도 소리〈波濤 -〉／金閣寺 : 금각사／憂国 : 우국／豊饒の海 : 풍요의 바다

◆松本清張 : 마쓰모토 세이초

西郷札 : 사이고 지폐〈- 紙幣〉／或る「小倉日記」伝 : 어느 고쿠라일기전／点と線 : 점과 선／砂の器 : 모래 그릇／日本の黒い霧 : 일본의 검은 안개

◆司馬遼太郎 : 시바 료타로

街道を行く : 가도를 가다

◆大江健三郎：오에 겐자부로

万延元年のフットボール：만연 원년의 풋볼〈-football〉

◆三浦綾子：미우라 아야코

氷点：빙점 [-쩜]

◆山﨑豊子：야마사키 도요코

白い巨塔：하얀 거탑／華麗なる一族：화려한 일족／不毛地帯：불모지대／沈まぬ太陽：지지 않는 태양

◆村上春樹：무라카미 하루키

風の歌を聴け：바람의 노래를 들어라／1973年のピンボール：1973년의 핀볼〈-年-pinball〉／羊をめぐる冒険：양을 쫓는 모험／中国行きのスロウ・ボート：중국행 슬로보트〈-slow boat〉／ノルウェイの森：노르웨이의 숲〈Norway-〉韓国での最初の題名は상실의 시대／ダンス・ダンス・ダンス：댄스 댄스 댄스〈dance dance dance〉／国境の南，太陽の西：국경의 남쪽，태양의 서쪽／ねじまき鳥クロニクル：태엽 감는 새 연대기〈胎葉-年代記〉／レキシントンの幽霊：렉싱턴의 유령〈Lexington-〉／スプートニクの恋人：스푸트니크의 연인〈Sputnik-〉／神の子どもたちはみな踊る：신의 아이들은 모두 춤춘다／海辺のカフカ：해변의 카프카〈-Kafka〉／1Q84：1Q84（일큐팔사）／色彩を持たない多崎つくると，彼の巡礼の年：색채가 없는 다자키 쓰쿠루와 그가 순례를 떠난 해／騎士団長殺し：기사단장 죽이기

◆村上龍：무라카미 류

限りなく透明に近いブルー：한없이 투명에 가까운 블루〈限-透明-blue〉

◆吉本ばなな：요시모토 바나나

＊キッチン：키친〈kitchen〉

◆宮部みゆき：미야베 미유키

理由：이유／火車：화차／模倣犯：모방범／クロスファイア：크로스 파이어／ソロモンの偽証：솔로몬의 위증

◆東野圭吾：히가시노 게이고

秘密：비밀／白夜行：백야행／容疑者Xの献身：용의자 X의 헌신／赤い指：붉은 손가락／放課後：방과 후／流星の絆：유성의 인연〈-因縁〉／夜明けの街で：새벽 거리에서／新参者：신참자／カッコウの卵は誰のもの：뻐꾸기 알은 누구의 것인가／麒麟の翼：기린의 날개／真夏の方程式：한여름의 방정식／マスカレード・ホテル：매스커레이드 호텔／ナミヤ雑貨店の奇蹟：나미야 잡화점의 기적／疾風ロンド：질풍론도／マスカレード・イブ：매스커레이드 이브／仮面山荘殺人事件：가면 산장 살인 시건／白馬山荘殺人事件：하쿠바 산장 살인 시건／ラプラスの魔女：라플라스의 마녀／クスノキの番人：녹나무의 파수꾼／ブラック・ショーマンと名もなき町の殺人：블랙 쇼맨과 이름 없는 마을의 살인

◆湊かなえ：미나토 가나에

告白：고백／夜行観覧車：야행관람차

◆リリーフランキー：릴리 프랭키

東京タワー：도쿄타워

◆齋藤陽道：사이토 하루미치

異なり記念日：서로 다른 기념일

## □ 757 二次会はカラオケに行こうよ

A 자, 우리 2차는 노래방에 가자.

B 싫어, 나 음치거든.

A 二次会はカラオケに行こうよ。

B いやだよ，おれ音痴だから。

＊ きみから歌って？：너부터 시작해.

＊ どの曲にしようかな？：무슨 노래를 부를까?

＊ それはわたしの持ち歌よ：그건 내 십팔번이야.

## □ 758 この歌，昔聞いたことがあるんだけど

A 이 노래, 옛날에 들은 적이 있는데, 제목이 뭐더라?

B 멜로디를 흥얼거리면 제목을 찾아 주는 앱이 있어.

A この歌，昔聞いたことがあるんだけど，何だったっけなぁ。

B メロディーを口ずさむと，曲名を探してくれるアプリがあるよ。

＊ 앱：アプリ。애플리케이션（Application）が短くなったもの。

## □ 759 クラシック音楽を聞くと心がいやされますね

A 클래식 음악을 들으면 마음이 편안해져요.

B 네, 근데 저는 어렸을 때는 클래식에 전혀 관심이 없었어요.

A クラシック音楽を聞くと心がいやされますね。

B ええ，でも小さいころはぜんぜんクラシックに興味がなかったんですよ。

＊ 마음이 편안해지다〈－便安－〉：心がいやされる，心が安まる

## 関連表現

◆音楽を聴く：음악을 듣다 ◆音楽鑑賞をする：음악 감상을 하다
◆歌を聴く：노래를 듣다 ◆CD を聴く：CD 를 듣다
◆生で聴く：라이브로 듣다
◆音楽の才能がある：음악적 재능이 있다
◆楽器を演奏する：악기를 연주하다 ◆ピアノを習う：피아노를 배우다

●켜다：弦楽器を弾く
◆バイオリンを弾く：바이올린을 켜다 ◆チェロを弾く：첼로를 켜다
◆ハープを弾く：하프를 켜다

●치다：打ったりたたいたりして音を出す
◆鐘をつく：종을 치다 ◆太鼓をたたく：북을 치다
◆ドラムを叩く：드럼을 치다 ◆ギターを弾く：기타를 치다
◆ピアノを弾く：피아노를 치다
　＊ジャズピアノを弾く：재즈 피아노를 연주하다
◆アコーディオンを弾く：아코디언을 연주하다
◆エレクトーンを弾く：전자 오르간을 연주하다
◆シンセサイザーを弾く：신디사이저를 연주하다
カヤグムを弾く：가야금을 연주하다, 가야금을 뜯다
　＊カヤグムは弦楽器だが，가야금을 켜다 とは言わない。
◆トランペットを吹く：트럼펫을 불다 ◆ハーモニカを吹く：하모니카를 불다
◆サックスを吹く：색소폰을 불다 ◆フルートを吹く：플루트를 불다

◆歌を歌う：노래를 부르다 ◆鼻歌を歌う：콧노래를 부르다
◆歌詞が頭に残る：가사가 머리에 남다
◆歌詞が心にしみる：가사가 마음에 스며들다

◆音を小さくする：소리를 작게 하다 ◆音を大きくする：소리를 크게 하다
◆ボリュームを下げる：볼륨을 낮추다 ◆ボリュームを上げる：볼륨을 높이다
◆曲を書く：곡을 쓰다 ◆作曲する：작곡하다
◆メロディーを付ける：멜로디를 붙이다 ◆曲が流れる：곡이 흐르다, 곡이 나오다

## □ 760 フリーズしちゃった

A 컴퓨터가 먹통이 됐어.

B 재부팅할 수밖에 없겠어.

A パソコンがフリーズしちゃったよ。

B 再起動させないとダメだな。

友達同士の会話

＊ 재부팅〈再 booting〉：再起動

＊ USB メモリーに保存する：USB(유에스비)에 저장하다

＊ バックアップを取る：백업하다

## □ 761 ウイルスに感染してしまったの

A 바이러스에 감염된 것 같아.

B 불법프로그램을 다운받으니까 그래.

A ウイルスに感染してしまったみたいなの。

B 海賊版ソフトなんかダウンロードするからだよ。

友達同士の会話

＊「ソフト」は韓国語では略さずに 소프트웨어 という。ただ，日本語で「ソフト」と言っているものは韓国語では 프로그램 という語を使っている。

＊ 바이러스에 감염되다：ウイルスに侵される

## □ 762 壁紙は子猫ちゃんなの

A 내 바탕 화면은 우리 집 귀여운 새끼 고양이야.

B 나는 매일 봐도 질리지 않는 게 나아.

A わたしの壁紙は，うちのかわいい子猫ちゃんなの。

B ぼくは，毎日見ていても飽きないようなシンプルなのがいいな。

友達同士の会話

＊ 바탕：基礎，土台，礎

## パソコン用語

◆PDF ファイルを転送する：PDF(피디에프) 파일을 전송하다
◆デスクトップにショートカットを作る：데스크톱에 바로가기 아이콘을 만들다
◆CD をドライブに入れる：CD(시디)를 드라이브에 넣다
◆お気に入りに入れる：즐겨찾기에 추가하다
◆エクセルファイルを作る：엑셀 파일을 작성하다
◆ワード文書を印刷する：워드 문서를 인쇄하다
◆モノクロで印刷する：흑백으로 인쇄하다
◆ブログを更新する：블로그에 새로 글을 쓰다
◆デスクトップを整理する：바탕화면을 정리하다
◆DVD に焼く：DVD(디브이디)를 굽다
◆外付けハードディスクにデータを保存する：외장 하드에 데이터를 저장하다
◆ハードディスクの容量が不足する：하드 디스크 공간이 부족하다
◆フォルダを圧縮する：폴더를 압축하다
◆ゴミ箱を空にする：휴지통을 비우다
◆ウイルスに侵される：바이러스에 감염되다, 바이러스에 걸리다
◆ハッカーに侵入される：해커에게 해킹당하다
◆LAN ケーブルをつなげる：랜선을 연결하다
◆電源を入れる：전원을 켜다
◆パソコンをつける［切る］：컴퓨터를 켜다[끄다]
◆パソコンを立ちあげる：컴퓨터를 부팅하다
◆プリンタドライバをインストールする：프린터 드라이버를 설치하다
◆アイコンをクリックする：아이콘을 클릭하다
◆ダブルクリックする：더블클릭하다（ワンクリックする：클릭하다）
◆マウスを右クリックする：마우스 우클릭하다
◆カーソルを動かす：커서를 옮기다
◆コピーアンドペーストする：복사 붙여넣기하다, 복붙하다
◆キーボードを打つ：키보드를 치다
◆Ctrl キーを押す：컨트롤 키를 누르다
◆パスワードを入力する：비밀번호를 입력하다
◆ファイルを解凍する：압축파일을 풀다
◆ファイルを上書きする：파일을 덮어쓰다
◆ファイルを添付する：파일을 첨부하다

### □ 763 ご主人がトカゲを飼ってるんですって？

A 남편이 도마뱀을 애완동물로 키우고 있다니 무섭지 않아요?

B 처음에는 징그럽다고 생각했는데 키우다 보니 애정이 생기더라고요.

A ご主人がトカゲを飼ってるんですって？　怖くないですか。

B 最初は気持ちが悪かったですけど，育てているうちに愛情が芽生えました。

＊ 징그럽다：気色が悪い，気味が悪い

### □ 764 池でワニを飼ってるんだって

A 옆집 문에 '맹견 주의'라고 쓰여 있는데, 개 짖는 소리는 한 번도 들은 적이 없어.

B 개가 아니라 연못에서 악어를 키운대. 가까이 가지 않는 게 좋아.

A 隣の家の門には「猛犬注意」の札が掛かってるけど，犬の鳴き声なんか聞いたことがないわ。

B 犬じゃなくて。池でワニを飼ってるんだって。近づかないほうがいいよ。

＊ まかり間違えば噛まれるかもしれないし，危なくないですか：잘못하면 물릴 수도 있을 텐데 위험하지 않나요?

### □ 765 うちに来て熱帯魚の水を替えてくれない？

A 1주일 정도 해외 출장을 가야 하는데, 내가 없는 동안 우리 집에 와서 열대어 물 좀 갈아 줄래?

B 뭐 상관은 없는데, 만약 물고기가 죽어도 책임은 못 져.

A 1週間ほど海外出張なんだけど，留守の間，うちに来て熱帯魚の水を替えてくれない？

B 構わないけど，もし魚が死んでも責任は持たないよ。

＊ 金魚：금붕어／グッピー：구피／エンゼルフィッシュ：엔젤피시／ディスカス：디스커스／ネオンテトラ：네온테트라

## そのほかの会話

1 ▶ イグアナをペットとして飼っている人が昨日テレビに出てましたね。
이구아나를 애완동물로 키우는 사람이 어제 TV 프로그램에 나오던데요.
＊ヘビ：뱀／トカゲ：도마뱀／ヤモリ：도마뱀붙이

2 ▶ うちの犬は，まだトイレのしつけができないんですよ。
우리 집 개가 아직도 대소변을 가리지 못해요.

3 ▶ うちの犬は，シャワーするときに暴れるので，部屋中が水浸しです。
우리 집 개는 샤워할 때 몸부림을 쳐서 방 안이 온통 물투성이가 돼요.

4 ▶ こんな小さな犬でも，突然がぶっと噛むことがあるから気をつけてください。
이렇게 작은 개라도 갑자기 덥석 물기도 하니까 조심하세요.

5 ▶ 友人の犬を3日間預かっていたら情が移ってしまいました。
친구 개를 사흘간 맡았는데 그 사이에 정이 들어 버렸어요.

6 ▶ うちの猫が食事中にちょっかいを出したところ，手を思いっきり噛まれちゃったよ。
우리 집 고양이가 밥 먹고 있을 때 건드렸다가 손을 된통 물렸어.

7 ▶ 寝ている猫の背中をなでていたら，驚いた猫に手の甲をひっかかれちゃったわ。
자고 있는 고양이 등을 쓰다듬었는데 놀란 고양이가 손등을 할퀴었어.

**一口メモ** 기르다 と 키우다

기르다と키우다 はともに（人や，動物，草木などを）育てる，飼う，栽培するという意味の似たような言葉だが，語源から기르다 は 길이（長さ）に，키우다 は 크기（大きさ）に関連があると言われている。よって 키우다 を使うときには「育て上げる」といったように「大きくする」というニュアンスが含まれている。「幸せの木」のようなものを細く長く育てるのが 기르다 で，「ブロイラー」のようなものを丸々育てるのが 키우다 と覚えておくといい。または 기르다 は 머리를 기르다（髪の毛を伸ばす）のように「自然による成長」の意味合いが強いが，키우다 は 재산을 키우다（財産を殖やす），닭을 키우다（ニワトリを育てる）のように「人の手で育成する」意味合いが強い。

＊ 애완동물을 기르다 (○ 키우다)：ペットを育てる
＊ 모유로 기르다 (○ 키우다)：母乳で育てる
＊ 화초를 기르다 (△ 키우다)：草花を育てる
＊ 나무를 기르다 (△ 키우다)：木を育てる

## 関連用語

◆イヌ：개
◆子犬：강아지
◆飼い犬：애완견〈愛玩犬〉
◆野良犬：들개
◆捨て犬：유기견〈遺棄犬〉
◆番犬：경비견〈警備犬〉
◆盲導犬：맹도견〈盲導犬〉
◆警察犬：경찰견
◆軍犬：군견
◆牧羊犬：양치기개〈羊－〉
◆猟犬：사냥개
◆雑種：잡종
◆純血種：순종
◆交配種：교배종
◆血統書：혈통서

●いろいろなイヌ
◆珍島犬：진돗개
◆豊山犬：풍산개
◆秋田犬：아키타견
◆土佐犬：도사견
◆柴犬：시바견
◆グレート・デーン：그레이트 데인〈Great Dane〉
◆グレーハウンド：그레이하운드〈Greyhound〉
◆コッカースパニエル：코카스파니엘〈Cocker Spaniel〉
◆コリー：콜리〈Collie〉
◆シェパード：셰퍼드〈Shepherd〉
◆シーズー：시츄〈Shih tzu〉
◆スコッチテリア：스카치 테리어〈Scotch Terrier〉
◆セントバーナード：세인트버나드〈Saint Bernard〉
◆チャウチャウ：차우차우〈Chow Chow〉
◆マルチーズ：말티즈〈Maltese〉
◆ダックスフンド：닥스훈트〈Dachshund〉
◆チン（狆）：친
◆チワワ：치와와〈Chihuahua〉
◆プードル：푸들〈Poodle〉
◆ブルドッグ：불독〈Bulldog〉
◆ペキニーズ：페키니즈〈Pekingese〉
◆ポインター：포인터〈Pointer〉
◆ボクサー：복서〈Boxer〉
◆ポメラニアン：포메라니안〈Pomeranian〉
◆ヨークシャー・テリア：요크셔 테리어〈Yorkshire Terrier〉
◆ラブラドール・レトリバー：래브라도 레트리버〈Labrador Retriever〉

◆ネコ：고양이
◆子猫：새끼 고양이
◆飼い猫, 紐猫：집고양이
◆野良猫：길 고양이, 도둑고양이

●いろいろなネコ
◆アメリカンショートヘアー：아메리칸 쇼트헤어〈American Shorthair〉
◆ペルシャネコ：페르시안 고양이〈Persian-〉
◆シャムネコ：샴 고양이〈Siamese-〉

◆ペット：애완동물, 반려 동물
◆ペットショップ：펫 숍
◆ブリーダー：브리더
◆えさ：먹이
◆ペットフード：사료〈飼料〉
◆ドッグフード：개 사, 강아지 사료
◆キャットフード：고양이 사료
◆ペットホテル：애견 호텔
◆ペット霊園：동물 묘지
◆獣医：수의사
◆動物病院：동물 병원
◆愛犬家：애견인, 애견가
◆愛猫家：애묘인, 애묘가

◆予防注射を受ける：예방주사를 맞다
◆避妊手術を受ける：중성화 수술을 받다
◆避妊手術を受けさせる：중성화 수술을 시키다
◆犬を散歩させる：개를 산책시키다
◆訓練する：훈련시키다
◆大小便のしつけ：대소변 가리기

◆おすわり：앉아
◆おあずけ：먹지마
◆お手：손
◆おいで：이리 와
◆だめ：안돼
◆よし：좋아
◆ほえろ：짖어

# 17.

# スポーツ

## □ 766 ベスト 4 に入ってもらいたいですね

A 내일 8강전에선 우리나라 팀이 어떻게든 4강에 들었으면 좋겠어.

B 상대의 실력이 워낙 뛰어나서 낙관적이진 않네요.

A 明日の準々決勝では，我が国が何としてでもベスト 4 に入ってもらいたいですね。

B 相手の実力が相当上なので，楽観視できませんね。

知人同士の会話

＊ 話し手 A が韓国人なら，上記会話のように 우리나라 とくっつけて書くが，日本人なら，우리∨나라と分かち書きする。

＊ 4강［사강］：ベスト 4。ベスト 8 は 8강［팔강］。

## □ 767 フリーキックのチャンスが来ましたね

A 프리킥 기회가 왔네요. 이 골이 들어간다면 역전할 수 있을 텐데요.

B 아, 정확히 골문을 꿰뚫었네요. 아, 정말 멋진 슛입니다.

A フリーキックのチャンスが来ましたね。このゴールが入れば逆転できますね。

B あっ，正確にゴールを突破しました。お見事ですね。

サッカー解説者同士の会話

＊ あっ，絶妙なシュートですね：아, 정말 절묘하게 들어갔네요.

## □ 768 主力選手を退場させちゃうなんてひどいね

A 어제 축구 말인데, 경기 중에 조금 대들었다고 주전 선수를 퇴장시킨 건 심하지 않아?

B 그러게 말이야. 부당한 경고에는 항의하는 게 당연한데 퇴장시켜 버리다니.

A 昨日のサッカーさ，試合中にちょっとたてついたからって，主力選手を退場させたのはちょっとひどすぎないかい。

B そうだよな。不当な警告には抗議するのは当たり前なのに，退場させちゃうなんて。

＊ 主力選手は，주력 선수 というよりは 주전 선수〈主戦選手〉が妥当な表現。

## サッカー関連表現①

◆ワールドカップ：월드컵
◆キックオフ：킥오프
◆ハーフタイム：하프 타임, 휴식 시간
◆ロスタイム：인저리 타임
◆ゴールキーパー：골키퍼
◆ゴールキック：골킥
◆フリーキック：프리킥
◆コーナーキック：코너킥
◆ペナルティーキック：페널티킥
◆ゴールイン：골인
◆オウンゴール：자책골
◆ハットトリック：해트 트릭
◆ドリブル：드리블
◆ハンドリング：핸들링
◆スライディング：슬라이딩
◆タックル：태클
◆スローイン：스로인
◆ヘディング：헤더
◆パス：패스
◆ロングパス：롱 패스
◆フェイント：페인트
◆カバーリング：커버링
◆センタリング：크로스
◆PK戦：승부차기
◆シュート：슛
◆シュート数：슈팅 수
◆ドロー：무승부
◆ディフェンス：수비수, 디펜스
◆センターバック：센터백
◆スウィーパー：스위퍼
◆フルバック：풀백
◆ウイングバック：윙백
◆ミッドフィルダー：미드필더
◆セントラルミッドフィルダー：중앙 미드필더
◆ディフェンシブミッドフィルダー：수비형 미드필더
◆オフェンシブミッドフィルダー：공격형 미드필더
◆司令塔：사령탑
◆オフェンス：공격수, 오펜스
◆セカンドトップ：중앙 공격수
◆センターフォワード：센터 포워드
◆ストライカー：스트라이커
◆ウイング：윙어

## □ 769 何だ，入ったと思ったのに

A 뭐야? 들어간 줄 알았는데…….

B 아쉽게도 오프사이드를 범해서 득점으로 인정받지 못했어.

A 何だ，入ったと思ったのに。

B 残念ながらオフサイドだったんで，得点にならなかったんだよ。

サッカー中継を見ながら友達同士の会話

＊ 오프사이드：オフサイド

## □ 770 サポーターの応援がすごいね

A 역시 월드컵답게 서포터의 응원이 대단하네.

B 도가 지나쳐 서포터끼리 싸움을 하기도 한대.

A さすがワールドカップだけあって，サポーターの応援がすごいね。

B 度が過ぎて，サポーター同士がけんかすることもあるらしいよ。

サッカー中継を見ながら友達同士の会話

＊ 서포터：サポーター／훌리건：フーリガン

## □ 771 アウェー戦でも好きなチームを応援に行かなくちゃ

A 진정한 서포터라면, 원정 경기라도 자신이 좋아하는 팀을 응원하러 가는 건 당연하지.

B 경기장에 같은 편이 거의 없어서 그런지 조금 불안하긴 하네.

A 真のサポーターなら，アウェー戦でも自分の好きなチームを応援に行かなくちゃ。

B スタジアムに味方がほとんどいないから，ちょっと心細いわね。

サッカー好きの友達同士の会話

＊ アウェーは，어웨이 경기 より 원정 경기〈遠征競技〉のほうがよく使われる。

＊ ホーム：홈 경기

## サッカー関連表現②

◆パスを出す：패스를 하다　◆パスを受ける：패스를 받다
◆パスを通す：패스를 연결하다
◆パスを正確に回す：공을 정확하게 돌리다
◆パスをミスする：패스 미스를 하다　◆パスをカットされる：패스를 빼앗기다
◆パスを奪う（ボールを奪う）：공을 빼앗다
◆パスが乱れる：패스가 흔들리다
◆シュートが入る：슛한 것이 들어가다, 공이 들어가다
◆シュートを決める：슛을 성공하다　◆シュートをはずす：슛이 빗나가다
◆得点を挙げる：득점을 올리다　◆大量得点をする：대량 득점을 하다
◆得点を抑える：득점을 막다　◆得点差が開く：득점 차가 나다
◆得点につなげる：득점으로 연결시키다
◆チャンスを生かす：찬스를 살리다　◆点が入らない：점수가 나지 않다
◆ピンチのあとにチャンスが来る：위기 뒤에 찬스가 오다
◆一気に流れが変わる：단숨에 흐름이 바뀌다
◆守備を固める：수비를 강화하다
◆守備が弱い：수비가 약하다
◆守備固めをする：철통 같은 수비를 하다
◆攻撃の人数を増やす：공격수를 늘리다
◆失点をする：실점을 하다　◆失点を重ねる：실점을 거듭하다
◆反則を犯す：반칙을 범하다
◆荒っぽいタックルをする：과격한 태클을 걸다
◆判定を下す：판정을 내리다
◆審判に抗議する：심판에게 항의하다
◆イエローカードを渡される：옐로카드 (경고 카드) 를 받다
◆レッドカードを渡される：레드카드 (퇴장 카드) 를 받다
◆延長戦に入る：연장전에 들어가다
◆延長戦に持ち込まれる：연장전에 들어가게 되다
◆延長戦にもつれ込む：연장전으로 이어지다
◆延長の末に勝つ：연장 끝에 이기다
◆延長で惜敗する：연장에서 아쉽게 패하다

## サッカーのQ and A（韓国語で説明してみよう）

1▶ サッカーは，ゴールキーパーを含め，1チーム11人で試合を行います。

축구는 골키퍼를 포함해서 한 팀 11명으로 경기해요.

2▶ 選手交代は3人まで可能で，交代要員として7名までを登録することができます。

선수 교체는 3명까지 가능하고, 교체 선수로 7명까지를 등록할 수 있어요.

3▶ 競技の前に審判がコインを空中に投げます。

경기를 시작하기 전에 심판이 동전을 공중으로 던져요.

4▶ コインの表裏を選んで，当たったチームは自分のチームに有利な陣営を選択できます。

동전의 앞뒷면 중 하나를 맞춘 팀은 자기 팀에게 유리한 방향의 진영을 선택할 수 있어요.

5▶ ゴールキーパーは，ペナルティーラインの中では手が使えます。

골키퍼는 페널티 라인 안에서는 손을 사용할 수 있어요.

6▶ ゴールキーパー以外，手でボールに触れることは禁止されています。

골키퍼 이외의 선수는 손으로 공을 만지는 것은 금지되고 있어요.

7▶ パスは戦術の基礎になる技術です。

패스는 전술의 기초가 되는 기술이에요.

8▶ ドリブルは，自分の進行方向にボールを転がしていく技術です。

드리블은 자신이 가는 방향으로 공을 몰고가는 기술이에요.

9▶ 飛んできたり転がってきたボールを，手と足を除いた胸，太もも，腹，背などの身体部位を利用して受け止める技術をトラッピングといいます。

날아오거나 굴러오는 공을 손과 발을 제외한 가슴, 허벅지, 배, 등의 신체 부위를 이용해 정지시키는 기술을 트래핑이라고 해요.

10▶ ヘディングは頭または額を使って球を処理する技術です。

헤딩은 머리 혹은 이마를 사용하여 공을 처리하는 기술이에요.

11▶ ボールを蹴る動作をキックと言い，ゴールに向かって蹴るキックをシュート，味方に向かって蹴るキックをパスといいます。

공을 발로 차는 기술을 킥이라고 하고, 골을 향해서 차는 킥을 슛, 자신의 편을 향해서 차는 킥을 패스라고 해요.

12 試合開始の時は，キックオフの選手が軽く前に蹴って，すぐ近くに居る味方にパスします。

경기가 시작할 때는 킥오프를 하는 선수가 공을 가볍게 앞에 차고 가까이에 있는 자신의 편 선수에게 패스해요.

13 これは，キックオフする選手は必ず前に蹴らなければならず，かつ連続して2度蹴ってはいけないというルールがあるからです。

이것은 킥오프하는 선수는 반드시 공을 앞에 차야 되고, 또 연속해서 2번 차서는 안된다는 규칙이 있기 때문이에요.

14 両サイドにあるペナルティーエリア内で守備側の反則があった場合，攻撃側にペナルティーキックというチャンスが与えられます。

양쪽 사이드에 있는 페널티 박스 내에서 수비측의 반칙이 있을 경우 공격측에 페널티킥이라고 하는 기회가 주어져요.

15 オフサイドとは，敵陣エリアに居る攻撃の選手がボールを前方に蹴った瞬間，攻撃チームの誰かの後ろに敵のゴールキーパーもしくは相手チームの選手が1名しかいない場合，反則になるという事です。

오프사이드는 적진 지역에 있는 공격 선수가 공을 앞에 찬 순간에 공격팀의 누군가의 뒤에 적의 골키퍼 혹은 상대팀의 선수가 1명밖에 없을 경우 반칙이 되는 것입니다.

16 試合時間は，前半・後半それぞれ45分で，その間にハーフタイムと呼ばれる休憩時間が15分ありますので，約2時間が平均的な試合時間と言えます。

경기 시간은 전반・후반 각각 45분씩이고 그 사이에 하프타임이라고 하는 휴식 시간이 15분 있으므로 평균적인 경기 시간은 약2시간이에요.

17 選手が負傷したり交代したりといった理由で時間を浪費した場合は，その時間分をロスタイムとして加算し，競技時間を延長します。

선수가 부상하거나 교체한다는 이유로 시간을 낭비했을 경우는 그 시간을 로스타임으로 가산하고 경기 시간을 연장해요.

18 最終的に同点になった場合，各チーム5人の選手がPK戦で決着を付けます。

최종적으로 동점이 됐을 경우 각팀 5명씩의 선수가 승부차기로 승패를 결정해요.

19 もし5人で決着が付かない場合，決着が付くまで繰り返します。

만약 5명이 다 차도 승부가 나지 않을 경우, 승부가 날 때 까지 계속 차요.

## □ 772 三者凡退だよ

A 상대 팀 투수가 대단하네. 우리 팀이 첫 회부터 삼자 범퇴로 끝나 버렸어.
B 삼 번 타자는 잘 쳤는데 야수 정면이네.

A 相手チームの投手はすごいね。初回から三者凡退だよ。
B 三番バッターはいい当たりだったけど, 野手の正面をついちゃったね。

野球の応援をしながらの友達同士の会話

## □ 773 サヨナラのチャンスだな

A 연장 10회 말, 선두 타자가 우익수 오른쪽으로 3루타를 날렸어.
B 끝내기 찬스다. 다음 타자가 희생 플라이만 치면 시합 종료다.

A 延長 10 回, 先頭打者がライトの右側に向かって 3 塁打を飛ばしたよ。
B サヨナラのチャンスだな。次の打者が犠牲フライでも打ってくれたら試合終了だ。

＊ 犠牲フライで 1 打点をあげる : 희생 플라이로 타점 한 개를 올리다
＊ 3 塁打をたたき出したよ : 3루타를 터뜨렸어.

## □ 774 9 回の裏にすごい逆転ホームランが出たね

A 어제 자이언츠 시합 봤니? 9회 말에 굉장한 역전 홈런이 나왔어.
B 역시 야구는 게임이 끝나기 전까지는 모르는 거야.

A 昨日のジャイアンツの試合見た？ 9 回の裏にすごい逆転ホームランが出たね。
B やはり野球は最後までわからないものだな。

＊ 9회 말〈9 回末〉: 9 回の裏（1 回の表は 1회 초〈1 回初〉という）
＊ 역전 홈런 : 逆転ホームラン（サヨナラホームランは 끝내기 홈런）

## そのほかの会話

1▶ ここはヒットエンドランで行かなくちゃね。

지금은 치고 달리기로 나와야지.

* **치고 달리기**：ヒットエンドラン。**히트 앤 런**ともいう。

2▶ さよならホームランを打たれて，投手はがっくりしてるね。

투수는 끝내기 홈런을 맞고 상심하고 있네.

3▶ おっ，ピッチャーの牽制球に走者が二，三塁間に挟まれちゃったよ。

어, 투수의 견제구에 주자가 2, 3루 사이에 끼었어.

* 一塁，二塁，三塁の発音は，それぞれ [일루]，[이루]，[삼누]。

4▶ デッドボールを受けた選手がピッチャーに怒り出したよ。

몸에 맞는 공을 당한 선수가 투수에게 화내고 있네.

5▶ 2 アウトだから 4 番打者は敬遠して，次の打者で勝負したほうがいいね。

투 아웃이니까 4번 타자는 고의4구로 내보내고 다음 타자와 승부하는 게 나아.

* **고의 사구**〈故意四球〉：敬遠（のフォアボール）

### 野球用語

- 内野手：**내야수**
- 外野手：**외야수**
- 投手（ピッチャー）：**투수**
- 捕手（キャッチャー）：**포수**
- 一塁手（ファースト）：**1루수**
- 二塁手（セカンド）：**2루수**
- 三塁手（サード）：**3루수**
- 右翼手（ライト）：**우익수**
- 中堅手（センター）：**중견수**
- 左翼手（レフト）：**좌익수**
- 遊撃手（ショート）：**유격수**
- 審判：**심판**
- 打者：**타자**
- 代打：**대타**
- 強打者：**강타자**
- クリーンアップトリオ：**클린업 트리오**
- ラストバッター：**마지막 타자**
- 走者：**주자**
- 代走：**대주자**
- 先発投手：**선발 투수**
- リリーフ：**구원 투수**〈救援投手〉
- 勝ち投手：**승리 투수**
- 負け投手：**패전 투수**
- おさえ，ストッパー：**마무리 투수**
- 左腕投手：**좌완 투수**
- スコアラー：**기록원**
- 監督：**감독**
- 一塁ベースコーチ：**1루 베이스 코치**
- 三塁ベースコーチ：**3루 베이스 코치**

## □ 775 ホームランが一発出れば逆転なんだけど

A 친 순간, 홈런인 줄 알았는데.

B 아깝게도 더 뻗지 못했네. 여기서 홈런이 한 방 나오면 역전인데.

A 打った瞬間，ホームランだと思ったんだけど。

B 惜しくも詰まり気味だったね。ここでホームランが一発出れば逆転なんだけどね。

野球観戦をしながらの友達同士の会話

＊ ホームランを一発放つ：홈런을 한 방 날리다

## □ 776 0対0で全く点が入らないね

A 0대 0으로 전혀 점수가 나질 않네.

B 스퀴즈 번트라도 좋으니까 선취점이 필요해.

A 0対0でまったく点が入らないね。

B スクイズでもいいから，まず先取点がほしいな。

＊ 0 대 0：読み方は［영 대 영］

＊ 나질 않네：나지를 않네 の縮約形（会話体）

＊ スクイズが成功する：스퀴즈 플레이가 성공하다

## □ 777 今日の投手はどうしたんだろう

A 오늘 투수는 어땠지?

B 그러고 보면, 오늘 컨트롤 난조라 포볼이 많아.

A 今日の投手はどうしたんだろう。

B そういえば，コントロールが定まらなくて，フォアボールが多いね。

＊ 컨트롤 난조〈－亂調〉：コントロールの乱れ

＊ フォアボールを選ぶ：포볼을 얻다，볼넷을 얻다

＊ フォアボールを与える：포볼을 내주다，볼넷을 내주다

## 関連単語・表現

◆バットを握る：**배트를 쥐다**
◆バットを振る：**배트를 휘두르다**
◆バットを構える：**타격 자세를 취하다**
◆バントする：**번트를 대다, 번트를 치다**
◆送りバントを指示する：**보내기 번트를 지시하다**
◆送りバントを失敗する：**보내기 번트를 실패하다**
◆犠牲バント：**희생 번트**
◆セーフティバントに成功する：**세이프티 번트를 성공하다**
◆球を打ち上げる：**공이 높이 떠 버리다**
◆フライを打ち上げる：**플라이볼을 날리다**
◆犠牲フライを打つ：**희생 플라이를 날리다**
◆レフトフライ：**좌익수 플라이**
◆ライトフライ：**우익수 플라이**
◆センターフライ：**중견수 플라이**
◆あたり損ねの打球：**빗맞은 타구**
◆落球する, ボールを落とす：**볼을 떨어뜨리다**
◆エラー：**에러, 실수, 범실**〈凡失〉
◆三振を奪う：**삼진을 빼앗다**
◆三振する：**삼진당하다**
◆見逃しの三振：**루킹 삼진**
◆空振りの三振：**헛스윙 삼진**
◆三球三振：**삼 구 삼진**
◆振り逃げ：**낫아웃**
◆ストライク：**스트라이크**
◆ストライクゾーン：**스트라이크 존**
◆ストライクが決まる：**스트라이크가 들어가다**
◆スピードが乗る：**공의 스피드가 빠르다**
◆肩慣らしをする：**어깨를 풀다**
◆投球に力が入っている：**공에 힘이 있다**
◆ツーボールワンストライク：**투 볼 원 스트라이크**
◆勝負を避ける：**승부를 피하다**

◆敬遠のフォアボールを投げる：고의 사구를 던지다
◆誘い球を投げる：유인구를 던지다
◆誘い玉に手を出す：유인구에 속다
◆デッドボールを受ける：몸에 맞은 볼을 당하다
◆内角球：안쪽 볼, 몸 쪽 볼
◆内角高めのコースに直球を投げる：몸 쪽 높은 코스에 직구를 던지다
◆内角高めのスライダーを投げる：몸 쪽 높은 슬라이더를 던지다
◆内角をつく：몸 쪽을 찌르다
◆内角のボールを避ける：몸 쪽 볼을 피하다
◆外角球：바깥쪽 볼
◆外角低めの球を叩く：바깥쪽 낮은 볼을 때리다
◆外角低めの球を攻める：바깥쪽 낮은 볼을 공략하다
◆外角低めのコースに変化球を投げる：바깥쪽 낮은 코스에 변화구를 던지다
◆二塁へ盗塁を試みる：2루로 도루를 시도하다
◆盗塁に成功する：도루에 성공하다
◆盗塁に失敗する：도루에 실패하다
◆悪送球する：악송구를 하다
◆牽制球を投げる：견제구를 던지다
◆内野安打を打つ：내야 안타를 치다
◆ショート前ヒットを記録する：유격수 앞 내야 안타를 기록하다
◆同点のタイムリーヒットを放つ：동점 적시타를 치다
◆三遊間を抜くヒットを放つ：삼유 간을 뚫는 안타를 치다
◆ゴロを打つ：땅볼을 치다
◆トンネルする：땅볼을 놓치다
◆イレギュラーバウンド：불규칙 바운드 볼
◆打順が一巡する：타순이 일순하다
◆打順を決める：타순을 짜다
·今回の打順は3番からだ：이번 타순은 3번 타자부터다.
◆ヒットを打つ：안타를 치다, 안타를 날리다
◆ライト前ヒット：우익수 앞 안타
◆ライトオーバーのヒット：우익수를 넘기는 안타
◆左中間を破るヒット：좌중간을 가르는 안타
◆二塁打：2루타

◆三塁打：3루타
◆ポテンヒット：텍사스 안타
◆相手チームを3安打に抑える：상대 팀을 3안타로 봉쇄하다
◆前進守備を敷く：전진 수비를 펼치다
◆守備範囲が広い：수비 범위가 넓다
◆打球を追いかける：타구를 쫓다
◆アウトになる：아웃이 되다
◆間一髪でアウトになる：간발의 차로 아웃이 되다
◆ワンアウト：원 아웃
◆ツーアウト：투 아웃
◆スリーアウト：스리 아웃（쓰리 아웃と濃音で表すのは間違い）
◆スリーアウトチェンジ：스리 아웃 체인지
◆ダブルプレー, ゲッツー：더블 플레이, 병살
◆トリプルプレー：트리플 플레이, 삼중살
◆ファインプレー：파인 플레이, 호수비
◆セーフ：세이프
◆スライディング：슬라이딩
◆滑り込みセーフ：슬라이딩 세이프
◆滑り込む：슬라이딩하다
◆ベースを踏む：베이스를 밟다
◆コールドゲームになる：콜드 게임이 선언되다
◆サインを出す：사인을 내다
◆サインを送る：사인을 보내다
◆サインを盗む：사인을 훔치다
◆サインを見破る：사인을 간파하다

## □ 778 いきなりコースに出てもうまくいかないよ

A 갑자기 필드에 나간다고 잘될 리가 없어.
B 그렇지. 골프를 잘 치려면 역시 연습이 필요해.

A いきなりコースに出てもうまくいくわけないよ。
B そうだね。ゴルフが上手になるにはやっぱり練習が必要だな。

＊ 素振りをする：연습 스윙을 하다
＊ 一緒に打ちっぱなしに行くかい？：골프 연습장에 같이 갈래?

## □ 779 フェアウェイのど真ん中に乗せたよ

A 이야, 저 녀석 고등학생인데 어른 못지않은 실력이네.
B 정말, 똑바로 쳐서 페어웨이 정중앙까지 날렸어.

A うわあ，あいつ，高校生とはいえ，おとな顔負けだね。
B まっすぐ飛ばして，フェアウェイのど真ん中に乗せたぞ。

＊ 정중앙〈正中央〉：ど真ん中

## □ 780 接待ゴルフは，あまり気乗りしないな

A 접대 골프는 아침 일찍 일어나는 게 힘들어서 그다지 마음이 내키지 않네.
B 그것도 일의 하나라고 받아들여야지. 그러지 않으면 출세하지 못해.

A 接待ゴルフは，朝早く起きるのがつらくてあまり気乗りしないな。
B それも仕事のうちだと割り切らないと，出世しないよ。

会社の同僚同士の会話

## そのほかの会話

1▶ フォームを固めるため，毎晩，スウィングの練習をしています。
폼을 교정하기 위해 매일 밤 스윙 연습을 하고 있어요.

2▶ このゴルフ場は土曜日になると，ゴルファーたちで混雑しますね。
이 골프장은 토요일이면 골퍼들로 붐비네요.

3▶ 7番ホールは，一番池が多いから注意して打ったほうがいいですよ。
7번 홀은 워터 해저드가 많으니까 주의해서 치는 게 좋아요.

4▶ バンカーにはまっても，落ち着いて外に打ち出せば，まだチャンスは残ってますよ。
벙커에 빠져도 침착하게 밖으로만 쳐 내면 아직 기회는 남아 있어요.

5▶ ロングホールだからって思いっきり打ったらOBだよ。最悪だ。
롱 홀이라고 힘껏 쳤더니 오비야. 최악이네.

6▶ このパットを決めればバーディーだ。이 퍼트가 들어가면 버디야.

7▶ こんなに大勢のギャラリーの前でティーショットを打つのは初めてで，手が震えちゃいましたよ。
이렇게 많은 갤러리 앞에서 티샷을 치는 건 처음이라 손이 떨렸어요.

8▶ ホールインワン出しちゃった…。保険に入ってないんだけど，どうしよう。
홀인원이야. 보험에 들지 않았는데 어떡하지?

* パー：**파** / ボギー：**보기** / イーブン：**이븐** / バーディー：**버디** / イーグル：**이글** / アルバトロス：**알바트로스**
* アウトの1～9番ホール：**전반 9홀** / 3番ホール：**3번 홀** / インの10～18番ホール：**후반 9홀** / 12番ホール：**12번 홀** / ロングホール：**롱 홀** / ミドルホール：**미들 홀** / ショートホール：**숏 홀**

## 関連表現

◆ナイスショット！：**굿 샷!, 나이스 샷!** ◆いいスイングをする：**좋은 스윙을 하다**
◆ティーショットを打つ：**티 샷을 치다** ◆パットが決まる：**퍼트가 들어가다**
◆7番アイアンでグリーンを攻める：**7번 아이언으로 그린을 공략하다**
◆右バンカーをクリアする：**오른쪽 벙커를 피하다**
◆ボールがバンカーに落ちる：**공이 벙커에 빠지다**
◆ラフにボールを打ち込む：**러프에 공을 떨어뜨리다**
◆フェアウェイに乗せる：**페어웨이에 떨어뜨리다**
◆ピン近くに寄せる：**핀 가까이에 붙이다** ◆ダフる：**뒤 땅을 치다**

□ 781 **無理なショットをしないことが大切です**

A 단식에서 이기기 위한 비결은 자신의 실수를 줄이는 거예요.
B 과연 무리한 샷을 안 하는 게 중요하네요.

A シングルスで勝つための秘訣は，自分のミスを減らすことです。
B なるほど，無理なショットをしないことが大切なんですね。

＊ シングルス：단식〈單式〉

□ 782 **ペアとのコミュニケーションが一番難しいですよね**

A 복식은 페어 선수하고의 커뮤니케이션이 가장 어려워요.
B 페어 선수의 실수는 자신의 실수라고 생각하고, 상대를 낙담하게 하지 않도록 하는 것이 중요해요.

A ダブルスはペアとのコミュニケーションが一番難しいですよね。
B 「ペアのミスは自分のミス」と考えて，相手を落ち込ませないようにすることです。

テニスの試合を見ながらの知人同士の会話
＊ ダブルス：복식〈複式〉
＊ 混合ダブルス：혼합 복식〈混合複式〉

□ 783 **攻撃より守備の方が大事ですね**

A 무심결에 공격에 눈이 가는 경향이 많지만 사실은 수비쪽이 중요하네요.
B 수비는 전술적으로 준비하기 쉬워서 경기 때 실력차로 드러나기 마련이죠.

A つい攻撃に目がいきがちですが，実は守備の方が大事ですね。
B 守備は戦術的に準備がしやすく，試合で実力の差となって現れるんです。

テニスの試合を見ながらの知人同士の会話

## 関連単語

◆テニス：**테니스**〈tennis〉

◆庭球〔軟式テニス〕：**정구**〈庭球〉

◆軟式：**연식**〈軟式〉

◆硬式：**경식**〈硬式〉

---

◆グランドスラム：**그랜드 슬램**〈Grand Slam〉

　＊ テニスでは，世界の四大大会〔全英／全米／全仏／全豪〕を 1 人のプレーヤーがすべて制すること。

---

◆テニス場：**테니스장**〈tennis 場〉

◆テニスコート：**테니스 코트**〈tennis court〉

　＊アンツーカーコート：**앙투카 코트**〈en-tout-cas court〉

◆ネット：**네트**〈net〉

---

◆ラケット：**라켓**〈racket〉

◆アレー：**앨리**〈alley〉

◆ストリング〔ガット〕：**스트링스**〈strings〉

---

◆ショット：**샷**〈shot〉

◆サーブ：**서브**〈serve〉

◆サービスエース：**서비스 에이스**〈service ace〉

---

◆ストローク：**스트로크**〈stroke〉

◆スマッシュ：**스매시**〈smash〉

◆フォールト：**폴트**〈fault〉

---

◆バックハンド：**백핸드**〈backhand〉

◆ラリー：**랠리**〈rally〉

◆ボレー：**발리**〈volley〉

---

◆ポイント：**포인트**〈point〉

◆セットポイント：**세트 포인트**〈set point〉

◆ラブ：**러브**〈love〉

◆デュース：**듀스**〈deuce〉

◆アドバンテージ：**어드밴티지**〈advantage〉

## □784 うまく滑れるかな

A 스키는 처음인데 잘 탈 수 있을까?

B 멈추는 방법이나 방향전환 같은 기본적인 동작은 스키 스쿨에서 배우면 좋아.

A スキーは初めてなんだけど，うまく滑れるかな。

B 止まり方や方向転換など，基本的なことをスクールで教えてもらうといいよ。

＊ 準備運動をする：준비 운동을 하다

＊ ゲレンデに出る：겔렌데에 나가다

## □785 リフトで頂上まで行こうか

A 리프트를 타고 산꼭대기까지 갈까?

B 처음부터 활강 코스로 내려오는 건 초보자에게는 무리야.

A リフトで頂上まで行こうか。

B いきなり滑降コースは初心者には無理だよ。

＊ 초보자〈初歩者〉：初心者。초보〈初歩〉ともいう。

＊ 直滑降：직활강／斜滑降：사활강

## □786 どうして氷の上をすいすいと滑れるの？

A 어쩌면 그렇게 눈 위를 날듯이 휙휙 스키를 탈 수가 있어?

B 아주 어렸을 때부터 타서 익숙하거든.

A どうして雪の上をすいすい滑れるの？

B 子どものときからやっているので，体に染みついてるんだ。

＊ 휙휙：すいすいと（空中や水中などを軽々と進む様子）

＊ あんなふうに滑れたら気持ちいいだろうな：저렇게 잘 탈 수 있으면 좋을 텐데.

## そのほかの会話

1 ▶ 今シーズン，スキーはもう3回目だ。
이번 시즌에 세 번이나 스키 타러 왔어.

2 ▶ 初心者はプルークボーゲンから始めましょう。
초보자는 플루그 보겐부터 시작해 봅시다.

3 ▶ 板を「ハ」の字にして滑り降りてきてください。
스키를 A자 모양으로 하고 내려오세요.

4 ▶ そんなにへっぴり腰じゃ，すぐ転んじゃうよ。
그런 엉거주춤한 자세로 타면 금방 넘어진다.

5 ▶ 今日の雪はべたついていて，スキーにくっつくようだわ。
오늘 눈 상태는 좀 질척거리는 느낌이라 스키에 달라붙는 거 같아.

※ 新雪：신설，금방 내린 눈／深雪：심설，깊이 쌓인 눈

※ **질척거리다**：(雪などが溶けて) べちゃべちゃする，どろどろする，べとべとする

6 ▶ 今日は吹雪いているから，山小屋でゆっくり休もうよ。
오늘은 눈보라가 치고 있으니 산장에서 느긋하게 쉬자.

## 関連表現

- スキーに行く：**스키 타러 가다**
- スキーをする：**스키를 타다**
- スキー服を着る：**스키복을 입다**
- スキー靴を履く：**부츠를 신다**
- スキー帽をかぶる：**스키 모자를 쓰다**
- ゴーグルを付ける：**고글을 쓰다**
- スキー（板)を履く［脱ぐ]：**스키를 신다 [벗다]**
- 急斜面を滑る：**급사면을 활강하다**
- 方向転換する：**방향을 바꾸다**
- ポールをかわす：**폴을 피하다**
- ターンする：**턴하다**
- ジャンプする：**점프하다**
- スキーをしていて転ぶ：**스키 타다가 넘어지다**
- 人にぶつかる：**남에게 부딪치다**

  ※ **부딪치다** は，自分が人に「ぶつかる」，**부딪히다** は，相手に「ぶつけられる（受動)」，つまり相手が自分に（何かを)ぶつける，当てる（**부딪다**)。

- 尻もちをつく：**엉덩방아를 찧다**
- 骨折する：**뼈가 부러지다**
- 足首を捻挫する：**발목을 삐다**

## 스케이트 と 스케이팅

◆スケート：**스케이트**〈skate〉

* スケートをする：**스케이트를 타다**（**스케이트**は素人が氷の上を滑ること。**스케이팅**は競技としてのスケート）
* 氷の上をすいすい滑る：**얼음 위를 휙휙 타다**

◆フィギュアスケート：**피겨 스케이트**〈figure skate〉

* 競技としてのフィギュアスケートは **피겨 스케이팅**。

◆スピードスケート：**스피드스케이트**〈speed skate〉

* 競技としてのスピードスケートは **스피드 스케이팅**。

◆ショートトラック：**쇼트트랙**〈short track〉

◆スケート場：**스케이트장**〈skate 場〉

* スケートリンク：**스케이트 링크**

## スキーのいろいろな競技

◆ノルディック競技：**노르딕 경기**〈Nordic 競技〉

* 距離競走〔**거리 경주**〕・ジャンプ〔**점프**〕・複合競技〔**복합경기**〕の 3 種目。

◆アルペン競技：**알파인 경기**〈Alpen 競技〉

* 滑降〔**활강**〕・回転〔**회전**〕・大回転〔**대회전**〕の 3 種目。

◆クロスカントリー：**크로스컨트리**〈cross-country〉

## その他のウインタースポーツ

◆バイアスロン：**바이애슬론**〈biathlon〉

◆チェアスキー：**체어 스키**〈chair ski〉

◆ボブスレー：**봅슬레이**〈bobsleigh〉

◆リュージュ：**루지**〈luge〉

◆アイスホッケー：**아이스 하키**〈ice hockey〉

◆カーリング：**컬링**〈curling〉

◆スノーボード：**스노보드**〈snowboard〉

◆モーグル：**모글**〈mogul〉

## 雪のいろいろな表現

◆雪：눈

* 雪が降る：**눈이 내리다**
* 雪が積もる：**눈이 쌓이다**
* 新雪：**신설, 갓 내린 눈**
* 深雪：**심설, 깊이 쌓인 눈**
* 雪ボタン雪：**함박눈**（ふんわりとやや大きめのものを**함박**という）

◆雪質：눈 상태〈- 狀態〉

* べたついている：**끈적거리다**
* スキーにくっつく：**스키에 달라붙다**

◆吹雪(ふぶ)く：눈보라가 치다

## 263 バスケットボール

### □ 787 バスケットボールは最も人気があるスポーツの中の一つです

A 농구는 전 세계에서 가장 인기 있는 스포츠 중의 하나죠.

B 저도 NBA의 마이클 조던을 동경해서 고등학생 시절 3년 동안 열중하고 있었어요.

A バスケットボールは全世界で最も人気があるスポーツ中の一つですね。

B 私もNBAのマイケルジョーダンに憧れて，高校時代3年間，熱中していました。

知人同士の会話

### □ 788 背が低い選手でも活躍できるんですね。

A 농구는 키가 큰 선수뿐만 아니라 키가 작은 선수라도 제법 활약할 수 있군요.

B 키가 작은 선수라도 공을 다루는 실력이 뛰어나고 발이 빠른 선수가 수비를 맡아요.

A バスケットボールは，背が高い選手だけではなく，背が低い選手でも結構活躍できるんですね。

B 背が低い選手でも，球を扱う実力が優れ，足の速い選手が守備を引き受けます。

バスケットの試合を見ながら知人同士の会話

### □ 789 スラムダンクとは，どういう意味なんですか。

A 농구라고 하면 슬램 덩크라는 만화책이 유명하지만 슬램 덩크가 무슨 뜻이죠?

B 슬램 덩크는 높이 뛰어올라 공을 바스켓보다 높은 위치에서 내리꽂듯이 호쾌하게 넣는 슛 이에요.

A バスケットボールと言えば，スラムダンクというコミックが有名ですが，どういう意味なんですか。

B スラムダンクは，高く飛び跳ねて，ボールをバスケットより高い位置から突き刺すように豪快に入れるシュートのことです。

バスケットの試合を見ながら知人同士の会話

## そのほかの会話

1 ▶ バスケの試合では，10 分間の試合（クォーターと呼ぶ）を 4 回行います。

농구 경기는 쿼터당 10분씩 총 4쿼터로 진행돼요.

2 ▶ 40 分間の試合を行い，同点だった場合は，インターバル後 5 分の延長戦を行います。

40분 동안의 경기에서 동점이었을 경우는 인터벌 후 5분간 연장전을 해요.

3 ▶ 第 2 クォーターが終わった後は，コートチェンジが行われます。

제2 쿼터 종료 후에 코트가 바뀌어요.

4 ▶ ファウルを犯した時は，相手チームに攻撃権が移ります。

파울을 범했을 때는 상대 팀에게 공격권이 넘어가요.

5 ▶ 1 クォーターでファウル 6 回目からは，相手チームにフリースローが，2 回与えられます。

한 쿼터에서 6번째 파울부터는 상대 팀에게 자유투 2개가 주어져요.

## バスケットボール用語

◆パス：**패스**

◆チェストパス：**체스트 패스**

◆アンダーハンドパス：**언더핸드 패스**

◆オーバーヘッドパス：**오버헤드 패스**

◆ショルダーパス：**숄더 패스**

◆バウンドパス：**바운드 패스**

◆フックパス：**훅 패스**

---

◆ドリブル：**드리블**

---

◆シュート：**슛**

◆セットシュート：**세트 슛**

◆チェストシュート：**체스트 슛**

◆ワンハンドシュート：**원핸드 슛**

◆ジャンプシュート：**점프 슛**

◆ランニングシュート：**러닝 슛**

◆リバウンドシュート：**리바운드 슛**

◆ステップシュート：**스탭 슛**

◆ダンクシュート：**덩크 슛**

◆スリーポイントシュート：**스리 포인트 (3점) 슛**

◆トゥーポイントシュート：**투 포인트 (2점) 슛**

◆フリースロー：**자유투**

☐ 790 **バレーボールの各ポジションを教えてください**

A 6인제 배구의 각 포지션을 가르쳐 주세요.

B 선수 구성은 보통 레프트, 센터, 라이트로 이루어져요.

A 6人制のバレーボールの各ポジションを教えてください。

B 選手構成は，ふつうレフト，センター，ライトから成ります。

＊ それぞれのポジションは，前衛３人，後衛３人に分かれます : 각 포지션은 전위 3명, 후위 3명으로 나뉘어져요.

＊ 後衛はアタックラインを踏み越えて攻撃することはできません : 후위는 어택 라인을 넘어서 공격할 수 없어요.

☐ 791 **バレーボールの基本プレーを教えてください**

A 배구의 기본 플레이를 가르쳐 주세요.

B 상대팀으로부터 공격된 공을 받은 것이 리시브, 우리편 선수가 공격하기 위해 공을 올리는 것이 토스, 토스된 공을 상대팀 코트에 치넣는 것이 어택이에요.

A バレーボールの基本プレーを教えてください。

B 相手から打ちこまれたボールを拾うのがレシーブ，味方に攻撃してもらうためにボールを上げるのがトス，トスされたボールを相手コートに打ち込むのがアタックです。

＊ トスを上げる : 토스를 올리다／パスする : 패스하다／スパイクする : 스파이크하다／フェイントする : 페인트하다／サーブ権を獲る : 서브권을 얻다／レシーブを受ける : 리시브를 받다／ブロックする : 블로킹하다

☐ 792 **ボールがネットに触れた場合はどうなるんですか**

A 서브로 친 공이 네트에 접촉했을 경우는 어떻게 돼요?

B 상대 코트에 들어가면 성공했다고 간주돼요.

A サーブで打ったボールがネットに触れた場合はどうなるんですか。

B 相手コートに入れば成功と見なされます。

＊ ネットイン : 네트 인／オーバーネット : 네트 오버／タッチネット : 네트 터치

## バレーボールを韓国語で説明

1▶ アタッカーは，身長とジャンプ力，肩の強さに加え，どんどん攻めていける気の強さが必要です。

어택커에게는 큰 키와 점프력, 강한 어깨의 힘과 함께 계속해서 공격해 갈 수 있는 정신력이 필요해요.

2▶ レフトはいわゆるチームの看板ポジションで「エース」と呼ばれたりします。

레프트는 소위 팀의 간판 포지션으로 '에이스'라고 불리거나 해요.

3▶ センターはコートの真ん中に位置する中央攻撃手で，おもにブロックや速攻を担います。そのために背が高く腕が長い選手が選ばれます。

센터는 코트 중앙에 위치한 공격수로 주로 블로킹과 속공등을 담당해요. 그 때문에 키가 크고 팔이 긴 선수가 뽑혀요.

4▶ ライトには味方アタッカーがスパイクを打つためのボールをあげるセッターと呼ばれる選手がいます。

라이트에는 우리편 어택커가 스파이크 치기 위한 공을 올리는 세터라고 불리는 선수가 있어요.

5▶ 守備を専門にする選手をリベロと言い，他の選手とは異なるユニホームを着ています。

수비를 전문으로 하는 선수를 리베로라고 하고 다른 선수하고는 다른 유니폼을 입고 있어요.

6▶ ボールを受け損なった場合や，3回以内の打数で返球できなかった場合は，相手チームにポイントが加算されます。

공을 받지 못했거나 세 번 이내로 공을 돌릴 수 없었을 경우는 상대팀의 포인트가 올라가요.

7▶ 通常の試合は5セットマッチで行われ，3セットを先取した方が勝ちとなります。

보통 경기는 5세트 매치로 행하여 3세트를 선취한 팀이 이겨요.

## 265 ラグビー

### □ 793 ラグビーはわかりにくいですね

A 럭비는 어렵다는 이야기를 자주 듣는데요.
B 룰이 어려운 것도 있지만 인원수가 많아 포지션이 너무 많기 때문이겠죠?

A ラグビーがわかりにくいっていう話，よく聞きますけど。
B ルールが難しいことに加えて，人数が多く，ポジションが多すぎるからではないでしょうか。

### □ 794 ラグビーのポジションは？

A 럭비의 포지션은 등번호 1에서 8번의 포워드와 9에서 15번의 백스의 크게 둘로 나누어집니다.
B 포워드는 스크럼을 짜거나 몸을 세게 맞부딪치는 과격한 플레이를 하는 적이 많아 비교적 큰 체격의 선수가 모이고 있네요.

A ラグビーのポジションは，背番号１～８番のフォワードと９～15番のバックスの大きく二つに分かれます。
B フォワードは，スクラムを組んだり，体を激しくぶつけ合ったり過激なプレーをすることが多いので，比較的大きな体格の選手が集まっていますね。

### □ 795 バックスにはスピードがある選手が集まっています

A 포워드가 몸을 내던져서 확보한 공을 그라운드 전체의 넓은 공간을 사용하여 패스나 킥, 런을 구사해서 트라이에 연결시키는 것이 백스의 역할이군요.
B 네, 그래서 백스에는 스킬이 높고 스피드가 있는 선수가 모이고 있어요.

A フォワードが体を張って確保したボールを，グラウンド全体の広いスペースを使ってパスやキック，ランを駆使してトライに繫げるのがバックスなんですね。
B ええ，ですからバックスにはスキルが高く，スピードがある選手が集まっています。

＊ タックルする : 태클하다 〈tackle-〉
＊ トライする : 트라이하다 〈try-〉
＊ ゴールを決める : 골을 넣다 〈goal-〉

## ラグビーを韓国語で説明

1▶ 1チーム15人のプレーヤーが相手チームと1つのボールを奪い合い，ゴールラインに向かって相手陣地に攻め入ります。

1팀15명의 플레이어가 상대팀과 1개의 볼을 서로 빼앗고 골라인을 향해서 상대 진지에 쳐들어가요.

2▶ 試合時間は前後半40分ずつです。

경기 시간은 전,후반 40분씩이에요.

3▶ 相手ゴールラインの向こう側（インゴール）にボールを持ち込み，地面につければトライとなり得点が入ります。

상대 골라인 저쪽편의 인골에 공을 들고 땅에 붙이면 트라이가 되어 득점이 들어가요.

4▶ 得点はトライで5点，その後のキックで2点です。

득점은 트라이로 5점, 그 후의 킥으로 2점이에요.

5▶ ノックオンは前方にボールを落とす反則，スローフォワードは前方にパスをする反則です。

녹온은 앞에 공을 떨어뜨리는 반칙, 스로포워드는 앞에 패스를 하는 반칙이에요.

6▶ ノックオンやスローフォワードをすると，相手ボールのスクラムからリスタートします。

녹온이나 스로포워드를 범하면 상대 공의 스크럼으로부터 다시 시작해요.

7▶ ラグビーの場合，試合終了はノーサイドと言い，敵味方の区別なく互いの健闘をたたえあいます。

럭비의 경우, 경기 종료는 노 사이드라고 하고 적과 자기 편의 구별없이 건투를 서로 찬양해요.

## 266 柔道

### □ 796 柔道をすると，耳が潰れるんですね

**A** 유도를 하면 귀모양이 뭉개지는군요.

**B** 만두귀말이에요? 어지간히 연습해야 저렇게 될 걸요.

---

**A** 柔道すると，耳が潰れるんですね。

**B** 柔道耳ですか。よっぽど稽古をやりこまない限りあんなになりませんよ。

＊ 柔道耳：만두귀

### □ 797 柔道をすると，礼儀正しく我慢強い子どもになります

**A** 아이에게 뭔가 가르쳐 볼까 생각 중이에요.

**B** 그렇다면 유도가 제일이에요. 몸이 튼튼해지는 것은 물론이고 의바르고 참을성 있는 아이가 되지요.

---

**A** 子供に何か習い事させようと考えているんですが。

**B** それでしたら柔道が一番ですよ。身体が強くなるのはもちろんですが，礼儀正しく我慢強い子どもになりますよ。

### □ 798 柔道では彼の右に出る者はいません

**A** 그 선수는 다섯 경기 모두에 한판승한 슈퍼히어로에요.

**B** 유도에서는 그를 당할 자는 없어요. 기술, 체력, 정신력의 삼박자가 골고루 갖춰진 굉장한 선수네요.

---

**A** あの選手は5試合すべてに一本勝ちしたスーパーヒーローです。

**B** 柔道では彼の右に出る者はいませんよ。技術・体力・精神力が三拍子そろった素晴らしい選手です。

## 関連単語・表現

◆柔道着 :유도복

＊ 日本語でも**태권도복, 합기도복**などをひっくるめて「道着」というように，韓国語でも**도복**という。

◆前えり :목깃

◆横えり :뒷깃

◆奥そで :깊은소매

◆中そで :중간소매

◆そで口 :소맷부리

◆すそ口 :바지자락

◆横帯 :가로띠

◆前帯 :앞띠

◆後帯 :뒷띠

---

◆礼 :예

◆正座 :정좌

◆稽古 :연습

◆畳 :매트

◆気合 :기합

＊ 気合を入れる：**기합을 넣다**

---

◆取り :잡기

◆受け :받기

◆効果 :효과

◆一本 :한판

◆技あり :절반

◆指導 :지도

---

◆注意 :주의

◆警告 :경고

---

◆有段者 :유단자

◆黒帯 :검은 띠

◆投技（なげわざ）:메치기기술

◆手技 :손기술

◆腰技 :허리기술

◆足技 :발기술

◆真捨身技（ますてみわざ）:바로누우며메치기기술

◆横捨身技（よこすてみわざ）:모로누우며메치기기술

◆固技（かためわざ）:굳히기기술

◆抑込技（おさえこみわざ）:누르기기술

◆関節技（かんせつわざ）:꺾기기술

◆絞技（しめわざ）:조르기기술

□ 799 **大相撲は子どもから大人まで楽しめるスポーツですね**

A 일본에서 스모는 아이부터 어른들까지 즐길 수 있는 스포츠네요.

B 네, 특히 직업으로 스모를 하는 프로 스모 경기는 오즈모라 불리며 인기가 있어요.

A 日本では相撲は子どもから大人まで楽しめるスポーツですね。

B ええ，とくにプロの相撲は「大相撲」と呼ばれて，大人気です。

□ 800 **大相撲はいつ見ることができるのですか**

A 오즈모 대회는 언제 볼 수 있어요?

B 공식전에 해당되는 혼바쇼(本場所)가 도쿄에서 세 번, 오사카, 나고야, 후쿠오카에서 각각 한 번씩 1년에 6번 개최돼요.

A 大相撲大会はいつ見ることができますか？

B 公式戦に該当する本場所が東京で3回，大阪，名古屋，福岡でそれぞれ1回ずつ1年に6回開催されます。

＊ 東京：(1월, 5월, 9월)：료고쿠 고쿠기칸, 大阪 (3월)：오사카 부립체육관, 名古屋 (7월)：아이치현 체육관, 福岡 (11월)：후쿠오카 국제센터

□ 801 **大相撲は何日間戦うのですか**

A 오즈모 대회는 며칠 동안 싸우는 거예요?

B 공식전은 15일간 연속으로 개최되며, 일요일에 시작되고 다다음 주의 일요일에 끝나요.

A 大相撲は何日間戦うのですか。

B 公式戦は15日間連続で開催され，日曜日に始まって翌々週の日曜日に終わります。

## そのほかの会話

1 ▶ 大相撲での力士の地位は,「番付」と呼ばれる順位表で表されます。

오즈모 대회에서의 선수의 지위는 '반즈케'라고 하는 순위표에 표시돼요.

2 ▶ 大相撲は幕内を最上位に, 以下十両・幕下・三段目・序二段・序ノ口と続く6つの階層から成っています。

오즈모 대회는 마쿠노우치(幕内)를 최상위로, 이하 주료(十両)・마꾸시따(幕下)・산단메(三段目)・조니단(序二段)・조노쿠치(序ノ口)의 6가지 계층으로 이루어져 있어요.

3 ▶ 幕内は上位から横綱・大関・関脇・小結・前頭または平幕の5つに分けられています。

마쿠노우치(幕内)는 상위부터 요코즈나(横綱)・오제키(大関)・세끼와케(関脇)・고무스비(小結)・마에가시라(前頭) 또는 히라마쿠(平幕)의 5단계로 나누어져 있어요.

＊ 幕内 ( 마쿠노우치) : 대전표의 최상단에 이름이 실리는 선수.

＊ 幕下 ( 마쿠시타) : 대전표의 제2 단에 이름이 실리는 선수.

＊ 十両 : 正式な名称を「十枚目」といい, 마쿠노우치와 마쿠시타의 중간의 선수.

4 ▶ 横綱は大相撲の力士の格付け（番付）における最高位の称号です。

요코즈나는 오즈모 대회의 선수 등급에서 최고위의 칭호예요.

5 ▶ 横綱という語源は, 横綱だけが腰に締めることを許されている白麻製の綱に由来します。

'요코즈나'의 어원은 최고위의 선수만이 허리에 조르는 것을 허락되는 흰 삼으로 만든 줄에 유래해요.

6 ▶ 横綱になる力士は, その地位にふさわしい品格と抜群の力量を要求されます。

요코즈나가 되는 선수는 그 지위에 어울린 품격과 뛰어난 역량이 요구돼요.

7 ▶ 横綱の月給は, だいたい300万円ぐらいです。

요코즈나의 월급은 대체로 300만엔 정도예요.

8 ▶ 最初の日は「初日」,8日目は「中日」, 最終日の15日目は「千秋楽」と呼ばれます。

오즈모 대회의 첫날은 쇼니치(初日), 8일째는 나카비(中日), 마지막 날인 15일째는 센슈라쿠(千秋楽)라고 불러요.

## 相撲用語

◆行事 :스모의 심판 ◆取り組み :맞붙음

◆土俵 :스모 경기를 하는 장소

◆回し :씨름의 샅바와 같은 일본 스모의 복장

◆蔵前国技館 :최초의 공영 스모 경기장

◆土俵入り :스모 선수가 도효에서 하는 의식

◆仕切り :무손을 땅에 붙여 몸늘 굽히는 맞붙기 전의 준비 자세

◆立会い :두 선수가 맞붙음. 또는 준비 자세에서 막 일어서는 순간

◆しこを踏む :준비 운동으로 두 발을 교대로 높이 올려 힘차게 땅을 구르는 것을 말함

◆禁じ手 :금지된 수 (머리를 잡으면 안 되며, 마와사가 떨어지면 짐)

◆番付 :스므의 서열, 또는 그것을 적은 일람표

◆春場所 :매월 3 월에 오시카에서 열리는 스모 대회

◆がっぷり四つに組む :서로 마와시를 잡다

◆露払い :요코즈나의 도효이리에 앞서 도효에 올라가는 리키시

◆ご祝儀 :이기면 받는 돈

◆しこ名 :별명, 스모에서 쓰는 이름

◆千秋楽 :흥행의 마지막 날

◆勝ち越し :(스모 경기에서) 이긴 횟수가 진 횟수 보다 많음 (스모는 총 15회 경기하는데 그 중 8 회를 이기는 것을 말함. 가치코시를 해야만 그 자리를 지킬 수 있음)

◆投げを食う :던지기 기술에 당하다

◆まげ :머리를 정수리에서 모아 묶는 것을 뒤로 꺾었다가 다시 앞으로 꺾은 일본식 상투

◆勇み足 :스모에서 상대를 도효 가장자리까지 밀고 가다가 제 힘에 발을 먼저 밖으로 내디뎌 지게 되는 것

◆負け越し :진 횟수가 아긴 횟수 보다 많음

◆兄弟子 :동문 선배

◆弟弟子 :동문 후배

◆稽古をつける :연습을 시킥

◆土俵を割る :도효 밖으로 나가다

◆化粧回し :주료(十両) 이상의 리키사가 스모 의식 때 두르는 금실, 은실로 아름답게 수놓은 앞치마 모양의 것

◆横綱を張る :요코즈나의 지위에 오른다. 또는 그 지위에 있다

◆弓取り :마지막 대전의 승자가 활을 들고 하던 의식

◆呼び出し :스모를 하는 리키시의 이름을 불러 도효에 오르게 하는 역할

- 親方 : 스승 (선수들은 오야카타가 운영하는 部屋에 소속되고 신인 선수들은 식사 준비에서부터 선배 선수의 잔시중까지)
- おかみさん : 오야카타가 운영하는 헤야의 살림을 도맡아하는 사모님
- 付き人 : 스모선수를 옆에서 도와 주는 사람
- 人のふんどしで相撲を取る : 남의 잔치에 감 놓아라 배 놓아라 한다
- ちゃんこ鍋 : 스모 선수가 먹는 독특한 냄비 요리 (큰 냄비에 큼직하게 토막친 생선이나 닭고기 두부 채소 등을 넣어 끓이거나 조림)

# 18.

# 交際・結婚生活

最近は性の多様性により「男女の会話」だけに限らず「同性同士（男性と男性、女性と女性)」の会話でも使える例が多い。

## □ 802 今時間ある？

A 저, 지금 시간 있어요?

B 미안해요, 지금 바빠서요.

A あのう，今時間ある？

B ごめんなさい，今急いでるの。

＊ 街で声をかけるとき。一昔前は，차라도 한잔 안 하실래요?（よかったらお茶でも飲まない？）などと声をかけたが，最近はこのような陳腐なせりふを言う人はいない。

## □ 803 どこかでお会いしませんでしたか

A 혹시 전에 어디서 만난 적 없었나요?

B 글쎄요, 사람 잘못 보셨네요.

A ひょっとして，前にどこかでお会いしませんでしたか。

B ごめんなさい，人違いじゃないかしら？

街で声をかけるとき

＊ 初恋の人に似てるわ：제 첫사랑이랑 닮았어요.

## □ 804 今度二人きりで会いたいね

A 다음에 둘이서만 만나고 싶어요.

B 좋아요, 나도 좀 더 천천히 이야기하고 싶어요.

A 今度二人きりで会いたいね。

B ええ，いいわ，私ももっとゆっくり話がしたいわ。

コンパなどで知り合った相手に

＊ また会えるよね：또 만날 수 있죠?

## そのほかの会話

1▶ ねえ，今ひとり？ 저, 지금 혼자예요?

2▶ 今だれか待ってるの？

지금 누구 기다리고 있어요?

3▶ 待ってる人，来ないんじゃないの？

기다리는 사람, 안 오는거 아니에요?

4▶ 今，付き合っている人はいるの？

지금 사귀는 사람 있어요?

5▶ ぼくと付き合ってくれない？

나랑 사귀지 않을래요?

＊ いいわよ。喜んで：**좋아요, 기꺼이.**

＊ 考えてみるわ：**생각해 볼게요.**

6▶ 彼女になってください。

여자 친구가 돼 주세요.

7▶ どんな男性が好みなの？

어떤 스타일의 남자를 좋아하세요?

8▶ 今度デートしようよ。다음에 데이트해요.

＊ ごめんなさい。先約があるの：**미안해요. 선약이 있어요.**

9▶ きみと一緒に行きたいところがあるんだ。

함께 가고 싶은 곳이 있어요.

10▶ いつなら都合いいかしら？ 언제면 괜찮아요?

＊ 来週末だったら時間あるけど：**다음 주말이면 시간 있어요.**

11▶ 何時に待ち合わせする？ 몇 시에 만날까요?

12▶ 家まで車で迎えに行こうか。

집까지 차로 데리러 갈까요?

13▶ 電話番号を教えて？ 전화번호가 어떻게 돼요?

14▶ メール送るよ。문자 보낼게요.

## 269 店や飲み屋で声をかける

### □ 805 ここ，座ってもいい？

A 여기 앉아도 돼요?

B 미안해요. 누가 오기로 돼 있어요.

A ここ，座ってもいい？

B ごめんなさい，人が来るの。

＊ 隣，空いてる？：옆에 비어 있어요?

### □ 806 よかったら一緒に飲みませんか

A 괜찮으시면 나랑 같이 마셔요.

B 미안해요. 혼자 있고 싶어요.

A よかったら一緒に飲みませんか。

B ごめんなさい，ひとりでいたいの。

＊ いいわよ。お言葉に甘えて：좋고말고요.（ひとつの単語。× 좋고∨말고요.）

### □ 807 何を飲んでいるんですか

A 그거 맛있겠네요. 뭐 마시고 있어요?

B 아, 이건 이 가게 스페셜 칵테일이에요.

A それ，おいしそうですね。何を飲んでいるんですか。

B ああ，これはこの店，特製のカクテルよ。

＊ よかったらお作りしましょうか《バーテンダーが》：원하신다면 만들어 드릴까요?

## そのほかの会話

1 ▶ ここへはよく来るんですか。여기는 자주 오세요?

2 ▶ ひとりで飲んでいるんですか。혼자서 마시고 있어요?

3 ▶ 前にもこの店で見かけたことがありますよ。

전에도 이 가게에서 본 적 있어요.

4 ▶ 何か飲みますか。私がおごりましょう。

뭐 마실래요? 제가 한잔 살게요.

* じゃあ，遠慮なくいただこうかしら：그럼 사양 안 하고 마실게요.

5 ▶ もう一杯いかがですか。한 잔 더 어때요?

* もうやめておくわ：이제 그만할래요.

6 ▶ 楽しそうですね。ぼくたちも仲間に入っていいですか。

다들 즐겁게 마시고 있네요. 우리도 끼어 줄래요?

7 ▶ お酒はよく飲むほうですか。술은 잘 마셔요?

* あまり飲めないんです：잘 못 마셔요.
* 底なしかな？：술고래예요.

8 ▶ 大丈夫ですか。顔が赤いですよ。

괜찮아요? 얼굴이 빨개졌어요.

9 ▶ すっかりいい気分になっちゃったわ。

기분이 완전히 좋아요.

10 ▶ ちょっと酔いが回ったみたいです。

술이 좀 된 거 같아요.

11 ▶ なんだか気持ち悪くなっちゃったわ。

왠지 속이 안 좋아요.

12 ▶ ちょっと風に当たって来ようかしら。

바람 좀 쐬고 올게요.

## 関連用語

- コンパをする：미팅을 하다

  ＊ **소개팅** というのは，友達の紹介による男女 1 対 1 のお見合い。
- 恋人を作る：애인을 만들다
- 恋人を探す：애인을 찾다
- 彼女［彼氏］を紹介してもらう：여자 친구[남자 친구]를 소개받다
- 気になる人ができる：마음에 드는 사람이 나타나다
- 恋心を感じる：사랑을 느끼다
- 好感を抱く：호감을 품다
- 一目ぼれする：한눈에 반하다, 첫눈에 반하다
- もてる：인기가 많다
- デートをする：데이트를 하다
- デートスポット：데이트 장소／デートコース：데이트 코스
- デートに誘う：데이트 신청하다〈－申請－〉
- デートに誘われる：데이트 신청을 받다
- デートの誘いを断る：데이트 신청을 거절하다
- デートの誘いを断られる：데이트 신청을 거절당하다
- すっぽかされる：바람맞다
- ナンパする：헌팅하다, 꼬시다
- かわいい子をナンパする：예쁜 여자를 꼬시다（会話では 꼬시다 がよく使われるが標準語は 꼬이다〔꾀다〕)。
- ボーイフレンドから花をもらう：남자 친구한테서 꽃을 받다
- ガールフレンドからネクタイをもらう：여자 친구한테서 넥타이를 받다
- 彼氏：남자 친구, 애인／彼女：여자 친구, 애인
- 彼氏に気がある：그 남자에게 마음이 있다
- 彼女を家まで送る：여자 친구를 집까지 바래다주다
- ラブレターを書く：연애편지를 쓰다〈戀愛便紙－〉
- 付き合う：사귀다
- 相性が合う／相性が合わない：궁합이 맞다／궁합이 안 맞다

◆遠距離恋愛をする：장거리 연애를 하다〈長距離－〉

◆一目ぼれする：한눈에 반하다, 첫눈에 반하다

＊ お互いに惚れ合うことを **눈이 맞다** という。

◆口説く：호소하다〈呼訴－〉

◆口説かれる：넘어오다, 설득당하다〈說得當－〉

◆愛を告白する：사랑을 고백하다

◆プロポーズする：프러포즈하다, 청혼하다〈請婚－〉, 구혼하다〈求婚－〉

◆プロポーズされる：프러포즈받다

◆恋に落ちる：사랑에 빠지다

◆愛に目がくらむ：사랑에 눈이 멀다

◆ウインクする：윙크하다, 추파를 던지다〈秋波－〉

◆愛し合う：서로 사랑하다

＊「ひたむきな愛」を **일편단심**〈一片丹心〉という。

◆ラブラブになる：서로 너무 사랑하다

◆お似合いのカップル：잘 어울리는 커플

◆たで食う虫も好き好き：제 눈에 안경〈－眼鏡〉

＊ 直訳は「自分の目には自分の目に合う眼鏡（が一番）」。

◆腕を組む：팔짱을 끼다

◆抱きしめる：껴안다, 포옹하다〈抱擁－〉

◆手をつなぐ：손잡다

◆肩を抱く：어깨를 감싸다

◆いちゃつく：애정 행각을 벌이다〈愛情行脚－〉

◆キスする：키스하다, 뽀뽀하다

＊ **뽀뽀**：チュー（**입맞춤**〔口づけ〕という言葉は最近ではあまり使われない）

＊ チューして：**뽀뽀해 줘.**

◆おしゃれする：멋을 부리다

◆おめかしする：치장을 하다〈治粧－〉

◆エッチな話をする：음담패설을 늘어놓다〈淫談悖說－〉

◆初体験する：첫 경험을 하다〈－經驗－〉

◆セックスする：섹스하다

◆愛撫をする：애무를 하다

◆同棲する：동거 생활을 하다〈同居生活－〉

## □ 808 お弁当作ってきたわ

A 도시락 싸 왔어요.

B 와, 와! 맛있겠다!

A お弁当作ってきたわ。

B おっ，うまそうだな！

＊ B のせりふは 와, 맛있어 보이는데! と言ってもいい。
＊ きみの手料理が食べたいな：네가 만든 요리가 먹고 싶어.
＊ すごいね：먹음직스러운데!
＊ やっぱりきみの料理が一番だ：역시 네 음식 솜씨는 최고야.

## □ 809 このまま時が止まればいいのにね

A 금방 생각난 건데, 언제나 너만 생각하고 있더라구.

B 저도 그래요. 이대로 시간이 멈추면 좋겠는데.

A ふと気がつくと，いつもきみのことばかり考えているんだよ。

B わたしもよ。このまま時が止まればいいのにね。

＊ 문득：ふと
＊ A は直訳すると「ふと，いつもきみのことばかり考えているのに気がついたよ」。

## □ 810 いつもぼくのそばにいてくれる？

A 늘 내 곁에 있어 줄래?

B 물론이죠. 당신하고 있으면 행복해요.

A いつもぼくのそばにいてくれる？

B もちろんよ。あなたといると幸せ。

＊ 日本語と同様に，韓国語でも表現は関係とともに変わっていく。出会ったばかりのややぎこちない関係のときは，尊敬を表す 시 を付けたりして表現する（이거 드실래요?）が，だんだんと距離が縮まるにつれ，やわらかい丁寧語だけで済ませる（이거 먹을래요?）ようになり，最終的に気の許せる近い関係になるとパンマル（이거 먹을 래?）に変わっていく。

## そのほかの会話

1▶ 好きですよ。좋아해요.

2▶ 好きになっちゃったわ／好きになっちゃったよ。좋아졌어요.

3▶ 愛してる？ 사랑해요?

＊ **사랑해요.**：愛してるよ／愛してるわ。

4▶ ぼく（わたし）の気持ちを受け取って。내 마음 받아 줘요.

5▶ ねぇ，好きよ／好きだよ。자기야, 사랑해.

＊ **자기**：恋人同士で呼び合うときの二人称。「ハニー」，「ベイビー」というニュアンス。年上の恋人を何と呼ぶかという質問には，**70%**以上の人が **오빠, 누나** と呼ぶと答えている。次いで多いのが相手の名前，**자기야**，ㅇㅇ**씨** の順

6▶ 手，つないでいい？ 손잡아도 돼?

＊ **손잡다**（手をつなぐ）はひとつの単語。分かち書きしない。

7▶ 腕，組んでいい？ 팔짱 껴도 돼?

8▶ 甘えてもいい（寄りかかってもいい）？ 기대도 돼?

9▶ きみといると楽だな。너랑 있으면 편해.

10▶ ねぇ，こっち見て！ 자기야, 여기 좀 봐!

11▶ あんまり見つめないで。그렇게 뚫어져라 보지 마.

12▶ ねぇ，会いたくなかった？ 여보, 나 안 보고 싶었어?

13▶ 友達がきみに会わせろと言うんだ。친구가 너를 소개해 달래.

14▶ きみのことばかり考えていたよ。네 생각만 하고 있었지.

15▶ きみしか見えないよ。너밖에 안 보여.

16▶ きみは甘えん坊だな。넌 응석받이구나.

＊ 甘える：**응석을 부리다**

＊ 甘えさせる：**응석을 받아 주다**

＊ **응석둥이** は子どもの「甘えん坊」。

17▶ 焼きもち焼いてるの？ 질투하는 거야?

＊ 嫉妬深い：**질투심이 많다**〈嫉妬心－〉

18▶ 毎日電話ちょうだいね。매일 전화해 줘.

# デートする ②

## □ 811 もうこんな時間。帰らなくちゃ

A 벌써 시간이 이렇게 됐네. 가 봐야겠어요.

B 집까지 바래다줄게.

A もうこんな時間。帰らなくちゃ。

B 家まで送っていくよ。

＊ 가 봐야겠어요 は「行ってみなくちゃ」という意味ではなく，가야겠어요 を婉曲に言った言い方。

＊ 집까지 바래다주다：家まで送っていく

＊ 집까지 데리러 가다：家まで迎えにいく

## □ 812 次の週末も空けておくわ

A 다음엔 어디 갈 거예요? 다음 주말에도 시간 비워 들게요.

B 알았어. 또 전화할게. 잘 자요. 좋은 꿈 꿔.

A 今度はどこに連れていってくれるの？　次の週末も空けておくわ。

B わかった。また電話するよ。おやすみ。いい夢見てね。

＊「どこに連れていってくれるの？」を直訳して，어디에 데리고 가 줄 거예요? というのは男女の仲ではおかしい。

＊ また，二人で来ましょうね：또, 둘이서 와요.

## □ 813 気をつけて帰ってね

A 조심해서 들어가세요.

B 알았어. 또 만나. 다음에 언제 만날 수 있지?

A 気をつけて帰ってね。

B うん，また，会おうね。今度，いつ会える？

＊ なかなか会えないけど，我慢してね：자주 못 보지만 참아 줘.

## そのほかの会話

### 甘い言葉をかける

1▶ 離れていても心はひとつだよ。떨어져 있어도 마음은 하나야.

2▶ きみがいないとダメみたいだ。너 없으면 안 될 것 같아.

3▶ お互い惹かれあう運命だったんだね。
서로 좋아하게 될 운명이었나 봐.

4▶ きみはぼくのものだよ。넌 내 거야.

5▶ やっぱり，ぼくにはきみしかいない。나한테는 역시 너밖에 없어.

6▶ きみがそばにいてくれたら，もう何もいらないよ。
네가 곁에 있어 준다면, 아무것도 필요 없어.

7▶ おれの前では強がるなよ。내 앞에서는 강한 척하지 마.

8▶ あなたのそういうところが好きなの。
당신의 그런 면이 좋아요.

9▶ あなたのいない世の中なんて考えられないわ。
당신이 없는 세상은 생각할 수도 없어요.

10▶ もうあなたを離さないわ。당신을 놓지 않겠어요.

11▶ あなたしか見えないわ。당신밖에 안 보여요.

12▶ わたし以外の人に目移りしないでね。
딴 여자한테 눈길 주지 말아요.

＊ 男性が言う場合は，**딴 남자한테~**。**눈길 주지 말아요** は **한눈팔지 말아요** と言ってもいい。会話体では上のように **말아요** を使うが，文法的には間違いで，認められていないので，**딴 여자한테 눈길 주지 마요.** のように言う。

13▶ 死ぬまで好きって言える？
죽을 때까지 사랑한다고 말할 수 있어요?

14▶ 友達があなたに会わせてって言うの。
친구가 당신을 소개해 달라고 해요.

## □ 814 部屋で飲みなおさない？

A 여기서 우리 집이 가까워. 가서 좀 더 마시지 않을래?

B 그래요? 그러면 잠시만 들를게요.

A ぼくの家ここから近いんだ。部屋で飲みなおさない？

B そう？　じゃ，ちょっとだけよ。

＊ わたしの部屋でコーヒーでも飲んでもいかない？：내 방에 가서 커피라도 마시지 않을래요?

＊ ぼくのうちに遊びにおいでよ：우리 집에 놀러 와.

＊ せっかくだけど，今日は遅いからまた今度ね：고맙지만, 오늘은 늦었으니까 다음에 봐요.

## □ 815 もう少し一緒にいたいんだ

A 좀 더 같이 있고 싶어.

B 나도 계속 같이 있고 싶어요. 하지만 이제 가 봐야 해요.

A もう少し一緒にいたいんだ。

B 私もずっと一緒にいたいのよ。でも，もう帰らないと。

＊ もう少しきみと話がしたいんだ：너랑 좀 더 이야기하고 싶어.

＊ 今日は帰さないよ：오늘은 안 보내겠어.

＊ 夜，ひとりでいるとさびしいわ：밤에 혼자 있으면 외로워요.

＊ 今日は帰らないで：오늘은 가지 마요.

## □ 816 今夜泊まってく？

A 아무 짓도 안 할 거니까 오늘 밤 자고 갈래?

B 거짓말. 아무 짓도 안 할 리 없잖아요?

A 何もしないから，今夜は泊まっていく？

B うそばっかり。何もしないわけないでしょ？

＊ 夜遅くひとりで帰るのは危ないから，朝まで休んでいきなよ：밤늦게 혼자 돌아가는 건 위험하니까, 아침까지 쉬었다 가.

＊ 朝まで一緒にいてくれる？：아침까지 같이 있어 줬으면 좋겠어.

## そのほかの会話

1▶ ぼくの部屋に来る？ 내 방에 올래?

2▶ 部屋でゆっくりしていきなよ。방에서 천천히 놀다 가.

3▶ 眠くなってきちゃったわ。졸리기 시작하네요.

4▶ 今日は帰りたくないわ。오늘은 돌아가고 싶지 않아요.

5▶ もっと近くに来て。좀 더 가까이 와.

6▶ こっちへおいでよ。이쪽으로 와.

7▶ おんぶしてあげるよ。업어 줄게.

8▶ だっこしてあげるよ。안아 줄게.

9▶ キスしてもいい？ 키스해도 돼?

10▶ ぼくが暖めてあげるよ。내가 따뜻하게 해 줄게.

11▶ 恥ずかしがらないで。부끄러워하지 마.

**一口メモ 恋人の呼び方**

親密な関係になる前は，一般的に 진수 씨, 혜경 씨 のように名前に 씨 を付けて呼ぶ。親密度が増すに連れて，年下や同い年の相手は 씨 を取って，名前だけで呼ぶが，女性が，年上の男性に対しては 오빠（お兄さん），男性が，年上の女性に対しては 누나（お姉さん）と呼ぶことも多い。このほかにも女性が男性に対して 왕자님（王子さま），男性が女性に対して 공주님（お姫さま），예쁜이（かわい子ちゃん）などと呼ぶこともあるが，一般的ではない。親しい関係になると，男女とも너と呼ぶ。熱々のカップルなどでは 자기，내 사랑，여보（本来は夫婦が呼び合う愛称）などと呼び合うこともある。

## 273 恋人や夫婦のけんか ①

### □ 817 浮気したんじゃないの？

A 요즘 왜 메일도 안 보내? 바빠서 그런 거야? 바람피우는 거 아니야?
B 느닷없이 바보 같은 소리 하지 마.

A 最近，なんでメールもくれないの？　忙しいの？　浮気したんじゃないの？
B バカ言うなよ。なんで急に。

恋人同士の会話
＊ 合コン行ったでしょ：미팅 갔었지.
＊ どうして信じてくれないんだ？：왜 안 믿어 주는 거야?

### □ 818 わたしに何か隠してない？

A 누구에게 문자 보내는 거야? 나한테 뭐 숨기는 거 없어?
B 내가 누구랑 문자를 하든 무슨 상관이야? 일일이 간섭하지 마.

A だれとメールしてるの？　わたしに何か隠してない？
B おれがだれとメールしようと勝手だろ。いちいち干渉するなよ。

恋人同士の会話
＊ そんなに嫉妬するなよ：너무 그렇게 질투하지 마.

### □ 819 もうそろそろ素直になったらどうなの？

A 거짓말이 거짓말을 낳는다는 말 몰라? 이제 그만 솔직해지는 게 어때?
B 도대체 내가 너한테 뭘 숨기고 있단 말이야?

A 嘘が嘘を生むという話を知らない？　もうそろそろ素直になったらどうなの？
B いったいおれがきみに何を隠しているというんだよ。

恋人同士の会話
＊ 도대체〈都大體〉：いったい，そもそも
＊ 絶対に浮気は許さないわ：바람피우면 절대 용서하지 않을 거야.
＊ 二股かけるとあとでばれるわよ：양다리를 걸치면 결국 들통 나기 마련이야.

## 怒りの定番フレーズ

1▶ うるさい！ 시끄러워!

2▶ 黙れ！ 입 닥쳐!

3▶ もう我慢できない！ 더 이상 못 참겠다!

4▶ 何でこうなの！ 진짜 왜 이래!

5▶ しつこいわね！ 왜 자꾸 이래!

6▶ 近寄らないでよ。가까이 오지 마.

7▶ 触らないでよ。건드리지 마.

8▶ 本当にいや！ 진짜 싫어!

9▶ わかったわ。もう知らないわ。그래, 이제 나도 몰라.

10▶ （もう）うんざりだわ！ 너무 지겨워!

11▶ いい加減にして！／本当にいやだわ！ 딱 질색이야!
＊ 질색이다〈窒塞－〉：まっぴらごめんだ，うんざりだ

12▶ ほっといて！ 내버려 둬!

13▶ 言い訳しないでよ。변명하지 마.

14▶ 言い訳なんか聞きたくないわ。변명 같은 거 듣기 싫어.

15▶ 何も言わないでよ。아무 말도 하지 마.

16▶ 言いたいことはそれだけ？ 말 다 했니?

17▶ 話にならないわ。말도 안 돼.

18▶ 話にならないな。말이 안 통하네.
＊ 直訳は「話が通じないな」。

19▶ とぼけないでよ。시치미 떼지 마.

20▶ もうそれぐらいにしてよ。제발 어지간히 좀 해.
＊ 어지간하다〈御旨間－〉：いい状態になる

21▶ 比較しないでよ。비교 좀 하지 마.

22▶ 何よ，えらそうにして。잘났어, 정말.

## □ 820 夫婦げんかの声で，ゆっくり眠れないのよ

A 요즘 너무 야윈 것 같은데 무슨 일 있어?

B 밤마다 윗집 부부 싸움 소리 때문에 통 잠을 못 자거든.

A このごろずいぶんやつれたような顔をしているね。何かあったの？

B 毎晩，上の階の夫婦げんかの声で，ゆっくり眠れないのよ。

＊ 夫婦げんかは犬も食わない : 부부 싸움은 칼로 물베기.

## □ 821 いったい何が言いたいんだ？

A 오늘 회의 때문에 늦는다고 했잖아. 그런데 이 레스토랑 영수증은 뭐야?

B 들어오자마자 바가지 좀 긁지 마. 도대체 하고 싶은 말이 뭔데?

A 今日，会議で遅くなるって言ったじゃない。ところで，このレストランのレシートは何なの？

B 帰るなり，あまりガミガミ言うなよ。いったい何が言いたいんだ？

夫婦の会話

＊ 바가지 긁다 : (主に生活の問題で妻が夫に対して) 愚痴をこぼす，がみがみ言う，不平不満を言う

＊ おれに今，けんかを売っているのか : 지금 나한테 시비 거는 거냐?

## □ 822 変われば変わるものね

A 옛날에는 나한테 신경을 많이 써 주더니, 당신 정말 변했어.

B 변한 게 누군데? 요즘 네가 무슨 생각을 하고 있는지 모르겠다.

A あなたも昔はやさしかったのに，変われば変わるものね。

B 変わったのはどっちのほうだ。最近おまえが何を考えているのかわからないよ。

恋人同士の会話

＊ 口げんかする : 말다툼하다

## 다투다 (다툼) と 싸우다 (싸움)

### 다투다

- 意見や利害関係の対立などで，お互いがもめて言い争う（말다툼하다：言い争いをする)。
- 個人間の 1 対 1 の対立を言う。
- 言葉が主要手段である（言葉を知らない動物には 다투다（다툼）は使えない)。

> * **다투다**には，すでに（言葉で）言い争うという意味が含まれているので，**말로 다투다**という言い方はしない（ただし，「口げんか」という語は，**말다툼**，**말싸움** 両者使える)。
> * **아이들 교육 문제로 아내와 다투다 / 싸우다**：子どもの教育問題で妻と言い争う／争う
> * **돈 문제로 심하게 다투다 / 싸우다**：お金の問題でひどく言い争う／争う

- 比較的日常的な対立である。
- 対決の相手がいない場合もある。

> * **한시를 다투는 긴급한 출동**：一時（いっとき）を争う緊急出動
> * **1 분 1 초를 다투는 위급한 수술**：1 分 1 秒を争う危急な手術

---

### 싸우다

- 個人対個人の場合もあり，また集団対集団の場合もある。
- 人間のほか，動物にも使える。
- 力や武器が主な手段(ただし武器の中には言葉という手段も入る。말싸움을 하다：口げんかをする)。
- 制圧を目的にした激しい対立で，実力で優位にいる相手と対決する。
- 対決の相手がいる（ただし，貧乏，飢え，苦痛，死，病魔，寒さ，誘惑，自分のような抽象的な対象も含まれる)。

> * **가난과 싸우다**：貧困と闘う
> * **용감히 싸우다**：勇敢に戦う
> * **법정에서 싸우다 / 다투다**：法廷で争う／論争する
> * **고래 싸움에 새우 등 터진다**：クジラのけんかでエビの背中が裂ける（力が強い者同士のけんかで，間に挟まった罪もない者が被害を被る)
> * 「夫婦げんか」は **부부 다툼** ではなく，**부부 싸움** という。
> * **다투다** と **싸우다** は，上の例のように入れ替えて使うことができる場合もある。

## □ 823 もう一度だけチャンスをくれ

A 이제 더 이상 못 참겠어.

B 잠깐 기다려 봐. 한 번만 더 기회를 줘.

A もうあなたにはいいかげん嫌気がさしたわ。

B ちょっと待ってくれ。もう一度だけチャンスをくれよ。

恋人同士の会話

* ああ，もう，いや。最低だわ！：아휴, 지겨워. 최악이야!
* 私にも考える時間をちょうだい：나에게도 생각할 시간을 줘.

## □ 824 こんな思いはもうしたくないわ

A 내가 나빴어. 이제 그만 싸우고 화해하자.

B 나도 이런 경험은 두 번 다시 하고 싶지 않아. 미안해.

A おれが悪かった。もうけんかをやめて仲直りしよう。

B 私もこんな思いはもうしたくないわ。ごめんなさい。

恋人同士の会話

* 화해하다〈和解－〉：仲直りする
* みんなわたしが悪かったわ：내가 다 잘못했어.
* 私がもっと頑張るから：내가 더 잘할게.

## □ 825 本当にわたしでいいの？

A 정말 나로 만족해?

B 이제 와서 무슨 말을 하겠어. 네가 제일이야.

A 本当にわたしでいいの？

B 今さら何言ってるんだよ。おまえが一番だよ。

* よりを戻す：관계를 회복하다〈關係－回復－〉

## そのほかの会話

1▶ やり直せない？
우리 다시 시작할 수 없을까?

2▶ わたし，本当にバカなことをしたと思ってるの。
나, 정말 바보 같은 짓을 했다고 생각해.

3▶ 反省してるわ。傷つけるつもりはなかったの。
반성하고 있어. 상처 줄 생각은 없었어.

4▶ これからはもっと素直になるわ。
이제부터는 솔직해질게.

5▶ もっときみのことを考えたらよかった。悪かったよ。
좀 더 너를 생각했더라면 좋았을 텐데……. 미안해.

6▶ 寂しかったわ。もう別れないで。
외로웠어. 이젠 헤어지지 말자.

7▶ ぼくのことわかってくれるのはやっぱりきみしかいないよ。
나를 이해해 주는 사람은 역시 너뿐이야.

8▶ 二度とこんなことはしないって誓うよ。
두 번 다시 이런 일이 없도록 맹세할게.

9▶ 二度とあなたの怒った顔は見たくないわ。
두 번 다시 당신이 화내는 모습을 보고 싶지 않아요.

10▶ もうきみのこと怒らせたりしないから。
이제 다시는 너를 화나게 하지 않을게.

## □ 826 もう，考えるだけでいやになっちゃうわ

A 아, 생각하면 정말 짜증 나. 남자 친구가 바람피우는 걸 우연히 봤어.

B 세상에 남자가 개뿐이냐? 빨리 잊어.

A もう，考えるだけでいやになっちゃうわ。彼氏の浮気の現場を偶然見ちゃったの。

B 男なんかこの世の中，彼氏だけじゃないでしょ？ 早く忘れなさいよ。

＊ 女友達同士の会話だが，状況からして，Bの会話での「彼氏」は，그 사람 よりは 개 または 그놈 と言ったほうがぴったりくる。

## □ 827 これからは別々の道を歩もう

A 이제부터는 각자의 길을 가자. 지금까지 힘들게 해서 미안해.

B 괜찮아. 어차피 이렇게 될 운명이었는지도 몰라. 일찍 안 것만으로도 됐어.

A これからは別々の道を歩もう。今まで，つらい思いをさせてごめん。

B いいの，私たちこうなる運命だったのかもしれないわ。早くわかっただけでもよかった。

＊ 好きな人ができたの？：다른 사람이 생겼어?

## □ 828 これ以上関係を続けるのは無理だわ

A 더 이상 관계를 유지하는 건 무리야. 그만 헤어져.

B 너한테 좀 더 잘했어야 했는데, 그러지 못해 미안해.

A これ以上関係を続けるのは無理だわ。もう別れましょう。

B きみのこともう少しよくしてあげられたらよかったんだけど，そうできなくてごめん。

＊ 理由は何なの？：이유가 뭐야?

## いろいろな別れの言葉

1▶ 気持ちの余裕がないの。
마음의 여유가 없어.

2▶ 出会ったときが悪かったわ。
시기가 안 좋았어.

3▶ もう放っておいて。
날 그만 놔 줘.

4▶ 勝手なのはわかっていたんだけど，もう限界なの。
제멋대로인 것은 알고 있었는데 이젠 한계인 것 같아.

5▶ ぼくよりいい人に出会ってくれ。
나보다 좋은 사람 만나.

6▶ 好きだから別れるんだよ。
사랑하니까 헤어지는 거야.

7▶ きみにはいい夢を見させてもらったよ。
너 때문에 좋은 꿈을 꿨어.

8▶ きみにつらい思いをさせたくないんだ。
널 힘들게 하기 싫어.

9▶ きみはぼくにはもったいないよ。
넌 내게 과분해.

10▶ 好きだったよ。でも今は違うんだ。
사랑했었어. 하지만 지금은 아니야.

11▶ しばらく距離を置こう。
당분간 떨어져 지내자.

12▶ このままじゃ，お互い傷つくだけだよ。別れよう。
이대로 가면 서로한테 상처만 줄 뿐이야. 그만 헤어지자.

## □ 829 ごめんなさい。好きな人ができたの

A 미안해. 다른 사람이 생겼어.

B 알았어. 빨리 말해 줘서 고마워. 나는 이제 너에게 할 말이 없어.

A ごめんなさい。好きな人ができたの。

B わかったよ。早く言ってくれてありがとう。ぼくはもうきみに何も言うことないよ。

＊ もう何も言うなよ : 더 이상 아무 말도 하지 마.

## □ 830 もう自分のことだけ考えてくれよ

A 이젠 자기 자신만 생각해. 나는 행복했어.

B 무슨 말이야? 나랑 결혼한다고 했잖아. 꼭 헤어져야만 하니?

A もう自分のことだけ考えてくれよ。おれは幸せだったから。

B 何で？　私と結婚するって言ったじゃないの。本当に別れなきゃいけないの？

＊ 納得できるように話してちょうだい : 납득할 수 있게 말해 줘.

＊ 別れたくないわ : 너랑 헤어지기 싫어.

＊ こんな形で終わるのはいやだわ : 이런 식으로 끝낼 수는 없어.

## □ 831 別れてみると，やっぱり心が空しいわ

A 그 사람이랑 늘 싸우기는 했지만, 헤어지고 나니까 역시 마음이 허전해지네.

B 허한 마음도 잠시뿐이야. 빨리 잊어버리고 더 좋은 사람 만나.

A 彼とはしょっちゅうけんかばかりだったけど，別れてみると，やっぱり心が空しいわ。

B それもしばらくだよ。早く忘れてもっといい人に会ったら。

恋人と別れた友人と励ます友人との会話

## 関連表現

◆猫を被る：**내숭을 떨다**
◆束縛する：**속박하다**
◆気が多い：**바람기가 있다**
◆浮気する：**바람피우다**
◆浮気者：**바람둥이**
◆片思い：**짝사랑**
◆不倫関係を持つ：**불륜 관계를 갖다**
◆不倫関係になる：**불륜 관계가 되다**
◆人妻：**유부녀**〈有夫女〉／妻帯者：**유부남**〈有婦男〉
◆三角関係になる：**삼각관계가 되다**
◆三角関係がもつれる：**삼각관계로 얽히다**
◆裏切る：**배신하다**〈背信ー〉
◆裏切られる：**배신당하다**
◆二股をかける：**양다리를 걸치다**
◆失恋する：**실연하다, 실연당하다**
◆ふる：**차다**
◆ふられる：**차이다, 퇴짜 맞다**
◆心変わりする：**변심하다**

＊ **고무신을 거꾸로 신다**：男性が軍隊にいる間に「彼女に捨てられた」という隠語。**고무신**というのは，女性がチマチョゴリを着るときに履くゴムの靴のこと。反対に**군화를 거꾸로 신다**というのは，男性が「彼女を捨てる」という意味。また**신발을 바꿔 신다**（履き物を履き替える）というのは**상대를 바꾸다**，つまり男女とも「新しい恋人に乗り換える」という意味。最近の若者は言葉そのままに**환승 연애**〈換乗戀愛〉といっている。

◆仲が壊れる：**사이가 틀어지다**
◆別れる：**이별하다**
◆絶交する：**관계를 끊다**
◆縁を切る，絶縁する：**연을 끊다, 절연하다**
◆元カレ：**전에 사귀던 남자 친구**／元カノ：**전에 사귀던 여자 친구**

### □ 832 ぼくと結婚してくれないか

A 앞으로의 인생을 함께 보내고 싶어. 나와 결혼해 줘.
B 아직 마음의 준비가 안 됐어요.

A 一緒に人生を過ごしたいんだ。ぼくと結婚してくれないか。
B まだ心の準備ができていないわ。

＊ ぼくのそばにずっといてくれる？：내 곁에 항상 있어 줄래?
＊ 結婚して：나랑 결혼해 줘.
＊ 幸せに暮らそうよ：우리 행복하게 살자.

### □ 833 だれよりも大切なのはきみだ

A 나한테는 누구보다도 네가 필요해.
B 나도 당신이 없으면 안 될 것 같아요.

A ぼくにとって，だれよりも大切なのはきみだ。
B わたしも，あなたがいないとダメみたい。

＊ ぼくにはきみしかいないよ：나한테는 너밖에 없어.
＊ 一生，きみを守るよ：평생 너를 지킬게.
＊ きみを不自由にはさせないよ：너를 구속하지 않겠어.

### □ 834 きみとなら幸せになれると思ったんだ

A 너를 본 순간 너와 함께라면 행복해질 수 있다고 생각했어.
B 정말? 함께 행복한 가정을 만들어요.

A きみを見た瞬間，きみとなら幸せになれると思ったんだ。
B 本当？ 一緒に幸せな家庭を築きましょうよ。

＊ 結婚しよう：결혼하자.
＊ 何があっても一緒にいよう：무슨 일이 있어도 함께 있자.
＊ あなたのいない人生なんて意味がないわ：당신 없는 인생은 의미가 없어요.

## 関連表現

◆縁談がもちあがる：혼담이 나오다
◆縁談が整う：혼담이 이루어지다
◆見合いする：맞선을 보다
◆見合いを断る：맞선을 거절하다
◆理想の人を見つける：이상형을 발견하다
◆プロポーズをする：청혼하다, 프러포즈하다
◆プロポーズを受ける：프러포즈를 받다
◆婚前交渉を持つ：혼전 섹스를 하다, 혼전 관계를 가지다
　＊ 혼전 교섭 とは言わない。
◆婚約する：약혼하다〈約婚－〉
◆婚約者を両親に紹介する：약혼자를 부모님에게 소개하다
◆婚約指輪を贈る：약혼반지를 보내다〈約婚斑指－〉
◆婚約指輪をはめる：약혼반지를 끼다
◆結納を交わす：납폐를 보내다, 함을 보내다（これらの風習は, 都市部ではほとんど行われなくなってきている）
　＊ 납폐〈納幣〉：新郎側から新婦側に送る礼物，結納品
　＊ 함〈函〉：婚礼前夜に新郎の家から結納品を入れて新婦の家に送る箱。
◆婚礼用品をそろえる：혼수를 갖추다〈婚需－〉, 혼수를 장만하다
　＊ 혼수〈婚需〉：婚礼用品
◆婚約を解消する：파혼하다〈破婚－〉
◆婚約を破棄する：약혼을 파기하다
◆婚約指輪を返す：약혼반지를 돌려보내다
◆仲人を立てる：중매를 세우다
◆仲人をする：중매를 서다
◆上司に仲人をお願いする：상사한테 중매를 부탁하다

**一口メモ** 삼포세대〈三抛世代〉

物価高や高家賃，就職難や不安定な就職口などの経済的，社会的圧迫によって，연애（恋愛），결혼（結婚），출산（出産）の三つをあきらめたり，ずるずると引き延ばしにしている 20 ～ 30 代の若い世代。2011 年の新造語。伝統的な家族形成の崩壊につながるとして，問題になっている。

## □ 835 両親が早く嫁に行けってうるさいの

A 매주 맞선 보는 게 지겹지도 않니?

B 빨리 시집가라고 부모님이 성화를 부려서 그래.

A 嫌気がささないの？　毎週お見合いをするなんて。

B 両親が早く嫁に行けってうるさいのよ。

友達同士の会話

＊ 맞선을 보다：見合いする／맞선을 거절하다：見合いを断る

＊ 성화를 부리다〈成火ー〉：気をもむ，うるさく言う

## □ 836 早く結婚して落ち着かなくちゃね

A 너 때문에 늘 노심초사하시는 부모님을 위해서라도 빨리 결혼해서 자리 잡아야지.

B 그래도 좀처럼 마음에 드는 상대를 찾지 못해서…….

A きみのためにいつも気をもんでいる両親のためにも，早く結婚して落ち着かなくちゃね。

B そうは言っても，なかなかいい相手が見つからなくて…。

友達同士の会話

＊ 노심초사〈勞心焦思〉：気をもむ

## □ 837 すごい玉の輿じゃないの

A 너, 들었니? 경리과의 미원이가 사장님 아들이랑 결혼한대.

B 어머, 완전히 신데렐라네.

A ねえ，経理部のミウォンが社長の御曹司と結婚するんですって。

B えっ，すごい玉の輿じゃないの。

＊ 御曹司：そのままの言い方はない。사장님 아들 などと言い換える。

＊ 玉の輿：これも 신데렐라 꿈（シンデレラの夢）のようにと言い換える。

## 関連単語・表現

◆結婚式の日取りを決める：결혼식 날짜를 정하다
◆結婚式を挙げる：결혼식을 올리다
◆指輪を交換する：반지를 교환하다
◆結婚指輪：결혼반지〈結婚斑指〉
◆披露宴に招待する：피로연에 초대하다
◆披露宴に招待される：피로연에 초대받다
◆招待状を送る：청첩장을 보내다

＊ **청첩장**〈請牒状〉：招待状／**초대객**：招待客

◆披露宴に出席する：피로연에 참석하다

＊ **내빈 인사**〈来賓人事〉：来賓のあいさつ

◆ご祝儀を包む：축의금을 넣다〈祝儀金－〉
◆新婚旅行に行く：신혼여행을 가다
◆ハネムーン：허니문
◆初夜を過ごす：첫날밤을 보내다
◆婚姻届を出す：혼인 신고를 하다〈婚姻申告〉
◆入籍する：입적하다

＊ 韓国では戸籍法の改正により「入籍する」という言葉は使われない。

◆結婚式場：결혼식장, 예식장〈禮式場〉
◆結婚相手：결혼상대　◆新郎新婦：신랑 신부
◆見合い結婚：중매결혼　◆恋愛結婚：연애결혼
◆電撃結婚：전격 결혼, 갑작스러운 결혼
◆できちゃった結婚：속도위반〈速度違反〉
◆偽装結婚：위장 결혼
◆ウェディングドレス：웨딩드레스　◆燕尾服：연미복
◆タキシード：턱시도
◆ウエディングケーキ：웨딩 케이크
◆キャンドルサービス：촛불 서비스, 촛불 이벤트
◆フラワーアレンジメント：꽃꽂이, 플라워 데커레이션
◆花束：꽃다발　◆ブーケ：부케
◆引き出物：결혼 답례품〈結婚答禮品〉

# 280 離婚する①

## □ 838 別居中なんですって？

A 남편과 별거 중이라면서요?

B 지금 이혼 소송 중인데 친권 문제 때문에 옥신각신하고 있어요.

A ご主人と別居中なんですって？

B 今，離婚訴訟中なんだけど，親権でもめているの。

友達同士の会話

* 子どもの面倒を見てくれる人さえいたら，何とか生きていけると思うわ：아이를 돌봐 줄 사람만 있다면 어떻게든 헤쳐 나갈 수 있을 것 같은데.
* 子どもはどっちが引き取るの？：아이는 어느 쪽에서 양육하는 거야?
* 親権は私にあります：친권은 저한테 있어요.

## □ 839 結婚はもうこりごりだよ

A 이혼 조정이 겨우 끝났다고? 축하해.

B 걱정해 줘서 고마워. 결혼은 이젠 지긋지긋해. 당분간 혼자서 살 거야.

A 離婚調停が，やっと終わったんだって？　おめでとう。

B 心配してくれてありがとう。結婚はもうこりごりだ。当分独りで生活するよ。

* 協議離婚：협의 이혼／調停離婚：조정 이혼／ペーパー離婚：서류상 이혼〈書類上離婚〉
* 離婚することになったんだ：이혼하기로 했어.
* 独りのほうが楽だよ：혼자가 편해.

## □ 840 離婚の原因は何なの？

A 이혼하려는 이유가 뭔데?

B 성격이 안 맞았어.

A 離婚の原因は何なの？

B 性格が合わなかったのよ。

* 価値観が違っていたの：가치관이 너무 달랐어.
* 夫の浮気が原因なの：남편이 바람피운 게 원인이에요.
* 夫の DV が原因なの：남편의 상습적인 폭행이 원인이에요.
* よくある離婚の原因ね：흔히 있는 이혼 사유네.

## そのほかの会話

1 ▶ 結婚生活が今，危機的状況なんです。

결혼 생활이 지금 위기를 맞았어요.

＊ **결혼**∨**생활**は分かち書きする。ちなみに **가정생활**（家庭生活），**공동생활**（共同生活），**사회생활**（社会生活），**언어생활**（言語生活），**이중생활**（二重生活），**일상생활**（日常生活），**집단생활**（集團生活），**학교생활**（學校生活）などの単語は分かち書きしない。

2 ▶ 結婚生活は事実上もう破綻しています。

결혼 생활은 사실상 파탄 상태에 빠져 있어요.

3 ▶ 率直な話，夫は姑にぴったりくっついたマザコンだったの。

솔직히 말해서 남편이 시어머니에게 꽉 잡혀 사는 마마보이였거든.

＊ **마마보이**：マザコン。mamaboy からの韓国製英語。

4 ▶ 夫がギャンブルにはまって借金を作ったんですよ。

남편이 도박에 빠져 큰 빚을 졌었어요.

＊ **갬블** という語はほとんど使われない。

5 ▶ 妻の浪費癖がひどくてね。

아내의 낭비벽이 심해서요.

6 ▶ 妻が闘病中の母の面倒を見なかったことが，離婚の理由のひとつです。

아내가 투병 중인 어머니를 잘 모시지 않았던 게 이혼 사유의 하나예요.

7 ▶ 妻との金銭感覚のズレが一番の原因です。

아내와 돈 쓰는 관념이 달랐던 게 제일 큰 원인이에요.

＊「金銭感覚」は**돈 쓰는 관념**と言い換えている。

8 ▶ 離婚届はまだ出していないの。

이혼 신고는 아직 안 했어.

9 ▶ 子どものために我慢するしかないかも。

아이를 위해 참을 수밖에 없을지도 모르겠어.

10 ▶ 夫は養育費なら払うから子どもはそっちで引き取れとか言うけど，絶対信用できないわ。

남편이 양육비는 지불할 테니까 아이는 나 보고 키우라고 하는데, 절대 믿을 수 없어요.

☐ 841 **うちの部長，熟年離婚だそうですよ**

A 그러고 보니, 우리 부장님 황혼 이혼 하셨대.
B 1년 뒤에 정년퇴직이신데 앞으로 어떻게 하시려고.

A そういえば，うちの部長，熟年離婚だそうですよ。
B 定年まであと一年というところなのに，これからどうするんでしょうね。

＊ 황혼 이혼〈黄昏離婚〉：熟年離婚
＊ 어떻게 하시려고 を，会話体では 어떻게 하실려고 と言う人もいる。
＊ 熟年離婚は，うちに限っては大丈夫と思ってる人ほど，危ないってさ：황혼 이혼은, 우리만큼은 괜찮을 거라고 생각하는 사람일수록 위험하대.

☐ 842 **スピード離婚したんだって？**

A 주간지에서 봤는데, 그 유명한 가수, 또 스피드 이혼했다며?
B 왜 매번 똑같은 실수를 반복할까?

A 週刊誌で見たけど，あの有名な歌手，またスピード離婚したんだって？
B 何で何回も同じ間違いを繰り返すのかしら。

＊ 成田離婚：신혼여행 이혼〈新婚旅行離婚〉

☐ 843 **課長の再婚相手はこぶ付きだそうですよ**

A 과장님 재혼 상대는 혹 하나 달렸대요.
B 그 나이에 어쩔 수 없지. 하지만 서로 이혼한 처지니까 오히려 마음이 맞을 거예요.

A 課長の再婚相手はこぶ付きだそうですよ。
B あの年じゃしかたないですよ。でもお互いにバツイチ同士だから，かえって気が合うんじゃないですか。

＊ ぼくたち，再婚同士なんだ：우리 서로 재혼이야.
＊ 前の妻との間の子どもも一緒なんだ：전처가 낳은 아이도 함께 살아.
＊ 子どもたちは今の妻になついているんで安心だよ：아이들이 지금 아내를 잘 따르고 있어 안심이야.

## 関連単語・表現

◆別居する：**별거하다**

◆家庭内別居：**가정 내 별거**

◆離婚する：**이혼하다**

◆バツイチ：男性の場合は **이혼남**〈離婚男〉, 女性の場合は **이혼녀**〈離婚女〉といって区別する。

◆再婚する：**재혼하다**

◆離婚届を出す：**이혼 신고를 내다**

＊「離婚届」は一般に **이혼 서류**〈離婚書類〉ともいう。

◆三行半を突きつけられる：**이혼 서류를 건네받다**

◆籍を抜く：**호적에서 빼다**

＊ 韓国では戸籍法の改正により「籍を抜く」という言葉は使われない。

◆夫に対して離婚訴訟を起こす：**남편과 이혼 소송을 하다**

◆家庭裁判所に離婚訴訟を起こす：**가정 법원에 이혼 소송을 제기하다**

◆慰謝料を払う：**위자료를 내다**

＊ **위자료**〈慰藉料〉：慰謝料

◆慰謝料を請求する：**위자료를 청구하다**

◆養育費を払う：**양육비를 지불하다**

◆子どもの親権を求めて争う：**아내가[남편이] 자녀 친권을 요구해 싸우다**

◆片親, 一人親：**한부모**〈－父母〉

◆単親世帯：**한부모 가정**

◆シングルマザー：**싱글맘**〈single-mom〉

◆未婚の母：**미혼모**

◆カギっ子：**맞벌이 부부의 자녀**

＊ 新聞などの報道によく出てくる **소년 가장**，または **소녀 가장** とは，小さくして両親を亡くし，子どもでありながら一家の主としてきょうだいの面倒を見ながら家計を支える子どものこと。

□ 844 首はすわったの？

A 아기 많이 컸죠? 목은 가눠요?
B 아니요, 아직은 혼자 못 가눠요.

A 赤ちゃん，大きくなったでしょう？　首はすわったの？
B いいえ，まだなのよ。

知人同士の会話

＊ 首が完全にすわったら，もうおんぶをしても大丈夫ですよ：목을 완전히 가누면, 이젠 업어도 괜찮아요.

＊ うちの娘は，1 歳を前に，よちよち歩きができるようになりました：우리 딸은 돌 되기 전에 아장아장 걸었어요.

□ 845 子どもの夜泣きがあまりにひどいんです

A 아이가 매일 밤 너무 울어 대서 잠을 못 자요.
B 아이를 키울 때는 남편의 도움을 받는 게 좋아요.

A 子どもの夜泣きがあまりにひどくて毎晩寝不足だわ。
B 子育ては，やはりご主人にも協力してもらったほうがいいわよ。

知人同士の会話

＊ 育児のストレスが溜まると，夫婦げんかの原因になるわよ：육아 스트레스가 쌓이면 부부 싸움의 원인이 돼요.

□ 846 ミルクを飲ませたあとにげっぷが出ないの

A 우리 아기, 우유를 먹이면 트림을 잘 안 해요. 어떻게 하면 좋을까요?
B 아기를 안고 걸으면서 등을 문질러 주면 할 거예요.

A うちの赤ちゃん，ミルクを飲ませたあとにげっぷが出ないの。どうしたらいいかしら。
B 赤ちゃんを抱えて，歩きながら背中をさすってやるといいですよ。

知人同士の会話

＊ 赤ちゃんにはどんな姿勢で母乳をあげたらいいんですか：젖을 먹일 때 어떤 자세를 취하면 좋을까요?

## そのほかの会話

1 ▶ 赤ちゃんができたの。임신했어요.

2 ▶ 女の子？　男の子？ 여자아이예요? 남자아이예요?

＊女の子よ：**공주님이에요.** ／男の子なの：**고추가 달렸어요.**

3 ▶ 名前は決めたの？ 이름은 정했어요?

4 ▶ 無事に出産しました。무사히 출산했어요.

＊出産おめでとうございます：**출산 축하해요.**

## 子どもをあやすときの言葉

- 아가야 까꿍.　＊いないいないばあ。
- 도리도리.　＊赤ん坊をあやすときに，頭を左右に振るしぐさのことも言う。
- 잼잼.
  ＊**죄암죄암** が短くなった **죔죔**が，間違って伝わったもの。**죔죔** は，赤ちゃんが，むすんでひらいてをする動作。
- 곤지곤지.　＊右手の人差し指で左手のひらを突く動作。
- 짝짜꿍.　＊両手のひらを合わせて叩く動作。せっせっせ。
- 아장아장.　＊よちよち。
- 간질간질.　＊こちょこちょ。
- 메롱.　＊あっかんべえ。
- 침 질질.　＊よだれたらたら。
- 걸음마 잘한다.　＊あんよは上手。
- 착하다, 우리 아기.　＊いい子，いい子。
- 엄마 손은 약손이다.　＊ちちんぷいぷい。
- 울다가 웃으면 엉덩이에 털 나요.
  ＊今泣いたカラスがもう笑った（泣いていて笑うとお尻に毛が生えるよ）

## 関連単語・表現（育児）

◆首が据わる：목을 가누다
◆寝返りを打つ：뒤집기를 하다
◆ハイハイする：기어 다니다
◆ハイハイができるようになる：기어 다닐 수 있게 되다
◆家中を動き回る：온 집 안을 돌아다니다
◆おすわりする：앉다
◆伝い歩きをする：잡고 걷다
◆つかまり立ちをする：잡고 서다
◆なん語を発する：옹알이를 하다
◆人見知りする：낯을 가리다
◆授乳する：수유하다
◆おっぱいをあげる：젖을 먹이다, 모유를 먹이다
◆おっぱいがうまく飲めない：젖을 잘 빨지 못하다
◆母乳で育てる：모유로 기르다
◆哺乳瓶で母乳をあげる：젖을 젖병에 담아 먹이다
◆離乳食を与える：이유식을 주다
◆湯冷ましを与える：물을 끓인 후 식혀서 주다
◆お乳を絞る：젖을 짜다
◆お乳が張る：젖이 돌다
◆おしゃぶりをしゃぶらせる：공갈 젖꼭지를 물리다
◆乳歯が生える：젖니가 나다
◆よだれをたらす：침을 흘리다
◆よだれかけをかける：턱받이를 채우다
◆誤飲する, ものを口に入れる：물건을 집어 삼키다
◆おしっこをする（幼児語）：쉬하다
◆おしっこをする：소변을 보다
◆おしっこをもらす：오줌을 싸다
◆おねしょをする：야뇨를 하다
◆うんちをする（幼児語）：응가하다
◆うんちをする：대변을 보다
◆うんちをもらす：똥을 싸다
◆お尻を拭く：엉덩이를 닦다
◆お尻を乾かす：엉덩이를 말리다
◆紙おむつをあてる：종이 기저귀를 갈다
◆おむつを取り替える：기저귀를 갈아주다
◆おむつかぶれができる：기저귀 발진이 생기다

◆子守唄を歌う：자장가를 부르다
◆子どもを寝かせる：아이를 재우다
◆仰向けに寝かせる：똑바로 재우다
◆うつぶせに寝かせる：엎드려 재우다
◆歩行器を使う：보행기를 사용하다
◆ベビーカーに乗せる：유모차에 태우다
◆ベビーベッドに寝かせる：아기 침대에 재우다
◆揺りかごに寝かせる：요람에 재우다
◆抱っこする：안다
◆立てて抱っこする：서서 안다
◆横に抱っこする：옆으로 안다
◆おんぶする：업다
◆肩車をする：목말을 태우다
◆夜泣きする：밤중에 울다
◆かんしゃくをおこす：짜증을 내다
◆だだをこねる, むずかる：칭얼거리다
·なんでぐずってるの？：왜 칭얼거려?
◆赤ちゃんをあやす：아이를 달래다
◆がらがらを振る：딸랑이를 흔들다
◆縫いぐるみを抱く：곰 인형을 안다
◆絵本を読む：그림책을 읽다
◆子どもを風呂に入れる：아이를 목욕시키다
◆体を拭く：몸을 씻다[닦다]
◆産着を着せる：배냇저고리를 입히다
◆ベビー服を着せる：유아복을 입히다
◆予防接種を受ける：예방 접종을 받다
◆母子手帳：아기 수첩
◆親ばかになる：팔불출이 되다

＊ **팔불출**〈八不出〉とは，自分の子どもだけでなく，「うちのダンナ，カッコいいでしょ！」「おれの彼女，とってもかわいいんだ」「うちは田舎じゃ有名な代々続いた旧家でさ」のように自分を含めた周囲のことを自慢げに話す人を，皮肉って言う語。

**韓国の乳幼児（영유아）の基本予防接種**

◆BCG（結核）：BCG（결핵）
◆B 型肝炎：B 형 간염
◆DPT（ジフテリア, 破傷風, 百日咳）：디프테리아, 파상풍, 백일해
◆ポリオ：폴리오
◆脳髄膜炎：뇌수막염
◆MMR（はしか, おたふくかぜ, 風疹）：홍역, 유행성 이하선염, 풍진
◆日本脳炎：일본 뇌염
◆水痘：수두

# 19.

# 季節の話題

## □ 847 朝夕はまだ冷えますね

A 입춘이 지났는데도 아직 차가운 겨울 기운이 남아 있군요.
B 정말, 아침저녁으로는 쌀쌀하더군요.

A 立春も過ぎたのに，まだまだ冬の陽気ですね。
B 本当に朝夕はまだ冷えますね。

＊ 立春になると地方や旧家などでは，門の前に「立春大吉（입춘대길）」「建陽多慶（건양다경）」と書かれた札を掲げるところがある。
＊ 冬がまた戻って来たようですね：다시 겨울 날씨가 된 거 같아요.
＊ 花冷えなのか，少し肌寒く感じられますね：꽃샘추위 때문인지 아직은 쌀쌀하게 느껴지네요.

## □ 848 もうすっかり春めいてきましたね

A 이제는 완연히 봄 날씨네요.
B 네, 가벼운 스웨터 차림으로도 괜찮네요.

A もうすっかり春めいてきましたね。
B ええ，薄いセーター 1 枚で過ごせるほどになりましたね。

＊ 완연히〈宛然－〉[와년히]：目に見えて，ありありと
＊ 春の気配を感じる：봄기운을 느끼다
＊ 氷が溶ける：얼음이 녹다

## □ 849 桜もそろそろ散り始めましたね

A 어느새 벚꽃도 조금씩 지기 시작하네요.
B 벚꽃 놀이는 벌써 즐기셨어요?

A 桜もそろそろ散り始めましたね。
B お花見はもう楽しまれましたか。

＊ 花より団子：금강산도 식후경〈金剛山－食後景〉(「腹が減っては戦はできぬ」の意味にも解釈される)。

## そのほかの会話

1▶ 梅のつぼみがだんだんふくらんできましたね。

매화 봉오리가 점점 부풀어 오르네요.

＊ **봉오리가 부풀어 오르다**：つぼみがふくらむ

2▶ 道ばたに黄色のレンギョウがちらほらと咲き始めましたね。

거리에 노란 개나리들이 드문드문 보이기 시작하네요.

3▶ 散歩するにはいい季節になりましたね。

산책하기 좋은 계절인 거 같아요.

＊ ぶらぶらと散歩する：**어슬렁어슬렁 산책하다**

4▶ 暖かくなってきたので，明るい色の服を着て出かけなくちゃ。

날씨가 따뜻해졌으니까 밝은 색의 옷을 입고 나가야지.

5▶ 春なので何かいい出会いでもあるといいのですが。

봄이니까, 누군가를 만났으면 좋겠는데.

6▶「春眠暁を覚えず」と言いますが，なんだか眠くてしょうがないですね。

봄잠에 취해서 날이 새는 줄 모른다고 하더니, 왠지 졸려서 어쩔 수 없네요.

＊ 春眠暁を覚えず：漢文をそのまま読み下して **춘면불각효**〈春眠不覺曉〉ともいう。

7▶ この季節は毎年花粉症に悩まされるんです。

매년 이 계절만 되면 꽃가루 알레르기 때문에 고생해요.

8▶ 桜前線が日増しに北上してきますね。

벚꽃 전선이 날마다 북상해 오는군요.

＊ **벚꽃 전선** という単語は，韓国でも使われてはいるが，まだ一般的ではない。

9▶ レンギョウが咲き誇る季節になりましたね。

한창 개나리가 피는 계절이 됐군요.

10▶ ツツジはもう 2，3 日で満開になりますね。

이제 2, 3일 후면 진달래가 만발할 거예요.

＊ **꽃이 만발하다**〈滿發－〉：花が満開になる。**꽃이 활짝 피다** ともいう。

＊ **진달래**：花は薄いピンク。早咲きで 3 月から咲き始める。韓国でよく見られる。日本でよく見られるのは 5 月ごろから咲き始める遅咲きの**철쭉**（クロフネツツジ）。

## 850 チューリップの芽が出てたわ

A 튤립 알뿌리를 심었더니 모르는 사이에 싹이 나왔네.

B 나도 초등학교 이후로 십몇 년 만에 히아신스 물재배에 도전해 봤어.

A チューリップの球根を埋めておいたら，いつの間にか芽が出てたわ。

B ぼくも小学校以来，十数年ぶりにヒヤシンスの水栽培に挑戦してみたよ。

* 알뿌리：球根
* 물재배：水栽培

## 851 PM2.5 がひどいですね

A 미세먼지가 심하니까 오늘은 집에 있어.

B 하늘이 뿌예요.

A PM2.5 がひどいから今日は外に出ないでね。

B 空がかすんで見えるね。

母親と息子の会話

* PM2.5 が飛んでくる：미세먼지가 날아오다
* 今年は黄砂が特にひどいですね：올해는 황사가 유난히 심하네요.
* 洗車をしたばかりなのに，白い車が黄色くなっちゃいましたよ：세차한 지 얼마 안 됐는데, 하얀 차가 노랗게 됐어요.
* 뿌예요の原形は，부옇다〔どんよりした，霧がかかったように白い〕)

## 852 済州島は，今ごろが一番いい季節ですね

A 제주도는 지금이 가장 좋은 계절이겠군요.

B 유채꽃이 온통 펴져 있어 노란색 융단을 깔아 놓은 것 같아요.

A 済州島（チェジュド）は，今ごろが一番いい季節でしょうね。

B 菜の花が一面に咲き乱れて，黄色いじゅうたんを敷き詰めたようですよ。

* A は済州島の風景を思い浮かべて言っている。直接見た場合は 제주도는 지금이 가장 좋은 계절이군요.
* 유채꽃〈油菜ー〉：菜の花
* まるで初夏を思わせる陽気ですね：마치 초여름 같은 날씨네요.

## 春に関する表現

- 春風がそよそよと吹く：**봄바람이 살랑살랑 불다**
- そよ風が吹く：**산들바람이 불다**
- 春雨が音もなく降る：**봄비가 소리 없이 내리다**
- 陽炎がゆらゆらと立ち上がる：**아지랑이가 아롱아롱 피어나다**

  ＊ **아지랭이** と言う人が多いが，間違い。

- 春の日差しがそそぐ：**봄 햇살이 내리쬐다**

  ＊ **내리쬐다** は，ふつう **뙤약볕이 내리쬐다**（炎天の日差しが照りつける），**여름 햇살이 내리쬐다**（夏の日ざしが照りつける）のように，強い日差しが照りつける場合によく使われる。

- 種をまく：**씨를 뿌리다**
- 新芽が出る：**새싹이 돋아나다**
- 花を植える：**꽃을 심다**
- 花が咲く：**꽃이 피다**
- 花に水をやる：**꽃에 물을 주다**
- 花を育てる：**꽃을 기르다**
- 花を摘む：**꽃을 따다**
- 花を生ける：**꽃을 꽂다**
- 花瓶に花を挿す：**화병에 꽃을 꽂다**
- カエルが冬眠から覚める：**개구리가 겨울잠에서 깨어나다**
- オタマジャクシがカエルになる：**올챙이가 개구리가 되다**
- カエルがゲロゲロ鳴く：**개구리가 개굴개굴 울다**
- 鳥がさえずる：**새가 지저귀다**
- チョウがひらひら飛ぶ：**나비가 훨훨 날다**
- ハチがブンブン飛びまわる：**벌이 붕붕 날아다니다**

□ 853 **連休はうちにいるのが一番よ**

A 황금연휴에 여행을 떠나는 사람의 마음을 모르겠네.
B 그래, 연휴에는 인파를 피해 집에 있는 게 제일 좋아.

A ゴールデンウィークに旅行に出かける人の気が知れないわ。
B そうね。連休は人混みを避けて，うちにいるのが一番よ。

＊ ゴールデンウィーク：골든 위크, 황금 주간 ともいう。
＊ 인파〈人波〉：人込み

□ 854 **もう上着は必要ないですね**

A 아직 5월인데, 어제는 최고 기온이 30도를 넘는 한여름 날씨였어요.
B 이렇게 더우면 겉옷은 필요 없겠네요.

A まだ５月だというのに，昨日は最高気温が 30 度を超える真夏日になりましたね。
B こんなに暑かったらもう上着は必要ないですね。

＊ 한여름 날씨：真夏日
＊ 上着を脱ぐ：겉옷을 벗다（発音は［거돋］）
＊ 夏物を出す：여름옷을 꺼내다

□ 855 **そろそろ紫外線対策が必要ですね**

A 해가 점점 길어지고 햇살도 따가워졌네요.
B 이제 자외선에 신경 쓸 때예요.

A 日がだんだん長くなり，日差しも強くなってきましたね。
B そろそろ紫外線対策が必要ですね。

＊ 해가 길어지다：日が長くなる
＊ 日差しが強くなる：햇살이 강해지다

## そのほかの会話

1 ▶ 今ごろの季節がさわやかで一番過ごしやすいですね。

요즘 같은 계절이 가장 상쾌하고 지내기 좋은 것 같아요.

＊ 初夏の風が吹く：**초여름 바람이 불다**

2 ▶ このごろは端午の節句に鯉のぼりを揚げる家が少なくなりましたね。

요즘은 단오에도 잉어 깃발을 다는 집이 줄었네요.

＊ 子どもの日：**어린이날**（**어린이**∨**날** と分かち書きはしない）

＊ 菖蒲湯：**창포탕**

＊ 韓国には鯉のぼりを上げる風習はない。

3 ▶ イチゴ狩りに行ったのですが，取るのに夢中でゆっくりと味わえませんでした。

딸기 농장에 갔는데, 따는 데 정신이 팔려서 제대로 먹지도 못했어요.

＊ **딸기 농장**〈－農場〉：イチゴ農園

＊ **정신이 팔리다**：心を奪われる，気を取られる

4 ▶ そろそろアジサイがきれいに咲くころです。

이제 곧 수국이 아름답게 피겠네요.

＊ アジサイ：韓国では**자양화**〈紫陽花〉より**수국**〈水菊〉というのが一般的。

5 ▶ そろそろ扇風機を出さなくちゃ。どこにしまっておいたっけ。

슬슬 선풍기를 꺼내야 되는데 어디에다 놔뒀더라?

6 ▶ 会社が終わってもまだ明るいので，一杯飲む気にはならないですね。

회사가 끝나도 아직 날이 밝아서 한잔하고 싶은 생각도 없네요.

## □ 856 ヤドカリはいいから，アサリを採りなさい

A 소라게는 안 잡아도 되니까 모시조개만 잡아!

B 놀러 왔으니까 그냥 좀 내버려 둬.

A ヤドカリは捕まえなくていいから，アサリを採りなさい！

B 遊びに来たんだから，少しは遊ばせてあげなさいよ。

一緒に連れてきた子どもを見ながらの夫婦の会話

＊ アサリをつかまえるんだったらもっと深く掘らなくちゃ：모시조개를 잡으려면 좀 더 깊게 파야 돼요.

＊「穴を掘る」は 파다，埋まっているものを「掘り出す」は 캐다。

## □ 857 潮が引いたときに干潟に行かなければだめだよ

A 아빠, 대합은 어디에 있어요?

B 대합을 잡으려면 썰물 때를 기다려 갯벌로 가야 해.

A お父さん，ハマグリはどこにいるの？

B ハマグリを採るんだったら，潮が引いたときに干潟に行かなければだめだよ。

一緒にきた子と父親の会話

＊ 갯벌：干潟

＊ バカ貝は殻が割れやすいので，掘るときは注意してください：개량조개는 껍질이 깨지기 쉬우니까 캘 때 조심하세요.

## □ 858 潮が満ちてくるから陸に戻ろう

A 슬슬 밀물이 차오르니까 육지로 돌아가자.

B 아, 모르는 사이에 이렇게 먼 곳까지 와있었네.

A そろそろ潮が満ちてくるから陸に戻ろうよ。

B ああ，知らない間にこんな遠くまで来ていたよ。

一緒にきた友達同士の会話

## そのほかの会話

1 ▶ 水がきれいで遠浅な浜辺はどこですか。

물이 깨끗하고 얕은 해변은 어디예요?

2 ▶ 貝を採るのも楽しいですが，やはり食べるときが一番楽しいですね。

조개를 잡는 것도 재미있지만, 역시 먹을 때가 가장 즐거워요.

3 ▶ 岩場と砂場では，採る道具が違います。

바위 근처나 모래밭에서는 다른 도구를 사용해야 돼요.

4 ▶ 砂出ししないで貝を食べると口の中がじゃりじゃりしますよ。

해감하지 않은 조개를 먹으면 입 안이 자끔거려요.

＊ **해감하다**：砂抜きする，砂出しする

＊ 口の中がじゃりじゃりする：**자끔거리다, 지금거리다, 모래가 지금지금 씹히다**

### 関連単語（潮干狩り）

◆引き潮：**썰물**
◆干潮：**간조**
◆満ち潮：**밀물**
◆満潮：**만조**

◆波打ち際：**물가 쪽**
◆砂浜：**모래사장, 모래밭**
◆沖：**앞바다**

◆熊手：**갈퀴**
◆カマ（鎌）：**호미**
◆ざる：**바구니, 소쿠리**
◆網：**그물**
◆軍手：**목장갑** 〈木掌匣〉
◆長靴：**장화**

◆貝：**조개**
◆貝殻：**조개껍데기**
◆アサリ：**모시조개**
◆ハマグリ：**대합**
◆シオフキ：**동죽**
◆マテガイ：**맛조개, 긴맛**
◆シジミ：**가막조개, 바지락**
◆ムールガイ：**홍합**

◆イソギンチャク：**말미잘**
◆ヒトデ：**불가사리**
◆ヤドカリ：**소라게, 집게**
◆フナムシ：**갯강구**
◆ウミウシ：**군소, 바다달팽이**
◆フジツボ：**삿갓조개**
◆クラゲ：**해파리**
◆サンゴ：**산호**

□ 859 **にわか雨が激しく降りますね**

A 요즘 소나기는 스콜처럼 거세게 내리네요.
B 이것도 지구 온난화 때문이래요.

A 最近のにわか雨は，スコールみたいに激しく降りますね。
B これも地球温暖化のせいだそうですよ。

＊ 소나기：にわか雨（夕立のことも 소나기 という）
＊ ゲリラ豪雨：집중 호우

□ 860 **ちょっと雨宿りして行こう**

A 앗, 비다. 달려!
B 지나는 비라서 곧 그칠 거야. 저기서 비 좀 피하다 가자.

A わっ，雨だ。走れ！
B 通り雨だから，すぐやむよ。ちょっとそこで雨宿りして行こう。

＊ ちょうど向こうに雨宿りにいい場所がある：저 건너편에 비 피하기 좋은 곳이 있네.

□ 861 **雨漏りがひどいな**

A 비가 많이 새네요.
B 이 집도 벌써 30년이야.

A 雨漏りがひどいね。
B この家ももう 30 年にもなるからねえ。

孫と祖父の会話
＊ B の会話を正確に言うと이 집도 지은 지 벌써 30년이나 됐어. となる。

## そのほかの会話

1 ▶ この雲行きだと，ひと雨，ザーっと来そうですね。
이렇게 구름이 끼면, 비가 확 하고 한바탕 쏟아질 것 같네요.

2 ▶ ものすごい音がしたわ。雷が近くに落ちたみたいよ。
굉장한 소리가 났어. 근처에 벼락이 떨어졌나 봐.

3 ▶ 最近雨が降らなかったので，この雨で水不足も少しは解消できそうですね。
요즘 비가 안 와서, 이번 비로 물 부족이 조금 해소되겠네요.

4 ▶ うちの前の道は，雨が降るとすぐ水溜りができてしまいます。
우리 집 앞길은 비가 오면 물웅덩이가 자주 생겨요.

5 ▶ 天気雨が降ったあとは，虹が出る可能性が高いらしいよ。
여우비가 내린 후에는 무지개가 뜰 가능성이 높대요.

6 ▶ 夕立が降るかもしれないから，傘を持っていったほうがいいわよ。
소나기가 내릴지도 모르니까 우산을 가져가는 게 좋아.

韓国には，恋人の別れと雨をかけた気の利いたしゃれがある。声に出して読んでみると，韻を踏んでいるのがわかる。

좀 더 있으라고 이슬비가 내리고, 이젠 가라고 가랑비가 내린다.
（もっといてねと霧雨が降り，もう行ってねと小雨が降る）

＊ **가랑비**：小雨。**가랑비** がしとしと降るのが **보슬비**（小糠雨），霧のように細かく降るのが **이슬비**（霧雨）。

**一口メモ** **夕立ち三兄弟**

소나기 삼 형제（夕立ち三兄弟）という言葉がある。

夏の天気は気まぐれで，日中，畑に出て仕事をしていると，つい先ほどまで背中の皮が剥けるほど照り付けていた日差しが，急に黒い雨雲に変わり，雷を伴った大粒の雨が降ることがある。そしてザーッと夕立がひとしきり降ったあと，いつ雨が降ったのかと思うほどからっと晴れ上がる。

ここで，新米の農夫たちは「雨が上がったから，さてひと仕事」と腰を上げるのだが，農作業に長けた先輩たちは，まだまだこれからだという顔をして，東屋でゆっくりと足を伸ばして休む。すると，案の定，あっという間に今まで日が出ていた空は再び雨雲に覆われ，先ほどよりさらに大粒の雨が降り出す。そこですかさず先輩の農夫はこう言うのだ。“여름 소나기는 삼 형제여! 몰랐는감?（夏の夕立ちは三兄弟だよ，知らなかったのかい）”

## □ 862 いつまでこんな天気が続くんでしょうか

A 매일같이 비가 와서 지긋지긋해요.

B 정말 언제까지 이런 날씨가 계속될까요?

A こう毎日のように降ると，うんざりですね。

B 本当に，いつまでこんな天気が続くんでしょうかね。

＊ 傘を差す［たたむ］：우산을 쓰다[접다]

＊ 雨足が激しくなる［衰える］：빗줄기가 거세지다[약해지다]

＊ 毎日雨ばかりでいやですね：매일 비만 와서 짜증 나네요.

## □ 863 洗濯物が乾かなくて困っています

A 요즘은 비가 내렸다 그쳤다 하는 날씨가 계속되네요.

B 빨래가 잘 안 말라 고생이에요.

A 最近は，雨が降ったりやんだりする天気が続いていますね。

B 洗濯物がなかなか乾かなくて困っています。

＊ 最近は雨続きですから，どうしても部屋干しになってしまいますね：요즘에는 계속 비가 내려서 아무래도 실내에서 말리게 돼요.

## □ 864 傘を持っていったほうがいいわよ

A 비가 올 것 같으니까 우산을 가져가는 게 좋아.

B 비가 오면 편의점에서 비닐우산 살 거니까 괜찮아.

A 雨が降りそうだから，傘を持っていったほうがいいわよ。

B 降ったらコンビニでビニール傘買うからいいよ。

＊ 비닐우산 という語は，右ページのコラムにあるような昔のものを指すのではなく，コンビニで売られているビニール傘の意味で使われている。最近は 일회용 우산 と言うことも多い。

## そのほかの会話

1 ▶ 梅雨入りも間近ですね。장마가 곧 시작될 것 같아요.

＊ **장마가 시작되다**：梅雨入りする。**장마철에 접어들다** ともいう。

2 ▶ もう梅雨入りしたのかしら。이제 장마철에 들어선 걸까요?

3 ▶ 今年はあまり雨が降らないけど，空梅雨なのかなあ。
올해는 비가 많이 안 오는데, 마른장마이려나?

4 ▶ 天気予報によると，東京地方も来週，梅雨が始まるそうです。
일기 예보에 의하면 도쿄 지방도 다음 주부터 장마에 접어든대요.

＊ 正書法によると **지난주** は分かち書きしないが，**이번**∨**주**，**다음**∨**주** は分かち書きする。

5 ▶ このところずっと天気がよくないので，洗濯物がなかなか乾きません。
요즘 날씨가 계속 안 좋아 세탁물이 잘 안 말라요.

6 ▶ 急に雨が降るなんて。傘持ってこなかったのに。
갑자기 비가 오다니……, 우산 안 가지고 왔는데.

7 ▶ 傘を持って行ったので，急な雨にも濡れないですみました。
우산을 갖고간 덕에 다행히 비에 안 젖었네요.

8 ▶ ここのホテルの宿泊客なんですが，傘を貸してください。
이 호텔에 묵고 있는데, 우산 좀 빌릴 수 있을까요?

9 ▶ やっと梅雨明けですね。이제야 장마가 끝났군요.

＊ **장마가 끝나다**：梅雨が明ける，梅雨明けする

10 ▶ 夏はもうすぐそこですね。머지않아 여름이네요.

＊ **머지않아** は **머지않다** の副詞語で「まもなく」「もうすぐ」「ほどなく」という意味。

**一口メモ** **韓国の梅雨**

韓国の梅雨入りは日本より遅く，平年6月下旬から7月下旬にかけて。日本のようにシトシトと降るのではなくザーッと一気に降るのが特徴。

一昔前は雨が降るとどこからともなく傘売りの少年たちが“우산이요!”と手作りの青いビニール傘（파란 비닐우산）を抱えて町中を走って売り歩く光景が見られたが，最近はコンビニなどの進出や生活水準の向上などで，この懐かしい光景も見られなくなってしまった。

韓国のホテルでは，外出時に傘を貸してくれるところも多いので，旅行中に雨に降られたら尋ねてみるといい。

□ 865 **うだるような暑さが続きますね**

A 아무리 여름이라지만, 매일 찌는 듯한 더위가 계속되네요.
B 정말 더워 죽겠어요. 이런 더위에는 속수무책이네요.

A それにしても毎日うだるような暑さが続きますね。
B 参りましたね。夏とはいえ，この暑さには閉口しますよ。

* 찌는 듯한 더위：うだるような暑さ
* 속수무책〈束手無策〉：なすすべがないこと，お手上げ
* 体がだるい：몸이 나른하다
* 食欲がない：식욕이 없다，밥맛이 없다
* 夏ばてする：여름을 타다，더위를 먹다

□ 866 **暑くて水ばかり飲んでいます**

A 너무 더워서 자꾸 찬물만 찾게 돼요.
B 아무리 덥다고 해도 찬물만 마시면 몸에 안 좋아요.

A 暑くて暑くて，冷たい水ばかり飲んでいます。
B いくら暑いといっても冷たい水ばかり飲んでいては体に悪いですよ。

* 水をがぶがぶと飲む：물을 벌컥벌컥 마시다
* 氷をがりがりかじる：얼음을 오도독오도독 씹어 먹다
* 氷あずきを食べる：팥빙수를 먹다
* 汗びっしょりになる：땀에 흠뻑 젖다
* 汗をだらだら流す：땀을 줄줄 흘리다

□ 867 **こう暑いと仕事も進みませんよ**

A 이렇게 더우면 일하기도 힘들어요.
B 그럼, 일찍 일을 끝내고 간단한 안주에 생맥주라도 쭉 한잔하러 갑시다.

A こう暑いと仕事も進みませんよ。
B じゃあ早く仕事を終えて，枝豆に生ビールでキューッと一杯やりませんか。

知人同士の会話
* 삶은 콩：枝豆（こういう会話の場合は，あえて訳す必要はない）。

## そのほかの会話

1 ▶ いやあ，近年まれにみる暑さだそうですよ。

야아, 근년에 보기 드문 더위라고 하네요.

2 ▶ 今日は蒸し暑くて，ちょっと歩いただけでも下着に汗がにじみます。

오늘은 날씨가 후덥지근해서 조금만 걸어도 속옷에 땀이 배요.

* **후덥지근하다**：蒸し暑い
* **땀이 배다**：汗がにじむ

3 ▶ 連日の熱帯夜のためか，エアコンも役立たずです。

계속되는 열대야 때문에 에어컨도 소용이 없어요.

4 ▶ 仕事のあと，一風呂浴びたいのに，韓国の銭湯って夏場は休みのところが多いんですね。

일 마치고 가볍게 목욕을 하고 싶은데 한국 목욕탕은 여름철에 쉬는 데가 많네요.

* 日本同様に韓国の銭湯も一昔前に比べて少なくなった。

5 ▶ うわっ，建物の中は冷房がガンガン効いていてまるで天国ですねぇ。

우와, 건물 안에는 냉방이 쌩쌩 나오고 있어서 마치 천국 같네요.

* **쌩쌩**：風が強く吹き付けるようす

6 ▶ 暑いからって，お腹を出して寝たら寝冷えしちゃうわよ。

덥다고 배를 내놓고 자면 배탈 나.

* **배탈 나다**：腹をこわす

---

### 夏のあいさつ（手紙の文面）

7 ▶ 梅雨もようやく明けました。今年は夏が本当に早く訪れましたね。

장마도 드디어 끝이 났습니다. 올해는 여름이 정말 빨리 찾아왔네요.

8 ▶ 7月の声を聞いたとたんに，連日蒸し暑い日々が続いております。

7월에 접어들었다는 소리를 듣자마자 연일 무더운 날씨가 계속되고 있습니다.

9 ▶ 毎日，どのように過ごしたらいいかと思うほどの暑さです。

매일 어떻게 보낼까 싶을 정도로 더운 날씨입니다.

□ 868 **まっ黒になったね**

A 피부가 까무잡잡하게 많이 탔네. 여름휴가 때 하와이라도 갔다 왔어?
B 농담하지 말아라. 시골집에 가서 밭일만 죽어라고 했었지.

A まっ黒になったね。夏休みの間にハワイでも行ってきたの？
B 冗談じゃないよ。実家の畑仕事を必死に手伝ってたんだよ。

会社の同僚同士の会話
* 까무잡잡하다：浅黒い
* 시골집：田舎の実家

□ 869 **夏休みなのに，早朝練習はいやだなあ**

A 모처럼 여름 방학인데 맨날 일찍 일어나 축구 연습하러 가는 건 싫어.
B 그런 불평만 늘어놓고 있으면 나중에 박지성 같은 일류 선수가 될 수 없어.

A せっかくの夏休みなのに，毎朝早起きしてサッカーの練習に行くのはいやだなあ。
B そんなこと言ってると，大きくなってからパクチソンのような一流選手になれませんよ。

息子と母親の会話
* 박지성：朴智星。韓国出身の代表的なサッカー選手。

□ 870 **絵日記を夏休みの終わりになって書くんですよ**

A 우리 애는 해마다 방학이 끝날 때가 돼서야 부랴부랴 그림일기를 써요.
B 그런 게으름뱅이를 위해 방학 중의 날씨를 한꺼번에 알려 주는 사이트가 있대요.

A うちの子は毎年，絵日記を夏休みの終わりになってあわてて書くんですよ。
B そういう怠け者のために，夏休みの天気をまとめて紹介するサイトがあるそうですよ。

* 부랴부랴：あたふたと（日本語の語感に惑わされて「ぶらぶらと」と思っている人がいるが，語源は 불이야불이야（火事だ火事だ）で，慌てた様子を表す）。

## そのほかの会話

1▶ 今年は仕事が忙しくて，夏休みはとれそうにありません。

올해는 일이 바빠서 여름휴가는 못 낼 것 같아요.

2▶ 夏休みは，海も山も行楽地はどこも，人で大混雑だね。

여름 휴가철은 바다나 산이나, 행락지는 어디든 사람들로 혼잡하네.

3▶ せっかくの夏休みなのに，金もないし，家で冷房でもつけてごろ寝でもするよ。

모처럼의 여름휴가이지만, 돈도 없고, 집에서 에어컨이나 켜 놓고 잠이나 자려고 해.

4▶ 夏休みは，家で冷房でもつけてごろ寝が一番だよ。

여름휴가 때는 집에서 에어컨이나 켜 놓고 잠자는 게 최고지.

5▶ 東京に住んでいると，田舎に住んでいる人がうらやましいです。

도쿄에 살면 시골에 사는 사람이 부러워요.

6▶ 夏休みもあっという間に終わってしまったね。

여름휴가도 순식간에 끝나 버렸네.

7▶ 学校が始まるまであと 1 週間しか残ってないのに，宿題に手をつけてないんだ。どうしよう。

개학이 앞으로 1주일밖에 안 남았는데 숙제는 손도 안 댔어. 어떡하지.

＊ **개학**〈開學〉：(学校の休みが明けて) 授業が始まる / 授業を始めること

8▶ 友達と裏山に昆虫採集に行ったら，ものすごく大きなカブトムシを見つけたんだ。

친구랑 뒷산에 곤충 채집을 하러 갔는데 아주 큰 장수풍뎅이를 찾았어.

9▶ 今夜の花火大会だけど，早めに行って眺めのいい場所をとっておいてね。

오늘 밤에 하는 불꽃놀이 말인데, 일찍 가서 전망이 좋은 장소를 잡아 놔.

＊ **불꽃놀이**：花火大会（**불꽃놀이 대회** と言わなくてもいい）

10▶ 遊園地ではやはり「お化け屋敷」が一番人気です。

유원지에서는 역시 '귀신의 집'이 가장 인기가 있어요.

＊ **늦더위가 기승을 부리다**：残暑が厳しい

## □ 871 土砂崩れで車が通れなくなった

A 정말 엄청난 피해였어. 전봇대는 물론 길까지 모두 유실됐대.

B 이 앞에는 산사태가 나서 차가 다닐 수도 없대.

A 本当にひどい爪あとだなあ。電柱もそうだけど，道も流されてるよ。

B この先は，土砂崩れで車が通れなくなったんだって。

＊「爪あと」を 피해〈被害〉と意訳してある。

## □ 872 電車が運転見合わせだって

A 태풍의 영향으로 전철 운행이 멈췄다는데.

B 그러게 말이야. 집에 돌아갈 수나 있을지 걱정이야.

A 台風の影響で，電車が運転見合わせだって。

B 家に帰れるかなあ。心配だわ。

＊ 전철 운행이 멈추다：電車の運転が止まる

## □ 873 台風一過のあとは気持ちがいいですね

A 태풍이 지나고 나니까 구름 한 점 없는 푸른 하늘이 펼쳐지네요. 기분이 좋아요.

B 파도는 아직 높으니까, 해수욕을 할 경우에는 주의하세요.

A 台風一過のあとは，雲ひとつない青空が広がって，気持ちがいいですね。

B 波はまだ高いので，海水浴をする場合は注意してください。

台風一過の海辺での会話

## そのほかの会話

1 ▶ せっかく海に遊びに来たのに波浪注意報とはついてないなぁ。

모처럼 바다에 놀러 왔는데 파랑 주의보라니, 정말 운도 없어.

2 ▶ この間の豪雨でここにかかっていた橋が流されてしまったんです。

지난번 호우로 여기 있던 다리가 떠내려갔어요.

3 ▶ 昨日からの大雨で，うちの家は危うく床上浸水するところでしたよ。

어제 많은 비가 내리는 바람에 하마터면 우리 집 마루까지 물에 잠길 뻔했어요.

4 ▶ この堤防はちょっとやそっとの台風では決壊しないはずですよ。

이 제방은 어지간한 태풍에는 무너지지 않을 거예요.

5 ▶ 今度の台風は九州に近づいて来ると思ったら，済州島（チェジュド）のほうにそれてしまいました。

이번 태풍은 규슈로 다가온다고 하더니, 제주도 쪽으로 빠져나갔어요.

6 ▶ 今度の台風はかなり勢力が強く，上陸したらどれだけ被害が出るか想像もつきません。

이번 태풍은 세력이 상당히 강해서, 상륙하면 어느 정도 피해가 날지 상상조차 안 돼요.

7 ▶ こんな土砂降りの日にもかかわらず出勤だなんて，いやになっちゃうわ。

이렇게 비가 억수같이 쏟아지는 날에도 출근해야 한다니 정말 싫다.

8 ▶ このひどい暴風雨の中では，傘なんて何の役にも立たないな。

이렇게 심한 폭풍우에는 우산을 써도 아무런 도움이 안 되네.

9 ▶ 台風の目に入ったのか，雨風がぴたっとおさまりましたね。

태풍의 눈으로 들어간 건지 비바람이 딱 하고 그쳤네요.

10 ▶ ベランダの鉢植えが飛んでいかないように，家の中に入れておかなきゃ。

베란다의 화분이 날아가지 않도록 집 안으로 들여놓아야지.

**一口メモ　韓国での台風の呼びかた**

韓国の新聞などでは，日本のように「台風第何号」ではなく，アジア名のニックネームで呼んでいる。ちなみに2019年7月に発生した台風6号は，韓国名のニックネームが付いていて 태풍 나리（アルファベット表記はNari）と呼ばれた。

## □ 874 暑さも一段落したようですね

A 이제야 더위도 한풀 꺾인 것 같네요.

B 그래요. 아침저녁으로 선선해져서 이제야 지내기가 편해졌네요.

A 暑さもようやく一段落したようですね。

B 朝晩はだんだん涼しくなって，やっと過ごしやすくなってきましたね。

＊ 더위가 한풀 꺾이다：暑さが一段落する

## □ 875 「天高く馬肥ゆる秋」ですね

A 가을은 '천고마비의 계절'이네요.

B 높고 맑은 하늘을 보고 있으면 왠지 모르게 빨려 들어갈 것 같아요.

A「天高く馬肥ゆる秋」ですね。

B 高く澄み渡った空を見ていると，なんだか吸い込まれそうになりますね。

＊ 천고마비〈天高馬肥〉：天高く馬肥ゆる秋

＊ 食欲の秋：가을은 식욕의 계절（식욕의 계절，가을）／芸術の秋：가을은 예술의 계절（예술의 계절，가을）／読書の秋：가을은 독서의 계절（독서의 계절，가을）／運動の秋：가을은 운동의 계절（운동의 계절，가을）

## □ 876 秋たけなわとなりましたね

A 가을도 한창이에요.

B 우리 집 뒷동산의 나무들도 아름답게 단풍이 들었어요.

A 秋たけなわとなりましたね。

B 自宅裏山の木々も見事に赤く染まってきました。

＊ 山が赤く色づく：단풍이 들다。산이 빨갛게 물들다 ともいう。

## そのほかの会話

1▶ 空一面に広がるうろこ雲を見ると，秋って感じがしますね。

하늘에 펼쳐진 비늘구름을 보면 가을이라는 느낌이 드는군요.

2▶ この間までツクツクボウシが鳴いていたのに，今ではスズムシの鳴き声が聞こえて来ますね。

얼마 전까지만 해도 쓰름매미가 울었는데, 이젠 방울벌레 울음소리가 들려 오네요.

3▶ 裏山で大きな栗をいっぱい拾ってきました。

뒷동산에서 큰 밤을 많이 주워 왔어요.

4▶ 秋になるとなぜか落ち込みます。

가을이 되면 왠지 쓸쓸해지네요.

5▶ 食欲の秋ですね。食欲がどんどん出てきます。

가을은 식욕의 계절이군요. 자꾸 식욕이 돋아요.

6▶ 秋も深まる一方ですね。

가을도 깊어가고 있네요.

7▶ 暑さ寒さも彼岸までといいますが，これからは寒くなる一方ですね。

더위도 추분까지라고 하는데, 앞으로는 점점 추워질 거예요.

＊ 春の彼岸を言う場合には **추위도 춘분까지라고 하는데요.**

8▶ 立秋を過ぎ，暑さもようやく峠を越したようですね。

입추가 지나니 더위도 한풀 꺾였네요.

---

### 秋のあいさつ（手紙の文面）

9▶ 浮き立った気持ちがざわめいた夏も，いつのまにか過ぎ去って静かな秋がやって来ました。

들뜬 기분으로 술렁이던 여름도 어느덧 지나가고 차분한 가을이 왔습니다.

10▶ 収穫の季節，秋です。田んぼの稲穂が頭を垂れてあいさつをしているようですね。

수확의 계절 가을입니다. 들판의 벼이삭이 고개를 숙이며 인사하는 듯하네요.

□ 877 **そろそろ長袖を出さなくちゃ**

A 9월이 되니까 갑자기 서늘해졌네.
B 이제 슬슬 긴 팔을 꺼내야겠다.

A 9月になったと思ったら，急に涼しくなったわね。
B そろそろ長袖を出さなくちゃ。

＊ 半袖をしまう：반 팔을 넣어 두다
＊ 夏物をしまう：여름옷을 치우다

□ 878 **紅葉狩りに行くにはちょっと早いですね**

A 산이 아직 완전히 물들지 않아서, 단풍 구경 가기에는 좀 이르네요.
B 그렇지만 홋카이도는 벌써 온 산이 단풍으로 붉게 물들고 가을도 한창이래요.

A まだ山に緑が残っていて，紅葉狩りに行くにはちょっと早いですね。
B でも，北海道は山という山は見事に紅葉して，秋たけなわだそうですよ。

＊ 紅葉狩り：단풍 구경。단풍놀이 ともいう。
＊ モミジの葉：단풍잎／イチョウの葉：은행잎

□ 879 **コオロギの鳴き声が聞こえてきますね**

A 얼마 전까지만 해도 매미가 울었는데요.
B 이젠 귀뚜라미 울음소리가 들려오네요.

A この間までセミが鳴いていたのに。
B 今ではコオロギの鳴き声が聞こえてきますね。

＊ 매미가 울다：セミが鳴く（鳴き声は 맴맴）
＊ 귀뚜라미가 울다：コオロギが鳴く（鳴き声は 귀뚤귀뚤）
＊ 虫の鳴き声が聞こえる：벌레가 우는 소리가 들리다

## 関連単語・表現

◆日が短くなる：해가 짧아지다
◆涼しくなる：선선해지다
◆肌寒くなる：쌀쌀해지다
◆ぶるっと震える：몸이 부르르 떨리다
◆気温がぐっと下がる：기온이 뚝 떨어지다
◆風が冷たくなる：바람이 차가워지다
◆秋雨がしとしと降る：가을비가 부슬부슬 내리다
◆スズメがチュンチュン鳴く：참새가 짹짹 울다
◆渡り鳥が群れをなして飛んでいく：철새가 떼를 지어 날아가다
◆雁が飛んでいく：기러기가 날아가다
◆稲穂が実る：이삭이 많이 패다
◆米を収穫する：쌀을 수확하다
◆かかしを立てる：허수아비를 세우다
◆栗を拾う：밤을 줍다
◆栗拾いに行く：밤을 주우러 가다
◆栗を焼く：밤을 굽다
◆栗のイガをむく：밤껍질을 벗기다
　＊ 皮をむいた栗：**생율**／焼き栗：**군밤**
◆ギンナンを拾う：은행을 줍다
◆ドングリを拾う：도토리를 줍다
◆マツタケのいい香りがする：송이버섯에서 좋은 향기가 나다
◆サツマイモをふかす：고구마를 찌다
　＊ 焼き芋：**군고구마**
◆柿を干す：감을 말리다
◆干し柿をつるす：곶감을 매달다（곶감이 매달려 있다）
◆サンマを焼く：꽁치를 굽다
　＊ 韓国で秋に焼いて食べる魚としては**전어**（コノシロ）がある。
◆人恋しくなる：사람이 그리워지다
◆冬支度をする：월동 준비를 하다
◆葉が落ちる：나뭇잎이 떨어지다
◆落ち葉を踏む：낙엽을 밟다
◆枯葉が風に舞う：낙엽이 바람에 흩날리다
◆焚き火をする：모닥불을 피우다

## □ 880 運動場には，水溜りができてるんじゃない？

A 새벽까지 오던 비가 거짓말처럼 갰어요.

B 정말 날이 이렇게 갤 줄이야. 그런데 운동장에는 아직 빗물이 고여 있지 않을까?

---

A 明け方まで降っていた雨がウソみたいに上がったよ。

B 本当にこんなに晴れるとはね。でも運動場には，水溜りができてるんじゃない？

息子と母親の会話

＊ 雨が降ったり止んだりの天気だけど，運動会できるかなあ：비가 오락가락하는 날씨인데 운동회를 할 수 있을까?

## □ 881 転んで恥をかいちゃいました

A 장애물 경주에 나갔다가 사람들 앞에서 넘어져 창피했어요.

B 평상시에 운동을 안 하니까 그래요.

---

A 障害物競走で，みんなの前で転んで恥をかいちゃいましたよ。

B ふだん運動をしていないからですよ。

知人同士の会話

＊ 장애물 경주〈障碍物競走〉：障害物競走

＊ 障害物競走は，本人より見ているほうが熱中しますね：장애물 경주는 하는 사람보다 보는 사람이 더 열중하게 돼요.

## □ 882 当然 1 位になると思ったのに

A 달리기는 네 주종목이라서 당연히 1등할 줄 알았는데.

B 초반에 페이스를 잘못 잡는 바람에 그렇게 됐어요.

---

A 走るのはおまえの得意とするところだから当然 1 等になると思ってたのに。

B いや，最初のペースがうまくつかめなくてね。

運動会での友達同士の会話

## そのほかの会話

1▶ どのチームも優勝しようと必死ですね。

모든 팀이 우승하려고 전력을 다하네요.

2▶ 綱引きは一度均衡が崩れると，一気に勝負がつきますね。

줄다리기는 한 번 균형이 깨지면 단번에 승부가 나요.

3▶ 玉入れは白組が優勢ですね。もうかごから玉が溢れそうです。

공 집어넣기는 백 팀이 우세하네요. 바구니에 공이 넘쳐 납니다.

4▶ パン食い競走では，手を使ったら失格ですよ。

빵 먹기 경기는 손을 사용하면 실격이에요.

5▶ 小学生とはいえ，大勢が入り乱れる騎馬戦は見ごたえがありますね。

초등학생이라고 해도 많은 아이들이 뒤엉켜 맞붙으니 꽤 볼만하네요.

＊ 騎馬戦（기마전）を観戦しながらの会話。

6▶ マスゲームの一糸乱れぬ動きは圧巻ですね。

매스 게임의 일사불란한 움직임은 정말 훌륭하네요.

7▶ このごろの親たちは，ビデオカメラで子どもを撮るのに夢中で，まともに応援なんかしていないようですね。

요즘 부모들은 비디오카메라로 아이를 찍는 데에만 열중하고 응원은 제대로 하지 않는 것 같아요.

8▶ やはり最後はなんといってもクラス対抗のリレーですね。

역시 마지막은 뭐니 뭐니 해도 반 대항 릴레이죠.

9▶ 先に走っていた子どもたちがみんな転んだので，ビリだったうちの子が1等になっちゃったんですよ。

앞서 달리고 있던 아이들이 모두 넘어져서 꼴찌였던 우리 애가 1등을 했어요.

＊「1等になっちゃったんです」を 1 등을 하고 말았어요. とするとおかしい。ビリならば 꼴찌가 되고 말았어요. と言える。

10▶ まさかうちの組が総合優勝するとは思わなかったです。

설마 우리 팀이 종합 우승을 할 줄은 몰랐어요.

## 関連単語・表現

◆入場する：입장하다

◆行進する：행진을 하다

＊ 韓国語には「入場行進する（입장 행진을 하다）」という言い方はない。

◆国旗を掲揚する：국기를 게양하다

◆選手宣誓をする：선서를 하다

＊ 正々堂々と戦うことを誓います：정정당당히 싸울 것을 선서합니다.

◆号令をかける：구령을 붙이다〈口令－〉

◆気をつけ！：차렷!

◆休め！：열중쉬어!〈列中－〉

◆全体止まれ！：제자리서!

◆回れ右！：뒤로돌아!

◆左向け左！：좌향좌!

◆右向け右！：우향우!

◆点呼を取る：인원 확인을 하다（점호를 하다 は，軍隊で使われる用語）

◆合図を送る：신호를 보내다〈信號－〉

◆ピストルを撃つ：총을 쏘다

◆ホイッスルを吹く：휘슬을 불다

◆ストップウオッチで時間を計る：스톱워치로 시간을 재다

◆スタートラインにつく：출발선에 서다〈出發線－〉

◆位置について：준비／用意：차려／ドン：땅

◆ゴールインする：골인하다

◆はちまきを巻く：머리띠를 두르다

◆たすきをかける：어깨띠를 두르다

◆バトンを渡す：배턴을 넘겨주다，배턴을 건네주다

＊「バトン」を바톤，바통と綴るのは間違い。

◆バトンを落とす：배턴을 떨어뜨리다

◆白勝て！：백 팀 이겨라!

＊ 백 팀：白組／청 팀：青組（韓国では昔，赤は共産主義の色ということで嫌われ，赤組を 청군〈靑軍〉，白組を 백군〈白軍〉という）／紅白試合：청백전〈靑白戰〉

◆頑張れ，ファイト！：파이팅!

◆デジカメに撮る：디지털카메라로 찍다

◆バッテリーが切れる：배터리가 떨어지다

◆メモリーがなくなる：메모리가 가득 차다

◆走る：달리다

◆転ぶ：넘어지다

◆転がる：구르다

◆倒れる：쓰러지다

◆ひっくりかえる：쓰러지다，넘어지다，자빠지다

◆将棋倒しになる：우르르 겹쳐 쓰러지다

◆すってんころりんと転ぶ：냅다 넘어지다

◆足がもつれる：다리가 꼬이다

◆勝つ：이기다

◆負ける：지다

◆勝負がつく：승부가 나다

◆失格になる：실격하다

◆決勝に進む：결승에 진출하다

　＊ 準決勝：준결승／準々決勝：준준결승

◆優勝決定戦に進む：우승전에 진출하다

◆優勝決定戦で敗れる：우승전에서 지다

◆トーナメント：토너먼트

◆敗者復活戦：패자 부활전

◆ビリ：꼴찌

◆クラス対抗：반 대항

◆かけっこ：달리기

◆リレー：릴레이, 이어달리기

◆パン食い競走：빵 먹기 경기, 빵 따 먹기

◆障害物競走：장애물 경주

◆二人三脚：이인삼각

◆玉入れ：공 집어넣기, 공 던지기

◆くす玉割り：박 터트리기

◆玉転がし：공굴리기

◆棒倒し：장대 눕히기

◆マスゲーム：매스 게임

◆騎馬戦：기마전

◆仮装行列：가장행렬

◆綱引き：줄다리기

◆フォークダンス：포크 댄스

◆応援団：응원단

**一口メモ 엎어지다, 자빠지다, 넘어지다, 쓰러지다, 무너지다 の違い**

◆엎어지다：(立っている人や物が)前に倒れる。つんのめる。

◆자빠지다：(立っている人や物が)うしろ, または横に倒れる。

◆넘어지다：(立っている人や物が)一定の方向に傾きながら倒れる。倒れる方向は関係ない。

◆쓰러지다：(立っている人や物が)力が抜けたり, 外部の力によって, 立っている状態から床に倒れた状態になる。

◆무너지다：(立っている物や積まれている物が)崩れ落ちる。体の力が抜けて倒れたり, 床に崩れ落ちる。

## □ 883 久しぶりの雪に，子どもたちは大はしゃぎですね

A 오랜만에 눈이 내려서 그런지 아이들이 아주 좋아해요.

B 하지만 지금 내리는 눈도 조금 있으면 진눈깨비로 바뀔 거예요.

A 久しぶりの雪に，子どもたちは大はしゃぎですね。

B でも今降っている雪も，もうじきみぞれに変わるでしょう。

＊ 진눈깨비：みぞれ
＊ ぼたん雪：함박눈
＊ 雪合戦をする：눈싸움을 하다
＊ 雪だるまを作る：눈사람을 만들다

## □ 884 池に氷が張りましたね

A 아, 춥다, 추워. 요 며칠 한파로 연못이 얼어붙었어요.

B 저도 빙판길에서 미끄러져 엉덩방아를 찧었어요. 정말 창피해 죽을 뻔했어요.

A いやぁ，寒い，寒い。ここ数日の寒波で，池に氷が張りましたね。

B 私も凍った道ですべって尻餅ついちゃいましたよ。恥ずかしいったらないですよ。

同僚同士の会話
＊ 빙판길〈氷板ー〉：凍った道
＊ 엉덩방아를 찧다：尻餅をつく

## □ 885 あたり一面銀世界だ

A 잠자는 사이에 밤새 눈이 내린 것 같아.

B 응, 아침에 일어나 보니 온통 눈이 쌓여 있어 깜짝 놀랐어.

A 寝ているうちに雪が降ったみたいだわね。

B ああ，朝起きたらあたり一面銀世界でびっくりしたよ。

＊ 눈이 쌓이다：雪が積もる
＊ 初雪が降る：첫눈이 내리다
＊ 雪かきをする：눈을 치우다

## そのほかの会話

1▶ いやぁ，寒いね。こんな日には鍋に熱燗でも一杯やりたいねぇ。

아, 춥다. 이런 날에는 전골에, 따뜻하게 데운 술이라도 한잔하고 싶어.

2▶ 手袋してくればよかった。手がかじかんで字が書けないよ。

장갑 끼고 올 걸 그랬다. 손이 얼어서 글씨를 제대로 못 쓰겠어.

3▶ 最近はしもやけにかかる子どもをほとんど見なくなりましたね。

요즘은 동상에 걸리는 아이를 찾아보기 힘들어요.

4▶ おまえ，何枚服着てるんだよ？　雪だるまみたいだぞ。

야, 너 옷을 몇 개나 입은 거야? 꼭 눈사람 같아.

5▶ 空気が乾燥しているせいか，皮膚がかさかさです。

공기가 건조한 탓인지 피부가 까칠까칠해졌어요.

6▶ 冬空は空気が澄んでいるので，普段より星が鮮やかに見えますね。

겨울 밤하늘은 공기가 맑아 평소보다 별들이 선명하게 보여요.

7▶ 田舎のおばあちゃんちに泊まったら，軒下に象牙みたいな大きいつららが張っていて，びっくりしたよ。

시골 할머니 댁에서 묵었는데 처마 밑에 상아만 한 큰 고드름이 달려 있어 깜짝 놀랐어.

8▶ ずいぶん日が短くなったと思ったら，今日はもう冬至なんですね。

해가 많이 짧아졌다고 생각했는데, 오늘이 벌써 동지네요.

9▶ もうそろそろお歳暮の季節ですが，上司に何を贈ろうか毎年頭を悩ませています。

이제 곧 연말인데, 상사에게 뭘 선물해야 할지 신경이 쓰여요.

10▶ 忘年会の予約は早めにしておかないと，どこも予約がいっぱいになってしまいます。

송년회 예약은 서둘러서 하지 않으면 어디나 예약이 가득 차 버려요.

11▶ 毎年，大晦日の夜には除夜の鐘をつきに近くの寺に行きます。

매년 섣달 그믐날 밤에는 제야의 종을 치러 가까운 절에 가요.

## □ 886 オンドルは冬でも薄着でいられるのでいいです

A 온돌방은 겨울에도 가벼운 차림으로 지낼 수 있어서 좋아요.

B 그래도 자고 일어나면 목이 칼칼할 수 있으니까 습도를 유지하는 게 좋아요.

A オンドルは冬でも薄着でいられるのでいいですよ。

B でも朝起きたときのどがからからになるので，湿度を保ったほうがいいですよ。

＊ 목이 칼칼하다 : のどがからからだ

＊ 加湿器を付ける : 가습기를 켜다

## □ 887 霜が降りるほど寒い日が少なくなりましたね

A 요즘은 서리가 내리는 걸 보기 힘들 정도로 추운 날이 드물어요.

B 이것도 지구 온난화 영향일지도 모르겠네요.

A 最近は，霜が降りる日が見られなくなるほど寒い日が，少なくなりましたね。

B これも地球温暖化の影響かもしれませんね。

＊ 서리가 내리다 : 霜が降りる

## □ 888 ミノムシが風に揺れているのを見ましたよ

A 오늘은 정말 따뜻하네요.

B 오는 길에 공원 나무에 도롱이벌레가 매달려 있는 걸 봤는데, 기분 좋게 바람에 흔들리고 있더군요.

A 本当に今日は暖かですね。

B さっき公園の木立で，ミノムシが気持ちよさそうに風に揺れているのを見ましたよ。

## 関連表現

◆キムチを漬ける：김치를 담그다, 김장하다
◆空気が乾燥する：공기가 건조하다
◆唇が割れる：입술이 갈라지다
◆肌ががさがさになる：피부가 까칠까칠해지다
◆あかぎれができる：손이 트다
◆しもやけにかかる：동상을 입다〈凍傷－〉
◆手がかじかむ：손이 곱다, 손이 얼다
◆手をこする：손을 비비다
◆手を温める：손을 녹이다
◆手に息をかける：손에 입김을 불다
◆ポケットに手を入れる：주머니에 손을 넣다
◆ダウンコートを着る：다운 코트를 입다
◆毛糸の帽子をかぶる：털모자를 쓰다
◆厚手のセーターを着る：두꺼운 스웨터를 입다
◆マフラーを巻く：목도리를 두르다
◆手袋をする, はめる：장갑을 끼다
◆手袋をはずす：장갑을 벗다
◆襟を立てる：옷깃을 세우다
◆重ね着をする：옷을 껴입다
◆身を縮める：몸을 움츠리다
◆肩をすくめる：어깨를 움츠리다
◆耳が冷たくなる：귀가 시리다
◆耳を手で覆う：귀를 손으로 감싸다
◆体を温める：몸을 녹이다
◆体が温まる：몸이 따뜻해지다
◆軒下につららがぶらさがる：처마 밑에 고드름이 달려 있다
◆道が凍りつく：길이 얼어붙다
◆氷が張る：얼음이 얼다
◆氷にひびが入る：얼음에 금이 가다
◆氷がパリッと割れる：얼음이 쫙 갈라지다
◆滑って転ぶ：미끄러져서 넘어지다
◆手をつく：손을 짚다
◆紅白歌合戦を見る：가요 홍백전을 보다
◆除夜の鐘をつく：제야의 종을 치다
◆餅つきをする：떡을 치다

＊ **떡을 치다** には「セックスをする」という隠語的な意味があるので使うときには注意。

# 297 クリスマス ①

□ 889 **クリスマスイブをひとりで過ごすのはさびしいね**

A 크리스마스이브를 혼자 보내는 건 정말 외로워.
B 아니, 크리스마스라고 해서 꼭 애인이랑 보내라는 법이 있어?

A クリスマスイブをひとりで過ごすのは本当にさびしいね。
B いや，クリスマスだからって，恋人と過ごさなくちゃってことないだろ？

＊ 크리스마스이브，크리스마스트리，크리스마스카드 の 3 語は分かち書きしない。
＊ クリスマスイブは何してるの？：크리스마스이브 때 뭐 하니?

□ 890 **クリスマスパーティに来ませんか**

A 우리 집에서 친구들이랑 크리스마스 파티를 여는데 오지 않을래요?
B 불러 줘서 고마워요. 그런데 그날 하필이면 잔업이라 못 갈 것 같아요.

A うちで友達とクリスマスパーティを開くんですけど，来ませんか。
B 誘ってくれてありがとう。でもせっかくのクリスマスなのに残業なんで，行けそうにもありません。

＊ 하필이면〈何必ー〉：よりによって，こともあろうに

□ 891 **サンタクロースがいると思っていたわ**

A 나는 어렸을 때 산타 할아버지가 정말 있다고 믿었지.
B 나도 크리스마스 밤에 양말을 머리맡에 놓고 잤는데.

A わたしは子どものころ，サンタクロースが本当にいると思っていたわ。
B ぼくもクリスマスの夜に，靴下を枕元に置いて寝ていたな。

＊ サンタクロース：산타 할아버지。산타클로스 ともいう。
＊ 大きな靴下を用意して寝る：커다란 양말을 걸어 놓고 자다
＊ 子どもの枕元にプレゼントを置く：아이의 머리맡에 선물을 놓다

## そのほかの会話

1▶ メリークリスマス！

메리 크리스마스!

2▶ クリスマスプレゼント，何がいいかしら。

크리스마스 선물, 뭐 사 줄까요?

3▶ クリスマスのイルミネーションがずらっと並んだ通りは壮観だわ。

크리스마스트리 불빛이 죽 늘어선 거리의 모습이 장관이네.

* イルミネーション (일루미네이션) という単語は一般的ではなく **크리스마스 전구 장식** などという／イルミネーションが点滅する：**(크리스마스) 전구가 반짝이다**

4▶ 誕生日がクリスマスってのもがっかりだよ。プレゼントを2度もらえないし…。

생일날이 크리스마스라 맥 빠져. 선물을 두 번 받지도 못하고…….

5▶ クリスマスカードを開いたら雪だるまが飛び出してきたわ。かわいい。

크리스마스카드를 열어 봤더니 눈사람이 튀어나왔어. 귀엽다.

* 独り言で。相手に対して言うのなら ~**귀엽지?**
* **크리스마스카드를 보내다 [받다]**：クリスマスカードを送る［もらう］

6▶ クリスマスイブはクリスチャンにとって特別な日です。

크리스마스이브는 기독교 신자에게 특별한 날이에요.

* 教会［聖堂］に通う：**교회[성당]에 다니다**
* 賛美歌を歌う：**찬송가를 부르다** 〈贊頌歌－〉
* 洗礼を施す［受ける］：**세례를 주다[받다]**

7▶ 日本では，クリスマスは祝日ではないんですよ。

일본은 크리스마스가 공휴일이 아니에요.

* 韓国は 12 月 25 日は祝日になっている。

8▶ 日本ではクリスチャンは少ないのに，みんなクリスマスを楽しみます。

일본은 기독교 신자가 적지만, 다들 크리스마스를 즐겨요.

## □ 892 どうぞ，自家製のケーキです

A 제가 만든 케이크예요. 드셔 보세요.

B 초콜릿 집에 눈이 쌓인 모습이 정말 멋있어요. 먹기가 아깝네요.

A 自家製のケーキです。どうぞ召し上がってください。

B チョコの家に雪が積もっていて，すてきですね。食べるのがもったいないですね。

＊「ケーキ」の正しい表記は，上のように 케이크 だが，ふだんの生活では 케익 と書き，そのように使っている。

＊あの店のケーキは人気なので，予約しないと買えませんよ：저 가게 케이크는 인기가 많아서 예약하지 않으면 살 수 없어요.

## □ 893 息子が赤鼻のトナカイ役をすることになったんです

A 크리스마스 모임 연극에서 아들이 루돌프 역을 맡기로 했어요.

B 그렇지만 가면을 쓰면 누군지 알아볼 수 없을 거예요.

A クリスマス会の演劇で，息子が赤鼻のトナカイ役をすることになったんです。

B でも，お面をかぶってるんじゃ，だれだかわからないですよね。

＊루돌프 역：赤鼻のトナカイ役。サンタクロースのソリを引く空飛ぶ 9 頭のトナカイの先頭が赤鼻のルドルフ（빨간 코의 루돌프）なので，韓国語ではこう言う。

## □ 894 とてもかわいいクリスマスツリーですね

A 굉장히 귀여운 크리스마스트리네요.

B 고마워요. 트리를 장식하면 집 분위기도 크리스마스다워지죠.

A とてもかわいいクリスマスツリーですね。

B ありがとう。ツリーを飾ると，部屋の雰囲気もクリスマスらしくなるでしょう。

＊クリスマスツリーを飾る：크리스마스트리를 장식하다

## クリスマスの歌

● きよしこの夜：고요한 밤

고요한 밤 거룩한 밤／어둠에 묻힌 밤
주의 품에 안겨서／감사 기도 드릴 때
아기 잘도 잔다／아기 잘도 잔다

＊ **고요하다** というのは，本当に物音ひとつしないシーンとした静けさのことを言う。

● 赤鼻のトナカイ：루돌프 사슴 코

루돌프 사슴 코는 매우 반짝이는 코／만일 네가 봤다면 불 붙는다 했겠지
다른 모든 사슴들 놀려대며 웃었네／가엾은 저 루돌프 외톨이가 되었네
안개 낀 성탄절 날 산타 말하길／루돌프가 코가 밝으니 썰매를 끌어 주렴
그 후론 사슴들이 그를 매우 사랑했네／루돌프 사슴코는 길이길이 기억되리

● ジングルベル：징글벨

흰 눈 사이로 썰매를 타고／달리는 기분 상쾌도 하다
종이 울려서 장단 맞추니／흥겨워서 소리 높여 노래 부르자
종소리 울려라 종소리 울려／우리 썰매 빨리 달려 종소리 울려라
종소리 울려라 종소리 울려／우리 썰매 빨리 달려 빨리 달리자

## クリスマスカードと年賀状の表現

韓国ではクリスマスのシーズンに，クリスマスカードと年賀状を一緒に送ることが多い。

● 기쁜 성탄과 희망찬 새해를 맞이하여/건강과 행운이 함께하시기를 기원합니다.

1 ▶ クリスマスと希望に満ちた新年を迎えるにあたり，皆さまのご健康とお幸せをお祈りいたします。

● 성탄과 새해를 맞이하여/지난해 보살펴 주신 후의에 감사를 드립니다./건강과 행운이 늘 함께하시기를…….

2 ▶ クリスマスと新年を迎えるにあたり，旧年中のご厚意に感謝を申し上げ，皆さまのご健康とお幸せをお祈りいたします。

● 새해에는 올해보다 더 행복하시기를 기원합니다.

3 ▶ 来年は今年よりもっとよい年でありますようにお祈りいたします。

□ 895 1年間いろいろとお世話になりました

A 올 한 해 동안 여러모로 많은 신세를 졌습니다.

B 저야말로……. 내년에도 아무쪼록 잘 부탁드립니다. 새해 복 많이 받으세요.

A 今年1年間，いろいろとお世話になりました。

B こちらこそ。来年もどうぞよろしくお願いいたします。どうぞよいお年を。

知人同士の年末の会話

＊ 韓国では年末のあいさつでも 새해 복 많이 받으세요. と言う。

□ 896 この時期に旅行する人は気をつけたほうがいいですよ

A 일본은 연초에 쉬는 곳이 많군요.

B 네, 그래서 이 시기에 여행할 때는 잘 알아보고 가야 해요.

A 日本は，年始にお休みのところが多いんですね。

B ええ。ですから，この時期に旅行する人は気をつけたほうがいいですよ。

知人同士の会話で A は韓国人

＊「気をつけたほうがいいですよ」を 주의하는 게 좋아요. と言うと，ぎこちない。

□ 897 凧揚げをする光景も見られなくなりました

A 컴퓨터 게임 때문에 밖에 나와 노는 아이들이 거의 없네요.

B 정말 그렇군요. 최근에는 공원에서 연을 날리는 모습도 아예 볼 수 없게 됐네요.

A コンピューターゲームのせいで，子どもたちが外で遊ばなくなりましたね。

B 本当にそうですね。最近は公園で凧揚げをする光景も，めっきり見られなくなりましたね。

日本人が韓国人に

＊ 연을 날리다〈鳶－〉: 凧揚げをする

## そのほかの会話

1▶ 韓国の旧正月は，毎年日にちが変わるんですか。

한국의 설은 매년 날짜가 달라지나요?

2▶ 韓国では，今でも旧暦で正月を祝う人が多いんですね。

한국에서는 지금도 음력으로 신년을 맞이하는 사람이 많네요.

3▶ 韓国は１月１日といっても，日本と違って正月の気分がしませんね。

한국은 1월 1일인데도 일본과 달리 설 분위기가 없네요.

4▶ 韓国ではブタの初夢を見ると縁起がいいというんですってね。

한국 사람들은 새해 첫 꿈으로 돼지꿈을 꾸면 운수가 좋다고 하네요.

5▶ 日本の餅はべとべとしていてのどに詰まりやすいので，気をつけて食べてください。

일본 떡은 끈적끈적해서 목에 걸리기 쉬우니까 조심해서 드세요.

6▶ 日本では成人式を終えてやっと一人前として認められるんですよ。

일본에서는 성인식을 끝내야 비로소 어른으로 인정을 받아요.

＊ 韓国の成人式は 5 月の第 3 月曜日。祝日ではない。

7▶ 最近の若者は，年賀状をメールで送って済ませてしまうそうですよ。

요즘 젊은이들은 연하장도 메일이나 문자로 대신하는 것 같아요.

＊ 韓国では，日本のように大量の年賀状を送り合う習慣は一般的ではない。

8▶ 正月に親戚の家に行くときは，いつもお年玉のことで頭が痛いです。

설에 친척 집에 가면, 항상 세뱃돈 때문에 머리가 아파요.

9▶ 三日間，朝から晩までおせち料理ばかり食べていると飽きてきます。

사흘 동안 아침, 점심, 저녁, 설음식만 먹으니까 질리네요.

10▶ 初詣に行く人の中で，願い事が叶うと信じている人はどのくらいいるんでしょうか。

신사나 절에 신년 참배 하러 가는 사람 중에 소원이 이루어진다고 믿는 사람이 얼마나 있을까요?

## 正月に関する表現

◆年賀状を書く：연하장을 쓰다, 연하장을 보내다
◆年が明ける：새해가 밝다
◆正月を迎える：설날을 맞이하다
◆初日の出を見に行く：새해 해맞이하러 가다

◆正月を祝う：설을 쇠다
◆今年の抱負を語る：올해 포부를 말하다
◆新年の挨拶をする：새해 인사를 하다
◆年始回りをする：새해 인사를 하러 다니다, 새해 인사를 하러 가다
◆晴れ着を着る：나들이옷을 입다

◆初詣に行く：(신사나 절에) 신년 참배 하러 가다
◆おみくじを引く：제비를 뽑다, 제비뽑기를 하다
　＊ 大吉: **대길 (점괘가 아주 좋음)**／中吉: **중길**／吉: **길 (운이 좋음)**／小吉: **소길** ／凶: **흉 (운수가 나쁨)**／大凶：**대흉** (韓国では**중길**, **소길** は使われない)
◆運勢を占う：운세를 점치다
　＊ 恋愛運を～：**연애 운을 ～**／仕事運を～：**사업 운을 ～**／ギャンブル運を～：**갬블 운을 ～** (韓国では **갬블운** を占うという概念はない)

◆賽銭を投げる：행운을 빌며 동전을 던지다
◆幸運を祈る：행운을 빌다
◆縁起がいい：징조가 좋다〈徵兆－〉, 재수가 좋다〈財數－〉, 운수가 좋다〈運數－〉

◆縁起が悪い：조짐이 나쁘다〈兆朕－〉, 불길하다〈不吉－〉
◆縁起を担ぐ：미신에 사로잡혀 재수를 따지다

◆お年玉をあげる［もらう］：세뱃돈을 주다 [받다]〈歲拜－〉
◆おせち料理を食べる：설음식을 먹다

◆新年, 初出社する：새해 첫 출근하다
◆正月気分が抜けない：설 연휴 기분에서 헤어 나오지 못하다
◆成人を祝う：성인이 된 것을 축하하다
◆一人前になる：어른이 되다

## 年賀状の文面

● 근하신년

1 ▶ 謹賀新年（日本では「恭賀新年」という挨拶文も使われるが，韓国では年賀状に **공하신년** と書くことはほとんどない）

● 새해 복 많이 받으십시오.

2 ▶ 新年あけましておめでとうございます。（なお，この文面は「よいお年を」という意味で年末にも使える）

● 지난 한 해 베풀어 주신 후의에 깊이 감사드리며 희망찬 새해를 맞이하여 만복이 깃드시기를 기원합니다.

3 ▶ 昨年のご厚意に深く感謝を申し上げます。希望に満ちた新年を迎えるにあたり，皆さまのご多幸をお祈り申し上げます。

● 올 한 해 베풀어 주신 은혜에 감사드립니다.

4 ▶ 今年一年のご恩に感謝いたします。

● 새해에는 한 걸음 더 나아가시기를 기원합니다.

5 ▶ 新しい年のさらなるご発展をお祈りいたします。

● 더 행복한 일을 만들 수 있는 아름다운 새해를 맞이하시기를 기원합니다.

6 ▶ よりお幸せで美しい新年になるようにお祈りいたします。

● 새해엔 건강과 행운이 가득하시길 기원합니다.

7 ▶ ご健康でお幸せな新しい年になりますようにお祈りいたします。

◎そのほかにもいくつか例文をご紹介します（訳文省略）

● 새해에는 올해보다 더 행복하시길 기원합니다.

● 새해에는 하시는 일마다 행운이 있기를 기원합니다.

● 새해 복 많이 받으시고 새해에는 행복한 일만 가득하시길 바랍니다.

● 새해 새로운 기운 가득 받으시고 밝고 희망한 새해 맞으시길 바랍니다.

● 새해 복 많이 받으십시오.　한결같은 마음으로 보살펴 주신 점 깊은 감사의 말씀을 올립니다.　새해에도 변함없는 성원을 부탁드립니다.

● 근하신년　하루를 지내고 나면 더 즐거운 하루가 오고 사람을 만나고 나면 더 따스한 마음으로 생각하고 좋은 일이 생기면 더 행복한 일을 만들 수 있는 아름다운 새해가 되기를 기원합니다.

## 韓国語で説明しよう

◆雑煮

説明 일본식 떡국. 설날에 먹는 요리 중 하나로 나물, 무, 토란 등과 닭고기, 생선묵 등을 넣고 된장이나 간장으로 간을 맞춰 끓인 떡국. (日本式のトックク。正月に食べる料理のひとつで，ナムル，ダイコン，サトイモなどと鳥肉，かまぼこなどを入れ，みそや醤油で味を付けて煮たトックク)

◆屠蘇

説明 도소주, 불로장수에 효험이 있다고 하여 설날에 축하주로 마시는 술. (正月に祝酒として飲む，不老長寿に効能があるといわれる酒)

◆羽根突き

説明 설날에, 주로 여자 아이들이 나무 채(하고이타：羽子板)를 들고 공(하네：羽)을 치는 놀이로 배드민턴과 비슷하다. (正月に，おもに女の子たちが羽子板を使って羽を突く遊び。バドミントンに似ている)

◆双六

説明 윷놀이와 비슷한 놀이. 두 개의 주사위를 던져 나온 수를 합친 것에 따라 말을 써서 승부를 겨룬다. (ふたつのさいころを投げ，出た目の数により駒を進めて勝負を競うユンノリに似た遊び)

◆百人一首

説明 백 장의 카드에 한 수씩 와카(일본 고유의 정형시)가 쓰여 있는데 그것을 서로 뺏어 승부를 겨루는 카드놀이. (百枚のカードに一数ずつ和歌（日本固有の定型詩）が書いてあり，それをお互いに取り合って勝負を競うカード遊び)

◆福笑い

説明 눈을 가린 채, 얼굴 윤곽만을 크게 그린 종이 위에 눈썹, 눈, 코, 귀 등의 모양으로 만든 판지 조각을 놓아 완성된 얼굴의 우스꽝스러움을 즐기는 아이들의 설날 놀이. (目隠しをしたまま，大きく顔の輪郭が書かれた紙の上に，眉毛，目，鼻，耳などを形取った紙切れをおいて，顔を作る遊び。でき上がった顔のこっけいさを楽しむ子どもたちの正月の遊び)

◆七草粥

説明 병 없이 건강하기를 기원하는 마음을 담아 일곱 종류의 야채를 잘게 썰어 넣고 만든 죽. セリ (미나리), ナズナ (냉이), ゴギョウ (떡쑥), ハコベラ (별꽃), ホトケノザ (광대나물), スズナ〔カブ〕(순무), スズシロ〔ダイコン〕(무)가 들어 있음. (無病息災を祈る気持ちを込めて，七種類の野菜を刻んで作った粥)

◆初夢

説明 1월 1일부터 2일 사이에 꾸는 꿈. (1月1日から 2日にかけてに見る夢)

◆一富士, 二鷹, 三茄子

説明 새해 첫 꿈으로 꾸면 운수가 좋다고 여기는 예. '후지 산'의 경우는 일본에서 제일 높은 산이기 때문에 높은 꿈을 실현하자는 의미로 받아들이고 있다. 또한 '매'는 영리하고 강한 새라서, '가지(茄子)'는 '成す'와 동음이의어이기 때문에 길몽으로 친다. (新年の初夢に現れれば運がいいといわれているもの。「富士山」は日本で一番高い山なので大きな高い夢が実現できるという意味で, また「鷹」は賢くて強い鳥なので,「茄子」は成すと同音異義語なので, それぞれいい夢とされている)

◆賽銭

説明 신불에게 참배할 때 바치는 돈. (神仏に参拝するときに捧げる金)

◆破魔矢

説明 마귀를 쫓는 장식용 화살. (悪霊を追い払う飾り用の矢)

◆しめ飾り

説明 악귀를 쫓기 위해 정초에 사당 현관 등에 매다는 설날 금줄 장식. (悪霊を追い払うために, 年始にほこらや玄関などにぶら下げる正月の縄飾り)

◆門松

説明 새해에 문 앞에 장식으로 세우는 소나무. (新年に玄関の前に飾る立て松)

◆神棚

説明 집 안에 신위를 모셔 두고 제사 지내는 선반. (家の中に神様を奉って祭祀を行う棚)

◆鏡餅

説明 설에 신불에게 올리는 대소 두 개의 동글납작한 찰떡. (正月に神仏に捧げる大小ふたつの丸く平たい餅)

◆おせち料理

説明 명절 때 먹는 찬합에 담아 둔 조림 요리. 주로 우엉, 연근, 당근, 토란 등을 조린 것. (正月に食べる, 重箱に盛た煮付け料理。主にゴボウ, レンコン, ニンジン, サトイモなどを煮付けたもの)

## 参考図書

著者名あるいは編者名／出版年／書名／出版社／総ページ数


小宮山貴子（1992）『薬剤師のための実践英会話』薬行時報宇社 180pp.
ナースの外国語研究会編（1992）『ナースのための韓国語会話 1000』桐書房 172pp.
今井久美雄（1993）『韓国人のための医療ガイドブック』インターブックス 111pp.
임홍빈（1993）『뉘앙스푸이를 겸한 우리말사전』아카데미하우스 708pp.
배우리（1994）『사전 따로 말 따로』토담 301pp.
미승우（1994）『새 맞춤법과 교정의 실제（증보판）』주식회사 이문각 614pp.
김후련（1996）『김후련日本語』다락원 656pp.
김용호（1997）『아빠는 판사라면서』知識工作所 303pp.
성기지（1997）『맞춤법 사슬을 풀어주는 27 개의 열쇠』도서출판 박이정 220pp.
今井久美雄（1999）『韓国語の散歩道』アルク 237pp.
리의도（1999）『이야기 한글 맞춤법』석필 415pp.
조선일보，국립국어원（1999）『우리말의 예절 증보판 상・하』朝鮮日報社 275pp.
キム・スンヨン，東強志（2000）『恋する韓国語』竹内書店新社 156pp.
김수정，반노신지（2000）『일본어회화 365 단어로 니뽕 기죽이기』넥서스 304pp.
이영준（2000）『漢字 때문에 재미있는 日本語』인터미디어 381pp.
성기지（2000）『생활 속의 맞춤법 이야기』도서출판 역락 355pp.
원영섭（2000）『바른 띄어쓰기・맞춤법』세창출판사 820pp.
本田知邦，伊藤佳代子ほか（2001）『일본어表現 10000』인터미디어 566pp.
이성일（2001）『일본 20 대가 가장 많이 쓰는 일본어 BOX』넥사스 248pp.
이승구ほか（2001）『띄어쓰기 편람』대한교과서주식회사 944pp.
水野俊平（2002）『동시통역 일본어 회화사전』제일플러스 464pp.
이선웅，정희창（2002）『우리말 우리글 묻고 답하기』태학사 381pp.
今井久美雄（2003）『古狸案先生の韓国語「中級」教室』三集社 218pp.
일본어교재연구원（2004）『초보자를 위한 일본어회화 표현사전』도서출판 예가 455pp.
이영준（2004）『漢字 때문에 더 재미있는 日本語』인터미디어 281pp.
黄丞載（2005）『恋からはじめる韓国語』青春出版社 192pp.
竹久しょう子（2005）『お熱い二人の韓国語会話』ストーク 273pp.
イムジョンデ（2005）『完全マスターハングル会話』ＤＨＣ 423pp.
李明姫（2005）『韓国語会話フレーズブック』明日香出版 455pp.
국립국어원編（2005）『외국인을 위한 한국어 문법 2－용법 편』커뮤니케이션북스 906pp.
남영신（2005）『한국어 용법 핸드북』모멘토 671pp.
박용찬（2005）『우리말이 아파요』해냄 378pp.
이진원（2005）『우리말에 대한 예의』해냄 378pp.
任榮哲（2006）『韓国人による日本社会言語学研究』おうふう 245pp.
今井久美雄（2006）『日常韓国語会話ネイティブ表現』語研 213pp.
金田一秀穂・監修（2006）『日本語コロケーション辞典』学研 399pp.
古田富健，倉本善子（2006）『Korean Drama Phrases』国際語学社 253pp.
中川亜紀子（2006）『イメージでつかむ！生活のなかの韓国語』アルク 189pp.
奉英娥，尹聖媛（2006）『ネイティブもうなる韓国語フレーズの本』国際語学社 246pp.
이재성（2006）『글쓰기를 위한 4 천만의 국어책』들녘 403pp.
김경원，김철호（2006）『국어 실력이 밥 먹여준다，낱말편 1』유토피아 286pp.

이희자 , 이재성（2006）『인터넷에서 가장 많이 틀리는 한국어』커뮤니케이션북스 237pp.
井上一馬（2007）『英語丸のみ辞典　日常会話篇 』麗澤大学出版会 436pp.
洪珉杓（2007）『日韓の言語文化の理解』風間書房 329pp.
李明玉（2007）『日本語と韓国語の慣用表現の差異』笠間書院 314pp.
今井久美雄（2007）『일본어 VOCA BANK』넥사스 951pp.
김하수ほか（2007）『한국어 연어 목록』커뮤니케이션북스 321pp.
김홍석（2007）『국어 생활백서』도서출판 역락 303pp.
박영수（2007）『우리말 뉘앙스 사전』북로드 415pp.
김경원 , 김철호（2007）『국어 실력이 밥 먹여준다 , 낱말편 2』유토피아 315pp.
今井久美雄，金妍廷，李知宣（2008）『日常韓国語会話ネイティブの公式』語研 371pp.
松本隆（2008）『韓国語から見えてくる日本語』スリーエーネットワーク 108pp.
坂野康昌（2008）『３カ国語で使える話せる放射線検査』ベクトル・コア 191pp.
奉英娥，尹聖媛（2008）『ニュアンスで覚える韓国語』제일어학 220pp.
林京愛ほか（2008）『最強の！韓国語』国際語学社 707pp.
엄만용（2008）『건방진 우리말 달인』다산초당 298pp.
김현근（2008）『도쿄를 알면 일본어가 보인다』21 세기북스 309pp.
ソリクラブ（2009）『英会話日常表現大辞典 10000 ＋』アルク 641pp.
デイビット・セイン（2009）『暮らしと仕事の英語表現 8000』語研 664pp.
후지타 사유리（2009）『일본어 리얼토크』넥서스제페니즈 304pp.
아라이 기와 , 무토 가쓰히코（2009）『일본어 보카 25 시』다락원 287pp.
李清一（2010）『とっておきの韓国語会話表現辞典』ナツメ社 751pp.
이진원（2010）『우리말 사용 설명서』서해문집 318pp.
이희자 , 이종희（2010）『한국어 학습 전문가용 어미・조사 사전』한국문화사 1091pp.
이재경（2010）『아빠와 딸의 우리말 수다』$E^{2+}$ 307pp.
今井久美雄，日下隆博（2011）『ナチュラル韓国語会話表現』語研 260pp.
石田美智代（2011）『韓国語リアルフレーズ BOOK』研究社 203pp.
WIT HOUSE 編（2011）『英会話パーフェクト辞典』成美堂出版 383pp.
佐々木隆・監修（2011）『ネイティブ英会話フレーズ集 3240』西東社 415pp.
OKUMURA YUJI, IM DANBI（2011）『日本人天天用的生活日語』國際學村出版 415pp.
김보일，고홍준（2011）『사춘기 국어 교과서』작은숲 273pp.
박혜정（2011）『일본어 국제회의 통역노트』이화여자대학교출판부 231pp.
김철호（2011）『국어 실력이 밥 먹여준다 , 문장편』유토피아 288pp.
이경은 , 최희정（2011）『4 컷 Cartoon 한국어』한글파크 215pp.
전태숙（2011）『나만의 생활 속 일본어 단어』투리북스 270pp.
강방화 , 손정임（2011）『일본어 번역 스킬』넥서스 JAPANESE 312pp.
今井久美雄（2012）『日常韓国語会話ネイティブの動詞 160』語研 325pp.
日下隆博（2012）『使える・話せる・韓国語表現』語研 254pp.
学研編集部（2012）『接客の中国語＆韓国語会話』学研教育出版 254pp.
古田富健，倉本善子（2012）『お風呂で読む韓国語会話フレーズ』学研 158pp.
李恩周（2012）『韓国語日常フレーズ BOOK』高橋書店 223pp.
배상복，오경순（2012）『한국인도 모르는 한국어』21세기북스 247pp.
고홍준（2012）『읽어라 어휘 어법』메가북스 255pp.

**今井 久美雄**（いまい・くみお）
内科医師。韓国語講師。
宮城県仙台市生まれ。慶應義塾大学経済学部中退。北里大学医学部医学科卒。韓国延世大学保健大学院公衆保健学科修了。

著書：日本生活ガイド（共著・1992・東亜日報社）／3 パターンで決める 日常韓国語会話ネイティブ表現（2006・語研）／3 場面で広がる 日常韓国語会話ネイティブの公式（2008・語研）／完全マスターナチュラル韓国語会話表現（共著・2011・語研）／日常韓国語会話ネイティブの動詞 160（2012・語研）／暮らしの韓国語単語 10,000（2014・語研）／韓国語形容詞強化ハンドブック（2018・白水社）／オールインワン 韓国語「漢字音・漢字語」ハンドブック（2019・インターブックス）など。

**【協力者】**
西岡 洋，姜貞龍，高興俊，金奎滿，金玄玉

**【ピクトグラム】**
宮崎 進



**暮らしの韓国語表現 6000［改訂版］**

2013 年 4 月 1 日　初版第 1 刷発行
2021 年 6 月 10 日　改訂版第 1 刷発行

著　者　今井 久美雄
制　作　ツディブックス株式会社
発行者　田中 稔
発行所　株式会社 語研
〒101-0064
東京都千代田区神田猿楽町 2-7-17
電　話　03-3291-3986
ファクス　03-3291-6749
振替口座　00140-9-66728
組　版　ツディブックス株式会社
印刷・製本　倉敷印刷株式会社

ISBN978-4-87615-370-1 C0087
書名　クラシノカンコクゴヒョウゲン　ロクセン　カイテイバン
著者　イマイ　クミオ



株式会社 語研
語研ホームページ https://www.goken-net.co.jp/

本書の感想は
スマホから ↓